Ovid
Gesammelte Werke

Ovid
Gesammelte Werke

Metamorphosen

Elegien der Liebe *(Amores)*

Liebeskunst *(Ars amatoria)*

Heilmittel gegen die Liebe
(Remedia amoris)

Schönheitsmittel
(Medicamina faciei)

Anaconda

MIX
Papier | Fördert gute Waldnutzung
FSC® C014496

Penguin Random House Verlagsgruppe FSC® N001967

Die Deutsche Nationalbibliothek verzeichnet diese Publikation in der Deutschen Nationalbibliografie; detaillierte bibliografische Daten sind im Internet unter http://dnb.d-nb.de abrufbar.

Umschlagmotiv: Ovid (engraving), English School,
19th century, Private Collection / Bridgeman Images
Umschlaggestaltung: Druckfrei. Dagmar Herrmann, Bad Honnef
Satz und Layout: InterMedia – Lemke e. K., Heiligenhaus
Druck und Bindung: GGP Media GmbH, Pößneck
Printed in Germany
ISBN 978-3-7306-1251-4
www.anacondaverlag.de

Inhalt

Metamorphosen

Erstes Buch

Die Schöpfung

Vor dem Meer und der Erd' und dem allumschließenden Himmel,
War im ganzen Bezirk der Natur ein einziger Anblick,
Chaos genannt, ein roher und ungeordneter Klumpen:
Nichts mehr, als untätige Last, nur zusammengewirrte
Und misshellige Samen der nicht einträchtigen Dinge.
Niemals kreisete jetzt ein welterleuchtender Titan,
Noch erneuete Phöbe des Monds anwachsende Hörner.
Auch nicht schwebte die Erd' in rings umgossenen Lüften,
Wägend sich selbst durch eignes Gewicht; noch streckte die Arme
Weit um den Rand der Länder die mächtige Amphitrite.
Wo die Erde nun war, dort war auch Luft und Gewässer.
Nicht zum Stehn war jetzo das Land, noch die Woge zum Schwimmen
Noch voll Lichtes die Luft: kein Ding hatt' eigne Gestalt noch.
Anderes war dem anderen feind: in dem selbigen Körper
Übete Kaltes den Kampf mit Hitzigem, Feuchtes mit Trocknern,
Weicheres rang mit Hartem, und Lastendes gegen das Leichte.
Solchen Streit hub endlich die bessre Natur und die Gottheit:
Welche vom Himmel das Land, von dem Land abtrennte die Wasser,
Und von der dunstigen Luft den gekläreten Himmel emporhub.
Dieses nunmehr entwickelt, und frei aus der blinden Verwirrung,
Schied sie in eigenen Räumen, und stiftete Frieden und Freundschaft.
Siehe die feurige Kraft des gewichtlos wölbenden Himmels

Schimmert' empor, und wählte den obersten Ort in den Höhen.
Ihm ist nahe die Luft, wie an Leichtigkeit, also an Wohnung.
Dichter denn beid' ist die Erd', und zog den gröberen Urstoff,
Niedergedrückt durch Schwere von sich; die umflutende Nässe
Nahm den äußersten Sitz, und band den gediegenen Erdkreis.
 Als in Ordnungen nun, wer jener auch war von den Göttern,
Abgeschichtet den Wust, und die einzelnen Schichten gegliedert;
Formt' er die Erd' im Beginn, und schuf, dass nirgend ihr ungleich
Wär' ein Teil, die Gestalt der groß gerundeten Kugel.
Dann ergoss er die Sunde, damit sie empor in den Sturmwind
Schwöllen, und rings die Gestad' umwalleter Lande bestürmten.
Sprudel auch rief er hervor, Landseen und unendliche Sümpfe;
Und abschüssige Ström' umdämmt' er mit schlängelnden Ufern:
Die in verschiedenem Lauf teils untergeschlürft sich verlieren,
Teils in das Meer ausgehn und, geherbergt von dem Gefilde
Freierer Flut, anschlagen für grünende Borde den Felsstrand.
Weit auch streckt' er die Ebenen aus, und senkte die Täler,
Deckte mit Laube den Wald, und erhob die steinigen Berge.
Wie zwei Zonen zur Rechten, und zwei zur Linken den Himmel
Quer durchziehn, und dazwischen die heißere fünfte sich ausdehnt:
So begrenzte die innere Last mit der selbigen Anzahl
Sorgsam der Gott; und es ruhn gleichviel Erdgürtel darunter.
Die in der Mitte sich dehnt, ist unbewohnbar vor Hitze;
Zwei deckt türmender Schnee; zwei ordnet' er zwischen den beiden,
Welchen er Mäßigung gab, mit Frost die Flamme vermischend.
Über sie raget die Luft: die so viel, als gegen die Erde
Leichter wiegt das Gewässer, an Last vor dem Feuer gewinnet.
Dort auch hieß er die Nebel, und dort die Gewölke sich lagern,
Und, um menschliche Herzen zu bändigen, hallende Donner,
Und mit leuchtenden Blitzen die kalt anstürmenden Winde.

Diesen auch verstattete nicht der Erschaffer des Weltalls,
Wild zu durchschwärmen die Luft. Kaum jetzt wird ihnen verwehret,
Da doch jeder für sich herweht aus gesonderter Gegend,
Dass sie die Welt nicht zerreißen: so uneins toben die Brüder.
Eurus entwich zu Aurora, zur nabathäischen Herrschaft,
Und zu dem Persergebiet, und den Höh'n am Lichte des Morgens
Hesperus, und die Gestade, von westlicher Sonne gewärmet,
Sind dem Zephyrus nah. Der schaudernde Boreas nahm sich
Szythia samt dem Wagen des Pols. Im entgegenen Lande
Trieft aus stetem Gewölk der regenstürmende Auster.
Oben verbreitet' er dann die geklärete Reine des Äthers,
Ohne Gewicht, und ganz von irdischer Hefe geläutert.
Kaum nun hatt' er das alles verzäunt in sichere Grenzen,
Als, die lange gepresst in der wirrenden Masse sich bargen,
Alle Gestirn' anfingen hervorzuglühen am Himmel.
    Dass auch keinerlei Raum lebendiger Wesen entbehrte,
Herrschen Stern' auf himmlischer Flur, und Gestalten der Götter;
Eigen ward das Gewässer den blinkenden Fischen zur Wohnung;
Tiere durchstreiften die Erd', und die Luft ein Gewimmel von Vögeln.
    Aber ein heiligeres, hochherziger denkendes Wesen
Fehlt' annoch, das beherrschen die anderen könnte mit Obmacht.
Und es erhub sich der Mensch: ob ihn aus göttlichem Samen
Schuf der Vater der Ding', als Quell der edleren Schöpfung;
Oder ob frisch die Erde, die jüngst vom erhabenen Äther
Los sich wand, noch Samen enthielt des befreundeten Himmels.
Aber Japetus Sohn, mit fließender Welle sich mischend,
Bildete jen' in Gestalt der allversorgenden Götter.
Und da in Staub vorwärts die anderen Leben hinabschaun,
Gab er dem Menschen erhabenen Blick, und den Himmel betrachten
Lehret' er ihn, und empor zum Gestirn aufheben das Antlitz.

Also ward, die neulich so roh noch war und gestaltlos,
Umgeschaffen die Erde zum Wunderbilde des Menschen.

Die Weltalter

Erst entsprosste das goldne Geschlecht, das, von keinem gezüchtigt,
Ohne Gesetz freiwillig der Treu und Gerechtigkeit wahrnahm.
Furcht und Strafe war fern. Nicht lasen sie drohende Worte
Auf dem gehefteten Erz; nicht bang vor des Richtenden Antlitz
Stand ein flehender Schwarm: ungezüchtiget waren sie sicher.
Nie vom eignen Gebirg', um der Fremdlinge Welt zu besuchen,
Stieg die gehauene Fichte hinab in die flüssige Woge:
Außer dem ihrigen kannten die Sterblichen keine Gestade.
Noch umgürteten nicht abschüssige Graben die Städte.
Nicht die grade Drommete von Erz, noch gewundene Hörner,
Auch nicht Helm war jetzo, noch Schwert: und der Söldner entbehrend,
Lebeten nun sorglos in behaglicher Ruhe die Völker.
Selbst annoch, unbeschatzt, und dem Karst nie pflichtig, noch jemals
Wund vom schneidenden Pflug, gab freudiger alles die Erde;
Und mit den Speisen vergnügt, die sonder Zwang sich erhuben,
Pflückten sie Arbutusfrucht, und des Bergtals würzige Erdbeern,
Auch des rauen Geranks Brombeer, und die rote Kornelle,
Und vom gebreiteten Baume des Jupiter fallende Eicheln.
Ewig waltete Lenz, und sanft mit lauem Gesäusel
Fächelten Zephyrus Hauche die saatlos keimenden Blumen.
Bald auch gebar Feldfrüchte der ungeackerte Boden,
Ohn' Auffrischung ergraute die Flur von belasteter Ähre.
Rings nun Bäche von Milch, rings walleten Bäche von Nektar;

Rings auch tröpfelte gelb aus grünender Eiche der Honig.
Als Saturnus versank in des Tartarus Dunkel, und herrschend
Jupiter lenkte die Welt; da erwuchs die silberne Zeugung,
Weniger köstlich denn Gold, doch mehr als rötliches Erz noch.
Jupiter engte nunmehr der Urwelt ewigen Frühling,
Sonderte Winter, und Gluten, und herbstliche Ungewitter
Vom kurz blühenden Lenz, und schuf vier Räume des Jahres,
Jetzo geschah, dass die Lüfte, von trockener Schwüle gesenget,
Glüheten, und vor dem Winde das Eis hart starrend herabhing.
Jetzo suchten sie Häuser zum Schirm: ihr Haus war die Höhle,
Oder ein dichtes Gestaud', und mit Bast verbundene Reiser.
Jetzt ward Samen der Ceres in langgezogenen Furchen
Untergescharrt, und es seufzt' im drängenden Joche der Pflugstier.
Hierauf folgte das dritte Geschlecht, von eherner Zeugung,
Wütender schon von Natur, und gewandt zu schrecklichen Waffen;
Doch unsündig annoch. Dann schloss die eiserne Abart.
Stracks nun stürmte daher in die Zeit der schlechteren Ader
Jeglicher Greu'l: es entflohen die Scham, und die Treu', und die Wahrheit
Deren Stell' einnahmen der laurende Trug und die Arglist,
Heimliche Tück', und Gewalt, und die frevelnde Sucht zu gewinnen.
Unbekannteren Winden entfaltete Segel der Schiffer;
Und da sie lang' untätig auf luftigen Bergen gestanden,
Wagten die Kiele den Sprung durch nie erkundete Wasser.
Auch die Erde, zuvor wie Luft und Sonne gemeinsam,
Zeichnete jetzt vorsichtig mit langer Grenze der Messer.
Auch nicht Saaten allein und schuldige Nahrung erzwang man
Herrisch vom reichen Gefild: man drang in die Tiefen der Erde,
Und wie sorgsam versteckt, und entrückt zu den stygischen Schatten,
Grub man die Schätze hervor, Anreizungen aller Verbrechen.

Schon war schädliches Eisen, und Gold, heilloser denn jenes,
Ausgewühlt; da erhub sich der Krieg, und kämpfte mit beidem;
Und in der blutigen Hand erschüttert' er rasselnde Waffen.
Nun lebt alles vom Raub, kein Gastfreund schonet den Gastfreund,
Noch der Eidam den Schwäher; auch liebende Brüder sind selten.
Meuchlerisch stellet das Weib dem Gemahl nach, dieser der Gattin;
Und Stiefmütter bereiten aus falbem Kraute den Gifttrank;
Selber auch späht voreilend der Sohn nach den Jahren des Vaters.
Frömmigkeit sank vor Gewalt; Asträa selber, die Jungfrau,
Floh, der Himmlischen letzte, die blutgefeuchteten Länder.

Lykaon

Als von den obersten Höh'n Saturnius schaute die Gräuel,
Seufzet' er auf; und was, neulich geschehn, noch wenig bekannt war,
Denkend den grässlichen Schmaus des lykaonischen Tisches,
Fasst' er im Geist endlosen und Jupiters würdigen Unmut.
Schleunig beruft er den Rat; und es eilt die berufne Versammlung.
Hoch erstreckt sich ein Weg, am heitern Himmel erscheinend,
Der, Milchstraße genannt, durch schimmernde Weiße sich ausnimmt.
Hierauf gehn die Götter zur Burg des donnernden Vaters,
Und in den Königspalast. Rechts wimmeln und links an dem Wege
Vorhöf' edeler Götter mit offener Pforte des Saales.
Abwärts wohnt die Gemeinde; doch vorn die Gewalten des Himmels,
Groß an Macht und berühmt, in geheiligten Wohnungen hausend.
Als sich die Oberen dort im marmornen Raume gesetzet,
Drauf, erhabner an Sitz, mit elfenbeinenem Zepter,
Schüttelte dreimal und viermal des Haupts graunvolle Umwallung
Jupiter, dass ihm die Erde, das Meer und der Himmel erbebten.

Also entströmte nunmehr unwilligen Lippen die Rede:
Nicht um die Weltherrschaft war sorgenvoller in jenem
Laufe der Zeit mein Herz, da der Schlangenfüßigen jeder
Hundert Arme beschloss zum eroberten Himmel zu heben.
Denn so wild auch tobte der Feind, so hing doch von einem
Stande des Reichs, von einer gemeinsamen Quelle, der Krieg ab.
Jetzo muss ich, so weit als Nereus hallt um den Erdkreis,
Ganz austilgen das Menschengeschlecht. Bei den Fluten des Abgrunds
Schwör' ich, die unter der Erd' im stygischen Haine sich winden:
Alles versucht' ich zuvor. Doch unausheilbaren Schaden
Müsse der Stahl abschneiden, dass nicht mitkranke Gesundes.
Hab' ich ja doch Halbgötter, und ländliche Mächte, die Nymphen,
Faunen und Satyre auch, und das Berggeschlecht der Silvane:
Diese, von uns noch nicht der olympischen Ehre gewürdigt,
Sollten zum wenigsten frei die verliehene Erde bewohnen.
Glaubet ihr aber genug, ihr Oberen, jene gesichert;
Da mir selbst, der den Donner, der euch handhabet und lenket,
Meuchlerisch nachgestellt, voll ruchtbarer Wildheit, Lykaon?
Ringsum braust die Versammlung; in glühendem Eifer verlangt man
Ihn, der solches gewagt. Mit Hand und Stimme bezähmte
Jupiter jenes Gemurmel; und lautlos saßen sie alle.
Als nun schwieg das Geschrei, durch Königswürde gebändigt,
Brach von Neuem die Stille Saturnius, also beginnend:
Schon hat jener die Straf (entschlagt euch der Sorge!) gebüßet.
Aber die Missetat und die ahndende Rache vernehmt jetzt.
Unsere Ohren erreichte der Ruf des verdorbenen Alters:
Diesen gefälscht mir wünschend, entschweb' ich den Höhn des Olympus
Und durchspähe die Erd', ein Gott in menschlicher Bildung.

Säumnis wär' es, wie groß die Verschuldungen rings ich gefunden,
Aufzuzählen; es war das Gerücht selbst unter der Wahrheit.
Über den Mänalus ging ich, den struppigen Nährer des Wildes,
Über Cyllene daher, und die Fichtenhöh'n des Lycäus.
Jetzt in den unwirtbaren Palast des Arkaderkönigs
Trat ich hinein, als Nacht der späteren Dämmerung folgte.
Zeichen gab ich, ein Gott sei genaht; und die Menge begann mich
Anzuflehn. Erst lachte des Flehns und Gelübdes Lykaon.
Bald: Es entscheid' ein Versuch, so redet er, ob er ein Gott sei,
Oder ein sterblicher Mensch; hier gilt's ungezweifelte Wahrheit
Mich im Schlummer bei Nacht durch plötzlichen Tod zu verderben
Trachtet er: also gefällt's den Versuch zu machen um Wahrheit!
Noch nicht hatt' er genug: vom molossischen Volke gesendet
War ein Geißel daselbst; dem bohrt' er den Dolch in die Gurgel;
Und die zerhauenen Glieder, die halb noch lebenden, kocht' er
Teils in siedender Flut, teils brät er sie über dem Feuer.
Wie er das Mahl auftischte, da warf ich mit rächendem Strahle
Auf die Penaten das Haus, die würdig waren des Eigners.
Doch der Erschrockene flieht; und die Stille der Flur nun erreichend,
Heulet er auf, und müht sich umsonst zu reden; es sammelt
Wut von ihm selber der Mund; und er rennt in gewöhnlicher Mordlust
Gegen das schwächere Vieh, und freut sich auch jetzo des Blutes.
Rau in Zotten zergehn die Gewand', und in Beine die Arme.
Auch als Wolf behält er die Spur der vorigen Bildung:
Gleich ist die Gräue des Haars, und gleich der Trotz in dem Antlitz,
Gleich der funkelnde Blick, und gleich die Gebärde der Wildheit.
Hin ist geschwunden das Haus; doch nicht ein Haus nur verdient es,
Unterzugehn. Wo die Erde sich ausstreckt, tobt die Erinnys.

Alles rennt, wie verschworen zum Unheil. Alle sogleich denn
Sollen uns, was sie verdient, so will's die Gerechtigkeit, büßen!
Jupiters Rede verstärkt ein Teil durch Worte, die mehr noch
Fachen des Zürnenden Glut, die anderen deuten ihm Beifall.

Deukalion

Jetzo beschloss der Vater, das frevle Geschlecht zu vertilgen
Unter der Flut, Platzregen vom ganzen Himmel entsendend.
Eilig sperrt er nunmehr in des Äolus Höhlen den Nordwind,
Und was sonst für Hauche den Zug der Gewölke verscheuchen.
Notus allein wird gesandt: und mit triefenden Schwingen entfleucht er,
Sein scheusäliges Haupt pechschwarz in Dunkel gehüllet;
Schwarz von Güssen der Bart; den greisenden Haaren entströmt Flut;
Nebel umlagern die Stirn, ihm taut's von Gefieder und Busen;
Und wie in breiter Hand abhangende Wolken er drückte,
Donnert es; dicht nun stürzen die Regenschauer vom Äther.
Auch die Botin der Juno, mit mancherlei Farben bekleidet,
Iris schöpft nun Gewässer, und reicht den Wolken die Nahrung.
Schon sind die Saaten gestreckt, schon liegen beweint des Bestellers
Wünsch' und Gelübd', und des Jahrs langwieriger Schweiß ist verloren.
Nicht vom Himmel allein zürnt Jupiter; sondern ihm sendet
Sein blaulockiger Bruder des Meers mithelfende Fluten.
Schnell die Götter der Ströme berufet er. Als sie versammelt
Nun den Palast anfülleten des Königes: Langer Ermahnung,
Sprach er, bedürfen wir nicht. Willfahrt mit aller Gewalt nun!
Solches ist not! Eröffnet die Wohnungen eures Gestrudels,

Räumt die Dämme hinweg, und spornt die entzügelten Ströme!
 Jener gebot's, sie kehren zurück, und lösen der Quellen
Mündungen; und mit Getümmel entrollen sie all in die Meerflut.
Selbst nun schwang in die Feste der Gott den gewaltigen Dreizack;
Und sie erbebt', und spaltet Raum weitbusigen Wassern.
Über die Bord' entstürzen durch offene Felder die Ströme;
Und mit der Saat Weinbäume zugleich, und das Vieh, und die Männer
Raffen sie, Wohnungen auch, und der Götter geheiligte Kammern.
Wenn ja der Häuser noch eins ausdauerte, und unerschüttert
Trotzte dem Jammergeschick; doch überwallte den Giebel
Höhere Flut, und es wankten im drückenden Strudel die Türme.
Nirgend erschien durch Grenzen das Meer und die Erde gesondert:
Offene See war alles, und flutete sonder Gestad' auf.
Einer erklimmt den Hügel voll Angst; der andere rudert
Dort im gebogenen Kahn, wo er jüngst Pflugstiere gelenket.
Über die Saaten hinweg und das eingesunkene Landhaus
Schiffen sie dort und fangen den Fisch in dem Wipfel der Ulme.
Oft, wie es trifft, wird der Anker in grünende Wiesen geheftet,
Oft auch scharrt anstoßend der Kiel an dem unteren Weinberg.
Und wo eben ihr Gras die schmächtigen Ziegen gerupfet,
Lagern jetzt den gedunsenen Leib missförmige Robben.
Nereus' Töchter erstaunen, die Hain', und die Städt', und die Häuser
Unter den Wellen zu sehn; in dem Bergwald hausen Delfine,
Springen in hohem Gezweig' und stoßen an bebende Eichen.
Schafe durchschwimmet der Wolf; gelbmähnige Löwen und Tiger
Führet die Flut; nichts frommt die Gewalt des Blitzes dem Eber,
Nichts dem enttragenen Hirsche der leicht gehobene Schenkel.
Lange nach Erd' umfliegend, wo auszuruhen vergönnt sei,
Sinkt mit ermatteten Schwingen ins Meer der streifende Vogel.

Über die Höh'n stieg tobend der Tief unermesslicher Aufruhr,
Und von befremdender Brandung erscholl das geschlagene Berghaupt.
Meist entrafft das Gewoge die Sterblichen: welcher die Woge
Schonete, diese bezähmt mit dürftiger Nahrung der Hunger.
Zwischen Hämonias Flur und der attischen breitet sich Phokis,
Ehmals fruchtbares Land, da es Land war; aber anjetzo
Meer, und ein breites Gefilde der schnell einbrechenden Wasser.
Siehe, da klimmt zu den Sternen ein Berg mit doppeltem Gipfel.
Schroff, Parnassus genannt, und überschauet die Wolken.
Als Deukalion hier (denn das Übrige deckte die Meerflut)
Samt dem vermähleten Weib anhaftete, fahrend im Schifflein;
Flehn den korycischen Nymphen sie beid' und den Mächten des Berges,
Themis auch, der erhabnen Verkündigerin am Orakel.
Nie war besser gesinnt, noch mehr auf Billigkeit achtend,
Irgendein Mann, nie frömmer ein Weib in Verehrung der Götter.
Jupiter, der weit sumpfend den überschwemmeten Erdkreis,
Und nur übrig sah von so viel Tausenden einen,
Und nur übrig sah von so viel Tausenden eine:
Ganz unsträflich sie beid', und beid' Anbeter der Gottheit,
Trieb die zerstreuten Gewölk', und, die regnenden Lüfte mit Nordwind
Reinigend, zeigt er dem Himmel die Erd', und der Erde den Himmel.
Ausgezürnt hat endlich das Meer. Hinlegend den Dreizack,
Sänftigt der Herrscher die Wog'; und ihn, der empor aus dem Abgrund
Ragte, die Schulter bedeckt mit angewachsenen Muscheln,
Ruft er, den bläulichen Triton, heran; und die Schneckendrommete
Heißt er ihn füllen mit Hauch, und zurück durch lautes Geschmetter
Brandungen rufen und Ström'. Er fasst das gehöhlete Meerhorn,

Welches gedreht in die Breit' anwächst von der untersten Windung:
Welches Horn, wann Atem auch mitten im Meer es empfangen,
Alle Gestad' umhallt vom Niedergang bis zum Aufgang.
Jetzt auch, sobald es den Mund im triefenden Taue des Bartes
Rührte dem Gott, und gehaucht ausrief den befohlenen Rückzug,
Ward es von allem Gewässer der Land' und der Meere gehöret;
Und so weit das Gewässer es hörete, ward es gebändigt.
Schon hat Ufer das Meer; voll wallen die Ström' in den Betten;
Niedriger rollen die Bäche; hervor gehn sichtbar die Hügel;
Mählich steigt das Gefild', und wächst aus versiegenden Wassern;
Und nach daurender Frist hebt endlich der Wald die entblößten
Wipfel empor, und zeigt nachbleibenden Schlamm auf den Blättern.
Hergestellt war die Erde. Doch jetzt die Leere betrachtend,
Und wie in Totenstille der Welt Einöde verstummt war,
Sprach Deukalion so mit quellender Träne zu Pyrrha:
O du, Schwester und Weib, du einzige jetzo der Frauen,
Welche gemeinsamer Stamm mir erst, und vervetterte Sippschaft,
Dann das Lager verband, nun selbst die Gefahr mir verbindet!
Rings in den Landen der Welt, die der Morgen bestrahlt und der Abend,
Sind wir beide das Volk; das Übrige raubte die Meerflut!
Nicht ist auch noch jetzo die Sicherheit unseres Lebens
Völlig gewiss; uns schrecken hinfort noch Wolken die Seele.
Was, wenn ohne den Gatten verschont dich hätte das Schicksal,
Was, Unglückliche, wäre dein Mut? Wie könntest du einsam
Dann ertragen die Angst? Durch wessen Tröstung den Kummer?
Denn ich (glaube mir das), wenn dich auch hätte der Abgrund,
Folgete dir, o Gattin, und mich auch hätte der Abgrund!
Könnt' ich doch die Völker der Welt durch Künste des Vaters
Wieder erneu'n, mit Seelen gebildete Erde belebend!

Wir nun sind, wir beide, der Rest des Menschengeschlechtes,
(Also gefiel's dort oben!) und Beispiel' unserer Gattung!
Jener sprach's; sie weinten. Der Schluss war jetzo, die Gottheit
Anzuflehn, und Hilfe durch heilige Lose zu suchen.
Ohne Verzug nahn beide sofort den cephisischen Wassern,
Noch nicht lautere Bäche, doch schon bekannte, durchwatend.
Als sie nunmehr dem Sprudel entschöpfete Taue gesprenget
Auf die Gewand' und das Haupt; zum Tempel der heiligen Göttin
Wenden sie jetzo den Schritt: dem oben das Dach in des Mooses
Schändendem Wuste sich barg, und glutlos jeder Altar stand.
Dann den geweiheten Stufen genaht, sank nieder aufs Antlitz
Mann und Weib, und küsste das kalte Gestein mit Erzittern.
Und: Wenn billigem Flehn, so sagten sie, himmlische Mächte
Freundlich erweichen ihr Herz, wenn Zorn der Götter gebeugt wird;
Sag', o Themis, wodurch der Verlust der Sterblichen heilbar
Sei, und rette die Welt, o du Gütige, nun aus der Sintflut!
Aber die Göttin, gerührt, antwortete: Weicht aus dem Tempel;
Hüllt euch beide das Haupt, und löst die gegürteten Kleider;
Werft sodann die Gebeine der großen Erzeugerin rückwärts.
Lange stauneten sie; nun brach die schweigende Stille
Pyrrha zuerst, und versagte dem Götterspruche Gehorsam;
Und um Verzeihung bittet ihr ängstlicher Mund, wenn sie schaudre,
Durch zerstreutes Gebein der Erzeugerin Schatten zu kränken.
Beide durchdenken indes die in wirrendes Dunkel gehüllten
Worte des göttlichen Spruchs, und erwägen sie wohl miteinander.
Dann zur Epimethide begann der Sohn des Prometheus.
Also mit sanfterem Lauf. Entweder uns täuscht die Besinnung,
Oder Frömmigkeit will, nicht Freveltat, das Orakel.
Zeugerin ist ja die Erd', und die Stein' in dem Leibe der Erde
Sind, wie mir deucht, das Gebein: dies sollen wir hinter uns werfen.

Ihres Gemahls Auslegung vernahm zwar froh die Titanin,
Nur war in Zweifel die Hoffnung: so sehr misstrauen sie beide
Noch dem Göttergebot. Doch harmlos wird der Versuch sein.
Talwärts gehn sie, verhüllen das Haupt, und entgürten die Kleider,
Heben gebotene Stein', und werfen sie hinter den Rücken.
Alles Gestein (wer glaubt' es, wofern nicht zeugte die Vorwelt?)
Legte die Härt' allmählich nun ab, und die trotzende Starrheit,
Schmeidigte mehr sich und mehr, und geschmeidiget nahm es Gestalt an
Bald, als wachsend es schwoll, und mild schon seine Natur sich
Äußerte, schien es beinah, wie einige, noch unenthüllte
Menschengestalt; doch so, wie von angehauenem Marmor,
Nicht vollendet genug, und roheren Bildnissen ähnlich.
Welcher Teil des Gesteins mit etwas Safte gefeuchtet
War, und der Erde verwandt, der gab dem Leibe die Glieder;
Festeres, was unbiegsamer starrt, wird in Knochen verwandelt;
Was als Ader erschien, das bleibt gleichnamige Ader.
Und nur wenige Frist, so gewann durch Gnade der Götter
Alles Gestein, das der Mann aussendete, männliche Bildung,
Und dem Wurfe des Weibes entblühete weibliche Schönheit.
Drum sind wir ein hartes Geschlecht, ausdauernd zur Arbeit;
Und wir geben Beweise, woher wir zogen den Ursprung.

Daphne

Phöbus liebte zuerst die peneïsche Daphne: wofür nicht
Blindes Geschick ihn entflammt, nein wütender Zorn des Kupido.
Delios schaut' ihn neulich, noch stolz von der Schlange Besiegung,

Als er das schnellende Horn einbog mit gestrengeter Senne;
Und: Was soll, mutwilliger Knab', ein so tapfres Gerät dir?
Spottet' er: das zu tragen geziemt nur unseren Schultern,
Die wir scharf das Gewild und scharf die Feinde verwunden!
Die wir ihn, der Hufen mit grässlichem Bauche belastet,
Jüngst mit unzählbaren Pfeilen gestreckt, den geschwollenen Python!
Wenn' dein Fackelchen dir, ich weiß nicht, welcherlei Liebe
Aufreizt, sei du vergnügt, ohn' unseren Ruhm zu begehren!
Drauf der Cypria Sohn: Und trifft dein Bogen, o Phöbus,
Alles; der meinige dich! So weit dir alles, was lebet,
Nachsteht, ebenso weit verschwindet dein Ruhm vor dem unsern!
Amor sprach's; und die Luft mit geschwungenen Fittichen schlagend,
Kam er in Eil', und stand auf dem schattigen Haupt des Parnassus.
Und er enthob zween Pfeile dem schmerzbeladenen Köcher,
Beide verschiedener Kraft: der scheucht, und jener erregt Glut.
Der sie erregt, ist golden, und blinkt mit spitziger Schärfe;
Der sie verscheucht, ist stumpf, und enthält Blei unter dem Rohre.
Diesen entsandte der Gott der peneïschen Nymphe; doch jenen
Schnellet' er durch die Gebein' in das innerste Mark dem Appolo.
Stracks ist einer verliebt; und den Liebenden meidet die andre,
Nur an Gehölz, und an Jagd, und an prangender Beute des Wildes,
Labend ihr Herz, nacheifernd der stets unbräutlichen Phöbe.
Jüngferlich fesselt ein Band die gesetzlos hängenden Haare.
Viel zwar warben um jene; doch sie, den Werbenden abhold,
Flüchtig und scheu vor dem Manne, durchstreift Einöden der Wälder;
Und nicht Hymen noch Amor bekümmert sie, noch die Vermählung.
Oftmal sagte der Vater: Gewähre mir, Tochter, den Eidam!
Oftmal sagte der Vater: Mein Kind, gewähre mir Enkel!
Jene, die gleich dem Verbrechen die ehliche Fackel verabscheut,

Färbt ihr schönes Gesicht mit schamhaft glühender Röte;
Und um den Hals dem Vater die schmeichelnden Arme geschlungen:
Gib mir, sprach sie, beständig, Geliebtester unter den Vätern,
Mädchen zu sein! Dies gab ihr Vater vordem der Diana!
    Zwar willfährt dir jener; doch hemmt dir, Mädchen, die Anmut
Deinen Wunsch, und es strebt dem Gelübd' entgegen die Schönheit.
Phöbus liebt, und begehrt der gesehenen Daphne Vereinung;
Was er begehrt, das hofft er; ihn täuscht sein eignes Orakel.
Wie nach genommener Ähre die nichtige Stoppel verbrannt wird;
Wie von der Fackel der Zaun aufflammt, die der Wanderer sorglos
Näherte, oder vielleicht in dämmernder Frühe hinwegwarf:
Also entbrannt' in Flamme der Gott; durch Mark und Gebeine
Lodert er auf, und nährt unfruchtbare Liebe mit Hoffnung.
    Kunstlos schaut er das Haar um den Hals ihr schweben:
O was erst,
Rufet er, wär' es gelockt! Er sieht, voll strahlenden Feuers,
Äugelein, hell wie Gestirn; er sieht das rosige Mündlein,
Was nicht genüget zu sehn; er lobt die Finger und Hände,
Lobt die geründeten Arm', und die halb vorscheinende Achsel.
Besser scheint das Verborgene noch. Sie entflieht, wie des Windes
Hauche dahin, nicht achtend des Flehenden, der sie zurückruft:
    Bleib, peneïsche Göttin, o bleib! nicht feindlich verfolg' ich!
Göttliche, bleib! So fliehet das Lamm vor dem Wolfe, die Hindin
So vor dem Leun, und die Taube mit zitterndem Flug vor dem Adler
Jedes dem Feind zu entgehn: mich nötiget Liebe zu folgen.
Wehe mir! falle doch nicht; und die Füß', unwürdig der Kränkung,
Ritze kein Dorn! nicht sei ich dir selbst Ursache des Schmerzes!
Rau sind dort, wo du eilest, die Gegenden: mäßiger, fleh' ich,
Lauf, und hemme die Flucht; dann mäßiger folg' ich dir selber.
Wem du gefällst, erkundige doch! Nicht haus' ich in Berghöhn,

Nicht hier schalt' ich als Hirt, nicht weidende Rinder und Schafe
Hüt' ich in wüster Gestalt! Nicht weißt du es, Törin, du weißt nicht,
Welchen du fliehst: das macht dich entfliehn! Mir huldiget Delphos,
Klaros und Tenedos mir, und die pataräische Hauptstadt!
Jupiter zeugete mich! Was war, was ist, und was sein wird,
Weissag' ich, und heiße das Lied einstimmen den Saiten!
Treffend ist unser Geschoss; nur war ein einziger Pfeil noch
Treffender, welcher die Wund' in das ruhige Herz mir gebohret!
Ich erfand die heilende Kunst; Heilbringer und Retter
Nennt mich die Welt; und die Kraft der Genesungskräuter gehorcht mir
Ach, kein linderndes Kraut erwächst für die Gluten der Liebe,
Und nichts frommt dem Besitzer die Kunst, die allen umher frommt!
Mehreres strebt' er zu reden; da ängstlichen Laufs die Penidin
Floh, und mit jenem verließ die unvollendeten Worte.
Hold erschien sie auch jetzt; es enthülleten Winde die Glieder,
Vor dem begegnenden Hauch entflatterten ihre Gewande,
Und ihr wallte das Haar rückwärts in dem leisen Gesäusel.
Eile vermehrte den Reiz. Nicht trug's der unsterbliche Jüngling,
Dass er noch länger umsonst liebkosete; sondern wie Amor
Antrieb, folgt' er den Spuren mit angestrengterem Schritte.
Wie wenn der gallische Hund im freieren Felde den Hasen
Sah, und jener um Raub sich beschleuniget, dieser um Rettung;
Immer erscheint anhaftend der Hund, nun, nun zu erhaschen
Hofft er, und streifet die Spur mit weit vorragendem Maule;
Jener dünkt sich beinah ein Gefangener, aber er reißt sich
Selbst aus den Bissen hinweg, und verlässt den berührenden Rachen:
Also der Gott und das Weib, die vor Angst hinstürmen und Sehnsucht
Doch der Verfolgende rennt, wie mit Amors Fittichen fliegend,

Schneller daher, und versaget ihr Ruh; schon nahe dem Rücken
Hängt er, und atmet den Hauch in die fliegenden Haare des Nackens.
Jetzt, nach geschwundener Kraft, erblasste sie, matt von der Arbeit
Jenes geflügelten Laufs, und schauend die Flut des Peneos:
Rette mich, rief sie, o Vater, wenn Macht euch Ströme beseelet!
Du, wo zu sehr ich gefiel, zerspalte dich unter mir, Erde!
Oder verwandele diese Gestalt, die mir Kränkungen bringet!
Kaum war geendet das Flehn; und gelähmt erstarren die Glieder.
Zarter Bast umwindet die wallende Weiche des Busens;
Grün schon wachsen die Haare zu Laub', und die Arme zu Ästen;
Auch der so flüchtige Fuß klebt jetzt am trägen Gewurzel;
Und ihr umhüllt der Wipfel das Haupt: nur bleibt ihr die Schönheit.
Phöbus liebt auch den Baum; und mit angelegeter Rechte
Fühlet er noch aufbeben in junger Rinde den Busen.
Und mit zärtlichen Armen die Äst', als Glieder, umschlingend,
Reicht er Küsse dem Holz; doch entflieht vor den Küssen das Holz auch
Jetzo sagte der Gott: Da du mein als Gattin nicht sein kannst,
Wenigstens sei als Baum du die Meinige! Immer umwind' uns
Du das Haar, und die Leier, und du den Köcher, o Lorbeer!
Du sei dem latischen Führer gesellt, wann froh der Triumphton
Hallt, und ein langer Zug hochfeierlich zum Kapitol steigt!
Selbst augustischen Pfosten hinfort der treueste Hüter,
Sollst an der Pforte du stehn, die umschlossene Eiche beschützend!
Und, wie jugendlich blüht mein ungeschorenes Haupthaar,
Trag' auch du beständig die dauernde Ehre des Laubes!
Päan endigte so; der jüngst entsprossene Lorbeer
Nickte dazu, und schien wie ein Haupt zu bewegen den Wipfel.

Io

Einen hämonischen Hain, dem ringsher starret ein Bergwald,
Nennt man tempische Tale: wodurch Peneos, vom untern
Pindus hervorgestürzt, mit schaumigen Wogen einherrollt,
Und in gewaltigem Fall von flüchtigen Dämpfen umwallte
Wolken zusammenzieht, und hoch mit Bespritzung die Wälder
Übertaut, mit Getöse nicht bloß das Nähere müdend.
Hier ist Wohnung und Sitz, hier stehn die Gemächer dem großen
Stromgott: hausend allhier in der felsgewölbeten Grotte,
Gab er den Wogen Gesetz, und dem Nymphengeschlecht in den Wogen
Dorthin kamen zuerst die versammelten Ströme des Landes,
Zweifelnd, ob Trost sie dem Vater, ob Glückwunsch, brächten um Daphne:
Dort Spercheos in Pappeln, und dort der Stürmer Enipeus,
Greisend Apidanos auch, und sanft Amphrysos und Äas;
Bald auch andere Ströme, die, wo sie das wilde Gelüst trug,
Niederlenken ins Meer die der Windungen müden Gewässer.
Inachus fehlet allein. Denn tief in der Grotte verborgen,
Mehrt er mit Tränen die Flut: voll Schmerz, als eine Verlorne,
Klaget er Io, die Tochter. Er weiß nicht, ob sie noch lebe,
Ob bei den Manen sie sei. Doch sie, die er nirgendwo findet,
Scheint ihm nirgend zu sein; und er hegt nur düstere Ahnung.
Jupiter schaute jüngst, wie zurück vom Strome des Vaters
Io ging, und: o Mädchen, die, Jupiters würdig, ich weiß nicht,
Welchen Gemahl beseligen wird, komm, sprach er, zum Schatten
Jenes erhabenen Hains (und er wies den Schatten des Haines),
Während der Glut, die Sol von der Mittagshöhe daherstrahlt.
Wenn du zagest allein in die Lager zu gehn des Gewildes;

Sicher geleitet ein Gott dich tief ins geheimere Dunkel:
Und kein niedriger Gott; nein, der den Zepter des Himmels
Hält in gewaltiger Hand, der schlängelnde Strahlen entsendet.
Fliehe mich nicht! Denn sie floh. Schon Lernas grasige Weiden
Ließ sie zurück, und die Felder des baumbepflanzten Lyrkeos,
Siehe, da hüllte der Gott in umzogene Nacht die Gefilde
Weit umher, und hemmte die Flucht, und beschämte die Jungfrau.
Grad indessen herab auf die Gegenden schauete Juno.
Voll Verwunderung nun, wie aus flüchtigem Nebel gedrängt sei
Dunkele Nacht in der Helle des Tages, erkennet sie deutlich,
Dass kein Fluss das Gedünst, kein sumpfiges Land es gesendet.
Und, wo ihr Ehegenoss sich beschäftige, spähet sie ringsum,
Weil sie die Schliche verstand des oft ertappten Gemahles.
Als sie nirgend im Himmel ihn schauete: Trügt mich nicht alles,
Sprach sie, so werd' ich gekränkt! und im Schwung aus der Höhe des Äthers
Fuhr sie zur Erde hinab, und ein Wort verscheuchte den Nebel.
Ahnend der Gattin Besuch, verwandelte Jupiter plötzlich
Zur hell schimmernden Starke die inachidische Jungfrau.
Auch als Kuh ist jene noch schön. Saturnia lobet,
Ungern zwar, die Gestalt, und fragt, unkundig zum Anschein,
Wessen sie sei, und woher, und zu welcherlei Trift sie gehöre?
Aus der Erde gezeugt! lügt Jupiter, dass die Erkundung
Endige. Schenke sie mir! antwortet Saturnia schmeichelnd.
Was zu tun? Die Geliebte hinwegzuschenken, wie grausam!
Nicht zu verleihn, wie verdächtig! Ihn drängt zuratende Scham hier,
Dort abratende Liebe. Die Scham zwar wiche der Liebe:
Doch würd' ein leichtes Geschenk der Genossin des Stamms und des Lagers
Eine Kuh, ihr versagt; nicht Kuh dann möchte sie scheinen.

Juno empfing die schöne Verführerin; dennoch entschwand nicht
Ganz ihr die Furcht; sie besorgte von Jupiter heimliche Tücke:
Bis sie Arestors Sohne die Hut vertraute, dem Argos.
Rings war das Haupt dem Argos mit hundert Augen erleuchtet,
Deren zween umeinander die wechselnde Ruhe genossen;
Wachsam spähten indes die übrigen, haltend die Obhut.
Wie er auch immer sich stellt', er schauete immer auf Io;
Und vor den Augen erschien, auch selbst dem Gewendeten, Io.
Weiden lässt er sie tags; doch sinkt die Sonne vom Himmel,
Schließt er sie ein, und fügt unwürdige Band' um den Nacken.
Sprossen des Erdbeerbaums und bittere Kräuter genießt sie;
Statt der schwellenden Lager, ein oft nicht grasiger Boden,
Dient der Armen zur Ruh'; und sie trinkt aus schlammigen Bächen.
Wann sie flehend die Händ' emporzustrecken zum Argos
Trachtete, hatte sie nicht emporzustreckende Hände;
Und wann Klagen ihr Mund anstimmete, scholl ein Gebrüll auf;
Und sie erschrak dem Getön, vor dem eigenen Laute sich fürchtend.
Jetzo kam sie zum Ufer, wo oft zu spielen sie pflegte,
Zum inachischen Ufer: sobald in der Flut sie die neuen
Hörner gesehn, da erschrak sie, und zuckte bestürzt vor sich selber.
Keine Najad' erkennt, nicht Inachus selber erkennt sie;
Dennoch folgt dem Vater sie nach, und folget den Schwestern,
Lässt sich auch gern anfühlen, und kommt den bewundernden näher
Inachus reicht ihr gerupfetes Gras, der altende Stromgott;
Jene leckt ihn am Knöchel, und küsst die Hände des Vaters.
Kaum auch hält sie die Trän', und wenn die Worte nur folgten,
Ach, so flehte sie Hilf, und meldete Namen und Schicksal.
Aber ein sprechender Zug, den der Fuß im Staube gezeichnet,
Gab die traurige Kunde des umgewandelten Leibes.

Weh mir Armen, o weh! ruft Inachus; und an den Hörnern
Hängend der seufzenden Kuh, ihr den schneeigen Nacken
umschlingend
Weh mir! erneut er den Ruf. Bist du's, die in allen Gefilden,
Trautes Kind, ich gesucht? O du Nichtgefundene warst mir
Weniger Gram, denn entdeckt! Du schweigst, und versagest die
Antwort
Unserem Wort; nur Seufzer, gepresst aus der Tiefe des Herzens,
Gibst du, und, was du vermagst, dem Redenden brummst du
entgegen!
Ich Unwissender sorgte für Hochzeitkammer und Brautkien,
Hoffend von dir den Eidam zuerst, dann blühende Enkel!
Jetzt von der Herd' ist ein Mann, von der Herd' ein Geschlecht dir
beschieden?
Auch nicht endigen darf ich durch Tod mein Leiden; zum Unheil
Bin ich unsterblicher Gott! die verschlossene Pforte des Todes
Dehnt von Ewigkeit uns zu Ewigkeit dauernden Jammer!
So wehklaget der Greis; da entfernt ihn der funkelnde Argos,
Reißt von dem Vater sein Kind, und hinweg in entlegene Weiden
Schleppt er sie. Selber sodann abwärts auf ragendem Berghaupt
Wählt er den Ort, wo er sitzend die Gegenden alle durchspähet.
Jupiter, der nicht länger die Qual der phoronischen Jungfrau
Duldete, rief nun den Sohn, den ihm die helle Plejade
Einst gebar, und befahl, durch Mord zu vertilgen den Argos.
Ohne Verzug ist die Fers' ihm gefittichet, und in der Rechten
Sein schlafbringender Stab, und der schirmende Hut um die Haare.
Als er solches vollbracht, sprang Jupiters Sohn von des Vaters
Burg zu der Erde hinab. Dort legt' er den schirmenden Hut ab,
Auch die Flügel entfernt' er, und trug nur den Stab in den Händen.
Hiermit treibt er als Hirt durch wildernde Fluren die Ziegen,

Die er im Kommen geraubt, und bläst die geordneten Halme.
Zauberisch klang das neue Getön dem junonischen Hüter:
Wer du auch seist, rief Argos, du könntest mit mir auf dem Felsen
Wohl ein weniges ruhn; denn üppiger wächst für die Herde
Nirgend das Gras; und den Hirten erfreut, wie du siehst, die Umschattung.
Neben ihm saß der atlantische Gott; durch mancherlei Reden
Hielt er den gehenden Tag; und die wohlvereinigten Rohre
Blasend, versucht er in Schlaf die bewachenden Augen zu tönen.
Jener sträubt sich indes dem sanft einwiegenden Schlummer,
Und, wenn schon in Betäubung ein Teil der Augen dahinsank,
Wacht doch der andere Teil. Auch fraget er, denn die Syringe
War erst neulich entdeckt, auf welcherlei Art sie entdeckt sei.
Drauf erzählte der Gott: In Arkadiens kalten Gebirgen
War die berühmteste einst der nonakrischen Hamadryaden
Eine Najad' an Gestalt; die anderen nannten sie Syrinx.
Oft vereitelte sie nachstellender Satyre Hoffnung,
Und was sonst für Götter im schattigen Wald und im Fruchtfeld
Wohnen. Sie dienete treu der ortygischen Göttin mit Jagdlust
Und jungfräulichem Sinn. Auch geschürt nach der Weise Dianas,
Täuschte sie leicht, und gölte sogar für Latonia, wenn nicht
Diese von Horn ein Geschoss, nicht jen' ein goldenes trüge.
So auch täuschte sie noch. Als einst vom Lykäus sie heimging,
Schauet sie Pan, und das Haupt mit stachlichter Fichte gegürtet,
Redet er. – Übrig war, die geredeten Worte zu melden;
Und wie verachtend die Nymph' unwegsame Wüsten hindurchfloh,
Bis zum ruhigen Strom des sandigen Ladon sie endlich
Flüchtete, und, als dort ihr den Lauf abschnitten die Wasser,
Um Verwandelung bat die lauteren Schwesternajaden;
Und wie Pan, da er eben gehascht nun glaubte die Syrinx,

Statt der blühenden Nymphe das Rohr umarmte des Sumpfes;
Und, weil seufzend er stand, wie die wallenden Wind' in dem Rohre
Leises Geflüster erregt, der lispelnden Klage nicht ungleich;
Dann wie der Gott im Entzücken der neu erfundenen Tonkunst:
Diese Vereinigung soll mit dir mir bleiben! gesaget;
Und wie so, durch bindendes Wachs abstufende Rohre,
Wohl aneinander gereiht, des Mägdeleins Namen behielten.
Solches zu melden bereit, sah schon der Cyllenier sämtlich
Hingesunken die Augen, und tief umschattet von Schlummer.
Plötzlich hemmt er die Stimm', und kräftiget jene Betäubung,
Sanft mit zaubrischem Stabe die schmachtenden Augen berührend.
Rasch den Nickenden haut er mit sichelförmigem Säbel,
Dort wo dem Hals angrenzet das Haupt; und den Blutenden stürzt er
Nieder vom Fels, und rötet die zackige Klippe hinunter.
Argos, du ruhst, und das Licht, das so vielfach leuchtend dir strahlte,
Ward gelöscht; und zugleich die hundert Augen umhüllt Nacht.
Aber sie nimmt, und verschönt dem Lieblingsvogel die Federn,
Juno, den Schweif anfüllend mit farbiger Steine Gefunkel.
Schleunig entbrannt' ihr das Herz, und sie eilte den Zorn zu vollenden
Schweben vor Augen und Geist die Schreckengestalt der Erinnys
Hieß sie dem Mädchen von Argos, und drängt ihr Stacheln des Wahnsinns
Tief in die Brust, und scheuchte sie wild durch die Lande der Welt hin.
Du warst übrig zuletzt dem unendlichen Leiden, o Nilus.
Als sie auch diesen berührt', und matt an dem Borde des Ufers
Sank, die Kniee gebeugt, und, rückwärts hebend den Nacken,
Was allein sie vermochte, das Antlitz streckte zum Himmel,

Und mit Geseufz und Tränen und dumpf aufbrummender Wehmut
Jupiters Härt' anklagt', und ein End' erflehte des Jammers;
Jetzo seiner Gemahlin den Hals mit den Armen umschlingend,
Bittet er, dass sie die Strafe doch endige: Und für die Zukunft,
Saget er, zähme die Furcht: nie wird Ursache des Schmerzes
Jene dir sein; dies höre die Flut des stygischen Sumpfes!
Völlig gesühnt ist die Göttin; da kehrt in die vorige Bildung
Io, und wird, was sie war. Es entfliehn von dem Leibe die Zotten;
Mählich verwächst das Gehörn; dem Auge wird enger die Rundung;
Menschlicher zieht sich der Rachen; verjüngt blühn Schultern und Hände;
Und es zerspaltet die Klau' in fünf auslaufende Zehen.
Nichts von der Kuh ist übrig an ihr, die weiße Gestalt nur.
O wie vergnügt die Nymphe mit zwei aufstrebenden Füßen
Jetzo sich hebt, doch zu reden noch zagt, dass Rindergebrüll nicht
Schalle: vor Furcht abbrechend das Wort, und wieder versuchend!
Hoch nun prangt sie als Göttin im Volk Lein tragender Männer.

Zweites Buch

Phaethon

Jupiters Sohn, wie man glaubt, war Epaphus, welchen ihm Io
Fern in Ägyptus gebar: wo, der Mutter gesellt, er in Städten
Tempel beherrscht'. Ihm war gleichalterig, gleich an Gesinnung,
Phaethon, stammend von Sol. Als der mit prahlender Rede
Trotz ihm bot, hochmütig des Vaters Phöbus sich rühmend,
Trug's nicht Inachus Enkel: Du glaubst doch, sprach er, der Mutter
Alles, o Tor; und blähst dich vom Schein des falschen Erzeugers.
Phaethon glüht' im Gesicht; doch hemmte den Zorn die Beschämung;
Und zur Klymene flog er, des Epaphus Lästerung meldend.
Dass du, o Mutter, es fühlst; sieh, redet er, ich Ungebundener,
Ich Auffahrender schwieg! Es beschämt, dass solcherlei Schmähung
Einer wie wir anhören, und nicht abfertigen konnte!
Doch du, wenn ich gewiss aus himmlischem Samen gezeugt bin,
Gib mir Beweis so hohen Geschlechts, und erhalt' mich dem Himmel!
Phaethon sprach's, und umschlang der Gebärerin Hals mit den Armen;
Und bei dem eigenen Haupt, und des Merops Haupt, und der Schwestern
Hochzeitfackel beschwur er, ihm wahr zu bezeichnen den Vater.
Klymene weniger nicht von Phaethons Flehn, wie vom Zorne
Aufgeregt der gehörten Beschuldigung, streckte die Arme
Beide zum Himmel empor; und das Licht der Sonne betrachtend,
Sagte sie: Ja bei dem Glanze der schimmernden Herrlichkeit oben
Schwör' ich dir, trautester Sohn, die uns anhöret und siehet:

Er dort welchen du schaust, er dort, der Ordner des Kreislaufs,
Zeugte dich, Sol! Ist Erdichtung mein Wort, dann weigere jener
Selbst sich mir; dann tag' es zuletzt heut unseren Augen!
Auch nicht lang ist die Mühe, den Vaterpalast zu erforschen;
Nahe grenzet das Haus, wo er aufsteigt unserem Lande.
Wenn ja das Herz dir gebeut; geh hin, und erkund' es von jenem!
Schleunig hüpft er empor, da der Zeugerin Red' er vernommen,
Phaethon, fröhliches Sinns, und fasst den Äther im Geiste.
Äthiopen, sein Volk, und von näheren Sternen entbrannte
Indier, strebt er hindurch, und ereilt Sols östliche Wohnung.
Königlich ragt' auf Säulen die Burg des Sonnenbeherrschers,
Hell von schimmerndem Gold' und feuerrotem Pyropus.
Elfenbein umhüllte mit Glanz den oberen Giebel;
Silbernes Licht entstrahlte des Eingangs doppelten Flügeln.
Aber den Stoff besiegte die Kunst. Denn Mulciber hatte
Dort des Ozeanus Gurt um den Rand der Erde gemeißelt,
Auch der Lande Bezirk, und das Dach des gewölbeten Himmels.
Rings hat bläuliche Götter die Flut: den ertönenden Triton,
Proteus Wechselgestalt, und Ägäon, welcher dem Walfisch
Drückt mit Riesenarmen den ungeheueren Rücken;
Doris auch, und die Töchter, die teils wie schwimmend erscheinen,
Teils auf dem Riffe gesetzt, und grünliche Haare sich trocknend,
Teils auch vom Fische geführt: nicht gleich ist allen, noch ungleich,
Ihre Gestalt, nein ähnlich, wie leiblichen Schwestern es ansteht.
Männer trägt und Städte die Erd', auch Wälder und Bergwild,
Ströme zugleich, und Nymphen, und andere Mächte des Feldes.
Oben herum erhebt sich das Bild des leuchtenden Himmels:
Sechs der Zeichen zur Rechten, und sechs zur Linken des Eingangs.
Als nun der Klymene Sohn hieher auf steigendem Pfade
Ankam, und in die Burg des bezweifelten Vaters hineinging,

Wendet' er stracks die Schritte zum Angesicht des Erzeugers,
Und blieb stehen von fern: denn des näheren Lichtes Bestrahlung
Duldet' er nicht. Dort saß in umhüllendem Purpurgewande
Phöbus auf fürstlichem Thron, der leuchtete, hell von Smaragden,
Rechts ihm standen und links der Tag, und das Jahr, und der Monat;
Auch Jahrhunderte standen, und gleich geordnete Horen;
Jugendlich stand auch der Frühling, den blumigen Kranz um die Scheitel;
Auch der nackende Sommer, im Schmuck umwindender Ähren;
Auch der Herbst, mit der Kufen getretenem Moste besudelt;
Und der beeisete Winter, umstarrt von grauendem Haupthaar.
Sol in der Mitte des Raums, mit alldurchschauendem Blicke,
Sah vor der Neuheit der Dinge verzagt annahen den Jüngling.
Was will, sagt er, dein Gang? was suchest du hier in der Felsburg,
Phaethon? wertes Geschlecht dem nicht ableugnenden Vater!
Jener beginnt: O du Licht des unermesslichen Weltalls!
Vater Phöbus, wofern du des Namens Gebrauch mir vergönnest,
Und nicht Klymene Schuld in gefabelte Täuschungen einhüllt:
Gib mir, Erzeuger, ein Pfand, dass man für dein wahres Geschlecht mich
Anerkenn', und vertilg' aus unserem Herzen den Irrtum!
Phaethon sprach's, und der Vater enthüllte sich aller Bestrahlung,
Welche sein Haupt umglänzt', und gebot ihm, näher zu treten.
Dann in die Arm' ihn schließend: Nicht du bist meiner Verkennung
Würdig, und Klymene hat dir wahr verkündet den Ursprung.
Dass dir schwinde der Zweifel; so fordere, was du auch wünschest,
Und ich gewähre den Wunsch: Sei Styx mir Zeugin des Wortes,
Furchtbar dem schwörenden Gott, und unseren Augen ein Abscheu!
Kaum war alles gesagt; da wünscht' er den Wagen des Vaters
Einen Tag, und die Lenkung der fußgeflügelten Rosse.

Phöbus bereute den Schwur, und schüttelte dreimal und viermal
Sein mild leuchtendes Haupt: Unbedachtsam, rief er, und Leichtsinn
Ward mein Wort durch das deine! Gestatte mir, Sohn, die Verheißung
Nicht zu verleihn! Ich bekenne, dies einzige möcht' ich dir weigern.
Aber ich darf abraten. Gefahrvoll ist, was du wünschest!
Viel zu Großes begehrst du, ein Amt, das solcherlei Kräften,
Phaethon, wenig geziemt, noch so unmännlichem Alter.
Dir ward sterbliches Los; doch sterblich ist nicht dein Bestreben.
Höher sogar, als Ewigen selbst zu gelangen vergönnt ist,
Trachtest du ohne Bedacht. Es gefalle sich jeder nach Willkür:
Doch zu stehen vermag auf der glutbelasteten Achse
Keiner, denn ich! Ja selber der Fürst des weiten Olympus,
Der aus schrecklicher Hand fernschmetternde Leuchtungen sendet,
Lenkt nicht dieses Gespann: und wer misst Jupiters Allmacht?
Steil ist der Weg im Beginn, wo kaum noch frisch mir die Rosse
Frühe hinaufarbeiten. Dann schreckt die Höhe des Mittags,
Wo mir selbst, tief unten das Meer und die Lande zu schauen,
Oftmals graut, und das Herz aufbebt vor banger Besorgnis.
Jäh ist endlich der Weg, und bedarf der sichersten Lenkung.
Jene sogar, die drunten, die Arm' ausbreitend, mich aufnimmt,
Tethys pflegt, dass im Sturz ich enttaumele, nun zu befürchten.
Denke dazu, dass, gerafft von beständigem Schwunge, der Himmel
Hohe Gestirn' hinzieht, und in hurtigem Wirbel herumdreht.
Ich nur streb' anwärts; und dem Sturm, der alles besieget,
Trotz' ich allein, und fahre der raffenden Kreisung entgegen.
Sei dir der Wagen gewährt; was meinest du? Kannst du hinangehn
Wider den rollenden Pol, unentführt von der reißenden Achse?
Ja wer weiß, auch Haine sogar und Städte der Götter
Träumt sich dein Herz dort oben, und prangende Tempel mit Reichtum?

Schau', Nachstellungen drohn auf der Fahrt, und Gestalten des Wildes!
Ob du die Bahn auch hältst, und nie ausbeugend verirrest;
Dennoch musst du hindurch am Gehörn des begegnenden Stieres,
An des Hämoners Geschoss, und dem Rachen des grausamen Löwen,
Auch an dem Skorpion, der die Klau'n in entsetzlichem Umfang
Krümmt, und dem grässlichen Krebs, der sie krümmt in anderer Windung!
Wähn' auch nicht, dass die Rosse, von Mut beseelet und Feuer,
Welches ihr Busen verschließt, und aus Maul und Nase hervorhaucht,
Leicht dir zu bändigen sein! Kaum dulden sie mich, wann entflammter
Ihnen der Mut aufglüht; und es sträubt sich der Nacken den Zügeln.
Lass doch nicht von mir selber ein trauriges Ehrengeschenk dir
Kommen, o Sohn; und verbessre den Wunsch, da die Zeit es gestattet!
Siehe, damit man erzeugt aus unserem Blute dich glaube,
Willst du ein sicheres Pfand: ich gebe das Pfand durch Besorgnis!
Wohl beweis' ich den Vater, mich väterlich ängstend! O schau doch,
Schau mein Gesicht! Und o möchtest du auch in das innerste Herz mir
Senken den Blick, und drinnen die Vatersorgen erkennen!
Endlich betracht' umher, was die Welt einschließet an Reichtum:
Aus so vielen und großen, der Erd' und des Meers und des Himmels,
Fodre dir einiges Gut; nicht Weigerung soll dich betrüben!
Diesem nur, fleh' ich, entsage: was richtiger Strafe, denn Ehre,
Würde genannt! Ach, Strafe, mein Phaethon, soll dir Geschenk sein!
Was umschlingst du den Hals, Unweiser, mit schmeichelnden Armen?
Zweifele nicht, du erlangst (bei den stygischen Fluten beschwur ich's!),

Was du auch immer gewünscht; doch lass verständig den Wunsch sein!
Also endigte Sol die Ermahnungen. Jener verschmäht sie,
Hält den beschlossenen Zweck, und glüht in Begierde des Wagens.
Als nun, was er gekonnt, Sol zauderte, führt' er den Jüngling
Hin zu dem hohen Geschirr, dem vulkanischen Ehrengeschenke.
Lauteres Gold war die Achs', und Gold die Deichsel, und Gold auch
Oben dem Rade der Kranz; die geordneten Speichen von Silber.
Chrysolith' um das Joch, und funkelnde Stein in der Ordnung,
Spiegelten hell den Phöbus in widerstrahlender Klarheit.
Während Phaethon dies voll Mut anstaunt', und die Arbeit
Musterte; siehe, da öffnet', erwacht im rötlichen Aufgang,
Schon Aurora das purpurne Tor, und den rosenbestreuten
Vorhof. Schleunig entfliehn die Gestirn', und es treibet den Heerzug
Lucifer, welcher zuletzt abzieht von der Wache des Himmels.
Aber sobald der Vater die Erd' und den Himmel erröten
Sah, und schwinden am Rand die erblassenden Hörner der Luna;
Schnell zu schirren die Rosse gebot nun Titan den Horen.
Schnell ist vollbracht das Gebot: die feuerschnaubenden Renner,
Mit Ambrosiasaft an erhabenen Krippen gesättigt,
Führen die Göttinnen her, und legen die klirrenden Zäum' an.
Jetzo berührt der Vater mit heiliger Salbe das Antlitz
Seines Sohns, und stärkt es, die reißende Flamme zu dulden.
Hierauf krönt er mit Strahlen sein Haar, und aus innerstem Herzen
Bang' aufziehend des Grams vorahnende Seufzer, beginnt er:
Magst du, wenigstens hier, die Ermahnungen hören des Vaters;
Meid', o Knabe, den Sporn, und kräftiger brauche die Zügel!
Selbst schon eilen sie fort: sie im Flug zu hemmen ist Arbeit.
Auch nicht wähle die Bahn durch fünf gradlaufende Gürtel.

Schlängelnd windet sich schräg ein breit gebogener Querweg,
Welcher, auf drei der Zonen den Lauf einschränkend, die Kreisung
Meidet des südlichen Pols, und der nördlich stürmenden Bärin:
Dort sei die Fahrt; du erkennst die deutlichen Spuren des Rades!
Und dass Himmel und Land gleichmäßige Wärme gewinnen,
Senke du weder den Wagen, noch schwing ihn empor in den Äther.
Allzu hoch verbrennst du der Himmlischen wölbende Wohnung,
Aber zu tief die Länder; am sichersten gehst du im Mittel.
Dass dir weder zur Rechten, wo weit die Schlange sich windet,
Noch linksab zum gesenkten Altar ausbeuge der Wagen,
Halt' durch beide den Strich. Des übrigen walte Fortuna,
Die mit besserem Rat, als du, dir helfe: das wünsch' ich!
Während ich rede, berührt am hesperischen Ufer die Säulen
Schon die feuchtende Nacht, und verbeut uns längere Säumnis.
Auf denn, es gilt! Dort strahlt aus zerstreuetem Dunkel Aurora!
Fass' in die Hand das Geriem! Doch falls du lenkbaren Herzens
Bleibst, nimm unseres Rates, und nicht des Wagens, Gebrauch an:
Weil du es kannst, und fest auf gediegenem Boden noch dastehst,
Eh' du, nach törichtem Wunsch, auf der Achs', Unkundiger, schwebest!
Anschaun magst du es sicher, doch mich lass leuchten dem Erdkreis!
Aber im Sprunge besteigt den ätherischen Wagen der Jüngling,
Steht nun empor, und berührt mit der Hand die gegebenen Zügel
Fröhlich, und dankt von oben dem ungern schenkenden Vater.
Doch die geflügelten Rosse, der Pyroïs, und der Eous,
Äthon zugleich, und Phlegon, erfüllen die Luft mit Gewieher
Flammenden Hauchs, und schlagen die Huf an die hemmenden Barren.
Als nun zurück die Barren, das Los misskennend des Enkels,
Tethys drängt', und der Raum unermesslicher Himmel sich auftat,

Raffen sie schleunig den Weg, und die Luft mit den Füßen durchstampfend,
Spalten sie dick vorstehend Gedünst, und auf hebenden Flügeln
Rennen sie mutig voran dem zugleich ausstürmenden Ostwind.
Doch leicht war das Gewicht, und ganz unkennbar dem edlen
Sonnengespann; es gebrach an gewohnter Schwere des Joches.
Wie der gebogene Kiel hinschwankt mit dürftiger Ladung,
Und von zu leichtem Gewicht unstet durch die Wellen umhertreibt:
Also, der vorigen Last entlediget, sprang in die Luft nun
Hüpfend in Stößen empor, wie mit eiteler Leere, der Wagen.
Aber sobald dies merkte das Viergespann, da entstürzt es
Wild dem gebahneten Raum, nicht laufend in voriger Ordnung.
Jener erschrickt, ratlos die gewirreten Zügel zu lenken,
Und unkundig des Wegs, und kennt' er ihn, doch des Befehles.
Jetzo zuerst erwarmten die frostigen Stiere des Wagens,
Und versuchten umsonst in verbotene Flut sich zu tauchen.
Auch die Schlange, die dicht am beeiseten Pole sich lagert,
Träg' in der Kälte zuvor, harmlos, und fürchterlich keinem,
Ward nun erwärmt, und schwoll zu neuem Zorn in der Glut auf.
Du auch, melden sie, flohst in zerrüttender Angst, o Bootes,
Langsam, wie du auch warst; dein Wagen nur zwang dich zu bleiben.
Doch als Phaethon jetzt, der Elende, hoch aus dem Äther
Niederschaut' auf die Lande, die tief, tief unten sich streckten,
Blass nun ward sein Gesicht, und ihm zitterten plötzlich die Kniee;
Und in des Urlichts Glanz umzog ihm Dunkel die Augen.
Hätt' er doch nie, so wünscht er, des Vaters Rosse berühret!
Hätt' er doch nie erkannt sein Geschlecht, noch gewagt die Erkundung!
Merops Sohn zu heißen genügt! Es entrafft die Gewalt ihn,
So wie die Bark' hinstürmet der Boreas, wann sie entzügelt

Treiben ihr Steuerer lässt und Göttern vertraut und Gelübden.
Was zu tun? Viel hat er zurückgelassen des Himmels,
Doch vor den Augen ist mehr: sein Herz misst dieses und jenes.
Vorwärts bald, wohin sein Schicksal verbeut zu gelangen,
Schaut er zum Untergang, bald rückwärts schaut er zum Aufgang.
Sonder Entschluss nun stutzt er, und senkt so wenig die Zügel,
Als er sie strengt; auch die Namen der fliegenden Rosse vergaß er.
Jetzt am gesprenkelten Himmel umhergestreuete Wunder
Schaut er voll Angst, und Gestalten des ungeheuren Gewildes.
Dort auch krümmt zwei Arme der Skorpion in geschweiften
Windungen: hinten ein Schwanz, und vorn ausstreckend die Scheren,
Füllet er ganz mit dem Leibe den Raum zwei himmlischer Zeichen.
Kaum erblickte der Knabe das Scheusal, feucht von dem Schweiße
Dunkelen Gifts, und Wunden mit stechender Krümmung ihm drohend,
Sinnlos ließ er in kältender Angst hingleiten die Riemen.
Als die gesunkenen nun des Rückens Fläche berührten;
Schweifen die Rosse dahin und gehn, da keiner sie hemmet,
Durch einöde Bezirke der Luft: wie das wilde Gelust führt,
Stürzen sie ohne Gesetz; schon sprengen sie hoch in den Äther
Zwischen geheftete Stern', und es rollt das Geschirr in die Wildnis.
Bald durchfliegen sie Höh'n, und bald abschüssige Strecken,
Niedergestürzt, und durchjagen die Gegenden nahe der Erde.
Luna sieht mit Erstaunen, wie unter dem ihrigen jetzo
Läuft des Bruders Gespann, und es dampfen gesengt die Gewölke.
Feuer ergreift nacheinander die ragenden Höhen der Erde;
Tief zerspaltet das Land, und die nährenden Säfte versiegen;
Falb verwelket das Gras, und es knattert der Baum mit den Blättern;
Und sich selbst ist die trockene Saat ein verwüstender Zunder.
Kleines annoch! Es vergehn hochtürmende Städte mit Mauern;

Ganze Völker sogar mit Stämmen zugleich und Geschlechtern
Wandelt in Asche der Brand; und Waldungen glühn mit Gebirgen.
Athos brennt, und Taurus, es brennt der Tmolus, und Oeta,
Auch, nun trocken, zuvor voll strömender Quellen, der Ida;
Helikons Jungfrauhöh', und der künftig öagrische Hämos.
Ätna brennt, unermesslich die Feuersbrünste verdoppelnd,
Eryx, und Cynthos, und Othrys, und, zwiefaches Haupts, der Parnassus,
Rhodope auch, nun endlich des Schnees entbehrend, und Mimas;
Dindyma brennt, und mit Mykale brennt der umschwärmte Cithäron.
Nicht auch rettet der Frost dich, Szythia: Kaukasus brennet;
Ossa zugleich mit Pindus, und, hoch vor beiden, Olympus;
Luft'ge Alpen zugleich, und der wolkige Apenninus.
Phaethon schauet nunmehr, wie an jeglichem Teile der Erdkreis
Raucht in der lodernden Glut; und kann nicht dulden die Hitze.
Denn aufsiedende Luft, wie aus tiefem Schlunde des Ofens,
Atmet sein Mund; auch fühlt er, dass unter ihm glühe der Wagen.
Nicht die flockende Asch', und nicht die geschnelleten Funken,
Mag er bestehn; ringsher umwirbelt ihn hitziger Rauchdampf.
Wo und wohin er gehe durch pechschwarz wallendes Dunkel,
Weiß er nicht mehr; ihn entraffen die fliegenden Rosse nach Willkür.
Jetzo, glauben sie, drang das kochende Blut in den Adern
Oben zur Haut, und schwärzte die äthiopischen Völker.
Jetzt ward Libya erst nach ausgesottener Nässe
Trockener Sand; jetzt weinten mit hangendem Haare die Nymphen
Laut um Brunnen und Seen. Böotia jammert um Dirce,
Argos klagt Amymone, und Ephyra ihre Pirene.
Nicht auch bleiben die Ströme, die fern ihr Ufer gewannen,
Sicher annoch. Schon dampfet der Tanaïs mitten im Strudel,
Schon Peneos der Greis, und der Teuthranteer Kaïkus,

Phokis Strom Erymanthos, mit dir, o schneller Ismenos;
Xanthos, zu doppeltem Brande bestimmt, und der gelbe Lykormas;
Du auch, froher Mäandros, in oft rückkehrender Windung;
Auch der Mygdonier Melas, und Tänaros Strom Eurotas.
Brennend erscheint Euphrates um Babylon, brennend Orontes,
Auch Thermodon im Sturz, auch Ganges, und Phasis, und Ister;
Brennend wallt Alpheos, und wallt die sperchëische Strömung;
Und es zerfließt in der Flamme das Gold, das Tagus herabführt.
Auch, die mit süßem Gesang ihr mäonisches Ufer verherrlicht,
Selbst erwarmten die Schwän' im sumpfenden Strom des Kaystros
Nilus entfloh voll Schrecken zum äußersten Ende des Landes,
Bergend das Haupt, das noch immer verborgene: dürr und versandet,
Stehn die Mündungen all, und sind ungewässerte Täler.
Gleiches Geschick auch dörrt die Ismarier, Hebros und Strymon
Auch die hesperischen Ströme, den Rhodanus, Rhenus und Padus,
Und, dem Obergewalt verkündiget wurde, den Tibris.
Rings nun zerlechzet der Grund; in den Tartarus dringt durch die Spalten
Licht, und erschreckt mit der Gattin den unterirdischen König.
Eng auch zieht sich das Meer; ein Gefild' aufwehenden Sandes
Ist, wo der Abgrund war; noch eben umhüllt von Gewässern,
Tauchen die Berge hervor, den Schwarm der Zykladen vermehrend.
Labsal sucht in den Tiefen der Fisch; und über der Meerflut
Wagt nicht mehr in die Luft der gebogne Delfin sich zu schwingen.
Auch unförmige Robben, den Rücken gestreckt auf die Woge,
Schwimmen entseelt ringsher. Selbst Nereus, sagt man, und Doris
Hielten sich jetzt, und die Töchter, in laulicher Grotte verborgen.
Dreimal wollte Neptunus die Arm' und das finstere Antlitz
Aus dem Gewog' ausstrecken; doch dreimal trug er die Glut nicht.
Aber die nährende Tellus, umströmt von Ozeanus Kreisung,

Zwischen den Fluten des Meers und rings versammelten Quellen,
Die sich zusammengedrängt in den Schoß der dunkelen Mutter,
Hob, bis zum Halse gedörrt, ihr allbefruchtendes Antlitz,
Schützte die Hand vor die Stirn, und jetzt, mit gewaltigem Beben
Alles erschütternd umher, versank sie ein weniges tiefer,
Als sie gewöhnlich erscheint, und mit trockener Stimme begann sie:
Wolltest du dies, und verdient' ich's, warum, der Unsterblichen Höchster,
Zaudert dein Strahl? O lass, soll ich Elende sterben durch Feuer,
Durch dein Feuer mich sterben! Des Schlags Urheber wird Trost sein!
Kaum vermag ich der Kehle nur dieses Wort zu entlocken!
(Qualm erstickt ihr den Mund.) O schau die versengeten Haare!
Schau die Augen so voll, und so voll von Asche das Antlitz!
Gibst du mir solchen Dank der Fruchtbarkeit, solche Belohnung
Meiner gefälligen Treu: dass ich Wunden des hakigen Pfluges,
Wunden des Karstes ertrag', im ganzen Jahre gequälet?
Dass ich dem Viehe sein Laub, dem Geschlecht der Menschen zur Nahrung
Zeitige Früchte gewähr', und euch zum Opfer den Weihrauch?
Aber wenn ich mein Leiden verdienete; was hat die Meerflut,
Was der Bruder verdient? Warum versiegen die Wasser,
Welche das Los ihm gab, und entziehn sich ferne dem Äther?
Wenn denn, so wenig wie ich, dein eigener Bruder dich rühret,
Wenigstens sei dein Himmel dir wert! Schau jeglichen Pol an:
Hier schon dampft es und dort! Beschädiget jene das Feuer,
Plötzlich zerfällt euch die Wohnung in Schutt! Selbst drüben der Atlas
Müht sich, und hält auf der Schulter noch kaum die glühende Achse!
Wenn die Meer' und die Lande vergehn, und die Burg des Olympus,
Ins urnächtliche Chaos enttaumeln wir! Reiß aus den Flammen,

Was noch übrig dir ist, und sorge für Heil und Erhaltung!
Dies nur redete Tellus; denn nicht aushalten die Schwüle
Konnte sie länger in Qualm, noch mehreres reden: ihr Antlitz
Zog sie zurück in die Erde, die tief zu den Manen sich höhlet.
Doch der allmächtige Vater bezeugt die Gewalten des Himmels,
Und, der den Wagen verliehn, es zerscheitere, rett' er nicht schleunig,
Alles im grausen Geschick: dann steigt er zur obersten Burg auf,
Wo er umher mit Wolken den Erdkreis pflegt zu verhüllen,
Wo er die Donner erregt, und geschleuderte Strahlen entsendet.
Aber so wenig Gewölk, den Erdkreis rings zu verhüllen,
Hatt' er nunmehr, als Regen herabzugießen vom Himmel.
Siehe da donnert' er laut, und rechts von dem Ohre geschwungen
Sandt' er dem Lenker den Strahl: aus dem Leben zugleich und den Rädern
Schmettert' er ihn, und dämpfte mit schrecklicher Flamme die Flammen.
Scheu nun stutzen die Ross', und im Sprung auf die Seite sich bäumend,
Sprengen sie ab das Geriem, und schütteln das Joch von den Hälsen.
Dorthin fallen die Zäum', und dort, von der Deichsel gerissen,
Lieget die Achs', und dort die Speichen zerbrochener Räder;
Weitaus schnellt in die Runde der Wrack des zertrümmerten Wagens.
Phaethon nun, von der Glut die geröteten Haare verwüstet,
Taumelte häuptlings hinab, und in langem Zuge die Luft durch
Flieget er: sowie zuweilen ein Stern vom heiteren Himmel,
Wenn auch nicht er entfällt, doch gleich dem entfallenden scheinet.
Fern von der Heimat nimmt in dem Gegenlande der Hauptstrom,
Nimmt ihn Eridanus auf, und spült sein schäumendes Antlitz.
Aber hesperische Nymphen bestatten den Leib, der noch aufdampft

Vom dreispaltigen Strahl; und die Inschrift zeichnet den Grabstein:
»Phaethon ruhet allhier, der des Vaters Wagen gelenket;
Zwar nicht ganz ihn behauptend, erlag er doch großem Bestreben.«
Jetzo barg der Erzeuger in trostlos jammernder Wehmut
Sein umzogenes Haupt; und wenn wir trauen der Sage,
Ging ein Tag von der Sonn' unerhellt: nur die Lohe des Brandes
Leuchtete; dass solch Übel doch einigen Nutzen gewährte.
Klymene selbst, nachdem sie geklagt, was alles in solchen
Schrecknissen lehrt unerschöpflicher Schmerz: in Verzweiflung und sinnlos,
Und mit entstelleter Brust, durchschweifte sie jetzo den Erdkreis.
Erst die entseeleten Glieder, und bald die Gebeine nur suchend,
Fand die Gebeine sie doch am Fremdlingsufer bestattet.
Schmerzvoll sank sie dahin, und las den Namen am Marmor,
Überströmt' ihn mit Tränen und wärmt' ihn am offenen Herzen.
Heliaden auch bringen die eitele Ehre des Todes,
Bitterer Tränen Erguss; und die Brust mit den Händen sich schlagend,
Rufen sie, der nie hört die erbarmungswürdige Klage,
Phaethon! Tag und Nacht, und liegen gestreckt um das Grabmal.
Viermal füllete Luna den Kreis mit vereinigten Hörnern:
Jene, der Sitte gemäß (denn Sitte ward aus Gewohnheit),
Brachten ihr Trauergeschrei. Als nun Phaethusa, der Schwestern
Älteste, eben zur Erde den Leib hinneigete, plötzlich
Klagt sie, ihr starre der Fuß. Die weiße Lampetia strebte
Ihr mit Hilfe zu nahn, und haftete schnell an der Wurzel.
Als die dritte das Haar mit der Hand zu zerreißen emporgriff,
Raufte sie Laub. Die traurt, dass ein Stamm ihr binde die Schenkel;
Jene, dass lang ihr die Arm' in grünende Äste sich strecken.
Während sie dies anstaunen, da schließt die Rinde den Schoß ein;
Dann aufstufend zum Bauche, zu Brust und Schulter und Händen,

Steigt sie; allein nur raget der Mund, anrufend die Mutter.
Was kann jetzo die Mutter? Nur dorthin rennt sie und dorthin,
So wie das Herz ihr gebeut, und küsst noch, weil es vergönnt ist.
Nein, nicht genug! von dem Stamme den Leib zu reißen versucht sie,
Und das zarte Gespross von der Hand zu brechen: doch siehe,
Blutig rinnen hervor, wie aus offener Wunde, die Tropfen.
Schone doch! Mutter, o schone! so ruft, die sie eben verwundet:
Schone doch! uns wird selber der Leib in dem Baume zerrissen!
Lebe nun wohl! Baumrinde verschließt die endenden Worte.
Tränen fließen hervor, und es starrt der getröpfelte Bernstein
Gegen die Sonn' am jungen Gebüsch; das empfangene Kleinod
Sendet der lautere Strom zum Schmuck den latinischen Töchtern.
Zeuge dem Wundergeschick war der stheneleïsche Cyknus,
Welcher, obgleich sehr nahe durch mütterlich Blut dir vereinigt,
Näher an Sinne dir war, o Phaethon. Dieser, entweichend
(Denn der Ligurer Stämm' und mächtige Städte beherrscht' er)
Aus dem Gebiet, durchtönte die grünenden Ufer mit Klagen,
Und des Eridanus Flut, und den volleren Wald der Geschwister.
Schnell wird zarter die Stimme dem Mann; und flaumige Federn
Bergen ergrauend das Haar, und lang empor von dem Busen
Streckt sich der Hals; auch bindet ihm Haut die errötenden Finger;
Fittiche decken die Seit', und stumpf ist am Antlitz der Schnabel.
Cyknus erneut sich zum Schwan. Noch stets misstraut er dem Himmel
Jupiters, eingedenk des grausam gesendeten Feuers.
Sümpf und verbreitete Seen bewohnet er: hassend die Gluten,
Hat er zur Wohnung erwählt die der Glut feindseligen Wasser.

Kallisto

Jupiter, als er die Erd' umwanderte, müde des Äthers,
Sah in Arkadias Fluten der nonakrinischen Jungfrau'n
Holdeste; und es entbrannte sein Herz von feuriger Sehnsucht.
Nicht war jener Geschäft, die gekrempelte Wolle zu feinern,
Noch durch Tracht zu verändern das Haar. Wann die Spange das Kleid ihr,
Und ein schneeiges Band nachlässige Locken gefesselt,
Nahm sie bald den schnellenden Spieß, bald Bogen und Köcher,
Als Trabantin der Phöbe: so wert war keine der Göttin
Je auf des Mänalus Höhn. Doch alles Glück ist vergänglich!
Über den Mittagsraum war schon das Sonnengespann hin,
Als sie die Waldung betrat, wo niemals Äxte gehauen.
Und sie entspannte den Bogen und hub von der Achsel den Köcher,
Legte sich dann auf den Boden, mit weichem Grase gepolstert;
Und den gemaleten Köcher bedeckt ihr ruhender Nacken.
Jupiter, da er so müde sie sah, und ohne Bewachung:
Diesmal, sprach er, entdeckt doch den Gang nicht meine Gemahlin;
Oder erspäht sie ihn auch, oh, so gilt ihr Keifen mir so viel!
Plötzlich umhüllet den Gott die Gestalt und der Schmuck der Diana:
Jungfrau, redet er an, du Begleiterin meines Gefolges,
Welcherlei Höh'n durchjagtest du heut? Da erhebt sich die Jungfrau
Schnell vom Rasen, und sagt: Heil, Herrscherin, höher geschätzt mir,
Wenn er auch selber es hört, als Jupiter! Lächelnd vernimmt er's,
Froh, dass er selbst vorgehe sich selbst; und er füget ihr Küsse,
Nicht in gehörigem Maße, noch so zu geben von Jungfrau'n.
Arglos will sie erzählen, in welchem Gehölz sie gejaget;
Aber es hemmt sie Gewalt: und siegreich kehrt zu dem Äther

Jupiter. Ihr ist verhasst das Gebüsch, und die kundige Waldung.
Als sie den Fuß wegwandte, vergaß sie beinah zu erheben
Köcher und Pfeil', und zu nehmen den aufgehangenen Bogen.
Siehe, da kommt Diktynna, vom hüpfenden Chore begleitet
Über den Mänalus her, und stolz des erlegeten Wildes,
Schauet sie jen', und ruft; doch es stutzt die gerufne Kallisto;
Und sie befürchtet zuerst, dass Jupiter sei in der Göttin.
Aber nachdem sie zugleich die wandelnden Nymphen gesehen,
Traut sie, entfernt sei Betrug, und die Zahl der übrigen mehrt sie.
Ach, wie schwer, ein Gebrechen im Antlitz nicht zu verraten!
Kaum nun hebt sie die Augen empor; nicht, wie sie gewohnt war,
Geht sie der Göttin zur Seit', und immer voran in dem Schwarme.
Nein, sie verstummt, und deutet beleidigte Zucht mit Errötung.
Wenn sie nicht Jungfrau war, an mancherlei Zeichen bemerkte
Leicht Diana die Schuld; man sagt, es bemerkten die Nymphlein.
Aber sogleich vernahm es des Donnerers hohe Gemahlin;
Nur auf gelegene Zeit verschob sie die schreckliche Ahndung.
Nun ist geschwunden die Frist; denn schon ward Arkas (auch dieses
Kränkt der Juno das Herz) von der Nebengattin geboren.
Als sie auf jenen den Blick voll grausamen Mutes gewendet.
Ha! dies fehlete nur, du Ehebrecherin, rief sie,
Dass du auch fruchtbar wärst, dass öffentlich würde die Kränkung
Durch die Geburt, und meines Gemahls Unehre bescheinigt!
Nicht ungestraft sei solches! Ich nehme dir jene Gestalt ab,
Welche dir selber behagt und, Trotzerin! unserem Gatten!
Juno sprach's, und ergriff an der Stirn ihr die Locken, und warf sie
Vorwärts hin auf die Erde. Sie hob demütig die Arme.
Doch es begannen die Arme von dunkelen Zotten zu starren;
Krumm auch wurden die Händ', und wuchsen in klauige Tatzen,

Und sie versahn der Füße Geschäft; und das reizende Antlitz,
Selbst für Jupiter, ward vom entsetzlichen Maule geschändet.
Und dass ihr grausames Herz nicht bittende Worte bewegen,
Nimmt sie ihr reden zu können: ein Ton voll Zornes und Unmuts,
Rauer Drohungen voll, erschallt aus der brummenden Kehle.
Ihren Schmerz anzeigend mit unaufhörlichem Jammern,
Hebt sie, was Händ' ihr sind, zum Himmel empor und Gestirne;
Undankbar nicht kann sie den Jupiter nennen, sie denkt ihn.
Ach, wie oft nicht wagend im einsamen Wald zu ruhen,
Naht sie dem Haus, und irrt in den vormals eigenen Äckern!
Ach, wie oft durch Felsen verfolgen sie bellende Hunde!
Sie, einst Jägerin, flieht vor den Jagenden jetzo erschrocken.
Oft vor gesehenem Wilde versteckt sie sich, ihrer vergessend;
Und die Bärin erstarrt, wenn ein Bär im Gebirge sich zeiget.
Bang' auch meidet sie Wölf, obgleich ihr Vater ein Wolf ist.
    Siehe, der Sohn, unkundig der lykaonischen Mutter,
Arkas erscheint, da beinah er fünfzehn Jahre vollendet.
Während das Wild er verfolgt, und ein Tal auswählet zum Anstand,
Und mit geknotetem Garn erymantische Wälder umzingelt,
Wird er der Mutter gewahr. Und sobald sie schauet den Arkas,
Stehet sie still, und gleicht der erkennenden. Jener entfliehet;
Und weil ihn unbeweglich mit starrenden Augen sie anblickt,
Fühlt unwissend er Angst; und da näher zu gehn sie begehret,
Wollt' er ihr eben die Brust mit verwundendem Pfeile durchbohren.
Doch der Allmächtige hemmt; und zugleich sie selbst und die Untat
Rückt er hinweg; und im Sturm durch luftige Leere sie schwingend,
Stellt er sie dort an den Himmel, als Nachbarsterne zu funkeln.
Juno schwoll, da im Kreise der himmlischen Sterne das Kebsweib
Leuchtete. Rasch zu dem Vater Ozeanus, und zu der grauen
Tethys fuhr sie ins Meer, die oft die Götter mit Ehrfurcht

Rühreten. Jetzo gefragt um des Wegs Ursache, begann sie:
Forscht ihr, warum ich herab vom ätherischen Sitze, der Götter
Königin, kam? Statt meiner beherrscht ein' andre den Himmel!
Lügnerin heiß' ich, wo nicht, wann die Nacht das Gewölbe verdunkelt,
Ihr am erhabenen Himmel die jüngst verherrlichten Sterne,
Meine Kränkung, erblickt, dort war die äußerste Kreisung
Dicht am Rande des Pols im kürzesten Raume sich umdreht.
Was ist noch, warum man die Juno fürchte zu kränken,
Und der Beleidigten zittre; da ich nur fromme durch Schaden.
Traun, was ich alles vollbracht! wie grenzlos unsre Gewalt ist!
Menschheit legte sie ab; und Gottheit nahm sie! So fruchtbar
Weiß ich Verbrecher zu strafen! so groß ist die Macht, die mir beiwohnt!
Stell' er denn her ihr altes Gesicht, und die Bildung des Raubtiers
Schaff er hinweg, wie er einst an des Inachus Tochter getan hat!
Warum freit er sie nicht, und räumt, die Juno verstoßend,
Ihr mein Ehegemach, und nimmt zum Schwäher Lykaon?
Auf denn, wofern euch das Herz die verachtete Zöglingin rühret,
Wehrt dies blaue Gestrudel dem siebenfältigen Nordstern;
Und, die um Buhlerlohn, als Gestirn, an den Himmel erhöht sind,
Scheuchet sie: dass nicht bad' in der lauteren Woge das Kebsweib!
Jene gewährten den Wunsch; und empor im bequemen Geschirre
Lenkt durch heitere Luft Saturnia farbige Pfauen.

Der Rabe und die Krähe

Vormals weißer wie Schnee mit silberhellem Gefieder
Blinkte der Rab', und trotzte den ganz ungemakelten Tauben;
Nicht die wachsame Gans, die Roms Kapitole zur Hut war,
Schimmerte heller denn er, noch der rudernde Schwan im Gewässer.
Ihm war die Zunge Verderb; durch Schuld der geschwätzigen Zunge
Ward das lichte Gefieder in dunkeles plötzlich verwandelt.
Schöner war, wie Koronis, die Larissäerin, keine
Aller hämonischen Frau'n. Dir wenigstens, Phöbus, gefiel sie,
Weil noch züchtig sie war, und noch unbeachtet. Doch endlich
Merkte den Flattersinn der apollonische Vogel;
Und zu entdecken die Schuld, ein unerbittlicher Melder,
Lenkt' er zu seinem Beherrscher den Flug. Mit geschwungenem Fittich
Folgt ihm die plaudernde Kräh', um alles genau zu erforschen.
Als sie des Wegs Ursache gehört: Nicht frommet der Weg dir,
Sagte sie, welchen du eilst; o gedenk' an meine Verkündung!
Schau', was ich war, und was jetzo ich bin; dann forsche, woher das?
Und du erkennst, dass Treue mir schadete. Einst in der Vorzeit
Hatte der Erde Geschlecht, den Erichthonius, Pallas
In der geflochtenen Kist' aus attischem Reisig verschlossen.
Drei jungfräulichen Töchtern des zweigestalteten Cekrops
Gab sie darauf den Beding, dass nicht ihr Geheimnis sie sähen.
Ich, im luftigen Laube der dichten Ulme verborgen,
Späh' ihr Tun. Zwo schützen das Unvertraute redlich,
Pandrosos samt der Herse; doch Furchtsame schilt sie Aglauros;
Und sie entschürzt mit der Hand die schließenden Knoten, und drinnen
Sehn sie ein Kind, und zugleich den lang geringelten Drachen,

Schnell, was geschehn, verkünd' ich der Herrscherin. Dessen zum Danke
Werd' ich, vordem ihr Liebling, verdrängt aus dem Schutz der Minerva,
Selbst von dem Vogel der Nacht. Mein Schicksal kann dem Geflügel
Warnung sein, dass keiner Gefahr mit der Stimme sich schaffe.
Nicht freiwillig vielleicht, und ungebeten um solches,
Wählte sie mich? Geh hin, und erkunde dich selber bei Pallas!
Wie voll Zornes sie ist, auch die zornige wird es nicht leugnen!
Denn mich hat ein Berühmter im phokischen Lande, Koroneus
(Kündiges red' ich) gezeugt; und ich glänzt' als Königestochter;
Auch (verachte mich nicht) bewarben sich mächtige Freier.
Unglück war die Gestalt. Denn indem an den sandigen Ufern
Ich mit langsamem Schritt lustwandelte, wie ich gewohnt bin,
Sah mich der Herrscher des Meers, und erglühete; und da er bittend
Lange die Zeiten umsonst mit schmeichelnden Worten verschwendet,
Übt er Gewalt, und verfolgt: ich entflieh, und verlasse des Ufers
Dichten Saum, ohnmächtig im mulmigen Sande mich müdend.
Götter ruf ich und Menschen um Schutz; doch erreichte die Stimme
Keines Sterblichen Ohr: für die Jungfrau sorgte die Jungfrau,
Welche mir Rettung verlieh. Ich erhob die Arme zum Himmel;
Und an den Armen entlang erdunkelte leichtes Geflügel.
Werfen wollt' ich zurück das Gewand von der Schulter; doch Feder
War das Gewand; und hatt' in die Haut tief Wurzel getrieben.
Schmerzvoll regt' ich die Händ', um die nackenden Brüste zu schlagen;
Aber ich sah nicht Hände, noch nackende Brüste mir übrig.
Zwar ich lief; doch hemmte nicht Sand mir die Füße, wie vormals;
Nein, ich schwebt' an dem Boden daher, in die Luft dann gehoben
Flog ich, und ward der Minerva zur unbescholtnen Gesellin.

Aber was frommet mir das, wenn Nyktimene, welche zum Vogel
Grässliche Schuld umschuf, Nachfolgerin unserer Ehr' ist?
Hast du vielleicht die Geschichte, die weit durch Lesbos ertönet,
Nie mit den Ohren gehört? wie Nyktimene frech des Erzeugers
Lager entweiht? Auch als Vogel gequält von dem Gräuel der Blutschuld,
Flieht sie den strafenden Blick lichtscheu, und verbirgt in dem Dunkel
Ihre Schmach; und alle verbannen sie rings aus dem Äther.
Also plauderte sie. Dir selbst, antwortete der Rabe,
Lohne die Warnung mit Schimpf: ich verachte die nichtige Deutung.
Schnell den begonnenen Weg vollbringt er, und sagt dem Apollo,
Dass er gesehn, wie Koronis geküsst ein hämonischer Jüngling.
Aber dem Liebenden sank bei der Schuld Anzeige der Lorbeer;
Und die erhabene Miene zugleich, und die Laut' und die Farbe
Schwanden ihm. Dann, wie der Zorn im gärenden Herzen emporschwoll,
Rafft er die heilige Wehr! und den krumm gehörneten Bogen
Spannt er; und, ach! den Busen, der oft an dem seinigen ruhte,
Diesen durchbohrte der Gott mit unvermeidlicher Spitze.
Und die Getroffene seufzt', und indem sie den Stahl aus der Wunde
Zog, umströmte das Blut die schneeigen Glieder mit Purpur.
Und sie begann: Gern mocht' ich den Fehl dir büßen, o Phöbus,
Aber gebären zuvor; nun sterben wir zwei in der einen!
Dies nur; und sie verströmte zugleich mit dem Blute das Leben;
Und der entseelete Leib erstarrt' in der Kälte des Todes.
Ach, den Liebenden reut zu spät die grausame Strafe;
Und sich selbst, dass er hörte, dass so er entloderte, hasst er;
Hasst auch den Vogel zugleich, der ihn das Vergehn zu erfahren
Zwang, und des Schmerzes Beginn; auch die Senn', und den Bogen, die Hand auch

Hasst er, und hasst, mit der Hand, die so blind ausfliegenden Pfeile.
Zärtlich umarmt er und pflegt die gesunkene, strebet das Schicksal
Noch durch Rat zu besiegen, und übt nichts fruchtende Heilkunst.
Aber da alles umsonst er versucht, und gesehen die Scheiter
Aufgehäuft, und geordnet zum Totenbrande den Leichnam;
Jetzt ein banges Geseufz (denn es ziemt nicht himmlischer Antlitz,
Feucht von Tränen zu sein), aus dem innersten Herzen geatmet,
Seufzet er: anders nicht, als wenn vor den Augen der Mutter
Ihrem noch saugenden Kalbe der rechts vom Ohre geschwungne
Hammer mit tönendem Schlag die gehöhlete Schläfe zerschmettert.
Doch wie die Brust er beströmte mit unwillkommenen Düften,
Und in die Arme sie schloss, unpflichtige Pflichten vollendend,
Duldete Phöbus es nicht, dass zugleich sein Sam' in die Asche
Stäubete; sondern hervor aus der Flamm' und dem Schoße der Mutter
Riss er den Sohn, und trug ihn zur Kluft des gedoppelten Chiron.
Doch ihn, welcher den Lohn der nicht falsch redenden Zunge
Hoffte, den Raben enthob er der Schar weiß fiedrichter Vögel.

Ocyrhoe

Fröhlich erzog das Geschlecht des Delius und der Koronis
Chiron, der weiße Zentaur, und stolz ob der Ehre des Amtes.
Siehe, da kam, die Schulter umwallt von gelblichem Haupthaar,
Chirons Tochter daher, die einst die Nymphe Chariklo
Ihm an dem Ufer gebar des schnell hinrauschenden Stromes,
Und Ocyrhoe nannte. Ihr war die Künste des Vaters
Nicht genug zu erlernen; sie sang auch verborgenes Schicksal.
Diese demnach, da die Wut sie ergriff weissagender Ahnung,

Und sie entbrannte vom Gott, der tief im Herzen ihr wohnte,
Schaute das Kind: Heilbringer dem Kreis der Erde, so rief sie,
Wachse, du Knab', und gedeih! Dir wird von den sterblichen Leibern
Oft Genesung verdankt; du schaffst den entflohenen Seelen
Wiederkehr! Doch wagst du zum Trotz der Götter es einmal,
Nicht es von Neuem zu tun, verwehrt dir die Flamme des Ahnen.
Dann aus dem Gott ein Leichnam erblassest du; und aus dem Leichnam
Schimmerst du wieder ein Gott; und zweimal ändert dein Schicksal.
Du auch, teuerster Vater, der nicht ein Sterblicher aufwuchs,
Sondern bestimmt, durch die Räume der Ewigkeit alle zu dauern,
Wünschest dir sterben zu können, wann einst der grässlichen Schlange
Blut mit Qualen dich brennt, die verwundeten Glieder durchtobend.
Dir, dem Ewigen, gibt den Tod zu erdulden die Gottheit;
Und dir trennen die Faden die dreifach waltenden Schwestern.
Überig war den Geschicken noch einiges. Tief aus dem Herzen
Seufzet sie auf, und es feuchten ihr quellende Tränen das Antlitz.
Und: Mir eilet zuvor mein Schicksal! rief sie, gehemmet
Wird mir die Red', und versperrt der Gebrauch der eigenen Stimme!
Nicht ja galten die Künste mir so viel, welche der Gottheit
Rächender Zorn mir erweckt! O erkennt' ich nie doch die Zukunft!
Schon entwindet sich mir die menschliche Bildung, ich seh' es!
Schon lockt nährendes Kraut; schon ebenes Feld zu durchlaufen,
Drängt mich der Mut! Ross werd' ich, und nehme den Wuchs der Verwandtschaft!
Aber warum denn ganz? Ist doch zweileibig der Vater!
Also jammerte sie; der Schluss des Jammergetöns war
Minder verständlich bereits, ein Gewirr undeutlicher Worte;

Bald auch Worte nicht mehr; auch scheint's nicht Stimme des Rosses;
Aber, wie wenn sie ein Ross nachahmete. Völlig bestimmt nun,
Wieherte hell sie empor, und bewegte die Arm' in die Kräuter.
Jetzo kleben die Finger; es schließt fünf einzelne Nägel
Fest mit gediegenem Horne der Huf; auch das wachsende Antlitz
Steigt auf erhabenem Hals'; und das Ende des schleppenden Mantels
Wird zum Schweif; und das Haar, wie es wild den Nacken umwallte,
Legt sich rechts als Mähne hinab. Neu wurde gebildet
Stimme zugleich und Gestalt; den Namen auch gab ihr die Bildung.

Battus

Delius irrt' in Elis umher und messenischen Feldern,
Suchend das Vieh, in der Zeit, als ihn ein ländliches Fellwams
Hüllt', und rechts ihm beschwerte die Hand ein waldiger Ölstab,
Links die Syring', ungleich mit sieben verbundenen Rohren.
Während der Lieb' er gedenkt, und seine Syring' ihn bezaubert,
Waren ihm, wie man erzählt, unbewacht die Rinder entwandelt,
Fern in die Pylierflur. Der Sohn der atlantischen Maja
Sah sie, und barg die entführten durch eigene Kunst in den Wäldern.

Niemand merkte den Raub; nur ein Greis, in jenem Gefilde
Wohlbekannt, den Battus die Nachbarn alle benannten,
Der in grasigen Talen und Au'n dem begüterten Nelus
Herden der edelen Ross', ein geordneter Hüter, bewachte.
Diesen zog er besorgt mit schmeichelnder Hand auf die Seite:
Gastfreund, wer du auch bist, liebkoset er, fraget dich jemand,
Ob du die Rinder gesehn, so leugne du. Dass du umsonst nicht

Diese Gefälligkeit übst, sei die schimmernde Kuh dir Belohnung.
Und er gab ihm die Kuh. Der empfangende Fremdling erwidert:
Gehe du ruhig vor mir; der Stein sagt eher den Raub an.
Und er zeigte den Stein. Merkurius, gehend zum Anschein,
Kehrete bald, und die Stimme zugleich mit der Bildung verwandelt:
Landmann, hast du vielleicht, so redet er, hier auf dem Abweg
Rinder gesehn; hilf retten, und sei kein Hehler des Diebstahls.
Schau', dir geb' ich zum Lohne die Kuh mit dem Stiere gepaaret.
Aber der Greis, da der Sold sich verdoppelte: Hinter dem Berge,
Saget er, werden sie sein; auch waren sie hinter dem Berge.
Lachend erwidert der Gott: Mich mir, Treuloser, verrätst du?
Mich verrätst du mir selbst? Und er schafft aus dem tückischen Melder
Hartes Schiefergestein, das noch dem Probenden meldet.

Aglauros

Hochher schwang durch den Himmel Merkurius schwebende Flügel;
Auf die munychische Flur, und das Lieblingsland der Minerva
Schaut' er im Flug', und das Rebengehölz des geschmückten Lyzeums.
Und es geschah, dass heute, wie Sitte war, züchtige Jungfrau'n
Auf schönlockigem Haupt in die festliche Burg der Minerva
Trugen die Heiligtümer in laubumwundenen Körben.
Dorther sahe sie kehren der fliegende Gott; und er steuert
Nicht mehr grade den Lauf, er kreist in der selbigen Krümmung.
Wie um das Fleisch des Altars ein raubbegieriger Weihe,
Scheu und verzagt, da gedrängt die Opferdiener umherstehn,

Rasch in die Runde sich dreht, und nicht sich weiter hinanwagt,
Sondern den Wunsch sehnsüchtig umfliegt mit geschwungenen Flügeln:
Also beuget den Lauf der behände Cyllnier ringsum
Über der attischen Burg, und wirbelt die selbigen Lüfte.
Wie mit hellerem Glanz vor den übrigen Sternen hervorscheint
Luzifer; wie noch heller, denn Luzifer, leuchtet der Vollmond:
So viel herrlicher ging vor allen erlesenen Jungfrau'n
Herse, des festlichen Zugs und ihrer Gespielinnen Krone.
Jupiters Sohn erstaunte dem Reiz; und schwebend im Äther
Ward er entflammt, wie geschnellt aus balearischer Schleuder
Fliegt das gekugelte Blei, und erhitzt wird von der Bewegung,
Und nicht glühend zuvor, jetzt glutvoll zischt in den Wolken.
Sieh, er wendet die Fahrt, abwärts vom verlassenen Himmel.
Auch verstellt er sich nicht; der eigenen Bildung vertraut er.
Diese, wie sehr sie geziemt, erhöhet er dennoch mit Sorgfalt.
Glatt nun streicht er das Haar, und stellt, dass zierlich es hange,
Sich das Gewand, dass scheine der Bord und das goldene Stickwerk,
Dass ihm schlank in der Rechten der Stab sei, welcher den Schlummer
Lockt und verscheucht, dass glänze die Sohl' an sauberer Ferse.
Heimlich barg der Palast im Innersten drei der Gemächer,
Prangend mit Elfenbein und Schildpatt. Pandrosos wohnte
Rechts, und links Aglauros, es wohnt' in dem mittleren Herse.
Jene, die links anwohnte, bemerkte des Merkurius Ankunft
Jetzo zuerst; und sie waget, den Gott, wie er heiße, zu fragen,
Und weswegen er komme. Worauf ihr der Enkel des Atlas
Und der Pleïone sagt: Ich bin's, der die Worte des Vaters
Rings durch die Lüfte bestellt; mein Vater ist Jupiter selber.
Auch nicht Vorwand heuchel' ich dir. Nur sei du der Schwester

Treu, und meinem Geschlechte verschmäh' nicht Base zu heißen.
Herse gilt mein Besuch. Sei hold dem Liebenden, fleh' ich.
Doch ihn beschaut Aglauros mit jenen Augen, womit sie
Jüngst die verborgnen Geheimnisse sah der blonden Minerva.
Und sie verlangt, dass Gold von großem Gewicht ihr belohne
Solchen Dienst, und zwingt ihn indes aus dem Hause zu weichen.
Düster wandt' auf Aglauros den Blick die streitbare Göttin;
Und sie entzog dem Herzen so laut aufatmende Seufzer,
Dass die erhabene Brust, und über der Brust ihr die Ägis
Zitterte. Denn sie gedachte der Frevlerin, welche mit schnöder
Hand die Geheimniss' enthüllt', als einst des lemnischen Gottes
Mutterloses Geschlecht sie schauete gegen das Bündnis:
Und lieb sollte dem Gotte sie nun, lieb werden der Schwester?
Reich nun durch den Empfang des geizig geforderten Goldes?
Stracks, wo die Scheelsucht wohnt im finsteren Wust der Verwesung,
Eilet sie hin. Ihr Haus ist im untersten Tale des Orkus
Tief versteckt, unbesonnt, und nie vom Winde gelüftet,
Traurig und öd', und voll untätigen Frostes erstarrend,
Stets der Flamme beraubt, und stets von Dunkel umnachtet.
Als hierher sie gekommen, des Kriegs graundrohende Männin,
Steht vor dem Hause sie still (nicht ziemt es ihr, unter das Obdach
Einzugehn), und klopft mit der spitzigen Lanz' an die Pfosten.
Jetzt, wie die schütternde Pforte sich öffnete, sieht sie die Scheelsucht
Zehren am Natternfleische, der Kost des tückischen Herzens;
Von der gesehenen kehrt sie hinweg die Augen. Doch jene
Hebt sich faul von der Erd', und lässt die Leiber der Schlangen
Angenaget zurück, und schleppt schwerfällig den Fußtritt.
Als sie die Göttin erblickte, so schön von Gestalt und von Rüstung,

Seufzte sie tief, und verzog bei dem peinlichen Ächzen das Antlitz.
Blässe wohnt im Gesicht, und Magerkeit rings an den Gliedern.
Seitwärts schielet der Blick; gelb stehn voll Rostes die Zähne;
Grün ist von Galle die Brust, und von Gift umflossen die Zunge.
Niemals lacht sie, wo nicht gesehener Schmerz sie gekitzelt.
Nie auch genießt sie des Schlafs, von wachsamen Sorgen ermuntert,
Sondern sie schaut unlustig, und abgehagert vom Anschaun,
Menschenglück; und nagend an anderen, nagt sie zugleich sich,
Und wird Strafe sich selbst. Wie sehr ihr auch jene verhasst war,
Dennoch redete so Tritonia flüchtige Worte:
    Triff mit deiner Verwesung von Cekrops Töchtern mir eine,
(Solches ist not!) Aglauros genannt! Nicht mehreres redend,
Floh sie, und trieb die Erde zurück mit gestemmeter Lanze.
    Jene den Blick seitwärts auf die fliehende Göttin gedrehet,
Murmelte leise für sich; denn dass es gelang der Minerva,
Ärgerte sie. Und sie fasste den Stab, den Dornengewinde
Ganz umher einhüllt'; und bedeckt von düsteren Wolken,
Wo sie den Gang hinwendet, zermalmt sie blühende Felder,
Sengt sie verschrumpfendes Kraut, und verletzt die obersten Wipfel.
Rings mit verpestendem Hauch die Völker, die Städt' und die Häuser
Schändet sie; bis sie nunmehr die Burg der Tritonia schauet,
Prangend mit sinnigem Geist, Wohlfahrt und festlichem Frieden;
Und kaum hält sie die Tränen, da nichts zu betränen sich darbeut.
    Gleich, wie sie dort ins Gemach der cekropischen Tochter hineinging
Tut sie, was Pallas gebot, und berührt mit schwärzlichen Händen
Jener die Brust, und füllt mit stachlichten Dornen das Herz ihr;
Haucht dann hinein des Verderbs Abschaum, und durch die Gebeine

Strömet sie, schwärzer wie Pech, und tief in die Lungen, den Geifer.
Dass auch des Grams Ursachen nicht fernere Räume durchirren;
Stellt sie die Schwester Gestalt, und die selige Liebe der Schwester,
Ihr vor den Blick, und den Gott in wunderherrlicher Bildung;
Alles vergrößert sie noch: bis aufgereizet, Aglauros
Am stillnagenden Schmerz erkrankt, und ängstlich die Nächte,
Ängstlich die Tage verseufzt, und in langsam schmachtendem Elend
Hinschmilzt, so wie das Eis, von flüchtiger Sonne verwundet.
Und sie entbrennt nicht anders vom Wohl der glücklichen Herse,
Als wenn Glut in die Kräuter des Dorngefildes gelegt wird,
Welche nicht hell aufflammen, doch sanft verglimmen im Qualme.
Oftmal wünscht sie den Tod, um nichts desgleichen zu sehen;
Oft will sie's wie Verbrechen dem eifernden Vater erzählen.
Endlich, um abzuweisen den kommenden Gott aus der Wohnung,
Saß sie vorn auf der Schwell'; und wie sehr er schmeichelt' und flehte,
Und in dem freundlichsten Ton liebkosete: Endige! rief sie;
Nimmer scheid' ich von hier, bevor ich hinweg dich getrieben!
Wohl, der Vertrag soll gelten! so sprach der cyllenische Herold;
Und er entschloss mit dem Stabe die gemeißelte Pforte. Doch jene
Mühet sich aufzustehn; und es stockt ein jedes Gelenk ihr,
Welches der Sitzende beugt, unbewegt in lastender Trägheit.
Zwar sie ringet mit Macht, gerade den Rumpf zu erheben;
Aber den Knien erstarret der Bug, und über die Nägel
Gleitet der Frost; es erblassen, geleert von Blute, die Adern.
Und wie der Krebs ringsher, das unausheilbare Übel,
Kreucht, und beschädigten Teilen die unverletzten hinzufügt:
Also kam allmählich zur Brust der tödliche Winter,
Welcher die Lebensweg' und den hauchendem Atem dir einschloss.

Nicht versuchte sie irgendein Wort, noch, wenn sie versuchte,
Fände die Stimme noch Bahn; um den Hals schon herrschte der Felsen,
Steif war Mund und Gesicht, und blutlos saß sie, ein Bildnis.
Auch nicht weiß war der Stein; sie behielt die Schwärze des Geistes.

Europa

Eben beschritt den Äther Merkurius, regend die Flügel.
Jupiter ruft ihn beiseit', und der Lieb' Ursache verhehlend:
Sohn, du treuer Besteller, so redet er, meiner Befehle,
Ohne Verzug nun eil' im gewöhnlichen Laufe hinunter;
Und wo drüben das Land linksher zur Erzeugerin Maja
Aufwärts schaut (mit dem Namen Sidonia nennt's der Bewohner),
Dorthin geh; und die Rinder des Königes, welche du ferne
Weiden siehst in dem Grase des Bergs, die treib' an den Meerstrand.
Jener sprach's, und die Rinder, sofort von dem Berge getrieben,
Gehn zum befohlenen Strand, wo des mächtigen Königes Tochter
Jugendlich pflegte zu spielen, umringt von tyrischen Jungfrau'n.
Nicht vertragen sich wohl, noch hausen vereint miteinander,
Herrschergewalt und Lieb': er verlässt die Würde des Zepters,
Und der gebietende Vater der Ewigen, dem in der Rechten
Flammt dreistrahlige Glut, und vom Wink aufschaudert das Erdrund,
Hüllt sich ein in des Farren Gestalt, und gesellt zu den Rindern
Brüllt er, und herrlich von Wuchs durchwandelt er sprießende Kräuter.
Blendend weiß ist die Farbe, wie Schnee, den weder ein Fußtritt
Niedergestampft, noch gelöset der tauende Atem des Südwinds.

Muskelig strotzt ihm der Hals; und dem Bug' enthangen die Wampen.
Klein zwar ist das Gehörn, doch zierlicher, als von des Künstlers
Händen geformt, durchsichtiger auch wie die klarste Juwele.
Gar nicht drohet die Stirn, noch schreckt sein leuchtendes Auge;
Friede beherrscht das Gesicht. Es staunt die Tochter Agenors,
Dass er so herrlich erscheint, und nichts Feindseliges vornimmt.
Aber wie sanft er tue, sie scheuet zuerst die Berührung;
Bald dann wagt sie mit Blumen dem schimmernden Munde zu nahen.
Froh ist der liebende Gott, und zum Vorschmack höherer Wollust
Küsst er die Händ' inbrünstig, und kaum noch erträgt er die Hülle.
Jetzo spielt er sie an, und durchhüpft die grünenden Kräuter;
Jetzo streckt er den Leib schneeweiß auf gelblichem Meersand.
Und, da die Furcht allmählich vergeht, bald reicht er zum Klatschen
Mit jungfräulicher Hand ihr die Brust, bald beut er die Hörner
Frischen Bekränzungen dar. Schon wagt die erhabene Jungfrau,
Wen sie besteig', unkundig, dem Stier auf dem Rücken zu sitzen.
Siehe der Gott schleicht leise vom Land und trockenen Ufer,
Erst den täuschenden Tritt in der vordersten Welle benetzend;
Weiter sodann und weiter, und ganz in die Mitte der Meerflut,
Trägt er den Raub. Sie zagt; und zurück zum verlassenen Ufer
Schauet sie, rechts ein Horn in der Hand, und die Linke dem Rücken
Aufgelehnt; und es flattern, gewölbt vom Winde, die Kleider.

Drittes Buch

Kadmus in Thebe

Jupiter hatte bereits, die Gestalt ablegend des Stieres,
Sich der Europa bekannt, im Schoß diktäischer Felder,
Als die Geraubte zu forschen der Held Agenor dem Kadmus
Anbefahl, und Strafe, wo nicht er sie fände, hinzufügt,
Landesflucht: liebreich in der selbigen Handlung und lieblos.
Als er die Welt durchwandert, (denn wer mag finden, was heimlich
Jupiter hält?) jetzt meidend des Vaters Zorn und die Heimat,
Irret Agenors Sohn, und fragt am Orakel des Phöbus
Demutsvoll das Geschick, welch Land zu bewohnen vergönnt sei.
Eine Kuh wird dir im einsamen Felde begegnen,
Saget der Gott, die nimmer dem Joch und dem Pfluge gefrönet,
Eile der Führerin nach; und wo im Grase sie ausruht,
Gründe die Mauern daselbst; und Böotia nenne die Gegend.
Kaum stieg Kadmus herab von der Kluft des kastalischen Bornes,
Als er einhergehn sah die ungehütete Starke,
Ruhigen Gangs, kein Zeichen der Dienstbarkeit tragend am Nacken.
Jener folgt, und beachtet mit drängendem Schritte die Spuren;
Und er verehrt in der Stille des Wegs Urheber, den Phöbus.
Schon die Furt des Cephisus, und Panopes Auen durchging er;
Siehe, da steht die Kuh, und die breit gewölbete Stirne
Hebt sie mit hohem Gehörn, und brüllet empor zu dem Himmel.
Dann zum Geleit umschauend der nach ihr folgenden Männer,

Lagert sie sich, und streckt im sprießenden Grase die Glieder.
Kadmus erglühet von Dank, und küsst das fremde Gefilde,
Segnend die unbekannten Gebirg', und die Ebenen grüßend.
Opfern wollt' er dem Jupiter nun; und er sendet die Diener,
Dass sie aus lebendem Born ihm Flut zur Sprenge besorgen.
Dort war ein altender Forst, noch nie vom Beile verletzet.
Eine Höhl' in der Mitte, von Busch umwachsen und Weidicht,
Bildet' ein niedres Gewölbe mit rau gefügeten Steinen,
Der stets reichliches Wasser entsprudelte. Drinnen gelagert
War ein Drache des Mars, mit Kamm vorstrahlend und Golde,
Zuckendes Feuer im Aug', und der Leib vom Gifte geschwollen,
Mit dreispaltiger Zung', und dreifach stehenden Zähnen.
Aber nachdem das Gehölz die wandelnden Männer von Tyrus
Im unseligen Gange berührt, und die Urn' in das Wasser
Niedergesenkt auftönte; da streckt' aus dem langen Geklüft her
Bläulich der Drache das Haupt, und erhob ein entsetzliches Zischen.
Schnell entsanken die Urnen der Hand, und das Blut aus dem Antlitz
Floh, und in plötzlicher Angst erzitterten allen die Glieder.
Jener rollt in behänden Verschlingungen schuppige Ringel
Schlüpfrig, und wölbt sich empor in unermessliche Bogen;
Und bis über die Hälfte zur wehenden Luft sich erhebend,
Blickt er herab auf den Wald: so groß am Leibe, wie groß er,
Wenn du ihn ganz anschaust, der die Bärinnen beide durchschlängelt.
Ohne Verzug, die Phöniker (ob jene zur Wehr sich bereitet,
Oder zur Flucht; ob selber die Angst sie an beidem gehindert)
Haschet er, diese mit Biss, mit langen Umwindungen jene;
Andre betäubt sein Schlund mit der Pest des vergifteten Hauches.
Schon verkürzte die Sonn' aus der Mittagshöhe die Schatten.
Kadmus, verwunderungsvoll, was doch die Genossen verweile,

Späht die getretene Spur. Als Hülle bedeckt ihn des Löwen
Zottige Haut; und die Lanze mit blinkendem Stahl und der Wurfspieß
Sind ihm Gewehr, und ein Mut, der mehr als alles Gewehr ist.
Als er, zum Wald eingehend, nunmehr die gemordeten Leiber
Sah, und den siegenden Feind mit gedehnetem Rücken darüber,
Wie er mit blutiger Zunge die traurigen Wunden umleckte:
Rächer will ich entweder, ihr Trautesten, eueres Todes
Oder Begleiter euch sein! So rief er, und hob in der Rechten
Einen Fels, und den großen mit großer Beeiferung schwang er.
Selbst die gewaltige Mauer mit hoch aufragenden Türmen
Hätte gebebt vor dem Sturz: doch das Untier blieb unbeschädigt;
Und von den Schuppen gedeckt, und der Härte des dunkelen Balges,
Trieb es, wie unter dem Panzer, den prallenden Wurf von der Haut ab.
Nicht mit derselbigen Härte besiegt auch der Drache den Wurfspieß,
Welcher, gerad in die Krümmung geschnellt des geschmeidigen Rückgrats
Haftete, ganz mit dem Stahle hinab in die Weichen sich tauchend.
Jener ergrimmte vor Schmerz, und das Haupt auf den Rücken gedrehet,
Schaut' er die Wund', und nagt an dem Schaft des gehefteten Spießes;
Und nachdem er umher mit großer Gewalt ihn gerüttelt,
Riss er ihn kaum aus dem Rücken; doch bleibt ihm der Stahl im Gebeine.
Aber da nun zum gewöhnlichen Zorn sich die frische Verwundung
Fügete, schwoll ihm die Kehle von dick aufstrotzenden Adern;

Und ein weißlicher Schaum umfließt den verpesteten Rachen;
Rasselnd ertönt von den Schuppen das Land; und des stygischen Schlundes
Schwarz ausdampfender Hauch vergiftet die Luft mit Betäubung.
Bald nunmehr in Geringel von unermesslichem Umfang
Rollt er sich ein; halb bäumt er empor, wie ein ragender Balken;
Bald im unendlichen Schwung, wie gedrängt vom Regen ein Sturzbach,
Stürmt er, und malmt mit der Brust die begegnenden Waldungen nieder.
Kadmus weicht ein wenig zurück; mit der Hülle des Löwen
Hält er den Anfall auf; und weit vorstreckend die Spitze,
Hemmt er das nahende Haupt. Doch der Tobende knirscht an dem harten
Stahle mit eitelem Biss, und stümpfet die Zähn' an der Schärfe.
Schon zu fließen begann aus dem giftigen Gaumen des Scheusals
Rotes Blut, und färbte das grünende Kraut mit Bespritzung.
Aber die Wunde war leicht, weil jener zurück vor dem Stoße
Zuckt', und den Hals der Verletzung entzog; ausweichend verwehrt' er
Festzusitzen dem Streich, und ließ nicht weiter ihn fortgehn;
Bis der Agenoride den Stahl, in die Kehle geschwungen,
Tief nachdrängend verfolgte; den rückwärts schlängelnden hemmte
Jetzo die Eich', und durchbohrt ward samt dem Holze der Nacken.
Krumm nun bog sich der Baum an der Last des sträubenden Untiers,
Und ihm erseufzte der Stamm, von dem äußersten Schwanze gegeißelt.

Während der Sieger den Raum des besiegeten Feindes betrachtet,

Plötzlich ruft ihm die Stimm', und nicht von wannen erkennt er;
Aber sie ruft: Was stehst du, Agenors Sohn, den erlegten
Drachen zu schaun? Bald wird man dich selbst anschauen als Drachen.
Ihm, dem Zagenden, schwand mit der Farbe zugleich die Besinnung
Lang', und ihm sträubte das Haar vor schauderndem Schrecken sich aufwärts
Siehe, da nahete Pallas, des Manns Schutzgöttin, vom Himmel
Niedergesenkt; und sie heißt in aufgerüttetes Erdreich
Streuen die Natternzähne zum Anwachs künftigen Volkes.
Jener gehorcht; und die Erde mit drängendem Pfluge sich öffnend,
Streuet er Menschensaat, die befohlenen Zähn', in die Furchen.
Jetzo (wer glaubt so Großes?) begann sich zu regen die Scholle;
Und zuerst aus den Furchen erschien die Spitze der Lanze.
Bald auch gehelmete Häupter, umnickt von farbigen Büschen;
Bald auch Schulter und Brust, und mit Wehr belastete Arme,
Streben empor; und es wächst der geschilderten Saatlinge Heerschar.
Also, wann sich erhebt dem Festtheater der Vorhang,
Steigen die Bilder empor, und enthüllen zuerst die Gesichter,
Dann allmählich den Leib; und in sanftem Zuge gerichtet,
Stehen sie ganz, und setzen den Fuß auf die untre Verbrämung.
Kadmus, geschreckt vom befremdenden Feind, will Waffen ergreifen:
Waffne dich nicht! ruft einer des Volks, das die Erde hervortrug;
Waffne dich nicht, und meid' in den heimischen Krieg dich zu mischen!
Und so hauet er einen der erdgeborenen Brüder
Nahe mit starrendem Schwert; selbst tötet ihn ferne der Wurfspieß.

Dieser auch, welcher den Tod ihm sendete, lebet nicht länger,
Als er selbst, und verhaucht die eben empfangenen Lüfte.
Ähnliche Wut erfüllt die Saatlinge rings, und in eigner
Mordlust fallen sofort durch Wechselwunden die Brüder.
Schon die sämtliche Jugend, die kurz zu leben bestimmt war,
Schlug mit zappelnder Brust den blutigen Boden der Mutter;
Fünf nur atmeten noch; davon war einer Echion.
Dieser streckte zur Erde die Wehr auf den Rat der Tritonis,
Friedlichen Bruderverein verlangend zugleich und gewährend.
Sie nun wurden Genossen des Werks dem sidonischen Fremdling,
Als er die thebische Burg aufbauete, nach dem Orakel.

Kadmus in Illyrien

Kadmus, besiegt durch Gram und gereihete Übel des Hauses,
Und durch künftigen Grams Vordeutungen, ging, der Erbauer,
Aus der eigenen Stadt; als ob ihn der Gegenden Schicksal,
Nicht das seinige drängt'; und lang' umirrend erreicht' er
Nun das illyrische Land mit Harmonia, seiner Genossin.
Als sie, von Leid und Alter gebeugt, nachdenken des Hauses
Erste Geschick', und beid' im Gespräch auffrischen die Drangsal:
Sollte vielleicht, sprach Kadmus, der Drache da, den ich durchbohrte,
Gar ein geheiligter sein? damals, wie ich, kommend von Sidon,
Streute die Natternzähn', als neue Saat, in das Erdreich?
Wenn ihn sorgsame Götter gerächt mit so treffendem Zorne;
Mög' ich doch selbst auf dem Bauch als langer Drache mich winden!
Sprach's, und er dehnte den Bauch, ein langgewundener Drache;
Und die gehärtete Haut, er fühlt's, umzog sich mit Schuppen,

Und sein dunkeler Leib ward blau mit Tropfen gesprenkelt.
Vorwärts sinkt auf die Brust er hinab; und beide vereinigt
Ziehn sich die Bein' allmählich gewölbt zur geründeten Spitze.
Noch sind die Arm' unverwandelt; die noch unverwandelten streckt er,
Und mit Tränen beströmend das auch noch menschliche Antlitz:
Komm, mein Weib, komm näher, Erbarmungswürdige! sprach er;
Weil noch etwas von mir nachbleibt, berühre mich! nimm doch,
Traute, die Hand, da sie Hand noch ist, nicht alles mir Schlang' ist!
Mehreres strebt zu reden der Greis; doch die Zunge verdünnt sich
Plötzlich, und bebt zweispaltig: wie sehr er sich mühet, die Worte
Stocken ihm, und wie er ringt, doch einige Klage zu geben,
Zischet er; diesen Laut erteilete jetzt die Natur ihm.
Schlagend die Brust mit der Hand, die enthüllete, ruft die Genossin:
Kadmus, o bleib, und wind', Unseliger, dich aus dem Scheusal!
Kadmus, wie nun? wo geblieben der Fuß! wo die Händ' und die Schultern?
Wo das Gesicht, und die Farb', und, indem ich plaudere, alles?
Götter, warum nicht mich zur ähnlichen Schlange verwandelt?
Als sie es sprach, da leckt er das Antlitz seiner Gemahlin,
Und in den teueren Busen, als ob er sie kennete, schlüpft er,
Windet sie ein, und schlängelt, wie lange vertraut, zu dem Hals' auf.
Wer sich genaht von den Ihrigen, schaut mit Entsetzen. Doch jene
Streichelt den schlüpfrigen Hals des purpurkämmigen Drachen.
Plötzlich wurden es zwei; und sie gehn, in verschlungenen Ringeln,
Schlängelnd einher, bis die Kluft des grenzenden Waldes sie aufnahm.

Jetzt auch fliehn vor den Menschen sie nicht, noch kränken sie feindlich;
Eingedenk, was sie waren, sind noch die friedsamen Drachen.

Aktäon

Häufig gefärbt war ein Berg mit mancherlei Wildes Ermordung;
Und schon kürzte der Tag die mittleren Schatten der Dinge,
Und gleich weit war entfernt von jeglichem Ende die Sonne:
Als die Genossen der Jagd, die in Dickichten schweiften des Forstes,
So mit ruhigem Mund aussprach der hyantische Jüngling:
Feucht ist Garn, o Genossen, und Stahl vom Blute des Wildes;
Glück genug gab heute der Tag. Wann morgen das Licht uns,
Steigend in safranfarbenem Geschirr, Aurora zurückführt,
Dann erneuen wir unser Geschäft. Nun schwebet im Mittel
Beider Gestade die Sonn', und zerreißt mit Gluten die Felder.
Hemmt für jetzo das Werk, und enthebt die geknoteten Garne.
Folgsam hören die Männer das Wort, und ruhn von der Arbeit.
Dort war ein Tal voll Föhren und hochgespitzter Zypressen,
Welches Gargaphia hieß, der geschürzten Diana geheiligt.
Eine bewaldete Grott' ist tief im Winkel des Tales,
Ungebildet durch Kunst; doch ahmte der Kunst die Natur nach,
Durch selbstständigen Trieb: denn sie hatt' aus lebendem Bimsstein
Und leicht hangendem Tof den natürlichen Bogen gewölbet.
Rechts ihr murmelt ein Quell mit sanft durchscheinendem Wasser,
Rings vom grasigen Bord das gebreitete Becken umgürtet.
Hier war's, wo nach der Jagd die ermüdete Göttin der Wälder
Oft mit lauterem Tau jungfräuliche Glieder besprengte.
Jetzt auch trat sie hinein, und der waffentragenden Nymphe

Reichte sie Speer und Köcher zugleich mit entspannetem Bogen;
Eine nahm in die Arme den aufgelegeten Mantel;
Zwei entziehn ihr der Füße Geflecht; und die Tochter Ismenus,
Krokale ordnet geschickt das flatternde Haar um den Nacken
Zum geknoteten Wulst, obgleich es ihr selber gelöst hing.
Nephele schöpft das Gesprudel, und Hyale, Psekas und Rhanis,
Phiale auch; und sie strömen herab die geräumigen Urnen.
Während Titania hier im gewöhnlichen Borne sich kühlet;
Siehe, da kommt, nach verschobenem Werk, der Enkel des Kadmus,
Durch das fremde Gehölz nachlässige Schritte bewegend,
Und durchdringt den geweiheten Hain: so führt ihn das Schicksal.
Als er kaum in die Grotte mit tauenden Quellen hineintrat;
Plötzlich, entblößt wie sie waren, zerschlugen die Brust sich die Nymphen,
Vor dem gesehenen Mann; von schleunigem Jammergeheul scholl
Rings umher das Gehölz; und sie stürzten sich all um Diana,
Schützend mit eigenem Leibe die Herrscherin: Aber sie selber
Ragte vor allen empor mit überschauendem Antlitz.
So wie mit Gluten gefärbt von der hell ausstrahlenden Sonne
Oftmals entflammt ein Gewölk, wie in Purpurschimmer Aurora:
Also erschien das Gesicht der unverhüllten Diana.
Diese, wiewohl sorgsam der Genossinnen Trupp sie umdrängte,
Stand doch quer auf die Seite geschmiegt, und beugte das Antlitz
Rückwärts, und mit dem Wunsch, bei der Hand die Pfeile zu haben,
Schöpfte sie, was sie hatte, die Flut, und beströmte des Mannes
Angesicht, und das triefende Haar, mit rächenden Wassern;
Und im Sprengen erhub sie die Graun weissagenden Worte:
Jetzo verkündige du, ich sei unverhüllt dir erschienen,
Wenn du verkündigen kannst! Und schnell, nicht mehreres drohend,

Gibt sie dem Haupt das Gehörn des uralt werdenden Hirsches,
Streckt in die Länge den Hals, und spitzt die gegipfelten Ohren;
Auch zu Füßen die Händ', und zu ragenden Beinen die Arme,
Wandelt sie ihm, und kleidet mit fleckigem Balge die Glieder;
Ängstlichkeit fügt sie hinzu: es entflieht der Autonoe Sprössling,
Mitten im hurtigen Lauf die eigene Schnelle bewundernd.

Aber sobald er im Wasser das Antlitz gesehn und die Hörner:
Wehe mir, weh! so begann er den Ruf; stumm haftet das Wort ihm.
Seufzer vertreten das Wort; und ihm stürzet die Trän' auf die Wangen,
Ach, nicht seine! hinab: nur bleibt ihm die alte Besinnung.
Was zu tun? Heimkehren vielleicht zum Königspalaste?
Oder sich bergen im Wald? Hier Furcht, dort schrecket die Scham ihn.

Ihn, den Zweifelnden, schauten die Hund', und der erste, Melampus
Gab, mit dem Spürer Ichnobates, gleich laut bellend das Zeichen.
Gnosier war von Geburt Ichnobates, Sparter Melampus.
Alle nun kamen daher wie die stürmenden Winde geflogen:
Pamphagus, Dorkeus auch, und Oribasus, Arkader alle;
Auch des Nebrophonos Kraft, und der trotzige Theron mit Lälaps;
Pterelas, hurtig zu Fuß, und Agre mit witternder Schnauze;
Und Hyläus, den jüngst ein rasender Eber verwundet;
Nape, gezeugt vom Samen des Wolfs, und der Herde Gesellin
Pömenis; auch Harpya, von Zwillingssöhnen begleitet;
Und mit schmächtiger Weiche der Sikyonier Ladon;
Dromas und Stikte zugleich, und Kanache, Tigris und Alke,
Leukon mit weißlichen Zotten, und Asbolus wallend mit schwarzen;
Auch der gewaltige Lakon, und tapferen Laufes Aëllo;

Thous zugleich, und rasch mit dem cyprischen Bruder Lyciska;
Und, an der dunkelen Stirne mit schneeiger Blässe gezeichnet,
Harpalos, Melaneus auch, und die rauchgezottelte Lachne;
Auch von diktätischem Vater gezeugt und lakonischer Mutter,
Labros, Agriodos auch, und mit gellender Stimme Hylaktor;
Und die zu nennen verdreußt. Sie all, in Begierde des Raubes,
Eilen durch Fels und Geklipp, und des Zugangs mangelnde Zacken,
Schwierige Bahnen sowohl, als Ungebahntes, durchstürmend.
Jener entflieht durch Örter, wo oft zu verfolgen er pflegte;
Ach, selbst flieht er das eigne Gesind'! Ausrufen nun wollt' er:
Schonet! ich bin Aktäon! Erkennt ihr eueren Herrn nicht?
Worte gebrachen dem Geist. Es erschallt vom Gebelle der Äther.
Melanchätes zuerst verwundete jenem den Rücken;
Nächst ihm Theridamas auch; Oresitrophos packte den Bug an.
Später liefen sie aus; doch den Richtsteig wählend des Berges,
Kamen im Lauf sie zuvor, da den Herrn aufhielten die andern.
Ringsher strömt das Gewühl, und dränget die Zähn' in die Glieder.
Und schon fehlt zu Wunden der Ort. Tief seufzt er, und winselt,
Ach, ein Getön, wenn auch nicht ein menschliches, doch wie ein Hirsch nie
Winselte; und er erfüllt die vertraulichen Höhen mit Angstruf.
Demutsvoll auf die Knie gestreckt, und dem Bittenden ähnlich,
Wendet er schweigend umher, statt flehender Arme, das Antlitz.
Doch das Gefolg', unkundig der Tat, mit gewohnter Ermahnung
Hetzt es den reißenden Trupp, und sucht mit den Augen Aktäon;
Und als wär' er entfernt, so rufen sie eifernd Aktäon.
Jener kehrt nach dem Namen das Haupt. Dass er fern sei, beklagt man,
Und dass träg' er versäume die Schau des gebotenen Fanges.
Fern, ach, wünscht' er zu sein; nah weilet er! selber mit ansehn

Möcht' er, allein nicht fühlen, die Wut der traulichen Hunde!
Rings umstehn sie, und tauchen das Maul in den Leib, und zerreißen
Selbst den eigenen Herrn in Gestalt des täuschenden Hirsches.

Semele

Juno, herab vom Olympus in funkelnder Wolke getragen,
Kam zur thebischen Schwelle der Semele. Dort sich entwölkend,
Log sie Matronengestalt, mit silbernem Haar um die Schläfen;
Runzelig hing und welkend die Haut; ein wankender Fußtritt
Trug den gebogenen Leib; auch die Stimme war ganz der Matrone.
Beroë schien sie der Fürstin, die Pflegerin aus Epidaurus.
Bald ein Gespräch anspinnend, und dies abschwatzend und jenes,
Kamen sie nun zum Namen des Jupiter. Seufzend: O möcht' er,
Sprach sie, nur Jupiter sein! Doch sorg' ich alles; denn viele
Durften, wie Götter genannt, eingehn in keusche Gemächer.
Nicht dass er Jupiter sei, ist genug. Wahrzeichen der Liebe
Geb' er, wofern er es ist. Wie groß, und wie herrlich der hohen
Juno zu nahen er pflegt; so groß, und so herrlich erschein' er,
(Fordre das) dich zu umarmen, in eigener Göttlichkeit strahlend.
Also beredete Juno mit List der Kadmeerin Einfalt;
Und sie erbat ein Geschenk von Jupiter, ohn' es zu nennen.
Fordere, was dir gefällt, antwortet' er, alles gewähr' ich.
Und dass völlig du glaubst: auch des stygischen Stromes Gewalten
Sein uns Zeugen des Schwurs; selbst Göttern ein Graun ist die Gottheit.
Froh des Wehs, und zu reichlich begabt, und dem Tode durch blinde

Zärtlichkeit nahegeführt, sprach Semele: So wie der Juno
Du in deiner Gestalt als liebender Gatte dich nahest,
So gewähre dich mir. Den Mund der Redenden wollte
Schließen der Gott; doch entflohn war bereits die beschleunigte
Bitte.
Jupiter seufzt; denn es kann so wenig ihr Wunsch ungewünscht
sein,
Als ungeschworen sein Schwur. Drum steiget er, voll der Betrübnis,
Hoch zum Äther empor, und winkt nachfolgende Wolken
Hinter sich her; Platzregen und Leuchtungen, wehend mit Winden,
Fügt er dazu, auch Donner, und treffende Strahlen des Donners.
Aber er strebt, was er kann, sich selbst die Kräfte zu nehmen.
Nicht die Glut, die Typhöus den hundertarmigen nieder
Donnerte, waffnet ihn jetzt; zu groß ist die Heftigkeit jener.
Noch ein leichterer Blitz ist dort, dem die Hand der Zyklopen
Weniger Wut und Flamme verlieh, und weniger Zornes:
Zweites Geschoss von den Göttern genannt: Dies nimmt er, und
wandelt
In das kadmeïsche Haus. Es ertrug den ätherischen Aufruhr
Nicht der sterblichen Leib; in dem Brautgeschenke verbrannt' er.
Aber die noch unzeitige Frucht wird dem Schoße der Mutter
Schleunig entrafft, und dem Vater das Kind (wenn glaublich die
Sag' ist
Sanft in die Hüfte genäht; wo die reifenden Mond' es erfüllet.
Ino erzog in der Wiege zuerst den geheimlichten Neffen.
Hierauf ward er der Pflege niseïscher Nymphen vertrauet,
Die im Geklüft ihn bargen, und Milch ihm reichten zur Nahrung.

Narcissus und Echo

Durch die aonischen Städte, berühmt als Seher der Zukunft,
Gab dem fragenden Volke Tiresias treffende Antwort.
Gleich die bläuliche Nymphe Liriope machte die Probe
Seines unfehlbaren Spruchs: die einst in gekrümmeter Wallung
Rings Cephisos umhegt', und in bergenden Wogen ihr Brautbett
Wölbete. Diesem gebar im Laufe der Monden die Schönste
Ein holdseliges Kind, schon damals Nymphen bezaubernd,
Und Narcissus genannt. Um ihn gefraget, ob jener
Völlig gereift sehn würde das Ziel des höheren Alters,
Gab der erleuchtete Mann: Wenn er sich nicht kennet! zur Antwort.
Lang' in den Wind schien solches geweissagt: endlich bewährt es
Tat und Erfolg, und des Todes Gestalt, und die Neuheit des Wahnsinns.

Jetzo hatte Narcissus den fünfzehn Jahren noch eines
Zugefügt, und er konnte wie Knab' erscheinen und Jüngling.
Mancher begehrete sein der Jünglinge, manche der Jungfrau'n.
Aber es war so grausam der Stolz bei der blühenden Schönheit:
Keiner rührete jenen der Jünglinge, keine der Jungfrau'n.

Ihn, da er Hirsche zum Garn hertummelte, schaute die Nymphe
Hellen Getöns, die weder dem Redenden lernte zu schweigen,
Noch selbst eher zu reden, die widerhallende Echo.
Leib war Echo annoch, nicht Stimme nur; aber auch damals
Tat der Schwätzerin Mund nicht andere Dienste, denn jetzo:
Dass sie geschickt von vielen die äußeren Worte zurückgab,
Solches verlieh ihr Juno; da diese den Jupiter oftmals
Konnt' auf den Bergen ertappen in williger Nymphen Gemeinschaft,
Wusste sie schlau die Göttin in langem Gespräch zu verweilen,
Bis ihr die Nymphen entflohn. Sobald es Saturnia merkte:

Dieser Zunge Gewalt, die mich belistete, sprach sie,
Soll dir gering hinfort, und kurz der Stimme Gebrauch sein.
Drohungen folget die Tat; jedoch am Ende des Redens
Tönt sie die Laute zurück, die gehöreten Worte verdoppelnd.
Als sie den Jüngling anjetzt durch buschige Lager des Wildes
Schweifen sah, und entbrannte, da folgt sie dem Wandelnden heimlich
Und je mehr sie verfolgt, je nähere Flamme durchglüht sie:
So wie die kienene Fackel, am oberen Ende getupfet
In lebendigen Schwefel, ergreift das nahende Feuer.
O wie so oft will Echo mit schmeichelnden Worten hinangehn,
Und liebkosenden Bitten! Es wehrt die Natur, und vegönnt nicht,
Dass sie zuerst anrede; was jene vergönnt, das beschließt sie:
Abzuwarten ein Wort, dem zurück sie das ihrige sende.
Siehe, der Knab', abirrend vom treuen Gefolg' der Begleiter,
Rief: Ist einer allhier? und: Allhier! antwortete Echo.
Jener staunt, und indem er mit spähendem Blicke sich umsieht,
Rufet er: Komm! laut auf; Komm! ruft sie dem Rufenden wieder.
Rückwärts schauet er; keiner erscheint: Was, rufet er endlich,
Meidest du mich? Was meidest du mich? antwortet die Stimme.
Jener besteht, und getäuscht von des Wechselhalles Gegaukel:
Hier uns vereiniget! ruft er; und freudiger keinen der Töne
Nachzutönen bereit: Uns vereiniget! ruft sie entgegen;
Und sie gefällt in den Worten sich selbst. Aus dem dichten Gesträuch nun
Trat sie hervor, mit dem Arm den ersehneten Hals zu umschlingen.
Jener entflieht, und entfliehend: Hinweg die umschlingenden Hände,
Saget er; lieber den Tod, als dir mich schenken, begehr' ich!
Nichts antwortete jen', als: Dir mich zu schenken begehr' ich!

Und die Verachtete schlüpft in den Wald; ihr errötendes Antlitz
Deckt sie mit Laub, und lebt seitdem in einsamen Grotten.
Dennoch haftet die Lieb', und wächst von dem Schmerze der Weigrung.
Wachsame Sorge verzehrt den schwindenden Leib zum Erbarmen;
Ganz verschrumpft ihr die Haut vor Magerkeit; und es entfliegt ihr
Jeglicher Saft in die Luft; nur Laut und Gebeine sind übrig.
Tönend bleibet der Laut; das Gebein wird in Felsen verwandelt.
Immer noch lauscht sie im Wald', und nie auf dem Berge gesehen,
Wird sie von allen gehört; ein Nachhall lebet in jener.
So nun hart' er die Echo, und so in Gebirge und Fluten
Andere Nymphen gehöhnt, und so der Jünglinge Sehnsucht.
Jetzo streckte die Händ' ein Verachteter flehend zum Äther,
Und: So lieb' er denn selbst! so werd' er nicht froh des Geliebten!
Betet' er. Beifall gab dem Gebet die rhamnusische Göttin.
Dort war ein lauterer Quell, mit silberhellem Gewässer,
Welchen nimmer ein Hirt, noch weidende Ziegen der Berghöh'n,
Angerührt, noch anderes Vieh; den nimmer ein Vogel
Oder ein Wild getrübt, noch ein abgefallener Baumzweig.
Ringsher grünete Gras, von der feuchtenden Welle genähret;
Rings verbot ein Gebüsch der wärmenden Sonne den Zugang.
Hier einst ruhte der Knabe, von Jagdlust müd' und Erhitzung,
Hingestreckt; ihn lockte der Quell und die Schöne der Gegend.
Während den Durst zu löschen er strebt, wächst anderer Durst nach.
Während er trinkt, von dem Bilde gesehener Reize bezaubert,
Liebet er nichtigen Trug; und Leib erscheint ihm der Schemen.
Selber staunt er sich an; unbewegt in einerlei Stellung
Haftet er, wie ein Gebild aus parischem Marmor gemeißelt.
Gierig schaut er, im Grase gelehnt, zwei Sterne, die Augen;

Schaut, wie wert des Lyäus, wie wert des Apollo das Haar sei,
Wie unmännlich die Wang', und wie schimmernd der Hals und die Anmut
Seines Gesichts, wie gesellt zur schneeigen Weiße die Röte
Alles bewundert er selbst, was er selbst der Bewunderung darbeut.
Sich verlanget der Tor; und der Lobende ist der Gelobte.
Suchend wird er gesucht; und zugleich entflammt er und brennt er.
Oftmals naht' er umsonst dem täuschenden Borne mit Küssen;
Oftmals mitten hinein, den gesehenen Hals zu umfangen,
Taucht' er die Arm in die Quell' und haschte sich nicht in dem Quelle.
Was ihm erschein' unkundig, entlodert er von der Erscheinung;
Und derselbige Wahn, der sie anlockt, täuschet die Augen.
Was, Leichtgläubiger, fängst du umsonst ein entfliehendes Gleichnis?
Nirgend ist, was du begehrst; das Geliebte, wende dich! schwindet.
Was du erblickst, ist Schatten des widerstrahlenden Bildes.
Nichts hat jenes von sich; mit dir nur kommt es, und weilt es;
Auch entweicht es mit dir, wenn du zu entweichen vermöchtest.
Nicht der nährenden Kost, nicht kann die Sorge der Ruhe
Jenen von dort abziehen. Im dunkelen Grase gelagert,
Schaut er den trügenden Reiz mit unersättlichem Anblick,
Selbst von den eigenen Augen verzehrt. Nun hebt er sich etwas,
Und zu den Waldungen rings die gebreiteten Arme gestrecket:
    Hat unglücklicher einer, o Waldungen, sagt er, geliebet?
Denn ihr wißt's, dir ihr oft mitkundige Lauben geboten!
Könnt ihr wohl, da so viel Jahrhunderte schon ihr verlebet,
Eines, der so hinschmachtet', in grauender Zeit euch erinnern?
Jenes gefällt, und ich seh' es; doch was mit Gefallen ich sehe,
Nirgendwo find' ich es auf: so schlägt mich Liebenden Wahnsinn!

Ja, was den Schmerz noch mehrt: nicht trennt ein gewaltiges Meer uns,
Nicht ein Gebirg, nicht Ferne, nicht riegelnde Barren und Mauern.
Nur ein Wässerchen hemmt! Selbst wünschet er, selbst die Umarmung.
Denn wie oft ich den Mund zur flüssigen Welle hinabbog,
Ebenso oft kam dieser mit aufwärtsstrebendem Mündlein.
Fast, fast scheint er berührt; nur ein weniges scheidet die Sehnsucht.
Wer du auch bist, komm her! Was trügst du mich, einziger Knabe?
Welchem entfliehst du gesucht? Nicht meine Gestalt, noch das Alter
Scheint doch gemacht zum Entfliehn; auch mir liebkoseten Nymphen.
Hoffnung, ich weiß nicht welche, verheißt dein freundliches Antlitz.
Breit' ich die Arme zu dir, so breitest du wieder die Arme;
Lächel' ich, lächelst du auch. Oft sah ich dir Tränen entrollen,
Wann ich Tränen vergoss; und dem Wink auch winkst du entgegen;
Auch, so viel die Bewegung des lieblichen Mundes mir anzeigt,
Redest du Worte, die nicht zu meinem Ohre gelangen.
Du bist ich! Nun merk' ich, und nicht mehr täuscht mich mein Bildnis!
Liebe verzehrt mich zu mir; und die Glut, die ich gebe, die nehm' ich!
Was denn tun? Flehn, oder erfleht sein? Was denn erflehen?
Was ich begehr', ist bei mir; zum Darbenden macht mich der Reichtum.
O wie möcht' ich so gern vom eigenen Leibe mich sondern!
Was kein Liebender wünscht, ich wünsche mir fern das Geliebte!
Schon entnimmt mir die Kräfte der Schmerz; nur wenige Dauer
Steht dem Leben bevor; und kaum aufblühend, verwelk' ich.
Nicht ist schwer mir der Tod, da im Tod' ausruhen die Leiden.

Möchten dem Lieblinge dort nur mehrere Tage gegönnt sein!
Beide nunmehr einmütig verhauchen wir eine Seele.
Jener sprach's; und zur selben Gestalt umkehrend, wie sinnlos,
Trübt er mit Tränen die Flut, und getilgt von kreisender Wallung
Schwand in dem Spiegel das Bild. Da es unter ihm zitternd hinwegfloh:
Willst du entfliehn? Bleib, fleh' ich! Verlass, o Grausamer, rief er,
Deinen Liebenden nicht! Lass mich, was zu rühren verwehrt ist,
Wenigstens schaun, und nähren den mitleidswürdigen Wahnsinn!
Schmerzvoll reißt er herab den oberen Rand des Gewandes,
Und die enthüllete Brust zerschlägt er mit marmornen Händen.
Siehe, die Brust umzog von dem Schlag sanft glühende Röte:
Also erscheint ein Apfel, der weiß zur Hälfte, zur Hälfte
Rot sich gefärbt; so pflegt mit gesprenkelten Beeren die Traube
Leise die Purpurfarb', annoch unzeitig, zu nehmen.
Als er solches erblickt' im wieder gekläreten Wasser,
Trug er nicht länger den Gram: wie unvermerkt an gelindem
Feuer das gelbliche Wachs hinschmilzt, wie leise der Frühreif
Taut an der wärmenden Sonne; so aufgelöset in Liebe
Schwindet er, ganz allmählich von innerer Flamme verzehret.
Nicht mehr färbt ihn jetzo gemischt zur Weiße die Röte;
Nicht mehr Feuer und Kraft, und was man sahe mit Wollust;
Selbst nicht dauert der Leib, den vormals Echo geliebet.
Doch da sie jenes gesehn, obgleich noch gedenkend des Zornes,
Fühlte sie Leid; und so oft der Erbarmungswürdige: Wehe!
Ausrief, so rief ihm entgegen die Widerhallerin: Wehe!
Und wann jener die Arme sich schlug mit wütenden Händen,
Gab auch diese zurück das Getön des wütenden Schlages.
Also sprach er zuletzt, am gewöhnlichen Borne sich spiegelnd:
Ach, unsonst geliebeter Knab'! Und gleich war der Nachhall.

Jener rief: Leb' wohl! Leb' wohl! antwortet' ihm Echo.
Jetzo senkt er das Haupt kraftlos im grünenden Grase;
Nacht umschattet die Augen, womit sich der Schöne bewundert.
Aber auch dann, nachdem in die untere Wohnung er einging,
Schaut' er sich selbst in stygischer Flut. Wehklagend betrau'rten
Ihn die Schwesternajaden, und weiheten Locken des Hauptes;
Auch wehklagten Dryaden: zur Wehklag' hallete Echo.
Schon ward Bahre besorgt und Brand und geschwungene Fackel:
Doch war nirgend der Leib; für den Leib ein gelbliches Blümlein
Fanden sie, rings um den Kelch weißschimmernde Blätter gegürtet.

Pentheus

Anerkannt durch Verdienst ringsher in den Städten Achajas
War des Tiresias Ruhm, und groß der Name des Sehers.
Pentheus, Sohn des Echion, entehrt' ihn einzig von allen,
Stets ein Götterverächter; des schicksalredenden Greises
Lacht' er; die Dunkelheit selbst, und das Leid des genommenen Lichtes,
Schmähet' er. Jener bewegte die silberhaarigen Schläfen,
Und: Wie wärest du glücklich, wenn du auch, sprach er, des Lichtes
Würdest beraubt, damit du die bacchische Feier nicht sähest!
Schon wird nahen der Tag, schon ahnet mir, dass er nicht fern sei,
Da das neue Geschlecht der Semele, Liber, hierher kommt.
Wenn du den nicht würdig mit Tempeldienste verehrest;
Klein zerstückt und gestreut in die Gegenden, wirst du die Wälder
Röten mit Blut, und die Mutter zugleich und die Schwester der Mutter.

Solches geschieht: nicht wirst du die Gottheit würdig verehren.
Dass nur zu viel ich gesehn in der Dunkelheit, klagest du künftig.

Als er solches geredet, verjagt ihn der Sohn des Echion.
Treu ist der Reden Erfolg, und zum Ausgang eilt die Verkündung.
Liber erscheint; und es brausen von Festgeheul die Gefilde.
Aufruhr schwärmt; und zu Männern gesellete Mütter und Schnüre,
Niedrige drängen und Hohe zur neu ankommenden Feier.

Welcherlei Wut, Mars' Enkel, o Schlangengeborene, rührt euch
So wie ein Donner den Geist? ruft Pentheus. Mögen denn Erze,
Schlagend an Erz, so viel, und das krumm gehörnete Schallrohr?
Oder der magische Trug? dass euch, die das kriegende Schwert nie,
Noch die Trompete geschreckt, noch zuckende Waffen des Heeres,
Weiblicher Stimmen Geschrei, und vom Wein aufgärender Wahnsinn,
Und unmännlicher Schwarm, und die nichtige Trommel besieget?
Staun' ich um euch, ihr Greise, die fern ihr gekommen durch Meerflut,
Und hier Tyros gebaut, hier flüchtige Götter gesiedelt;
Dass unkriegrisches Volk sie erobere? oder um euch dort,
Jünglinge, näher an Frische mir selbst; ihr, denen die Rüstung
Für den umwundenen Stab, und der Helm anstand für den Laubkranz?
Seid mir doch eingedenk, aus welcherlei Stamm ihr erwuchset!
Nehmt von jenem den Mut, der allein so viele getötet,
Eurem Ahn, dem Drachen! Für Teich und quellenden Sprudel
Starb er; o sieget doch ihr in Verteidigung eueres Ruhmes!
Tapfere gab er dem Tode; vertreibt ihr jetzo die Feigen,
Dass den geerbeten Glanz ihr zurückruft! Gönnte der Stadt nicht
Lange zu stehn das Geschick; o donnerten wider die Mauern
Männer und Schleudergerät, und rasselte Eisen und Flamme!

Elend wären wir dann, doch schuldlos; und wir beklagten
Nicht ein verhehletes Los; unbeschämt entflösse die Träne.
Nun soll ein Knab' uns Thebe, ein Waffenloser, erobern?
Denn nicht freuet der Krieg, noch Wehr, noch streitbare Rosse;
Sondern das Haar mit Myrrhen getränkt, und weiche Bekränzung,
Purpur, und buntes Gewand, durchwirkt mit funkelndem Golde?
Ha! mir soll er sogleich, wenn ihr nur scheidet, bekennen
Seinen erlogenen Dienst, und den angenommenen Vater!
Hatt' Akrisius Mut, zu verachten die eitele Gottheit,
Und dem kommenden Gott die argolischen Tore zu schließen;
Aber den Pentheus schreckt, mit der sämtlichen Thebe, der Fremdling?
Gehet mir rasch (so gebeut er den Dienenden), geht, und den Führer
Her in Banden geschleppt! ungesäumt den Befehl mir vollendet!
Ihn straft Kadmus der Ahn, ihn Athamas, ihn der Verwandten
Übrige Schar laut tadelnd, und mühn sich umsonst, ihn zu hemmen.
Bitterer macht die Ermahnung, und heftiger schwillt und empört sich
Ihm die gehaltene Wut; und die Linderung selber ereifert.
Also, wo nichts in dem Fall ihn hinderte, sah ich den Gießbach
Sanfter hinab von der Höhe mit linderem Rauschen gerollet;
Doch wo Gebälk abhielt und vorgebaueter Felsdamm,
Schaumiger dort aufbrausend, vom Zwang noch zorniger, stürzt' er.
Schau', nun kehren sie blutig zurück. Wo Bacchus denn bleibe?
Fragt ihr Herr. Den Bacchus, erwidern sie, sahen wir nirgend.
Diesen Begleiter indes und Mitgenossen des Dienstes
Nahmen wir. Hier empfah' ihn, die Händ' auf den Rücken gefesselt,
Der dem gefeierten Gott aus dem Volk der Tyrrhener gefolgt war.
Pentheus schauete diesen mit furchtbaren Augen des Grimmes;

Und obgleich er die Strafe nur kaum aufschob: O Verruchter,
Rief er, dem Tode bestimmt, und anderen warnendes Beispiel!
Sage, wie heißt dein Nam', und der Eltern Nam', und der Heimat?
Warum folgst du dem Zuge der neu aufkommenden Feier?
Furchtlos jener darauf: Mein Nam' ist, sprach er, Acötes;
Heimat Mäonia mir; von niedrigem Volke die Eltern.
Nicht ein Feld, zu bestellen mit kräftigen Farren, ererbt' ich,
Auch nicht wollige Schafe noch Rinderherden vom Vater.
Dürftig war er auch selbst: mit Schnur und hakiger Angel
Täuscht' er, und zog mit dem Rohre die hüpfenden Fisch' an das Ufer.
Ihm war Hab' und Vermögen die Kunst; er lehrte die Kunst mir:
Nimm, was ich habe, mein Sohn, des Betriebs Nachfolger und Erbe,
Sprach er, o nimm mein Alles; und nichts verließ er mir sterbend,
Außer die Flut; das nenn' ich allein mein väterlich Erbteil.
Bald darauf, nicht immer an einerlei Klippen zu haften,
Lernt' ich hinzu, das Steuer mit lenkender Rechte dem Fahrzeug'
Umzudrehn; auch das Regengestirn der olenischen Ziege,
Samt Plejad' und Hyad', und die leuchtende Bärin, bemerkt' ich;
Auch die Häuser der Wind', und wohlanlandbare Hafen.
Als ich gen Delos einmal hinsteuere, land' ich an Ceia,
Mit rechtseitigem Ruder heran die Gestade mir ziehend.
Leicht entsprang ich dem Bord und betrat den gefeuchteten Meersand.
Schon war vergangen die Nacht; und sobald errötend Aurora
Schimmerte, steh' ich auf, und erinnere, frisches Gewässer
Einzutragen, und zeige den Weg, der führe zum Sprudel.
Selbst ersteig' ich den Hügel, und was die Luft mir verheiße,
Schau' ich umher; dann ruf ich die Schar, und kehre zum Schiff um.
Heda, wir sind's! antwortet des Schiffsvolks erster, Opheltes;

Und den vermeineten Raub, den er fand im leeren Gefilde,
Führet er längs dem Gestade, den jungfrauähnlichen Knaben.
Jener, der wie betäubt von Wein und Schlummer einherwankt,
Folget ihm kaum. Ich betrachte den Schmuck und den Gang und das Antlitz;
Nichts, in der ganzen Gestalt dem Sterblichen Ähnliches sah ich.
Und ich erkannt' es, und sprach zu den Meinigen: Welcherlei Gottheit
Jenen bewohn', ist dunkel; doch Gottheit wohnet in jenem!
Wer du auch bist, sei gnädig, und gibt uns Segen zur Arbeit!
Woll' auch diesen verzeihn! – Für uns nicht brauchst du zu beten!
Ruft mir Diktys darauf, der gewandt wie keiner die höchsten
Rahen erklomm, und gewandt am ergriffenen Taue herabglitt.
Libys lobet das Wort, und des Vorschiffs Hüter Melanthus;
Auch Alcimedon lobt; und der mit Gesange den Rudern
Maß den geordneten Schlag, der Mutanreizer, Epopeus;
Alle die anderen auch: so blendet sie gierige Raubsucht!
Nein! dass die heilige Last die Bark' uns beschädige, ruf ich,
Das soll nimmer geschehn! hier trag' ich selber die Obmacht!
Und ich streb' entgegen am Eingang. Wütender tobt noch
Lykabas, frech vor allen, der ausgejagt in Verbannung
Floh aus der thuskischen Stadt, zur Strafe des grässlichen Mordes.
Mich Abwehrenden packt er mit nerviger Faust an der Gurgel,
Würgend, und hätte vom Bord in das Meer mich gestoßen, wofern nicht
Hangen ich blieb, auch betäubt wie ich war, an dem Seile mich haltend.

Beifall lacht der frevelnde Schwarm. Jetzt hebet sich Bacchus
(Denn kein anderer war's), als ob vom Geschrei sich der Schlummer
Lösete, und nach dem Rausch in die Brust umkehrte Besinnung:

Welch ein Lärm? Was, ruft er, geschieht? Wie, saget mir, Schiffer,
Wie doch kam ich hierher? und wohin mich zu bringen gedenkt ihr?
Sei nicht bange, mein Sohn, sprach Proreus. Nenne den Hafen,
Den zu erreichen du strebst, wir setzen dich dort an das Ufer.
Steurt, antwortete Liber, den Lauf des Schiffes gen Naxos.
Dort gehör' ich zu Haus; auch findet ihr gute Bewirtung.
Trughaft schwören sie das, bei dem Meer und allen Gewalten.
Und ich spanne gemahnt dem bebilderten Schiffe die Segel.
Rechts war Naxos entfernt. Da ich rechtshin stelle die Leinwand:
Was, o Rasender, machst du? wie plagt dich, Acötes, der Wahnsinn?
Schreit ein jeder daher. Links wende dich! winken die meisten
Mir durch Blick' und Gebärd', und zischeln ins Ohr mir die andern.
Staunend der Tat: So empfang' ein anderer jetzo die Lenkung!
Rief ich, und zog mich zurück vom Dienste der Kunst und des Frevels.
Alle schelten und schmähn, und umher rauscht dumpfes Gemurmel.
Aber Äthalion ruft: Fürwahr, ganz trägest du einer
Unser gemeinsames Wohl! und der Höhnende tritt an das Steuer,
Mein Geschäft zu versehn, und abwärts lenkt er von Naxos.
Siehe, der täuschende Gott, als ob er nun den Betrug erst
Ahnete, schaut von der Wölbung des Hinterverdecks in die Meerflut.
Und dem Weinenden gleich: Nicht dort die Gestade verhießt ihr,
Ruft er, Genossen des Schiffs; nicht dort zu landen begehrt' ich.
Was Strafwürdiges tat ich an euch? Was habt ihr des Ruhmes,
Wenn mich Knaben ihr Jünglinge täuscht, mich einen so viele?
Längst schon floss mir die Träne. Des Weinenden lachen die Frevler
All, und drängen die Woge mit schnell geschwungenen Rudern.
Bei ihm selber nunmehr (denn nicht ein anderer Gott ist

Näher denn er) beschwör' ich, so wahr ist meine Verkündung,
Als sie den Schein des Wahren verlässt. Unbewegt in den Wogen
Stand nicht anders das Schiff, als ständ' es auf trockenem Werfte.
Voll Verwunderung schwingen sie rasch die Ruder, und rollen
Schleunig die Segel herab, um mit doppelter Kraft zu enteilen.
Efeugerank umstrickt in verschlungenen Knoten die Ruder
Kriechend umher, und streift mit doldigen Blumen die Segel.
Selbst die Stirn' in den Kranz vollbeeriger Trauben gehüllet,
Schwingt er den grünenden Schaft mit zierlich gewundenem Weinlaub.
Rings umruhn ihn Tiger, und nichtige Schatten der Luchse,
Auch graunvolle Gestalten der bunt gesprenkelten Pardel.
Wild nun sprangen die Männer empor; ob es wirkte der Wahnsinn,
Oder die Angst. Und Medon zuerst trägt dunkelnde Flossen
Am hinsinkenden Leib', und krümmt den gewölbeten Rückgrat.
Ihm ruft Lykabas zu: In was für Wundergestalt doch
Wandelst du dich? Breit zog sich des Redenden Maul mit geschweifter
Schnauze herum, und Schuppen gewann die erhartende Haut ihm.
Libys, mit Macht andrängend die fest anstehenden Ruder,
Schaut, wie in kürzeren Raum einlaufen die Händ', und wie Hände
Jene nicht mehr, nein, schon Floßfittiche können genannt sein.
Einer der Arm' ausstreckend, umwickelte Seile zu lösen,
Sieht sich der Arme beraubt; mit gestümmeltem Rumpfe sich buckelnd,
Springt er hinab in die Wog'; und es läuft zur Sichel der Schwanz aus,
Mit dem gehalbeten Monde sich krumm einschmiegen die Hörner.
Ringsum heben sie Sprüng', und taun mit besprengendem Tropfen,
Tauchen hinab in die Flut, und tauchen empor zu der Fläche,

Walzen und drehn, wie im Tanze, sich wild, und die üppigen Leiber
Tummeln sie, hoch aufblasend das Meer aus offenen Nüstern.
Und von Zwanzigen eben, denn so viel führte die Barke,
War ich übrig allein. Da ich bang' und erkaltet vor Schrecken
Zittere, kaum bei mir selbst, erweckt mich der Gott durch den Zuspruch:
Schütt' aus dem Herzen die Furcht, und halt' auf Dia. Gelandet
Zünd' ich Opferaltäre, dem bacchischen Dienste mich weihend.
Willig liehn wir das Ohr, sprach Pentheus, deinem gedehnten
Umschweif, dass durch Verweilung der Zorn die Kräfte verlöre.
Rasch ihn hinweg, ihr Diener, gerafft! mit den grässlichsten Foltern
Quält ihm den Leib, und sendet zur stygischen Nacht ihn hinunter!
Stracks wird von dannen geschleppt, und gesperrt, der Tyrrhener Acötes,
In ein gediegnes Verschloss. Und indem des befohlenen Todes
Schreckliches Martergerät sie bereiten, Eisen und Flamme,
Schlossen von selbst die Pforten sich auf, und entsanken den Armen,
Also verkündet der Ruf, von selbst ungelöset die Fesseln.
Dennoch beharrt der Tyrann. Nicht heißt er gehen; er selber
Wandelt dahin, wo, gewählt zur heiligen Feier, Cythäron
Laut vom Gesang aufschwoll, und dem schwärmenden Ruf der Bacchanten
So wie ein feuriges Ross, wann aus hallendem Erze der Kriegsruf
Schmetterte, mutvoll braust, und begieriger strebt in die Feldschlacht:
So ward Pentheus erregt, da langes Geheul durch den Äther
Rollt'; und der gellende Hall, der daherklang, schürte den Zorn auf.
Fast um die Mitte des Bergs, in dem Kreis' umgürtender Wälder,
Ist, von Bäumen entblößt, ein rings durchsehbares Blachfeld.
Als er das Heilige dort mit entweihenden Augen betrachtet,
Schaut ihn zuerst, wird zuerst von des Wahnsinns Trieben erreget,

Schwingt den verletzenden Thyrsus zuerst auf Pentheus die Mutter.
Kommt doch, Io! ruft diese, heran kommt beid', ihr Geschwister!
Jenen gewaltigen Eber, der uns die Gefilde durchschweifet,
Stürzt ihn, den Eber, in Blut! Hin rennen sie all auf den einen,
Tobend im Schwarm; und alles vereinet sich, alles verfolgt ihn,
Der schon zagt, schon Worte geminderter Heftigkeit redet,
Schon sich selber verdammt, schon selbst das Vergehen bekennet.
Rette mich! rief er, verwundet: Autonoe, Schwester der Mutter,
Rette mich doch! dir rühre das Herz der Schatten Aktäons!
Doch nichts weiß von Aktäon ihr Herz; und des Flehenden Rechte
Riss sie hinweg; und die andre verstümmelte Ino entraffend.
Nicht kann Arme nunmehr der Elende strecken zur Mutter;
Sondern den Rumpf nur zeigend, entblößt der zerstreueten Glieder,
Schaue doch, ruft er, o Mutter! Es schaut und heulet Agaue,
Schwingt im Taumel den Hals, und bewegt durch die Lüfte das Haupthaar;
Und das entrissene Haupt mit blutigen Fingern umfassend,
Schreit sie: Io! ihr Gespielen, der Sieg ist unser, ist unser!
Schnell, wie die Blätter des Baums, die gestreift durch herbstliche Kälte,
Kaum an dem Stiel noch haften, der Wind abreißet vom Wipfel,
Wurden die Glieder des Manns von frevelnden Händen zerrissen.

Viertes Buch

Des Minyas Töchter

Bacchus heiliges Fest gebot in Thebe der Priester;
Dass vom Geschäft ausruhend, die Frau'n und die Mägde des Hauses,
Felle gehüllt um die Brust, und das Band der Haare gelöset,
Kränz' um das Haupt, in die Händ' umlaubte Stäbe sich nähmen.
Rings, wo der Zug hinschwärmt, tönt mutiger Jünglinge Ausruf,
Tönt der Weiber Geschrei, und gerührt von den Händen die Trommel,
Samt dem gewölbeten Erz, und der lang gehöhlete Buxus.
Nah' uns freundlich und hold! so flehn die ismenischen Frauen,
Feiernd im Jubel das Fest. Nur Minyas' Töchter im Hause,
Durch unzeitigen Dienst der Minerva störend die Feier,
Ziehn die gefeinerte Woll', und drehn mit dem Daumen die Spindel,
Oder beschicken Geweb', und mahnen die Mägd' an der Arbeit.
　　Eine davon, ausziehend mit hurtigem Finger den Faden:
Während die anderen ruhn, und frommen Erdichtungen nachgehn,
Lasst uns, sagt sie, von Pallas, der besseren Göttin, beschäftigt,
Unser nützliches Werk durch mancherlei Reden erleichtern.
Jede soll umeinander ein zeitverkürzendes Märlein
Zur gemeinsamen Lust den müßigen Ohren erzählen.
　　Wohl! du erzähle zuerst; wir folgen dir, sagen die Schwestern.
Jene bedenkt sich ein wenig; denn viel der Erzählungen weiß sie.
Jetzo, indem sie die Wolle herabdrillt, redet sie also:
　　Pyramus war und Thisbe, der Jünglinge schönster der eine,
Hoch die andre gerühmt vor den morgenländischen Jungfrau'n.

Dicht angrenzende Häuser bewohnten sie, dort in der Hauptstadt,
Welche Semiramis einst mit tönernen Mauern befestigt.
Beide wurden bekannt, und wie Nachbarkinder vertraulich,
Dann allmählich verliebt; auch hätte sie Ehe vereinigt;
Doch dies wehrten die Väter: was nicht sie zu wehren vermochten,
Von gleichseitiger Glut entloderten beiden die Herzen.
Fern ist jeglicher Zeug'; Andeutungen sprechen und Winke;
Und je enger bedeckt, je heftiger brauset das Feuer.
Eine mäßige Ritze durchspaltete seit der Erbauung
Schon die gemeinsame Wand der beiden verbundenen Häuser.
Dieser Fehl, den keiner in ewigen Zeiten gespüret,
Ward (was merkt nicht Liebe?) zuerst euch Liebenden merkbar;
Und ihr bahntet der Stimme den Weg, auf welchem gesichert
Oft liebkosende Red' in gedämpfterem Lispel hindurchging.
Wann sie davor sich gestellt, hier Thisbe, Pyramus jenseits,
Und mit begegnendem Munde den Hauch voneinander geschöpfet:
Neidische Wand, was trennst du die Liebenden? sagten sie oftmals.
Was denn, wenn du einmal uns volle Vereinigung gönntest,
Oder, ist dieses zu viel, dich öffnetest unseren Küssen?
Aber nicht undankbar! wir bekennen uns gerne verpflichtet,
Dass du den Worten die Bahn zu gefälligen Ohren gewährtest.
Wann sie solches umsonst am geschiedenen Orte geredet,
Sagten sie gegen die Nacht: Schlaf wohl! und hefteten Küsse,
Jeder der eigenen Seite, die nicht zu der anderen drangen.
Früh nun hatte verscheucht die nächtlichen Schimmer Aurora,
Und mit den Strahlen die Sonne betauete Kräuter getrocknet.
Beide nahn dem gewöhnlichen Ort. Mit leisem Geflüster
Klagen sie vieles zuvor, und beraten sich, dass sie die Hüter
Täuschen in schweigender Nacht, und hinauszugehen versuchen;
Und wann außer dem Haus', und den Toren der Stadt sie gekommen,

Um dann nicht zu verirren im weit durchwandelten Felde,
Wählen sie Ninus' Grab zur Vereinigung: wo sie im Schatten
Berge der Baum; denn ein Baum voll schneeweiß hangenden Obstes
Stand an dem kühligen Quell, ein hochgewipfelter Maulbeer.
Beiden gefällt's; und der Tag, zu langsam ihnen entweichend,
Sinkt zum Gewässer hinab, und die Nacht entsteigt dem Gewässer.
Listig schleicht durch das Dunkel aus leise gedreheter Angel
Thisbe hinaus, unbemerkt von den Ihrigen; und zu dem Hügel
Kommt sie, das Antlitz verhüllt, und sitzt am erkorenen Baume.
Kühnheit gab ihr die Liebe. Da kommt, o siehe, von frischem
Morde der Rinder geschwärzt am schäumenden Rachen, die Löwin,
Um zu löschen den Durst in der Flut des benachbarten Quelles.
Als sie der Mondschein ferne der Babylonierin Thisbe
Zeigete, flieht sie mit ängstlichem Fuß in die düstere Bergkluft;
Aber im Fliehn entfällt ihr die gleitende Hülle vom Rücken.
Jetzo bezähmte den Durst mit vielem Wasser die Löwin;
Dann in den Wald heimkehrend, erblickte sie ohne die Jungfrau
Dort ihr feines Gewand, und zerfetzt' es mit blutigem Maule.
Später entwandelt der Stadt nun Pyramus; schaut in dem tiefen
Staube die deutliche Spur des Gewilds, und, erblassend im Antlitz,
Starret er. Aber sobald er den Schleier auch findet voll Blutes:
Eine Nacht denn soll zwei Liebende töten! beginnt er;
War doch jene von beiden die würdigste längeren Lebens!
Schuldig ist meine Seele; ich bin, Elende, dein Mörder;
Da ich in grauliche Wüsten heraus dich lockte bei Nachtzeit,
Und nicht zuerst ankam! O zerreißt mit den Zähnen den Leib mir,
Und mein frevelndes Herz verschlingt in den wütenden Rachen,
Ihr, in jenem Geklipp herbergende Löwen der Wildnis!
Doch feig' ist's, nur wünschen den Tod! – Und die Hülle der Thisbe
Hebt er, und trägt sie zum Schatten des abgeredeten Baumes.

Als er mit Tränen genetzt das bekannte Gewirk, und geküsset:
Jetzt denn, sagt er, empfang' auch meines Blutes Beströmung!
Und er senkt den umgürtenden Stahl in die Weiche des Bauches;
Schnelll dann zieht er ihn sterbend hervor aus der kochenden Wunde;
Und wie er lag auf dem Rücken gestreckt, springt rötliches Blut auf:
Anders nicht, als wenn mit beschädigtem Bleie die Röhre
Platzt, und gewaltig empor aus zischender Öffnung das Wasser
Spritzt im verdünneten Strahl, und hoch in die Lüfte sich aufschwingt.
Aber die Früchte des Baums, vom Todesblute gesprenget,
Nehmen die schwarze Gestalt; und die blutgefeuchtete Wurzel
Färbt mit purpurnem Dunkel die ringsher hangenden Maulbeern.
Siehe, da kommt, noch ängstlich, um nicht den Geliebten zu täuschen,
Thisbe zurück; und sie forscht mit Aug' und Herzen den Jüngling,
Ihm zu erzählen begierig, wie großer Gefahr sie entflohn sei.
Jetzt, wie den Ort sie erkennt, und des Baums veränderten Anblick,
Irrt sie die Farbe der Frucht; und sie stutzt, ob jener auch recht sei.
Weil sie erwägt, schnell sah sie, wie dort die zuckenden Glieder
Schlagen den blutigen Grund: und sie wandte den Fuß, und wie Buxus
Blaßt' ihr gelbes Gesicht, und sie schauderte, ähnlich der Meerflut,
Welche sich kräust, wann oben ein wehendes Lüftchen dahinstreicht.
Aber sobald sie verweilend ihn selbst erkannte, den Liebling,
Schlug sie mit tönendem Schlag die unverschuldeten Arme;
Und sich zerraufend das Haar, und den Leib des Geliebten umarmend,
Füllte sie ihm mit Tränen die Wund', und Tränen zum Blute
Mischte sie; dann das Gesicht, das erkaltete, deckend mit Küssen:
Pyramus, rufte sie aus, welch Unglück nahm dich hinweg mir?

Pyramus, ach, antworte! dir ruft, du Trautester, Thisbe!
Höre der Deinigen Stimm', und erhebe das liegende Antlitz!
So wie sie Thisbe genannt, so erhebt die starrenden Augen
Pyramus, jene zu schaun, und schließt sie wieder auf ewig.
Als sie nunmehr ihr Gewand, und die elfenbeinene Scheide
Sah, von der Klinge getrennt: Unglücklicher! rief sie, dich raubte
Deine Hand und die Lieb'! Auch mir ist tapfer zu diesem
Einen die Hand, auch mir gibt Kraft zu Wunden der Liebe!
Folg' ich dir Scheidenden nach! und heiß' ich Arme des Todes
Grund und Begleiterin dir! Und hat uns beide der Tod nur,
Ach! zu trennen vermocht, so vermög' auch der Tod nicht zu trennen!
Um dies Einzige noch seid flehentlich jetzo gebeten,
Unglückselige beide, du mein, und des Jünglinges Vater:
Dass, da entschlossene Lieb', und die letzte Stund' uns vereint hat,
Ihr in dem selbigen Grab' uns nicht missgönnet zu ruhen!
Der du, o Baum, mit Zweigen den mitleidswürdigen Leichnam
Jetzt dem einen bedeckst, bald wirst du ihn decken uns beiden!
Halte die Zeichen des Mords, und in dunkeler Farbe der Trauer
Reife dir immer die Frucht, dem gedoppelten Blute zum Denkmal!
Thisbe sprach's; und unter die Brust sich fügend die Spitze,
Sank sie hinab auf den Stahl, der noch vom Morde gewärmt war.
Aber es rührte die Götter ihr Wunsch, und rührte die Eltern;
Denn die Farbe der Frucht, wann ganz sie gereifet, ist schwärzlich;
Was man dem Feuer enthob, das ruht in derselbigen Urne.
Also erzählt' Arsippe, die Spinnerin. Jetzo im Krempeln
Hub Leukonoe an, wie der leuchtende Sohn Hyperions
Brannt' in Lieb'; und die Schwester Alcithoe sann auf ein Märlein,
Während ihr Schiffchen durchflog das Gespinnst des stehenden Aufzugs.

Plötzlich erscholl, ungesehen den festentweihenden Schwestern,
Zur dumpfrollenden Trommel das krummgehörnete Schallrohr
Und das erklingende Erz; rings dufteten Myrrhen und Safran.
Und, kaum glaubliche Tat! es ergrünete jeglicher Webstuhl,
Und in des Efeus Laub verhüllte das hangende Tuch sich.
Anderes schwand in Reben; und was als Faden gespannt war,
Rankt mit Geringel empor; aus dem Aufzug dränget sich Weinlaub;
Und das Purpurgewand leiht Glanz den gefärbeten Trauben.
Jetzo war vergangen der Tag, und es rückte die Zeit an,
Welche man Licht so wenig als Finsternis möchte benennen,
Sondern Scheide des Tags und der Nacht, ein dämmerndes Zwielicht.
Schleunig erbebte das Haus, und es schien, wie wenn harzige Fackeln
Loderten, und die Gemächer in rötlicher Glut sich erhellten:
Und von des grässlichen Wildes Erscheinungen scholl's wie Geheul auf.
Rings in der dampfenden Wohnung verbargen sich eilig die Schwestern,
Jed' am besonderen Orte die Glut und die Helle vermeidend.
Während sie Winkel erspähn, da umläuft die verkleinerten Glieder
Dünne Haut, und bedeckt mit zarten Schwingen die Ärmlein
Auch nicht einmal, wie ihnen die vorige Bildung dahinschwand,
Ließ sie das Dunkel erkennen. Es hob nicht jene Gefieder;
Dennoch trugen sie sich auf matt durchscheinenden Flügeln.
Rede versuchen sie jetzt; und der feineste Laut für den Körper
Schwirret hervor; und sie üben mit zirpender Stimme die Klagen.
Häuser bewohnen sie gern, nicht Waldungen; immer noch lichtscheu
Schwärmen sie gegen die Nacht als Fledermäus' in der Dämmrung.

Leukothoe

Sol bemerkte zuerst, wenn der Ruf nicht täuschet, der Venus
Heimliche Liebe mit Mars; denn zuerst bemerket er alles.
Und ihn schmerzte die Tat; und der Juno Sohne, dem Ehmann,
Sagt' er der Gattin Vergehn, und den Ort des Vergehens. Doch jenem
Sank die Besinnung zugleich und das Schmiedegerät aus der Rechten.
Schleunig schafft er aus Erz sich dünngezogene Kettlein;
Und feinmaschige Netze, die fast den Augen entschwinden,
Feilet er aus: nicht drehet die Spinnerin zartere Fäden;
Nicht mit so duftiger Web' umspannt' die Balken Arachne.
Auch dass, eben berührt, sie den leisteten Regungen folgen,
Macht er, und stellet geschickt sie rings um das Bette verbreitend.
Jetzo, sobald ein Lager das Weib und den Buhlen gesellet,
Siehe, durch Kunst des Gemahls, und neu erfundene Bande,
Werden im Augenblick der Umarmungen beide verhaftet.
Und der Lemnier, öffnend die elfenbeinenen Flügel,
Ladet die Götter heran. Sie ruhn miteinander gefesselt
Lästerlich. Doch wünscht mancher der nicht schwermütigen Götter,
Lästerlich also zu sein. Die Oberen lachten; und lange
Blieb dies allen umher das bekannteste Märchen im Himmel.
Jetzo übt Cytherea der Anzeig' ahndende Strafe;
Und zum Vergelt ihm selbst, der verborgene Liebe gekränket,
Kränkt sie mit Liebe das Herz. Was nun, o du Sohn Hyperions,
Frommt dir deine Gestalt und die Wärm' und der strahlende Schimmer?
Du, da der Lande Bezirk mit deiner Glut du entflammest,
Flammst in anderer Glut; und da alles zu schaun dir gebühret,

Schaust du Leukothoe nur, und senkst auf die einzige Jungfrau
Deinen der Welt entzogenen Blick. Bald steigst du des Morgens
Früher am Himmel empor, bald tauchst du später des Abends.
Winterstunden verlängerst du im unersättlichen Anschaun.
Finsternis duldest du oft, da das Licht den Fehler des Geistes
Annimmt: und du erschreckst der Sterblichen Herz mit Dunkel.
Nicht, weil etwa der Mond, dem Erdkreis näher, dich hemmet,
Schwindet in Blässe dein Glanz; es entfärbt dich also die Liebe.
Jen' erkorst du allein; nicht Klymene fürder, und Rhodos,
Nicht die reizende Perse, der Circe Mutter, beherrscht dich,
Klytie nicht, die, wie sehr auch verschmäht, nach deiner Umarmung
Trachtete. Selbst ja trugst du nunmehr im Herzen die Wunde;
Und Leukothoe tilgte so vieler Frauen Gedächtnis:
Welche die Schönste vordem des balsambauenden Volkes
Ihrem Gatten gebar, Eurynome; und da sie aufwuchs,
Wie vor allen die Mutter, so ragt vor der Mutter die Tochter.
Orchamus hieß ihr Vater, der Achämenier König,
Welcher der Siebente sprosste vom Stamm des alternden Belus.

Unter dem westlichen Pol hat Sol die Weide der Rosse.
Statt des Grases ernährt sie Ambrosia, welche die Glieder,
Matt vom Dienste des Tages, erquickt und kräftigt zur Arbeit.
Während die Stampfenden dort sich himmlische Nahrungen rupfen,
Und rings waltet die Nacht, geht liebend der Gott in die Kammern,
Eingehüllt in der Mutter Eurynome Bildung, und siehet
Unter den zwölf Hausmädchen Leukothoe neben dem Lichte
Ebenes Garn ausziehen an umgedreheter Spindel.
Wie sie nunmehr, als Mutter, ihr Töchterchen zärtlich geküsset:
Heimlich ist unser Geschäft; entfernt euch, sagt sie, ihr Mädchen;
Und nicht stört die Mutter, ein Wort in Vertrauen zu reden!

Alles gehorcht; und sobald das Gemach dem Gotte geräumt war:

Ich bin, sprach er, der Gott, der die Bahn des Jahres durchwandelt;
Alles seh' ich, und gebe dem Erdkreis alles zu sehen,
Ich das Auge der Welt. Du gefällst mir, glaub' es. Sie zaget;
Und vor Schrecken entsinkt aus der Hand ihr Wocken und Spindel.
Schön war selber die Angst; und der Gott, nicht länger verweilend,
Kehrte zurück in die wahre Gestalt und den eigenen Schimmer.
Aber die Jungfrau ward wie geschreckt von dem plötzlichen Anblick,
Doch von dem Schimmer besiegt, und sträubte sich nicht der Umarmung.

Eifersucht entflammte die Klytie; denn ungemäßigt
Liebete Sol; und Rache der Nebenbuhlerin schwörend,
Rügt sie des Gottes Besuch, bis die schleichende Sage den Vater
Warnete. Jetzo voll Wut und unbarmherzig, wie flehend
Jene zum Lichte des Sol auch die Arm' ausstreckt', und: Da ist er,
Der mit Gewalt mich bezwang! ausrief, vergrub er sie grausam
Unter die Erd', und häufte gehügelten Sand zur Bedeckung.
Diesen zerstreut mit Strahlen der Sohn Hyperions, und öffnet
Ausgang dir, zu erheben das eingegrabene Antlitz.
Aber du konntest nicht mehr dein Haupt aufrichten, o Nymphe,
Welk von der lastenden Erd', und du lagst, ein erblichener Leichnam.
Niemals sah, wie man glaubt, der geflügelten Rosse Beherrscher
Seit des Phaethons Brande, so herzzerschneidenden Anblick.
Ach, mit strahlender Glut die erkalteten Glieder bescheinend,
Strebt er, zurück, wenn's möglich, die Lebenswärme zu rufen.
Aber dieweil das Geschick ihm wehrt ein so kühnes Verlangen,
Sprengt er den Leib und den Ort mit balsamduftendem Nektar;
Und da er vieles geklagt: Doch steige mir, sprach er, zum Äther!
Plötzlich zerfloss, durchdrungen vom himmlischen Nektar, der Leib ihr

Aufgelöst, und tränkte mit Wohlgerüchen das Erdreich.
Bald nun wurzelte leis' und drang die Staude des Weihrauchs
Durch die Schollen empor, und brach mit dem Sprosse den Hügel.
Aber der Klytie jetzt, wie sehr die Liebe den Schmerz auch,
Und wie sehr den Verrat ihr Schmerz entschuldigen konnte,
Nahete nimmer der Gott, und entzog ihr Lieb' und Umarmung.
Seitdem schwand sie dahin vor sinnlos starrender Sehnsucht:
Nacht und Tag, von den Nymphen getrennt, in der Freie des Himmels,
Saß sie auf nackendem Grund', ungeschmückt die betaueten Haare.
Neunmal kreiste das Licht; und Trank und Speise verschmähend,
Nahm die Fastende nichts als Tau und Tränen zum Labsal.
Nie auch wich sie vom Ort, und allein des wandelnden Gottes
Antlitz schaute sie an, ihr Gesicht umwendend nach jenem.
Endlich hafteten fest, wie man sagt, am Boden die Glieder,
Teils von fahler Blässe verfärbt zu erblichenem Kraute,
Teils errötend wie Gold; und gleich der gelben Viole
Krönt ihr die Blume das Haupt; obgleich an der Wurzel befestigt,
Dreht sie nach Sol sich herum und behält, auch verwandelt, die Liebe.

Ino und Athamas

Rings war jetzo in Thebe durch Wunderzeichen verherrlicht
Bacchus' Gewalt; und die Base des neuen Gottes erzählet
Allen sein mächtiges Tun; und allein war unter den Schwestern
Teillos Ino des Leids, nur schwesterlich fühlte sie Mitleid.
Hoch erhuben den Mut ihr die Söhn', und des Athamas' Lager,
Und der erzogene Gott. Saturnia sah, und ertrug's nicht.
Also vermochte denn, sprach sie, der Buhlerin heimlicher Bastard,

Dass er entmenscht in die Woge Mäoniens Schiffer versenkte?
Dass er der eigenen Mutter den Sohn zu zerfleischen dahingab?
Dass er die drei Minyaden verschuf in gefittichte Vögel?
Nichts soll Juno vermögen, als still zu beweinen den Kummer?
Das, das wäre genug? Drauf schränkte sich unsre Gewalt ein?
Handeln lehrt er mich selbst! Man darf auch vom Feinde belehrt sein!
Und was die Wut auswirke, das hat durch Pentheus' Ermordung
Mehr denn zu viel er gezeigt! Warum nicht geht mir gestachelt
Ino mit eigener Wut auf der Beispielbahn der Verwandten?
Ein abschüssiger Pfad, vom traurigen Taxus umdämmert,
Führt durch schweigende Stille zur unterirdischen Wohnung.
Nebel dampft untätig die Styx. Abscheidende Seelen
Steigen dort in die Tief, und bestatteter Toten Gebilde.
Bläss' und Winter beherrschen den wustigen Ort; und der Geister
Neulinge schwärmen umher, unkundig des Wegs, der sie führe
Nach der stygischen Stadt, und der Burg des düsteren Pluto.
Tausend der Eingäng' hat und ringsum offene Tore
Jene geräumige Stadt. Wie ins Meer die Ströme der Länder,
Also strömen dahin die Gestorbenen alle; der Raum ist
Nie dem Volke zu eng, nie fühlt er den schwärmenden Zuwachs.
Blutlos irren die Schatten, von Fleisch entblößt und Gebeinen.
Manche besuchen den Markt, und manche die Burg des Beherrschers;
Teils auch üben sie Kunst, Nachahmungen vorigen Lebens.
Dorthin duldet zu gehn, die himmlischen Säle verlassend,
(So lag Hass ihr am Herzen und Zorn!) die saturnische Juno.
Als sie nunmehr eintrat, und gedrückt von dem heiligen Leibe
Seufzte die Schwelle des Tors; da erhub drei grässliche Häupter
Zerberus, und dreifaches Gebell scholl. Jene berufet
Stracks das unsühnbare Grauen der nachtgeborenen Schwestern

Vor dem demantenen Tore des fest verschlossenen Kerkers
Saßen sie, dunkele Schlangen herab aus dem Haare sich kämmend.
Aber sobald sie die Göttin im finsteren Schatten erkannten,
Standen die Furien auf. Man nennt ihn den Ort der Verdammnis.
Tityos bot zu zerfleischen das innerste Leben, indem neun
Hufen entlang er den Leib ausdehnete. Tantalus haschet
Ewig die Wasser umsonst; es entflieht die umhangende Baumfrucht.
Bald rennt Sisyphus nach, bald drängt er den Fels zu dem Absturz.
Rasch wird Ixion gedreht, und sich selbst verfolgt er, und flieht er.
Und, die tückischen Mord den eigenen Vettern bereitet,
Schöpfen verrinnende Flut rastlos die belischen Jungfrau'n.
Aber nachdem sie alle Saturnia düsteren Auges,
Und vor allen Ixion, betrachtete; kehrt sie den Anblick
Wieder dem Sisyphus zu: Warum soll der von den Brüdern,
Ruft sie, unendliche Strafe bestehn, weil Athamas machtvoll
Wohnt in dem stolzen Palast: der samt der Genossin mich immer
Lästerte? – Und sie erzählt, was den Hass und die Reise verursacht,
Und den ersehneten Wunsch, dass die Burg des herrschenden Kadmus
Sank', und die grausen Geschwister des Athamas zögen zur Untat.
Machtgebot und Verheißung und Flehn miteinander vermischend,
Regt sie die Göttinnen auf. Da Saturnia solches geredet,
Schüttelt Tisiphone wild ihr graues verworrenes Haupthaar,
Und die umringelnden Schlangen zurück vom Gesichte sich werfend:
Keineswegs bedarf's umschweifender Worte, beginnt sie;
Achte geschehn, was du immer gebeutst; und erhebe dich, Göttin,
Aus unfreundlicher Öde zur Luft des besseren Himmels.
Froh kehrt Juno zurück; und bevor in dem Himmel sie eingeht,
Sprengt die thaumantische Iris der Reinigung tauende Tropfen.
Aber Tisiphone rafft die mit Blut gefeuchtete Fackel

Ungestüm; und den Mantel, von triefendem Morde gerötet,
Leget sie an, und gürtet den Leib mit gewundener Schlange;
Und sie entstürmet dem Hause. Der Gehenden folget der Gram nach,
Angst und Schrecken zugleich, und die Wut mit krampfigem Antlitz.
Als sie die Schwelle betrat, da erzitterten, sagt man, die Pfosten
Äolus' Sohn'; es erblassten die Doppelflügel von Ahorn.
Sol auch wandte den Lauf. Geschreckt durch die Zeichen erhub sich
Athamas und die Genossin; sie wollten entfliehn aus der Wohnung.
Aber es droht scheusälig und hemmt die Erinnys den Ausgang.
Schrecklich die Arm' ausbreitend, von Natternknoten umringelt,
Schüttelte jene das Haar; und es scholl das bewegte Geschlängel.
Teils auf die Schulter gerollt, und teils um die Schläfen sich windend,
Zischen sie her, und speien ihr Gift, die züngelnden Schlangen.
Jetzt aus der Mitte des Haars zwei Ungeheuer sich raufend,
Fasst der Verderberin Hand, und schwingt sie entgegen. Doch jene,
Vorn der Ino Gewand und des Athamas beide durchirrend,
Atmen sie strengen Gedüfts Anhauch. Nicht Wunden den Gliedern
Geben sie, aber der Geist empfindet die grässlichen Bisse.
Ferner brachte sie mit des lautersten Giftes Erfindung:
Schaum aus Zerberus' Maul, und fressenden Schleim der Echidna;
Unstet irrenden Wahn, und Vergessenheit dumpfer Betäubung,
Frevel zugleich, und Tränen, und Grimm, und Begierde des Mordes:
Alles zusammengemengt mit frisch vergossenem Blute,
Hatt' in Erz sie gekocht, und gequirlt mit dem Schafte des Schierlings.
Und weil zagend sie stehn, da gießt sie die Beize des Rasens
Beiden hinab in die Brust, und regt das innerste Herz auf.
Dann in denselbigen Kreis mehrmals umwirbelnd die Fackel,

Schürt sie heftiger noch die erregete Flamme mit Flammen.
Siegreich nun, des Gebots Vollenderin, kehrt sie zum öden
Reiche des mächtigen Dis, und löst die umgürtende Schlange.
Siehe, des Äolus Sohn schreit mutvoll mitten im Vorhof:
Auf, ihr Genossen, Io! hier spannet die Netz' in den Wäldern!
Eben erblickt' ich allhier mit Zwillingsjungen die Löwin!
Sinnlos dann, wie des Wildes, verfolgt er die Spur der Gemahlin;
Und aus dem Busen der Mutter den lächelnden kleinen Learchus
Da er die Händchen ihm streckt, entrafft er, und hoch, wie die Schleuder,
Dreht er ihn dreimal herum, und am starrenden Felsen zermalmt er
Grimmig des Knaben Gebein. Erst jetzt wird erreget die Mutter;
Ob dies wirkte der Schmerz, ob die Kraft des verbreiteten Giftes:
Laut aufheult sie, und rennt wahnsinnig mit fliegenden Haaren.
Dich, ihr Kind, Melicertes, in nackenden Armen, ertönt sie:
Evoe, Bacchus, Io! Es lacht bei dem Namen des Bacchus
Juno, und: Solchen Gewinn verleihe dir, ruft sie, der Zögling!
Vorwärts ragt in das Meer ein Geklipp, das unten gehöhlt wird
Von anschlagender Flut, wie ein Dach vor dem Regen sich schirmend;
Oben erstreckt's rauchzackig die Stirn in die offene Woge.
Diesen erklomm wahnsinnig (der Wahnsinn kräftigte) Ino;
Und in die wallende Tief, ungehemmt von Bangigkeit, stürzt sie
Selbst sich hinab und die Last; weiß schäumt die geschlagene Flut auf.
Venus, im Herzen gerührt von der Enkelin leidender Unschuld,
Schmeichelte jetzo dem Ohm: Obwaltender Gott der Gewässer,
Welcher zunächst dem Himmel Gewalt ausübet, Neptunus!
Großes begehr' ich fürwahr; doch blick' auf die Meinen erbarmend,
Die des ionischen Sunds endloses Gewog' umherwirft!

Lass dir Götter sie sein! Ich selbst bin dem Meere nicht unlieb;
Wenn ja in heiliger Tief ich einst aus gerinnendem Meerschaum
Aufwuchs, und Aphrodite daher mich nennet der Grajer!
Huldreich winkt Neptunus der Bittenden. Alles entnimmt er
Jenen, was sterblich war, und erteilt ehrwürdige Hoheit
Ihrer Gestalt; und den Namen zugleich mit der Bildung erneuend
Nennt er die Mutter des Gottes Leukothea, jenen Palämon.

Fünftes Buch

Perseus

Tragend die ruchtbare Beute des natterlockigen Scheusals
Flog durch Dünne der Luft mit rauschenden Fittichen Perseus,
Über die libyschen Sande. Da siegreich jener sich fortschwang,
Tröpfelten blutige Tropfen vom Haupt der Gorgo Medusa,
Welche die Erd' aufnehmend in mancherlei Schlangen beseelte:
Darum wimmelt das Land von der Brut feindseliger Würmer.
Durch Unermessliches dann, in dem Sturm misshelliger Winde,
Hierhin nun, nun dort, wie Gewölk voll schwellenden Regens,
Schwebet er; und tief unten entfernt aus der Höhe des Äthers
Schaut er die liegenden Land', und ganz umfliegt er den Erdkreis.
Dreimal den klauigen Krebs, und die frostigen Bärinnen sah er;
Oft zu dem Niedergang, oft ward er enttragen zum Aufgang.
Jetzt am sinkenden Tage besorgt, sich der Nacht zu vertrauen,
Stand er, wo Atlas gebot, im Bezirk des hesperischen Landes,
Wenige Frist sich nehmend zur Ruh', bis die Gluten Auroras
Lucifer rufe hervor, und Aurora die tagende Sonne.
Dort, vor den Sterblichen allen mit Riesenwuchse sich hebend,
War der gewaltige Sohn des Japetus. Unter dem König
War das äußerste Land, und das Meer, das unter der Sonne
Keichenden Rossen sich streckt, die ermüdeten Achsen empfahend.
Tausend Herden der Schaf und des Hornviehs irreten jenem
Durch die Gefild'; und kein Anwohnender drängte die Gegend.
Laubige Sprossen des Baums, von blinkendem Golde gerötet,
Spielten um goldene Äste, die Frucht aus Golde beschattend.
Gastfreund, redete Perseus ihn an, wenn Ehre dich rühret

Eines erhabnen Geschlechts; von Jupiter stammt das Geschlecht
mir.
Wenn du der Taten Bewunderer bist, so bewundre die meinen.
Pflege begehr' ich und Ruh'. – Doch Atlas dachte des alten
Götterspruchs, den ihm einst die parnassische Themis geweissagt:
Kommen wird, Atlas, die Zeit, da beraubt des wachsenden Goldes
Steht dein Baum, und ein Sohn des Jupiter prangt mit der Beute.
Dessen besorgt, hatt' Atlas mit sicheren Mauern den Obsthain
Fest umschirmt, und die Hut dem gewaltigen Drachen vertrauet;
Und er verbot ungastlich den Fremdlingen allen den Zugang.
Hebe dich fort! rief jener: dass nicht die Ehre der Taten,
Welche du lügst, dir entfernt, nicht Jupiter selbst dir entfernt sei!
Drohungen mischt er Gewalt, und versucht aus der Pforte zu treiben
Ihn, der weilt, und sanfte zu tapferen Worten gesellet.
Aber an Kraft ihm weichend (denn wer wohl gliche dem Atlas
Je an Kraft?). Nun, weil dir so weniges unsere Lieb' ist,
Saget er, nimm ein Geschenk! und er zeiget ihm, links von der Seite,
Selber zurück sich wendend, das wustige Haupt der Medusa.
Groß wie er war, ward Atlas ein Berg. Sein Bart und das Haupthaar
Wallen in Wälder dahin; Felshöh'n sind Schultern und Hände;
Was sonst Scheitel ihm war, ist oberster Gipfel des Berges;
Knochen erstarren zu Stein; an jeglichem Teile vergrößert,
Wächst er ins Ungeheure, (so wolltet ihr, Götter!) und ganz nun
Ruht mit allen Gestirnen auf seinem Haupte der Himmel.
Äolus hatte die Wind' im ewigen Kerker gebändigt
Und, ein Ermahner zum Fleiß, erschien am Gewölbe des Himmels
Lucifer, strahlend von Licht. Jetzt heftet sich jener die Flügel
Wieder an jeglichen Fuß, und schnallt die gebogene Wehr um;
Dann durch lautere Lüfte bewegt er gefittichte Fersen.
Völker, unendlich an Zahl, diesseits verlassend und jenseits,

Schauet er Cepheus Reich, die Äthiopengeschlechter.
Dort war jetzt unschuldig Andromeda, Strafe zu dulden
Für die Zunge der Mutter, vom grausamen Ammon verurteilt.
Als an dem harten Gestein sie zurück mit den Armen gefesselt
Sah der abantische Held; wenn nicht in den Haaren ein Lüftchen
Spielete, nicht die Augen von zitternden Tränen ihr flössen,
Hätt' er ein marmornes Bild sie gewähnt! Unwissend entbrennt er,
Staunet sie an, und, verloren im Reiz der betrachteten Bildung,
Denket er kaum zu schwingen in tragender Luft das Gefieder.
So wie er stand: Oh, sprach er, nicht solcherlei Ketten verdienst du,
Sondern womit sich einander entflammete Liebende fesseln!
Öffne dem Fragenden doch den Namen des Lands und den deinen;
Auch warum du in Banden erscheinst! – Erst schweigt sie, und wagt nicht
Anzureden den Mann, die Jungfrau. Gerne das Antlitz
Deckte sie scheu mit den Händen, wenn nicht gebunden sie wäre;
Was sie vermag, die Augen erfüllt sie mit quellender Wehmut.
Dringend erneut er die Frag'; und, damit nicht eigne Verbrechen
Sie zu verheimlichen scheine, den Namen des Lands und den ihren,
Und wie hoch sich die Mutter vermaß im Stolze der Schönheit,
Meldet sie. Aber noch nicht war alles verkündiget; plötzlich
Rauschte die Flut, und es kam aus unendlichen Wogen ein Untier,
Ragend das Haupt, breit unter der Brust die Gewässer bedeckend.
Laut aufschreit die Gebundne: der Vater in Gram und wie sinnlos
Eilt die Mutter daher, beid' elend, schuldiger jene.
Aber Errettung nicht, nur wohlverdienete Tränen,
Jammer nur bringen sie mit, und schmiegen sich fest um die Tochter.

Jetzo begann der Fremdling: Zu Tränen ist immer hinfort noch
Zeit euch genug; doch zur Rettung ist wenige Frist uns vergönnet!
Würb' ich Perseus um diese, von Jupiter stammend, und jener,
Welcher der Gott im Verschloss mit befruchtendem Golde genahet.
Ich, der umschlängelten Gorgo Eroberer Perseus, der herzhaft
Durch die ätherischen Höh'n mit geschwungenen Flügeln einherging;
Allen ja trät' ich zuvor als Eidam. Solcherlei Aussteu'r
Durch ein Verdienst zu erhöh'n, willfahren mir Himmlische, tracht' ich.
Mir zu eigen gelobt sie, wofern mein Arm sie errettet.
Gern empfahn die Bedingung (wer zweifelte jetzo?) und flehend
Bieten sie noch ihr Reich zur Brautaussteuer, die Eltern.
Siehe, wie schnell anrauschend ein Schiff mit spitzigem Schnabel
Spaltet die Flut, wann in Schweiß die Arme der Jünglinge rudern:
Also schoss mit der Brust durch getrennete Wogen das Scheusal,
Nicht mehr weiter vom Felsen entfernt, als mächtig die Luft durch stößt,
Fliegt das gewirbelte Blei aus der balearischen Schleuder.
Plötzlich erhebt sich der Held, der das Land mit den Füßen zurück-
Hoch zu den Wolken empor. Doch sobald auf dem Meere das Untier
Sah den Schatten des Mannes, so wütet es gegen den Schatten.
Wie wenn Jupiters Vogel, sobald er im freien Gefilde
Sah an der Sonne gestreckt mit bläulichem Rücken den Drachen,
Rasch den gewendeten fasst; und damit er das grässliche Haupt nicht
Drehe, dem schuppigen Hals eindrängt die begierigen Krallen,
So in beschleunigtem Flug, vorwärts durch die Leere sich schwingend,

Drängt' er den Rücken des Tiers, der inachische Kämpfer, und
tauchte
Rechts in des schnaubenden Bug bis zum krummen Hefte das
Eisen.
Schwer von der Wunde verletzt, erhebt es sich bald in die Lüfte
Hochauf; bald fährt's unter die Flut; bald dreht's wie ein Eber
Wild sich herum, den der Hunde Gewühl umscheucht mit
Gebelfer.
Doch, wie begierig es schnappt, er entflieht auf hurtigen Flügeln.
Rings dann, jetzt ihm den Rücken, umstarrt von geschildeten
Muscheln,
Jetzt die Rippen der Seit', und jetzt, wo der Schwanz sich
verdünnend
Endet zum Fisch, zerfetzt er mit sichelförmigem Säbel.
Aber das Untier speit mit purpurnem Blute vermischte
Ström' empor; und es triefen, beschwert von Bespritzung, die Flügel.
Perseus wagt nicht länger der schlürfenden Fersenbefiedrung
Sich zu vertraun; er erblickte den Fels, des oberster Gipfel
Ragt aus der stehenden Flut, vom wallenden Meere bedeckt wird.
Dort gestemmt, mit der Linken die vordersten Zacken umfassend,
Dränget er drei-, viermal in die Weichen des Bauchs ihm das Eisen.
Jubel erschallt und Klatschen vom Strande des Meers zu der
Götter
Himmlischen Wohnungen auf: sie freun sich, und grüßen den
Eidam,
Danken dem Schutz des Hauses, und preisen ihn Retter und
Heiland,
Cepheus der Vater zugleich und Kassiope. Frei nun der Fessel,
Wandelt die Jungfrau her, Ursach' und Belohnung der Arbeit.
Selbst nun spület der Held die siegenden Händ' in der Woge.

Aber damit er nicht schade dem Schlangenhaupt in dem Meerkies,
Lockert er Laub auf die Erd', und im Abgrund wachsende Reiser
Streut er, und leget darauf das Gesicht der Phorkide Medusa.
Siehe das Reis, noch frisch, und mit saugendem Marke belebet,
Raffte des Scheusals Kraft, und erhartete von der Berührung;
Äste zugleich und Blätter umzog fremdartige Starrheit.
Staunend nahn die Nymphen des Meers, und versuchen das Wunder
Noch an mehreren Reis, und freuen sich gleichen Erfolges.
Samen davon erneun sie, umher durch die Wogen ihn streuend.
Und auch jetzt ist gleiche Natur den Korallen geblieben:
Dass von berührender Luft sie Härt' annehmen, und, was erst
Schmeidig am Meergrund wuchs, gleich über dem Meer sich versteinert.

Jetzt drei Göttern erhebt drei Rasenaltäre der Sieger:
Links dem Merkurius einen, und rechts dir, kriegrische Jungfrau;
Mitten ist Jupiters Herd. Es blutet die Kuh der Minerva:
Und dem Geschwingten das Kalb; und der Farr dir, König der Götter.

Stracks die Andromeda nimmt er, der großen Tat zur Belohnung,
Ohn' aussteurendes Reich. Ihm schwingt Hymenäus und Amor
Bräutlichen Kien; es dampfen von reichlichen Düften die Feuer;
Laub und Blume bekränzen das Haus; die Gitarr' und die Lyra,
Auch die Schalmei, und Gesang, glückseliger Herzen entzückter
Ausruf, tönet umher; mit entriegelten Pforten geöffnet,
Strahlen in Gold die Gemächer; es nahn zu des Königs köstlich
Prangendem Hochzeitsmahl die cephenischen Völkergebieter.

Als nach vollendetem Schmaus vom Geschenk des edelen Bacchus

Allen das Herz anschwoll; nach der Art und Sitte des Landes
Fragt der Abantier nun. Und sobald dem Fragendes solches
Einer die Gäste gelehrt: Wohlan, o tapferer Perseus,
Redet er, melde mir jetzt, durch welcherlei Künste, durch welche
Tugenden, du dir gewannst dies drachenhaarige Antlitz.
Drauf der Spross des Agenor: Es lieg' am frostigen Atlas,
Sagt er, ein Ort, durch Mauern umschanzender Blöcke gesichert;
Wo, in des Tals Eingang, zwo Schwestern gewohnt, die Phorkiden,
Beide des einzelnen Augs teilnehmende; dieses, indem sie
Wechselten, hab' er geheim, durch täuschenden Trug sie belistend,
Mit vorgreifender Hand sich geraubt. Dann fern durch entlegnes,
Unwegsames Geklüft, und von Waldungen starrende Felsen,
Hab' er den Sitz der Gorgonen erreicht, und umher in den Feldern
Und an den Wegen geschaut der Menschen Gebild', und der Tiere,
Welche zu Stein aus beseelten der Anblick schuf der Medusa.
Aber er selbst, an der Linken mit schrecklichem Schilde gewappnet,
Hab' in dem spiegelnden Erz die Gestalt der Medusa geschauet;
Und weil schwer der Schlummer sie selbst und die Schlangen betäubte,
Hab' er dem Hals entrissen das Haupt; dass mit Fittichen fliegend,
Pegasos, samt dem Bruder, vom Blut der Erzeugerin aufwuchs.
Aber nicht falsche Gefahren des langen Laufes erzählt er:
Welche Sund' und Länder er unter sich schaut' aus der Höhe,
Welche Gestirn' er sogar mit geschwungenen Fittichen rührte.
Während dies in dem Kreise cephenischer Fürsten erzählet
Danaes Heldensohn, da erfüllt des Königes Säle
Dumpf aufbrausender Lärm: und nicht hochzeitliche Feier
Singt das rohe Geschrei, es verkündiget tobende Waffen.
Und aus gastlichem Schmause so schnell vorbrechender Aufruhr
War dem Meer zu vergleichen, das wild nach ruhiger Stille

Rasender Winde Gewalt aufstürmt in erhobene Brandung.
Phineus zuerst, Urheber des unbesonnenen Krieges,
Schüttelnd den eschenen Speer mit vorgespitzetem Erze:
Schaue mich, sprach er, bereit, die entrissene Gattin zu rächen!
Nicht soll jetzt das Gefieder, noch dein zu Golde gefälschter
Jupiter, mir dich entziehn! – Er wollt' ausschwingen; doch Cepheus
Rief ihm: Was machst du, Bruder? und welch ein Gedanke des Wahnsinns
Treibt dir zum Frevel das Herz? So lohnest du solchem Verdienste?
Dies dein bräutlich Geschenk für unserer Tochter Erhaltung?
Welche dir Perseus nicht, wenn du Wahrheit suchest, genommen;
Nein, nur Nereus' Töchter, die zürnenden; nur der gehörnte
Ammon, nur das in Wut annahende Scheusal des Abgrunds,
Lechzend mein Kind zu verschlingen! Geraubt dir wurde sie damals,
Als zum Verderben sie ging! Wofern nicht grade du forderst,
Grausamer, dass sie verderb', und an unserem Kummer dich weidest!
Traun, nicht ist es genug, dass man dir vor den Augen sie anschloss,
Und dass keinerlei Hilfe du Ohm und Bräutigam brachtest!
Oben darein, dass jemand sie rettete, willst du betrauren,
Und ihm entraffen den Preis! Wenn dieser so groß dir erscheinet,
Warum nicht von dem Fels, wo geheftet er war, ihn geholet?
Nun lass, der ihn geholt, durch den mein Alter nicht öd' ist,
Nehmen, was Wort und Verdienst ihm sicherte! Denke, dass dir nicht
Vorgezogen er sei, vielmehr dem entschiedenen Tode.
Nichts antwortete jener; ihn selbst abwechselnd und Perseus
Funkelt' er an, unschlüssig, ob den, ob jenen er treffe.
Und nach kurzem Verzug, da schwang er die Lanze mit Kraft um,
Wie sie gewährte der Zorn, und auf Perseus schnellt' er den Fehlschuss.

Als sie dem Polster entragt', erst jetzo sprang von dem Lager
Perseus empor; und zurück das Geschoss ihm sendend in Unmut,
Bräch' er die feindliche Brust: doch hinter den Opferaltar floh
Phineus, und, ach, unwürdig! es barg der Altar den Verbrecher!
Aber die Stirn des Rhötus durchdrang nicht eitel die Spitze.
Jener sank; und sobald sie den Stahl aus dem Schädel gezogen,
Zappelt er, rot mit Blut die gestelleten Tische besprengend.
Jetzo lodert die Meng' in ungebändigtem Zorn auf;
Ringsher schnellt man Geschoss; ja mancher schreit, es verdiene
Cepheus selbst und der Eidam den Tod. Doch gegangen war Cepheus
Über die Schwelle des Saals, anrufend das Recht und die Treue,
Auch die gastlichen Götter, er sei unschuldig des Aufruhrs.
Pallas, die Kriegerin, naht, und bedeckt mit der Ägis den Bruder,
Hauchend ihm Mut. Dort war ein Indier Athis, den weiland
Ganges' Tochter Limnate gebar in kristallener Grotte:
Von vorragender Schöne, die noch sein köstlicher Anzug
Mehrete, frisch von Kraft, ein sechzehnjähriger Jüngling.
Tyrisches Kriegsgewand, umringt mit goldner Verbrämung,
Hüllte den Leib; es prangt' ein goldnes Gehenk an dem Halse,
Und ein gekrümmetes Band um das myrrhenduftende Haupthaar.
Stets mit geschwungenem Spieß auch noch so Entferntes zu treffen,
War ihm kundig die Hand, doch kundiger, Bogen zu spannen.
Jetzt auch bog er bereits die geschmeidigen Hörner; doch Perseus,
Raffend den Brand, der rauchend den Herd des Altares bedeckte,
Schlug, und verwüstete stracks in zersplitterten Knochen das Antlitz.
Diesen sah, wie in Blut sein holdes Gesicht er herumwarf,

Lykabas nun, der assyrische Held, stets jenem vereinigt,
Als Gefährt', und Bekenner der ungeheuchelten Liebe;
Und da er Athis beweint, der, matt von der bitteren Wunde,
Jetzo den Geist aushauchte; da nahm er den Bogen, den ehmals
Jener gespannt, und sagte: Mit mir sei jetzo der Kampf dir!
Auch wird nicht gar lange des Jünglinges Tod dich erfreuen,
Der mehr Hass dir bringet, denn Lob! – Noch hatt' er nicht alles
Ausgesagt; da entsprang der durchdringende Pfeil von der Sehne:
Jener vermied, doch haftet' er ihm in dem faltigen Kleide.
Gegen ihn wandte die Wehr, erprobt durch den Mord der Medusa,
Er des Akrisius Sohn, und stieß in die Brust sie. Doch jener,
Sterbend schon, da die Augen in Todesdunkel ihm schwammen,
Schaute nach Athis umher, und lehnte sich nieder auf Athis,
Und nahm mit zu den Manen den Trost des vereinigten Todes.
Siehe, der Libyer dort, Amphimedon, und der Syener,
Phorbas, Methions Sohn, voll Gier, in den Kampf sich zu mischen,
Waren im Blut, das umher den laulichen Boden gefeuchtet,
Beid' ausgleitend gestürzt: an dem Aufstehn hindert das Schwert sie,
Welches Amphimedons Rippen durchdrang, und die Kehle des Phorbas.
Erithos, Aktors Sohn, dem breit die gedoppelte Streitaxt
Schimmerte, sank nicht unter des Perseus Schwerte; den Mischkrug,
Hoch mit Gebild vorragend, und schwer vom Gewichte des Erzes,
Diesen gewaltigen hebt mit beiden Händen der Halbgott,
Schwingt, und zerschmettert den Mann: flugs speit er rötliches Blut aus,
Rücklings gestreckt, und schlägt mit sterbender Scheitel das Estrich.
Jetzt der Semiramis Sohn Polydämon, Abaris jetzo,
Welcher vom Kaukasus kam, und den Spercheiaden Lycetus,
Klytus, und Phlegyas jetzt, und den ungeschorenen Elyx,

Streckt er, dass hoch einher auf der Sterbenden Haufen er wandelt.
Phineus wagete nicht, in der Nähe dem Feind zu begegnen,
Sondern er schwinget den Speer: den trägt auf Idas der Irrweg,
Welcher umsonst, teillos des Gefechts, sich der Waffen enthalten.
Düster das Auge gewandt auf den unbarmherzigen Phineus:
Soll ich durchaus teilnehmen, so rufet er, habe denn, Phineus,
Welchen du wolltest, den Feind; und empfah für die Wunde die Wunde!
Schon den entzogenen Speer ihm zurückzusenden verlangt' er,
Aber er sank in die Kniee, die leer des Blutes erschlafften.
Auch nach dem Könige selbst der Cephenier Erster, Odites,
Lag durch Klymenus' Schwert; den Protenor tötete Hypseus;
Diesen des Lynkeus Sohn. Ein Emathion war in der Anzahl,
Hochbejahrt, Wahrnehmer des Rechts, und Verehrer der Gottheit,
Der, weil schon sein Alter am Kampf ihn hinderte, redend
Kämpft, und sie laut anfährt, und die frevelen Waffen verwünschet.
Wie er mit bebender Hand den Altar umfing, so entmäht' ihm
Chromis das Haupt mit dem Schwert; und es taumelte auf den Altar hin,
Wo die ersterbende Zunge mit schwachem Laut, wie Verwünschung,
Lallete, dann in die Mitte der Glut aushauchte den Atem.
Broteas drauf und Ammon, der Zwillingsbrüder, mit Riemen
Unbesiegt, wenn der Arme Geriem obsiegte den Schwertern,
Sanken durch Phineus' Hand in den Staub. Auch der Priester der Ceres,
Ampykos, weiß um die Schläfen mit heiliger Binde geschleiert.
Du auch, Japetos' Sohn, nicht solcherlei Diensten gewidmet;
Sondern ein friedliches Werk, die Gitarr' im Gesange zu rühren.
Dir befahl man zu feiern mit wonnigen Tönen den Festschmaus;
Doch wie ferne du standst, unkriegrisches Spiel in den Händen:

Geh! sprach Pettalus lachend, das Übrige singe den Manen
Drunten am Styx; und er bohret den Dolch ihm links in die Schläfe.
Dieser sinkt, und im Fallen berührt sein sterbender Finger
Noch das besaitete Spiel, das sanft wie Klagegetön scholl.
Nicht unbestraft lässt jenen der ungestüme Lykormas;
Sondern rechts von der Pfoste den stämmigen Riegel sich brechend,
Schmettert er ihm die Gebeine gerad am Nacken. Doch jener
Taumelte nieder in Staub, nach Art des geschlachteten Stieres.
Pelates auch nun strebt, der Cinyphier, links von der Pfoste
Abzureißen den Baum: da durchbohrt mit der Spitze die Hand ihm
Korythos, Fürst des marmarischen Volks, dass am Holze sie haftet.
Abas stößt in die Seite des Haftenden; und er entsinkt nicht;
Sondern es hängt an der Pfoste des Sterbenden Rechte befestigt.
Siehe, auch Melaneus sinkt, des Perseus Sache verfechtend;
Dorylas auch, der reichste des Nasamonengebietes,
Dorylas, reich an Gebiet: kein anderer hatte Besitzung
Weiter umher, noch trug er so viel des Getreids in die Speicher.
Schräg her stand ihm geschnellt im unteren Bauche das Eisen,
Wo schnell tötet der Tod. Halcyoneus, der ihn verwundet,
Sah, der Baktrierfürst, wie er matt ausschluchzte den Atem,
Drehend den Blick: Nimm, sprach er, so viel du bedeckst von der Erde,
Nach so reichem Gebiet! und verließ den entbluteten Leichnam.
Rächend schwinget den Speer, den der warmen Wund' er entraffte,
Ihm der abantische Held; und mitten die Nas' ihm durchschlüpfend,
Fuhr sie zum Nacken hinaus, und ragt' an jeglicher Seite.
Und, wie das Glück ihn lenkt, auch Klytios streckt er, und Klanis,
Gleicher Gebärerin Frucht, an verschiedener Wunde verblutend:

Klytios' Hüften hindurch, aus gewaltigem Arme geschleudert,
Stürmte die Esch', und es klirrt' in Klanis' Munde der Wurfspieß.
Jetzt war Keladon hin, der Mendesier: jetzo auch Astreus,
Den vom bezweifelten Vater die Palästinerin aufzog.
Auch Äthion der Seher, vor dem scharf ahnend die Zukunft,
Nun vom trügenden Vogel getäuscht; und Thoaktes, des Königs
Waffengenoss; und, berüchtigt als Vatermörder, Agyrtes.
Viel war getan, doch mehreres nach: denn all auf den einen
Stürmen sie, lechzend nach Mord; das Gewühl der Verschworenen kämpfet
Rings für jenen daher, der Verdienst anfeindet und Treue.
Ihm sind der redliche Schwäher umsonst, und die bräutliche Gattin,
Samt der Erzeugerin hold, und erfüllen den Saal mit Gejammer.
Aber das Waffengeräusch tönt vor, und der Fallenden Angstruf;
Und, da sie einmal entheiliget sind, umströmt die Penaten
Ganz Bellona mit Blut, und mischt die erneueten Kämpfe.
Rings um den einen ist Phineus gestellt, und die Scharen des Phineus,
Tausende! häufiger fliegt das Geschoss, wie der winternde Hagel,
Jegliche Seite vorbei, und die Augen vorbei, und die Ohren.
Jetzt an der Säule Gestein, der erhabenen, drängt er die Schulter;
So im Rücken geschirmt, und vorn auf die Scharen gerichtet,
Hält er den Ansturz auf. Nun stürzten heran von der Linken
Molpeus, Chaonias Bürger, und rechts Nabathäas Ethemon.
Wie vom Hunger gespornt die Tigerin, wann in dem Tale
Hier und dort sie gehört zwei brüllende Rinderherden
Zweifelt, wohin sie sich wende, nach der und jener verlangend:
So auch zweifelte Perseus, ob links, ob rechts er bestürme;
Endlich fernt er Molpeus zuerst mit verwundetem Schenkel,
Wohl vergnügt mit der Flucht: denn Zeit nicht gönnet Ethemon;

Sondern in rasender Gier, ihm oben den Hals zu verwunden,
Eiferig schwingend das Schwert mit unvorsicht'gen Kräften,
Brach er es: dort an dem äußersten Rand des geschlagenen Pfeilers
Sprang auseinander die Kling', und fuhr in die Kehle dem Eigner.
Dennoch gab zum Tode noch nicht zureichenden Antrieb
Jener Schnitt: wie er zagt', und umsonst die entwaffneten Arme
Aufhub, streckt' ihn der Held, durchbohrt mit cyllenischem Säbel.

Aber da Perseus sah, die Tapferkeit weiche dem Schwarme:
Hilfe, wohlan! so rief er, dieweil ihr selber mich nötigt,
Werd' ich vom Feind mir suchen! Hinweg hebt alle das Antlitz,
Wer ein Gewogener ist! und das Haupt der Gorgo entblößt' er.
Andre gesucht, die das Wunder von dir angaffen! erwidert
Theskelos; und wie die Hand zu entsenden den tödlichen Wurfspieß
Trachtete, stockt' er in dieser Gebärd', ein marmornes Bildnis.

Ampyx, diesem zunächst, lief gegen des Akrisiaden
Mutbeseelete Brust mit dem Schwert an; aber im Anlauf
Starrete plötzlich die Hand, nicht rückwärts könnend noch vorwärts.

Nileus drauf, der den Sohn des siebenströmigen Nilus
Falsch sich immer genannt, der auch auf dem Schilde die sieben
Strömungen teils aus Silber und teils aus Golde gemeißelt:
Schaue doch, rief er, o Perseus, den Ursprung unseres Stammes!
Groß wird bleiben der Trost bei den schweigenden Schatten des Todes,
Solchem Manne gefallen zu sein! – Das Ende des Rufes
Ward ihm mitten im Tode gedämpft; fortreden zu wollen
Schien der geöffnete Mund; doch den Durchgang wehrt' er den Worten.

Laut fuhr Eryx sie an: Durch Schuld des Mutes erstarrt ihr,
Sprach er, und nicht des gorgonischen Haars! Stürmt alle zum Einhaun!
Streckt zur Erde den Jüngling, der magische Waffen beweget!
Einhaun wollt' er im Sturm; doch es hielt der Boden den Fußtritt,
Unbewegt stand jener, ein Stein in gewappneter Bildung.
Alle sie trugen indes verschuldete Strafen. Doch einer
Kämpfte für Perseus mit; und indem noch kämpfet Akonteus,
Schaut er der Gorgo Gestalt, und erstarrt zu gediegenem Felsen.
Aber Astyages schwingt, für belebt ihn haltend, mit langem
Schwerte den Hieb; da ertönt von hellem Geklinge das Schwert ihm.
Während Astyages staunt, hat gleich Natur ihn umhüllet;
Und des Bewundernden Mien' ist noch im marmornen Antlitz.
Säumnis wär' es, die Namen Geringerer alle zu nennen
Noch zwei Hunderte waren der Heerschar übrig zum Kampfe;
Und zwei Hunderte starrten vom Blick des gorgonischen Hauptes.
Endlich gereut der Krieg, der ungerechte, den Phineus.
Doch was zu tun? Rings schaut er die viel gestalteten Bilder;
Und er erkennt die Freund', und jeglichen rufend mit Namen,
Fordert er Schutz; noch glaubet er nicht, und die nächsten Gestalten
Rühret er: Marmor war's! Er wendet den Blick, und in Demut,
Seitwärts die Arme gestreckt, und die Schuld abbittende Hände:
Perseus, ruft er, du siegst! O hinweg das entsetzliche Scheusal!
Nimm das versteinernde Haupt, wer immer sie sei, der Medusa!
Nimm es, ich flehe, hinweg! Nicht Hass, noch Begierde der Herrschaft,
Führte ja uns in den Streit; für die Braut erhuben wir Waffen!
Besseren Anspruch gab das Verdienst dir, aber die Zeit uns!
Dass ich dir nicht einräumte, verdreußt! Nichts, tapferer Held, nichts,
Nur dies Leben vergönne du mir; sei das Übrige deines!

Als dies jener gesagt, und auf ihn, den die Stimme nur anrief,
Niemals wagte zu schaun: Feigherziger, rief er, o Phineus,
Was ich vermag zu gewähren, ein großes Geschenk dem Verzagten,
Hemme die Furcht! das gewähr' ich: dich soll kein Eisen verletzen.
Ja, ein dauerndes Mal für die Ewigkeit stift' ich dir jetzo;
Und stets werde geschaut in den Wohnungen unseres Schwähers:
Dass sich tröste mein Weib an des früheren Bräutigams Bildnis.
Perseus sprach's; und das Haupt der Phorkynerin wendet er dorthin,
Wo mit banger Gebärd' hinfloh der erschrockene Phineus,
Da er den Blick noch jetzo herumzudrehen sich anstrengt,
Starret der Hals, und in Felsen erharscht die Feuchte der Augen.
Aber die ängstliche Miene der Demut blieb in dem Marmor,
Seine gerungenen Händ', und die tief abhängige Stellung.
Siegreich kehrt der abantische Held mit der Gattin zur Heimat,
Argos. Dort als Rächer des unverdienenden Vaters,
Naht er dem Prötus im Zorn. Denn mit Kriegsmacht scheuchte der Bruder
Prötus, und eignete sich des Akrisius türmende Berghöh'n.
Weder der Waffen Gewalt, noch die übel gewonnenen Berghöh'n,
Schützten ihn gegen das grasse Gesicht des umschlängelten Scheusals.
Doch hat dich, Polydektes, o Fürst der kleinen Seriphos,
Weder des Jünglinges Mut, den so viel Kämpfe bewähret,
Noch sein Leiden erweicht; unerbittlichen Hass ohn' Erbarmen
Übst du Grausamer noch, und nährst unbillige Feindschaft.
Selber den Ruhm verkleinert dein Mund; denn gefabelt, erklärst du,
Sei der Medusa Mord. Für die Wahrheit, redete Perseus,
Stellen wir Pfand! Hemmt alle den Blick! Und des Königes Antlitz
Ward vom Medusengesicht blutlos zum Granite verwandelt.

Die Musen

Eilend ging in hohlem Gewölk die tritonische Pallas
Zum jungfräulichen Berge des Helikon über die Meerflut.
Also redete sie zu den neun tonkundigen Schwestern:
Uns erscholl das Gerücht des neu entsprungenen Bornes,
Den der medusische Gaul, der geflügelte, brach mit dem Hufschlag.
Dieses bewog mich zu gehn, um selbst die Wundererscheinung
Anzuschaun; ihn sah ich aus Mutterblute gezeuget.
Drauf Urania so: Was auch dich beweget, o Göttin,
Unsere Wohnung zu sehn; uns sehr willkommen erscheinst du.
Wahr ist indes das Gerücht, und Pegasus brachte den Ursprung
Diesem Quell. Und sie führte zum heiligen Sprudel die Pallas.
Als sie lange bewundert des Hufschlags quellende Wasser,
Schaut sie umher die Haine der altertümlichen Waldung,
Und die Geklüft', und die Kräuter, gemalt mit unzähligen Blumen;
Und: Glückselige, ruft sie, zugleich an Geschäft und an Wohnung,
Ihr, der Mnemosyne Töchter! Da redete eine der Schwestern:
O wenn Tugend dich nicht zu höheren Taten entflammte,
Du zur Genossin bestimmt, Tritonia, unseres Chores!
Wahr ist die Red', und mit Recht wird Kunst gepriesen und Wohnung.
Ja, ein liebliches Los empfingen wir, wären wir sicher.
Aber (so gar nichts achtet ein Frevler!) alles erschrecket
Uns jungfräuliche Seelen; es schwebt der grause Pyreneus
Vor dem Gesicht; kaum jetzo noch kehrt mir ganz die Besinnung!
Daulischer Fluren Bezirk und phoceïscher hatte der Wütrich
Inne mit thrazischer Macht; und gesetzlos herrscht' er mit Willkür.
Einst den parnasischen Tempel besuchten wir. Jener erblickt' uns
Wandelnde; und mit Verehrung geheuchelten Dienstes sich nahend:

Weilt, mnemonische Mädchen (er kannt' uns), weilet ein wenig,
Sprach er; und lasst mein Haus vor der Wut des Gestirns und des Regens
(Denn es regnete sehr) euch verteidigen! Oft ja in Hüttlein
Traten die Oberen ein! – Durch Zeit und Worte genötigt,
Folgen wir willig dem Mann, und gehn in die vordersten Zimmer.
Bald war der Regen verrauscht; es besiegeten Norde den Südwind,
Und das braune Gewölk zerflog am gereinigten Himmel.
Gehn war unser Begehr; doch Pyreneus, schließend die Wohnung,
Drohte Gewalt, der wir mit genommenen Schwingen entflohen.
Hoch auf der Burg stand jener, zu folgen bereit sich gebärdend,
Und: Wo Bahn ist für euch, dort, rufet er, wird sie für mich sein!
Und er entspringt wahnsinnig dem obersten Gipfel des Turmes:
Aber er stürzt auf das Haupt, und dumpf, mit zerschmettertem Schädel,
Schlägt er sterbend den Grund, vom frevelnden Blute gerötet.

Also erzählte die Muse; da rauscht' ein Geflügel die Luft durch,
Und ein krächzender Gruß ertönete hoch von den Ästen.
Pallas schauet empor, und, woher so deutliche Rede,
Forschet sie rings, und wähnt, dass menschliche Zunge geredet.
Vögel waren es: neun an der Zahl, ihr Schicksal bejammernd,
Saßen sie hoch im Gezweige, die allnachahmenden Elstern.

Zur anstaunenden Göttin begann die Göttin: Auch jene
Mehreten jüngst den geflügelten Schwarm, in der Wette besieget.
Pieros, reich an Gefild', erzeugte sie, wohnend in Pella;
Dem sie Euippe gebar, die Päonerin. Neunmal erschien ihr
In neumaligen Wehn die gerufene Macht der Lucina.
Stolz ob der Anzahl bläht sich der Schwarm der törichten Schwestern.
So viel Städte hindurch, der Hämonier und der Achäer.
Kommen sie her, und reizen mit solcherlei Rede den Wettkampf.

Höret doch auf, zu täuschen das ungewitzigte Völklein
Durch geistleeres Getön! Mit uns, wenn ihr selber euch trauet,
Thespische Göttinnen, kämpft! Nicht Stimme noch Kunst ist geringer
Uns, und die Anzahl gleich. Auf, räumt entweder besieget
Uns den medusischen Born und Hyantias Quell Aganippe;
Oder von uns wird geräumt, bis zu den beschneiten Päonern,
Euch die ematische Flur. Den Kampf entscheiden die Nymphen.
Schimpflich war's sich messen im Kampf, doch weichen erschien noch
Schimpflicher. Treue beschwören bei heiliger Flut die erwählten
Nymphen, und setzen sich hin auf Bänke von lebendem Marmor.
Ohne zu losen beginnt, die zuerst dem Streite sich darbot:
Krieg der Unsterblichen singt sie; und falschen Ruhmes die Giganten
Würdigend, kränkt sie die Taten der ewig waltenden Götter.
Aufgesandt aus den Tiefen des Erdreichs, habe Tyhoeus
Furcht den Himmlischen allen erregt, dass alle den Rücken
Wandten zur Flucht; bis die Matten zuletzt die ägyptische Fläche
Aufnahm, und der in sieben Ergießungen strömende Nilus
Dort auch verfolgt', erzählt sie, der Erdgeborene Typhoeus;
Und erlogne Gestalt umhüllete jeden der Götter.
Führer der wolligen Trift ward Jupiter; welcher daher noch
Jetzt mit gekrümmtem Gehörne sich zeigt, als libyscher Ammon.
Delius barg sich im Raben, der Semele Sohn in dem Geißbock,
Juno in schimmernder Kuh, in Gestalt der Katze Diana,
Venus schlüpft' in den Fisch, der Cyllenier flattert als Ibis.
Solches sang zur Gitarre des Pieros tönende Tochter.
Wir Aoniden vertraun der Kalliope unseren Wertkampf.
Diese, das wallende Haar im Efeukranze gesammelt,

Tritt hervor, mit dem Daum sanft tönende Saiten versuchend;
Und dem geschlagenen Spiele gesellet sie hohe Gesänge,
Preisend der Ceres Geschenk, und ihres Triptolemos Luftfahrt:
Wie sie zuerst aufschollte das Land, und mildere Nahrung
Schuf und mildere Sitte den Sterblichen und die Gesetze;
Dass durch Ceres Geschenk sie menschlicher wurden und frömmer.
Jetzo beschloss den Gesang die erhabenste unseres Reigens.
Aber die Nymphen erkannten den helikonischen Jungfrau'n
Mit einträchtigem Spruche den Sieg. Als drauf die Besiegten
Schmäheten: Weil euch demnach, durch den Wettkampf Strafe verdienen
Sprach sie, zu wenig noch ist, und Lästerung ihr der Verschuldung
Zufügt, und nicht einmal die freie Geduld uns gegönnt ist;
Wohl! so verlangen wir Buß', und folgen dem rächenden Zorne!
Lachend hört's die Emathierschar, und verachtet die Drohung.
Doch da zu reden sie trachten, und laut mit Geschrei zur Verruchtheit
Auszustrecken die Hände, da sehn sie Gefieder hervorgehn
Ganz an die Nägel hinab, und Flaum die Arme bedecken.
Ein' an der anderen schaut, wie der Mund zum starrenden Schnabel
Spitz sich engt, und ein Vogelgeschlecht den Waldungen zuwächst.
Jammernd wollen sie schlagen die Brust; die geregeten Arme
Schwingen sie hoch in die Lüfte, die walddurchkrächzenden Elstern.
Jetzt noch bleibt dem Gevögel die alte Beredsamkeit übrig,
Heiserer Kehlen Geschwätz, und die Sucht, unmäßig zu plaudern.

Ceres

Ceres zuerst hat Schollen mit hakigem Pfluge gewühlet;
Ceres zuerst gab Früchte dem Land und mildere Nahrung:
Ceres gab die Gesetze; durch Ceres' Geschenk sind wir alles.
Jene gebührt mir zu singen. O könnt' ich nur würdig der Göttin
Singen ein Lied! Doch die Göttin ist wenigstens würdig des Liedes.
Eine gewaltige Insel bedeckt gigantische Glieder,
Trinakris: schwer auflastend dem ungeheuren Typhoeus,
Dränget sie ihn, der gewagt, ätherische Sitze zu hoffen.
Zwar strebt jener empor, will oft aufstehen, und müht sich:
Aber die Rechte bedeckt der ausonische Felsen Peloros;
Du, Pachynos, die Link'; und die Schenkel ihm zwängt Lilybäos;
Ätna belastet das Haupt, wo, dem Grund' anlehnend den Rücken,
Sand ausspeiet und Glut aus entsetzlichem Rachen Typhoeus.
Oftmals ringt er, mit Macht hinwegarbeitend die Erdlast,
Dass er die türmenden Städt' und Gebirg' abwälze vom Leibe.
Davon erbebet das Land; und es zagt der König der Geister,
Dass ihm zerspalte der Boden in weit aufgähnender Öffnung,
Und eindringender Tag die zitternden Schatten erschrecke.
Bange vor solchem Verderb enteilte der finsteren Wohnung
Jetzt der Tyrann, und im Wagen von dunkelen Rossen geführet,
Mustert' er rings des sikulischen Lands Grundfesten mit Vorsicht.
Als er genau nun erforscht, es wackele nirgend ein Ort ihm,
Und die Besorgnis verschwand; da sahe den Schweifenden Venus,
Sitzend auf Eryx Höh'n, und sprach, den Knaben umarmend:
Du mir Waffen und Arm, und meine Gewalt, o Erzeugter!
Nimm das Geschoss, Kupido, womit du alle besiegest;
Und in die Brust des Gottes entsende mir hurtige Pfeile,
Dem das äußerste Los zufiel des gedrittelten Reiches.

Du kannst Götter und Jupiter selbst, du Mächte der Meerflut
Bändigen, du selbst ihn, der beherrscht die Mächte der Meerflut.
Was soll der Tartarus ruhn? Warum nicht dehnst du die Herrschaft,
Dein und der Mutter zugleich? Hier gilt's ein Drittel des Weltalls!
Dennoch wird sie sogar in unserem Himmel verachtet,
Solche Gewalt! und es schwinden mit mir die Kräfte des Amor.
Siehest du nicht, wie Diana die Jägerin, nicht, wie Minerva
Schon sich gewendet von mir? Auch der Ceres Tochter ist Jungfrau,
Wenn wir's dulden, hinfort; denn sie hegt die selbige Hoffnung
Auf denn! für das gemeinsame Reich, wenn ich Liebe noch finde,
Füge die Göttin dem Ohm! – So redete Venus, doch Amor
Löst den Köcher und legt, nach der Wahl der Mutter, aus tausend
Einen der Pfeile zurück; nicht spitziger drohet ein andrer,
Noch fehlloseren Flugs, noch mehr der Senne gehorchend.
Jetzo krümmt er das Horn mit angestemmetem Knie,
Und durchbohret das Herz mit hakigem Rohre dem Pluto.
Ein tiefflutender See ist Hennas Mauren benachbart,
Pergus mit Namen genannt. Nicht häufiger höret Kaystros
Schwanengesäng', als dieser, in sanft hingleitenden Wassern.
Ringsher kränzen die Flut Umwaldungen, welche beständig,
Wie mit laubigem Teppich, die Glut abwehren des Phöbus.
Kühlung streut das Gezweig', und die Au' hell schimmernde Blumen.
Frühling ist ewig im Hain. Als hier Proserpina weiland
Spielete, sanfte Violen und silberne Lilien brechend;
Als sie mit kindlicher Lust sich die Körb' und den Schoß des Gewandes
Anfüllt', und zu besiegen die Freundinnen eifert' im Sammeln,
Wurde zugleich sie gesehn und geliebt und geraubet von Pluto.
Also durchstürmt ihn die Flamme! Sie rief, die erschrockene Göttin,

Mutter und Freundinnen an, doch häufiger rief sie die Mutter,
Bang'; und indem das Gewand sie zerriss am obersten Rande,
Sanken aus gleitendem Rocke hinab die gesammelten Blumen:
Und, so lauter noch war die jugendlich heitere Unschuld!
Auch der Blumen Verlust erregete Kummer dem Mägdlein.
Pluto beflügelt die Fahrt, und jeglichen rufend mit Namen,
Treibt er die Rosse zum Lauf, und über die mähnigen Hälse
Schüttelt er dunkele Zügel, mit Eisenschwärze gefärbet.
Über des Sees Abgründ' enteilet er, und der Paliker
Dunstendes Schwefelgesümpf, das geborstenem Boden entsiedet;
Und wo die Bacchiaden vom Doppelstrande Korinthus,
Zwischen dem größeren Hafen und kleineren, Mauern gegründet.
Cyane hält in der Mitt', und Pisas Quell' Arethusa,
Jenes umschlossene Meer, das begegnende Hörner verengen.
Dort war sie, von welcher der See den Namen behauptet,
Cyane, hochberühmt in der Schar sikelischer Nymphen,
Die in der strudelnden Flut bis hoch zu den Hüften emporstand.
Und sie erkannte den Gott: Halt! rufte sie, gehet nicht weiter!
Niemals wirst du mit Zwang der Ceres Eidam. Erbitten
Solltest du sie, nicht rauben. Wofern mir kleines mit großem
Abzumessen gebührt: um mich auch bewarb sich Anapis;
Aber erfleht, nicht also geängstiget, reicht' ich die Hand ihm.
Dieses gesagt, trat jene mit ausgebreiteten Armen
Ihm in den Weg. Nicht hemmte den Zorn der saturnische König:
Welcher die Ross' anmahnend, die schrecklichen, tief in den Strudel,
Umgedreht mit gewaltigem Arm, den gebietenden Zepter
Schwang; dass getroffen die Erd' ihm Bahn zum Tartarus aufschloss,
Und den entstürzenden Wagen empfing in die Mitte des Schlundes.
Cyane trauert zugleich um Proserpina, und die Verachtung

Ihres geweiheten Quells; die unausheilbare Wunde
Nährt sie in schweigender Brust, und ganz in Tränen verrinnt sie;
Und, wo als Göttin sie jüngst obwaltete, in die Gewässer
Fließt sie jetzo verdünnt. Man sah weich werden die Glieder,
Biegsamer jedes Gebein, und frei von Härte die Nägel.
Immer das Zartere schmolz von der ganzen Gestalt ihr zuletzt hin,
Ihr blaulockiges Haar, und die Finger, die Bein' und die Füße;
Denn nur kurz in erkaltende Flut ist feinerer Glieder
Übergang; und darauf schwand Rücken und Seit' und die Schultern,
Auch die Brust ihr hinweg in sanft verrieselnde Bäche.
Endlich drang, statt lebenden Bluts, den zergehenden Adern
Wasser hinein; und nichts war anzufassen noch übrig.

Aber indes ward umsonst von der zagenden Mutter die Tochter
Rings in jeglichem Lande gesucht, und in jeglicher Tiefe.
Niemals sah Aurora, mit goldenen Haaren erscheinend,
Jene vom Gang' ausruhn; nie Hesperus. Stets in den Händen
Hielt sie brennende Fichten, an Ätnas Flammen entzündet,
Welche sie unruhvoll in tauigen Nächten umhertrug.
Wiederum, wann der heilige Tag die Gestirne verdunkelt,
Suchte vom Aufgang jene zum Niedergange die Tochter.

Als nun müde vor Durst sie schmachtete, und ihr die Zunge
Keine der Quellen gekühlt; jetzt traf sie ein niedriges Hüttlein,
Strohbedeckt, und klopft' an die Tür. Ein Mütterchen öffnet
Trippelnd und schaut die Göttin und reicht, da Wasser sie bittet,
Ihr ein süßes Getränk, aus geröstetem Malze gesotten.
Während sie trinkt das Gereichte, da tritt vor die Göttin ein Knabe,
Frech von Gesicht und verwegen, und lacht und nennet sie gierig.
Doch die Beleidigte schwinget die Neig' in des Redenden Antlitz,
Und umströmt ihn mit Nässe zugleich und malziger Mischung.
Flecken saugt das Gesicht; und dort, wo er Arme gereget,

Reget er Bein', und ein Schwanz beschließt die verwandelten Glieder.
Nur in kleine Gestalt, dass klein zum Schaden die Kraft sei,
Enget er sich, noch unter dem Maß der gewöhnlichen Eidechs.
Doch wie das Mütterchen staunt, wie sie weint und zu greifen ihm nachläuft,
Flieht er behend', und ereilet ein Loch; nun führt er den Namen
Sterneidechs, um den Leib mit sternigen Tropfen gesprenkelt.
Welche Lande die Göttin durchirrete, welche Gewässer,
Ist langweilig zu melden: der Suchenden fehlte der Erdkreis.
Nach Sikania kehrt sie zurück; dort alles erforschend
Naht sie der Cyane jetzt: die, wäre sie nicht in Verwandlung,
Hätt' ihr alles erzählt; doch Mund so wenig wie Zunge
Spricht der Redenden an; nichts hatte sie, Worte zu bilden.
Doch ein deutliches Zeichen gewähret sie; und den bekannten,
Dort in den heiligen Strudel hinabgefallenen Gürtel,
Welchen Persephone trug, den zeiget sie oben im Wasser.
So wie sie jenen erkannt, als ob er erst jetzo den Raub sie
Wüsste, zerriss sich die Göttin das ungeordnete Haupthaar,
Und sie zerschlug, wie zuvor, die zerschlagene Brust mit den Händen.
Nicht, wo sie sei, weiß jene; doch schilt sie die Gegenden alle,
Undankbare sie nennend, nicht wert der verliehenen Feldfrucht:
Doch das trinakrische Land vor anderen, wo sie des Schadens
Spuren entdeckt. Dort jetzo die schollenkehrenden Pflüge
Brach sie mit wütender Hand und verdammt' im Zorn die Besteller,
Männer und Stiere, zum Tod', und hieß ableugnen den Acker
Alles vertrauete Gut, und fälschte die edelen Samen.
Siehe, der fruchtbare Segen, der rings umwallte den Erdkreis,
Liegt nun taub; es erstirbt im sprossenden Grüne die Saatflur.

Bald hat heftige Sonn' und heftiger Regen geschadet,
Bald das Gestirn und der rasende Wind; auch die gierigen Vögel
Raffen gestreuete Saat; der Lolch und die Distel beherrschen
Nährende Weizengefild', und unaustilgbare Quecke.
Jetzt aus eleïschen Fluten erhob Arethusa die Scheitel,
Und ihr triefendes Haar von der Stirne gewandt zu den Ohren,
Sagte sie: O du Mutter der rings erkundeten Jungfrau,
Mutter der nährenden Frucht, o hemme die schreckliche Drangsal!
Zürne nicht so gewaltig dem stets dir Pflichtigen Lande!
Nichts hat verschuldet das Land; es trug unwillig den Räuber.
Nicht für die Heimat fleh' ich um Gnad'; als Fremdlingin kam ich.
Pisa ist Heimat mir, und den Ursprung leit' ich aus Elis.
Angesiedelt bewohn' ich Sikania; doch mir erwünschter
Ist kein Land. Hier hab' ich, benamt Arethusa, Penaten
Jetzo und häuslichen Sitz. Du, gütige Göttin, erhalt' ihn!
Aber warum ich so weit auswanderte, und durch des Meeres
Wogen hierher mich gewandt in Ortygia: dies zu erzählen,
Kommt die gelegenere Stunde, wann du, von Sorgen erleichtert,
Freundlicher trägst dein Gesicht. Mir beut durchwegsamer Meergrund
Dunkele Bahn, und gerollt durch unterirdische Klüfte,
Heb' ich allhier mein Haupt, die entwöhneten Sterne zu schauen.
Als ich unter der Erd' im stygischen Strudel einherglitt,
Sah ich deine Proserpina dort mit eigenen Augen.
Traurig zwar im Gesicht und noch unerheitert vom Schrecken,
Ist sie Königin doch, und gebeut in dem düsteren Weltraum,
Als obwaltende Gattin des unterirdischen Herrschers.
Staunend vernahm die Mutter, wie starrer Fels, die Erzählung;
Und, wie vom Donner gerührt, stand lange sie. Doch wie der Schmerz ihr

Heftig die heftige Wut aufregete, fuhr sie im Wagen
Hoch zur ätherischen Luft. Dort ganz in Wolken das Antlitz,
Stand sie mit bitterem Hasse vor Jupiter, fliegend das Haupthaar.
Für mein eigenes Blut und das deinige, Jupiter, komm' ich,
Sprach sie, dich anzuflehn! Wenn Gunst nicht findet die Mutter,
Rühre die Tochter dein Herz, und nicht sei weniger darum
Väterlich gegen dein Kind, weil mir im Schoße sie aufwuchs!
Ach, so lange gesucht, ward endlich das Kind mir gefunden;
Wenn ja finden du nennst, nur sicherer noch zu verlieren,
Oder zu wissen, wohin sie mir schwand! Die Entführung verzeih' ich,
Geb' er nur jene zurück! Nicht traun des vermähleten Räubers
Ist ja würdig dein Kind, sei auch das meinige würdig!
Jupiter drauf antwortet: Gemeinsame Lust und Beschwerd' ist
Mir die Tochter, wie dir. Doch wenn uns jetzo nach Wahrheit
Namen zu wählen gefällt, nicht scheint mir Beleidigung solches,
Sondern Lieb'; auch wird er nicht Schand' uns bringen, der Eidam;
Wolle nur du, o Göttin! Das Übrige fehle; wie viel ist,
Jupiters Bruder zu sein! und was? auch das Übrige fehlt nicht!
Nur am Los weicht jener mir selbst! Doch wenn mit Gewalt du
Trennung verlangst, so kehre Proserpina wieder zum Himmel:
Nur mit dem strengen Beding, wofern sie keinerlei Speise
Dort mit dem Munde berührt! So will's der Parzen Verhängnis!
Jupiter sprach's; doch Ceres begehrt der Tochter Zurückkunft.
Aber das Schicksal verbeut; dieweil nicht fastend die Jungfrau
Ausgedau'rt, und irrend im fruchtbaren Garten, mit Einfalt
Einen punischen Apfel vom hangenden Baume gepflücket,
Und aus gelblicher Rinde die sieben genommenen Körner
Über die Lippe gebracht. Von allen der einzige schaute
Dies Askalaphos an: den weiland, sagen sie, Orphne,

Nicht an Ruhm die geringste der avernalischen Nymphen,
Aus des Acherons Lieb' in umnachteter Grotte geboren.
Dieser schaut', und verkündend, der Grausame, raubt er die Heimkehr.
Unmutsvoll verwandelt des Erebus Fürstin den Zeugen
Zum unheiligen Vogel: mit Phlegethons Welle besprengend,
Schuf sie dem Haupt nebst Schnabel und Busch großfunkelnde Augen.
Er, sich selber entrafft, wird in gelbliche Flügel gekleidet,
Mit vorwachsendem Haupt, und krümmt langkrallige Klauen;
Doch kaum regt er zum Flug' untätiger Arme Befiedrung.
Gram zu verkündigen wird er ein missgestalteter Vogel,
Sterblichen Graun und Entsetzen, ein träg' einsiedelnder Uhu.
Zwar der Plauderer hatte der frevelen Zunge Bestrafung
Wohl verdient: doch euch, acheloische Mädchen, woher euch
Vogelfuß' und Gefieder, bei menschlichem Antlitz der Jungfrau?
Etwa, weil ihr des Tags, da Proserpina Blumen des Frühlings
Las, in der Zahl der Gespielinnen wart, tonreiche Sirenen?
Als ihr umsonst nach jener im Kreis der Erde geforschet,
Stracks, dass euere Sorg' auch Meeresfluten erführen,
Wünschtet ihr über der Wog' in ruderndem Fluge zu schweben;
Und willfährige Götter erhöreten. Plötzlich gehüllet
Saht ihr euere Glieder in gelb umwachsende Federn.
Aber damit das Getön, das sanft die Ohren bezaubert,
Nicht auf der Zunge vertönt', und der Kehle melodischer Reichtum;
Blieb euch menschliche Stimm', und blieb jungfräuliches Antlitz.
Jupiter, zwischen den Bruder gestellt und die trauernde Schwester,
Teilete nun gleichmäßig des Jahrs umrollende Kreisung.
Jetzo verweilt die Göttin, mit Macht zwei Reiche beherrschend,

Bei dem Gemahl sechs Monden, und sechs bei der liebenden Mutter.
Andre Gestalt hat plötzlich die Seele zugleich und das Antlitz:
Denn, die eben noch traurig erschien auch selber dem Pluto,
Trägt nun heiter die Stirn, wie die Sonn', in regnende Wolken
Eben gehüllt, wann siegend hervor aus der Wolke sie strahlet.
Ceres fragte nunmehr, sorglos nach gefundener Tochter,
Was dich entfernt, Arethusa, warum du ein heiliger Quell seist?
Ringsum schwieg das Gewog'; und die Göttin hob aus des Quelles
Tiefe das Haupt; dann trocknend das grünliche Haar mit den Händen,
Meldete sie, wie vordem der eleïsche Strom sie geliebet.
Nymphe von jenem Geschlecht, das achäische Fluren bewohnet,
Sprach sie, war ich; nie streifte geschäftiger eine durch Waldhöh'n
Jagend umher, nie stellte geschäftiger eine das Garn auf.
Aber obgleich ich nie um der Schönheit Ruhm mich bekümmert,
Rüstig und stark, wie ich war, ich hieß die Schöne beständig.
Doch erfreute mich nicht mein hoch gespriesenes Antlitz;
Und, was andre beglückt, das Lob des blühenden Wuchses
Machte mich Ländliche rot; und ich hielt zu gefallen für Frevel.
Aus dem stymphalischen Wald', ich erinnere mich, kam ich ermüdet.
Heiß war der Tag, und es mehrt' Arbeit die gewaltige Hitze.
Siehe, da rieselte still ein Wässerchen ohne Gewirbel,
Bis an den Grund durchsichtig, wodurch in der Tiefe mir zählbar
Jedes Kieselchen war; und kaum floss leise die Welle.
Grauliches Weidengebüsch; und die wassergenährete Pappel,
Überwölbten von selbst die hangenden Borde mit Schatten.
Und ich naht', und kühlte zuerst die Sohlen des Fußes,
Dann zu den Knien empor; noch lüsterner löst' ich den Gürtel:
Und mein weiches Gewand der gebogenen Weide vertrauend,

Taucht' ich enthüllt in die Flut. Doch indem ich sie schlug und heranzog.
Gleitend in jeder Gestalt, und die schmeidigen Arme bewegte,
Stieg mir unter dem Strudel, ich weiß nicht, welches Geräusch auf;
Und ich Erschrockene trat an den Rand des näheren Ufers.
Nicht so geeilt! rief plötzlich aus eigenen Fluten Alpheos:
Nicht so geeilt, Arethusa! erscholl von Neuem sein Ausruf.
Ohne Gewand, wie ich war, enteilet' ich; denn das Gewand hing
Drüben am anderen Bord. Noch heftiger drängt er, und glüht er;
Und weil nackend ich war, so schien ich gefälliger jenem.
Also lief ich in Hast, so drängte mich wild der Verfolger:
Wie vor dem Habicht entfliehn mit zitternder Schwinge die Tauben,
Und wie den zitternden Tauben im Sturm nachflieget der Habicht.
Weit nach Orchomenos hin, nach Psophis hin und Cyllene,
Bis zu mänalischen Höh'n und den Höh'n Crimanthos, bis Elis
Hielt ich den fliegenden Lauf; nicht säumender folgte mir jener.
Aber lange zum Lauf mich anzustrengen, gebrach's mir
Armen an Kraft; und jener war ganz unermüdet zur Arbeit.
Dennoch die Ebenen durch, und die baumumschatteten Berge,
Felsen sogar und Geklipp, unwegsame Wüsten durchlief ich.
Rückwärts schien mir die Sonn', und langhin sah ich den Schatten
Mir vor den Füßen gestreckt; wofern nicht Angst ihn allein sah.
Aber gewiss erschreckte der Füße Getön, und es hauchte
An das geschleierte Haar der gewaltige Atem des Mundes.
Matt von der müdenden Flucht: Hilf, ruft' ich, o hilf! er erhascht mich!
Hilf der Genossin, Diktynna, der deinigen! der du zu tragen
Oft den Bogen gereicht, und den pfeilumschließenden Köcher!
Gleich war die Göttin bewegt, und eine der dichtesten Wolken

Stürzte sie über mich her. Die mit Nacht Umhüllete forschet
Ängstlich der Strom, und tappt ringsher um den bergenden Nebel.
Zweimal umirrt' er die Stelle betört, wo die Göttin mich einschloss;
Zweimal erscholl: Arethusa! o komm, Arethusa! sein Ausruf.
Ach, wem pochte das Herz, wie mir Elenden? Etwa dem Lamme,
Wenn es die schnaubenden Wölfe vernahm um das hohe Gehege?
Oder dem duckenden Hasen im Busch, der die feindlichen Mäuler
Stöbernder Hund' anschaut, nicht wagend den Leib zu bewegen?
Dennoch entweicht er nicht; denn nirgendwo Spuren des Fußes
Schauet er weiter entfernt; das Gewölk und die Stelle bewacht er.
Kalter Schweiß umströmt mir Belagerten jetzo die Glieder,
Dass von dem ganzen Leibe mir bläuliche Tropfen entfallen.
Wo ich die Füße bewegt, dort wallet ein See; aus den Locken
Trieft mir der Tau; und geschwinder, als nun ich erzähle mein Schicksal
Lös' ich in Nässe mich auf. Doch selbst die geliebeten Wasser
Kennet der Strom: und er legt die genommene Mannesgestalt ab,
Und wird, mir sich zu mischen, in eigene Fluten verwandelt.
Delia spaltet die Erd'; und ich, in die Tiefe mich tauchend,
Eile durch blindes Geklüft zur Ortygia: welche, der Göttin
Als gleichnamige wert, mich zuerst an die Lüfte hervorzog.
Also sprach Arethusa. Da spannte die fruchtbare Göttin
Vor das Geschirr zwei Schlangen, das Maul mit Zäumen gebändigt,
Und sie durchschwebte die Luft im Mittel der Erd' und des Himmels.
Jetzt dem Triptolemus bringt sie das luftige Drachengeschirr hin
Zur tritonischen Burg, und gibt ihm Samen zu streuen,
Teils in rohes Gefild, und teils in endlich erneutes.
Hoch schon über Europa und Asias Lande getragen,
Fuhr der Jüngling einher, und Szythiens Küsten erreicht' er.

König allhier war Lynkos. Er geht in des Königes Wohnung.
Wie er komm', um des Wegs Ursach', um Namen und Heimat,
Ward er gefragt, und: Die edle Athen ist, sagt' er, mir Heimat,
Und Triptolemus heiß ich; mich trug kein Kiel durch die Wogen,
Noch durch die Lande der Fuß, mir öffnete Bahnen der Äther.
Gaben bring' ich von Ceres, die, weit durch Äcker gestreuet,
Fruchtbare Ernten des Korns und mildere Nahrungen tragen.
Neidisch sah der Barbar, und um selbst Urheber so großer
Milde zu sein, empfängt er den Gast; und dem Schlummer-betäubten
Naht er mit würgendem Stahl. Da die Brust zu durchstoßen er trachtet,
Wandelt ihn Ceres zum Luchs, und heißt von Neuem die Luft durch
Lenken sein heiliges Drachengespann den mopsopischen Jüngling.

Sechstes Buch

Arachne

Pallas hörte den Ruhm der Mäonerin, jener Arachne,
Dass sie ihr selbst nicht weiche mit künstlicher Wollebereitung.
Nicht durch den Adel des Ortes noch der Herkunft war sie gepriesen,
Sondern durch Kunst. Ihr Vater, der Kolophonier Idmon,
Pflegt' in phokäischen Purpur die trinkende Wolle zu tauchen.
Tot war die Mutter bereits, auch sie aus niedrigem Volke,
Und dem Vermähleten gleich. Doch fand in den lydischen Städten
Jene durch edelen Fleiß denkwürdigen Namen, wiewohl sie
Stammt' aus kleinem Geschlecht, und wohnt in der kleinen Hypäpa.
Anzuschaun der Arachne bewunderungswürdige Arbeit,
Kamen die Nymphen daher von den Weinhöhen ihres Tymolos,
Kamen aus ihrem Gewässer daher paktolische Nymphen.
Nicht nur gewordene Zeuge vergnügte sie dort zu betrachten,
Sondern die Werdenden auch: so paarte sich Kunst mit der Anmut!
Ob sie die rohere Wolle zuerst aufwickelt' in Ballen;
Ob mit den Fingern ihr Werk sie lockerte; oder ob krempelnd
Feiner sie zog und feiner die nebelähnlichen Vliese;
Ob sie mit hurtigem Daum umschwang die geründete Spindel;
Ob mit der Nadel sie stickte: gewitziget schien sie von Pallas.
Doch sie leugnet die Lehrerin ab, und beleidiget ruft sie:
Streite die Göttin mit mir! nichts ist, was besiegt ich verweigre!

Pallas nimmt der Greisin Gestalt, und fälscht um die Schläfen
Graues Haar, auch stürzet ein Stab ihr die schwächlichen Glieder.

So nun redete sie: Nicht hat das höhere Alter
Unannehmliches nur; die Erfahrung reift mit den Jahren:
Meinen Rat verachte mir nicht. Du suche den Ruhm dir,
Dass vor den Sterblichen du am geschicktesten Wolle bereitest.
Doch der Unsterblichen weich', und in Demut bitte Verzeihung
Deinem entfahrenen Worte; der Bittenden wird sie verzeihen.
Düsteren Augs verlässt sie die angefangenen Fäden;
Kaum noch haltend die Hand, und Zorn im Gesichte bekennend,
Ruft sie die Wort' entgegen der eingehülleten Pallas:
Dürftig kommst du des Sinns, und geschwächt vom lastenden Alter!
Wer zu lange gelebt, dem schadet es! Solcherlei Reden
Magst du der Schnur, die du hast, vorpredigen, oder der Tochter!
Rat ersinn' ich mir selber genug! Mit deiner Ermahnung
Wähne mir nicht zu frommen; es bleibt bei unserem Vorsatz!
Warum kommt sie nicht selbst, und meidet den Kampf der Entscheidung?
Wohl, ruft Pallas, sie kam! und den Wuchs ablegend der Greisin,
Stellt sie die Himmlische dar. Voll Ehrfurcht huldigen Nymphen
Und mygdonische Frau'n. Sie allein nicht zagte, die Jungfrau.
Dennoch errötete sie; und es flog um der Trotzigen Antlitz
Schleunige Glut, die wieder verschimmerte: so wie in Purpur
Pflegt zu erscheinen die Luft, wann zuerst Aurora herannaht,
Und nach weniger Frist sich erhellt an der Sonne Bestrahlung.
Jene beharrt im Entschluss, und die törichte Palme begehrend,
Rennt sie ins nahe Geschick: Nicht weigert sich Jupiters Tochter.
Weder ermahnt sie hinfort, noch säumet sie jetzt die Entscheidung.
Ohne Verzug nun stellen sie beid' an gesonderten Orten,
Und mit zartem Gespinste bespannen sie jede den Webstuhl.
Fest am Baum ist die Web', und der Rohrkamm scheidet den Aufzug;

Mitten hindurch wird geschossen mit spitzigem Schifflein der Einschlag,
Aus der entwickelnden Hand; und gestreckt nun zwischen die Faden,
Drängen ihn dicht mit dem Stoß die gereiheten Stäbe des Kammes.
Jegliche Kämpferin eilt; die Gewand' um den Busen gegürtet,
Regen sie kundige Arm', und die Lust macht leichter die Arbeit.
    Dort wird Purpurgespinst, das den tyrischen Kessel gekostet,
Eingewebt, und daneben die sanft abgleitenden Schatten:
Wie nach Regenerguss von prallender Sonne den Bogen
Pflegt mit gewaltiger Krümmung entlang zu färben den Himmel;
Da in geschiedenen Räumen ihn tausend Farben durchschimmern,
Fließen sie doch ineinander, das spähende Auge verwirrend;
So sehr scheint, was grenzet, sich gleich, und Entfernteres ungleich.
Dort auch laufen hindurch die geschmeidigen Faden des Goldes;
Und im Gewirk erhebt sich ein altertümlicher Inhalt.
    Auf der cekropischen Burg wirkt Pallas färbend des Mavors
Fels, und den längst besungenen Streit um den Namen des Landes.
Zwölf Unsterbliche sitzen, und Jupiter mitten, auf Thronen,
Mit ehrwürdigem Ernst, hochfeierlich. Jeden der Götter
Zeichnet die eigne Gestalt, und den Jupiter königlich Ansehn.
Aber der Meergott steht, und mit lang geschaftetem Dreizack
Schlägt er den schroffigen Fels, dass hervor aus der Wunde des Felsens
Springt die gesalzene Flut; und der Leistende eignet die Stadt sich.
Selbst erscheint sie mit Schild und spitziger Lanze gewaffnet,
Und auf dem Haupte den Helm, an der Brust die schützende Ägis.
Und das geähnlichte Land, von der mächtigen Spitze geschmettert,
Treibet hervor mit Beeren den Spross des ergrauenden Ölbaums.
Staunend sehn es die Götter. Das Werk umkränzet ihr Siegslaub.
    Doch die Mäonerin zeigte vom Stiere getäuscht die Europa:

Wahrhaft schien zu leben der Stier, und zu wallen die Meerflut;
Wahrhaft schaute daher zum verlassenen Lande die Jungfrau.
So, wie sie angstvoll rief den Gespielinnen, und die Benetzung
Scheute der hüpfenden Flut, und die furchtsame Ferse zurückzog.
Auch Asteria schuf sie, gefasst vom ringenden Adler;
Leda dem Schwan, und Antiope hold dem geheuchelten Satyr;
Wie in Amphitryons Bild einst Jupiter warb um Alkmene;
Wie er, ein Hirt, Mnemosyne täuscht', und im Feuer Ägina,
Wie um Danäe Gold, und ein Drach' um Proserpina spielte.
Aber den Bord umringte mit Blumen durchflochtener Efeu.
Selbst nicht Pallas vermag, noch die Missgunst, sagten die Nymphen,
Dir zu tadeln das Werk. An belebender Kunst und Gestaltung
Gleichst der Unsterblichen du; doch mit edlerer Seele belebt sie.
Auch dies Lob ereiferte dich, blondlockige Männin;
Mehr ihr trotzender Blick, und der Bildungen höhnender Inhalt,
Welcher des Vaters Schmach dir vorwarf, Tochter und Jungfrau!
Zornig zerriss die Göttin der Lästerung schnödes Gemäld' ihr,
Und in der Hand noch haltend das Schiff aus cytorischem Buxus,
Schlug sie dreimal die Stirn dem idmonischen Mädchen Arachne.
Nicht erträgt es die Arme; das Seil anknüpfend, umschlingt sie
Mutig die Kehl'. Es enthebt die Hangende Pallas voll Mitleid,
Und: So lebe demnach, doch hange du, Frevlerin! ruft sie.
Und nach gleichem Gesetz (nicht schmeichele dir mit der Zukunft!)
Werde bestraft dein ganzes Geschlecht, und die spätesten Enkel.
Hierauf geht sie hinweg, und den Saft hekateïschen Krautes
Sprenget sie ihr; und sofort, da der traurige Seim sie berührte,
Floß herunter das Haar, und die Nase zugleich und die Ohren.
Winzig verschrumpft ihr Haupt, am kleinlichen Körper das Kleinste;

Schmächtige Fingerchen haften wie Bein' an jeglicher Seit' ihr.
Übrigens waltet der Bauch. Aus ihm auch sendet Arachne
Faden, und fleißiget noch als Spinn' ihr altes Gewebe.

Niobe

Niobe hört' im Palaste der lydischen Spinne Verwandlung,
Als in Mäonia noch am Sipylus wohnte die Jungfrau;
Doch nicht warnte die Strafe der Volksgenossin Arachne,
Himmlischen nachzustehn, und in kleinerem Laute zu reden.
Vieles erhöhte den Mut. Doch weder die Kunst des Gemahles,
Noch ihr beider Geschlecht, und der Glanz des mächtigen Reiches,
Gab ihr solches Behagen, wie sehr auch alles behagte,
Als der Kinder Gedeihn. Glückseligste unter den Müttern,
Niobe, wärst du genannt, wenn du nicht es geschienen dir selber.
Denn des Tiresias' Tochter, die zukunftahnende Manto,
Ging durch die Gassen der Stadt, von göttlichem Geiste gereget,
Einst weissagend umher: Kommt, kommt, ismenische Weiber!
Bringt der Latona, und bringt den Zwillingen unsrer Latona,
Weihrauch dar mit Gebet; und fügt um die Haare den Lorbeer!
Solches gebeut Latona durch mich! – Man gehorcht; und es wandeln
Alle thebischen Frau'n, geschmückt mit befohlenem Laube,
Weihrauch heiligen Flammen, und bittende Worte, zu bringen.
Aber Niobe kommt im Gewühl des begleitenden Schwarmes,
Prangend in phrygischen Prunk der golddurchwirkten Gewande,
Und, wie der Zorn es gestattet, auch schön; und bewegend ihr stattlich
Angesicht mit den Locken, die jegliche Schulter umwallten,

Stand sie, und hoch die Augen umhergewendet voll Stolzes:
Welch ein Wahnsinn, rief sie, gehörete Götter gesehnen
Vorzuziehn! Was, wenn ihr Latona verehrt an Altären,
Fehlt noch meiner Gewalt der Weihrauch? Mich ja erzeugte
Tantalus, welcher allein zum Mahl der Unsterblichen einging;
Und mich gebar die Plejade Taygete, Tochter des Atlas,
Der den ätherischen Pol hoch trägt mit erhabenem Nacken!
Jupiters Sohn ist der Vater, und Jupiters Sohn der Gemahl auch!
Mir sind die Völker gebeugt in Phyrgia; mir auch gehorchet
Kadmus' Burg; und die Mauern, gefugt von den Saiten Amphions,
Werden, und was sie bewohnt, von mir und dem Gatten verwaltet!
Welchem Teil des Palastes ich auch zuwende die Augen,
Unermessliche Hab' erscheinet mir! Aber ich selber
Rag' als Göttin an Wuchs; und sieben Töchter umblühn mich,
Jünglinge ebenso viel, und bald auch Eidam' und Schnüre!
Fragt noch, aus was für Grunde der Niobe Stolz sich erhebet;
Und dann wagt, die von Cöus, ich weiß nicht welchem, entsprossne
Titanide Latona mit vorzuziehn, der die Erde,
Groß wie sie ist, den winzigen Raum zum Gebären versagt hat!
Himmel und Land und Gewässer verbanneten euere Göttin!
Flüchtlingin war sie der Welt! bis Delos endlich voll Mitleid:
Du durchirrest das Land, ihr zurief, ich das Gewässer:
Und unbefestigten Grund einräumete. Zweier Gebornen
Freute sie sich; das ist von unserem Segen ein Siebteil!
Selig bin ich; wer leugnet mir das? und selig beharr' ich:
Wer auch bezweifelt mir dies? Zur Sicherheit hebt mich der Reichtum!
Höher schau' ich herab, als wo Fortuna mir schade!
Ob sie auch vieles entreißt, weit mehreres wird sie mir lassen!
Schon stieg über die Furcht mir die Seligkeit! Denkt euch, gekürzet

Könne mir etwas sein von der Heerschar meiner Gebornen;
Doch nicht sänk' ich hinab zu der Doppelzahl der Latona,
Die mit dem sämtlichen Schwarm nur weniges mehr ist, denn fruchtlos!
Weit, o weit von dem Opfer entfernt; und dem Lorbeer des Hauptes
Niedergesenkt! – Sie senken; es bleibt unvollendet das Opfer;
Und sie flehn, wie man darf, mit leiserer Stimme zur Gottheit.
Unmutsvoll vernahm's die Unsterbliche. Jetzt auf des Cynthus
Oberstem Gipfel begann zu den Zwillingen also Latona:
Schaut! ich euere Mutter, die kühn durch eure Geburt ward,
Und die der Juno allein, sonst keiner der Göttinnen, ausweicht,
Werd' als Göttin bezweifelt! Von stets gefeierten Altären
Werd' ich, o Kinder, gescheucht, wo ihr nicht meiner euch annehmt!
Nicht mein einziger Schmerz! Zu der Untat fügete Schmähung
Tantalus Tochter hinzu: vor den ihrigen euch zu verachten,
Wagte sie; ja mich selbst (ihr werde das!) nannte sie fruchtlos;
Und die Verbrecherin zeigte die Lästerzunge des Vaters!
Bitten wollte gesellen Latona zu der Erzählung.
Endige! sagte der Sohn; du säumst nur die Strafe mit Klagen!
Endige! sagte die Tochter. In schleunigem Schwung durch die Lüfte
Kamen zur Burg des Kadmus sie beid', in Wolken gehüllet.
Eben und weit gedehnt war nah an den Mauern ein Blachfeld.
Immerdar von Rossen zerstampft; wo der Räder Getümmel
Und der zermalmende Huf die liegenden Schollen gelockert.
Einige dort von den Söhnen der Niobe und des Amphion
Steigen auf mutige Ross'; in tyrischer Farbe gerötet,
Glüht das Gedeck, und es starren von Gold die lenkenden Zügel.
Aber Ismenos anjetzt, der zuerst der gebärenden Mutter
Schmerz und Freude gebracht, da den trampenden Lauf er herumdreht

In den gemessenen Kreis, und den schäumenden Rachen bezähmet;
Wehe mir! schreit er auf; und grad in den Busen geheftet,
Trägt er Geschoss; und aus sterbender Hand die Zügel entlassend,
Sinkt auf die Seit' allmählich am rechten Bug er hinunter.
Sipylus, jenem zunächst, wie des Köchers Geklirr ihm daherscholl,
Floh in entzügeltem Lauf: so wie oft, vorkundig des Regens,
Flieht vor der drohenden Wolke der Steuerer, und die gespannten
Segel umher ausdehnt, dass auch kein Lüftchen entfließe.
Doch wie entzügelt er floh: dem Entfliehenden folgt unvermeidlich
Todesgeschoss; und zitternd im oberen Wirbel des Nackens
Haftet der Pfeil, und es raget entblößt aus der Kehle das Eisen.
Vorgestreckt, wie er war, auf den stürmenden Hals und die Mähnen
Rollt er hinab, die Erde mit warmem Blute besudelnd.
Phädimus aber, der arme, gleichnamig dem Ahnen,
Tantalus, als sie ein Ziel dem gewöhnlichen Fleiße gesetzet,
Hatten zum Jugendgeschäft sich gewandt des glänzenden Ringens.
Und schon rangen sie beide mit eng verflochtenen Gliedern,
Brust arbeitend an Brust: da geschnellt vom straffen Gehörne,
So wie gefügt sie waren, der Pfeil sie beide durchbohrte.
Beid' erseufzten zugleich, und zugleich die vom Schmerze gekrümmten
Glieder zur Erde gestreckt, zugleich die erlöschenden Augen
Gegen das Licht aufrollend, verhauchten zugleich sie den Atem.
Jene schaut Alphenor; mit wund geschlagenem Busen
Fliegt er heran, und erhebt die kalten Glieder umarmend;
Ach, und fällt in dem zärtlichen Dienst: denn der Delier Phöbus
Schmettert den finsteren Stahl im tief in die Kammer des Herzens.
Und dem entzogenen folgt ein Teil der Lung' an den Haken
Ausgedreht; es ergießt mit dem Atem sich Blut in die Lüfte.
Doch nicht einfach trifft, Ungeschorener, o Damasichthon,

Dich die Wund'. Es durchdrang am beginnenden Bein das Geschoss ihn,
Wo im Gelenk sich bewegt die sehnige Beuge des Knies.
Während er strebt, mit der Hand zu entziehn die verderbende Waffe,
Fliegt ihm ein anderer Pfeil bis zur Fiederung tief in die Gurgel.
Wieder heraus drängt diesen das Blut, und hoch sich erhebend,
Schießt es hervor, und steiget mit langem Strahl in die Luft auf.
Auch der letzte der Söhn' Ilioneus hob unerhörbar
Flehend die Arm' empor: O ihr Himmlischen alle gemeinsam,
Rief er aus, unwissend, nicht alle sie braucht' er zu bitten:
Schonet, o schont! und gerührt, da unhemmbar bereits das Geschoss flog,
Wurde der treffende Gott: doch erlag der kleinsten Verwundung
Jener, indem nicht tief ihm der Pfeil zum Herzen hineindrang.
Trauriger Ruf, und Kummer des Volks, und Tränen der Diener
Kündeten jetzt der Mutter den plötzlichen Jammer des Hauses:
Ihr, die erstaunt, dass vermocht, und eifert im Zorn, dass gewaget
Dies die Oberen hätten, und so viel Macht sie verübten.
Den der Vater Amphion, die Brust von dem Stahle durchschmettert,
Hatte sterbend geendet zugleich mit dem Lichte den Kummer.
Ach, wie Niobe weit von der Niobe jetzo entfernt ist,
Welche dem Volke verbot die latoïschen Opferaltäre,
Und, durch die Stadt herschreitend, das Haupt in den Nacken zurückbog,
Lästig den Ihrigen selbst; nun mitleidswürdig dem Feinde!
Auf die erkalteten Leichen gesenkt, ohn' Ordnung und Auswahl,
Teilt sie umher die Küsse den Kindern allen zum Abschied.
Dann zum Himmel erhebend die blau gerungenen Arme:
Grausame, weide das Herz an unserem Grame, Latona!
Weide dir, sprach sie, das Herz, bis es satt werd' unseres Jammers!

Hüpf im Triumph! mich trägt man zu Grab', obsiegende Feindin!
Aber warum obsiegend? Mir Elenden bleibet noch mehrers,
Als, Glückselige, dir! Nach so viel Leichen auch sieg' ich!
Niobe sprach's; da erklang vom gespanneten Bogen die Senne,
Dass rings alle vor Schrecken erzitterten; nur sie allein nicht.
Unglück machte sie kühn. In dunkelen Trauergewanden
Stehn um die Bahren der Brüder, mit hangendem Haare, die Schwestern.
Eine davon, ausziehend den Pfeil, der im Innersten haftet,
Senkt auf den Bruder hinab das Gesicht, ohnmächtig verscheidend.
Dort die andere strebt die bekümmerte Mutter zu trösten;
Plötzlich schweiget sie still, um die heimliche Wunde sich krümmend.
Jene will fliehn, doch umsonst! hin gleitet sie; Jen', auf der Schwester
Liegend, erblasst; die birgt sich; die andere zittert umher noch.
Sechs nun sanken dem Tod', an verschiedener Wunde verblutend;
Nur die letzte noch blieb, die ganz mit dem Leibe die Mutter,
Ganz im Gewand' umhüllt': O die Einzige lass mir, die Kleinste!
Von so vielen die Kleinste verlang' ich nur, rief sie, und eine!
Während sie fleht, sinkt auch die Erflehete! Ganz nun vereinsamt,
Saß sie, von Leichen umringt, der Töchter, der Söhn', und des Mannes.
Und sie erstarrte vor Gram. Ihr regt kein Lüftchen die Haare;
Blutlos wird und bleich das Gesicht; auf traurigen Wangen
Steht das Aug' unbewegt; nichts Lebendes bleibt in dem Bildnis.
Selbst im inneren Munde, zugleich mit gehärtetem Gaumen,
Harscht ihr die Zung', und die Ader mit schwindendem Pulse versieget.
Nicht mehr beugt sich der Hals, nicht dreht sich der Arm im Gelenke,

Nicht kann gehen der Fuß; auch Herz und Leber ist Felsen.
Dennoch weint sie, und schnell vom gewaltigen Wirbel des Sturmes
Wird sie zur Heimat entrafft. Dort hoch auf dem Berge gewurzelt,
Rinnet sie; stets in Tränen zerfließt noch jetzo der Marmor.

Die Frösche

Habet ihr Lust und Weile, so höret mich. Eine Geschichte
Weiß ich aus älterer Zeit: wie in Lycias fruchtbaren Äckern
Nicht ungestraft die Latona verachteten Bauern der Vorwelt.
Zwar ist dunkel die Tat, wie selbst die Männer; allein doch
Wunderbar. Ich sah in Person den sumpfigen Weiher,
Wo das Wunder geschah. Denn mein schon alternder Vater,
Schwach für weitere Wege, befahl mir, ihm die erlesnen
Rinder daher zu holen; und gab mir einen Geleiter
Mit aus dem Lyciervolk. Da zugleich wir die Triften umwandeln;
Denkt doch! mitten im See, von Opferasche geschwärzet,
Stand ein alter Altar, umgrünt von zitterndem Rohre.
Stehen blieb der Gefährt', und: Gnade mir! flüstert' er ängstlich
Gegen den See; und sogleich: o Gnade mir! flüstert' ich selber.
Ist der Altar der Najaden? so fraget' ich; oder des Faunus?
Oder des örtlichen Gottes? Zur Antwort sagte der Fremdling:
  Nein, nicht wohnet, o Jüngling, ein Berggott hier im Altare.
Jene nennt ihn den ihren, der einst die Königin Juno
Ganz die Erde verbot, der kaum die irrende Delos
Gab die erbetene Ruh', als leicht noch die Insel umherschwamm.
Dort, an die Palme gelehnt, und den Baum der Pallas, genas sie,
Der Stiefmutter zum Trotz, von Zwillingen endlich, Latona.
Dort auch entfloh, wie man sagt, die Gebärerin ängstlich vor Juno,

Tragend im eigenen Busen die neugeborenen Götter.
Schon in das Land der Chimära, in Lycia kam sie, von langer
Arbeit matt, da die Sonne mit Glut anstrahlte die Fluren;
Und sie lechzte vor Durst in der dörrenden Flamme des Himmels;
Auch war die Brust ihr erschöpft von den gierig saugenden Kindern.
Jetzo traf sie den Teich von besserer Flut in des Tales
Niedrungen: wo Landleute sich staudende Reiser zum Flechten
Sammelten, Binsen zugleich, und klobige Schilfe des Sumpfes.
Näher ging die Titanin, und senkend das Knie auf die Erde,
Neigte sie sich, zu schöpfen den Trunk des kühlen Gewässers.
Aber der ländliche Haufen verbot. Drauf sagte die Göttin:
Warum Wasser verwehrt? Zu aller Gebrauch ist das Wasser!
Eigen erschuf nicht Luft die Natur, noch eigen die Sonne,
Oder die lautere Flut! Am Gemeingut nehm' ich nur Anteil!
Dennoch erfleh' ich solches zur Gabe mir! Nicht ja gedacht' ich
Hier zu baden den Leib, und die abgematteten Glieder;
Sondern den Durst zu kühlen! Mit fehlt schon Feuchte zum Reden;
Trocken ist Zung' und Kehle; ja kaum noch lautet die Stimme!
Wassertrunk wird Nektar mir sein! Ja, das Leben verdank' ich
Euch mit dem Trunke zugleich; ihr gewährt mir Leben im Wasser!
Werdet durch diese gerührt, die hier im Busen die Händchen
Strecken nach euch! Und es traf sich, die Kindelein streckten die Hände.
Wen nicht hätten gerührt die schmeichelnden Worte der Göttin?
Dennoch bestehn sie zu hemmen die Bittende; Drohungen endlich,
Wo nicht fern sie entweiche, mit schmähender Lästerung fügt man.
Noch nicht genug: ihn selber umher mit Händen und Füßen
Machen sie trübe den Teich; und tief aufwühlend vom Grunde,
Regen sie weichen Morast ringsum mit neidischen Sprüngen.

Unmut täubte den Durst; nicht mag die Tochter des Cöus
Noch Unwürdigen flehn; es verdrießt, noch länger zu reden
Worte, der Göttin zu klein; und die Händ' aufhebend zum Himmel:
Lebt denn, sagte sie, ewig hinfort in jenem Gesümpfe!
Schnell war Tat, was die Göttin gewünscht. In die Fluten zu springen,
Freut sie und bald ganz unter den Pfuhl zu tauchen die Glieder,
Bald zu erheben das Haupt, und bald auf der Fläche zu schwimmen;
Oft sich über dem Bord zu sonnen am Sumpf, und hinab dann
Wieder zu plumpen in kühlende Flut. Noch jetzo beständig
Gellt von Zank die schmähliche Zung'; und der Schande nicht achtend,
Ob sie die Flut auch bedeckt, auch bedeckt noch schimpfen sie kecklich.
Selber der Ruf tönt rau, und es schwillt der geblähete Hals auf;
Und viel weiter noch sperrt den gedehneten Rachen die Schmähung.
Schulter und Haupt sind gesellt, und scheinen den Hals zu verdrängen,
Grünlich gefärbt ist der Rücken, der groß vorragende Bauch weiß.
Jugendlich hüpfen herum im morastigen Sumpfe die Fröschlein.

Marsyas

Kläglich war, sehr kläglich, des Satyrs Marsyas Schicksal,
Der, von Apollo besiegt im Getön des tritonischen Rohres,
Jetzo die Strafe bestand. Was entziehst du mir selber mich? rief er.
Ah, mich gereut's! ah! schrie er, so viel nicht gilt mir das Schallrohr!
Doch wie er schrie, zog jener die Haut ihm über die Glieder;

Und nichts war, als Wunde, zu schaun. Blut rieselte ringsum;
Aufgedeckt lag Muskel und Sehn'; auch die zitternden Adern
Schlugen, der Hülle beraubt, aufzuckende Eingeweide
Konnte man zählen sogar, und der Brust durchscheinende Fibern.
Ihn wehklageten Faune, die ländlichen Mächte der Waldung,
Ihn die Satyrgebrüder, und du, ruhmvoller Olympus,
Ihn auch der Nymphen Geschlecht, und wer in der bergigen Gegend
Herden der wolligen Schaf, und gehörnete Rinder umhertrieb.
Aber das fruchtbare Land empfing die fallenden Tränen,
Durchgenetzt, und trank sie hinab in die innersten Adern:
Wo sie, zu Wasser geseigt, aufquollen an freiere Lüfte.
Jäh zu dem stürmischen Meer, im Hang abschüssiger Ufer,
Rollt der Marsyasstrom durch Phrygia lautere Wellen.

Prokne und Philomela

Barbarn schreckten gelandet Athens mopsopische Mauern.
Aber es kam hilfreich der gerüstete Thrazier, Tereus,
Scheuchte den Feind, und gewann den glänzenden Namen des Siegers.
Diesem, der weit vorherrscht' an der Lande Gebiet und der Männer,
Und sein tapfres Geschlecht ableitete selbst von Gradivus,
Gab Pandion die Prokne zur Braut. Doch nicht Hymenäus,
Juno die eheliche nicht, noch die Grazie, nahte dem Lager.
Furien hielten empor die geraubeten Leichenfackeln;
Furien breiteten ihnen das Bett; der entweihende Uhu
Brütet' im Dach, und saß auf dem Giebel des Ehegemaches.
Solch ein Vogel verband mit Tereus Prokne; zu Eltern
Segnete solcher sie ein. Glückwünschungen jubelte freilich

Thracia; selbst auch brachten sie Dank den unsterblichen Göttern;
Und wie den Tag, der dem Herrscher Pandions Tochter vermählet,
So der ihm Itys geschenkt, verordneten alle zum Festtag.
O wie tief ist verborgen, was frommt! Schon führete Titan
Durch fünf Herbste den Lauf des wiederkehrenden Jahres,
Als so Prokne den Mann liebkosete: Find' ich noch etwas
Freundlichkeit, send' entweder mich selbst zum Besuche der Schwester,
Oder sie komme zu mir. Verheiß' dem Schwäher, in kurzem
Kehre sie wieder zurück. Ein Geschenk, wie der segnenden Götter,
Wird mir's sein, die Schwester zu schaun! Er ordnet, die Barken
Niederzuziehn in die Flut, und geht mit Ruder und Segel
In den cekropischen Port, und berührt die piräischen Ufer.
Gleich wie zuerst der Schwäher sich darbeut, und ihn bewillkommt,
Hand in Hand, fängt wechselnd das unheilschwangre Gespräch an.
Kaum noch war des Besuchs Ursach', und die Bitte der Gattin
Angesagt, und gelobt der Gesendeten baldige Heimkehr;
Siehe, da kommt glanzreich in fürstlicher Pracht Philomela,
Glänzender noch an Gestalt: so anmutsvoll, wie wir hören,
Dass Najad' und Dryad' umgehn durch grünende Wälder;
Wenn man ähnlichen Schmuck und ähnliche Pracht sich hinzudenkt.
Anders nicht wird entflammt von der Jungfrau Blicke der Thraker,
Als wenn in falbere Ähren den Brand einleget der Wandrer,
Oder geschobertes Heu und dorrende Sprossen entzündet.
Würdig ist zwar ihr holdes Gesicht; doch ihn selber auch stachelt
Angeborene Lust: denn es glühn unmäßig die Herzen
Jenes Bezirks; er entbrennt durch eigene Schuld und des Volkes.
Rasch ist gefasst der Entschluss, zu verführen die Hut der Begleiter

Und der redlichen Amme; zugleich zu versuchen die Jungfrau
Mit unendlicher Gab', und aufzuwenden sein Erbreich;
Oder mit Zwang sie zu rauben, bereit zu erbitterter Abwehr.
Nichts ist, was nicht wage, von zügelloser Begierde
Tobend, der Mann; kaum fasst die verschlossenen Flammen das Herz noch.
Mühsam schon erträgt er Verzug; zu den Wünschen der Prokne
Kehrt er mit gierigem Munde, die eigenen Wünsche betreibend.
Liebe macht ihn beredt; und so oft sein dringendes Fordern
Über die Billigkeit geht, so saget er, Prokne verlang' es.
Tränen auch fügt er hinzu, als heischt auch diese der Auftrag.
O ihr himmlischen Mächte, wie hüllt die sterblichen Herzen
Blinde Nacht! In dem Eifer, da Schandtat brütet der Unhold,
Scheint er ein zärtlicher Mann, und gewinnt sich Lob aus dem Frevel.
Ja, auch selbst Philomela begehrt's; um den Nacken des Vaters
Schlingt sie kosend die Arm', und besuchen zu dürfen die Schwester,
Fleht sie bei ihrem Heil, und gegen ihr Heil, unermüdet.
Tereus schauet sie an, und herzet voraus mit dem Anblick.
Sehend die hold umwindenden Arm' und das kussliche Mündlein,
Fühlt er alles wie Stacheln, wie Feuerbränd', und wie Nahrung
Rasender Wut; und so oft sie den liebenden Vater umarmet,
Wünscht er sich Vater zu sein; auch war' er nicht weniger Frevler.
Endlich besiegt wird der Vater durch beider Flehn; mit Entzückung
Sagt die Tochter ihm Dank: dass gelungen sie zweien Geschwistern,
Denkt die Arme bei sich, was bald Weh bringet den zweien.
Schon war wenig Beschwerde dem Phöbus übrig; und sehnend
Stampften die Sonnenrosse die Bahn des gesenkten Olympus.
Fürstlicher Schmaus belastet die Tisch', und es blinket in Golde

Bacchischer Wein; dann gibt man dem ruhigen Schlafe die Glieder.
Doch wie einsam er sei, der odrysische König, für jene
Woget sein Herz; und denkend Gesicht und Bewegung und Hände,
Bildet er sich, wie er will, die verborgene Schönheit; und selber
Nährt er die eigene Glut, da die Sorg' abweiset den Schlummer.
Morgen war's. Pandion, die Hand des gehenden Eidams
Drückend, empfiehlt ihm also mit Tränenerguss die Gefährtin:
Diese, mein teuerster Sohn, weil zärtliche Liebe mich nötigt,
Und sie beid' es verlangen, auch du es verlangest, o Tereus,
Geb' ich dir; und beschwörend bei Redlichkeit, und bei Verwandtschaft,
Bei den Unsterblichen fleh' ich, beschütz' als Vater sie liebreich!
Und den holdesten Trost des vielfach leidenen Alters,
Bald (doch jeder Verzug wird lang sein!) send' ihn zurück mir!
Du auch, sobald als möglich, (genug, dass die Schwester entfernt ist!)
Wenn du den Vater noch liebst, komm bald mir zurück, Philomela!
Während des Auftrags küsst' er die trauteste Tochter mit Inbrunst,
Und mild rinnende Tränen entrolleten unter den Worten.
Drauf, wie zum Pfande der Treu' er die Hand von beiden gefordert,
Fügt er sie fest ineinander, und hieß sie Tochter und Enkel
Herzlich von sich in der Ferne mit Worten der Innigkeit grüßen.
Lebe wohl! kaum lallt' er mit schluchzendem Munde den Abschied:
Lebe wohl! und erschrak vor der düsteren Ahnung des Geistes.
Aber sobald einstieg an den farbigen Bord Philomela,
Und vom Ruder die Wog' aufrauscht', und die Küste zurückflog:
Unser ist, ruft er, der Sieg! mit fährt die Ersehnte des Herzens!
So frohlockt der Barbar, und kaum die lüsterne Seele
Bändigend, wendet er nie die funkelnden Blicke von jener:
Wie wenn Jupiters Vogel, der krumm geklauete Räuber,

Nieder den Hasen gesetzt in das Nest des erhabenen Felsens,
Nirgend ist Flucht dem Gefangenen, den wild der Eroberer angiert.
Schon war die Reise vollbracht, schon trat aus ermüdeten Barken
Jeder an heimisches Land; da Pandions Tochter der König
Schleppt zu dem Hìrtengeheg’ in die Nacht des altenden Bergwalds.
Dort die Erblassende nun, wie sie bebt und erschrocken umherblickt,
Und, mit Tränen bereits, nach der Schwester fraget, verschließt er;
Und, ein Bekenner der Schand’, an der Jungfrau, und die allein war,
Übt er Gewalt; nachdem sie umsonst oft jammernd den Vater,
Oft die Schwester genannt, und zumeist die unsterblichen Götter.
Ach, sie erbebt, wie ein zagendes Lamm, das verwundet des Wolfes
Blutigem Rachen entrafft, noch nicht ganz sicher sich scheinet;
Und wie die Taube, genetzt von eigenem Blut am Gefieder,
Immer noch starrt, und die gierigen Klaun, wo sie hafteten, scheuet.
Bald, da der Geist ihr kehrte, zerrauft sie das fliegende Hauptthaar,
Und, wie in Todestrauer, mit Heftigkeit schlägt sie die Arme,
Streckt dann die Hand’ aufwärts, und: Ha, Misshandeler! ruft sie,
Ha, grausamer Barbar! den nicht die Empfehlung des Vaters,
Samt den zärtlichen Tränen gerührt, noch die Sorge der Schwester,
Auch nicht ehliches Bündnis, und nicht jungfräuliche Unschuld!
Alles zerrüttetest du! Mitbuhlerin ward ich der Schwester!
Du zwiefacher Gemahl! Nicht solcherlei Strafe verdient’ ich!
Nimm auch, damit kein Frevel dir überig bleibe, Verbrecher!
Nimm dies Leben hinweg! O hättest du vor der Entehrung
Schon es getan! dann schwebte doch schuldlos nieder mein Schatten!
Doch wenn die Oberen dies anschaun, wenn Mächte der Götter
Etwas noch sind, wenn nicht in das Unding alles mit mir sank,
Wann es auch sei, du bezahlest die Buße mir! Selber verkünd’ ich’s,

Ohne zu achten der Scham, wie du freveltest! Wenn es vergönnt wird,
Tret' ich unter das Volk; wenn schließende Wälder mich halten,
Füll' ich die Wälder mit Ruf, und kundige Felsen beweg' ich!
Höre der Äther die Tat, und wenn dort irgendein Gott ist!
Also erregt Philomela den Zorn des grausen Tyrannen,
Und nicht minder die Furcht. Von der doppelten Regung gestachelt,
Reißt er hervor aus der Scheide den umgegürteten Säbel;
Dann sie ergreifend am Haar, und zurück ihr drehend die Arme,
Zwängt er in Bande sie ein. Da reichte den Hals Philomela,
Freudig den Tod erwartend vom Streich des gesehenen Schwertes.
Aber indem unwillig des Vaters Namen sie ausruft,
Ringt, und zu reden sich müht, mit der Zang' ihr fasst er, und schneidet
Weg mit dem Stahle die Zung'; es zuckt inwendig die Wurzel;
Zitternd liegt sie, und lallt im dunkelen Staube, die Zunge;
Und wie getrennt aufhüpfet der Schwanz der verstümmelten Natter,
Zappelt sie, als ob sterbend der Eignerin Spuren sie suche.
Auch nach der schrecklichen Tat (kaum möcht' ich's glauben), erzählt man,
Dass dem zerrissenen Leib er sich oft genahet mit Wollust.
Kalt nun kehrt er zurück, der Missetäter, zu Prokne.
Diese fragt den Gemahl, wo die Schwester bleibe. Doch Tereus
Seufzet verstellt, und erzählt ein gefabeltes Leichenbegängnis.
Glauben gewann durch Tränen das Wort. Schnell reißt von den Schultern
Prokne die Kleider herab mit breit umfunkelndem Golde,
Hüllet den Leib in schwarze Gewand', und ein lediges Grabmal
Baut sie, und bringt Sühnopfer dem unverstorbenen Geiste;
Ach, und betrau'rt dein Geschick, nicht so zu betrauernde Schwester.

Schon zwölf Zeichen durchlief der leuchtende Gott in dem Jahrkreis.
Was soll tun Philomela? Die Flucht ist durch Wache gesperret;
Mächtig starrt des Gehegs aus Felsen erhöhete Mauer;
Stumm verweigert der Mund ihr der Tat Anzeige: doch sinnreich
Ist im Schmerz der Verstand, und Erfindungen lehret das Elend.
Aufzug spannte die Schlaue herab am barbarischen Webstuhl,
Und dem weißen Gespinst durchwebte sie purpurne Zeichen,
Rüge des schnöden Verrats. Das Vollendete reichte sie einem,
Flehend mit Wink, es zu bringen der Herrscherin. Jener bestellet,
Was sie gefleht, an Prokne; und weiß nicht, was er ihr bringe.
Jetzo entrollt das Gewand des grausamen Königes Gattin,
Wo sie die Schrift der Schwester, die jammernswürdige, lieset;
Und (wie war's doch möglich?) sie schweigt. Schmerz hemmte den Mund ihr;
Und es gebrach der Zung' an genug unwilligen Worten.
Nicht auch zu weinen ist Raum; nein, Recht zu verwirren und Unrecht.
Stürmt sie einher; und Gedanken der Rachsucht füllen sie gänzlich.
Zeit nun war's, da gewöhnlich das Dreijahrfest des Lyäus
Feiern sithonische Frau'n; die Nacht ist dem Feste gewidmet.
Nachts tönt Rhodope rings vom Geklirr hell klingenden Erzes.
Nachts auch geht aus dem Hause die Königin, lernet des Gottes
Dienst und Gebrauch, und empfäht die geweihete Taumelgerätschaft.
Rebe beschattet das Haupt, links hängt an der Seite der Hindin
Balg ihr herab, und es liegt der umwundene Stab auf der Schulter.
Durch Bergwaldungen rennt im Gewühl der begleitenden Weiber
Fürchterlich Prokne daher, und von Wut des Schmerzes getrieben,
Heuchelt sie bacchische Wut. Zu dem einsamen Hirtengehege

Kommt sie zuletzt mit Geheul, ruft Evoe, bricht durch die Pforten,
Raubt die Schwester hinweg, und umhüllt die Geraubte mit Bacchus'
Feierschmuck, und das Antlitz mit Efeuranken ihr bergend,
Führt sie die Staunende fort in die Schwelle der eigenen Wohnung.
So wie gemerkt, sie berühre das grässliche Haus, Philomela,
Starrte die Arme vor Graun, und erblasst' im ganzen Gesichte.
Prokne, zum Orte gelangt, nimmt ab den festlichen Anzug,
Und enthüllt das verschämte Gesicht der bekümmerten Schwester,
Beut dann Kuss und Umarmung. Doch nicht zu erheben ihr Auge
Wagt sie dort, die sich selbst Mitbuhlerin dünket der Schwester.
Niedergesenkt zur Erde den Blick, da zu schwören sie trachtet,
Und zu bezeugen die Götter, Gewalt sei's, welche mit Schmach sie
Zeichnete, war für die Stimme die Hand. Es entbrennet, und fasst nicht
Prokne selbst den inneren Zorn; abbrechend der Schwester
Weinenden Gram: Nicht, sprach sie, ist hier mit Tränen zu handeln,
Sondern mit Stahl, und kennest du was, das über den Stahl noch
Reicht! Zu jeglichem Gräuel bin ich, o Schwester, gerüstet,
Dem arglistigen Manne Vergelt zu geben der Schandtat!
Winke du, was es auch sei; nichts scheuen wir: Glut und Verstümmlung,
Oder den grässlichsten Tod! – Indem noch redet die Mutter,
Naht ihr Itys, der Sohn, ein Erinnerer, was sie vermöge.
Mit unfreundlichen Augen ihn wild anstarrend: Wie gleich du,
Ha, wie dem Vater so gleich! Sie sprach's, und plötzlich verstummend,
Denkt sie auf traurige Tat; ihr wogt in dem Busen der Ingrimm.
Doch als näher der Sohn anwandelte, als er die Mutter
Freundlich grüßt', und den Hals mit kleinen Armen herabzog,

Und zum holden Geschmeichel der Kindlichkeit Küsse gesellte;
Stand zwar etwas die Mutter bewegt, und es stockte der Zorn ihr,
Feucht auch wurden die Augen von unwillkürlichen Tränen;
Aber sobald sie merkte, von Zärtlichkeit wankt' ihr betäubtes
Mutterherz; schnell kehrt sie von ihm zu der Schwester das Antlitz;
Drauf mit wechselndem Blicke sie beid' anschauend: Warum doch,
Sagte sie, schmeichelt der ein', und verstummt die andere sprachlos?
Mutter nennt mich der; was nennt nicht jene mich Schwester?
Denke doch, welchem Gemahl du dich schleiertest, Tochter Pandions!
Frevel, Entartete, ist's, den Gemahl zu lieben in Tereus!
Rasch nun schleppte sie den Itys hinweg: wie am Ganges der Hindin
Saugendes Kind die Tigerin schleppt durch finstere Wälder.
Und da im inneren Raum des erhabenen Hauses sie weilten;
Wie er die Händ' ausstreckt', und schon sein Schicksal erkennet,
Schon: Ach Mütterchen! ruft mit Geschrei, und den Hals ihr umwindet,
Sticht mit dem Schwert ihn Prokne, wo Brust und Seite sich fügen,
Ohne zu wenden den Blick. Ihm war zum Tod' auch die eine
Wunde genug; doch öffnet die Kehle mit Stahl Philomela.
Siehe, die noch seelvollen und schwach aufatmenden Glieder
Werden zerfleischt. Bald hüpfet ein Teil im gehöhleten Kessel,
Anderes zischt um den Spieß; rings strömen in Blut die Gemächer.
Prokne ruft zu dem Schmause den nichts argwöhnenden Tereus;
Und den Gebrauch vorschützend des vaterländischen Opfers,
Dass ein Mann es vollend', entfernt sie Gefährten und Diener.
Tereus, hoch dasitzend auf stattlichem Throne des Ahnherrn,
Schmaust, und häufet sich selbst sein eigenes Fleisch in den Magen.
Und, so nachtet der Sinn! ruft, saget er, ruft mir den Itys.

Nicht zu hehlen vermag die grausamen Freuden die Gattin;
Gierig, vom eigenen Wehe zu sein die Verkünderin, sprach sie:
Drinnen hast du ja, was du verlangst! Umschauet sich Tereus,
Fragend, wo jener denn sei. Da der Fragende wieder verlanget;
So wie sie war, bluttriefend vom grässlichen Morde die Haare,
Springet hervor Philomela, und wirft dem Vater des Itys
Blutiges Haupt ins Gesicht; und niemals hätte sie lieber
Reden gemocht, und die Freude durch würdige Worte bezeugen.
Tereus mit grassem Geschrei, da den schrecklichen Tisch er zurückstößt,
Regt aus dem stygischen Tale die schlangenumringelten Schwestern.
Und bald ringt er, wo möglich, herauszuwürgen des Jammers
Mahl aus geöffneter Kehl', und die halbverzehreten Glieder;
Bald dann weint er, und nennt sich das klägliche Grab des Erzeugten.
Jetzo mit blinkendem Schwert verfolgt er die Töchter Pandions.
Fittiche scheinen den Lauf der cekropischen Weiber zu heben;
Fittiche hoben den Flug. Die flieht in die Wälder; die andre
Schwingt sich unter das Dach: noch unerloschen am Busen
Haftet vom Morde die Spur, und Blut befleckt das Gefieder.
Jener, von eigenem Schmerz und Begier der Strafe beschleunigt,
Wandelt zum Vogel sich um: dem ein Busch auf dem Scheitel emporsteht,
Und unmäßig entragt mit langer Spitze der Schnabel.
Wiedehopf ist der Nam'; es erscheint wie gewaffnet das Antlitz.

Orithya

Boreas warb um die Tochter des attischen Fürsten Erechtheus.
Lang entbehrte der Gott der geliebeten Orithya;
Während er fleht', und lieber mit Zärtlichkeit, als mit Gewalt kam.
Aber da schmeichelndes Flehn nichts fruchtete, straubig von Zorne,
Welcher gewöhnlich bereits und zu sehr einheimisch dem Wind ist:
Recht so! redet er, recht! Was ließ ich meine Geschosse,
Grausame Kraft und Gewalt und Zorn und trotzige Wildheit,
Und versuchte zu flehn? was mir am wenigsten ansteht!
Mir ziemt einzig Gewalt: mit Gewalt verjag' ich die Wolken,
Schüttle den Sund mit Gewalt und drehe die knotigen Eichen,
Härte den Schnee und geißle das Land mit geschmettertem Hagel.
Auch, wann ich etwa die Brüder im offenen Himmel erlange,
(Mein ist jenes Gefild'!) so machtvoll ring' ich und kämpf ich,
Dass, von unsrer Begegnung gezwängt, laut donnert der Äther,
Und aus hohlem Gewölk das entschlagene Feuer hervorzuckt.
Doch wann nieder ich fahr' in gewölbete Klüfte des Erdreichs,
Meinen Rücken mit Trotz an die untersten Höhlungen stemmend;
Beben die Manen zugleich und die Lande der Welt von Erschüttrung.
Also sollt' ich gerüstet die Braut angehn, und zum Schwäher
Sollt' ich, statt zu erflehn, mit Gewalt erzwingen Erechtheus!
Als dies, oder nicht minder Erhabenes jener geredet,
Spreizt' er der Fittiche Schwung, der gewaltigen: dass von dem Wehen
Ringsum stürmte die Erd', und erschauderten weite Gewässer.
Über die Spitzen der Berg' hinziehend den staubigen Mantel,
Fegt' er den Grund; und der ängstlich erzitternden Orithya
Naht' er, in Dunkel gehüllt, und umschlang sie mit gelblichen Flügeln,
Und wie er flog, so entbrannte gefacht noch stärker das Herz ihm.

Und nicht hemmte der Räuber dem luftigen Laufe die Zügel,
Bis er erreicht der Cikonen Geschlecht und türmende Mauern.
Dort, Aktäerin, wardst du das Weib des frostigen Königs,
Auch Gebärerin bald; denn Zwillinge brachte dein Schoß ihm,
Die von der Mutter den Wuchs, und Fittiche trugen vom Vater.
Doch nicht sprossten zugleich, wie man sagt, mit dem Leibe die Flügel;
Sondern bevor sich der Bart zum bräunlichen Haare gesellte,
Wandelten Zethes der Knab' und Kalaïs ohne Gefieder.
Bald nun keimten die Kiele zugleich, wie gebrüteten Vöglein,
Flaumig um jegliche Seit', und zugleich ergilbten die Wangen.
Aber sobald vor der Jugend die Knabenjahre zurückflohn;
Jetzt mit den Minyern holend das Vlies von strahlenden Zotteln,
Trug sie das erste Schiff durch unbefahrene Meerflut.

Siebtes Buch

Medea

Schon mit der Minyerschar durchsteuerte Argo die Meerflut:
Und, der in ewiger Nacht hilflos sein Alter dahinzog,
Phineus empfing den Besuch; und des Boreas Söhne mit Flügeln
Scheuchten die Jungfrauvögel vom Mund des bekümmerten Greises;
Und viel duldeten schon mit dem Held Jason die Helden:
Bis sie zuletzt einlenkten zum Sturz des schlammigen Phasis.
    Weil sie dem Könige nahn, und das Vlies verlangen des Phrixos,
Und der Beding, abschreckend durch viel Arbeiten, genannt wird,
Zündet gewaltige Flamme das Herz der äetischen Jungfrau.
Als sie lange gerungen, und nicht mit Vernunft der Betörung
Obzusiegen vermocht: Umsonst ach! kämpfst du, Medea;
Irgendein Gott, sagt jene, bestürmt. Ja wahrlich, das ist es,
Oder gewiss was Ähnliches dem, was Liebe genannt wird.
Warum scheinen mir doch zu hart die Befehle des Vaters?
Aber sie sind auch zu hart! Warum doch fürcht' ich das Unglück
Des, den ich eben gesehn? Woher so bange Besorgnis?
Schütte sie aus jungfräulicher Brust, die empfangene Flamme,
Wenn du es kannst, Elende! Ja, könnt' ich es, richtiger wär' ich!
Aber mit Zwang zieht neue Gewalt; und ein anderes rät mir
Lust, ein anderes Sinn. Das Bessere seh' ich und lob' ich,
Schlechterem folget das Herz. Für den Fremdling, Tochter des Königs.
Glühest du? Einen Gemahl aus entlegenen Landen erträumst du?
Hier auch wohnt, was Liebe verdient. Ob er leb', ob er sterbe,
Ordnen die Götter allein. Doch er leb'! und dies zu erflehn ist

Außer der Lieb' auch erlaubt. Denn was verschuldet' Jason?
Welche nicht Grausame blieb' unbewegt von dem Alter Jasons,
Von dem Geschlecht und der Kraft? Wen könnte nicht, fehlt' auch das andre,
Rühren allein die Gestalt? Mich wenigstens rührte sie herzlich,
Aber, wo ich nicht helfe, der Stier' Anatmung versengt ihn;
Und mit der eigenen Saat, den erdgeborenen Feinden,
Kämpfet er, oder er fällt dem gierigen Drachen zur Beute.
Duldet' ich das, dann hätte der Tigerin Schoß mich geboren;
Dann von Felsen und Stahl ein Herz zu tragen bekennt' ich!
Warum schau' ich nicht selbst den Sterbenden? Warum entweih' ich
Nicht den betrachtenden Blick? und reize die Stier' auf den Jüngling,
Reize die Brut des Gefilds und den schlaflos spähenden Drachen?
Götter, ein Besseres gebt! Wiewohl, hier gilt's nicht zu beten,
Sondern zu tun! Was? soll ich das Reich verraten des Vaters?
Soll mein Schutz den Fremdling, ich weiß nicht welchen, erhalten?
Dass er, gerettet von mir, dann ohne mich segl' in die Winde,
Einer andren Gemahl; und der Straf hier bleibe Medea?
Wenn er dieses vermag, und ein anderes Mädchen mir vorzieht,
Sterbe der Undankbare! Doch nicht gleicht solchem das Antlitz,
Nicht der Adel des Geistes und nicht die gefällige Bildung,
Dass ich furchte Betrug, und Vergessenheit meines Verdienstes!
Auch gelobt er mir Treue zuvor; mitkundige Götter
Zeugen dem Bund! Was sorgst du, Gesicherte? Gürte zur Tat dich
Ohne Verzug! Dir ewig verdankt sich selber Jason!
Dir mit heiliger Fackel vermählt er sich; durch der Pelasger
Städt', als Retterin, wirst du von edelen Frauen verherrlicht!
Soll ich denn Schwester und Bruder und leiblichen Vater und Götter,
Soll ich das Land der Geburt, entrafft vom Winde, verlassen?

Traun, ein Tyrann ist der Vater, und Barbarei das Geburtsland,
Kind der Bruder annoch, und geneigt mit Wünschen die Schwester;
Und der erhabenste Gott ist in mir! Nicht Großes verlass' ich,
Großes such' ich: den Ruhm der erhaltenen Danaerjugend,
Kunde des besseren Orts, und glänzende Städte, von welchen
Hier auch die Herrlichkeit strahlt, und die Künst' und die Sitten der Männer;
Und, den nie ich mit allem, was rings einschließet der Erdkreis,
Tauschte, den Äsoniden! mit dem ich Beglückte vermählet,
Götterlieblingin heiß', und das Haupt zu den Sternen erhebe.
Wie? Man sagt ja, dass Berg', ich weiß nicht welche, zusammen-
Prallen im wogenden Meer; dass, feind den Schiffen, Charybdis
Bald einschlürfe die Flut, bald strudele; dass die verruchte
Szylla, von Hunden umtobt, aufbell' in sikulischen Wassern.
Traun, den Geliebten umarmend, im Schoß des trauten Jason,
Schweif ich die Meere hindurch; nichts, hab' ich nur jenen, erschreckt mich!
Oder empfind' ich ja Angst, nur Angst um meinen Gemahl ist's!
Wird es Vermählung genannt? So blendenden Namen, Medea,
Leihest du deinem Vergehn zur Beschönigung? Schaue, wie großem
Frevel du nahst; und entfliehe, dieweil du es kannst, dem Verbrechen!

Jene sprach's; und es stand Jungfräulichkeit, Recht und Naturpflicht
Ihr vor dem Blick; schon wandte besiegt den Rücken Kupido.

Jetzo ging sie zum alten Altar der perseïschen Göttin
Hekate, den ein Gehölz tiefschattenden Waldes bedeckte.
Und schon war sie beherzt, und es sank das geschwächtere Feuer.
Als den Jason sie schaut, da lebt die erloschene Flamm' auf;
Und es errötet die Wang', und ganz wird glühend das Antlitz.

So wie Nahrung empfängt von wehenden Winden ein kleines,
Unter umhüllender Asche geheim verborgenes Fünklein;
Wie es erwächst, und gefacht zu den vorigen Kräften emporsteigt:
Also flammte die Liebe, die matt schon sank und verschmachtend,
Wie sie den Jüngling ersah, durch den Glanz des Nahen entzündet.
Schöner noch wie gewöhnlich erschien der Sprössling des Äson
Jenes Tags; man konnte verzeihn dem liebenden Mädchen.
Siehe, sie schaut, und am Antlitz, wie wenn's nun endlich erschiene,
Hängt ihr gehefteter Blick; und mehr als menschliche Bildung
Wähnet die Törin zu sehn, und kann nicht weichen von jenem.
Aber sobald er zu reden begann, und die Rechte der Fremdling
Sanft ihr drückt', und um Hilfe mit leiser Stimme sie ansprach,
Und zum Gemahl sich erbot; da sagte sie, fließend in Tränen:
Auch ich weiß, was ich tu'; und nicht Unkunde der Wahrheit
Täuschet mich, aber die Lieb': ein Geschenk, dich zu retten, gewähr' ich.
Doch du Geretteter sichre das Wort. – Bei den heiligen Opfern
Schwöret er, und bei dem Haine der dreigestalteten Gottheit,
Und bei des Schwähers Vater, der alles vernimmt und umschauet,
Bei dem gewünschten Erfolg, und bei so großen Gefahren.
Jetzo geglaubt, empfängt er sofort die bezauberten Kräuter,
Lernt den Gebrauch, und kehret in Fröhlichkeit unter sein Obdach.
Frühe verscheucht' Aurora die schimmernden Sterne vom Himmel;
Ringsher strömet das Volk zum heiligen Felde des Mavors;
Und sie betreten die Höh'n; der König selbst in dem Heerzug
Saß von Purpur umstrahlt, mit dem elfenbeinenen Zepter.
Sieh, aus demantenen Schnauzen entsprüht erzhufigen Stieren
Hell aufwehende Glut; und das Kraut, von der Lohe berühret,
Brennt: und laut, wie ertönt in voller Esse das Feuer,

Oder wenn Kalkgestein, im tönernen Ofen gelöset,
Fängt die gischende Glut von flüssiger Wasser Besprengung:
Also ertönt inwendig die Brust von der wirbelnden Flamme,
Und der entzündete Schlund. Doch den Schnaubenden wandelt
entgegen
Äsons Sohn. Sie wandten mit Trotz auf des Nahenden Antlitz
Ihr graunvolles Gesicht und die eisenspitzigen Hörner;
Und sie zerstampften zu Staub mit gespaltener Klaue den Boden
Und erfüllten den Ort mit Gebrüll und dampfendem Aushauch.
Bang' erstarrt der Minyer Schar: nah geht er und fühlt nicht
Ihr anatmendes Feuer; ihn schützt das bezauberte Heilkraut.
Kühnlich streichelt der Held mit der Hand die hangenden Wampen,
Fügt sie unter das Joch, und heißt den lastenden Pflug sie
Ziehn, und mit Stahl aufreißen das ungewohnte Gefilde.
Staunend sehn es die Kolcher; der Minyer Jubelgeschrei tönt,
Und erhöht ihm den Mut. Dann nimmt er aus ehernem Helme
Natternzähne hervor, und bestreut die geackerten Felder.
Weich in der Furche zerquillt der mit Gift gebeizete Samen,
Keimt und sprosst, und es bilden sich jugendlich wachsende Leiber.
So wie ein Kind allmählich im fruchtenden Schoße der Mutter
Menschengestalt annimmt und jegliches Gliedchen entwickelt,
Und nicht eher, denn reif, in gemeinsame Lüfte hervorgeht:
Also, nachdem im Innern der schwangeren Erde sich völlig
Ausgebildet der Mensch, entsteigt er dem Muttergefilde;
Und, noch wunderbarer, der Steigende schüttelt die Waffen
Als sie bereit die Erwachsenen sahn, scharfspitzige Lanzen
Gegen das Haupt zu schnellen dem edlen Hämonierjüngling,
Senkten sie nieder vor Angst das Gesicht und den Mut, die Pelasger.
Auch sie selber erschrak, die ihn vor Schaden gesichert.
Und wie den Jüngling befeindet sie sah, von so vielen den einen,

Wurde sie blass im Gesicht, und saß blutlos und erkaltet.
Dass ihm zu schwach nicht wirke das Kraut, so murmelt sie hilfreich
Zaubergetön, und ruft die geheimeren Künste zum Beistand.
Er nun schleudert den Fels, den gewaltigen, unter die Feinde,
Dass er von sich abwende den Streit auf die Kämpfenden selber.
Wunde mit Wund' erwidert die erdgeborene Sippschaft;
Alle vertilgt einheimischer Kampf. Die Achiver mit Glückwunsch
Halten den Sieger umringt, und freuen sich seiner Umarmung,
Du auch schlängest den Sieger, o Fremdlingin, gern in die Arme;
Aber dich hemmt' im Beginn Jungfräulichkeit: dennoch umschlängst du;
Aber es wehrte dem Tun ehrliebende Achtung des Leumunds.
Was dir beides vergönnt, du freuest dich heimlich und bringest
Dank dem Zaubergetön, und den waltenden Mächten des Zaubers.
Noch war einzuschläfern durch Kraut der spähende Drache,
Der dreifaches Gezüngel und Kamm und gebogene Zähne
Bot zur entsetzlichen Schau, den goldenen Widder bewachend.
Als er diesen besprengt mit Gras des lethäischen Saftes,
Dreimal Worte gesagt, die ruhige Schlummer gewähren,
Die aufrührische Meer' und reißende Strömungen hemmen,
Schleicht in die Augen gemach unkundiger Schlummer. Das Goldvlies
Nimmt der äsonische Held zum Gewinn; und stolz auf die Beute,
Auch die Begünstigerin als andere Beute sich nehmend,
Lenkt er das Schiff zum ïolkischen Port, mit der Gattin der Sieger.

Für die Erhaltenen bringen zum Dank die hämonischen Mütter,
Und hochaltrige Väter Geschenk'; und gehäuft in der Flamme,
Schmelzen die Weihrauchopfer; mit Gold die Hörner umzogen,
Sinkt der gelobete Stier. Doch es fehlt den Feiernden Äson,
Näher dem Tode bereits, und matt von Jahren des Alters.

Jetzo begann Jason: Du, der ich das Heil zu verdanken
Eingesteh', o Genossin, wiewohl du mir alles geschenket,
Und sich dem Glauben entschwingt die Anzahl deiner Verdienste:
Dennoch, können sie dies, (denn was nicht können die Zauber?)
Nimm mir ab von den Jahren, und lege sie bei dem Erzeuger!
Und nicht hielt er die Tränen. Bewegt von der kindlichen Bitte,
Dachte sie, zwar unähnlich gesinnt, des verlassnen Äetes.
Aber sie nicht bekennend, die Regungen: Welch ein Verbrechen,
Sagt sie, entfiel, o Gemahl, dem kindlichen Munde? So schein' ich
Mächtig, zu eignen den Raum von deinem Leben dem andern?
Nie gönnt Hekate das; Unbilliges suchst du! Doch mehrers,
Als du gesucht, zu gewähren, sei mein Bestreben, Jason:
Dass ich durch Kunst des Schwähers entflohenes Alter ersetze,
Nicht durch Jahre von dir; wenn die dreigestaltete Göttin
Nur, mit Hilfe genaht, zuwinkt der erhabenen Kühnheit.
Drei noch fehlten der Nächte, bis ganz sich vereinten die Hörner
Zum vollständigen Kreis. Sobald im vollesten Glanze,
Als ein gediegenes Rund, auf die Erd' abschauete Luna;
Geht sie hervor aus dem Haus', in entgürtete Kleider gehüllet,
Nackend den Fuß, und nackend das Haar um die Schulter gegossen;
Und sie erhebet den Schritt durch mitternächtliche Stille,
Ohne Geleit umschweifend. Der Mensch, das Gewild und die Vögel
Atmeten ruhigen Schlaf; rings schweigt die Hecke geräuschlos,
Rings das schlummernde Laub; es schweigt der tauige Himmel;
Rege nur blinkt das Gestirn. Empor nun streckend die Arme
Dreht sie sich dreimal herum, mit dreimal genommenen Fluten
Übertaut sie das Haar, und stimmt dreifaches Geheul an.
Dann auf der harten Erde das Knie gebeuget beginnt sie:
Nacht, Vetrauteste du den Geheimnissen; und ihr Gestirne,
Die ihr der tagenden Glut nachfolgt mit der goldenen Luna;

Du Dreihauptige auch, Mitkundige unsres Beginnens
Und Mithelferin stets; und die du der Zauberin Bannspruch
Und sie selbst, o Erde, versorgst mit mächtigen Kräutern;
Auch ihr Wind' und Lüftchen, ihr Berg' und ihr Ström' und ihr Teiche;
Götter der Haine gesamt, und Götter der Nacht, o erscheint mir!
Ihr schuft, dass, wann ich wollte, den staunenden Ufern die Flüsse
Aufwärts kehrten zum Quell; und ihr, dass geschwollene Meerflut
Stand, und stehende schwoll der Bezauberung. Wolken vertreib' ich,
Wolken auch fuhr' ich herauf; und Winde verjag' ich und ruf ich.
Mir durch Wort und Gemurmel zerplatzt der Rachen der Natter;
Auch den lebenden Fels und die Eich', aus dem Boden gerüttelt,
Raff ich, und Wälder, hinweg; mir bebt der bedräuete Berg auf;
Mir auch brüllet der Grund, und Gestorbene gehn aus den Gräbern.
Selbst dich zieh' ich, o Mond, wie sehr temesäisches Erz auch
Dir Arbeitendem hilft; es erblasst der Wagen des Ahnen
Unsrem Gesang'; es erblasst vor unseren Giften Aurora.
Ihr habt matt mir gemacht die Glut anschnaubender Stiere,
Und mit gebogenem Pflug' unduldsame Nacken belastet.
Ihr habt Krieg mit sich selbst dem Gezücht der Schlange beschieden,
Ihr den wachsamen Hüter in Taumel gewiegt, und das Goldvlies,
Nach umgangener Rache, gesandt in die Städte der Grajer.
Nun sind Säfte mir not, wodurch erneuetes Alter
Jugendlich wieder erblüh', und frisch anfange das Leben.
Und ihr gewähret sie mir; nicht blinken umsonst die Gestirne;
Nicht umsonst, von dem Nacken geflügelter Drachen gezogen,
Kommt der Wagen daher. – Und es kam der Wagen vom Äther.
Als sie diesen bestieg, und den Hals der gezäumeten Drachen
Streichelte, und in den Händen die schwebenden Zügel bewegte,
Fliegt sie empor in die Luft, und schaut Thessalias Tempe

Unter sich, lenket sodann zu den kreidigen Bergen die Schlangen;
Und was Ossa gebar, was Pelions Höhe, von Kräutern,
Auch was Othrys und Pindus und größer denn er, der Olympus,
Mustert sie: was ihr gefällt, das reutet sie teils mit der Wurzel,
Anderes mähet sie ab mit der Krümmung der ehernen Sichel.
Auch ward manches Gewächs vom Apidanus, auch von Amphrysus'
Grasigem Borde gereicht; nicht zinsfrei warst du, Enipeus;
Nicht auch fehlte Peneos und nicht die spercheischen Wasser
Beizutragen ihr Teil, und die binsigen Ufer der Böbe.
Auch am euböischen Strande das Lebensgras bei Anthedon
Rupfte sie, welches noch nicht durch Glaukus' Verwandlung berühmt war.
Als schon neunmal der Tag mit fahrendem Drachengefieder,
Neunmal die Nacht sie gesehn ringsher ausforschen die Äcker;
Kam sie zurück: nichts, außer Geruch, gab Nahrung den Drachen;
Dennoch legten sie ab die Haut des bejahrteren Alters.
Kommend bleibet sie stehn diesseits der Schwell' und der Pforte,
Nur vom Himmel bedeckt, und scheut den männlichen Umgang.
Hierauf stellet sie zween geheiligte Rasenaltäre,
Einen der Hekate rechts, und links den andern der Jugend;
Flicht dann umher Weihkraut und wildernde Büsche des Waldes.
Ohnfern höhlet sie nun in das Land zwo Gruben der Sühnung,
Opfert sodann, und stößt schwarzwolligem Vieh in die Gurgeln
Schneidendes Erz, und beströmt die fassenden Grüfte mit Blute.
Jetzo darüber geneigt das Geschirr voll lauteren Honigs,
Und die lauliche Milch im ehernen Opfergeschirre,
Rief sie zugleich mit Gebet die unterirdischen Mächte,
Laut dem Schattenbeherrscher, und laut Proserpina flehend,
Dass sie dem Greis nicht eilen den Lebenshauch zu entwenden.
Als sie jene gesühnt mit Gebet und langem Gemurmel,

Heißt sie des Äsons Leib, den welkenden zu den Altären
Bringen, und zaubert ihm Schlaf; den Eingeschläferten streckt sie,
Einem Entseeleten gleich, auf untergebreitete Kräuter.
Fern den Jason nunmehr, fern heißt sie die Diener hinweggehn;
Und sie ermahnt, vom Geheimnis die weltlichen Blicke zu wenden.
Schleunig entfliehn sie dem Wort. Medea mit fliegendem Haupthaar
Geht in bacchantischer Weis' um die brennenden Opferaltäre,
Und kleinspaltigen Kien, in das Blut der Grube getauchet,
Zündet sie auf den Altären, und heiliget dreimal die Flamme,
Dreimal mit Wasser den Greis, und dreimal mit dampfendem Schwefel.

Aber das Zaubergemisch im gestelleten Kessel des Erzes
Brodelt indes aufbrausend, und schwillt mit weißlichem Schaume.
Wurzeln siedet sie dort, im hämonischen Tale geschnitten.
Samen zugleich und Blumen, zugleich scharfbeizende Säfte.
Dazu füget sie Steine, gesucht am äußersten Aufgang,
Auch den Sand, den gespült des Okeanus ebbende Meerflut.
Dazu gesammelte Feuchte des übernachtenden Mondes;
Und die verrufenen Schwingen mitsamt dem Fleische des Leichhuhns;
Auch zerschnittnes Gekröse des Werwolfs, der aus dem Untier
Schnell in des Mannes Gestalt sich verwandelte. Nicht auch ermangeln
Ließ sie den schuppigen Balg der cinyphischen dünnen Chelyder,
Nicht die geistige Leber des lang' ausdauernden Hirsches;
Und von der Krähe das Haupt, die gelebt neun Menschengeschlechter.

Als sie mit solcherlei Dingen und tausend unnennbaren andern
Ihr beschlossnes Geschenk im marmornen Mörser gefertigt,
Rührt sie alsbald mit dem dorrenden Ast des edleren Ölbaums
Alles zusammen im Erz, und mischt das untre zum obern.

Sieh, der veraltete Stumpf, im siedenden Kessel gequirlet,
Grünt voll Saftes zuerst, und es währt nicht lange, so sprosst er
Laub, und plötzlich erscheint er umhängt mit vollen Oliven.
Und wohin nur den Schaum aus gehöhletem Erze das Feuer
Sprühete, wo auf die Erde nur kochende Tropfen entsanken,
Lenzt das Gefild', und Blumen und Kräuterchen heben sich fröhlich.
Schnell, wie sie solches gesehn, mit gezogenem Schwerte die Gurgel
Öffnet Medea dem Greis, und lässt das verjährete Blut aus,
Füllt dann wieder mit Saft; und sobald die Mischung Äson
Durch die Kehl' und die Wunde hineinsog, plötzlich verschimmert
Bart und greisendes Haar, und wallt in dunkelen Locken;
Runzel und Magerkeit flieht, der Wust und die Blässe verschwindet;
Voll von erneuetem Blut sind gedrängt die gehöhleten Adern;
Jugendlich schwelget der Wuchs. Der neugeschaffene Äson
Staunt, und fühlet sich ganz, wie einst vor dem vierzigsten Jahre.
Hochher schauete Liber die wundersame Begegnis:
Angemahnt, dass Jugend den Nymphen auch, die ihn gepfleget,
Wiedergebracht sein könne, verlangt er die Gunst von Medea.
Dass nicht raste die List, so heuchelt die phasische Heldin
Falschen Hass mit dem Gatten, und flieht zu des Pelias Schwelle
Demutsvoll; und als Gast, da er selbst von Alter geschwächt war,
Nehmen die Töchter sie auf, die in weniger Frist die verschlagne
Kolcherin ganz sich gewann durch den Schein der erlogenen Freundschaft.
Weil sie erzählt, es kröne die größesten ihrer Verdienste
Äsons entalteter Wuchs, und hierbei lange verweilet,
Wird die heimliche Hoffnung erregt in Pelias' Töchtern,
Ihnen auch möchte durch Kunst noch einst aufgrünen der Vater.

Und sie verlangen die Tat, und bieten unendlichen Lohn an.
Jene verstummt ein wenig, und, gleich der erwägenden sinnend,
Hält sie mit scheinbarem Ernst ihr sehnendes Herz in Erwartung.
Bald verheißt sie, und sagt: Dass ihr noch sicherer, Jungfrau'n,
Diesem Geschenke vertraut; der älteste Führer der Herde,
Den ihr den Schafen bestellt, soll Lamm durch Verzauberung werden.
Schleunig wird ein bejahrter, und schon abgängiger Widder
Hergeschleppt, dem die Hörner um hohle Schläfen sich krümmten.
Als in die welkende Kehl' ihr hämonisches Messer Medea
Eingebohrt, und den Stahl mit wenigem Blute geflecket,
Taucht sie die Glieder des Tiers, und mächtige Säfte des Zaubers,
Beid' in gehöhletes Erz. Da verkleinern sich alle Gelenke;
Und er verliert das Gehörn, und samt dem Gehörne das Alter;
Und ein zartes Geblök erschallt aus der Tiefe des Kessels.
Flugs, indem das Geblök sie bewunderten, springet ein Lamm aus,
Hüpft mutwillig umher, und sucht milchschwellende Euter.
Staunend sehn es die Töchter des Pelias; und da so völlig
Sich die Verheißung bewährt, noch dringender jetzo bestehn sie.
Dreimal hatte die Ross' am Ziel des iberischen Strudels
Phöbus entjocht, und es blinkten zum vierten Mal helle Gestirne
Durch die Nacht, da dem Feuer die trügliche Tochter Äetes'
Lautere Flut aufstellte, mit unwohltätigen Kräutern.
Und schon deckte dem König die aufgelöseten Glieder,
Und den Trabanten zugleich, ein todesähnlicher Schlummer,
Den das Gemurmel gebannt, und die Kraft des magischen Spruches.
Über die Schwelle hinein mit der Kolcherin traten die Töchter;
Und sie umgingen das Bett: Was nun, Feigherzige, säumt ihr?
Zuckt doch, sprach sie, das Schwert, und schöpft das verjährete Blut aus:

Dass ich frisch ihm erfülle mit Jugendröte die Adern.
Eurer Hand ist vertraut des Vaters Leben und Alter.
Habt ihr kindliche Lieb', und hegt nicht eitele Hoffnung,
Leistet getreu dem Vater die Pflicht! Mit Waffen das Alter
Ausgejagt, und mit Eisen die nüchterne Jauche gezapfet!
Jede kindlichste wird unkindlicher durch die Ermahnung;
Dass sie nicht Frevlerin sei, so frevelt sie. Dennoch vermag nicht
Eine zu schaun den geschwungenen Hieb; mit entdreheten Augen
Wüten sie abgewandt, ihn blind mit den Händen verwundend.
Blutvoll hebet der Greis auf dem Ellenbogen die Glieder;
Und der Verstümmelte will von dem Bett aufstehen; und streckend,
Unter der mordenden Schwerter Geklirr, die erbleichenden Arme;
Töchter, was macht ihr? rief er; was reizt euch gegen des Vaters
Leben zur Wut? – Da entsank den Mordenden Hand und Besinnung.
Ihm, wie er redete, nahm mit dem Wort die Kehle Medea,
Warf den Zerhauenen dann in die Flut des siedenden Kessels;
Und sie entfloh in die Luft, von geflügelten Drachen geführet.
Endlich gen Ephyra kam sie, zur Stadt des pirenischen Quelles.
Dort, als kolchische Gifte verbrannt die neue Gemahlin,
Und der entflammte Palast auf beiderlei Meere gestrahlet,
Färbt' unmütterlich jene das Schwert in dem Blute der Kinder;
Und nach der schrecklichen Rach' entfloh sie den Waffen Jasons.
Schleunig hinweg vom Gespann titanischer Drachen gestürmet,
Trat sie den attischen Grund auf der heiligen Höhe der Pallas.
Ägeus nimmt sie ins Haus, Vorwurf in dem einen verdienend,
Als Gastfreundin zugleich, und zugleich als Ehegenossin.
Schon war Theseus genaht dem noch unkundigen Vater,
Er, des Tugend gestillt die korinthischen Doppelgestade.
Diesem mengt Medea zu tödlichem Trunk Akoniton,

Welches sie selber vordem mitbracht' aus den szythischen Landen.
Jenes ward, wie man sagt, an des echidneïschen Hundes
Zähnen erzeugt. Tief streckt sich der Felskluft dunkelnder Eingang
Mit abschüssigem Pfade, wodurch der tirnythische Halbgott,
Wie er sich sträubt', und gegen den Tag und die zuckenden Schimmer
Quer die Augen verdrehte, mit bindenden Ketten des Demants
Weg den Zerberus zog, der, gereizt von wütendem Zorne
Dreifach bellende Halle zugleich auftönte zum Himmel,
Und das grünende Feld mit weißlichem Schaume besprengte.
Dieser erharschte sofort, wie man glaubt; und in üppiger Nahrung
Triebsamen Grundes gepflegt, empfing er die Kraft des Verderbens.
Aber ihn nennt Akoniton das Landvolk, weil es auf harter
Klipp' am fröhlichsten wächst. Durch Arglist jetzo der Gattin
Bot selbst Ägeus, der Vater, dem Sohn, als Feinde, den Gifttrank.
Theseus nahm das Gemisch mit unargwöhnischer Rechte:
Als der Vater erkannte das elfenbeinene Schwertheft,
Seines Geschlechts Anzeig', und den Mord von den Lippen hinwegschlug,
Rasch durch gezauberte Nebel entfloh dem Verderben Medea.

Die Myrmidonen

Cephalus, abgesandt vom cekropischen Volk gen Ägina,
Forderte Hilfe des Streits, und ermahnte den altenden König
Äakus, treu dem Bunde zu sein, und dem Schwure der Väter.
Äakus lehnte die Link' auf das Heft des heiligen Zepters:
Heischt nicht Hilfe von uns, nein, nehmet sie, sprach er, Athener.
Achtet die Kräfte getrost für die eurigen, welche das Eiland

Fasst, und gemeinsam sei die Ergiebigkeit meines Gebietes.
Nicht ist Mangel an Macht; vollauf für den Feind sind der Krieger
Wohl steht's, Dank sei den Göttern! und keiner Entschuldigung
braucht es.
Ja, noch blühender wachse dein Reich an Bürgern! erwidert
Cephalus. Eben empfand ich Kommender innige Freude,
Als so herrlich an Wuchs, so gleich an Alter die Jugend
Wandelte, mir zu begegnen. Doch deucht mir, viele vermiss' ich,
Die bei dem ersten Besuch in eurer Stadt ich gesehen.
Äakus seufzete tief und sprach mit trauriger Stimme:
Schauerlich war der Beginn, ihm folgt' ein besseres Schicksal.
Könnt' ich nur dieses allein euch verkündigen, ohne den Anfang!
Doch sei genau der Bericht. Um mit Umschweif euch zu
verschonen:
Staub und Gebein sind alle, die eingedenk du vermissest,
Welch ein Teil von meiner Gewalt verwelkte mit jenen!
Grässliche Pest verhängte dem Volk die grausame Juno,
Hassend das Land, das den Namen der Nebenbuhlerin führet.
Als natürlich die Seuche noch schien, und des großen Verderbens
Ursach' uns sich entzog, da kämpft' entgegen die Heilkunst.
Aber die Plag' obsiegte der unterliegenden Rettung.
Anfangs drückte die Luft mit dicht umbrütendem Dunkel
Dumpf das Land, und verschloss untätige Schwül' in den Wolken.
Viermal füllete Luna den Mond mit verbundenen Hörnern,
Viermal löste sie wieder gemach abnehmend den Vollmond;
Und stets atmete heiß mit tödlichen Hauchen der Südwind.
Sag' auch herrscht', dass Quellen in Fäulnis gingen und Teiche;
Und dass unzählbare Schlangen durch ungebauete Felder
Irreten, welche die Flüsse mit Gift und Geifer verderbten.
Fallende Hunde zuerst, und Rinder, und Schaf, und Gevögel,

Zeigten, und schweifendes Wild, die Gewalt der plötzlichen Krankheit.
Bald, mit schwererem Schaden, zum mitleidswürdigen Landvolk
Dringet die Pest, und der Stadt weit kreisende Mauren durchherrscht sie.
Wo auch immer die Augen umher ich wendete, sah ich
Scharen von Leichen gestreckt: wie wenn von geschüttelten Ästen
Zeitiges Ost abfällt, und ein Guss von bräunlichen Eicheln.
Niedergebeugt von der Last des unaussprechlichen Jammers:
Jupiter, rief ich empor, wenn von dir nicht fälschlich gesagt wird,
Dass du in Feuer umarmst des Asopos Tochter, Ägina,
Und du, erhabener Vater, dich deines Geschlechts nicht schämest,
Gibt mir die Meinen zurück: sonst birg mich selber im Grabmal!
Jener gewährt' ein Zeichen mit Glanz und günstigem Donner.
Willig empfahn! so rief ich: o sei's mir ein glücklicher Ausspruch
Deines Sinns! Ich nehme zum Pfand die gegebne Verkündung!
Neben mir wuchs weitästig ein unvergleichbarer Eichbaum,
Heilig dem Jupiter selbst, von dodonäischem Samen.
Hieran sah ich ein langes Gewühl Ameisen hinaufgehn,
Tragend im winzigen Munde die mächtige Last des Getreides,
Und den eigenen Pfad an der runzlichten Rinde beachtend.
Weil ich die Meng' anstaune: So viel, barmherziger Vater,
Gib mir, sprach ich, der Bürger, und fülle die ledigen Mauern!
Plötzlich erbebt, und die Äst' ohn' einige Hauche bewegend,
Rauscht die erhabene Eich'. Ich zagte vor Angst, und die Glieder
Schauderten mir, und es sträubte das Haar. Doch küsst' ich das Erdreich,
Küsste den heiligen Stamm; und nicht zu hoffen bekennend,
Hofft' ich doch, und hegt' in der Brust mein stilles Gelübde.
Jetzo nahte die Nacht, und den Leib, von Sorgen ermüdet,

Deckte der Schlaf. Da stand mir dieselbige Eiche vor Augen;
Und der Äste so viel, und so viel des Gewürms an den Ästen
Schien zu tragen den Baum, und in gleicher Erschütterung bebend,
Ein Korn tragendes Heer auf das untere Land zu verstreuen:
Welches sofort aufwuchs, und von Ansehn größer und größer,
Nun sich dem Boden enthob, und aufrecht stand mit dem Rumpfe,
Auch die Meng' und die Dünne der Füß', und die dunkele Farbe
Ablegt', und in des Menschen Gestalt einhüllte die Glieder.

Plötzlich erwacht, verwerf ich des Schlafes Gesicht, und bejammre,
Dass kein Trost mir erscheine von Himmlischen. Horch! ein Gemurmel
Tönt' in dem Haus, und mir war, als höret' ich Stimmen der Menschen,
Deren ich schon mich entwöhnt. Indem mir auch dieses erträumt schien,
Siehe, da eilt mein Telamon her, und die Flügel eröffnend:
Mehr denn wir hoffen und traun, ist, rufet er, Vater, zu sehen!
Komm doch heraus! – Ich komm'; und ganz wie im Bilde des Traumes
Ich zu sehn die Männer geglaubt, so ganz nach der Reihe
Schau' und erkenn' ich sie dort. Sie nahn, und grüßen mich König.
Froh die Gelübde bezahl' ich, und froh der jungen Bevölkrung
Teil ich die Stadt und die Äcker, geräumt von den alten Bebauern.
Myrmidonen benenn' ich sie dann, andeutend den Ursprung.
Selber sahst du den Wuchs; zugleich die Sitten, wie vormals,
Haben sie noch: ein emsig Geschlecht, ausdauernd zur Arbeit,
Karg und genau im Erwerb, und wohl das Erworbene sparend.

Cephalus und Prokris

Phokus, des Äakus Sohn, mit Cephalus und den Athenern
Sitzend im schönen Gemach, indes noch ruhte der Vater,
Schaute von unbekanntem Gehölz den geglätteten Wurfspieß,
Welchen Cephalus trug, mit goldener Schärfe gespitzet.
Als in dem Wechselgespräch erst weniges dieser geredet:
Ich bin, sprach er, ein Freund von Gebüsch, und des Wildes Erlegung;
Aber aus welcherlei Baume der Schaft, den du führest, gehaun sei,
Zweifel' ich lange bereits. Fürwahr, wenn's ein eschener wäre,
Gelblich erschiene die Farb'; ein kornellener, wär' er geknotet.
Fremd ist mir das Gewächs; allein nicht schönerer Bildung
Haben ein Wurfgerät je unsere Augen gesehen.
Drauf antwortet' ihm einer der attischen Brüder: der Nutzen
Ist noch mehr, denn die Schöne, bewunderungswürdig an jenem.
Denn er erreicht, wohin er auch fliegt; kein blindes Verhängnis
Lenkt ihn: und selber zurück zu dem Sendenden flieget er blutig.
Eiferig forscht nach allem nunmehr der nereïsche Jüngling:
Wer ihn verlieh, und warum; und woher solch Ehrengeschenk kam.
Jener erzählt, was die Scham ihm vergönnt; und das Übrige meldend,
Schweiget er, wes zum Lohn er ihn trug. Voll inniger Wehmut
Um das verlorene Weib, mit quellender Träne beginnt er:
Dieses Gerät, (wer glaubt es?) o Sohn der Psamathe, macht mich
Weinen anjetzt, und lange hinfort; wenn lange das Schicksal
Mir zu leben verleiht! Dies hat mich samt der Genossin
Ausgetilgt! Oh, hätt' ich doch nie des Geschenks mich erfreuet!
Prokris war, wenn vielleicht von Orithya der Ruf dir
Tönete, Schwester vordem der geraubeten Orithya;

Und wenn vergleichen du willst die Gestalt und Sitte der beiden,
Würdiger selber des Raubs. Die hat mir der Vater Erechtheus,
Die mir Amor gefügt. Ein Seliger hieß ich, und war ich;
(Nicht den Göttern gefiel's!) und vielleicht noch war' ich es heute!
Kaum der andere Mond nach dem bräutlichen Feste verging uns,
Als mich, welcher das Garn ausspannt den gehörneten Hirschen
Auf dem erhabensten Gipfel des stets umblühten Hymettus,
Früh in der Dämmerung schaut die flammenfarbne Aurora,
Und mit Gewalt mich entrafft. Die Wahrheit gönne die Göttin
Mir zu gestehn! Wie jene mit rosigem Antlitz sich ausnimmt,
Wie auch die Grenze des Lichts, und die Grenze der Nacht sie behauptet,
Wie nektarischer Tau sie ernährt: ich liebete Prokris.
Prokris war in der Brust, und stets in dem Munde mir Prokris.
Ehlichen Bund, und die Neue der Lieb', und die frischen Gemächer,
Unser Wort, da das Lager zuerst wir verließen, erzählt' ich.
Drauf die Göttin gerührt: Unfreundlicher, hemme die Klagen;
Habe denn Prokris hinfort! Einst wünschest du, ahn' ich die Zukunft,
Dass du sie nimmer gehabt! So sprach sie im Zorn, und entließ mich.
Weil ich, zurück mich wendend, das Wort der Göttin erwäge,
Steigt allmählich die Furcht, ob der Hochzeit Schwüre die Gattin
Unverrückt mir bewahrt. Die Gestalt und das blühende Alter
Machten mir glaublich den Bruch; ihn macht unglaublich die Sitte.
Doch ich war ja entfernt; doch jene, woher ich zurückkam,
War ja der Schuld Beispiel; doch schreckt ja den Liebenden alles.
Selber ring' ich nach Gram, und mühe mich, redliche Treue
Durch Geschenk zu versuchen. Die Furcht begünstigt' Aurora;
Und sie verwandelte mir (ich glaubt' es zu merken) die Bildung.

Unkennbar geh' ich zur attischen Stadt der Minerva,
Und ich betrete das Haus. Nichts war in dem Hause zu tadeln;
Alles verkündete Zucht, und Sorg' um den fehlenden Hausherrn.
Kaum durch mancherlei List zu der Erechthide gelangend,
Sah ich sie jetzo, und staunt', und verließ beinahe der Treue
Ausgedachten Versuch; schwer hielt ich mich, dass ich die Wahrheit
Eingestand, schwer, dass ich mit ziemenden Küssen ihr nahte.
Traurig saß sie für sich; doch kann nicht schöner ein Weib sein,
Als die traurige war; sie glühete heiß vom Verlangen
Ihres entrissnen Gemahls. Urteile du, welcherlei Anmut,
Phokus, jene geschmückt, die selbst im Kummer noch einnahm.
Was erzähl' ich, wie oft sie meine Versuchungen abtrieb
Mit unreizbarem Sinn! wie oft sie sagte: dem einen
Bin ich getreu, wo er immer auch ist, sein bin ich auf ewig!
Wem von gesundem Verstand war nicht die Probe der Unschuld
Bündig genug? Mir genüget sie nicht; und in eigene Wunden
Wüt' ich, indem für die Gunst ein reiches Geschenk ich verheiße,
Und durch erhöhtere Gabe zuletzt zum Wanken sie bringe.
Und ich rief: ich verstellter, ich heillos handelnder Buhler
Bin dein Gemahl! Treulose, mein eigenes Zeugnis verdammt dich!
Jen' antwortete nichts; nur gebeugt von stiller Beschämung
Floh sie das Haus voll Tücke zugleich mit dem hämischen Gatten;
Und da die Kränkung von mir der Männer Geschlecht ihr verleidet,
Irrte sie durch die Gebirge, den Dienst der Diana besorgend.
Doch mir Verlassenen drang noch ungestümere Flamme
Durch das Gebein; ich bekannte den Fehl, und fleht' um Verzeihung.
Ich auch hätte vermocht, gleich ihr, zu erliegen der Schwachheit.
Sagt' ich, nach solchem Geschenk; ward solch ein Geschenk mir geboten!

Als ich dieses bekannt, und die Kränkung der Scham sie gerächet,
Kehrt sie zurück, und verlebt glückselige Jahre der Eintracht.
Überdies, als wäre sie selbst ein zu kleines Geschenk, mir
Schenkt sie den Wurfspieß hier, den du in den Händen mir siehest.
Cephalus sprach's, und verstummt. Was tat denn Böses der Wurfspieß?
Fragt' ihn Phokus darauf. Sein Tun verkündiget jener.
Freuden sind, o Phokus, der Anfang unseres Leides.
Jene denn meld' ich zuerst. Mich entzückt der Gedanke der alten
Seligkeit, Äakus' Sohn, da in früheren Jahren der Ehe
Froh der Gattin ich war, und froh war jene des Gatten.
Zärtlich begegnende Sorg' und gemeinsame Liebe vereint' uns.
Nicht würd' unserer Lieb' auch Jupiters Lager sie vorziehn,
Noch war, mich zu verleiten, ob Venus selber auch käme,
Mächtig ein Weib; gleich brannten in ähnlicher Flamme die Herzen.
Wann die Sonne zuerst die Höhn der Berge bestrahlte,
Pflegt' ich jugendlich oft zur Jagd in die Wälder zu gehen.
Weder begleitende Diener, noch Ross' und spürende Hunde,
Ließ ich gehen mit mir, noch knotige Garne mir folgen.
Sicherheit gab mir der Spieß. Doch wann von des Wildes Erlegung
Satt die Rechte mir war, dann sucht' ich erfrischende Schatten,
Und aus luftigem Tale mich sanft anatmende Kühlung.
Kühlung sucht' ich beständig in Mittagsgluten zum Labsal;
Kühlung wünschte mein Herz, um auszuruhn von der Arbeit.
Kühlung, pflegt' ich zu singen, o komm, du liebliche Freundin!
Trösterin, komm, und spiele mir hold um den offenen Busen!
Nahe mir sanft, wie du tust, die brennende Glut mir zu lindern!
Manch liebkosendes Wort (so leitete mich das Verhängnis)
Fügt' ich vielleicht noch hinzu, und: Oh, mir Wonne des Himmels!
Rief ich mit innigem Laut, du, du erquickst mich, und stärkst mich!

Du verschönst mir den Wald, du einsame Wüsten! O lass mich
Deinen Hauch mit lechzendem Mund einatmen, du Süße!
    Heimlich vernahm aufhorchend, ich weiß nicht wer, des Gesanges
Doppelsinn; er wähnte, die oft gerufene Kühlung
Sei wohl Nymphe des Orts, und meint', ich liebe die Nymphe.
Stracks dann geht er zu Prokris, ein unbesonnener Melder
Nichtiger Schuld, und zischelnd vertrauet er, was er gehöret.
Leicht ist die Liebe betört. Sie sank vor betäubender Wehmut,
Wie er erzählt', ohnmächtig dahin; und endlich zum Leben
Wiedergebracht: O mir Armen, mir Unglückseligen! rief sie;
Und wehklagt' um die Treu'; und empört vom eitelen Vorwurf,
Fürchtet sie, was nichts ist, und erschrickt vor dem ledigen Namen,
Ach! und traurt, als wäre die Nebenbuhlerin wirklich.
Oftmals zweifelt sie doch, und hofft sich zu täuschen, die Gute;
Und misstraut dem Bericht; und wofern nicht selbst sie gesehen,
Will sie nicht verdammen die Untat ihres Gemahles.
    Gleich, wie die Nacht sich verzog vor dem folgenden Licht der Aurora,
Geh' ich hinaus in den Wald; und vom Sieg' ausruhend im Grünen,
Sang ich: O Schmeichlerin, komm, und lindere mir die Ermattung!
Plötzlich schien wie Geseufz ein dunkeler Laut in die Worte
Meines Gesangs zu ertönen; doch: Komm, Holdselige! rief ich.
Als nun mit leisem Geräusch das gefallene Laub sich bewegte,
Glaubt' ich ein Wild in dem Busch, und sandte den fliegenden Wurfspieß.
Prokis war's; und tragend die Wund' in der Mitte des Busens:
Wehe mir! schrie sie auf. Wie den Ruf der treuesten Gattin
Kaum ich erkannt, so enteil' ich zum Ruf sinnlos und verwildert.
Halb entseelt, die Gewande mit strömendem Blute besudelnd,

Wie sie ihr eignes Geschenk (ich Elender!) zog aus der Wunde,
Find' ich sie dort; und den Leib, der teurer mir war, wie der meine,
Heb' ich mit Armen der Schuld; und das Kleid mir am Busen zerreißend,
Bind' ich die schreckliche Wund', um das Blut, wo möglich, zu hemmen;
Dass sie mich Freveler nicht durch Tod vereinsame, fleh' ich.
Jene, der Kräfte beraubt, die schon Hinsterbende, mühsam
Sagt sie das Wenige noch: Bei dem heiligen Bunde des Lagers,
Bei den Unsterblichen fleh' ich, den oberen, ach und den meinen!
Bei den Verdiensten um dich, wofern ich etwas verdienet,
Und bei des Tods Ursache, die jetzt auch dauert, der Liebe!
Nicht in unser Gemach lass gehn die gerufene Freundin!
Prokris sprach's; erst jetzo erkannt' ich den täuschenden Irrtum;
Und ich belehrte sie des. Allein was frommte Belehrung?
Ach sie sank, und es flohn mit dem Blut die wenigen Kräfte.
Und so lange zu schaun sie vermag; mich schaut sie, und in mich
Fließt die bekümmerte Seel', in meine Lippen geatmet.
Heiterer scheinet indes der Beruhigten sterbendes Antlitz.
Weinend erzählt es der Held den Weinenden. Siehe, da wandelt
Äakus her mit dem dopplen Geschlecht, und der streitbaren Jugend,
Die er dem Cephalus gibt, mit mächtigen Waffen gerüstet.

Achtes Buch

Scylla und Minos

Als nun heiteren Tag, fortscheuchend die nächtlichen Stunden,
Lucifer wieder erschließt, da legt sich der Ost, und es hebt sich
Feuchtes Gewölk. Dem Cephalus beut und des Äakus Söhnen
Rückfahrt friedlicher Süd, von welchem getrieben sie glücklich
Vor der erwarteten Zeit anlangen am Ziele des Hafens.
Minos indessen verheert die Gestade lelegischer Stämme,
Und er versucht die Stärke des Heers an Alkathoës Mauern
Erst zum Beginn, wo Nisus gebot, dem mitten am Scheitel
Haftete zwischen dem Grau des Ehrfurcht heischenden Hauptes
Glänzend von Purpur ein Haar, die Bürgschaft mächtigen Reiches.
Sechsmal war's, dass Luna erhob aufgehend die Hörner:
Immer noch schwankte das Glück des Krieges, und zwischen den beiden
Schwebete lange der Sieg unschlüssig mit irrenden Flügeln.
Eigen dem König erhob sich ein Turm an der tönenden Mauer,
Wo der Letoische Gott nach der Sage die goldene Leier
Ehdem niedergelegt. Ihr Klang blieb haften am Steine.
Dorthin pflegte sich oft zu begeben die Tochter des Nisus
Und mit kleinem Gestein nach dem hallenden Quader zu werfen,
Als noch Frieden bestand. Im Krieg auch pflegte sie oftmals
Dort vom Turme zu schau'n auf die Kämpfe des grimmigen Mavors.
Schon in des Krieges Verlauf auch lernte sie kennen der Fürsten
Namen und Ross' und Waffen und Tracht und kydonische Köcher;
Aber vor allen zumeist die Gestalt des Europischen Führers

War ihr bekannt, mehr als ihr gefrommt. Nach ihrem Erachten
War, wenn das Haupt ihm deckte der Helm mit den buschigen Federn,
Minos schön in dem Helm, und hatte den Schild er genommen,
Der hell strahlte von Erz, sah stattlich er aus mit dem Schilde.
Wenn er den schwankenden Speerausholend erhob in der Rechten,
Lobte die Kunst im Verein mit der Kraft die bewundernde Jungfrau.
Hatt' er, das Rohr auflegend, gekrümmt den geschweifeten Bogen,
Schwur sie, wie er, so stehe, den Pfeil in der Rechten, Apollo.
Wenn er das Erz nun erst abnahm und entblößte das Antlitz
Und auf schneeigem Ross, das prangte mit buntem Gedecke,
Saß im Purpurgewand und das schäumende Maul ihm zurechtwies,
War kaum ihrer bewusst, kaum mächtig der Sinne des Nisus
Tochter. Sie nannte beglückt den Spieß, den Minos berührte,
Nannte die Zügel beglückt, die er in den Händen bewegte.
Oft schon war sie gewillt, jungfräuliche Schritte zu lenken -
Ziemt' es sich nur – durch die feindliche Schar; oft war sie gewillt auch,
Hoch vom Turme den Leib in das gnosische Lager zu stürzen
Oder das eherne Tor gar aufzuschließen dem Feinde
Oder was Minos von ihr sonst forderte. Wie sie nun dasaß,
Schauend das weiße Gezelt des diktäischen Königs, begann sie:
»Ob mich der traurige Krieg mehr freu'n soll oder betrüben,
Zweifl' ich im Sinn. Mich betrübt, dass Minos der Liebenden Feind ist.
Und doch ohne den Krieg wie wär' er bekannt mir geworden?
Aber er könnte dem Krieg absteh'n, mich nehmen als Geisel
Und zur Begleiterin mich, mich haben zum Pfände des Friedens.
Wenn sie ähnlich wie du, o schönster von allen, gewesen,
Die dich gebar, ward Liebe mit Recht in dem Gotte entzündet.

O, wie wär' ich beglückt, wenn ich könnte mit Schwingen die Lüfte
Teilen und schweben hinab in das Lager des gnosischen Königs,
Dass ich gestände die Glut und ihn fragete, was er zur Mitgift
Fordere. Nur nicht dürft' er die Feste des Vaters begehren.
Eher entsag' ich dem Glück des erwarteten Lagers, als dass mir
Dazu hülfe Verrat, obwohl schon oft die Besiegung
Vielen zum Heile gewandt großmütige Milde des Siegers.
Sicherlich führt er den Krieg mit Fug für des Sohnes Ermordung;
Ihn macht mächtig das Recht und das Recht verfechtende Waffen.
Ihm wird, glaub' ich, der Sieg: Wenn dieses Geschick zu erwarten,
Warum sollte denn Mars, nicht unsere Liebe dem König
Öffnen die Mauern der Stadt? Viel besser, er hätte die Obmacht
Ohne Verzug und Mord und Aufwand eigenen Blutes.
Denn stets bin ich in Furcht, dass einer die Brust dir verwunde,
Minos, ohne Bedacht. Wer wäre so harten Gemütes,
Dass er es wagte, den Speer auf dich vorsätzlich zu richten?
Wohl denn, es sei! Fest steht der Entschluss, samt mir ihm zur Mitgift
Zuzubringen die Stadt und ein Ende zu setzen der Fehde.
Was hilft Wollen jedoch? Stets hütet die Wache den Zugang,
Und von dem Vater geschützt ist der Tore Verschluss. Vor dem Vater,
Wehe mir, bangt mir allein; nur er setzt Schranken den Wünschen.
Machten mich doch die Götter verwaist! Doch wahrlich, ein Gott ist
Jeder sich selbst, und das Glück ist abhold feigen Gebeten.
Längst schon hätte gewiss, von solchem Verlangen entzündet,
Freudig ein anderes Weib, was hemmte die Liebe, beseitigt.
Sollt' ich einer an Mut nachsteh'n? Durch Feuer und Schwerter
Würd' ich wagen zu geh'n. Und Feuer so wenig wie Schwerter
Sind ja vonnöten dabei; ein Haar ist vonnöten vom Vater.
Das gilt höher für mich denn Gold; dies purpurne Haupthaar

Soll mir schaffen das Glück und des sehnlichen Wunsches
Gewährung.«
Während sie redete, war die Pflegerin heimlicher Sorge
Leise gekommen, die Nacht, und es wuchs ihr im Dunkel die
Kühnheit.
Ruhezeit nun hub an, wo der Schlaf von den Sorgen des Tages
Matte Gemüter befängt. Da tritt in die Kammer des Vaters
Schweigend sie ein und entreißt – o Schande! – die Tochter dem
Vater
Sein hochwichtiges Haar. Wie den ruchlosen Raub sie begangen,
Nimmt sie des Frevels Gewinn mit sich und entschritten dem Tore
Geht durch die Feinde sie hin – so gibt ihr Vertrauen die Großtat –
Kommt zum König und spricht zu dem höchlich Verwunderten also:
»Liebe bewog mich zur Tat. Ich, fürstliche Tochter des Nisus,
Scylla, ich bringe dir hier des Landes und meine Penaten.
Anderen Lohn nicht heisch' ich, als dich. Zum Pfande der Liebe
Nimm dies purpurne Haar und glaube: das Haupt des Erzeugers
Geb' ich, das Haar nicht bloß, dir hin.« Und es bot ihm die Rechte
Dar das verruchte Geschenk. Doch weigernd entwehrt sich der Gabe
Minos, entsetzt vor dem Bild unglaublicher Tat, und erwidert:
»Dass dich aus ihrem Bereich ausstießen die Götter, du Schandmal
Unserer Zeit! Dass Länder und Meer dir würden verboten!
Wenigstens leid' ich nie, dass die Wiege des Jupiter, Kreta,
Wo ich habe das Reich, solch Ungeheuer betrete.«
Minos sprach's, und nachdem den Besiegten der billige Herrscher
Ordnung bestellt und Gesetz, ließ gleich er die Taue der Flotte
Lösen und rudern vom Land die kupferbeschlagenen Schiffe.
Da nun Scylla gewahrt, wie ins Wasser gelassen die Kiele
Schwammen und nicht ihr den Lohn des Verbrechens gewährte der
Führer,

Wandte sie sich, als Bitten erschöpft, zu gewaltigem Zorne;
Rasend mitfliegendem Haar und die Hände gestreckt in Verzweiflung
Rief sie: »Wo fliehest du hin, die dir geholfen, verlassend,
Du, den höher ich hielt als das Heimatland, als den Vater?
Wohin willst du entflieh'n, Hartherziger, welchem den Sieg gab
Unser Vergehn und Verdienst? So rührete unsere Gabe,
Unsere Liebe dich nicht, doch dass ich einzig auf dich nur
All mein Hoffen gesetzt! Wohin nun soll ich Verlassne?
Heim in die Stadt? Die liegt ja besiegt. Und gesetzt, sie bestände:
Durch den Verrat ist mir sie gesperrt. Vor die Augen des Vaters?
Dir ja gab ich ihn preis. Die Schuldige hassen die Bürger;
Furcht weckt allen umher das Beispiel. Selbst mir verschlossen
Hab' ich die Lande gesamt, dass Kreta nur offen verbliebe.
Wenn du mir das auch weigerst und mich, Fühlloser verlässest:
Nicht Europa, fürwahr unwirtliche Syrte, Charybdis,
Die stets geißelt der Süd, ein armenischer Tiger gebar dich;
Jupiter zeugte dich nicht, noch wurde vom Bilde des Stieres,
Die dich geboren, berückt – so lügt ein Märchen die Abkunft –,
Sondern ein wirklicher Stier, der grimmig zu keiner der Färsen
Liebe gefühlt, war's, der dich gezeugt. Vollziehe die Strafe,
Vater, an mir! Frohlockt ob unserer Qualen, ihr Mauern,
Die ich verriet! Ich bekenne, den Tod zu erleiden verdient' ich.
Einer von ihnen jedoch, die ich ruchlos habe beleidigt,
Bringe mich um. Warum willst du, dem unsere Schuld nur
Sieg gab, rächen die Schuld? Ein Verbrechen dem Land und dem Vater,
Muss es ein Dienst dir sein. Dich wahrlich verdient zum Gemahle
Sie, die buhlend betrog mit dem Holze den trotzigen Farren
Und missleibige Frucht in dem Schoß trug. Aber mein Rufen,
Dringt es zu Ohren dir auch? Wie, oder entführen die Winde,

Wie sie entführen dein Schiff, Fühlloser, die eitelen Worte?
Nun, nun wundert es nicht, dass Pasiphaë lieber dem Stiere
War zu Willen als dir; du hattest noch größere Wildheit.
Wehe mir! Sorglos eilt er davon, und zerteilt von den Rüdem
Rauschet die Flut, und mit mir bleibt unser Gestade dahinten.
Eitles Bemüh'n, o du, der meiner Verdienste vergessen!
Dir nachfolg' ich zum Trotz, und den bauchigen Spiegel umklammernd
Lass' ich mich zieh'n durchs Meer.« Sie sprach's, und im Nu in die Wogen
Springt sie und kommt an das Schiff, da Kraft ihr verleiht das Verlangen,
Und an dem gnosischen Kiel hängt fest die verhasste Gefährtin.
Wie sie der Vater erblickt – den er schwebte bereits in den Lüften,
Da er sich wandelte jüngst zum bräunlich befiederten Fischaar –
Kommt er geschossen und will sie zerreißen mit hakigem Schnabel.
Jene geschreckt lässt fahren das Schiff; doch während des Falles
Schien sie zu halten die Luft, dass nicht sie berührte die Wellen.
Federn verwehrten den Fall; durch Federn zum Vogel gewandelt
Heißt sie Ciris und führt vom geschorenen Haare den Namen.

Dädalus

Schon war erwachsen die Schmach des minoïschen Hauses, und schandbar
Zeigtest der Königin Lust, zweileibige Wundergeburt du.
Minos bestimmt, zu entfernen der ehlichen Kammer Beschimpfung,
Mit vielgängigem Haus und blindem Verschloss sie umhegend.
Dädalus, hochgepriesen in schaffender Kunst und Erfindung,
Gründet das Werk, und verwirret die Merkmal', und in des Irrtums
Windungen führt er die Schwelle durch vielfach schlängelnden Umschweif.
So wie in phrygischen Auen der lautere Strom des Mäandros
Scherzt, und in zweifelndem Laufe gekrümmt abfleußt und zurückfleußt;
Selbst begegnend sich selbst, erblickt er die kommenden Wasser;
Und nun gegen den Quell, nun gegen das offene Meer hin,
Treibt er die unentschiedene Flut: so drehet der Künstler
Zahllos irrender Gänge Gemisch. Kaum findet er selber
Sich zu der Schwelle zurück; so täuschet der Trug des Verschlosses.
Als er die Doppelgestalt des Stiers und des Jünglings einschloss,
Und das Gezücht, das zweimal mit attischem Blut sich gesättigt,
Sank dem dritten der Lose nach neun umrollenden Jahren;
Als zu der schwierigen Pforte, die kein Vorgänger gewonnen,
Durch jungfräulichen Rat der verschlungene Faden zurückwies:
Stracks nun lenkt der Ägide das schwellende Segel gen Dia,
Samt der entführeten Braut. Doch der Grausame ließ Ariadne
Dort am Gestade zurück. Der verlassenen, klagenden Fürstin
Nahete Liber mit Schutz und Umarmungen; und, dass ihr ewig
Strahle der Ruhm im Gestirn, die dem Haupt enthobene Krone
Sandt' er zum Himmel empor; sie durchfliegt sanft atmende Lüfte;

Und wie sie fliegt, sind die Stein' in plötzliche Funken verwandelt;
Und sie behaupten den Ort mit bleibendem Glanze der Krone,
Zwischen dem knienden Bild' und dem schlangehaltenden schwebend.
Dädalus hasst indessen die kerkernde Kreta, wohin ihn
Lange verbannt das Geschick, und, gelockt von der Liebe der Heimat,
War er umschlossen vom Meer. So werde denn Land und Gewässer,
Rief er, gesperrt; doch öffnet der Himmel sich: dort sei die Laufbahn!
Alles beherrsch' auch Minos, die Luft beherrschet er doch nicht!
Sprach's: und wendet den Geist auf unerspähete Künste,
Und schafft neue Natur. Denn in Ordnung leget er Federn,
Wo zu der kleinsten hinab die kürzere folget der längern;
Dass ein wachsender Flügel erscheint. So hebt sich dem Landmann
Eine Syring' allmählich mit sanft aufstufenden Röhren.
Lein nun bindet sie mitten, und Wachs an der unteren Spule.
Also gefügt, empfahn sie die leise gebogene Krümmung,
Dass sie genau nachahmen die Fittiche. Aber der Knabe
Ikarus stand, und fühlt' unwissend die eigne Gefahr an;
Bald, mit lächelndem Antlitz, erhascht er die hüpfende Flaume,
Welche das Lüftchen bewegt; bald knetet' er weich mit den Fingern
Gelbliches Wachs, und störte mit kindlichem Spiele des Vaters
Wundergeschäft. Nachdem er die letzte Hand der Erfindung
Angelegt, da erhob auf wägende Schwingen der Künstler
Selbst den eigenen Leib, und schwebt in bewegeten Lüften.
Dann wird gerüstet der Sohn: Ich warne dich, Ikarus, sprach er,
Flieg' auf der mittelsten Bahn; dass nicht, wenn gesenkter du hinfährst,
Wasser die Fittiche laste; wenn steigender, Glut dich versenge.

Schwebe von beiden entfernt. Nicht Helice, oder Bootes
Schaue mir rechts, noch links das gezogene Schwert des Orion.
Hinter mir eile den Weg. – Zugleich die Gebote des Fluges
Lehrt er, und fügt an die Schultern die ungewohnte Beschwingung.
Während er schafft und ermahnt, wird nass die Wange des Greises;
Und es erbebt dem Vater die Hand. Noch küsst er das Söhnlein,
Das nie wieder dem Kusse sich beut; und mit Schwingen sich hebend,
Fliegt er voran, voll Angst um den Folgenden: so wie ein Vogel
Hoch aus dem Nest entführet die schwächliche Brut in die Lüfte.
Und er ermahnt den Begleiter und lehrt ihm schädliche Künste;
Selbst die seinigen regt er und schaut auf die Flügel des Sohnes.
Mancher, indem er Fische mit schwankendem Rohre sich angelt,
Oder gelehnt auf den Stecken ein Hirt, auf die Sterze der Pflüger,
Sahe die beiden erstaunt, und wähnete, Himmlische wären's,
Welche die Luft durcheilten. Und schon die junonische Samos
War zur Linken vorbei, auch Delos geflohen, und Paros;
Rechts Lebynthos vorbei und die honigreiche Kalymne:
Als sich der Knabe begann des verwegenen Fluges zu freuen,
Und den Führer verließ, und, gereizt von Begierde des Himmels,
Höhere Bahn sich erkor. Die Gewalt der näheren Sonne
Weichte das duftende Wachs, das der Fittiche Spulen gefüget:
Bald war geschmolzen das Wachs; und er schwingt die nackenden Arme;
Auch nicht fängt er ein Lüftchen, entblößt der rudernden Flügel;
Und sein Gesicht, wie umsonst des Vaters Namen er ausrief,
Taucht in die bläuliche Flut, die hinfort von jenem genannt wird.
Aber der Vater voll Grams, nicht Vater noch: Ikarus, ruft er;
Ikarus, ruft er, wo bist du? wo soll ich dich suchen, du trauter

Ikarus? ruft er laut, und erblickt in den Wogen die Federn.
Und er verwünscht die eignen Erfindungen; dann in das Grabmal
Bringt er den Leib: und es trägt des Bestatteten Namen das Eiland.
Als er die Leiche begrub des erbarmungswürdigen Sohnes,
Schaut aus der ästigen Eiche hervor ein geschwätziges Rebhuhn.
Fröhlich schlug es die Schwingen und äußerte Freud' im Gesange.
Noch ein einzelner Vogel und fremd den vorigen Jahren,
Jüngst in Gefieder gehüllt, dir, Dädalus, ewig ein Vorwurf.
Denn ihm hatte vertraut, der Geschick' unkundig, die Schwester,
Dass er es lehrt', ihr Kind, dem zwölfmal zurück der Geburtstag
Kehrte, den feurigen Perdix, von raffendem Sinn für die Weisheit.
Dieser, nachdem er im Fische die zackigen Gräten bemerket,
Nahm ein Muster daran und schnitt in die Schärfe des Eisens
Fortgereihete Zähn' und erfand die Säge zum Werkzeug,
Auch vereint' er zuerst zween eiserne Arm' in dem Knoten
Eingefugt; und indem gleichmäßiger Raum sie gesondert,
Stand der andere Stift, und der andere kreist' in die Runde.
Dädalus sah es mit Neid; von der heiligen Burg der Minerva
Stürzt er ihn häuptlings hinab, und heuchelte, dass er gestrauchelt.
Aber hold dem Verstand', empfing ihn Pallas, und schuf ihm
Vogelgestalt und verhüllt' ihn mitten im Fall mit Gefieder.
Siehe, der raschen Natur Lebendigkeit ging in die Flügel,
Ging in die Füße hinein; es blieb der Name, wie vormals.
Doch nicht pflegt der Vogel den Leib in die Höhe zu schwingen;
Auch nicht baut er im Ast und erhabenen Gipfel die Nester;
Sondern er fliegt an der Erd', und legt in den Hecken die Eier.
Stets noch scheut er das Hohe, des vorigen Falles gedenkend.
Matt nunmehr des Fluges, gewann das ätnäische Eiland
Dädalus, wo ihn in Schutz der freundliche Kokalus aufnahm.

Meleagros

Öneus in Kalydon brachte des reich gesegneten Jahres
Erstlinge, Frucht der Ceres, und sein Getränk dem Lyäus,
Und palladisches Öl der blondgelockten Minerva.
Dann von den ländlichen kam zu den himmlischen Mächten Opfers
Neiderregende Ehr'; allein nur darbte des Weihrauchs,
Wie man erzählt, der Altar der latoïschen Göttin Diana.
Götter auch rühret der Zorn. Nein, nicht ungestraft sei der Frevel!
Mag man zwar ungeehrt, doch nicht ungerächt mich nennen!
Sprach sie und sandte zur Straf in die Fruchtgefilde des Öneus
Einen Eber voll Wut. Nicht mächtiger nähret Epirus
Farren im Kraut; in den Auen der Sikuler waten sie kleiner.
Feuer und Blut entfunkelt dem Blick; rau starret der Nacken;
Aufrecht stehn wie ein Wall, wie ragende Schafte die Borsten.
Siedend mit heißerem Zischen herab um die Räume des Buges
Strömet der Schaum; und es drohen, wie indische Zähne, die Hauer.
Blitz ist der Odem des Munds; es entbrennet das Laub von dem Anhauch.
Bald im Kraute zerstampft er das jugendlich grünende Saatfeld;
Bald die gereiften Gelübde des trostlos weinenden Landmanns
Mäht er, und rafft in der Ähre die Nahrungen. Siehe, die Tenne
Harret umsonst, und umsonst der verheißenen Ernte der Speicher
Rebengerank sinkt nieder, umhängt von lastenden Trauben;
Nieder die Beer' an den Ästen des immer sprossenden Ölbaums.
Gegen die Schaf auch tobt er; und weder ihr Hirt noch die Hunde
Schützen sie, oder die Rinder der Trotz unbändiger Stiere.
Ringsher flüchtet das Volk; und allein in ummauerten Städten
Wähnen sie sicher zu sein; bis zuletzt Meleagros mit edler

Jünglinge Schar sich gesellt, mutvoll in Begierde des Ruhmes.
Tyndarus' Doppelgeschlecht, ein herrlicher dieser im Faustkampf,
Jener zu Ross; und der ältesten Bark' Anordner Jason;
Auch, der in Eintracht froh mit Pirithous lebete, Theseus;
Auch zween Thestiaden, und Lynkeus, Aphareus' Sprössling,
Idas zur Schnelle zugleich, und der einst jungfräuliche Cäneus;
Auch Leucippus voll Muts und des Wurfspeers Schwinger Akastus;
Dryas, Hippothous auch und Phönix, gezeugt von Amyntor;
Mit dem aktorischen Paar, der von Elis kommenden Phyleus;
Telamon auch und der Vater des göttergleichen Achilles;
Du, mit Pheres' Sohne, hyantischer Held Jolaus,
Rascher Eurytion auch und im Lauf unerreichter Echion;
Auch der Narycier Lelex und Panopeus folgte, mit Hyleus,
Hippasus, trotziger Kraft, und in Waffen des Jünglinges Nestor;
Auch Hippokoons Söhne, gesandt aus der alten Amyklä;
Du, mit Penelopes Schwäher, parrhasischer Held Ancäus;
Amphykos' ahnender Sohn und des Ökleus Sohn, vor der Gattin
Sicher annoch; Atalanta zugleich vom bebüschten Lycäus.
Oben schloss ihr Gewand mit dem Dorn die geglättete Spange;
Kunstlos lag ihr das Haar in den einzelnen Knoten gesammelt.
Links an der Schulter ertönte der elfenbeinene Köcher,
Voll von Geschossen gedrängt; den Bogen auch führte die Linke.
Also prangte der Schmuck; die Gestalt war zu nennen in Wahrheit
Jungfrau'nhaft an dem Knaben und knabenhaft an der Jungfrau.
So wie er sah, so wünschte der kalydonische Kämpfer
Ihre Huld, entgegen dem Gott; und heimliche Flamme
Schöpft' er, und: O glückselig, wem jen' einst würdiget, sprach er,
Gattin zu sein! Nicht mehreres lässt die Zeit und die Scham ihn
Reden; ein größeres Werk voll großer Entscheidungen dränget.
Ein hochstämmiger Wald, wo kein Zeitalter gehauen,

Steigt von dem Blachfeld' auf und schaut in geneigete Felder.
Hierher zogen die Männer zur Jagd; teils spannen sie Netze,
Teils entkuppeln sie Hund' und teils dem getretenen Fußtritt
Spüren sie nach, und verlangen sich Kampf und Gefahr zu erspähen.
Tief war gehöhlet ein Tal, wo hinab sich pflegte zu senken
Strömender Regenerguss: es beherrscht die morastigen Gründe
Zähe Weid' und kolbiges Schilf und die Binse des Sumpfes,
Schwankes Gespross, und bei schmächtigem Ried hochsaftige Rohre,
Dorther schwingt sich der Eber voll Wut in die Mitte der Feinde.
Ungestüm, wie der Strahl aus prallenden Wolken hervorzuckt.
Unter dem Anlauf stürzt das Gehölz, und geschmetterte Waldung
Kracht; die Jünglinge schrein laut auf, und strecken mit tapfrer
Rechte Geschosse voraus, woran breit schimmert das Eisen.
Fürchterlich rennt er daher und zersprengt die Hunde, wo bellend
Einer ihn hemmt, und verscheucht sie mit seitwärts mähenden Hauern.
Erstlich entflog das Geschoss, von Echions Arme geschwungen,
Eitel dahin und ritzte mit leichter Wunde den Ahorn.
Wenn das folgende nicht zu große Gewalt des Entsenders
Flügelte, hätt' es vielleicht im erzieleten Rücken gehaftet:
Jenseit flog's: so schnellte der Pagasäer Jason.
Hab' ich stets dich, o Phöbus, verehrt, ruft Ampykos' Sprössling,
Gib mir, unseren Zweck mit sicherem Schusse zu treffen!
Ihm verlieh, was er konnte, der Gott: denn getroffen von ihm ward,
Doch unverwundet der Eber! den Stahl an dem fliegenden Wurfspieß
Hatte Diana entwandt, und es kam der gestümpfete Schaft nur.
Zorniger tobt das Gewild, und wie Blitz aus den Wolken entbrennt es:
Licht ist der funkelnde Blick, und Glut das Schnauben des Rachens.

Wie ein Gestein abflieget, geschnellt von der schlagenden Feder,
Dass es den Turm voll Kämpfer zerschmettre, oder die Mauern:
So im entschiedenen Sturz auf die Jünglinge rennt das Waldschwein.
Rasch den Eupalamos nun und den Pelagon (rechts in dem Halbmond
Fochten sie) streckt' es dahin; die Gefallenen rafften die Freunde.
Nicht Enäsimus aber entfloh den mördlichen Hieben,
Er des Hippokoon Sohn: da in hastiger Angst er den Rücken
Wandte, versagt' ihm die Sehne des abgehauenen Kniebugs.
Bald auch wäre der pylische Held vor Ilions Zeiten
Weggeblüht; doch empor an gestemmeter Lanze sich schwingend,
Klettert' er auf das Gezweig des nächst ihm stehenden Baumes,
Wo er aus sicherer Höh' auf den Feind, der ihn schreckte, hinabsah.
Wild, nachdem er die Hauer am Eichenstamme gewetzet,
Ragt der Verderber daher, und keck auf erneuete Waffen
Taucht er dem Othryaden die rüßlichte Schnauz' in die Hüfte.
Aber die Zwillingsbrüder, noch nicht zwei himmlische Sterne,
Schwebeten beide, geführt von schneeweiß schimmernden Rossen,
In hochprangender Schau; und beid' hell blinkende Speere
Schwangen sie, welche die Luft mit erzitterndem Glanze durchbebten.
Blut wär' ihnen geströmt, wenn der Borstige nicht in des Waldes
Schattigem Dunkel sich barg, dem Speer und dem Ross unerreichbar.
Telamon folget ihm nach; und im unvorsichtigen Eifer
Fällt er gerad auf das Antlitz, gehemmt von der Wurzel des Baumes.
Peleus hebt ihn empor; da legt auf die Senn' Atalanta
Einen geflügelten Pfeil und schnellt vom gekrümmeten Bogen.
Unter dem Ohr eindringend dem Untier, streifet den Leib nur
Oben das Rohr, und rötet mit wenigem Blute die Borsten.

Doch nicht sah den Erfolg des eigenen Schusses die Jungfrau
Fröhlicher, als Meleagros: er schaute zuerst, wie man saget,
Und er zeigte zuerst das geschauete Blut den Genossen,
Und: du gewinnst dir, sprach er, der Tapferkeit Ehrenbelohnung.
Schamrot glüht der Männer Gesicht; sie ermahnen sich eifernd,
Höhen den Mut mit Geschrei und werfen Geschoss durcheinander.
Aber es schadet die Menge, den Schwung der geworfenen wirrend.
    Seinem Geschick trotzt wütend der Arkaderheld mit der Streitaxt:
Lernet, wie weit vorgehen den weiblichen, Männergeschosse!
Ruft er umher; und weicht, ihr Jünglinge, meinem Beginnen!
Ob auch Latonia selbst mit eigenen Waffen ihn schütze,
Doch der Diana zum Hohn soll meine Hand ihn vertilgen!
Als der Geblähete so groß prahlende Worte geredet,
Jetzt die gedoppelte Axt mit beiden Händen erhebend,
Richtet er hoch sich empor auf wägenden Spitzen der Zehen.
Aber den Kühnen ereilt, und, wo leicht dem Tode die Bahn ist,
Mäht in die Weiche des Bauchs ihm die Zwillingshauer das Untier.
Nieder fällt Ancäus; und voll des klumpigen Blutes
Gleiten die Eingeweid' auf die mordgefeuchtete Erde.
    Grad jetzt gegen den Feind, Pirithous, Sohn des Ixion,
Wandeltest du, und schwenktest in nervichter Rechte den Jagdspieß.
Fernher rief der Ägid': O geliebterer Teil mir der Seele,
Mehr denn ich selbst mir geliebt, halt ein! Es geziemt, auch von weitem
Tapfer zu sein! Ancäus erlag durch verwegene Kühnheit!
Rief's, und schwang die mit Erz vorblinkende Last der Kornelle.
Aber wie abgewogen und sicher des Zwecks sie einherflog,
Hemmt' ein belaubeter Ast von Jupiters ragender Eiche.
    Äsons Sohn auch warf sein Geschoss: das von jenem der Zufall
Auf das Geschick ablenkte des schuldlos bellenden Hundes,

Und in den Bauch eindringend, den Bauch und die Erde durchbohrte.
Wechselnd trifft dem Öniden die Hand: von zween, die er abschoss,
Stand ein Speer im Lande, der andere mitten im Rücken.
Ohne Verzug, da er tobt, da er rings mit dem Leibe sich umdreht,
Nahet der Wund' Urheber, den Feind anreizend zum Grimme,
Und den begegnenden Bug durchstößt er mit schimmerndem Jagdspieß.
Freude bezeigen ihm laut mit günstigem Ruf die Genossen,
Eilen heran, mit der Rechten die siegende Rechte zu fassen;
Und das entsetzliche Wild, das umher auf den Boden gestreckt lag,
Schauen sie all anstaunend; und noch nicht scheint die Berührung
Sicher genug; doch färbt sich ein jeglicher blutig die Waffen.
Selbst nun stemmt er die Fers' auf das grässliche Haupt des Verderbers,
Und: Empfange die Beut', Arkaderin, meiner Erobrung!
Sprach er, und möge mit dir mein Ruhm mir kommen zur Teilung!
Schnell, was dem Feind' er entzog, die borstige Hülle des Rückens,
Reichet er ihr, und das Haupt, mit gewaltigen Zähnen gewaffnet.
Innige Freud' ist jener zugleich mit der Gabe der Geber.
Neidvoll sahn es die andern, und rings lief dumpfes Gemurmel.
Aber mit lauterer Stimme die Arm' ausstreckend im Haufen:
Niedergelegt! und erschleiche du Weib nicht unseren Anspruch!
Schrein des Thestius Söhne; dass nicht das Vertrauen der Schönheit
Täuschend dir sei, und entfernt dein zärtlicher Gönner sich halte!
Dann entwenden sie ihr das Geschenk, und das Recht des Geschenks ihm.
Nicht ertrug's der mavortische Held; aufbrausend von Unmut:

Lernet, wie weit, so rief er, o Schmälerer fremden Verdienstes,
Taten von Drohungen stehn! und die Brust Plexippus', des Oheims,
Der nichts dessen besorgte, durchgrub er mit frevelem Eisen.
Toxeus, der den Entschluss noch abwägt, und, wie des Bruders
Rache verlangt, so zugleich des Bruders Schicksal befürchtet,
Lässt er nicht lang abwägen; den Stahl, den der vorige Mord noch
Wärmte, wärmt er von Neuem mit gleichentsprungenem Blute.
Dank den Unsterblichen trug für den siegenden Sohn in die Tempel,
Als man zurück ihr brachte die Bruderleichen, Althäa.
Heftig zerschlägt sie den Leib, und erfüllt mit Geheule des Jammers
Rings die Stadt; und das goldne Gewand vertauscht sie mit schwarzem.
Aber sobald kund wurde des Mords Urheber, entsank ihr
Aller Gram, von den Tränen zur Lust der Strafe sich wendend.
Dort war ein Scheit, den, als der Geburt entladen Althäa
Ruht', in die Flamme gelegt die dreifach waltenden Schwestern.
Dann mit geschäftigem Daum das Gespinst der Schicksale spinnend,
Sagten sie: Einerlei Zeit sei dem Holze beschert und dir selber,
Neugeborenes Kind. Nach so gesprochenem Segen
Schieden die Göttinnen weg. Den lodernden Brand aus dem Feuer
Raffte die Mutter hervor, und sprengt' ihn mit lauteren Fluten.
Lange bereits lag dieser verwahrt in den innersten Kammern,
Wo der erhaltene dir dein Leben erhielt, o du Jüngling.
Jetzo enttrug ihn die Mutter, und hieß Kienstäbe mit Reisig
Häufen, und sandt' in den Haufen die Macht des verheerenden Feuers.
Viermal strebt sie nunmehr, den Ast in die Flamme zu legen,
Viermal zuckt sie zurück: es streiten sich Mutter und Schwester,
Und zu Verschiedenem ziehn ein Herz zween kämpfende Namen.

Oft erblasste vor Angst der nahenden Sünde das Antlitz;
Oft durchglühte die Augen der Zorn mit eigener Röte.
Bald dann, ich weiß nicht welcher, entsetzlichen Drohungen Abbild
War ihr Gesicht; bald wieder von Mitleid sprach's und Erbarmung.
Und wann die Tränen versiegt in der dörrenden Flamme des Herzens,
Quollen doch andere Tränen und andere. So wie ein Nachen,
Welchen der Wind, und dem Wind' ankämpfende Strömung dahinrafft,
Doppelte Macht empfindet und schwankt in geteiltem Gehorsam:
Also Thestius' Tochter; durch streitige Regungen irrend,
Legt sie den Zorn umeinander, und weckt den gelegten wieder.
Dennoch beginnt die Schwester das Mutterherz zu besiegen;
Und blutsfreundliche Schatten mit Blut zu besänftigen, übt sie
Grausame Zärtlichkeit aus. Denn sobald das vertilgende Feuer
Loderte: Brenne denn, rief sie, mein Fleisch in den Gluten des Todes!
Und wie in schrecklicher Hand sie das Holz des Jammergeschicks hielt,
Wankte sie unglückselig hinan zu dem Leichenaltare.
Ihr, des grausen Vergelts drei Göttinnen, sprach sie, o wendet,
Eumeniden, den Blick zu unserem Furienopfer!
Untat straf ich und tu' ich! Der Tod sei mit Tode gesühnet!
Frevel werde zu Frevel gefügt, zu den Leichen die Leiche!
Durch anwachsende Trauer vergehe das Haus des Verbrechens!
Öneus soll, ein Beglückter, des siegenden Sohnes sich freuen?
Kindlos Thestius sein? Anständiger grämet euch beide!
Ihr, o Bruderseelen, der Tief Ankömmlinge, fühlt nur,
Was ich tue für euch, und empfaht das teuer gekaufte
Totengeschenk, die entartete Frucht des eigenen Schoßes!
Wehe! wo taumel' ich hin? O verzeiht, ihr Brüder, der Mutter!

Mir versagt zum Beginnen die Hand! Wohl hat, ich bekenn' es,
Jener zu sterben verdient; nur des Tods Urheber missfällt mir!
Ungestraft denn soll er entgehn? und lebend, und Sieger,
Und vom Erfolg' aufschwellend, behauptet er Kalydons Herrschaft?
Weil als winziger Staub ihr liegt, und erkaltete Schatten?
Nimmer duld' ich es, nimmer! Der Freveler sterb'; und des Vaters
Hoffnung zerfalle mit ihm, und das Reich, und die Heimat in Trümmer!
Herz der Mutter, wohin? wo zärtliche Bande der Eltern?
Und, die ich ringend ertrug, ihr zehn mühseligen Monden?
Wärest du doch als Kind in der Erstlingsflamme verlodert!
Hätt'ich es nimmer gestört! Ich schuf dir Leben: du selber
Schufst dir den Tod! Nimm jetzo den Lohn hin! und was ich zweimal,
Erst durch Geburt dir verlieh, und bald durch Entreißung des Brandes,
Gib dein Leben zurück, sonst wirf mich ins Grab zu den Brüdern!
Welcher Entschluss! Gern wollt' ich, und kann nicht! Bald vor den Augen
Stehn mir die Brüder in Blut, und des grässlichen Mordes Erscheinung;
Bald von Zärtlichkeit bricht mir das Herz, und von Muttergefühlen!
Weh mir! ein unglückseliger Sieg! doch sieget, ihr Brüder!
Nur dem verliehenen Trost, und euch, ihr Trautesten, folg' ich
Selber sofort! – So sprach sie; und abgewendet das Antlitz,
Warf sie mit zitternder Rechte den Leichenbrand in die Flammen.
　Wahrhaft, oder zum Schein, entwimmerten klagende Seufzer
Jenem Scheit, da ein Raub unwilliger Flammen er brannte.
Unbewusst und entfernt, wird auch Meleagros vom Feuer
Ganz durchglüht; und er fühlt, sein inneres Leben versenge

Heimlicher Brand. Doch hemmt er mit Kraft die gewaltigen Schmerzen.
Dass er indes blutlos unrühmlichem Tode dahinsinkt,
Füllt ihn mit Gram; und er preist des Ancäus glückliche Wunden.
Seinen Vater, den Greis, den Bruder, die zärtlichen Schwestern,
Rufet er, und die Gemahlin, zuletzt mit seufzendem Munde;
Auch die Mutter vielleicht. Es wächst mit der Flamme der Schmerz an,
Und er ermattet mit ihr; zugleich erloschen sie beide,
Und in die wehenden Lüfte verflog allmählich der Atem.
Kalydon sinkt von der Höh'; und Jünglinge trauern und Greise;
Fürsten und Volk wehklagen ihr Leid; und zerrissenen Haares
Schlagen die Brust am Euenos die kalydonischen Mütter.
Haupt und greisendes Haar entstellt mit Staube der Vater,
Hingestreckt auf die Erd', und verwünscht sein säumendes Leben.
Denn die Mutter vollzog, sich bewusst der entsetzlichen Untat,
Strafe mit eigener Hand, in den Leib sich stoßend den Mordstahl.
Nicht, ob ein Gott mir hundert ertönende Munde mit Zungen
Schenkt', und umfassenden Geist, und des Helikons sämtliche Weisheit,
Redet' ich ganz den Jammer der unglückseligen Schwestern.
Reiz nicht achtend, noch Zier, zerbläuen sie nackende Brüste;
Und weil dauert der Leib, wird umschlungen der Leib und geherzet,
Wird er selber geküsst, und geküsst das gebreitete Lager.
Als die Asche zerfiel, da streun sie die Asch' um die Brüste,
Liegen gestreckt am Hügel der Gruft, und umarmen des Marmors
Namenzüg', und betränen die teuersten Namen mit Wehmut.
Satt nun endlich vom Grame des parthaonischen Hauses
Hüllt, bis auf Gorge allein und die Schnur der edlen Alkmene,

Allen Diana den Leib mit dem Wuchs leicht hebender Federn,
Streckt an den Armen entlang weitreichende Flügel, und spitzet
Hornig den Mund; es entfliegt die verwandelte Schar in die Lüfte.

Achelous

Theseus wandelte heim, von des kalydonischen Ebers
Blutiger Jagd, gen Athenä, der heiligen Burg der Tritonis.
Aber ihm hemmte den Gang, von Regen geschwellt, Achelous.
Heil dir! sagte der Strom; tritt, Herrlicher, unter mein Obdach,
Cekrops Sohn! und vertraue dich nicht den entraffenden Wogen.
Oft dickstämmige Balken, und felsige Blöck' in die Quere
Sah ich gewälzt von dem mächtigen Sturz; am benachbarten Ufer
Sah ich erhabene Ställe verschwemmt mit den Herden; und wenig
Half dem Rinde die Kraft und die Schnelligkeit mutigen Rossen.
Oft hat dieses Gewässer, wann Schnee von den Bergen herabschmolz,
Jugendlich blühende Männer getaucht in den wirbelnden Strudel.
Sicherer pflegst du der Ruh', bis wieder die Flut in gewohnter
Grenz' hinrollt, und geklärt im eigenen Bette sich schmieget.
Beifall gab der Ägid': Ich nutze den Rat, Achelous,
Und dein gastliches Haus! antwortet' er, jenem gehorchend.
Jetzt in den Saal, aus geriefeltem Tuff und löchrichtem Bimsstein,
Trat er hinein; feucht war von schwellendem Moose der Boden,
Und das Gewölb' abwechselnd mit Purpurschnecken und Muscheln.
Als zwei Teile des Tags Hyperion jetzo durchwandelt,
Lagerten sich auf Polster um Theseus seine Genossen:
Dort Ixions Geschlecht, und dort der trözenische Kämpfer

Lelex, dem schon dünner das Haar um die Schläfen ergraute;
Auch der Geladenen Schar, die der akarnanische Strömer
Würdig der Ehre geschätzt, des erhabenen Gastes sich freuend.
Barfuß wandelnde Nymphen bereiteten emsig das Gastmahl,
Tragend die Tisch', und ordnend die Kost; nach geräumetem Schmause
Stellten sie Wein in Gefäßen des funkelnden Edelgesteines.
Jetzo fragte der Held, in das Meer vorschauend: Wie heißt doch
Jener Ort? (und er zeigt mit dem Finger ihn) sage den Namen
Jener Insel mir an; wiewohl nicht eine sie scheinet.
Drauf antwortet der Strom: Nicht ist, was wir schauen, nur eines;
Fünf der Lande sind dort; dicht täuscht des Raumes Entfernung.
Und, dass dich weniger wundre die Tat der verschmähten Diana,
Jene waren Najaden, die einst zehn Farren zum Opfer
Schlachteten, und einluden die übrigen Götter des Feldes,
Aber nur mein nicht denkend, Gesang aufführten und Reihntanz.
Hochauf schwellt' ich den Strom, und wie voll des Gewoges ich jemals
Rollete, rollet' ich jetzt; und an Mut unbändig und Brandung,
Riss ich vom Walde den Wald, und Gefilde mit Macht von Gefilden.
Und mit dem Orte die Nymphen, die nun erst meiner gedachten,
Wälzt' ich hinab in den Sund. Von der Wallung des Stroms und des Meeres
Ward die Feste des Landes getrennt, und in Teile gesondert.
So viel, als Echinaden du dort in den Fluten erblickest.
Doch wie du selber bemerkst, fern ziehet sich eine der Inseln
Dort, mir wert und geliebt: Perimela nennt sie der Schiffer.
Dieser raubt' ich in Liebe vordem den Namen der Jungfrau.

Dessen ergrimmt ihr Vater Hippodamas; und in die Tiefe
Stürzt' er, bevor sie gebar, von dem Fels die eigene Tochter.
Ich empfing sie, und trug die Schwimmende: Der du dem Himmel
Nahes Gebiet, so sprach ich, die Meerflut, zähmst mit dem Dreizack;
Du, in welchem wir enden, wir heiligen Ströme, die Laufbahn!
Diese Getragene kränkt' ich! Wenn mild und billig, wenn Vater,
Oder wenn weniger nur Hippodamas frevlerisch wäre,
Mitleid sollt' er gewähren dem Kind, und mir selber Verzeihung!
Nahe mit Schutz! und ihr, die der grausame Vater versenkte,
Gib, Neptunus, ihr Raum! wo nicht, lass selber sie Raum sein!
Diesen auch werd' ich umfahn; – sein Haupt bewegte der Meerfürst,
Dass vom schaffenden Wink aufschauerten alle Gewässer.
Während ich sprach, so verhüllt' Erdreich die schwimmenden Glieder,
Und die verwandelte Nymph' umwuchs ein lastendes Eiland.
Hier verstummte der Strom, und tief bewegte das Wunder
Alle. Da lächelte Hohn den Glaubenden, stets ein Verächter
Himmlischer Macht, und trotzig gesinnt, der Sohn des Ixion:
Falsch ist, rief er, das Wort; du leihst, Achelous, den Göttern
Gar zu große Gewalt, wenn sie Bildungen geben und nehmen!
Ringsher staunete man, nicht billigend solcherlei Rede.
Lelex aber vor allen, an Geist und Alter gereifet,
Sagte darauf: Unermesslich und endlos reichet des Himmels
Allgewalt; und wie immer die Oberen wollten, so ward es.
Dass dir der Zweifel entschwinde, so steht auf Phrygiens Hügeln
Eich' und Linde gesellt, im Bezirk der mäßigen Mauer.
Selber sah ich den Ort, als mich in die Fluren des Pelops
Pittheus sandte, wo einst sein herrschender Vater gewaltet.

Ohnweit sumpfet ein See, vordem ein bevölkertes Erdreich,
Jetzo nur Flut, vom Taucher und fischenden Reiher umflattert.
Jupiter kam hierher, wie ein Sterblicher, und mit dem Vater
Sein stabtragender Sohn Merkurius, ohne Gefieder.
Tausend Wohnungen nahn sie, um Obdach bittend und Ruhe;
Tausend Wohnungen sperret das Schloss: Ein Häuschen empfangt sie,
Zwar sehr klein, mit Halmen gedeckt und Rohre des Sumpfes,
Aber die redliche Baucis, und gleich an Alter Philemon,
Beide verlebeten dort die blühende Jugend, und beide
Alterten dort allmählich. Die Armut, offen bekennend,
Machten sie leicht und erträglich mit nicht unwilliger Seele.
Gleichviel, ob du den Herrn dort aufsuchst, oder den Diener:
Zween sind das sämtliche Haus; und dieselbigen tun und befehlen.
Als nun das himmlische Paar sich genaht der ärmlichen Wohnung,
Und, die Scheitel gebückt, zur niedrigen Pforte hineinging,
Heißt sie der freundliche Greis ausruhn auf gestelletem Sessel,
Den mit grobem Gewebe die emsige Baucis bedeckte.
Drauf, dem Herde genaht, zerwühlt sie die lauliche Asche,
Weckt das gestrige Feuer, mit Laub und trockener Rinde
Nährend, und bläst aus dem Rauche mit keuchendem Atem die Flammen.
Kleingespaltenes Holz und gedörretes Reis von dem Boden
Trägt sie herab, und zerknickt's, und legt es dem Kesselchen unter.
Auch was der Mann an Gemüs' im gewässerten Garten gesammelt,
Blättert sie ab. Doch jener mit zweigehörneter Gaffel
Hebt den beräucherten Rücken des Schweins von der rußigen Latte,
Wo er ihn lange gespart, und schneidet ein Stück von der Schulter,
Weniges nur, und zähmet den Schnitt in der brausenden Wallung.

Beide verkürzen indes die Zwischenstund' in Gesprächen,
Dass den Verzug nicht fühlen die Fremdlinge. Nahe dem Herde
Hing die buchene Wann' am Pflock mit gebogenem Handgriff.
Diese, mit laulichem Wasser gefüllt, empfanget die Glieder
Bähend. Es steht in der Mitte, von fedrigen Kolben des Teichschilfs
Weich ein Lager gestopft, das Gestell und die Füße von Weiden.
Dieses umhüllen sie nun mit Teppichen, die sie gewöhnlich
Nur am festlichen Tag' ausbreiteten; aber auch diese
Waren schlecht und veraltet, der weidenen Flechte nicht unwert.
Hierauf ruhn die Götter. Geschürzt dann stellet und zitternd
Baucis den Tisch; doch einer der drei Tischfüße war ungleich;
Bald macht gleich ihn die Scherbe: da untergefügt sie den Höcker
Heilete, jetzo reibt den geebneten grünende Minze.
Aufgetischt wird dann die gesprenkelte Beere der Pallas,
Auch des Herbstes Kornelle, bewahrt in gekläreter Lake;
Rettich, Endivien auch, und Milch zu Käse gerundet;
Eier zugleich, vorsichtig in warmer Asche gewendet:
Alles auf irdnem Geschirr. Der aus Ton geformete Mischkrug
Prangt nun bunt auf der Tafel, und buchene Becher, mit Zierrat
Voll geschnitzt, und die Höhlung mit gelblichem Wachse gefirnisst.
Wenige Frist, da sendet der Herd die dampfenden Speisen.
Wieder enthebt man jetzo die nicht hochaltrigen Weine;
Dass sie, entfernt ein kleines, den Raum nicht engen dem Nachtisch.
Hier ist Nuss, hier Feige, gemischt mit runzligen Datteln,
Pflaumen im kleineren Korb', im größeren duftende Äpfel,
Und großbeerige Trauben, von Purpurreben gesammelt;
Mitten die weißliche Scheibe des Honiges; aber vor allem
Ladet der heitere Blick, und ein Herz, nicht träge noch kargend.
Beide nun sehn, dass, wie oft sie erschöpfeten, immer der Mischkrug

Wieder von selbst sich füllt, und der Wein freiwillig heranwächst.
Staunend vor Angst und bestürzt, und rückwärts hebend die Hände,
Flehen sie, Baucis zugleich, im Gebet, und der bange Philemon:
Dass sie mit Gnad' anschauen das ungerüstete Gastmahl.
Jetzo die einzige Gans, die bei Nacht ihr winziges Häuschen
Hütete, trachten die Eigner den himmlischen Gästen zu opfern.
Jene, mit flatterndem Lauf vor den langsam folgenden Alten,
Müdet sie lang' umtäuschend, und fliehet zuletzt, wie um Rettung,
Zu den Unsterblichen selbst; und den Tod verbieten die Herrscher.
Wir sind Götter und tragen den unrechtschaffenen Nachbarn,
Sagten sie, würdigen Lohn. Doch euch vergönnen wir, teillos
Solcher Strafe zu sein. Verlasst nur euere Wohnung;
Folget unserem Schritt, und hinauf zu den Höhen des Berges
Gehet zugleich! – Sie gehorchen, und beid' auf Stäbe gestützet,
Streben sie weit hinauf mit mühsamen Tritten die Anhöh'n.
Jetzo dem Gipfel so fern, wie der Pfeil von der Senne geschnellet,
Abreicht, wenden sie bange den Blick; und in sumpfender Sintflut
Sehen sie alles versenkt; ihr eigenes Häuschen war übrig.
Während sie noch anstaunen, der Nachbarn Schicksal bejammernd;
Sieh! die veraltete Hütte, zu klein auch zweien Bewohnern,
Wandelt zum Tempel sich um: für die Gaffeln ragt ein Gesäul auf:
Rötlich schimmert das Stroh, und wie Gold erscheinet der Giebel,
Bunt getrieben die Pfort', und gedeckt der Boden mit Marmor.
Jetzt mit ruhigem Antlitz begann Saturnius also:
Sagt uns, redlicher Greis, und du des redlichen Mannes
Würdige, was ihr begehrt! – Mit Baucis redet Philemon
Weniges, öffnet den Himmlischen drauf den gemeinsamen Ratschluss:
Euere Priester zu sein, und euch zu pflegen des Tempels,

Werd' uns vergönnt! Und weil wir in Eintracht immer gelebet,
Lasst die selbige Stund' uns beid' hinnehmen; und niemals
Schau' ich die Gruft der Gattin hinfort, noch bestatte mich jene!
Gleich war Wunsch und Erfolg. Sie pflegeten beide des Tempels,
Ganz ihr Leben hindurch. Da, gelöst von Jahren und Alter,
Einst vor den heiligen Stufen vereint sie standen und sprachen
Über das Schicksal des Orts, sah Baucis in Laub den Philemon,
Sah der alte Philemon in Laub aufgrünen die Baucis.
Und wie nun beider Gesicht der laubige Wipfel emporwuchs:
Leb', o Trautester, wohl! und o Trauteste! riefen sie wechselnd,
Weil sie noch konnten, zugleich; und zugleich umhüllte das Antlitz
Beiden Gebüsch. Noch zeigt der tyanischen Fluren Bewohner
Dort das heilige Paar als nachbarlich grünende Bäume.
Wahrheit liebende Greise (warum auch sollten sie täuschen?)
Haben mir solches erzählt. Auch sah ich die hangenden Kränze,
Selbst an den Ästen umher; und hängend den meinigen sagt ich:
Fromme sind Himmlischen wert, und Ehrende werden geehret.
Lelex schloss, und alle bewegete Tat und Verkünder;
Theseus zumeist. Als dieser um mehr der göttlichen Wunder
Bat, da begann, sein Haupt den Arm auflehnend, der Stromgott:
Wozu fremder Beweis? da mir auch, oft zu verwandeln
Diesen Leib, o Jüngling, durch Zahl umschränkte Gewalt ward!
Bald ja erschein' ich, was jetzo ich bin, bald ringelnder Drache,
Bald als Fürst der Rinder, und dränge die Kraft in die Hörner.
Hörner! so lang ich vermocht! Nun fehlt der gewaffneten Stirne
Eine Wehr, wie du schaust! Mit Geseufz beschloss er die Worte.
Was erseufzetest du? und woher der Stirne Gebrechen?
Fragt der neptunische Held. Drauf redete Kalydons Stromgott,
Also, mit Rohr umwunden das ungeordnete Haupthaar:
Hart ist, was du begehrst. Denn wer gedenkt, ein Besiegter,

Gern des eigenen Kampfs? Doch treulich erzähl' ich ihn! Nicht so
Ruhmlos war's zu erliegen, als selbst die Beeiferung ruhmvoll!
Und erhabenen Trost gibt uns der erhabene Sieger!
Ward einmal, wie ich traue, vor deinen Ohren der Name
Deïanira genannt; vormals die gepriesenste Jungfrau
War sie, von vielen gesucht mit eifersüchtiger Hoffnung.
Mit in das Haus eingehend des viel belagerten Schwähers:
Nimm mich, sprach ich, zum Eidam, o Öneus, Sohn des Parthaon.
So auch sprach der Aleide. Die anderen wichen uns beiden.
Jener rühmt' als Vater den Jupiter, und die Vollendung
Jeglichen Kampfs, den Juno ihm je stiefmütterlich auftrug.
Ich, dem schmählich es schien, wenn ein Gott dem Sterblichen wiche.
(Noch nicht war er ein Gott): Schau' mich, den Flutenbeherrscher,
Sprach ich, der mitten dein Reich in schlängelndem Laufe durchströmet.
Auch nicht komm' ich ein Fremdling zum Eidam dir aus der Ferne,
Sondern ein Landesgenoss und ein Teil selbst deines Gebietes.
Nur das schade mir nicht, dass weder die Königin Juno
Hass mir trägt, noch Strafe gebotener Kämpfe mir obliegt!
Denn dass du selber dich rühmst den Entsprossenen einer Alkmena;
Falsch wird Jupiter Vater genannt; wenn wahr, mit Verbrechen!
Durch der Mutter Entehrung verlangst du ihn! Wähl', ob erdichtet
Jupiter, oder ob du aus schimpflicher Liebe gezeugt seist!
Also redet' ich noch; da mit düsterem Auge nicht jener
Anblickt, und nicht männlich dem flammenden Zorne gebietet.
Und er erwidert das Wort: Mehr taugt mir die Hand, wie die Zunge!
Wenn nur im Kampf Obsieger ich bin; sei du es im Reden!
Trotzig naht' er heran. Scham war's, da so hoch ich geredet,

Abzustehn. Schnell warf ich das grüne Gewand von der Schulter,
Stemme die Arm' entgegen, und krümmt' an der Weiche des Busens
Schräg die Hände zur Wehr, und gab Kampfstellung den Gliedern.
Jener besprengt mich mit Staub, in gehöhleten Händen ihn schöpfend;
Und vom erwiderten Wurfe des rötlichen Sandes ergilbt er.
Bald nun fasst er den Nacken, und bald die beweglichen Beine,
Fasst, nein, schien nur zu fassen, und zwackt von jeglicher Seite.
Mich verschanzt mein großes Gewicht; und umsonst war der Angriff.
So der gewaltige Damm, den laut anbrausend die Meerflut
Rings umtobt; er besteht, durch eigene Schwere gesichert.
Dann ein wenig getrennt, erneun wir zum Kampfe den Zulauf.
Fest hält jeder den Stand, und durchaus nicht weichen will jeder,
Fuß mit Fuße gefügt; und die Brust mir vorüber gelehnet,
Drängt ich die Hand mit der Hand, und die Stirn mit der Stirn ihm belastend,
Gleich so sah ich in Kraft zween mutige Stiere begegnen,
Wann die stattlichste Braut im ganzen Tal des Gebirges
Steht zum Preise des Kampfs; rings schauet die Herd', und erwartet
Bange, zu wem sich wende der Sieg so mächtiger Herrschaft.
Dreimal, ohn' aufzuschaun, arbeitete, frei sich zu ringen,
Herkules, meiner mit Macht anstrebenden Brust; und zum vierten
Schüttelt er ab die Umwindung und löst die geklemmeten Arme;
Und mit dem Stoße der Hand (denn es gilt zu bekennen die Wahrheit!)
Wendet er stracks mich herum, und hängt mir schwer an dem Rücken.
Wenn mir Glaube gebührt (nicht such' ich ja Ruhm in Erdichtung!),
Als ob übergewälzt ein Berg mich drückte, so war mir.

Kaum doch wand ich die Arme heraus, die im Schweiße mir ringsum
Strömeten; kaum entzog ich den Leib der harten Verstrickung.
Aber den Keuchenden drängt er, und lässt nicht Kräfte mich sammeln;
Und er gewann mir den Nacken, und rüttelte; jetzo entsank mir
Endlich zur Erde das Knie, und ich knirschte den Sand mit den Zähnen.
Was ich an Stärke verlor, das sucht' ich durch Kunst zu ersetzen,
Und ich entschlüpfte dem Mann, in Gestalt der Schlange mich längend.
Aber sobald ich den Leib ausstreckt' in gebogene Ringel,
Und mit grausem Gezisch die gespaltene Zunge bewegte,
Lächelte bitteren Hohn der Tirynthier unseren Künsten.
Meiner Wieg' ist eigen die Arbeit, Schlangen zu töten!
Sprach er: und ob, Achelous, du anderen Drachen vorangehst,
Bist du einer wie nichts, vor dem Schwarm der lernäischen Hyder!
Immer fruchtbarer wuchs sie aus eigenen Wunden; und niemals
Ward vor dem Hundert der Häupter ihr eins ungerächet enthauen,
Dass nicht stärker der Hals mit doppeltem Erben emporschwoll.
Diese, die ästig umher von blutgeborenen Nattern,
Neu zum Verderb aufsprosste, bezwang ich mit Kraft und erschlug sie.
Was denn wähnst du von dir, der, zur einzelnen Schlange geheuchelt,
Fremde Waffen bewegt, und gebettelte Bildung sich umhüllt?
So der Alcid'; und oben den Hals mit umklammernden Fingern
Packt' er, und würgte mir eng, wie in kneipender Zange, die Gurgel;
Und ich rang, zu entreißen die Kehl' aus den zwängenden Daumen.
Jetzo war dem Besiegten die dritte Verwandelung übrig,
Eines trotzigen Stiers; und im Stier' erneu' ich den Feldzug.

Doch er wickelt die Arme mir links um die hangenden Wampen,
Und mich Rennenden schleppt er zugleich; dann ergreift er die Hörner,
Dreht in den Grund sie hinab, und streckt mich entlang in den Flusssand.
Nicht ihm genug war solches: das starrende Horn in der Rechten
Zuckt' er wild und zerbrach's, der verstümmelten Stirn es entreißend.
Dieses weihten Najaden, mit Obst und duftigen Blumen
Angefüllt; und es prangt mit meinem Horne der Segen.
Jener sprach's; doch die Nymphe, geschürzt nach der Weise Dianas,
Eine der Dienenden dort, mit niederrollenden Locken,
Wandelte her und trug in dem reich gesegneten Hörne
Ganz den Herbst, glückseliges Obst, als labenden Nachtisch.
Als in der folgenden Frühe die Sonn' anstrahlte die Gipfel,
Zogen die Jünglinge heim; denn nicht zu erwarten gefällt es,
Bis in Frieden der Strom sanft riesele, und die empörte
Flut sich gesenkt. Jetzt barg sein rohes Gesicht Achelous,
Und mit gestümmeltem Horne das Haupt in die Mitte der Wasser.
Doch ihn schändete nicht der Verlust des geraubeten Schmuckes:
Unbeschädiget sonst, verhehlt er des Hauptes Entehrung
Bald mit weidendem Laub' und bald mit gewundenem Rohre.

Erisichthon

Große Macht, in verschiedne Gestaltungen sich zu verwandeln,
Ward des Autolykus Weib', Erisichthons Tochter, gewähret.
Ruchtbar war der Erzeuger durch ewiger Götter Verachtung
Längst, und weihete nie mit ehrender Glut die Altäre.
Selbst der Ceres Gehölz mit gewaltsamer Axt zu verletzen
Wagt' er frech, und mit Eisen die altenden Haine zu schänden.
Eine gewaltige Eiche, der Vorwelt Riesin, erwuchs dort:
Wald sie allein! wo Bänder umher, andenkende Täflein,
Hingen, und blumige Kränze, Beweis des erhörten Gelübdes.
Oftmals führten darunter den festlichen Tanz die Dryaden,
Oftmals auch, nach der Reihe die Händ' aneinandergefüget,
Singen sie rund um den Baum; und das Maß des gediegenen Stammes
Füllete fünfzehn Ellen. Auch lag die übrige Waldung
Drunten so tief, als unter den Waldungen liegen die Kräuter.
Aber auch nicht deswegen enthielt sich des kränkenden Eisens
Triopas' Sohn: er gebeut, dass den heiligen Stamm die Genossen
Abhaun; und da er säumig im Dienst sie schauet, entreißt er
Einem die Axt und erhebt mit freveler Zunge den Ausruf:
Nicht die Geliebte der Göttin allein, auch selber die Göttin
Sei sie; doch rühret sie gleich mit laubigem Wipfel die Erde!
Sprach's; und indem er die Barte zum schrägen Hiebe daherschwang,
Zitterte ganz und erseufzte die luftige Eiche der Deo.
Rings die Blätter zugleich und zugleich die hangenden Eicheln
Wurden blass, und von Schweiße die langen Äste betauet:
Und sobald ihr den Stamm die entweihende Rechte verwundet,
Strömte hervor nicht anders das Blut aus gespaltener Rinde,

Als, wann von den Altären ein Stier, das herrlichste Opfer,
Fällt, der blutige Stahl aus zerschmettertem Nacken emporsteigt.
Alle sahn es erstaunt; da erkühnt sich einer von allen
Abzuschrecken das Greu'l und die wütende Barte zu hemmen.
Da! empfange den Lohn der Frömmigkeit! rief Erisichthon,
Düsteren Augs, und wandt' auf den Mann vom Baume das Eisen,
Mäht' ihm vom Halse das Haupt, und erneute den Schwung in das Kernholz.
Schnell aus der Mitte des Baums ertönete solcherlei Stimme:
Eine Nymphe bewohn' ich, geliebt von Ceres, den Stamm hier!
Dass vollgültige Strafen bevorstehn deinem Beginnen,
Sag' ich sterbend dir an, und Linderung fühl' ich des Todes!
Dennoch verfolgt sein Werk der Verblendete. Endlich erschüttert
Vom unzählbaren Schlag, und herabgezogen mit Seilen,
Stürzte der Baum; und es krachte die weit zerschmetterte Waldung.
Nieder schlug die Dryaden des Haines Verlust und der ihre;
Alle Geschwister sofort, umhüllt mit schwarzen Gewanden,
Nahn der Ceres betrübt, und flehen die Straf Erisichthons.
Beifall winkt sie dem Flehn, und bewegt ihr liebliches Antlitz,
Dass ringsher mit Getreide belastete Fluren erzittern.
Und sie ersinnt ihm Strafe, die Mitleid forderte, wenn nicht
Jener durch eigenes Tun sich unwert machte des Mitleids:
Ihn mit verderblichem Hunger zu peinigen. Doch da die Faste
Unzugänglich ihr ist (denn dass mit der Faste sich Ceres
Treffe, verbeut das Geschick), so erwählt sie des Bergs Oreade,
Und mit solchem Befehl entlässt sie die ländliche Göttin:
Fernhin streckt sich ein Ort an Szythias eisigen Küsten,
Trauriges Land, Einöde, nicht Baum darbietend noch Feldfrucht;
Wo untätiger Frost, wo Blässe wohnet und Schauder,

Auch die nüchterne Faste. Gebeut ihr, dem Heiligtumschänder
Ganz das frevelnde Herz zu durchglühn. Kein reichlicher Vorrat
Dämpfe sie; nein, sie besieg' auch meine Gewalt mit dem Wettkampf!
Dass dich die Weite des Wegs nicht kümmere, nimm dir den Wagen;
Nimm das Drachengespann, das du hoch mit Zügeln einherlenkst.
Sprach's und gab. Doch jene, die Luft mit dem Wagen durchfahrend,
Kommt gen Szythia jetzt. Auf dem Haupt des starrenden Berges
(Kaukasos wird er genannt) entschirrt sie die Hälse der Schlangen,
Schaut nach der Faste sich um, und erblickt sie im steinigen Acker,
Wo sie mit Zähnen und Klau'n dünnsprossende Kräuter sich ausrupft.
Struppig das Haar, hohläugig, im Antlitz Blässe, die Lippen
Grau von lechzendem Durst, und schroff von Roste die Gurgel;
Hart die Haut, dass sichtbar das Eingeweide hindurchschien;
Dürres Gebein stand unter den eingebogenen Lenden;
Für den Bauch war Stelle des Bauchs; frei schwebete gleichsam
Oben die Brust, und allein von des Rückgrats Flechte gehalten;
Magerkeit hob die Gelenke noch mehr, vor strotzte der Knie
Umfang, knorpelig stand die Geschwulst unmäßiger Knöchel.
Diese von fern anschauend (sie wagt nicht näheren Zutritt),
Meldet sie ihr der Göttin Befehl; und da kurz sie geweilet,
Stracks, obgleich so entfernt, obgleich erst eben gekommen,
Fühlte sie sich, wie von Hunger gequält; und sie wendete rückwärts
Nach der hämonischen Flur das Gespann hochfliegender Drachen.
Doch die Faste, wie sehr sie auch stets dem Werke der Ceres
Widerstrebt, vollführt ihr Gebot: in dem Winde die Luft durch
Eilt zum befohlenen Hause sie hin; und sofort in die Kammern

Wandelt sie, wo den im Schlaf ausruhenden Heiligtumschänder
(Denn noch waltete Nacht) sie umfangt mit doppelten Flügeln,
Und sich dem Mann einflößt, und in Mund, in Busen und Kehl' ihm
Hauchend, des Hungers Begier ausstreut durch geleerete Adern.
Nach vollendetem Amte verlässt sie den fruchtbaren Weltteil,
Heim in das dürftige Haus, zum gewöhnlichen Felde, sich wendend.
Noch mit ruhigen Schwingen umschmeichelte dort Erisichthon
Sanfter Schlaf. Hin strebt er im bildenden Traume zum Festschmaus,
Reget den eitelen Mund, und Zahn auf Zahne sich müdend,
Käut er umsonst, und übet an nichtiger Speise die Gurgel,
Und für die Kost verzehrt er die Täuschungen atmender Lüfte.
Doch wie die Ruhe verflog, so entbrennet die Wut des Verschlingens,
Herrschend vom gierigen Schlund durch die räumigen Eingeweide.
Ohne Verzug, was Meer, was Luft erzeuget, was Erde,
Fordert er; und wie belastet der Tisch sei, klagt er um Hunger,
Und vermisst in dem Schmause den Schmaus. Was Städten genug sein
Könnt' und dem sämtlichen Volk, ist viel zu wenig dem einen.
Immer noch mehr verlangt er, je mehr in den Bauch er hinabsenkt.
So wie das Meer einschlinget die sämtlichen Ströme des Erdreichs,
Und, ungesättigt der Flut, austrinkt die entlegensten Sprudel;
So wie das raffende Feuer auch niemals Nahrungen abweist,
Und unzählbare Balken verbrennt, und, je größerer Zuwachs
Kommt, je mehreres heischt, und gefräßiger selbst im Gewühl ist:
So nimmt alles, was nährt, Erisichthons Mund, des Entweihers,
Nimmt, und fordert zugleich; und jegliche Speis' ist in jenem
Lockung der Speis', und immer wird leer sein Magen durch Essen.
Schon in den gierigen Schlund des unausgründlichen Bauches

Schwand sein väterlich Erbe hinab; doch blieb ungeschwunden
Jetzt auch die grässliche Gier; und der Kehl' unbändige Flamme
Loderte fort: bis endlich, nach aufgezehrtem Besitztum,
Übrig die Tochter ihm war, nicht würdig sie jenes Erzeugers.
Sie auch verkauft er bedrängt. Es verschmäht die Edle den Herrscher;
Und zur benachbarten Woge die Händ' ausstreckend, beginnt sie:
Reiß mich dem Herrscher hinweg, o du, der meiner Umarmung
Ersten Genuss sich errang! – Es hatt' ihn errungen Neptunus.
Dieser erhört ihr Gebet, und, wiewohl sie dem folgenden Herrscher
Eben erschien, schafft neue Gestalt, dass männliches Ansehn
Samt der gewöhnlichen Tracht Fisch fangender Männer sie einhüllt.
Als der Gebieter sie schaut: O du, der in winzigem Köder
Schwebende Haken verbirgt (so redet er), Lenker des Rohres!
Möge dir ruhig das Meer, leichtgläubig der Fisch in der Woge
Immer dir sein und nie vor dem Anbiss merken die Angel!
Die mit schlechtem Gewand' und zerrütteten Haare nur eben
An dem Gestad' hier stand (hier sah ich sie stehn am Gestade),
Sprich, wo sie ist! nicht weiter erscheinen ja Spuren des Fußtritts!
Jene, die merkt, es gedeihe das Göttergeschenk, und erfreut ist,
Sich bei sich selbst ausforschen zu sehn, antwortet dem Frager:
Wer du auch seist, o verzeih! ich wendete nirgend die Augen
Hier von dem Strudel hinweg; an der Arbeit haftet' ich eifrig.
Dass du dem Zweifel entsagst: So wahr das Gewerbe der Meergott
Segnen mir soll! nicht sah ich vorlängst hier jemand umhergehn,
Ausgenommen mich selbst, noch irgendein Weib am Gestade.
Glauben gab der Gebieter, und wendend den Fuß in dem Meersand,
Ging er von dannen getäuscht; ihr kehrete wieder die Bildung.
Als nun der Vater erkannt, dass wandelbar jener der Leib sei,

Bot er sie oft zum Verkauf, die triopische Heldin; doch jene,
Bald als Vogel, als Ross, bald Kuh, bald Hündin, entweichend,
Schuf dem begierigen Vater die unrechtmäßige Nahrung.
    Aber nachdem der Plage Gewalt ein jegliches Labsal
Aufgezehrt, und dem Wehe befremdende Kost er gereichet,
Jetzo die eigenen Glieder sich selbst mit zerfetzendem Bisse
Stümmelt' er, unglückselig den Leib durch Verminderung nährend.

Neuntes Buch

Des Herkules Tod

Herkules führete heim die vermählete Deïanira,
Jupiters Sohn, und kam an die reißende Flut des Euenos.
Reichlicher war, denn gewöhnlich, von Winterregen geschwollen
Jetzo der Strom, und es wehrten den Durchgang häufige Strudel.
Unerschrocken für sich, trug Sorge der Held um die Gattin.
Nessus naht, so gewaltig an Wuchs, als kundig der Furten.
Diese trag' ich, Alcide, dir gern an das andere Ufer,
Sprach der große Zentaur; du brauch' als Schwimmer die Kräfte.
Und wie vor Angst sie erblasst', anstarrend den Strom und den Träger,
Gab der Aonier jenem die kalydonische Fürstin.
Bald wie er war, vom Köcher beschwert, und der Hülle des Löwen
(Denn die Keul' und den Bogen entschwang er zuvor an das Ufer):
Was ich begann, sei vollendet! Hindurch, wie es strudele! rief er.
Und nicht zaudert er lange, noch, wo zornfreier Strom sei,
Forschet er, sondern verschmäht die Gefälligkeit tragender Wasser.
Als er das Ufer gewann, und erhob den geworfenen Bogen,
Hört er der Gattin Geschrei; und indem sein Eigentum Nessus
Ihm zu veruntreun strebt: Wohin, o du Freveler, ruft er,
Reißt dich der Füße Vertraun? Dir dort, zweileibiger Nessus,
Sag' ich es! Höre mein Wort und lass ungestohlen das Meine!
Wenn nicht Scheu vor mir selber dich rührete, konnte des Vaters
Wirbelndes Rad gleichwohl die verbotenen Lüste vertreiben!
Doch nicht sollst du entfliehn, wie keck du auch schwingest den Rosshuf.

Nicht mit dem Fuß, ich erreiche mit Wunden dich! – Schnell auf die Worte
Folget die Tat; und ein Pfeil, in den fliehenden Rücken gesendet,
Bohrte hindurch, und ragte mit hakigem Stahl aus dem Busen.
Kaum war entrissen der Pfeil, da spritzte das Blut aus den Wunden
Hinten und vorn, von dem Gift der lernäischen Hyder durcheitert.
Nessus fänget es auf: Nicht rachlos mein' ich zu sterben!
Sagt er bei sich; und ein Tuch, mit dem siedenden Blute gefärbet,
Gibt er dem Weib zum Geschenk, als Anreiz laulicher Liebe.
Viel umrollende Zeiten entflohn; und die Werke des großen
Herkules füllten die Erd', und der Juno Hass war gesättigt.
Sieger Öchalias, bracht' er dem Jupiter auf dem Cenäum
Seine Gelübd': als Fama voraus dir, Deïanira,
Täuschte das Ohr mit Geschwätz (die Wahrheit gerne mit Falschheit
Mengt, und klein im Beginn durch eigene Lügen emporwächst:)
Dass der Amphitryonid' um die Gunst der Iole werbe.
Ach, die Liebende glaubt; und geschreckt von der jüngeren Flamme,
Überlässt sie zuerst sich ganz den strömenden Tränen,
Ob sie verweine den Schmerz. Doch bald: Was weinen wir? rief sie,
Soll sich unserer Tränen die Nebenbuhlerin freuen?
Schon kommt jene daher; o geeilt, und was Neues erfunden,
Weil du noch kannst, und jene noch nicht in der Kammer gebietet!
Jammer' ich, oder verstumm' ich? Ob heimziehn, oder verweilen?
Ob ihr räumen das Haus? ob, wenn nichts Weiteres, hindern?
Wie? wenn ich eingedenk, dir Schwester zu sein, Meleagros,
Tapferer Tat mich erkühn', und was erduldetes Unrecht
Könn', und weiblicher Schmerz, durch den Mord der Buhlerin zeige?
Viele versucht ihr Geist der Wendungen; aber vor allen
Wählt sie, zu senden das Kleid, mit Nessus Blute gefeuchtet,
Dass es die Kraft ihm erneue der abgestorbenen Liebe.

Und, was sie geb', unkundig, dem auch unkundigen Lichas
Gibt sie die eigene Trauer, und heißt mit freundlichen Worten,
Arme! die Gab' hinbringen dem Mann. Arglos sie empfangend,
Legt der Alcid' um die Schulter das Gift der lernäischen Otter.
Weihrauch opfert' er eben mit Flehn an gezündeter Flamme,
Und er ergoss Weinström' aus der Schal' auf die Marmoraltäre.
Plötzlich erwarmt der Plage Gewalt; und gelöst von den Flammen,
Gehet sie weit umher durch Herkules' Glieder verbreitet.
Zwar er hemmt, wie er kann, mit gewöhnlicher Tugend die Seufzer;
Doch da dem Leiden erlag die Geduld des Mannes, da stürzt' er.
Weg die Altär', und füllte den waldigen Öta mit Ausruf.
Ohne Verzug nun strebt er das mördliche Kleid zu zerreißen;
Doch wo er zieht, zieht jenes die Haut; und, grässlich zu melden!
Fest dort klebt's um die Glieder, umsonst von den Händen gerüttelt,
Dort zerrissenes Fleisch und gewaltige Knochen entblößt es.
Selber das Blut, wie manchmal die glühende Kling' in den Kühltrog
Eingetaucht, so zischt es, und kocht in dem brennenden Gifte;
Voll unmäßiger Gier verschlingt die Flamme das Herz ihm;
Und von dunkelem Schweiß sind rings umflossen die Glieder,
Angesenkt kracht jegliche Sehn', und das Mark der Gebeine
Schmilzt in Eiter dahin; und die Händ' aufstreckend zum Himmel:
Weide dich, ruft er aus, an unserem Jammer, o Juno!
Weide dich, diese Pest, Ungöttliche, schauend von oben!
Labe das grausame Herz! Wenn Mitleid aber der Feind auch
Fordert, (denn Feind bin ich dir!) o nimm den grässlich gequälten
Und mühseligen Geist, den stets verhassten, o nimm ihn!
Tod ist mir ein Geschenk! Stiefmütterlich gib das Geschenk mir!
Darum hab' ich Busiris, den Tempelschänder, bewältigt,
Rächend der Fremdlinge Blut? und dir dein mütterlich Labsal,
Grauser Antäus, entrafft? Nicht hat des iberischen Hirten

Dreifacher Wuchs mich bewegt, und Zerberus' dreifacher Wuchs nicht?
Ihr, o gewaltige Hände, bezwangt die Hörner des Stieres?
Euch sah Elis gestrengt, euch sahn die stymphalischen Wasser,
Und der parthenische Forst? Durch euere Tugend erobert,
Kam der getriebene Gurt aus thermodontischem Golde,
Kam unbehütete Frucht vom schlaflos hütenden Drachen?
Mir nicht konnten Zentauren, und mir in arkadischer Wildnis
Nicht der verödende Eber bestehn? Nichts frommt' es der Hyder,
Anzuwachsen durch Schaden, und doppelte Kraft zu gewinnen?
Was? auch thrazische Gaule, mit menschlichem Blute gefeistet,
Auch die Krippen, gefüllt von zerstümmelten Leichnamen, sah ich,
Und die gesehnen zerschlug ich, und tilgte die Gaul' und den Eigner?
Streckte zerknirscht mein Arm das nemeïsche Ungeheuer?
Hob mein Nacken dem Himmel empor? Müd' ihres Befehls ward
Jupiters grausames Weib, eh' müd' ich ward des Vollbringens?
Neues Verderben erscheint, dem nicht zu wehren die Tugend,
Nicht Geschoss noch Waffe vermag! in den innersten Lungen
Irrt das gefräßige Feuer, und zehrt durch alle Gelenke!
Aber gesund ist Eurystheus! Und doch sind manche des Glaubens,
Götter sein! – So rief er; und durch den erhabenen Öta
Geht er verwundet einher, wie wenn ein Tiger den Jagdspieß
Trägt in dem Leibe gebohrt, und der Tat Urheber entflohn ist.
Oft erhub er ein lautes Geseufz, oft braust' er vor Unmut;
Oft versucht' er von Neuem sich ganz das Gewand zu zerreißen;
Balkige Bäum' auch stürzt' er, und wütete gegen den Bergwald;
Oder er streckte die Arme zur Himmelswohnung des Vaters.
Siehe, den bebenden Lichas, der bange sich barg in der Felskluft,
Schauet er; und wie der Schmerz zur rasenden Wut ihm gestiegen:

Du bist's Lichas, begann er, der mir das Leichengeschenk trug?
Du sollst Schuld an dem Morde mir sein? Der Erschrockene zittert
Totenbleich, und in Angst ein Wort der Entschuldigung stotternd.
Aber da flehend die Händ' um die Knie er trachtet zu schlingen,
Rafft der Alcid' ihn empor, und dreimal wirbelnd und viermal,
In die euböische Flut entschwingt er ihn stark wie ein Feldstück.
Jener erhartete schnell, die wehenden Lüfte durchschwebend;
Und wie man sagt, dass Regen, von frostigem Winde geronnen,
Werde zu flockigem Schnee, und gerolleten Flocken die Weiche
Fest sich bind' und erstarre, gedrängt zu kuglichtem Hagel:
Also flog, durch die Leere von mächtigen Armen geschleudert,
Blutlos jener von Furcht, und jeglicher Feuchte beraubet,
Und erstarrte zu hartem Gestein, wie gemeldet die Vorzeit.
Jetzt noch raget ein Fels im tiefen euböischen Strudel
Seicht empor, und bewahrt die Ähnlichkeit menschlicher Bildung:
Welchen, als ob er fühle, sich scheut zu betreten der Schiffer,
Und ihn Lichas benamt. – Doch du, hochherrlicher Sohn Zeus',
Als du die Bäume gehaun auf den luftigen Höh'n des Öta,
Und sie geordnet zum Brand, jetzt forderst du Bogen und Köcher,
Und die Geschosse, bestimmt zum zweiten Mal Troja zu sehen:
Solches bringt der pöantische Held, und zündet das Feuer
Dienend. Sobald das Gehölz von der gierigen Flamme gefasst wird,
Breitest du über die Waldung das Fell des nemeïschen Würgers
Hoch, und lehnst auf die Keule zurück den ruhenden Nacken:
Nicht mit andrem Gesicht, als lägst du schmausend am Gastmahl,
Festlich gekränzt, und umblinkt von des Weins vollströmenden Bechern.

Mächtiger sauste bereits, ringsum sich ergießend, die Lohe,
Und zu dem sorglos ruhenden Leib', und ihrem Verächter

Flammte sie. Furcht durchdrang um der Sterblichen Heiland die Götter.
Jupiter merkt es sofort, der Sohn des Saturnus, und redet
Also mit heiterem Blick: Wie erfreut mich jene Besorgnis,
Himmlische, o wie preis' ich von ganzer Seele mich glücklich,
Dass andenkendes Volk Obwalter mich nennt und Erzeuger,
Und dass meinem Geschlecht auch euere Liebe zum Schirm ist!
Denn obgleich ihr des Sohns unermessliche Taten betrachtet,
Werd' ich verpflichtet auch selbst. Doch damit euch Treuen das Herz nicht
Zage von eiteler Furcht, schaut Ötas Glut mit Verachtung.
Er, der alles besiegte, besiegt auch wahrlich die Flammen.
Nur, was die Mutter ihm gab, wird fühlen die Macht des Vulkanus:
Aber in Ewigkeit dau'rt, was von mir ihm ward, unverweslich,
Und unverhaftet dem Tod', und keinem Brande bezwingbar.
Das werd' ich, entlastet der Erd', in die himmlische Wohnung
Jetzo erhöh'n; und ich traue, dass wohlgefällig mein Ratschluss
Allen Unsterblichen sei. Schaut aber den Herkules einer,
Schaut er den Gott mit Verdruss; er wird die Belohnung missgönnen,
Doch das Verdienst der Belohnung gestehn, und loben auch ungern.
Beifall riefen die Götter. Auch trug die Königin selber
Nicht mit herbem Gesicht des Donnerers übrige Rede,
Aber mit herbem den Schluss; und sie ärgerte sich der Bezeichnung.
Alles indes, was irgend der Glut zu verwüsten sich darbot,
Hatte Vulkanus gerafft; und unerkennbar dem Anblick
War des Herkules Bild: kein Zug der Ähnlichkeit bleibet
Ihm von der Muttergestalt; nur Jupiters Spuren behält er.
Wie wenn die Schlange verjüngt mit der Haut ablegte das Alter,
Und nun üppiger prangt im erneueten Glanze der Schuppen:

Also, nachdem der Alcid' auszog die sterblichen Glieder,
Blüht er am edleren Teile von sich, und erhabneren Wuchses
Scheinet er, und ehrwürdig in Feierlichkeit und Verklärung;
Den in hohlem Gewölk der allmächtige Vater entführend
Auf vierspännigem Wagen erhob zu den strahlenden Sternen.

Galanthis

Hyllus, des Herkules Sohn, nahm Iole sich zur Genossin.
Als ihr im Schoß nun keimte die Frucht des edelen Stammes,
Sprach Alkmene das Wort: Dir wenigstens gönne die Gottheit
Heil und kürzere Frist, wann du, zur Reife gelanget,
Rufst die der bangen Geburt vorstehende Eileithya,
Die mir hart sich bewies, aus Gefälligkeit gegen die Juno!
Denn als schon annahte die Zeit des erhabenen Dulders
Herkules, und das Gestirn eintrat in das zehente Zeichen,
Schwoll mir unter dem Herzen die Last; und was ich umhertrug,
War so groß, dass glaublich erschien, so großem Gewicht sei
Jupiter selbst Urheber. Auch nicht ausdulden die Arbeit
Konnt' ich Erschöpfte fortan. Noch jetzt fährt kältender Schauer
Währendlich red', ins Gebein; und des Schmerzes ein Teil ist
Erinnrung.

Sieben Nächte hindurch und gleichviel Tage gemartert,
Ruft' ich, müde der Qual, und die Arm' ausstreckend zum Himmel,
Laut die Lucina mit Schrein und die Zwillingsmächte des Kreißens.

Zwar kam jene dem Ruf; doch zuvor missleitet beschloss sie,
Darzubieten mein Haupt der Unheil sinnenden Juno.
Als mein winselndes Stöhnen sie hörete, setzte sie dort sich
Auf den Altar an der Pforte, das linke Knie von des rechten

Buge gedrückt, und mit fest ineinander gefalteten Fingern
Hielt sie zurück die Geburt; auch leise Beschwörungen sprach sie;
Und die Beschwörungen hemmten die kaum begonnene Arbeit.
Angstvoll ring' ich, und klage mit törichter Klage des Undanks
Jupiter an, und begehre den Tod, und jammere Worte,
Hartes Gestein zu bewegen. Es nahn kadmeïsche Mütter,
Flehn mit Gelübd', und sprechen der Leidenden Trost und
Ermahnung.
Eine der dienenden Mägd', aus niederem Volke, Galanthis,
Gelblich gelockt, war dort, ein Gebot zu vollenden betriebsam,
Durch dienstfertige Treue beliebt. Die merkt, es verüb' hier
Juno durch etwas den Groll. Da oft sie hinaus und hinein geht,
Schauet sie auf dem Altar an der Tür dasitzen die Göttin,
Haltend die Händ' auf den Knien mit festgefalteten Fingern.
Wer du auch seist, Glück wünsche der Herrscherin! sprach sie;
befreit ist
Argos' Tochter Alkmen', und genießt des erfleheten Söhnleins!
Plötzlich sprang sie empor und entband die gefügeten Hände
Lösend, die Göttin der Wehn; das löste mich selbst die Entbindung.
Ihrer betrogenen Macht, erzählen sie, lachte Galanthis.
Aber der Lachenden fasste das Haar die erbitterte Göttin,
Zog sie zur Erd', und da jene den Leib zu erheben bemüht war,
Hemmte sie. Schnell sind die Arm' in vordere Füße verwandelt;
Rasche Betriebsamkeit bleibt, wie zuvor; auch der Rücken verlieret
Nicht sein schneeiges Weiß: die Gestalt ist der vorigen ungleich.
Weil der Gebärerin half ihr täuschender Mund, so gebiert sie
Jetzt mit dem Mund'; auch besucht sie als Wieselchen gerne die
Häuser.

Dryope

Iole sprach zur Alkmene, die blühende Schnur zu der Schwieger:
Fremd ist eurem Geschlecht die Verwandelte, welche du, Mutter,
Jetzo beklagst. Wie, wenn ich das wunderbare Verhängnis
Meiner Schwester erzähl'? obgleich vor Tränen und Wehmut
Fast mir die Rede verstummt! Des Eurytus einzige Tochter
Von der anderen Frau war Dryope, ich von der ersten.
Dryope ragt' an Schöne vor allen öchalischen Jungfrau'n,
Selbst von dem Gotte geliebt, der in Delphos waltet und Delos,
Und die Beseligerin des edelen Gatten Andrämon.
 Dort ist ein See, der gleich abhängigem Ufer des Meeres
Hebet den Bord; und oben bekränzt ein Myrtengebüsch ihn.
Dryope kam hierher, des Geschicks unkundig; und, was noch
Mehr Unwillen erregt, sie weihete Kränze den Nymphen.
Und sie trug an dem Busen den noch nicht jährigen Säugling,
Mütterlich ihn liebkosend, mit warmer Milch ihn ernährend.
 Nahe dem sumpfigen Teich, in Purpurröte gehüllet,
Blühte mit Hoffnung der Beeren der wasserliebende Lotus.
Dryope pflückte davon, zur Lust dem spielenden Knäblein,
Einen blumigen Spross; und nachtun wollt' ich es selber,
Denn ich begleitete sie: da ich Blut aus dem Schafte der Blumen
Tröpfeln sah, und die Zweige von zitterndem Schauer gereget.
Siehe, wie nun uns endlich der langsame Bauer verkündet,
Lotis, eine der Nymphen, gejagt von dem schlimmen Priapus,
Hatt' in den Baum die Gestalt, mit erhaltenem Namen, verwandelt.
 Doch nicht wusst' es die Schwester. Da voll von Schrecken sie rückwärts
Gehen wollt', und verlassen die angebeteten Nymphen,
Haftete fest an der Wurzel ihr Fuß: zu entreißen versucht sie

Ringend, und regt das Oberste nur: auf wächset von unten
Und umhüllt allmählich den Schoß die bastige Rinde.
Als sie es sah, da begann sie das Haar mit der Hand zu zerraufen:
Laub erfüllte die Hand; rings grünte von Laub ihr die Scheitel.
Aber der Knab' Amphissos (denn Eurytus hatte dem Enkel
Diesen Namen erdacht) fühlt schnell sich erhärten der Mutter
Wallende Brust; nicht folget dem saugenden Munde der Milchsaft.
Ach, Zuschauerin war ich des Jammergeschicks; und helfen
Konnt' ich, o Schwester, dir nicht! Ich tat, so viel ich vermochte,
Deinen wachsenden Stamm und die Zweig' umarmend verweilt' ich;
Und mich wünscht' ich sogar von derselbigen Rinde bedecket.
Siehe, da naht Andrämon der Mann, und der jammernde Vater:
Dryope suchen sie dort; für Dryope, welche sie suchen,
Zeig' ich den Lotusbaum: dem laulichen geben sie Küsse,
Und um die Wurzel des Baums, des ihrigen, schmiegen sich beide.
Nichts mehr hattest du noch, o Schwesterchen, welches nicht Baum war,
Als das Gesicht. Von Tränen wird rings aus verwandeltem Leibe
Sprossendes Laub ihr betaut; und weil sie vermag und der Mund noch
Stimme gewährt, so ergießt sie die klagenden Tön' in die Lüfte:
Findet der Elende Glauben, ich hab' (o ihr Himmlischen hört es!)
Nicht dies Gräuel verdient; ich leid' unsündig die Strafe!
Schuldlos lebet' ich stets! Wo ich heuchele, mög ich verdorrend
Streuen mein Laub, und mit Äxten gehaun auflodern in Feuer!
Aber, o nehmt dies Kind aus den ästigen Mutterarmen,
Und vertraut es der Amme; doch oft mir unter dem Baume
Lass es trinken die Milch, oft spiel' es mir unter dem Baume!
Kann er sprechen, der Knabe, so heißt ihn grüßen die Mutter;
Und er sage betrübt: Hier wohnt in dem Stamme die Mutter!

Aber er scheue den See, und pflücke nicht Blumen vom Baume!
Rächende Göttinnen sein in jeglichem Strauche, gedenk' er!
Lebe wohl, du teurer Gemahl, du Schwester, und Vater!
Heget ihr Lieb' im Herzen, o schützt vor der Hippe Verwundung,
Schützt vor dem Zahne des Viehs der Eurigen grünende Blätter!
Und da mir das Geschick zu euch mich zu neigen verbietet,
Streckt die Glieder empor, und kommt zu unseren Küssen,
Weil noch küsset der Mund; auch hebt zum Munde das Kindlein!
Schon erstirbt mir das Wort, schon über den schimmernden Hals her
Kriecht der geschmeidige Bast, und der obere Wipfel umhüllt mich!
Nicht mit der Hand die Augen gedrückt! ohn' euere Liebe
Deckt den gebrochenen Blick mir schon die umhüllende Rinde!
Jetzo endet' ihr Mund die Rede zugleich und das Dasein.
Und der Verwandelten blieb noch warm das frische Gezweige.
Also erzählt der Schwester bejammernswürdiges Schicksal
Iole, hüllt dann schluchzend ihr Purpurgewand um das Antlitz
Auch Alkmen' entreibt mit dem Daum vordringende Tränen
Ihrem Aug', inbrünstig des Eurytus Tochter beklagend.

Iphis

Leicht wohl hätte der Ruf von der Wundergeschichte die hundert
Kretischen Städte erfüllt, wenn nicht in der Iphis Verwandlung
Kreta hätte gezeigt erst neulich ein näheres Wunder.
Phästos' Gebiet, das nah beim gnosischen Reiche gelegen,
Hatte den Ligdus gezeugt vor Zeiten, der niederen Bürger
Einen, von Keinem gekannt. Auch war nicht größer der Reichtum,

Als sein Adel es war; doch stand er im Leben und Wandel
Rein von Tadel und Schuld. Der sprach zu der schwangeren Gattin
Also das mahnende Wort, als nahte die Zeit der Entbindung:
»Zwiefach ist mein Wunsch: dass wenig von Schmerzen du leidest
Und mir ein Knäblein bringst. Das andere Geschlecht ist zur Bürde,
Und es versagt uns Mittel zum Glück. Wenn also – der Himmel
Wahre davor – du ein Mädchen gebierst – mit weigerndem Herzen
Sag' ich es; Macht der Gefühle, vergib –, so sei es getötet.«
Also sagte der Mann, und sie netzten mit Tränen das Antlitz,
Er, der solches befahl, wie sie, der solcher Befehl ward.
Eitele Bitten indes bei dem Gatten versucht Telethusa
Unablässig, ihr nicht so eng zu beschränken die Hoffnung.
Ligdus beharrt bei seinem Entschluss. Schon konnte die Mutter
Kaum noch tragen den Schoß, mit der zeitigen Bürde belastet,
Als in der Mitte der Nacht im Gebilde des Traums vor dem Lager
Inachus' Tochter ihr stand, vom Gefolge der Ihren begleitet,
Oder zu steh'n doch wenigstens schien. Mondähnliche Hörner
Zierten die Stirn und gefügt zu Ähren von glänzendem Golde
Prangender Königesschmuck. Mit kamen der Beller Anubis,
Apis gefleckt am Leib, und die heilig verehrte Bubastis,
Auch, der bannet den Laut und Schweigen gebeut mit dem Finger,
Klappern dazu und der nie zur Genüge gesuchte Osiris
Und mit dem Schlaf einflößenden Gift die ägyptische Schlange.
Da hub an die Göttin zu ihr, die wie aus dem Schlummer
Plötzlich erwacht klar sah: » Telethusa, du eine der Meinen,
Lass die befangende Furcht und umgehe des Gatten Befehle.
Hebe getrost nur auf, sobald dich entbindet Lucina,
Was es auch sei! Ich bin die helfende Macht, und gebeten
Bin ich zum Beistand nah, und des Undanks sollst du die Gottheit,
Die du verehrst, nicht zeihn.« So mahnend verließ sie die Kammer.

Froh aufstehend erhebet die Kreterin saubere Hände
Demutsvoll zu den Sternen und fleht um des Traumes Erfüllung.
Wie sich die Schmerzen gemehrt und die Bürde sich selber zum Lichte
Drängt und ein Mädchen erscheint, darum nicht wusste der Vater,
Heißt es die Mutter erziehn als erlogenen Knaben, und Glauben
Fand der Betrug, und der Amme allein war kund das Geheimnis.
Ligdus erfüllt sein Gelübde und nennt das Kind nach dem Ahne:
Iphis war er genannt. Lieb war der Name der Mutter,
Weil im Zweifel er ließ und keinen mit diesem sie täuschte.
So blieb undurchschaut durch frommen Betrug die Verhehlung.
Knaben gemäß war die Tracht; das Antlitz, sei es dem Mädchen
Oder dem Knaben verlieh'n, schön musste ein jedes erscheinen.
Als drei Jahre bereits nun waren gefolgt auf das zehnte,
Wird dir, Iphis, verlobt von dem Vater der blonde Ianthe,
Die, von Telestes gezeugt dem Diktäer, an Gabe der Schönheit
Weit die gepriesenste war von den Jungfrau 'n allen in Phästos.
Gleich war Alter dem Paar und Gestalt, und die früheste Bildung
Lernten sie auch und des Wissens Beginn bei den selbigen Lehrern:
So schlich Liebe sich ein in die jungen Gemüter, und beide
Litten sie gleich vom Drang, doch ungleich war die Erwartung.
Froher Vereinigung harrt und bedungener Fackeln Ianthe
Und den vermeintlichen Mann hofft bald sie den ihren zu nennen.
Iphis ersehnt, auf deren Besitz sie verzichtet, und steigert
Dadurch eben die Glut, und die Jungfrau brennt für die Jungfrau.
Kaum jetzt hält sie die Tränen und spricht: »Was harrt für ein Ausgang
Mein, die denket an neuen Verein mit nimmer erhörtem
Unnatürlichem Wunsch? Ach! wollten die Götter mich schonen,
Mussten sie schicken ein Leid, das Natur gut heißet und Sitte.

Nie treibt Liebe die Kuh zur Kuh, zur Stute die Stute;
Wollvieh brennt für den Stär; nachgehet dem Hirsche die Hindin;
Vögel begatten sich so, und unter den sämtlichen Tieren
Ist kein Weibchen von Brunft nach anderem Weibchen ergriffen.
Wär' ich nicht auf der Welt! Und doch, dass Kreta erzeuge
Jegliche Unnatur, Sols Tochter begehrte des Stieres,
Freilich des Mannes das Weib. Mich treibt, zu gestehen die Wahrheit,
Mehr denn sie Sinn raubende Glut: sie durfte doch hoffen
Auf den Genuss; sie paarte sich doch in dem Bilde der Färse
Schlau mit dem Stier, und es war ihr vergönnt zu verführen den Buhlen.
Fände der Scharfsinn hier sich zusammen von allen den Landen,
Flöge zurück auch Dädalus selbst mit den wächsernen Schwingen:
Was kann Dädalus tun? Kann mich vom Mädchen zum Knaben
Wandeln die schaffende Kunst? Kann dich sie verwandeln, Ianthe?
Warum stählest du nicht dein Herz und ermannest dich selber,
Iphis, und drängst aus dem Herzen die Glut so töricht und ratlos?
Sieh', wie Natur dich schuf, wenn nicht auch selbst du dich täuschest;
Trachte nach Möglichem nur, und dem Weibe Geziemendes liebe.
Hoffnung allein ruft Liebe hervor, nur Hoffnung erhält sie.
Diese benimmt das Geschlecht. Dich hält nicht wachende Aufsicht,
Noch auch Hut des besorgten Gemahls, noch Härte des Vaters
Ab von dem süßen Umfahn; nicht weigert sich selbst die Begehrte.
Dennoch bleibt dir versagt der Besitz; ob alles geschähe,
Dein wird nimmer das Glück, und mühten sich Götter und Menschen.
Zwar ist mir zurzeit nicht einer der Wünsche vereitelt:
Gnädig gewähreten mir, was nur sie vermochten, die Götter;
Was ich will, will sie, der Erzeuger, der künftige Schwäher.
Doch die Natur will's nicht, die mächtiger ist wie sie alle;

Sie nur steht mir im Weg. Es erscheint die erwartete Stunde;
Da ist der Hochzeittag; mein wird nun werden Ianthe;
Doch eins werden wir nicht. Wir dürsten in Mitte der Wellen.
Ach! was naht ihr dem Fest, Hymenäus und eh'liche Juno,
Wo kein Bräutigam ist und wo zwei Bräute sich freien?«
Damit schwieg ihr Mund. Glut wallt in der anderen Jungfrau
Ebenso heiß, und sie wünscht, dass bald du erscheinst, Hymenäus.
Fürchtend, was diese ersehnt, stellt weitere Frist Telethusa,
Oder sie schafft krank scheinend Verzug; Vorzeichen und Träume
Wendet sie oft auch vor. Nun hatte sie aber den Vorrat
Schlauer Erfindung erschöpft; die verschobene Zeit der Vermählung
Rückte heran, und es blieb ein Tag noch. Da von dem Haupte
Zieht sie die Binde des Haars sich selber herab und der Tochter,
Und sie beginnt, den Altar mit entfesselten Haaren umfassend:
»Isis, die du bewohnst mareotische Fluren und Pharos
Und Parätonium liebst und den siebengemündeten Nilstrom,
Hilf, so fleh' ich zu dir, und lass von der Furcht uns genesen!
Vormals sah ich dich schon, o Göttin, und dies dein Geräte;
Alles, der Klappern Getön und die Fackeln des folgenden Zuges
Nahm ich wahr und behielt dein Geheiß im gedenkenden Herzen.
Dass sie schauet das Licht, dass mich nicht Strafe getroffen,
Ist dein Rat, ist Gabe von dir. Erbarme dich beider,
Stehe mit Hilf uns bei!« Und es folgeten Tränen den Worten.
Da schien ihren Altar zu bewegen die Göttin – und wirklich
War's auch so –, und das Tor am Tempel erbebt, und die Hörner
Ähnlich dem Mond sind licht, und es rasselt die tönende Klapper.
Ruhig noch nicht, doch froh des glücklichen Zeichens begibt sich,
Jene vom Tempel hinweg. Ihr folgt als Begleiterin Iphis,
Aber mit größerem Schritt als sonst; auch bleibet die Weiße
Nicht im Gesicht, und es mehrt sich die Kraft, und die Mienen erhalten

Schärferen Zug und kürzeres Maß wirr liegende Haare.
Mut auch, wie er im Weib nicht war, drängt jetzt; denn ein Jüngling
Bist du, die du ein Weib jüngst warst. Bringt Gaben zum Tempel;
Freut euch vollen Vertrauns! Sie kommen mit Gaben zum Tempel;
Inschrift setzen sie auch. Die fasste den kurzen Gedenkspruch:
»Was er als Mädchen gelobt, hier widmet es Iphis als Jüngling.«
Wiederum hatte das Licht mit den Strahlen erschlossen den Erdkreis,
Als zum Vermählungsfest Hymenäus und Venus und Juno
Kommen und Iphis als Mann sich vereinigt mit seiner Ianthe.

Zehntes Buch

Orpheus und Eurydice

Durch die unendliche Luft, vom Safranmantel umhüllet,
Geht Hymenäus einher, zu dem kalten Gebiet der Cikonen,
Wo ihn umsonst anflehet der Ruf des melodischen Orpheus.
Jener erscheint ihm zwar; doch nicht heiljauchzende Worte
Bringt er, noch fröhlichen Blick, noch Ahnungen glücklicher Zukunft.
Selbst die gehaltene Fackel erzischt in betränendem Dampfe
Immerdar und gewinnt nicht einige Glut von Bewegung.
Schrecklicher war der Erfolg, wie die Deutungen. Durch die Gefilde
Schweifte die jüngst Vermählte, vom Schwarm der Najaden begleitet,
Ach, und starb, an der Ferse verletzt von dem Bisse der Natter.
Als zu dem Himmel empor der rhodopeïsche Sänger
Lange die Gattin beweint, jetzt auch zu versuchen die Schatten,
Wagt er hinab zur Styx durch des Tänarus Pforte zu steigen.
Und durch luftige Scharen bestatteter Totengebilde
Naht er Persephonen nun, und des anmutlosen Bezirkes
Könige drunten in Nacht; und sanft zum Getöne der Saiten
Singet er: O ihr Gewalten des unterirdischen Weltraums,
Welcher uns all aufnimmt, so viel wir sterblich erwuchsen!
Wenn ihr, ohne der falsch umschweifenden Worte Beschönung,
Wahres zu reden vergönnt; nicht hier zu schauen den dunkeln
Tartarus, stieg' ich herab, und nicht den schlangenumsträubten,
Dreifach bellenden Hals dem medusischen Gräuel zu fesseln.

Nein, ich kam um die Gattin, der jüngst die getretene Natter
Gift in die Wund' einhaucht', und die blühenden Jahre verkürzte.
Dulden wollt' ich als Mann, und strengte mich; aber es siegte
Amor. Man kennet den Gott sehr wohl in der oberen Gegend.
Ob ihr unten ihn kennt? Nicht weiß ich es, aber ich glaube.
Wenn nicht täuscht das Gerücht des altbesungenen Raubes,
Hat euch Amor gefügt. Bei den Orten des Grauns und Entsetzens,
Bei der verstummenden Öd' und diesem unendlichen Chaos,
Löst der Eurydice, fleh' ich, o löst das beschleunigte Schicksal!
Alle gehören wir euch; wann wenige Frist mir geweilet,
Etwas früher und später ereilen wir einerlei Wohnung.
Hierher müssen wir all; hier ist die letzte Behausung;
Ihr beherrscht am längsten die elenden Menschengeschlechter.
Jen' auch, wenn sie gereift die beschiedenen Jahre gelebet,
Kommt zu euch; nur kurzen Genuss verlang' ich zur Wohltat.
Wenn mir das Schicksal versagt das Geschenk der Vermähleten, niemals
Kehr' ich von hinnen zurück! Dann freut euch des doppelten Todes!
Also rief der Sänger und schlug zum Gesange die Saiten;
Blutlos horchten die Seelen und weineten. Tantalus haschte
Nicht die entschlüpfende Flut; und es stutzte das Rad des Ixion;
Geier zerhackten die Leber nicht mehr; die belischen Jungfrau'n
Rasteten neben der Urn'; und Sisyphus saß auf dem Marmor.
Damals ist, wie man sagt, den gerühreten Eumeniden
Bei dem Gesange zuerst die Trän' auf die Wange geflossen.
Nicht die Königin kann, nicht kann der untere König
Weigern das Flehn; und sie rufen Eurydice. Unter den Schatten
War sie, die frisch ankamen, und wandelte schwer von der Wunde.
Jetzt empfing sie der Held von Rhodope samt der Bedingung,
Dass er die Augen zurück nicht wendete, bis er entflohen

Aus dem avernischen Tal; sonst wäre die Gab' ihm vereitelt.
    Schnell erklommen sie nun durch Todesstille den Fußsteig,
Jäh empor, und düster, umdrängt von dumpfigem Nachtgraun;
Und nicht waren sie ferne dem Rand der oberen Erde.
Jetzo besorgt, sie bleibe zurück, und begierig des Anschauns,
Wandt' er die Augen voll Lieb'; und sogleich war jene versunken.
Streckend die Arm', und ringend, gefasst zu sein und zu fassen,
Haschte der Unglückselige nichts, als weichende Lüfte.
Wieder starb sie den Tod; doch nicht ein Laut um den Gatten
Klagete. Konnte sie wohl, so geliebt zu sein, sich beklagen?
Fernher rief sie zuletzt, und kaum den Ohren vernehmlich:
Lebe wohl! Und gerafft zu der vorigen Wohnung entflog sie.
    Orpheus starrte wie Fels bei dem doppelten Tode der Gattin.
Jammernd bat er und fleht', und wollt' hinüber von Neuem:
Charon scheucht' ihn hinweg. Doch saß er sieben der Tage
Trauernd in Wust am Bord', unerquickt von den Gaben der Ceres.
Gram und tränender Schmerz und Kümmernis waren ihm Nahrung.
Grausam schalt er die Götter des Erebus; und zu dem steilen
Rhodope wandt' er den Fuß und dem sausenden Hämos im Nordsturm.
Dreimal endete schon den Kreis des rollenden Jahres
Sol mit den Fischen des Meers; und es floh der verhärtete Orpheus
Stets der Liebe der Frau'n. Denn ihr verdankt' er sein Unglück;
Treu' auch hatt' er gelobt. Es schmachteten viele der Weiber,
Lieb dem Sänger zu sein; und es eiferten viele verachtet.
    Dort erhob sich ein Hügel, worauf sich ebenes Blachfeld
Breitete, schön umgrünt vom fröhlichen Wuchse des Grases.
Schatten nur fehlte dem Ort. Als hier sich setzte der hohe
Göttersohn und Prophet und Getön entlockte den Saiten,

Kam der Schatten dem Ort. Nicht fehlt der chaonische Wipfel,
Nicht Heliadengehölz, nicht hoch belaubete Eichen,
Nicht die weichliche Lind' und Buch' und daphnischer Lorbeer;
Brechliches Haselgesträuch, und des Lanzeners Freundin, die Esche;
Auch unknotige Tann', und Steineich', hangend mit Eicheln;
Auch die Plantane der Freud', und der wechselfarbige Ahorn;
Fluss anwohnende Weiden zugleich und der durstige Lotos,
Auch stets grünender Bux und schmächtige Sumpftamariske;
Mit zweifarbigen Beeren die Myrt', und mit blauen der Tinus.
Du auch kamst mit geschlungenem Fuß, aufrankender Efeu;
Du, weinlaubige Reb', und, gehüllt in Reben, o Ulme;
Esche des Bergs und Kiefer und, voll rotglühenden Obstes,
Arbutus; du auch, o Palme, des saueren Sieges Belohnung;
Du auch, das Haar aufbindend, o Pinie, struppiger Scheitel;
Und, der du grad' aufsteigest in Kegelgestalt, o Cupressus.
Solcherlei Waldungen zog der Gesang her; und in des Wildes
Stummer Versammelung saß, und im Schwarm der Geflügelten, der Sänger.
Als er genug mit dem Daume die klingenden Saiten erprobet,
Und mit Gefallen erkannt, wie die vielfach lautenden Töne
Zu einstimmigem Hall sich vereiniget, sang er von Neuem,
Flehend zuvor von der Mutter Kalliope Feuer und Andacht:
Jupiter war der Beginn und Jupiters heilige Obhut;
Wie er mit Macht ausschmückte die Welt und den Trotz der Giganten
Zwang, die phlegräische Flur durch siegende Donner zerschmetternd.
Aber indem mit Gesang der begeisterte Thrazierbarde
Waldungen samt dem Gewild' und folgende Felsen heranzog,
Siehe, die Frau'n der Cikonen, mit zottigen Häuten des Waldes
Um die verwilderte Brust, von des Bergs Felshöhen erschaun sie

Orpheus, welcher das Lied den geschlagenen Saiten gesellet.
Eine des taumelnden Schwarms, die das Haupthaar schwang in den Lüften:
Ha! dort, rief sie, er ist's, der Verächter der Frau'n! und der Thyrsus
Flog zu dem tönenden Munde des apollonischen Sehers.
Aber mit Laub umsponnen, bezeichnet' er, ohne Verwundung.
Wütend erhub die andre den Stein; doch er ward in dem Fluge
Vom harmonischen Halle besiegt des Gesangs und der Leier;
Und als flehet' er Gnade der ungeheuren Verschuldung,
Sank zu den Füßen er hin. Nun wächst des verwegenen Unsinns
Krieg, und die Mäßigung floh; und rasender herrscht die Erynnis.
Noch wär' alles Geschoss erweicht vom Gesange, wenn machtvoll
Nicht das Geschrei und das Horn des berecynthischen Schallrohrs,
Trommelgeroll und Geklatsch und Jubelgeheul des Jacchus
Überscholl der Gitarre Getön. Jetzt troffen die Steine
Rot vom heiligen Blute des unvernommenen Sängers.
Stets noch blieben erstaunt von dem Wohllaut seines Gesanges,
Vögelschwärm' und Schlangen und drängende Tiere des Waldes;
Doch die Mänaden zerstürmten des Orpheus Wunderversammlung.
Gegen ihn selbst dann strecken sie wild die blutigen Hände,
Alle geschart: wie die Vögel, wenn einst am Tage sie flattern
Sehn den Vogel der Nacht; wie zur Schau dem Doppeltheater
Früh im besandeten Raum ein Hirsch zu sterben bestimmt wird,
Hunden ein Raub. Sie bestürmen den göttlichen Sänger und schleudern
Laubumwundene Stäbe, zu anderem Dienste geweihet.
Die hebt Schollen zum Wurf, die schwingt den gebrochenen Baumast,
Jene Gestein; und damit nicht wehrlos rase der Wahnsinn:
Sieh, dort ackerten Stiere das Land mit gedrängeter Pflugschar:
Und nicht ferne sich Frucht mit verdienendem Schweiße bereitend,

Grub im harten Gefilde die nervige Faust der Besteller.
Diese, den Heerzug schauend, entfliehn; die Geräte der Arbeit
Bleiben zurück; und es liegen, zerstreut durch verlassene Felder,
Lastende Haun, Jäthacken und lang geklauete Karste.
Als die Verwilderten solches geraubt und zerrissen die Stiere,
Trotz dem drohenden Horn; jetzt mörderisch nahn sie dem Sänger.
Ihn, der die Händ' ausstreckt' und das erste Mal heute vergebens
Redet' und nichts mit der Stimme bewegete: diesen ermordet
Frech der entweihende Schwärm; aus dem Mund', o Jupiter! jenem,
Den der Felsen vernahm, und den mit Empfindung das Bergwild
Hörete, schwand in die Luft die ausgeatmete Seele.

Dich wehklagt das Gewild; dich, Orpheus, girrende Vögel,
Dich das starre Gestein; dich, welche so oft dem Gesange
Folgeten, Wälder umher; dich, gleichsam scherend das Haupthaar,
Trau'rt der entblätterte Baum; mit Tränen auch, sagt man, vermehrten
Ströme die eigene Flut; und gehüllt in dunkele Leinwand
Ging Najad' und Dryade, mit aufgelöseten Locken.
Weithin lagen die Glieder zerstreut. Haupt nahmst du und Leier,
Hebros, auf; und, o Wunder! da mitten im Strom sie hinabfließt,
Sanft wie Wehmut klagt der Leier Getön, wie Wehmut
Lallt die entseelete Zunge; die Bord' antworten wie Wehmut.
Schon aus dem heimischen Strom entrollen sie über die Meerflut,
Bis sie erreicht die Gestade der methymnäischen Lesbos.
Aber der Geist geht unter die Erd', und erkennet die Gegend,
Welche zuvor er gesehn. In der Flur der Seligen forschend,
Fand er Eurydice nun, und umschlang sie mit sehnenden Armen.
Jetzo wandeln sie dort mit vereinigtem Schritte, die beiden;
Bald geht jene voran, und er folgt; bald eilet er selbst vor;
Und nach Eurydice darf mit Sicherheit Orpheus sich umsehn.

Cyparissus

Hoch in Kegelgestalt erhebt sich der schlanke Cupressus,
Jetzo ein Baum, als Knabe vordem ein Geliebter des Gottes,
Der mit der Saite die Laut', und Geschoss mit der Saite bespannet.
Siehe, den Nymphen geweiht, die karthäische Fluren bewohnen,
War ein gewaltiger Hirsch: der selbst in erhabne Beschattung
Hüllte das eigene Haupt mit weit geästeten Hörnern.
Funkelnd blitzte von Gold das Gehörn; und herab auf die Buge
Hing am gerundeten Halse die Schnur glanzheller Juwelen.
Auch ein silbernes Blatt, an zierlichen Riemchen befestigt,
Schwebt' ihm über die Stirn; und es blinkten aus Erz in den Ohren
Um die gehöhlete Schläfe die gleichgedreheten Bammeln.
Dieser hatte die Furcht und die angeborene Zagheit
Völlig verlernt; er besuchte die Wohnungen immer und reichte
Gern zum Klatschen den Hals auch unbekannteren Händen.
Doch vor anderen war dir, Schönster des ceïschen Volkes,
Angenehm, Cyparissus, der Hirsch; du führest zu junger,
Saftiger Kost, du jenen zur Flut des lauteren Bornes;
Du durchflochtest ihm bald mit farbigen Blumen die Hörner,
Bald auf den Rücken geschmiegt und dorthin reitend und dahin,
Bogst du sein lenksames Maul mit purpur schimmerndem Zügel.
Schwüle war's, und Mitte des Tages; von der brennenden Sonne
Glüheten eingebogen die Hummerarme des Krebses.
Müde streckte den Leib auf grasigem Boden der Kronhirsch,
Einzuatmen die Kühlung im Wehn des schattigen Baumes.
Diesen traf Cyparissus der Knab' unachtsam mit scharfem
Speer; und sobald er sterben ihn sah an grausamer Wunde,
Wünscht' er zu sterben sich selbst. O was nicht redete Phöbus
Ihm zum Trost? Sich leichter und angemessner zu grämen,

Mahnt er ihn an. Doch seufzet der Knab' und erfleht von den Göttern
Dies als letztes Geschenk, dass stets ihm wäre die Trauer.
Jetzt, da Tränen und Blut in unendlichem Schmerz er geweinet,
Wandelten sich allmählich in grünliche Farbe die Glieder;
Und die der schneeigen Stirne noch jüngst entrollenden Locken
Wurden ein struppiges Haar, das stachelicht nun und erstarrend
Vom hochschwankenden Wipfel zu himmlischen Sternen emporsah.
Gramvoll seufzte der Gott: Du hinfort mir betrauerter Knabe,
Andre betrau'rst du hinfort, ein Genoss Leidtragender! sprach er.

Hyacinthus

Wie in Adlergestalt der Donnerer dich, Ganymedes,
Einst vom Ida geraubt, ihm einzuschenken den Nektar:
So auch hätte dich Phöbus verherrlichet, Sohn des Amyklas,
Hätte das Trauergeschick zur Verherrlichung Zeit ihm gegönnet.
Wie es vergönnt, so dauerst du fort. Wann den Winter der Frühling
Scheucht, und dem wässernden Fisch nachfolgt der heitere Widder;
Steigst du immer empor, und blühst im lebenden Rasen.
Dich vor allen erwählte der Gott zum Liebling; und Delphos,
Mitten im Kreise der Welt, ermangelte schweigend der Obhut:
Weil des Eurotas Gestad' und die unbefestigte Sparta
Jener umirrt, nicht achtend der hellen Gitarr' und des Bogens.
Selbst vergisst er den Gott, nicht Garn zu tragen verschmähend,
Nicht Jagdhunde zu halten und nicht durch rauere Berghöh'n
Mitzugehn; und er nähret die Glut durch lange Gewöhnung.
Fast war Sol zu der Mitte der kommenden und der vollbrachten

Nacht gelangt, und er stand gleich weit vor den Enden entfernet:
Jetzo enthüllt der Gewand', und gesalbt mit dem Fette des Ölbaums,
Schimmern sie beid', und beginnen den Kampf der gerundeten Scheibe.
Diese zuerst aufwägend entsandt' in die wehenden Lüfte
Phöbus, und warf mit der Last die hemmende Wolk' auseinander.
Auf den gediegenen Boden zurück nach langer Verweilung
Sank das Gewicht und zeigte die Kunst mit der Stärke vereinigt.
Unvorsichtig sofort, und entflammt von Begierde des Spieles,
Eilt der tänarische Knabe den Kreis zu erheben; doch jenen
Warf der gehärtete Grund mit prallendem Schwung in die Höhe,
Grad ins Gesicht, Hyacinthus, dir selbst. Da erblasste mit einmal,
So wie der Knabe, der Gott. Die wankenden Glieder empfängt er;
Und bald wärmet er dich, und trocknet die klägliche Wunde,
Bald dann leget er Kraut, die entfliehende Seele zu halten.
Nichts, ach! frommet die Kunst; unheilbar blutet die Wunde.
Wie wann einer Violen und Mohn im gewässerten Garten,
Oder die Lilie knickt aufhellgrün prangendem Stängel;
Wie dann plötzlich verwelkt ihr lastendes Haupt sie herabneigt,
Und nicht länger sich hält und erdwärts schaut mit dem Wipfel:
Also hängt das Gesicht, das sterbende; welk und entkräftet,
Ist sich selbst der Nacken zur Last, und ruht auf der Achsel.

Öbalide, du sinkst, getäuscht um die blühende Jugend,
Saget der Gott; und ich sehe die Wund', ach! meines Verbrechens!
Du mein Schmerz, mein hartes Vergehn! Mein eigener Arm schuf
Dir frühzeitigen Tod; ich stiftete dir das Begräbnis!
Doch was trag' ich für Schuld? Es müsste denn Spielen sogar nun
Schuld genannt, es müsste denn Schuld auch Lieben genannt sein!
Und, oh! wär' es erlaubt, für dich mein Leben zu lassen,
Oder mit dir! Doch weil ja des Schicksals Wille mich bindet,

Sei du beständig mit mir und schweb' im Herzen und Munde!
Dich tön' unser Gesang, dich stets die geschlagene Leier!
Du als Blume bezeichne mit Schrift des Liebenden Wehmut!
Einst wird kommen die Zeit, da der tapferste Held der Achäer
Sich der Blume gesellt, auf ähnlichem Blatte geziffert!
Also ruft Apollo mit wahrheitredendem Munde.
Siehe, das Blut, das strömend des Erdreichs Kräuter geflecket,
Endiget Blut zu sein; voll Glanz, wie tyrischer Purpur,
Hebt sich die Blum' und empfänget Gestalt gleich Lilien, wenn nicht
Rötelnde Bläue die ein', und die anderen Silber gefärbet.
Nicht genügt es dem Phöbus; denn der war Stifter der Ehre:
Selbst mit eigenem Wehe beschreibt er die Blätter; und AI AI
Sagt dem Griechen die Schrift; und es klagt auf der Blume der Buchstab'.
Auch nicht schämte sich Sparta des Sohns Hyacinthus; es dauert
Noch die Ehre bis heut; und, gefei'rt nach der Sitte der Alten,
Kehren mit vorgetragnem Gepräng' Hyacinthien jährlich.

Pygmalion

Durch die Fehle gekränkt, die dem weiblichen Sinne so häufig
Gab die Natur, verlebte Pygmalion ohne Genossin
Einsame Tag', und entbehrt' ehlos des geselligen Lagers.
Jetzt mit bewunderter Kunst voll Leichtigkeit schnitzet er helles
Elfenbein und gibt ihm Gestalt, wie nimmer noch aufwuchs
Irgendein Weib, und betrachtet sein Werk mit inniger Liebe.
Jungfrau ganz erscheinet das Bild; ganz lebe sie, glaubt man,
Und, wenn nicht abhalte die Scheu, sie versuche Bewegung.

So war Kunst umhüllet mit Kunst! Pygmalion, staunend,
Schöpft mit entflammeter Brust des geähnlichten Leibes Entzückung.
Oftmals fasst er das Werk mit prüfender Hand, ob es Leib sei,
Ob, was er nimmer bekennt, aus Elfenbeine gebildet.
Küsse reicht er, und wähnt sich geküsst, liebkost und umarmet;
Glaubt, dass schwellender Wuchs nachgeb' anrührenden Fingern;
Und ist besorgt, es entstelle der Druck durch Bläue die Glieder.
Bald mit schmeichelnder Red' und bald mit Mädchengeschenken
Wirbt er und trägt ihr Muscheln heran und geründete Kiesel,
Manches Vögelchen auch und tausendfarbige Blumen,
Lilien auch und gezeichnete Bäll' und Tränen vom Baume,
Welche die Helias weint. Mit Gewand' auch schmückt er die Glieder,
Gibt an die Finger Gestein, gibt hangende Schnüre dem Halse,
Und lässt Perlen am Ohr, um die Brust ihr schweben die Kettlein,
Alles geziemt; doch scheint sie auch nackt nicht weniger lieblich.
Diese legt er auf Decken, gefärbt in sidonischem Purpur,
Nennt sie trauteste Gattin und streckt dem gelehneten Nacken
Weich umwallenden Flaum, als ob sie fühlte, zum Lager.
Venus heiliger Tag, hochfeierlich allen in Cyprus,
Kam; und umzogen mit Golde die lang gewundenen Hörner,
Sanken dem Schlage dahin mit schneeigem Nacken die Kühe;
Weihrauch wölkte den Dampf. Er stand nach vollendetem Opfer
An dem Altar, angstvoll: Wenn ihr Himmlischen alles vermöget,
Werde mein Weib – nicht wagend, die elfenbeinene Jungfrau!
Rief Pygmalion nur – der elfenbeinenen ähnlich.
Wohl verstand, dem Feste genaht, die goldene Venus,
Was der Flehende wünscht'; und göttliche Huld ihm verkündend,
Loderte dreimal die Flamm', und schwang sich gespitzt in die Luft auf.

Heim eilt jener zum Bilde zurück des trautesten Mägdleins,
Neigt sich über das Lager und küsst; und sie scheint zu erwarmen.
Wieder naht er dem Mund' und wagt auch die Brust zu versuchen;
Weich wird's unter der Hand; des Elfenbeines Erstarrung
Senkt sich dem Druck der Finger und weicht: wie das Wachs des Hymettus
Schmeidiger wird an der Sonn' und dem zwingenden Daum in Gestalten,
Immer verändert, sich biegt und brauchbarer durch den Gebrauch wird.
Während der Liebende staunt und bange sich freuet und Täuschung
Wieder besorgt und wieder den Wunsch mit den Händen berühret,
War sie Leib; und es schlagen, versucht vom Daume, die Adern.
Jetzo erhebt der paphische Held vollströmende Worte,
Worte des Danks zu Venus, der Gütigen! Endlich vereint er
Zum nicht täuschenden Munde den Mund: die gegebenen Küsse
Fühlt die Errötende, hebt zu dem Lichte die leuchtenden Augen
Schüchtern empor und schaut mit dem Himmel zugleich den Geliebten.

Venus und Adonis

Venus, im Herzen entbrannt für den wunderschönen Adonis,
Achtet nicht mehr der Gestad', und versäumt die umflutete Paphos,
Gnidos, von Fischen umschwärmt, und Amathus, reich des Metalles.
Selbst wird der Himmel gescheut; mehr gilt, als der Himmel, Adonis.
Ihn nur hegt sie und pflegt sie. Gewohnt, sonst immer im Schatten

Gütlich sich selber zu tun, und mit Schmuck zu erheben die Schönheit,
Streift sie durch Höh'n und Gehölz' und verwachsene Felsengebirge,
Hoch zu dem Knie geschürzt das Gewand, nach Art der Diana.
Dort ermahnt sie die Hund', und verfolgt unschädliche Beute,
Bald den stürzenden Hasen, und bald den erhabenen Kronhirsch
Oder die flüchtige Gems': doch scheuet sie tapfere Eber;
Auch raubgierige Wolf, und klauigen Tatzen des Bären
Meidet sie gern, und Löwen, vom Rindermorde gesättigt.
Dich auch ermahnt sie, Adnois, wenn nur die Ermahnungen frommten,
Sorgsam jene zu scheun. Sei gegen die Flüchtigen tapfer,
Saget sie, gegen die Kühnen ist nicht ganz sicher die Kühnheit.
Handele nicht auf meine Gefahr so verwegen, du Jüngling;
Und nicht reize das Wild, dem schreckliche Wehr die Natur gab;
Dass nicht hoch mir stehe dein Ruhm. Nicht rühret die Jugend,
Noch die Gestalt, noch alles, was Venus rührte, die Löwen,
Oder die borstigen Säue, noch Augen und Herz des Gewildes.
Stark sind, wie schmetternder Blitz, die gebogenen Hauer des Ebers;
Heftiger Zorn und Gewalt ward gelblichen Löwen zum Anteil;
Und mir verhasst ist das ganze Geschlecht. Du fragest: woher das?
Höre mich an, und erstaune dem längst verschuldeten Untier.
Aber ich bin schon müde der ungewöhnlichen Arbeit;
Und willkommenen Schatten erbeut uns die lockende Pappel,
Sanft auch bettet das Gras: hier wollen wir ruhn miteinander.
Und sie ruht auf der Erd', und drückte das Gras und ihn selber.
Und in den Schoß des Adonis gelehnt den Nacken mit Lächeln,
Redet sie so, und störet mit häufigem Kuss die Erzählung:
Sicherlich hast du gehört, wie einst ein Mädchen im Wettlauf
Hurtige Männer besiegt; und nicht ein gefabeltes Märlein

War das Gerücht: sie besiegte gewiss. Auch sagte man schwerlich,
Ob sie die Schnelligkeit mehr auszeichnete, oder die Schönheit.
Als sie den Gott ratfragt' um den künftigen Gatten: Ein Gatte,
Sprach er, ist nichts, Atalanta, dir nütz'; fleuch immer den Gatten.
Dennoch entfleuchst du ihm nicht; und du lebst, dein selber entbehrend.
Durch das Orakel geschreckt, durchschaltet sie finstere Wälder
Ehelos, und verscheucht den dringenden Schwarm der Bewerber
Wild mit dem harten Beding: Nicht werd' ich gewonnen, wofern nicht
Erst im Laufe besiegt! Wetteifert mit mir auf der Rennbahn!
Lohn dem Hurtigen werde die Braut und die ehliche Kammer;
Lohn den Langsamen Tod! Dies sei des Kampfes Bedingung.
So unmilde sie war, doch (solche Gewalt hat die Schönheit!)
Kam auf diesen Beding ein verwegener Schwarm der Bewerber.
Auch Hippomenes saß, anschauend den grausamen Wettlauf;
Und: sucht einer auf diesem gefährlichen Wege die Gattin?
Sagt' er, und tadelte laut die zu sehr ausschweifende Liebe.
Doch wie den Wuchs er gesehn, und den Leib, des Gewandes enthüllet,
Gleich dem meinigen selbst, und dem deinigen, wärst du ein Mädchen,
Staunet' er an, und erhebend die Hand': O verzeihet mir, rief er,
Ihr, die ich eben gestraft! Noch nicht war, welche Belohnung
Ihr euch sucht, mir bekannt! Der Lobende selber entbrennet.
Dass doch der Jünglinge keiner zuvor ihr laufe, das wünscht er,
Und das besorgt er mit Neid. Doch warum, in dieser Entscheidung,
Saget er, soll unversucht das Siegsglück bleiben mir selber?
Wagende fördert ein Gott! – Indem Hippomenes solches
Überlegt, da enteilt mit geflügeltem Schritte die Jungfrau.

Und obgleich wie der Pfeil von der szythischen Senne zu fliegen
Sie dem aonischen Jünglinge scheint; doch dünkt ihm die Anmut
Mehr der Bewunderung wert; und erhöht wird im Laufe die Anmut
Rückwärts weht an der Luft den flüchtigen Fersen die Schleife;
Und ihr flattert das Haar um den blendenden Rücken, es flattert
Unter den Knien das Band mit schön gezeichneter Borte.
Schon auch hatte der Leib jungfräuliche Weiße mit Röte
Sanft gemischt; nicht anders, wie wenn ein purpurner Vorhang
Über den weißen Saal die gerötete Dämmerung streuet.
Weil dies jener bemerkt, war erreicht das Ende des Zieles;
Und als Siegerin prangt im festlichen Kranz Atalanta.
Seufzend stehn die Besiegten und dulden gesetzliche Strafe.
Nicht den Hippomenes schreckte der Jünglinge warnendes Beispiel;
Sondern er trat in die Mitt', und, geheftet den Blick auf die Jungfrau:
Warum, Feige besiegend, erwirbst du dir leichtere Titel?
Saget er; kämpfe mit mir! Ob mich zu der Ehre das Siegsglück
Auserkor, nicht mag dich gereun ein solcher Besieger:
Megareus ist mein Vater, der Sohn des Onchestus; und jenem
Ist Neptunus der Ahn; mich nennt Urenkel der Meerfürst;
Nicht auch leugnet die Tugend den Stamm! Ob ich falle, so hast du;
Wann Hippomenes fiel, denkwürdigen Namen gefunden!
Gegen den Redenden blickt des Schöneus Tochter mit sanftem
Angesicht, und erwägt, ob siegen sie woll', ob besiegt sein.
Welcher Gott, der die Schönen verfolgt, will diesen verderben
(Sagt sie geheim); und befiehlt, mit Gefahr des teueren Lebens,
Diese Vermählung zu suchen? So groß nicht dünk' ich mir wahrlich!
Gar nicht rührt die Gestalt (doch könnt' auch diese mich rühren;)
Nein, dass er Knabe noch ist! Nicht rühret er selbst, nur das Alter!

Dann, dass er Tapferkeit hegt, und ein Herz, nicht achtend des Todes!
Dann, dass vom Gotte des Meers er den Ursprung leitet, der vierte!
Dann, dass er liebt, und in Liebe so hoch schätzt unsre Vermählung,
Dass er zu sterben beschleußt, wenn mich ihm weigert das Schicksal!
Flieh! noch kannst du es, Fremdling, und lass die blutigen Kammern!
Grausam ist die Vermählung mit mir! Kein Mädchen entzieht sich
Deiner Hand; selbst möchte dich eine Verständige wünschen!
Aber was sorg' ich um dich, da schon so viele gestreckt sind?
Mag er sehn, und verderben; da so viel Morde der Freier
Nicht ihn zu warnen vermocht, und wild auf sein Leben er einstürmt!
Sterben soll dieser demnach, weil zu leben mit mir er gewünschet?
Und unwürdiger Tod soll sein die Belohnung der Liebe?
Nimmer vermag zu ertragen mein Sieg den schmählichen Vorwurf!
Doch nicht mein ist die Schuld! O möchtest du noch dich bedenken!
Oder, dieweil du rasest, o möchtest du schneller im Lauf sein!
Aber wie ganz jungfräulich des Jünglinges zartes Gesicht ist!
Armer Hippomenes du! ach hättest du nie mich gesehen!
Würdig warst du zu leben! Wenn ich glückseliger wäre,
Wenn nicht hartes Geschick mir weigerte meine Vermählung,
Mit dir Einzigen könnt' ich das Ehelager besteigen!
    Jene sprach's; und wie neu, und zuerst aufwallend in Sehnsucht,
Weiß sie nicht, was sie tue; sie liebt, und verkennet die Liebe.
    Schon den gewöhnlichen Lauf verlangen das Volk und der Vater,
Als Hippomenes mir, der edele Spross des Neptunus,
Ruft mit bekümmertem Laut: Die cytherische Göttin, ich flehe,

Sei dem Beginnen geneigt, und fördre die Glut, die sie eingab!
Zu mir trug unneidisch die Luft sein schmeichelndes Flehen;
Und ich, im Herzen bewegt, verschob nicht lange den Beistand.
Eine Flur ist in Cyprus, die tamaseïsche nennt sie
Heimisch das Volk, des Landes gepriesenste: welche der Vorzeit
Greise mir ehmal geweiht, und meinem Tempel zum Anteil
Beigelegt. Dort schimmert ein Baum in der Mitte des Feldes,
Gelblich das Laub, und gelblich die klirrenden Äste von Golde.
Dorther kam ich soeben, und trug drei goldene Äpfel
Abgepflückt in der Hand; und sichtbar jenem allein nur,
Trat ich Hippomenes an, und lehrte, wozu der Gebrauch sei.
Jetzo rief die Trompet'; und sie schwingen sich beid' aus den Schranken
Vorgestreckt, und bezeichnen mit flüchtigem Fuße den Sand kaum.
Leicht auch hätten sie Wellen mit trockenem Schritte gestreifet,
Oder dem grauen Gefild' aufstehenden Ähren gerennet.
Mutiger machen den Jüngling das laute Geschrei und der Beifall,
Und das gerufene Wort: Nun, nun dich gestrengt nach Vermögen!
Eil', Hippomenes, eil'! Nun biete dir alle Gewalt auf!
Spute dich, dein ist der Sieg! – Man zweifelte, ob an dem Zuruf
Mehr der megarische Held, ob mehr Atalanta sich freute.
O wie oft, wann sie schon ihm vorbeifliehn konnte, verweilt sie;
Und sein lange geschautes Gesicht, wie verlässt sie es ungern!
Heißer atmete schon der Hauch des lechzenden Mundes;
Aber das Ziel war fern. Jetzt nahm von den Früchten des Baumes
Ein', und entsendete sie, der edele Spross des Neptunus.
Siehe, die Jungfrau stutzt, und gelockt von dem schimmernden Obste,
Beugt sie den Lauf seitwärts, und hebt das rollende Gold auf.
Schnell ist der Jüngling voraus; es erschallt vom Klatschen der Kampfraum.

Jene hat bald den Verzug, in rascherem Lauf, und die Säumnis
Eingeholt, und von Neuem zurückgelassen den Jüngling.
Wiederum verspätet vom Wurf des anderen Apfels,
Rennt sie nach und vorüber dem Mann. Noch das Ende der Bahn war
Ihnen bevor: Nun stehe mir bei, wohltätige Göttin!
Rief er; und schräge zur Seite, damit sie langsamer kehre,
Warf er das schimmernde Gold mit Jugendkraft ins Gefild' hin.
Ob sie hole, besann sich die Zweifelnde; doch zu erheben
Zwang ich, und mehrete noch das Gewicht dem erhobenen Apfel;
Dass die Schwere der Last zugleich mit der Säumnis sie aufhielt.
Endlich (damit die Erzählung nicht langsamer sei, wie der Wettlauf)
Blieb Atalanta zurück; heim führte den Lohn der Besieger.
War ich, dass jener mir dankt', und Weihrauchopfer mir brächte,
War ich, Adonis, es wert? Nicht opferte jener den Weihrauch;
Selbst auch vergaß er den Dank. Zu plötzlichem Zorne mich wendend,
Um zu verhüten hinfort den empfindlichen Schmerz der Verachtung,
Stell' ich ein Beispiel dar, und ermahne mich gegen die beiden.
An dem Tempel, den einst der Göttermutter Echion
Bauete nach dem Gelübd', im buschigen Walde verborgen,
Ging vorüber ihr Weg; und Ruhe gebot die Ermüdung.
Dort im geheim durchwallt unzeitige Lust der Umarmung
Plötzlich Hippomenes' Herz, erregt von unserer Gottheit.
Nahe dem Tempel erschien ein matt erleuchteter Winkel,
Fast zur Grotte gehöhlt, ein Gewölb' aus natürlichem Bimstein,
Durch urahnliche Feier geweiht: wo der Priester des Tempels
Manches hölzerne Bild hochaltriger Götter gestellet.
Diesen geheiligten Ort entehret er durch die Umarmung.

Zornvoll wandten die Bilder den Blick; und die Mutter im Kranz
Sann, ob in stygische Flut sie hinab die Frevelnden tauchte.
Aber die Straf ist zu leicht: und den Hals, der eben noch glatt war,
Hüllet die gelbliche Mahn'; es krümmen sich Klaun aus den Fingern;
Rauh erwächst aus der Schulter ein Bug; in die mächtige Brust dringt
Ganz das Gewicht; und es feget der Schweif die Fläche des Sandes.
Grimm beherrscht ihr Gesicht; für die Red' erdröhnt ein Gemurmel;
Statt des Gemachs herbergt sie der Wald; und anderen furchtbar,
Kaun mit gebändigtem Zahn cybelische Zäume die Löwen.
Diese, du Trautester nun, und die sämtlichen Schwärme des Wildes,
Das nicht Rücken zur Flucht, das die Brust zum Kampfe dir bietet,
Fliehe mir! oder es wird dein Mut einst schädlich uns beiden!
Also ermahnt ihn die Göttin, und drauf mit geschirreten Schwänen
Steigt sie empor in die Luft; doch die Tapferkeit trotzt der Ermahnung.

Elftes Buch

Orpheus Tod

Während mit solchem Gedicht Waldstämme der thrakische Sänger
Lockte herzu und Gemüter des Wilds und folgende Steine,
Sieh', da werden gewahr cikonische Frauen, den vollen
Busen mit Fellen bedeckt, von der Spitze des Hügels den Orpheus,
Wie wohltönenden Sang er gesellte geschlagenen Saiten.
Eine davon, die das Haar ließ treiben in wehenden Lüften,
Rief: »Seht, sehet ihn dort, den Verächter der Frau 'n!« Und der Thyrsus
Flog nach dem tönenden Mund des Apoll entsprossenen Sängers.
Laubumhüllt ließ jener ein Mal nur ohne Verletzung.
Waffe darauf ist der andern ein Stein: der aber, im Fluge
Von dem vereinigten Klange der Stimm' und der Leier bezwungen,
Legt, als bät' er in Reu', zu verzeih'n so wütendes Wagnis,
Jenem zu Füßen sich hin. Doch nunmehr wächst die verweg'ne
Fehde, das Maß ist fern, und es waltet die tolle Erinnys.
All die Geschosse gesamt wohl wären erweicht von dem Sange;
Aber gewaltig Geschrei und Geklatsch, berecyntische Flöten
Mit abstehendem Horn und Trommeln und bacchisches Heulen
Dröhnten dem Saitengetön zu laut. Da wurden gerötet
Endlich die Steine vom Blut des nimmer vernommenen Sängers.
Die noch waren gebannt von des Lichtes bestrickendem Wohllaut,
Vögel in zahllosem Schwarm und Schlangen und Scharen des Wildes,
Orpheus' seltnen Triumph, zerfleischten zuerst die Mänaden.
Drauf mit blutiger Hand eindringen sie all' auf den Orpheus,
Gleich wie Vögel geschart, die sehen im Lichte des Tages

Flattern den Vogel der Nacht. Wie wenn in dem runden Theater,
Beute des Todes, ein Hirsch auf dem sandigen Platz in der Frühe
Hunden verfällt, so stürmen sie ein auf den Sänger und schleudern,
Dazu nimmer bestimmt, die mit Laub umwundenen Stäbe.
Schollen erheben sie teils, teils Bäumen entrissene Zweige,
Teils auch Steine zum Wurf. Dass der Wut nicht fehlen die Waffen:
Stiere zerwühlten das Land zurzeit mit gestemmeter Pflugschar;
Nah' auch, nährende Frucht mit sauerem Schweiß zu bereiten,
Hackten im harten Gefild Landleute mit rüstigen Armen.
Diese gewahren den Zug und flieh'n; die Geräte der Arbeit
Bleiben zurück, und es liegen zerstreut auf verlassenen Äckern
Karste mit drückender Wucht, langstielige Hacken und Spaten.
Als die waren gerafft und die Stiere zerrissen in Tollheit
Trotz dem Cehörn, kehrt wieder der Schwarm zu des Sängers Verderben.
Ihn, der flehend die Händ' ausstreckt' und vergebliche Worte
Damals sagte zuerst und nichts mit der Stimme bewegte,
Morden sie ruchlos hin, und hinweg aus dem tönenden Munde,
Welchen die Felsen gehört und die lauschenden Tiere verstanden –
O du Jupiter! –, wich in den Wind die verhauchete Seele.
Dir weiht Trauer das Wild, dir, Orpheus, klagende Vögel,
Dir das starre Gestein und der Wald, den deine Gesänge
Oftmals hatten gelockt; um dich mit geschorenem Haupthaar
Härmt sich entblättert der Baum; durch eigene Zähren – erzählt man –
Wurden die Flüsse gemehrt, und in dunkele Farbe gekleidet
Gingen, die Haare gelöst, Najaden einher und Dryaden.
Hier und dort sind die Glieder verstreut. Haupt aber und Leier
Fängst du, Hebrus, im Strom, und während sie mitten dahintreibt,
Da – o Wunder – erbebt wie klagend die Leier, und klagend

Lallt die entseelete Zung', und klagend erwidern die Ufer.
Fern von dem heimischen Fluss schon schwimmen sie weg in die Meerflut,
Und sie gewinnen den Strand der methymnäischen Lesbos.
Dort schoss los voll Grimm auf das Haupt, das lag an die fremde
Küste gespült, und das Haar, das nass noch tropfte, ein Drache.
Endlich ist Phöbus genaht, und wie er zum Bisse sich anschickt,
Hält er ihn ab und lässt den geöffneten Rachen der Schlange
Frieren zu Stein und den Schlund, wie er war, weit gähnend erharten.
Sitz nimmt drunten der Geist und erkennt noch alle die Räume,
Die vormals er geseh'n, und, der Seligen Auen durchsuchend,
Sieht er Eurydice bald und umfängt sie mit brünstigen Armen.
Dort nun wandeln umher mit vereinigten Schritten die beiden,
Oder erfolgt ihr nach; oft auch geht wieder als erster
Orpheus, der sich getrost nun darf nach Eurydice umseh'n.

Midas

Bacchus wandelt' einmal zu den Weinhöh'n seines Tymolos,
Und den paktolischen Auen, wiewohl noch golden der Strom nicht
Flutete, noch nicht Neid mit köstlichem Sande hervorrief.
Seine gewöhnliche Schar, Bacchinnen und Satyre, folgt' ihm,
Nur ward Silenus vermisst: den taumelnden Alten im Weinrausch
Hatten phrygische Bauern gehascht, und in fesselnden Kränzen
Hin zum Könige Midas geführt: dem der Thrazier Orpheus
Nächtliche Feier gelehrt, mit des Cekrops Bürger Eumolpos.
Dieser, sobald er erkannt den Genossen der heiligen Innung,
Ehrte den kommenden Gast mit fröhlich gefeierten Schmäusen,

Zehn der Tage hindurch, und zehn mitfolgende Nächte.
Lucifer hatte bereits am elften Morgen den Heerzug
Schwebender Sterne verscheucht, als froh in die lydischen Felder
Midas ging, und Silenus dem blühenden Zöglinge darbot.
Ihm gab Bacchus die Wahl, die schmeichelte, aber nicht frommte,
Sich ein Geschenk zu ersehn, für den wiedergefundenen Pfleger.
Übel die Gab' anwendend, erwidert' er: Schaffe, dass alles,
Was mein Leib auch berührt, in funkelndes Gold sich verwandle!
Machtvoll winket dem Wunsch, ein Geschenk zum Schaden gewährend,
Bromius; doch er bedau'rt, dass ihm nichts Besseres einfiel.
Froh des Bösen enteilt der berecynthische Hochfürst,
Und das verheißene Wort versuchet er, alles berührend.
Kaum nun glaubt er sich selbst, da der niedrigstämmigen Eiche
Ein hellgrünendes Reis er entzog: und golden das Reis ward.
Rasch erhob er den Stein; auch der Stein erblasste zu Golde.
Eine Scholle berührt' er; die Scholl' in der mächtigen Hand war
Flimmerndes Erz. Er raufte sich dorrende Ähren der Ceres;
Sieh, und er erntete Gold. Wenn er Obst vom Baume sich abpflückt,
Scheint es der Hesperiden Geschenk. Wenn den ragenden Pfosten
Kaum sein Finger genaht, gleich strahlt's von den Pfosten wie Feuer.
Selbst wann jener die Händ' in lauteren Fluten gewaschen,
Konnt' auch Danaë täuschen die Flut, von den Händen gerötet.
Kaum noch umfasst sein Herz die Hoffnungen: golden erscheint ihm
Alles. Den Tisch nun ordnen dem Fröhlichen emsige Diener,
Voll mit leckerem Fleische gehäuft, und gebackener Feldfrucht.
Aber anjetzt, sobald er mit eigener Rechte der Ceres
Gabe gerührt, so erstarrte die heilige Gabe der Ceres;
Oder sobald er das Fleisch mit dem Zahn zu malmen gedachte,

Ward es zu gelblichem Blech, und klirrt' ihm unter den Zähnen.
Traubensaft von dem Schöpfer der Wohltat mischt' er mit Wasser;
Gleich schien flüssiges Gold ihm hinab in die Kehle zu gleiten.
Jetzt vom befremdenden Übel geschreckt, so reich und so elend,
Wünscht er dem Gut zu entfliehn, und das eben erflehete hasst er.
Was er gehäuft, nichts stillet den Hunger ihm, trockener Durst auch
Brennet den Gaurn, und es quält das gehässige Gold nach Verdienst ihn.
Und nun hebt er die Händ' und glänzenden Arme gen Himmel:
Gnad', o Vater Lenäus! Verzeih! Wir sündigten! ruft er:
Aber ich fleh' um Erbarmen: entreiß mich dem schimmernden Unglück!
Bacchus, der freundliche Gott, sobald er die Sünde bekennet,
Stellt ihn her, und löst das verliehene Ehrengeschenk auf.
Dass nicht Tünche dir bleibe des übel erfleheten Goldes,
Wandele, spricht er, zum Fluss ohnweit der mächtigen Sardes;
Über des Bergs Anhöhn der rollenden Welle begegnend.
Flügle den Weg, bis oben des Stroms Urquelle du findest.
Dann, wo der schaumige Born mit Gewalt aufsprudelt, hinein dort
Tauche das Haupt, und spüle zugleich mit dem Leibe die Schuld ab.
Midas ersteigt der befohlene Flut; und die Kräfte des Goldes
Färben den Strom, und weichen vom menschlichen Leib' in die Wasser.
Jetzt annoch von dem Samen der schon hochaltrigen Ader
Starrt das Gefild', in den Glimmer der goldgefeuchteten Schollen.
Er nun hasste das Gut, und bewohnete Fluren und Wälder,
Dienend dem Pan, der immer in felsigen Grotten sich lagert.
Aber es blieb sein feister Verstand, und schädlich wie vormals,
Ward dem Besitzer von Neuem das Herz voll törichten Sinnes.
Weit in das Meer vorschauend mit steil aufstrebender Felswand,

Starrt des Tmolos Gebirg', und in doppeltem Hange sich dehnend,
Grenzt es hier an Sardes, und dort an die kleine Hypäpa.
Als hier Pan sein tändelndes Lied holdseligen Nymphlein
Vorblies, messend den Ton auf wachsvereinigtem Rohre,
Wagt' er vor sich zu verachten den Hochgesang des Apollo:
Unter dem richtenden Tmolos begann der vermessene Wettkampf.
Sitzend auf eigenen Höhn urteilt der altende Berggott,
Frei sein Ohr von Gebüsch; die Eiche nur gürtet des Hauptes
Bläuliches Haar, und umwallt die gehöhleten Schläfen mit Eicheln.
Drauf zum Gotte des Viehes gewandt: Der Richtende, sprach er,
Säumet euch nicht! und sofort durchschmetterte jener das Feldrohr.
Voll von Entzückung vernahm der mit zuhörende Midas
Seinen barbarischen Hall. Nun wandte sein heiliges Antlitz
Tmolos gegen Apollo; dem Antlitz folgte sein Wald nach.
Jener, das goldene Haupt mit parnasischem Lorbeer umwunden,
Schleppt den langen Talar, von tyrischem Blute gesättigt;
Und sein blinkendes Spiel voll Elfenbeins und Gesteines
Hält in der Linken der Gott, und hält in der Rechten den Schlägel.
Stellung und Blick war würdig der Kunst. Mit kundigem Daum nun
Regt er der Saiten Getön. Von der wonnigen Süße bezaubert,
Heißt der Gott des Gebirgs nachstehn der Gitarre das Feldrohr.
Allen gefällt die Entscheidung des wohl urteilenden Tmolos.
Dennoch tadelt allein und nennt unbillig den Ausspruch,
Midas in lautem Geschwätz. Nicht duldet der Delier Phöbus,
Dass noch Menschengestalt die törichten Ohren behalten;
Sondern er reckt' sie in Läng', und hüllt sie in grauliche Zotten;
Unstet schafft er das untre Gelenk, und von leichter Bewegung.
Übrigens Mensch, wird jener am einzigen Teile verdammet,
Und mit den Ohren begabt des langsam schreitenden Esleins.

Zwar verhehlt er die Schläfen, von kränkendem Schimpfe belastet,
Dicht sie umher einhüllend mit purpurstrahlendem Turban.
Aber ein Dienstgenoss, dem das lange Haar zu beschneiden
Oblag, hatt' es gesehn. Der wagete weder der Unzier
Kühnen Verrat, wie sehr auch das Herz sich zu lüften begehrte;
Noch vermocht' er die Schau zu verheimlichen. Weg nun gewendet,
Gräbt er die Erd', und wie seltsam die Ohren des Herrn er geschauet,
Meldet er leis', und vertraut dem gehöhleten Grund ein Geflüster.
Wiederum mit der Erde der Stimm' Anzeige verscharrend,
Geht er hinweg stillschweigend, und lässt die verschüttete Grube.
Aber ein drängender Hain von zitternden Halmen des Rohres
Steiget empor; und sobald im vollendeten Jahr er gereifet,
Klagt er den Ackerer an: denn jedes verscharrete Wörtchen
Zischelt er, rege vom Süd, des Königes Ohren verkündend.

Thetis und Peleus

Proteus sprach zu der Thetis, der Meergreis: Göttin der Wasser,
Künftig empfängst und gebierst du den Jüngling, welcher des Vaters
Mächtige Taten besiegt und groß vor jenem genannt wird.
Darum, damit nichts größer denn Jupiter wär' in dem Weltall,
Ob er zwar in der Brust nicht lauliche Gluten empfunden,
Meidet Jupiter stets der umwogeten Thetis Vermählung.
Und er gebot, dass ihm sein äacidischer Enkel
Folgt' in dem Wunsch, und ginge, die Meerjungfrau zu umarmen.
Eine hämonische Bucht erstreckt, wie die Sichel geründet,
Zwei vorlaufende Arm', und wallete tieferes Wasser,
Wär' es ein Port; doch es seichtet ein sandiger Boden die Fläche.

Hart ist oben der Strand, und behält nicht Spuren des Fußes,
Noch verweilt er den Gang, noch deckt ihn schwebendes Meergras.
Nah ist Myrtengesträuch, voll dunkeler Beeren und heller.
Eine Grott' ist darin; ob Natur, ob Kunst sie gebildet,
Zweifelte man; mehr aber die Kunst: oft kamst du zu dieser,
Auf dem gezäumten Delfine gewandlos sitzend, o Thetis.
Dort hat Peleus dich einst, da im fesselnden Schlafe du lagest,
Überrascht; und weil du, versucht durch Bitten, dich sträubtest,
Übt er Gewalt, den Nacken mit beiden Armen umwindend.
Hättest du nicht dich gewendet in oft veränderter Bildung
Zu der gewöhnlichen Kunst; er gewann sein kühnes Bestreben.
Bald als Vogel erschienst du; und fest hielt jener den Vogel:
Bald ein gewaltiger Baum; an dem Baum auch haftete Peleus.
Doch in der dritten Gestalt der gesprenkelten Tigerin drohend,
Schrecktest du Äakus' Sohn, dass dich zu umarmen er abließ.
Jetzt die Götter des Meers, mit Wein in die Welle geströmet,
Sühnet er, und mit geopfertem Vieh, und dampfendem Weihrauch;
Bis der karpathische Seher hervor aus der Mitte des Strudels:
Äakus' Sohn, ausrief: du erlangst die gewünschte Vermählung.
Nur wann schlummernd die Nymph' in der kühligen Grotte sich ausruht,
Binde sie, leise genaht, mit Seil und umschlingender Fessel.
Und sie täuschte dich nicht, von Gestalt in Gestalt sich verwandelnd;
Zwänge du, was sie auch sei, bis die vorige Bildung sie herstellt.
Proteus redete so, und taucht' in die Fluten das Antlitz,
Selbst mit eigner Umwallung die endenden Worte bedeckend.
Titan neigte den Lauf, und lenkt' abschüssig die Deichsel
Zum hesperischen Sund, als Nereus' blühende Tochter
Aus der verlassenen Tief' einging zum gewöhnlichen Lager.
Kaum noch stürmte der Held auf die Meerjungfrau, und sie gaukelt

Immer erneute Gestalt, bis zuletzt sie die Glieder gehalten
Fühlt, und weit auseinander die Arm' in Banden gedehnet.
Seufzend sagte sie jetzt: Du siegst nicht ohne die Götter!
Und ward Thetis, wie vor. Es umschlingt die Bekennende Peleus,
Froh der gewonnenen Braut, und schenkt ihr den großen Achilles.

Cëyx und Halcyone

Cëyx, im Herzen geschreckt von graunweissagenden Wundern,
Wollt', um heilige Lose, der Sterblichen Trost, zu befragen,
Gehn zu dem klarischen Gott; denn den heiligen Tempel in Delphos
Hielt gesperrt mit dem Phlegyerschwarm der entweihende Phorbas.
Doch verkündet er dir, Halcyone, treuste Genossin,
Erst den gefassten Entschluss. Und stracks in das innerste Leben
Drang ihr der schaudernde Frost; und gelbliche Blässe des Buxus
Deckt' ihr Gesicht; und Tränen entrolleten über die Wangen.
Dreimal begann sie zu reden, und dreimal band ihr die Zunge
Wehmut; und mit Geschluchz' abbrechend die zärtliche Klage:
    Welche Verschuldung von mir hat, Trautester, sprach sie, das Herz dir
Abgewandt? wo bleibt nun die Sorge für mich, die zuvor war?
Sorglos kannst du nunmehr von Halcyone weit dich entfernen;
Lieb ist der längere Weg; und lieber ich selbst, je entfernter;
Landwärts geht die Reise vielleicht, und mich wird nur Betrübnis
Peinigen, nicht auch Furcht; und die Sorg' ist wenigstens angstlos!
Meerflut schreckt mir die Seel', und des Abgrunds trauriger Anblick!
Hab' ich doch jüngst am Gestade zertrümmerte Scheiter gesehen,

Und oft Namen gelesen auf Grabhöh'n ohne Gebeine!
Lass nicht falsches Vertraun dein kühnes Herz dir verleiten,
Dass du ein Eidam bist dem Äolus, welcher im Kerker
Zähmt die mutigen Wind', und das Meer nach Gefallen besänftigt;
Wann die entlassenen Wind' einmal sich bemächtigt des Meeres;
Nichts ist ihnen versagt, und unempfohlen das Erdreich
Ganz, und ganz das Gewässer; am Himmel auch schwingen sie Wolken,
Und in gewaltigem Stoß entschlagen sie rötliche Feuer.
Diese, je mehr ich sie kenn' (ich kenne sie; oft bei dem Vater
Sah ich als Kind sie im Hause), je mehr auch find' ich sie schrecklich!
Drum wenn deinen Entschluss kein Flehn und Bitten bewegen,
Teurer Gemahl, dir kann, und zu fest du beharrest im Wandern,
Nimm mich selber mit dir! Dann wogen wir doch in Gemeinschaft;
Dann bin ich, mitduldend, in Angst; dann tragen zugleich wir,
Was es auch sei; und zugleich durchfliegen wir weite Gewässer!
Durch dies tränende Wort der Äolerin fühlte bewegt sich
Ihr sternheller Gemahl; denn ihm glüht's nicht schwächer im Herzen.
Aber er will so wenig den Vorsatz brechen der Meerfahrt,
Als an seiner Gefahr der Halcyone lassen ein Anteil.
Viel antwortet er ihr, die bekümmerte Seele zu trösten.
Dennoch schafft er dem Tun nicht Billigung. Anderem Zuspruch
Füget er diesen hinzu, der allein die Liebende beuget:
Lang ist zwar ein jeder Verzug uns; aber ich schwöre
Bei des Erzeugers Glanz, wenn mich heimsendet das Schicksal,
Kehr' ich eher zurück, als zweimal der Mond sich gefüllet.
Als durch solches Erbieten der Rückkehr Hoffnung erregt war,
Heißt er die fichtene Barke sofort, von dem Stapel gezogen,

Tauchen in Flut, und drinnen befestigen ihre Gerätschaft.
Gleich bei des Schiffs Anblick, als ahne sie künftigen Jammer,
Schaudert Halcyone auf, und verströmt vordringende Tränen,
Schließt den Gemahl in die Arm', und kläglich, mit traurigem Antlitz
Saget sie: Lebe wohl! und sinkt ohnmächtig am Strande.
Aber die Jünglinge nun, da Cëyx Verweilungen suchet,
Ziehn in gedoppelten Reihn an die tapferen Brüste die Ruder;
Dass vom gemessenen Schlage das Meer schäumt. Jetzo erhebt sie
Feuchte Blick', und den stehenden dort auf der hintersten Wölbung,
Den mit erschütterter Hand ihr noch zuwinkenden Gatten,
Sieht sie zuerst, und erwidert den Wink. Als ferner und ferner
Wich das Gestad', und die Augen nicht mehr erkennen das Antlitz,
Folgt sie, so lange sie kann, mit dem Blick der entfliehenden Barke.
Als auch diese nunmehr im trennenden Raume verschwindet,
Schauet sie doch die Segel, die flatterten oben am Mastbaum.
Wie auch die Segel entflohn, nun sucht sie das einsame Lager
Bang', und sinkt auf das Bett; er erneut der Halcyone Tränen
Lager und Ehegemach, und mahnt sie des fehlenden Mannes.
Jen' entglitten dem Hafen; es regt' ein Lüftchen die Seile:
Gegen den Bord nun füget die hangenden Ruder der Seemann,
Stellt die Rahen am Topp in die Quer', und breitet am Mastbaum
Ganz die Segel herab, und empfäht nachwehende Lüfte.
Weniger, oder gewiss nicht mehr denn die Hälfte des Meeres
Ward von dem Kiele gefurcht; und fern war beiderlei Ufer:
Als von geschwollenen Wogen die Meerflut gegen den Abend
Weiß ward, und mit Gewalt herschnob der stürzende Eurus.
Rasch mir heruntergesenkt von des Mastbaums Höhe die Rahen!
Ruft der Pilot; und das Segel mir ganz um die Stangen gewickelt!

Dieser gebeut; doch es wehrt das Gebot der begegnende Windstoß;
Und kein Wort lässt hören der brausende Hall der Gewässer.
Aber sie eilen von selbst, dort einzunehmen die Ruder,
Dort zu schirmen den Bord; hier raubt man dem Winde die Segel;
Hier wird geschöpft, und gegossen die Meerflut wieder in Meerflut;
Dort wird die Stange gerafft. Da gesetzlos solches getan wird,
Wächst noch rauer der Sturm, und ringsher toben die Winde
Trotzig mit Winden im Kampf, dass zerwühlt aufraset der
Abgrund.
Selber verzagt der Ordner des Schiffs, und selber bekennt er,
Nicht, wie es stehe, zu wissen; noch was er befehl' und verbiete:
So schwer lastet das Übel, und trotzet der Kunst und Erfahrung.
Denn es erschallt vom Geschrei das Volk, vom Gerassel das
Tauwerk,
Von anprallender Woge die Wog' und vom Donner der Äther.
Hoch erhebet den Schwall, und den Himmel sogar zu erreichen
Scheint das Meer, und zu rühren das dunkle Gewölk mit
Bespritzung:
Bald, wenn es gelblichen Sand auffegt aus dem untersten Abgrund,
Ist es gefärbt wie der Sand; bald schwarz wie die stygische Woge.
Wieder senkt es sich dann und erschallt mit weißlichem Schaume.
Gleich so fliegt abwechselnd im Sturm das trachinische Fahrzeug
Bald nun emporgehoben, wie hoch von dem Gipfel des Berges,
Scheint es in Täler hinab und des Acherons Tiefen zu schauen:
Bald, wann es nieder sich senkt in der krumm herhangenden
Brandung,
Scheint es vom untersten Strudel emporzuschauen gen Himmel
Oftmal dröhnet der Bord von der schlagenden Flut mit Gekrach
auf;
Und nicht schwächer erschallt's, als wenn ein eiserner Widder

Dumpf die zerfallende Feste bestürmt und ein schleuderndes Felsstück.
Und wie der wütende Löwe die Kraft vermehrend im Anlauf,
Gegen die Wehr mit der Brust und empfangende Spieße hinandringt:
Also, nachdem in den Winden die Flut sich beschleunigte, drang sie
Gegen die Wehren des Schiffs und stieg viel höher denn jene.
Und schon wackeln die Keil', und beraubt des deckenden Wachses
Gähnet die Spalt', und öffnet die Bahn todbringenden Wassern.
Sieh, auch ein prasselnder Regen entstürzt den gelöseten Wolken.
Wähnet man doch, dass ganz in das Meer absteige der Himmel,
Und in die himmlischen Höh'n mit dem Schwall aufsteige der Abgrund.
Nass sind die Segel vom Guss; und zugleich mit den himmlischen Wassern
Mischen sich Wasser des Meers; und ohne Gestirn ist der Äther.
Blinde Nacht wird gedrängt von des Sturms und dem eigenen Dunkel.
Dennoch zerstreun dies Dunkel mit zuckender Helle des Blitzes
Leuchtungen; und es entbrennen von Donnerglut die Gewässer.
    Jetzo schwinget den Sprung in des Schiffraums hohle Verbindung
Türmende Flut. Wie ein Krieger, der weit vorragt aus der Menge,
Wann schon oft an den Wall der verteidigten Stadt er hinansprang,
Endlich die Hoffnung erlangt und entbrannt in Begierde des Ruhmes
Dennoch die Mauer gewinnt, er unter den Tausenden einer:
Also, da wildes Gewog' aufschlug um die Höhen des Bordes,
Hebt sich mit ungeheurer Gewalt die zehente Welle;
Und nicht stehet sie ab, das ermattete Schiff zu bekämpfen,

Ehe sie über den Wall des eroberten Schiffes hereinsteigt.
Noch versuchte des Meers ein Teil in die Barke zu stürmen;
Teils war es drinnen bereits: und nicht weniger zittern sie alle,
Alsdann zittert die Stadt, wann andere draußen die Mauer
Graben, und andere drinnen bereits einnahmen die Mauer.
Nichts schafft Kunst; und es sinket der Mut; und so viele der Wellen
Kommen, so viel' auch scheinen hereinzubrechen der Tode.
Dieser weint; der staunt wie erstarrt; der preiset sie glücklich,
Welche das Grab aufnimmt; der fleht mit Gelübden der Gottheit;
Streckend umsonst die Arme zum nicht gesehenen Himmel,
Ringt er um Schutz; der denkt an die Brüder daheim und den Vater,
Dieser an Weib und Kinder, und was ein jeder zurückließ.
Cëyx denkt an Halcyone nur; aus dem Munde des Cëyx
Tönt nur Halcyone auf; und wiewohl nach der Einzigen schmachtend,
Freut er sich ihrer Entfernung. Zum heimischen Ufer auch möcht' er
Umschaun und nach dem Hause zuletzt noch wenden das Antlitz;
Nicht, wo es sei, weiß jener: in so hochstrudelndem Aufruhr
Brauset das Meer; in das Dunkel der pechschwarz hangenden Wolken
Hüllet der Himmel sich ganz, und es herrscht das gedoppelte Nachtgraun.
Krachend zerbricht von dem Prall platzregnender Wirbel der Mastbaum.
Krachend das Steuer zugleich; und stolz auf die Beute sich hebend,
Schauet die Wog' als Siegerin her auf gewölbete Wogen.
Leichter nicht, wie wenn einer den aufgerütteten Athos
Schleuderte oder des Pindus Gebirg' in die offene Meerflut,
Platzt sie von oben herab; und zugleich durch Last und den Anstoß
Senkt sie zum Grunde das Schiff. Ein Teil der Männer versinket,
Unter den Strudel gezwängt, und erreicht, nicht wieder enttauchend,
Gleich sein Geschick. Ein anderer hält des verstümmelten Wrackes

Glieder umarmt. Selbst hält in der Hand, der den Zepter geführet,
Cëyx getrümmerte Scheiter des Rumpfs; und Schwäher und Vater
Rufet er, ach! umsonst. Doch zumeist in des Schwimmenden Munde
Ist Halcyone stets; Halcyone denkt er und nennt er.
Dass vor Halcyones Augen die Flut ihm spüle den Leichnam,
Wünscht er, und dass den Entseelten befreundete Hände bestatten.
Während er schwimmt, so oft ihm zu atmen vergönnt das Gewoge,
Ruft er Halcyone aus; es verhallt in der Flut das Gemurmel.
Schau, der düstere Bogen, der grade sich über den Fluten
Wölbte, zerplatzt und verschüttet sein Haupt im zerschelleten Wasser.
Eingehüllt in Dunkel erschien und ganz unerkennbar
Lucifer jene Nacht; und weil von Olympus zu weichen
Nicht er vermocht', umzog er mit finsteren Wolken das Antlitz.
Äolus' Tochter indes, noch ganz unkundig des Jammers,
Zählt die Nächte für sich und fleißiget schon die Gewande,
Die der Gemahl anleg', und die, wann jener gekommen,
Selber sie trag', und freut sich voraus der eitelen Heimkehr.
Alle die Oberen zwar verehrte sie immer mit Weihrauch;
Dennoch pflegte sie mehr der Juno Tempel zu feiern.
Für den Gemahl, ach! naht sie, der nicht mehr war, den Altären:
Dass er gesund ihr bleib', und dass heimkehre der Gatte,
Fleht sie, und dass er keine der Frau vorziehe. Doch jener
Wurde von so viel Wünschen allein nur dieser gewähret.
Nicht mehr duldet die Göttin das Flehn für einen Gestorbnen;
Und um trauernde Hände von ihrem Altar zu entfernen;
Iris, sagt sie, du treuste Verkünderin meines Befehles,
Eil' und besuche den Hof des Schlummer bringenden Schlafes,
Dass er Träum' in Gestalt des abgeschiedenen Cëyx
Zur Halcyone sende, das wahre Geschick zu erzählen.
Juno sprach's; in Gewande von tausend Farben verhüllt sich

Iris, und zeichnend am Himmel den weit gewölbeten Bogen,
Eilet sie, nach dem Gebot, zu des Königes Felsenbehausung.
Nächst den Cimmeriern ist die lang eingehende Steinkluft
Tief in dem Berg, wo hauset der unbetriebsame Schlafgott.
Nimmer erreicht, aufgehend, am Mittag, oder sich senkend,
Phöbus mit Strahlen den Ort. Ein matt umdüsternder Nebel
Haucht vom Boden empor und Dämmerung zweifelnden Lichtes.
Kein wachhaltender Vogel mit purpurkammigem Antlitz
Kräht die Aurora herauf; auch stört durch Laute die Stille
Kein sorgfältiger Hund, noch die aufmerksamere Hofgans.
Weder Gewild, noch Vieh, noch von Luft geregete Zweige,
Geben Geräusch, noch Rede, von menschlichen Zungen gewechselt.
Stumm dort wohnet die Ruh'. Doch hervor am Fuße des Felsens
Rinnt ein lethäischer Bach, durch den mit leisem Gemurmel
Über die Kieselchen rauscht die sanft einschläfernde Welle.
Rings um die Pforte der Kluft sind wuchernde Blumen des Mohnes,
Und unzählbare Kräuter, woraus sich Milch zur Betäubung
Sammelt die Nacht und tauig die dumpfigen Lande besprenget.
Keine knarrende Tür' auf umgedreheter Angel
Ist in dem ganzen Haus, und keine Hut an der Schwelle.
Tief im Gemach ist ein Lager, erhöht auf des Ebenus Schwärze,
Dunsend von bräunlichem Flaum, und mit bräunlicher Hülle bedecket,
Wo sich der Gott ausdehnet, gelöst von Ermattung die Glieder.
Rings um jenen zerstreut in vielfach gaukelnder Bildung,
Liegen die luftigen Träume, so viel, als Ähren das Kornfeld,
Als Laub träget der Wald und gespületen Sand das Gestade.
Wie sie die Grotte betrat und die sperrenden Träume die Jungfrau
Weg mit den Händen gedrängt, da erhellte der Glanz des Gewandes

Schnell das heilige Haus; und der Gott, der in lastender Trägheit
Kaum die Augen erhob, und zurück und von Neuem zurücksank,
Und mit nickendem Kinn die obere Brust sich berührte,
Schüttelt sich nun aus sich selber hervor und aufstützendem Arme
Fraget er, die er erkannt, warum sie komme. Doch Iris:
Schlaf, du Ruhe der Wesen, o Schlaf, huldreichster der Götter,
Friede dem Geist, der du Sorgen verbannst und ermüdete Herzen
Nach des Tages Geschäft einwiegst und erneuest zur Arbeit.
Lass doch Träume, die wahrer Gestalt Nachahmungen gaukeln,
Nach der herkulischen Trachin, gehüllt in des Königes Bildung,
Zur Halcyone gehn, und genau darstellen den Schiffbruch.
Das ist der Juno Gebot. - Da den Auftrag Iris vollendet,
Eilt sie hinweg; denn sie konnte nicht mehr ausdulden des Qualmes
Taumelkraft; und sobald sie den Schlaf auf die Füße geglitten
Schauete, geht sie zurück auf dem jüngst bewandelten Bogen.
Aber der Vater, im Schwarme von Tausenden, die er gezeuget,
Rufet hervor den Künstler und Ähnlicher aller Gestaltung,
Morpheus. Nicht ist einer gewitzigter, nach dem Gebote
Auszudrücken den Gang, die Gebärd' und die Weise des Redens;
Kleidungen fügt er hinzu und die üblichsten Worte von jedem.
Nur in Gestalt der Menschen erscheint er. Aber der andre
Wird zu Gewild, wird Vogel und wird lang rollende Schlange.
Ikelos nennen ihn Götter, die Sterblichen alle Phobetor.
Noch ist dort ein Dritter von ganz verschiedenen Gaben,
Phantasos, welcher in Land, in Gestein, in Wasser, in Balken
Und was der Seel' entbehrt, mit glücklicher Leichtigkeit eingeht.
Diese zeigen ihr Antlitz den Königen und den Gebietern
Häufig bei Nacht, weil andre das Volk und die Bürger umschwärmen.
Doch sie geht der Alte vorbei, und aus allen Gebrüdern
Morpheus allein, zu vollenden das Wort der thaumantischen Iris,

Wählt er, der Schlaf. Dann wieder gelöst von sanfter Ermattung,
Legt er nieder das Haupt und birgt es im schwellenden Polster.
Jener entfliegt im Wehn der geräuschlos gleitenden Flügel
Durch die Nacht; und sogleich in mäßiger Weile gelangt er
Zur hämonischen Stadt; mit abgelegeten Schwingen
Nimmt er des Cëyx Gestalt, und unter geähnlichter Bildung,
Totenblass, dem Entseeleten gleich, ohn' alle Gewande,
Steht er am Bette der armen Halcyone. Nass von der Welle
Scheinet der Bart und triefend das Haar des Gemahles zu rieseln.
Über das Lager geneigt und in Wehmut badend das Antlitz
Saget er: Kennst du den Cëyx annoch, elendeste Gattin?
Oder verwandelte Tod die Gestalt mir? Schaue; du kennst mich!
Wenigstens findest du doch für den Mann den Schatten des Mannes!
Nichts, ach! fruchteten mir, Halcyone, deine Gelübde!
Tot bin ich! Nicht schmeichle dir falsch mit meiner Erhaltung!
Auf dem Ägäischen Meer ergriff ein wolkiger Südwind
Unsere Bark' und warf sie in heftigem Sturm und zerbrach sie.
Meinen Mund, der umsonst den Namen Halcyone ausrief,
Füllte die salzige Flut. Nicht meldet dir das ein Verkünder
Wankenden Scheins, nicht hörst du die unstet flatternde Sage.
Ich Schiffbrüchiger selbst erzähle dir hier mein Verhängnis.
Auf denn, weihe mir Tränen und lege dir Trauergewand an;
Lass nicht unbeweint in des Tartarus Öde mich wandern!
Morpheus fügt zu den Worten den Laut, den für des Gemahles
Eigenen jene vernimmt; auch wirkliche Tränen zu weinen
Scheint er und gibt der Hände Bewegungen völlig wie Cëyx.
Tränend schluchzt Halcyone auf und strecket die Arme
Zitternd im Schlaf; und suchend den Mann, umschlinget sie Lüfte:
Bleib! wo eilest du hin? so rufet sie: lass uns zugleich gehn!
Aufgestört durch eigene Stimm' und des Mannes Erscheinung

Fährt sie empor und schauet zuerst ringsum, ob er da sei,
Welchen sie eben gesehn. Denn herbeigerufene Diener
Hatten ein Licht ihr gebracht. Nachdem sie nirgend ihn auffand,
Schlägt sie das Haupt mit der Hand und zerreißt an der Brust die Gewande,
Wütet auch gegen die Brust; und das Haar, nicht achtend zu lösen,
Rauft sie; der Pflegerin dann, die des Grams Ursache sie fraget:
Hin ist Halcyone, hin! antwortet sie: nieder mit ihrem
Cëyx sank sie zugleich! O hinweg mit der eitelen Tröstung!
Nein, er versank mit dem Schiff! Ich sah und erkannte sein Antlitz,
Und zu dem Scheidenden streckt' ich, ihn aufzuhalten, die Händ' aus!
Schatten war's; doch deutlich war selbst der Schatten und wahrhaft
Meines Gemahls! Zwar hatte, wofern du fragst, die Erscheinung
Nicht die gewöhnliche Mien' und das vormals glänzende Antlitz.
Abgebleicht und entblößt und noch mit triefendem Haupthaar
Sah ich Verlorne den Mann! Hier stand er in kläglichem Ansehn,
Hier auf der Stell'! – Und sie forschet, ob einige Spuren geblieben.
Dies, dies war's, was ich furchtet' im ahnenden Geist und warum ich,
Dass er doch nicht, mich fliehend, dem Sturm nachfolget', ihm anlag!
Wenigstens wünscht' ich nunmehr, da du doch zum Sterben hinweg gingst,
Dass du mich selber geführt! Vereint dir, Trauter, vereint dir,
Ging ich beglückt! Dann wäre doch nichts von den Tagen des Lebens
Ohne dich mehr verlebt, noch gesondert der Tod uns erschienen!
Fern jetzt leid' ich den Tod, fern treib' ich umher im Gewoge;
Denn du flutest, mein Ich, du mein edleres! Grausamer wär' ich
Selbst wie die Woge gesinnt, wenn hinfort ich das Leben zu fristen
Strebte, wenn nachzubleiben so großem Jammer ich ränge!
Aber ich will nicht ringen, noch dich, du Armer, verlassen!
Nein, dir sei ich doch jetzo Begleiterin! und in dem Grabmal

Soll, wenn nicht die Urne, gewiss uns vereinen der Buchstab;
Wenn nicht unser Gebein, soll Nam' und Name sich rühren!
Mehreres hemmet der Schmerz; zu jeglichem Worte gesellt sich
Schlag auf Schlag, und aus starrender Brust aufbebendes Seufzen.
Morgen war's; sie geht aus dem Haus an des Meeres Gestade
Traurig den Ort zu besuchen, woher sie dem Fahrenden nachsah.
Während sie dort verweilt' und: Ach! hier löst' er die Seile!
Hier am Gestad' empfing ich den Kuss des Scheidenden! sagte;
Während sie, was auch geschehn, mit dem Blick auffrischt', und ins Meer hin
Schaute, sieh, in der Ferne der flüssigen Wellen erscheint ihr
Etwas wie menschlicher Leib von Gestalt. Erst blieb, was es wäre,
Zweifelhaft ein wenig. Sobald es die Woge herantrug,
Und, obgleich noch entfernt, doch ein Leib zu sein es erhellte;
Wurde sie, ohn' ihn zu kennen, bewegt von dem Bilde des Schiffbruchs;
Und, als ob sie den Fremden beweinete: Wehe dir, rief sie,
Wer du auch seist, und daheim der Verwitweten! Näher geflutet
Kommt allmählich der Leib; und je mehr ihn jene betrachtet,
Schwinden je mehr und mehr die Gedanken ihr. Schon ihn getrieben
Gegen das nähere Land, und schon erkennbar dem Anblick,
Schaut sie; es war der Gemahl. Er ist's! ruft jene, zerreißend
Antlitz und Haar' und Gewande zugleich; und gegen den Cëyx
Zitternde Hände gestreckt: So kehrest du, trautester Gatte,
So zu mir, o du Armer, zurück? – Hart zwängt die Gewässer,
Künstlich geordnet, ein Damm, der den Zorn des kommenden Meeres
Bricht im Empfang und die Stürme zuvor abmattet den Wogen.
Hier sprang jene hinauf, und, o Kraft der Wunder! sie flog auf.

Schlagend die wehende Luft mit eben entsprossenen Flügeln,
Streifte sie über die Flut, ein bejammernswürdiger Vogel;
Und in dem Fluge zugleich, wie wehmutsvoll und beklagend,
Girrt ihr Mund ein helles Getön, mit dem Schnäbelchen klappernd.
Doch wie den Leib sie berührte, der stumm aufwallet' und blutlos,
Jetzt um die teuersten Glieder geschmiegt mit junger Beflüglung,
Gab sie umsonst, ach! kalt, mit hartem Schnabel, ihm Küsse.
Ob dies Cëyx gefühlt, ob das Haupt in der Wellen Bewegung
Er zu heben geschienen, bezweifelten alle. Doch jener
Hatt' es gefühlt. Und zuletzt, durch Gnade des Himmlischen, nehmen
Beide der Vögel Gestalt. Beherrscht von demselbigen Schicksal
Dauerte jetzo die Lieb', und nimmer getrennt auch den Vögeln
Blieb der ehliche Bund. Die Vermähleten werden Erzeuger;
Und in der winternden Zeit durch sieben geruhige Tage
Brütet Halcyone still im schwebenden Nest auf den Wassern.
Dann ist sicher die Fahrt; dann hemmt die Winde vom Ausgang
Äolus, schützend die Flut, und schafft Meerstille den Enkeln.

Der Taucher

Einst am kiesigen Strande beschäftiget, Fische zu fangen,
Sah ein bejahreter Greis wehklagende Halcyonen
Über die Flut hinschweben; und billigte sehr die zum Ende
Treu erhaltene Lieb' und Zärtlichkeit. Aber sein Nachbar,
Oder derselbe vielleicht: auch dieser da, sprach er, o Gastfreund,
Den du im streifenden Fluge mit schmächtigen Beinen des Meer durch-

Flattern siehst (und er zeigte den lang gehalseten Taucher),
Stammt aus Königesblut; und begehrst du die Folge der Abkunft
Vom uralten Geschlecht, so zählet er unter den Ahnherrn
Ilos, Assarakos auch und Jupiters Raub, Ganymedes,
Auch den grauen Beherrscher Laomedon und der mit Troja
Hinsank, Priamos auch. Von Hektor war er ein Bruder;
Und wenn nicht das Geschick ihn verwandelte früh in der Jugend,
O wer weiß, ob minder genannt er würde, denn Hektor,
Wenn gleich jenen gebar die erhabene Tochter des Dymas;
Und den Äsakos heimlich gebar am schattigen Ida
Alexirhoë, Tochter der zweigehörnten Granikos.
Äsakos hasste die Städt'; und entfernt vom Schimmer des Hofes
Liebt' er einsame Berg' und unehrsüchtige Felder;
Nie auch ging er zum Rate der Ilier, oder nur selten.
Doch nicht bäurisch und wild, noch unempfänglich der Liebe
War ihm das Herz. Einst jene, die oft er verfolgt in den Wäldern,
Schaut' er (Hesperie hieß sie) am heimischen Borde des Cebren,
Als die zerstreueten Haare sie trocknete gegen die Sonne.
Doch die gesehene Nymph' entflüchtete, wie vor dem falben
Wolf die erschrockene Hindin, und weit vom verlassenen Teiche
Unter dem stoßenden Habicht die Ent': ihr folgte der Troer
Ungestüm, der die Schnelle vor Angst schnell drängte vor Sehnsucht.
Sieh, in dem Kraute versteckt, die krumm gezähnete Natter
Ritzt der Entfliehenden Fuß und hauchet ihr Gift in die Wunde.
Schnell ist gehemmt mit dem Leben die Flucht. Er umfasst die Entseelte
Sinnlos: Ach! so ruft er, mich reut, mich reut die Verfolgung!
Doch nicht furchtet' ich das; nicht galt so teuer der Sieg mir!
Beid' ermordeten wir dich Elende: Wund' hat die Schlange,
Ich Ursache verliehn! Ich wär' unholder denn jene,

Wenn nicht gleich mein Tod dir Linderung böte des Todes!
Sprach's, und vom Fels, den unten die brausende Woge zernaget,
Sprang er hinab in die Flut. Da nahm die Erbarmerin Tethys
Sanft den Fallenden auf; und dem Schwimmenden hüllte sie Federn
Über den Leib und entzog den Genuss des ersehneten Todes.
Aber der Liebende zürnt, mit Gewalt zum Leben genötigt,
Dass missgönnt sei der Seele der Wunsch, aus der elenden Wohnung
Auszugehn: und empor mit neu geflügelten Schultern
Fliegt er und senkt von Neuem den Leib auf die wallende Fläche.
Fittiche leichten den Fall: doch der wütende Äsakos stürzet
Über das Haupt in die Tief, und den Tod unablässig versucht er.
Magerkeit gab ihm die Lieb'; und lang geschenkelte Beine
Bleiben ihm, lang auch der Hals; lang raget das Haupt von dem Busen.
Meerflut liebt er, und heißt, weil er oft abtauchet, ein Taucher.

Zwölftes Buch

Fama

Zwischen der Erd' und dem Meer und den himmlischen Höh'n in der Mitte
Lieget ein Ort, abgrenzend der Welt dreischichtige Kugel,
Wo man, was irgend erscheint, wie fern auch der Raum es gesondert,
Schaut, und jeglicher Schall die gehöhleten Ohren durchdringet.
Fama erkor sich den Ort und bewohnt den erhabensten Gipfel.
Rings unzählbare Gäng' und der Öffnungen Tausende ringsher
Gab sie dem Haus, und es sperrte nicht Tor noch Türe die Schwellen.
Tag und Nacht ist es offen; und ganz aus klingendem Erze,
Tönet es ganz und erwidert den Laut, das Gehörte verdoppelnd.
Nirgend ist Ruh' inwendig und nirgendwo schweigende Stille;
Doch auch nirgend Geschrei; nur flüsternder Stimmen Gemurmel:
Wie von des Meers Aufbrandung, wenn fernher einer es höret,
Schallt das Geräusch; wie dumpf, wann Jupiter krachende Schläge
Sandt' aus schwarzem Gewölk, abziehende Donner verhallen.
Höf' und Säle durchwühlt's; leicht flatternde gehen und kommen;
Und mit wahren Gerüchten ersonnene wild durcheinander
Ziehn bei Tausenden um und rollen verworrene Worte.
Einige füllen davon mit Geschwätz die müßigen Ohren;
Andere tragen Erzähltes umher; und das Maß der Erdichtung
Wächst; und es fügt zum Gehörten das Seinige jeder Verkünder.
Dort ist gläubiger Wahn und dort zutappender Irrtum,
Eitele Fröhlichkeit dort, bei dumpf anstarrenden Schrecken,
Aufruhr, jählich empört, und unverbürgte Gezischel.
Aber sie selbst, wo im Himmel, im Meer, in den Landen was Neues

Aufblickt, schaut es sogleich und durchspäht den unendlichen
Weltraum.

Die Lapithen und Zentauren

Nestor, der Pyliergreis, am Siegesfest des Achilles,
Welcher den Cyknus erlegt, verkündete, denkend der Vorzeit,
So der Lapithen Gefecht und der untiergleichen Zentauren:
Heim mit Hippodame zog der Sohn des verwegenen Ixion;
Und an gereiheten Tischen in baumumschatteter Grotte
Lud er zum gastlichen Lager die trotzigen Wolkensöhne.
Edle Hämonier kamen zum Schmaus; auch kamen wir selber.
Festliche Lust durchhallte die Königsburg mit Getümmel;
Hymen erscholl's, Hymenäos! es dampften von Glut die Gemächer;
Und in der Frau'n und Mütter Umzingelung prangte die Jungfrau,
Wunderschön von Gestalt. Den Pirithous priesen wir selig,
Solch ein Weib zu gewinnen; doch fast ward vereitelt der
Glückwunsch.
Denn dir, Ungestümster der ungestümen Zentauren,
Eurytus, brennt's wie vom Weine, so heiß von dem Blicke der Jungfrau
Unter der Brust; und die Trunkenheit herrscht mit Begierde
verdoppelt.
Schleunig verwirrt ein Gerassel zerrütteter Tische das Gastmahl;
Und mit Gewalt wird gerafft am ergriffenen Haar die Vermählte.
Eurytus reißt von dannen Hippodame; andre, die jeder
Auskor, oder ergriff. Der eroberten Stadt war das Bildnis.
Laut scholl Weibergeschrei durch die Wohnungen. Schnell von den
Sitzen

Sprangen wir. Theseus zuerst rief: Welch ein rasender Wahnsinn,
Eurytus, spornet dich an, dass du meinen Pirithous angreifst,
Weil ich leb', und zween, Unwissender, kränkest in einem?
Dass nicht solches umsonst vom erhabenen Helden gesagt sei,
Drängt er die Stürmer hinweg und befreit die geraubete Jungfrau.
Jener darauf kein Wort; denn nichts zur Verteidigung sagen
Kann er für solcherlei Tat: doch frech in des Rettenden Antlitz
Hebt er die schändende Hand, und schlägt ihm den edelen Busen.
Neben ihm stand, umstarrt von erhobenen Zeichen, ein schwerer
Altertümlicher Krug; den mächtigen, mächtiger selber,
Schwang empor der Ägid', und schleudert' ihn jenem ins Antlitz.
Klumpen geronnenen Bluts und Gehirn und Most durcheinander,
Speiend aus Wund' und Rachen, gestreckt im gefeucheten Sande,
Zappelt er. Rasch entbrennen vom Mord die gemähneten Brüder;
Mit einhelligem Ruf: Zu den Waffen! ertönt's: zu den Waffen!
Weine beseelen mit Mut; und geschleuderte Becher im Anfang
Fliegen und brechliche Humpen zum Kampf und gebogene Becken:
Dinge, dem Schmause vordem, nun Krieg' und Schlachten gewidmet.
Siehe, zuerst entblößte der trotzige Sohn des Ophion,
Amykus, seiner Zier das Gemach, und zuerst von der Decke
Riss er die leuchtende Krone, von häufigen Kerzen umschimmert.
Hoch sie empor dann hebend, wie wenn dem schneeigen Farren
Einer mit opferndem Beile den Hals zu zerbrechen sich anstrengt,
Schmettert' er gegen die Stirne des Celadon; und dem Lapithen
Ließ er verwirrt das Gebein in dem unerkennbaren Antlitz,
Vorwärts quollen die Augen; und tief durch zersplitterte Knochen
Sank die Nase zurück, bis hinab zum Gaumen gequetschet.
Aber den Fuß entrüttelt dem Ahorntisch der Pelläer
Belates, streckt den Zentaur, sein Kinn auf den Busen zerschellend,

Und da mit dunkelem Blut er die Zähn' ausspeit, da verdoppelt
Jener den Schlag und entsendet den Geist des Tartarus Schatten.
Gryneus stand ihm zunächst, und schauend mit grässlicher Miene
Auf den umdampften Altar: O warum nicht brauchen wir jenen?
Sprach er und hob mit den Gluten den ungeheuren Altar auf,
Schwang und warf ihn hinein in den dichtesten Schwarm der Lapithen.
Und er verschüttete zween, den Broteas und den Oreios.
Aber ein Sohn war Oreios der Mykale, die mit Bezaubrung
Oft, wie man sagte, die Hörner des sträubenden Mondes herabzog.
Nicht ungestraft bleibt dir's, nur sei ein Gewehr mir vergönnet!
Rief Exadius laut; und statt des Gewehres erlangt er,
Hoch von der Fichte herab das Gehörn des geweiheten Hirsches.
Siehe, dem Gryneus bohrt es mit doppeltem Ast in die Augen,
Und entreißt sie der Stirn'; es haftet ein Teil um die Zacken,
Anderes fließt in den Bart und hängt mit Blute gerinnend.
Plötzlich vom hellen Altar der Erstlinge raffet sich Rhötus
Einen lodernden Brand; und rechts an dem Haupt des Charaxus
Knirscht er die Schläfe hindurch, voll gelb umwallenden Haares.
Ungestüm von der Glut, wie gedörrete Saaten, entzündet,
Flammten die Locken empor; und das Blut, in der Wunde gesenget,
Zischte mit schrecklichem Ton, und prasselte: so wie das Eisen,
Rot von der Esse durchglüht, nachdem in gebogener Zang' es
Fasste der Schmied und hinab in den Kühltrog tauchte; doch jenes
Zischt in der Flut, und es siedet der zitternden Welle Gebrodel.
Er, die begierige Flamme den struppigen Haaren entschüttelnd,
Wühlt aus der Erd' und erhebt die mächtige Schwell' auf die Schultern,
Deren Gewicht Lastwagen verlangt; doch den Feind zu erreichen,

Hält ihn die Schwere zurück; den Genossen sogar, den Kometes,
Welcher zunächst ihm weilte, zerdrückt der graue Granitblock.
Und nicht bändigte Rhötus die Lust: So, fleh' ich, begann er,
Möge der übrige Tross der Deinigen Tapferkeit üben!
Dann mit dem glimmenden Scheite die Wund' auffrischend von neuen,
Schmettert' er drei-, viermal ihm die berstenden Nähte des Schädels,
Dass in das flüssige Hirn eindrang der gesplitterte Knochen.
Siegreich nun zu Euagros und Korythos geht er, und Dryas.
Als davon, um die Wangen mit Erstlingsflaume gebräunet,
Korythos sank in den Staub: Was schufst du dir, rief Euagros,
Durch den erschlagenen Knaben für Ruhm? Nicht mehreres ließ ihn
Sagen der wilde Zentaur; dem Redenden stieß er den roten
Brand in den offenen Mund und hinab durch den Mund in die Gurgel.
Dir auch, tobender Dryas, das Haupt mit dem Feuer umwirbelnd,
Folget er nach; nicht aber bei dir auch fand er denselben
Ausgang. Ihm, da er stolz des beständigen Mordes sich freuet,
Bohrst du am Hals' in die Schulter die vorgeglühete Stange.
Rhötus erseufzt, arbeitet die Stang' aus dem harten Gebeine
Mühsam hervor und entflieht, mit eigenem Blute gefeuchtet.
Lykabas auch und Orneos entflieht und der blutige Medon,
Rechts am Buge verletzt, und Thaumas zugleich mit Pisenor;
Auch, der jüngst vor allen im Kampf der Schenkel gesieget,
Mermeros, ging langsamer nunmehr an empfangener Wunde;
Pholos und Melaneus auch, und der eberjagende Abas;
Und, der umsonst die Seinen vom Krieg abmahnte, der Seher
Astylos; er auch hemmte den wundenfürchtenden Nessus:

Fleuch nicht! sprach er, du wirst für Herkules' Bogen gesparet.
Aber Eurynomos nicht, noch Lycidas, oder Areos
Flohn, noch Imbreus, den Tod: die alle der mordende Dryas
Grade von vorn hinstreckt'; auch du von vorne, wiewohl du
Kehrtest den Rücken zur Flucht, empfingst die Wunde, Krenäos:
Zwischen die Augen hinein, da zurück du wandtest das Antlitz,
Stürmte der schreckliche Stahl, wo die Nas' an die Stirne sich füget.

Also tobte der Lärm; noch lag, der ohn' Ende gebechert,
Dort vom Weine betäubt und unerwecklich, Aphidas;
Und in ermatteter Hand die gehenkelte Lase voll Weines
Hielt er, gestreckt auf den zottigen Balg der ossäischen Bärin.
Diesen von fern anschauend, wie träg' er säumet' und wehrlos,
Wickelte Phorbas die Faust in des Speers Schwungriemen und: Zeche
Wein mit stygischer Flut! so redet' er; ohne Verzug dann
Schwang er mit Macht auf den Jüngling den Speer; und mit spitzigem Eisen
Drang ihm die Esche sogleich, wie er rücklings lag, in die Kehle.
Fühllos nahte der Tod; und hervor aus der strotzenden Gurgel
Rieselte schwarz auf die Polster und schwarz in die Lase der Blutstrom.

Selber sah ich Peträus, der rang aus der Erde zu rütteln
Eine bemastete Eiche; doch weil der Umklammernde ringsum
Hin und her sie bewegt und die wankenden Knorren erschüttert,
Fleucht des Pirithous Speer in Peträus' Rippen und heftet
Ihm die strebende Brust mit dem knorrigen Holze zusammen.
Lykos sank, wie man sagt, durch Pirithous' Kraft zu den Schatten;
Chromis sank durch Pirithous' Kraft: doch höheren Siegsruhm,
Als sie beide zugleich, gewähreten Diktys und Helops.

Helops stürzte dem Spieß, der, Bahn durch die Schläfen sich öffnend,
Rechts in das Ohr einbohret' und links mit der Schärfe hervordrang.
Diktys, dem spitzigen Hange des Felsgebirges entgleitend,
Da er in Angst ausweicht dem verfolgenden Sohn des Ixion,
Taumelt die Jähen hinab und zerbricht mit der Schwere des Leibes
Eine gewaltige Esch' und umhüllet den Stumpf mit Gedärmen.
Aphareus naht ihm ein Rächer; den ausgerütteten Bergfels
Trachtet er abzuschwingen; allein mit dem eigenen Schafte
Eilt der Ägid ihm zuvor und zerbricht des gewaltigen Armes
Knochen. Doch abzutun den Verkrüppelten, fehlet die Zeit ihm,
Oder die Lust. Auf den Rücken des ungeheuren Bianor
Springt er empor, der keinen, als ihn zu tragen gelernet;
Und er stemmt in die Rippen das Knie; mit der Linken ergreifend,
Hält er das wallende Haar, und Gesicht und drohende Lippen
Samt den gediegenen Schläfen zermalmt er mit knotigem Kernholz.
Auch Nedymus erlag und der Lanzenschneller Lykotas,
Seinem zermalmenden Schwung; und die Brust voll hangenden Bartes,
Hippasos; auch, der empor aus den Waldungen ragete, Ripheus;
Tereus auch, der in Forsten hämonischer Berge gehaschte
Bären, die lebenden oft und unmutbrummenden, heimtrug.
Aber die stets mit Erfolg' ausgehenden Kämpfe des Theseus
Trug Demoleon nicht; und emporzuwühlen im Dickicht
Strebt er die altende Fichte mit unermesslicher Arbeit.
Da er nicht kann, entschwingt er die abgebrochne dem Feinde.
Weit von dem kommenden Wurfe zurück entfernte sich Theseus,
Auf der Minerva Gebot: so glaubte man seiner Beteurung.
Doch nicht sank untätig der Baum; denn dem stattlichen Krantor

Schnitt er hinweg an der Kehle die Brust und die linke der
Schultern.
Waffengenoss war jener bei deinem Vater, Achilles:
Welchen, besiegt in Schlachten, der Doloper König Amyntor
Äakus' Sohne verliehn zum sichernden Pfande des Friedens.
Peleus, als er ihn fern von grässlicher Wunde zerrissen
Schauete: Sühnungen doch, o der Jünglinge trautester, Krantor!
Rief er, empfahl und im Schwung auf Demoleon sandt' er mit
starkem
Arme daher und mit Geistes Gewalt die eschene Lanze:
Welche der Seiten Verband durchkracht', und im Inneren haftend,
Zitterte. Jener entzieht die des Stahls entledigte Stange;
Doch kaum folget auch die; fest hänget die Spitz' in der Lunge.
Selber der Schmerz gab Kräfte dem Mut: der Verwundete bäumt
sich
Gegen den Feind, und stampfet den Mann mit trampelndem
Rosshuf.
Jener mit Helm und mit Schild empfängt die erklingenden Stöße,
Schirmt sich den Leib ringsher, und erhebt vorschützende Waffen;
Und es durchbohrt durch den Bug *ein* Stoß zwo Brüste dem Halbtier.
Doch erst hatt' er dem Tode gestreckt Phlegräos und Hyles,
Fernher; und in der Nähe Iphinous kämpfend, und Klanis.
Dorylas fügt' er hinzu, der die Schläfen bedeckt mit der Wolfshaut
Trug, und statt des Gewehrs zu wütenden Kämpfen ein seitwärts
Drohendes Rindergehörn, mit vielem Blute gerötet.
Diesem, denn Kraft gewähret der Mut mir: Schaue doch, rief ich,
Schaue, wie weit dein Gehörn doch nachsteht unserem Eisen!
Rief's, und drehte den Speer. Da er den nicht konnte vermeiden,
Schützt' er die Hand vor die Stirne, der kommenden Wunde zur
Abwehr.

Fest ward gebohrt mit der Stirne die Hand; aufschreit er; doch jenen
Haut, wie verhaftet er war, und von bitterer Wunde gefesselt,
Peleus, nahe gestellt, grad unter dem Bauch mit dem Schwerte.
Hochauf springt er, und schleppt sein Eingeweid' auf dem Boden,
Und das geschleppte zerstampft, das zerstampfete reißt er, und wirret
Selbst um die Beine herum, und stürzt mit geleeretem Bauche.
Aber dich rettete nicht, Held Cyllarus, selber die Schönheit;
Wenn an jener Natur Schönheit zu gestehen erlaubt ist.
Jugendlich sprosste der Bart, und schimmerte golden, und golden
Wallete nieder das Haar bis mitten zum Bug von den Schultern,
Reizende Kraft im Gesicht; der Hals und die Schulter, die Händ' auch,
Sind, wie die Brust, der Künstler gelobtesten Bildungen ähnlich,
So weit reichet der Mann: auch dem Rossleib drunten ist fehllos,
Und unbeschämt vom Manne der Wuchs. Gib Nacken und Haupt ihm;
Kastors wert ist das Ross! So bläht sich der Rücken, so ragt ihm
Prall vom Fleische die Brust. Ganz dunkelt ihn Schwärze des Peches;
Weiß nur schimmert der Schweif; auch hell ist den Beinen die Farbe.
Viele Zentaurinnen zwar liebkoseten jenen; doch einzig
Rührte sein Herz die schöne Hylonome, welche mit Anmut
Weit der bewaldeten Höh'n Rossmänninnen alle besiegte.
Sie, die Schmeichlerin, hielt durch Lieb' und der Liebe Geständnis
Einzig den Cyllarus fest. Soweit ihr Bau es verstattet,
Hat sie den Schmuck auch erhöht: dass glatt vom Kamme das Haar ist;
Dass sie mit Rosmarin, mit Viol' und Rose das Haar sich

Oft durchflicht, und zuweilen in schimmernden Lilien pranget;
Dass sie des Tags zweimal in des pagasäischen Waldbergs
Sprudel das Antlitz sich wäscht, und zweimal in den Fluten sich badet;
Dass sie nur, was geziemt, von des auserlesenen Wildes
Zottigem Vlies um die Schulter, und links um die Seite sich hüllet.
Gleich beseelt sie die Liebe; vereint durchirren sie Berghöh'n,
Gehn dann gesellt in die Kluft. Auch nun ins lapithische Obdach
Trat miteinander das Paar, und focht miteinander den Blutkampf.
Nicht ist der Täter bekannt: ein linksher fliegender Wurfspieß
Kam, und tiefer hinab, als die Brust dem Halse sich anschließt,
Cyllarus, heftet' er dich; und das Herz, von der Wunde gestreifet,
Welkt', und gänzlich der Leib, nach entzogenem Eisen erkaltend.
Aber Hylonome fasst des Lieblings sterbende Glieder,
Drückt die pflegende Hand auf die Wund', und Lippen an Lippen
Fest ihm geschmiegt, versucht sie die fliehende Seele zu hemmen.
Als sie erloschen ihn sah, da sagte sie, was das Getöse
Nicht zu den Ohren mir ließ, und ergreifend die Wehr, die in jenem
Haftete, sank sie darauf, und umschlang noch sterbend den Gatten.
Hell auch steht der Zentaur Phäokemes mir vor den Augen,
Der sechs mächtiger Löwen zusammengeknotete Felle
Wohl sich gefügt, um den Menschen zugleich und das Ross zu umhüllen.
Dieser, den Block absendend, den kaum zwei Joche beweget,
Traf des Phonolenos Sohn, und zerschmetterte oben den Scheitel,
Weit war der Wirbel des Haupts umher geborsten; und plötzlich,
Mund und Ohren hindurch, aus Nas' und Augen, entfloss ihm
Weiches Gehirn: so wie fließt aus der Form des eichenen Reisigs
Käsende Milch; wie der Most, im gröberen Siebe gepresset,
Rinnt, und verdickt aus der Seig' einengenden Öffnungen abläuft.

Doch da den Liegenden jener der Rüstungen strebt zu entblößen,
Jetzt (dein Vater bezeugt's) in des Raubenden Weiche hinunter
Senk' ich das Schwert. Auch Chthonios nun und Teleboas stürzen
Unserer Kling': es trug die gedoppelte Gaffel des Astes
Chthonios, dieser den Spieß; mit dem Wurfspieß schlug er mir Wunden.
Schaue das Mal; hier zeiget sich noch die verwachsene Narbe!
Damals sollte man mich zur Eroberung Ilions senden!
Damals hatt' ich die Macht, wo nicht zu besiegen, zu hemmen
Hektors gewaltige Macht. Doch in jenen Tagen war Hektor
Gar nicht, oder ein Kind; nun lässt mein Alter mich hilflos.
Preis' ich den Periphas dir, der die Zwittergestalt des Pyretus
Mordete? preis' ich den Ampyx, wie dort dem Traber Oïklus
Grad ins Gesicht er gebohret die ungestählte Kornelle?
Dumpf mit dem Hebel durchstieß, Pelethronier, dir, Erigdupos,
Makareus mitten die Brust. Noch seh' ich den fliegenden Jagdspieß,
Der, von Nessus geschnellt, in dem Schoße sich barg dem Cymelus.
Auch vermeine du nicht, nur Künftiges habe geweissagt
Mopsus, Ampykos' Sohn. Durch Mopsus' stürmenden Wurfspieß
Sank der Zentaur Odites, umsonst zu reden versuchend,
Weil an das Kinn ihm die Zung', und das Kinn an die Kehle gebohrt war.
Cäneus, Weib von Geburt, die schönste thessalische Jungfrau,
Jetzt durch Huld des Neptunus ein Mann, unverwundbaren Leibes
Cäneus mordete fünf, den Antimachus nieder, und Bromus,
Stiphelus, Helimos auch, und der Streitaxt Schwinger Pyrakmon:
Nicht mehr denk' ich der Wunden; die Zahl und die Namen bemerkt' ich.
Vorwärts fliegt in der Wehr des Emathiers, jenes Halesus,

Den er dem Tode gestreckt, der groß gegliederte Halbmensch
Latreus. Zwischen dem Greis und dem Jünglinge schwebt' ihm das Alter;
Jugendlich blühte die Kraft, es sprenkelte Silber die Schläfen.
Dieser mit Schild, und mit Helm, und makedonischer Pike
Anschaunswert, das Gesicht zu beiderlei Heeren gewendet,
Schüttelte Kriegsgerät, und trabt' in gemessenem Umlauf;
Dann ergoss er die Worte des Übermuts in die Lüfte:
Dir auch, Cänis, begegn' ich im Kampf! denn immer ein Weib mir
Bleibst du, und Cänis, wie sonst! Macht nicht die erste Geburt dir
Mürbe den Sinn? Denkt nimmer dein Herz, welch Tun dir Belohnung,
Welches Verdienst des Mannes geheuchelten Schein dir erworben?
Schau, was geboren du wardst, was du duldetest! Wocken und Spindel
Nimm mit dem Körbchen zur Hand, und drehe Gespinst mit dem Daumen!
Kämpfe gebühren dem Mann! – Dem Prahlenden sendete Cäneus
Wühlenden Stahl in die Seite, die lang im Laufe gedehnt war,
Grade wo Ross und Mann sich gesellt. Wild tobt er vor Schmerzen:
Und in das offene Gesicht dem Thessalier stößt er die Pike.
Doch sie prallte zurück, wie vom Dach abprallender Hagel,
Und wie ein winziger Stein von gespanneter Trommel emporhüpft.
Nahe beginnt er den Kampf, und ringt der gehärteten Seite
Einzudrängen das Schwert; nicht bahnt dem Schwerte sich Durchgang.
Nie doch sollst du entfliehn; mit der Schneid' entgurgelt das Schwert dich,
Sei auch die Spitze gestümpft! so rufet er; und in die Quere
Dreht er das Schwert, und umschlingt ihm mit langer Rechte die Weichen.

Hell klirrt's unter dem Streich, wie Geklirr des gehauenen Marmors;
Und es zerknackt anschlagend die Kling' an dem Halse gesplittert.
Als er genug dem Erstaunten gereicht unverletzbare Glieder:
Nun, sprach Cäneus, wohlan! dein Leib sei von unserem Eisen
Wieder versucht! und er senkte zum Hefte hinab in den Bug ihm
Sein todbringendes Schwert, und blind in dem Inneren regt' er's
Mit umwendender Hand, und bohrete Wund' in die Wunde.
Siehe, mit grassem Geschrei stürzt rasend der Schwarm der Zentauren,
Alle zugleich auf den Einen Geschoss' absendend und tragend.
Rückwärts prallt und fällt das Geschoss; und stets undurchbohret
Bleibt er, und stets unblutig, der Elateïer Cäneus.
Tief erstaunt ob dem Wunder die Meng': Ha, Schand' und Beschimpfung!
Ruft jetzt Monychos aus: uns Schwarm soll besiegen der Eine?
Kaum er ein Mann? Ja wahrlich ein Mann! Wir zaudernden Träumer
Sind, was er war! Was frommen die unermesslichen Glieder?
Was die gedoppelte Kraft? und dass zwiefache Natur uns
Stärkt, aus dem tapfersten Wuchs lebendiger Wesen gepaaret?
Nicht hat uns Ixion, und nicht mit der göttlichen Mutter,
Acht' ich, gezeugt! der so groß sich erhub, dass der Königin Juno
Gunst er gehofft! Uns wird ja ein Halbmann Sieger im Kampfe!
Felsen und Blöck' auf den Leib, und ganze Gebirg' ihm gewälzet!
Zäh, wie das Leben ihm ist, aus knirscht's mit gesendeten Wäldern!
Waldung zerdrücke die Kehl'; und statt der Wunde sei Last ihm!
Sprach's und ergriff ein langes, mit Macht vom rasenden Auster
Niedergeschlagnes Gebälk, und warf's dem gewaltigen Feind hin.
Beispiel war er dem Schwarm; und in weniger Frist war der Othrys
Weit von Bäumen entblößt, und der Pelion leer der Beschattung.

Dicht umdrängt von des Walds Aufhügelung, schmachtete Cäneus
Unter der wipflichten Last, und trug auf gehärteten Schultern
Hochgestapeltes Holz. Nachdem nun über sein Antlitz
Wuchs das Gewicht, und nirgend ein Weg zum Atmen ihm nachbleibt,
Lieget er bald ohnmächtig, und bald zu den Lüften vergebens
Ringt er empor sich zu richten, und abzuwälzen die Forste;
Oft auch regt er sie auf: wie jener da, welchen wir schauen,
Wenn er von Erderschütterung bebt, der erhabene Ida.
Zweifel umhüllt den Erfolg. Es behaupteten andre, der Leib sei
Durch den belastenden Wald in des Tartarus Öde gedränget.
Nein, sagt Ampykos' Sohn; denn hervor aus dem Schutte, mit gelben
Fittichen sah er den Vogel zur Heitere schweben des Äthers,
Welcher zuerst damals, und zuletzt damals mir erschienen.
Als ihn, der um das Lager der Seinigen sanft sich umherschwang,
Und mit gewaltigem Klang' in dem Umschwung tönete, Mopsus
Angeschaut, und mit Augen zugleich und Geiste gefolgt war:
Heil dir! rief er empor, o du Ruhm des lapithischen Volkes,
Größester Mann vormals, nur einziger Vogel, o Cäneus!
Glauben schuf der Verkünder dem Wort. Schmerz mehrte den Zorn uns;
Und es verdross, dass einer von so viel Feinden erdrückt ward.
Auch nicht ruhten wir eher, mit Stahl zu wühlen im Blute,
Ehe zum Teil sie gestürzt, teils Flucht sie gerettet und Dunkel.

Ajax und Ulysses

Schon war Phrygias Graun, der Schmuck und das Heil der Pelasger,
Äakus' herrlicher Spross, das unbezwingbare Kriegshaupt,

Flammen ein Raub: und der Gott, der ihn waffnete, dieser verbrannt' ihn.
Schon ist er Asch'; und es bleibet vom einst so großen Achilles
Weniges, kaum genug, die winzige Urne zu füllen.
Aber es lebt sein Ruhm, ringsher zu erfüllen den Erdkreis.
Solch ein Maß ist gemäß dem erhabenen Manne; nur so ist
Gleich sich selbst der Pelid', und fühlt nicht des Tartarus Öde.
Selber der Schild, dass, wessen er war, nicht einer verkenne,
Weckt feindseligen Kampf, und um Rüstungen träget man Rüstung.
Nicht des Oïleus Sohn, noch des Tydeus, wagt sie zu fordern,
Nicht der atridische Held Menelaus, noch Agamemnon,
Größer an Alter und Mut, nicht andere: nur des Laertes,
Nur des Telamon Sohn, sind des herrlichen Ruhmes Bewerber.
Aber des Tantalus Enkel entzog der gehässigen Last sich;
Und die argolischen Führer zum Sitz in der Mitte des Lagers
Rufend, befahl er allen, nach Recht zu entscheiden den Hader.

Dreizehntes Buch

Ajax und Ulysses

Als sich die Fürsten gesetzt, und der Kreis des Volkes umherstand,
Hebt sich Ajax, der Held des siebenfältigen Schildes.
Und wie den Zorn sein Herz nie bändigte, wendet er düster
Auf den sigeïschen Strand, und die Flott' am Strande das Antlitz;
Dann ausstreckend die Händ'; O Jupiter, ruft er, ich streite
Hier vor den Schiffen um Recht, und mir vergleicht sich Ulysses!
Doch nicht zweifelte jener vor Hektors Flamme zu weichen,
Die ich allein aushielt, die ich von der Flotte hinwegtrieb.
Sicherer ist es demnach, in gebildeten Worten zu hadern,
Als mit der Hand zu kämpfen. Doch mir ist weder die Rede
Leicht, noch jenem die Tat. So viel ich schaffen im Kriegsraum
Kann, und in offener Schlacht, so viel kann jener im Sprechen.
Doch nicht brauch' ich mein Tun vor euch zu erzählen, Pelasger,
Mein' ich; ihr sahet es ja: das seinige meld' uns Ulysses,
Was unbezeugt er verübt, was allein mitwissend die Nacht sieht.
Zwar ist groß, den ich fordre, der Preis; doch der neben mir fordert,
Nimmt ihm den Glanz. Nicht macht es den Ajax stolz, zu erlangen,
Sei es auch überschwänglich, was mitgehoffet Ulysses.
Jener erlangte den Preis schon jetzt in dieser Entscheidung,
Wo er, sogar auch besiegt, als mein Mitkämpfer genannt wird.
Ich indes, wenn die Tugend in mir zweideutig erschiene,
Ragete doch durch edle Geburt, von Telamon stammend,
Der die trojanische Stadt mit dem tapferen Herkules einnahm,
Und an der Kolcher Gestad' anlandete samt dem Jason.
Ihm ist Äakus Vater, der dort die schweigenden Schatten

Richtet, wo schweres Gestein den äolischen Sisyphus lastet.
Aber als Sohn erkennet den Äakus selbst der erhabne
Jupiter an: so ist der Dritte von Jupiter Ajax.
Doch nicht sollen die Ahnen den Streit mir gewinnen, Achiver;
Hab' ich sie nicht mit Achilles, dem hochbeherzten, gemeinsam.
Bruder war mir der Held: mein brüderlich Erbe verlang' ich.
Was will Sisyphus' Sohn, an Trug und Ränken ihm ähnlich,
Durch fremdartige Namen den Stamm des Äakus fälschen?
Weil ich zuerst zu den Waffen, und ohn' Anzeiger geeilt bin,
Werden mir Waffen versagt? und der Vorzug scheint zu verdienen,
Welcher zuletzt sie ergriff und lang ablehnte den Feldzug
Durch die erdichtete Wut, bis noch sinnreicher, denn jener,
Aber sich selbst unnützer, der Naupliade des Feiglings
Schlauen Betrug aufdeckt' und den Sträubenden zog zu den Waffen?
Es soll nehmen die Besten, der auch nicht einige wollte?
Ungeehrt und beraubt der blutsverwandten Geschenke,
Soll ich sein, der zuerst den Kriegsgefahren sich darbot?
Möchte doch wahr entweder der Wahnsinn oder geglaubt sein!
Wär' er doch nie ein Genoss zu der phrygischen Feste gekommen,
Er, der Frevel nur riet! Nie wärest du, Edler des Pöas,
Ausgesetzt an Lemnos' Gestad', uns allen zum Vorwurf!
Wo du jetzt, wie sie sagen, versteckt in umwaldeten Höhlen
Felsen bewegst mit Geseufz und dem Sohn des Laertes erflehest,
Was er verdient, was (Götter, o gebt's!) nicht umsonst du erflehest!
Jener nunmehr, der mit uns zu den selbigen Waffen geschworen,
Ach, der Fürsten ein Teil, dem selbst die Geschosse zum Erbe
Herkules gab: dort liegt er, geschwächt von Hunger und Krankheit,
Und umhüllt sich und nährt sich mit Luftgefieder; und Pfeile,
Troischen Herzen bestimmt, missbrauchet er, Vögel zu fangen.
Gleichwohl lebt er annoch, weil nicht mit Ulysses er abfuhr.

Gern war' auch Palamedes zurückgeblieben, der Arme!
Lebend war' er; wo nicht, doch frei von Verleumdung gestorben.
Jener, zu eingedenk des übel enthülleten Wahnsinns,
Gab ihm Schuld der Achäer Verrat; und der falschen Beschuldung
Fand er Beweis, und zeigte zuvor vergrabenes Gold uns.
Teils demnach durch Verbannung entzog er Kraft den Achäern,
Teils durch Mord. So kämpft er und so ist furchtbar Ulysses!
Hätt' er an Rede sogar vor dem biederen Nestor den Vorzug,
Dennoch beredet' er nie, dass mir der verlassene Nestor
Nicht ein Verbrecher erscheine. Da laut den Ulysses er anrief,
Durch das verwundete Ross und ermüdendes Alter gehemmet,
Ward ihm Verräter der Freund. Dass nicht die Beschuldigung falsch sei,
Weiß gar wohl der Tydide, der oft ihn namentlich rufend
Tadelte, der vorrückte die ängstliche Flucht dem Genossen.
Ja, mit Gerechtigkeit schaun auf menschliche Dinge die Götter.
Siehe, es bedarf Beistand, der ihn weigerte; und ein Verlassner
Sollt' er sein, der verließ; dies Urteil sprach er sich selber.
Aber er ruft den Freunden; ich komm', und den Bebenden seh' ich,
Blass vor Angst im Gesicht und erschreckt vom nahenden Tode.
Vor ihn setzt' ich des Schilds Bollwerk, und den Liegenden deckt' ich,
Und erhielt ihm die Seel' (o klein ist der Ruhm!) dem Verzagten.
Wenn du bestehst auf den Streit, so lass dorthin uns zurückgehn.
Stelle den Feind und dich selber mit Wund' und gewöhnlicher Zagheit;
Schmiege dich unter den Schild: dort eifre mit mir um den Vorrang!
Als ich ihn jetzo entrafft; o schau, dem die Wunde zum Stehen
Kraft nicht ließ, wie gehemmt von keiner Wunde, so floh er.
Hektor erscheint und führt in den Kampf mitfolgende Götter;

Und wo er stürzt, da entbebst nicht du allein ihm, Ulysses,
Sondern die Tapferen auch: so viel trägt jener des Schreckens!
Den hab' ich, wie er stolz des blutigen Mordes einherschritt,
Fern auf den Rücken gestreckt mit der Last des gewaltigen Felsens.
Dem hab' ich, da er einen zum Kampf ausfordert', allein mich
Dargestellt: ihr weihtet mein Los mit Flehen, Achiver;
Und nicht umsonst war euer Gebet. Wenn ihr etwa das Schicksal
Dieses Kampfes erforscht: nicht ward ich besieget von jenem!
Siehe, mit Eisen, mit Glut, mit Jupiter stürmen die Troer
Gegen der Danaer Flotte! Wo nun der Redner Ulysses?
Ich mit der Brust bedeckte die tausend Schiffe, die Hoffnung
Euerer Wiederkehr! Für die Tausende gebt mir die Waffen.
Wenn mir Wahres zu reden vergönnt wird, größere Ehr' ist
Jenen beschieden, denn mir; und beider Ruhm ist vereinigt.
Ajax wird für die Wehr, nicht Wehr gesuchet für Ajax.
Stell' uns den Rhesus dagegen der Ithaker, und den entnervten
Dolon und Helenus auf, den er fing mit der heiligen Pallas!
Nichts ward bei Tage vollbracht, nichts ohne den Held Diomedes.
Wollt ihr einmal die Waffen verleihn so geringem Verdienste:
Teilet sie! und es empfahe den größeren Teil Diomedes!
Doch wie dem Ithaker sie? der heimlich immer und wehrlos
Kriegt und mit schleichendem Trug' unachtsame Feinde belistet!
Selbst der Schimmer des Helmes, der goldene Strahlen umherwirft,
Klärt Nachstellungen auf und verrät den duckenden Laurer.
Doch das dulichische Haupt wird unter dem Helm des Achilles
Solch ein Gewicht nie tragen; und nie unbelastend und unschwer
Kann die pelische Lanz' unkriegrischen Armen erscheinen;
Auch nie möchte der Schild, wie ein wölbender Himmel gemeißelt,
Fugsam sein der scheuen und Heimlichkeit übenden Linken.
Was doch begehrst du, Kecker, ein dich nur schwächendes Kleinod?

Wenn es dir missurteilend das Volk der Achiver verleihn wird,
Trägst du zum Raub es hinfort und nicht zum Schrecken dem Feinde;
Und, wodurch du allein, Freiherziger alle besiegest,
Langsam wird dir die Flucht, wo die mächtige Tracht du umherschleppst.
Füge dazu, dass der Schild, der dem Kriegssturm selten sich ausstellt,
Dir unverletzt noch ist; und dem meinigen, den die Geschosse
Rings durchbohrt und gekerbt, ein jüngerer Folger gebühret.
Endlich wozu der Worte noch viel? Man zeige sich handelnd!
Unter die Feind' entsendet die Wehr des tapferen Mannes,
Dass wir sie dort abholen; und schmückt mit Gebrachtem den Bringer!

Also beschloss der Erzeugte des Telamon; und dem Beschlusse
Folgt' ein Gemurmel des Volks: bis der edele Sohn des Laertes
Jetzt aufstand und die Augen, die kurz am Boden verweilet,
Gegen die Fürsten erhob und den Mund mit erwarteten Tönen
Öffnete. Nicht war entfernt der geordneten Rede die Anmut.

Wenn mein Wunsch mit dem euren geglückt uns wäre, Pelasger,
Oh, nicht schwankte die Wahl im erhabenen Streit um den Erben:
Du wärst eigener Waffen, wir selbst dein mächtig, Achilles!
Jetzo da mir und euch ein, ach! zu hartes Geschick ihn
Weigerte (und mit der Hand enttrocknet' er gleichsam dem Auge
Tränen); o wer wohl folgte mit Fug dem großen Achilles,
Als durch den Achilles dem Danaerheere gefolgt ist?
Fromme nur diesem es nicht, dass er stumpf, wie er ist, sich bekennet.
Und nicht schad' es mir selbst, dass euch beständig, Achäer,
Nütze des Geistes Betrieb; und wenn mir Fähigkeit beiwohnt,
Die für den Eigener jetzt, für euch so häufig geredet,

Sei sie vom Neide verschont; und niemand leugne sein Gutes.
Denn das Geschlecht und die Ahnen und was nicht selber wir schufen,
Nenn' ich das Unsrige kaum. Doch weil sich Ajax gerühmet,
Jupiters Enkel zu sein; auch unserem Blut ist der Ursprung
Jupiter; uns auch trennen nur drei der Stufen von jenem.
Denn mich hat Laertes erzeugt, Arcesius diesen,
Jupiter den; und keiner entfloh aus dem Lande verurteilt.
Auch der cyllenische Gott ward uns als anderer Adel
Zugesellt von der Mutter: ein Gott ist in beiden Erzeugern.
Doch nicht, weil mein Muttergeschlecht preiswürdiger anhub,
Noch weil rein sich erhielt von Bruderblute der Vater,
Sei'n mir die Waffen verliehn; nach Verdienst urteilet die Sache!
Wenn nur nicht, dass Bruder dem Telamon Peleus gewesen,
Dies zum Verdienst dem Ajax gereicht; nicht Folge der Sippschaft,
Nein, der Tugenden Glanz, bei dem Kriegsgeschmeide gesucht wird!
Oder so engeres Band hier gilt und der nähere Erbe:
Peleus ist ihm Erzeuger; ihm ist der Erzeugete Pyrrhus.
Ajax, wo der? Gen Phthia versendet es, oder gen Scyros,
Auch nicht weniger nah ist Teucer verwandt dem Achilles.
Fordert sie jener indes? und fordert' er, nähm' er die Waffen?
Also, dieweil um Taten allein stattfindet der Wettstreit,
Mehr zwar hab' ich geschafft, als was in Worten zu fassen
Mir so leicht sich ergibt: doch soll Zeitfolge mich leiten.
Ahnend den künftigen Tod verbarg die nereïsche Mutter
Unter Verkleidung den Sohn; und es täuschte die Suchenden alle,
Auch den Ajax zugleich, der Betrug des genommenen Anzugs.
Rüstungen mischt' ich nunmehr, das männliche Herz zu erregen,
Unter die weibliche War'; und noch entriss sich der Held nicht
Sein jungfräulich Gewand, als Schild und Lanz' er umfasste:

Sohn der Göttin, begann ich, von dir erwartet sein Schicksal
Pergamus! was denn weilst du den Fall der erhabenen Troja?
Und ich ergriff und sandte zu tapferen Taten den Tapfern.
Drum, was jener getan, ist mein. Ich zwang mit der Lanze
Telephus, der uns bekämpft: den Besiegten und Flehenden heilt' ich.
Auch dass Thebe gesunken, ist mein; mir öffnete Lesbos,
Mir Apollos Städte, mit Tenedos, Chryse und Cylla,
Mir auch Scyros das Tor; mein war die erschütternde Rechte,
Die in Trümmer und Schutt hinwarf die lyrnesischen Mauern.
Und dass ich andere schweig'; ich gab ihn, welcher den grausen
Hektor schlug; es erlag durch mich der gefeierte Hektor.
Für die Wehr, die entdeckt den Achilles, fordr' ich die Wehr nun;
Was ich dem Lebenden gab, verlang' ich wieder vom Toten.
Als des einzelnen Schmerz die Danaer alle durchdrungen,
Und die euböische Aulis von tausend Schiffen erfüllt war,
Blieb, wie lang auch erwartet, der Wind still, oder entgegen
Unserer Flott'; und es hießen die schrecklichen Los' Agamemnon
Schlachten der grausen Diana die ganz unschuldige Tochter.
Väterlich weigert er das, und zürnt den Unsterblichen selber;
Denn noch war der Vater im Könige: aber dem Vater
Wandt' ich durch Worte das Herz zum gemeinsamen Heile des Volkes.
Dort (ich will es gestehn, und Verzeihung gewähr' Agamemnon)
Trug ich die schwierigste Sache vor einem unbefangenen Richter.
Dennoch bewegt' auch diesen das Beste des Volks, und der Bruder,
Und der verliehene Zepter, sich Lob zu erkaufen mit Blute.
Jetzo ging ich zur Mutter gesandt, wo nicht die Ermahnung,
Sondern die Täuschung nur half. Gebt Telamons Sohne den Auftrag,
Und euch harren noch jetzt auf günstige Winde die Segel.

Auch die ilischen Höhen besucht' ich kühner Gesandter;
Und ich sah und betrat den Kreis ratschlagender Troer.
Voll noch war er von Helden gedrängt. Unerschrocken erklär' ich,
Was mir vertraut zu bestellen die Macht der gesamten Achäer:
Paris zeih' ich der Schuld, und den Raub samt Helena fordr' ich.
Priamus hört mich bewegt und Priamus' Freund Antenor.
Paris indes und die Brüder und die mit jenem geraubet,
Hemmeten kaum die Arme (du weißt, Menelaus!) vom Frevel.
Jener Tag war der erste Vereiniger unsrer Gefahren.
Säumnis wär's, zu erzählen, was ich zur gemeinsamen Wohlfahrt
Schaffte mit Rat und mit Hand, in der Zeit des dauernden Krieges.
Nach den ersten Gefechten verschlossen sich lange die Feinde
Inner den Mauern der Stadt, und offenen Kampfes Entscheidung
Bot sich nie; in dem zehnten der Jahr' erst schlugen wir Feldschlacht.
Was begannst du indes, der du nichts als Treffen verstehest?
Was kam Gutes von dir? Denn wofern mein Tun du erforschest:
Listen bereit' ich dem Feind, mit Verschanzungen gürt' ich die Graben;
Trost und Ermunterung red' ich den Unsrigen, dass sie geduldig
Tragen den lästigen Krieg; ich lehre sie, wie zu ernähren,
Wie zu bewaffnen wir sein; wo es Not ist, geh' ich gesendet.
Sieh, nach Jupiters Rate getäuscht von dem Bilde des Traumes,
Heißt der Atrid' abwerfen die Last des begonnenen Krieges.
Jener kann das Geheiß verteidigen durch den Ermahner.
Dulde das Ajax doch nicht! die Zertrümmerung Ilions heisch' er!
Und was er kann, er kämpfe! Warum nicht hemmt er die Abfahrt?
Schleunig die Waffen gefasst! Ein Beispiel gibt er dem Schwarme!
Nicht war's jenem zu viel, der stets nur Großes uns vorsagt!
Was? auch du selber entfliehst? Ich sah, und mir glühte das Antlitz,

Als du, den Rücken gewandt, unrühmliche Segel beschicktest!
Ohne Verzug: Was macht ihr? wie blendet euch, rief ich, der
Wahnsinn,
Dass ihr, Genossen, verlasst die bereits hinfallende Troja?
Was nun bringt ihr zu Haus im zehnten Jahre, denn Schande?
So und mit ähnlichen Worten, die selber der Schmerz mir in Fülle
Eingab, zog ich den Schwarm von der Flotte zurück und dem
Heimweh.
Jetzo beruft der Atride den Rat der erschrockenen Freunde.
Was nun Telamons Sohn? Nicht einmal die Lippe zu öffnen
Waget er. Aber es wagte der Könige Namen zu lästern,
Nicht unbelohnet von mir, der unehrbare Thersites.
Ich steh' auf und ermahne die zitternden Landesgenossen
Gegen den Feind und belebe die scheidende Tugend durch Aufruf
Seit dem Tage, wie viel er getan zu haben des Tapfern
Scheinen auch kann, ist mein: ich zwang zum Stehen den Flüchtling.
Endlich im Danaervolk wer lobt dich, oder wer sucht dich?
Aber mit mir teilt gerne des Tydeus Sohn, was er vornimmt;
Mich fand jener bewährt, und vertraut dem Genossen Ulysses
Etwas ist es, zu sein von der Danaer Tausenden einer,
Den Diomedes erkor. Auch gebot kein Los mir, zu gehen.
Also nun, die Gefahren der Nacht und des Feindes verachtend,
Hab' ich ihn, der ein Gleiches gewagt, den Phrygier Dolon,
Niedergehaun; nicht eher indes, bis alles er angab,
Und ich völlig vernahm den Entwurf der tückischen Troja.
Ganz durchschaut' ich ihn jetzo; und nichts zu erkunden war übrig;
Heimgehn konnt' ich bereits mit vorausgesendetem Ruhme.
Unvergnügt mit solchem, besuch' ich die Zelte des Rhesus;
Selbst im eigenen Lager ermord' ich ihn, samt den Begleitern.
Siegreich dann und der Wünsche gewährt, auf erobertem Wagen,

Halt' ich den Festeinzug, wie in fröhlicher Pracht des Triumphes,
Dessen Gespann zum Lohne der Feind für die Nacht sich gefordert,
Schlagt des Waffen mir ab; und es sei der Verdientere Ajax!
Was noch meld' ich die Scharen des Lycierfürsten Sarpedon,
Die mein Eisen zerschlug? da in strömendes Blut ich dahinwarf
Köranos, Iphitos' Sohn, und Chromios, samt dem Alastor,
Halios auch und Alkandros und Prytanis; auch den Noëmon;
Da ich den dunkelen Tod dem Chersidamas bracht' und dem Thoon,
Euch Unglücklichen auch, dir, Ennomos, dir auch, o Charops;
Und wer minder genannt in den Staub vor Ilions Mauern
Unter der Hand mir sank. Auch rühmliche Wunden, o Bürger,
Hab' ich an rühmlichem Ort; und glaubt nicht eitelen Worten;
Schauet sie selbst! – Und er zieht das Gewand herunter, und: Hier ist,
Ruft er, die Brust, die immer für euer Wohl sich beschäftigt!
Nichts von dem eigenen Blute, durch so viel Jahre, verwandte
Telamons Sohn für die Freund'; er trägt unverwundete Glieder.
Aber was macht's, wenn er Waffen zum Schutz der pelasgischen Flotte
Gegen die Troer und Zeus geführt zu haben behauptet,
Und, ich bekenn' es, geführt? Denn nicht das Gute mit Scheelsucht
Abzuleugnen ist mein. Nur nehm' er gemeinsames Gut nicht
Ganz allein; auch gönn' er zum wenigsten Teil an der Ehre!
Aktors Enkel vertrieb, durch den Schein des Achilles gesichert,
Trojas Macht von den Schiffen, die samt dem Verteidiger brannten.
Auch dass allein er gewagt, mit Hektors Kraft sich zu messen,
Wähnt er und denkt des Königes nicht, noch der Fürsten und meiner;
Er selbneunt' im Erbot, nur mehr vom Lose begünstigt!

Aber indes der Erfolg, o Tapferster, eueres Kampfes,
Welcher war's? Weg ging er, der unbeschädigte Hektor.
O mein Herz! mit wie tiefer Bekümmernis muss ich gedenken
Jenes traurigen Tags, da der Danaer Mauer Achilles
Hinsank! Aber nicht Tränen, nicht Gram, nicht betäubender Schrecken
Hinderten, dass ich den Leib von der Erd' aufhebend hinwegtrug!
Seht die Schultern, o seht! sie trugen den Leib des Achilles,
Trugen die Waffen zugleich, die ich nun zu tragen mich sehne!
Ja, mir sind hinreichend für solcherlei Lasten die Kräfte;
Ja, mir schläget ein Herz, nicht fühllos euerer Ehren!
Darum hätte fürwahr um den Sohn die bläuliche Mutter
Gang und Bitte verwandt, dass die himmlischen Gaben, das edle
Kunstgebild, ein roher und unempfindlicher Krieger
Führete! Denn nicht einmal des Schilds Abbildungen kennt er:
Land' und Ozeanus rings, und hochgestirneten Himmel,
Dort Plejad' und Hyad', und niemals badende Bärin,
Vielfach laufende Kreis', und das blinkende Schwert des Orion.
Hinzunehmen verlangt er ihm selbst unerklärbare Rüstung!
Was nun? er schuldiget mich, dass, grauliche Kriegsgeschäfte
Meidend, zu spät ich gekommen zur angefangenen Arbeit?
Fühlet er nicht, wie er schmähe den hochgesinnten Achilles?
Wenn Verstellung ein Frevel ihm heißt; wie verstellten uns beide.
Wenn er Verzug Schuld nennet; ich kam noch früher denn jener.
Mich verspätete Liebe des Weibs, ihn Liebe der Mutter.
Jenen war der Beginn nur geheiliget, alle die Folg' euch!
Furchtlos bleib' ich, und kann ich auch nicht abwälzen den Vorwurf,
Der mit solchem Manne mich trifft. Doch entdeckt von Ulysses'
Sinnendem Geist ward jener; und nicht von des Ajax Ulysses.

Dass er mich mit Geschwätz der törichten Zunge besudelt,
Keinen verwundere das: da er euch schamwürdige Handlung
Vorwirft. War denn vielleicht, Palamedes falsch zu verklagen,
Schändlich an mir, und an euch, ihn falsch zu verdammen, so rühmlich?
Doch nicht Nauplius' Sohn rechtfertigte glücklich sein großes,
Und so klares Vergehn; noch, wes er beschuldiget auftrat,
Hörtet ihr, sondern ihr saht: die Belohnungen zeigten den Vorwurf.
Nicht, dass den Pöantiden verweilt die vulkanische Lemnos,
Brauch' ich Rede zu stehn; rechtfertiget eure Verfügung,
Denn ihr beschlosst einmütig. Den Rat zwar leugn' ich mitnichten,
Dass sich jener entzöge des Kriegs und des Weges Beschwerden,
Und dem zerreißenden Schmerze durch Ausruhn Linderung suchte.
Mir gehorcht' er, und lebt. Es erschien nicht allein in dem Vorschlag
Freundschaft, sondern auch Glück; da genug war redliche Freundschaft.
Weil ihn anjetzt Wahrsager zu Trojas Eroberung fordern;
Spart mir lieber den Gang; gebt Telamons Sohne den Auftrag,
Dass er mit Worten den Mann, den Zorn erbittert und Krankheit,
Sänftige, oder mit Kunst ihn daherzulocken ersinne.
Eher wird rückwärts fluten der Simoïs, eher der Ida
Laublos stehn, und Hilfe der Danaer leisten dem Troer;
Ehe, sobald ich raste für euch zu denken auf Wohlfahrt,
Je des törichten Ajax Betriebsamkeit fromme den Grajern!
Sei, wie du willst, den Genossen, dem Könige feind, und mir selber,
Grausamer Pöantide; verfluche du auch, und verwünsche
Stets und immer mein Haupt; ja sehne dich, dass mich der Zufall
Dir dem Ereiferten geb', und das Blut aus dem Herzen du schöpfest;
Möge, wie du in meiner, so ich in deiner Gewalt sein:
Dennoch sollst du daran!

Ebenso nehm' ich gewiss (wenn das Glück will) deine Geschosse;
Als ich gefangen mir nahm den dardanischen Seher der Zukunft,
Als ich die Götterbescheid' und Trojas Schicksal enthüllte,
Als ich das tief verborgne Gebild der phrygischen Pallas
Mitten aus Feinden gewann! – Und mir vergleichet sich Ajax?
Traun! es versagt' ohn' ihren Besitz das Geschick die Erobrung!
Wo denn der tapfere Ajax? und wo des erhabenen Mannes
Hohes Wort? Was zagest du hier? was wagt es Ulysses,
Durch die Wächter zu gehn, und sich der Nacht zu vertrauen?
Und durch drohende Schwerter nicht nur in die Mauern der Troer,
Sondern emporzudringen zur Burg; und aus eigenem Tempel
Weg die Göttin zu reißen, und wegzuführen durch Feinde?
Wenn nicht solches ich tat; der Telamonier Ajax
Trug umsonst am Arme den siebenhäutigen Stierschild.
Jene Nacht erwarb mir den Sieg der türmenden Troja;
Pergamos hab' ich besiegt, da ich Möglichkeit schuf der Besiegung.
Endige, uns den Tydiden, durch deutende Mien' und Gemurmel,
Meinen Gehilfen, zu zeigen; er hat an dem Lobe sein Anteil!
Du auch, als du den Schild für der Danaer Flotte dahertrugst,
Warst nicht allein: dich geleitet' ein Schwarm, mir wurde der Eine.
Wenn er nicht selbst urteilte, der Streitbare müsse dem Klugen
Nachstehn, nicht handfester Gewalt nur komme der Preis zu;
Selbst wetteifert er nun, und zugleich der bescheidene Ajax,
Auch Eurypylus, tapfer und kühn, und der Sohn des Andrämon;
Nicht Idomeneus auch, noch Meriones, Helden von Kreta,
Fehleten hier, noch der Bruder des hocherhabnen Atriden.
Schau, mit der Hand so tapfer (du selbst siegprangest nicht höher!)
Wichen sie meinem Bedacht. Du hebest den Arm in der Feldschlacht
Nicht ohn' Erfolg; nur die Seele bedarf dir unserer Lenkung.

Du hast Kraft, doch ohne Verstand; ich Sorge der Zukunft.
Du vermagst in dem Kampf; die gemessenen Zeiten des Kampfes
Wählt der Atride mit mir. Du bringst mit dem Leibe nur Vorteil;
Wir mit dem Geist. Und so weit, wer ein Fahrzeug steuert mit Klugheit,
Ragt vor dem Ruderverdienst; so weit vor dem Krieger der Feldherr:
Steh' ich höher denn du. Ja, selbst in dem Leibe des Menschen
Gilt das Herz vor der Hand; die belebende Kraft ist im Herzen.
Auf denn, gewähret den Preis, ihr Gewaltigen, euerem Hüter;
Und für die ängstliche Treue, für so vieljährige Sorgfalt,
Gebt mir die Ehre zum Dank, den Ersatz der redlichen Dienste.
Schon ist die Arbeit am Ziel; das hemmende Schicksal entfernt' ich.
Schon ward Pergamos' Höhe bezwinglich gemacht, und bezwungen.
Bei dem verbündeten Wunsch, und den fallenden Mauren der Troer,
Bei der Unsterblichen fleh' ich, die jüngst den Feinden ich abnahm;
Bei dem übrigen noch, was vielleicht durch Weisheit geschehn muss;
Wenn noch kühnes Geschäft, auf schlüpfrigem Wege zu schaffen,
Wenn noch einiges ihr von Trojas Schicksal vorausseht:
Denkt doch meiner in Gunst! Wo ihr mir nicht gebet die Waffen,
Gebet sie der! – Und er zeigte das hehre Gebild der Minerva.

Rings sind die Fürsten bewegt. Was treffende Worte vermöchten,
Lehrte die Tat; und die Waffen des Tapferen nahm der Beredte.

Er, der den Hektor so oft, der Eisen und Glut und den Donner
Jupiters trug, er allein! der trägt den einzigen Zorn nicht.
Schmerz bezwingt, den keiner bezwang; und das Schwert sich entreißend:
Mein ist, ruft er, doch dies! Wird das auch verlangen Ulysses?
Dies sei gegen mich selbst mir gebraucht! das mit Phrygierblute

Oft sich genetzt, soll nun mit des Eigeners Blute sich netzen!
Und nicht könne dem Ajax ein Mann obsiegen, als Ajax!
Sprach's, und hinein in die Brust, die nun erst Wunden erduldet,
Dort, wo dem Eisen die Bahn sich öffnete, senkt er den Mordstahl.
Nicht vermochten die Hände das Schwert zu entziehen; doch strahlend
Schnellte das Blut es hervor. Das Land, von dem Morde gerötet,
Zeugt' aus grünendem Rasen die purpurfarbene Blume,
Die dir früher entkeimt', öbalischer Knab' Hyacinthus.
Eine gemeinsame Schrift, dem Knaben sowohl wie dem Manne,
Ward auf die Blätter geprägt: ihn nennet sie, jenen beklagt sie.

Polyxena

Phrygiens Strand alldort, wo Troja gestanden, genüber
Liegt ein Gebiet, von Bistonen bewohnt. Dort war Polymestors
Prächtige Königesburg, dem dich, Polydorus, zur Pflege
Heimlich der Vater vertraut und den phrygischen Kämpfen entzogen,
Weise bedachter Entschluss, wenn nicht auch Schätze er mitgab,
Lohn für frev'lige Tat und geizigen Sinnes Verlockung.
Als nun Phrygiens Glück im Staub lag, nimmt der verruchte
König der Thraker das Schwert und durchschneidet die Kehle dem Pflegkind;
Dann, als könnt' er die Schuld wegschaffen zugleich mit dem Leichnam,
Stürzt er hinab ins Meer den Entseeleten oben vom Felsen.
Rastend am thrakischen Strand lag Atreus' Sohn mit der Flotte,
Harrend auf ruhige See und besser befreundete Winde.

Hier steigt plötzlich hervor so groß, wie er lebend gewesen,
Aus weit berstendem Grund in drohender Haltung Achilles,
Und in dem Antlitz trug er dieselbige Miene wie damals,
Als er im Grimm angriff mit vermessenem Schwert Agamemnon.
»Mein so wenig gedenk abziehet ihr«, sprach er, »Achiver?
Wäre verscharrt mit mir der Dank für unsere Taten?
Das sei fern, und damit mein Grab nicht Ehre vermisse,
Ströme Polyxenas Blut des Achilles Manen zur Sühne!«
Sprach's, und dem zürnenden Geist ward Folge: vom Busen der Mutter
Reißen die Krieger ihr fast noch einziges Kind, und die Jungfrau,
So unglücklich und stark und erhaben ob weiblicher Schwäche,
Wird zu dem Grabe geführt als Opfer an schrecklicher Brandstatt.
Ihrer verblieb sie gedenk, und als sie am grausamen Altar
Stand und ersah, dass ihr nur galt die entsetzliche Feier,
Und Neoptolemus sah dastehn und halten das Eisen,
Während an ihrem Gesicht sein Blick stets haftete, sprach sie:
»Zaudere nicht, lass rinnen das Blut untad'ligen Adels!
Auf, ich stehe bereit: in den Hals hier oder den Busen
Senke den Stahl!« – und den Hals entblößt sie zugleich und den Busen –
»Nimmer ertrüg's ja doch Polyxena, einem zu dienen;
(So wird aber ein Gott durch seltenes Opfer gesühnet).
Bliebe mein Tod nur stets, das wünscht' ich, verborgen der Mutter!
Sie nur hindert und trübt mir die Freude des Todes, wiewohl ihr
Nicht mein Tod, vielmehr ihr Dasein ist zu beseufzen.
Ihr, dass nicht unfrei zu den stygischen Manen ich gehe,
Bleibet mir fern, wenn gerecht mein Begehr, und berühret die Jungfrau
Nicht mit männlicher Hand! Für jenen gewiss ist genehmer,

Wem ihr immer gedenkt mein Blut zur Sühne zu weihen,
Frei sich bietendes Blut. Doch falls euch rühren die letzten
Worte von unserem Mund – des Königes Priamus Tochter,
Nicht die Gefangene, fleht –, gebt willig der Mutter die Leiche;
Lasst sie das traurige Recht der Bestattung erkaufen mit Tränen,
Nicht mit Gold! Sie erkaufte mit Gold auch, als sie es konnte.«
Also redete sie. Nicht wehret die Menge den Zähren,
Denen Polyxena wehrt. Selbst weinend mit zagender Rechten
Stößt in die harrende Brust das gebotene Eisen der Priester.
Jene, mit brechendem Knie kraftlos hinsinkend zur Erde,
Ließ nichts blicken von Furcht im Gesicht beim nahenden Ende.
Da auch, während sie fiel, noch war sie besorgt, zu verhüllen,
Was zu bedecken geziemt, und züchtige Scham zu bewahren.
Troja's Frau'n sind stützend ihr nah' und gedenken beweinter
Priamiden und was ein Haus an Blute gegeben,
Klagen um dich, Jungfrau, und um dich, jüngst Königsgemahlin,
Königsmutter genannt, der blühenden Asia Abbild,
Nun ein verachtetes Los vom Raub, das der Sieger Ulixes
Nicht hinnähme für sich, wenn dir nicht Hektor das Leben
Hätte verdankt: kaum findet den Herrn für die Zeugerin Hektor.
Die umschlinget den Leib, der bar der entschlossenen Seele;
Tränen, geweint so oft um das Land und den Mann und die Kinder;
Weint um diese sie auch; mit Tränen begießt sie die Wunde,
Deckt mit dem Munde den Mund und schlägt an den trauergewohnten
Busen und schleift im geronnenen Blut das erblichene Haupthaar,
Und mit gegeißelter Brust auch solches zu anderem sprach sie:
»Tochter, du letzter Verlust – denn was bleibt übrig? – der Mutter,
Tochter, du liegst, und ich seh' in der deinen die eigene Wunde.

Dass nicht, außer durch Mord, ich einen verlöre der Meinen,
Klafft auch Wunde an dir. Dich hätt' ich, dieweil du ein Weib warst,
Sicher gewähnt vor dem Stahl: als Weib auch sankst du vom Stahle.
Er gab dich in den Tod, der auch so viele der Brüder
Tötete, Troja's Verderb und unser Verwaiser, Achilles.
Als ihn mit dem Geschoss hinstrecketen Paris und Phöbus,
Sprach ich: ›Fürder ist nun doch nicht zu fürchten Achilles.‹
Da noch war er zu fürchten für mich. Des Bestatteten Asche
Wütet in unsrem Geschlecht, und wir spüren im Grabe den Feind auch.
Fruchtbar war ich für Äakus' Spross. Die gewaltige Troja
Liegt, und des Volks Drangsal ist geendet in schwerer Entscheidung,
Aber sie endete doch. Für mich steht Pergamus jetzt noch,
Und es behält Fortgang mein Schmerz. Jüngst mächtig vor allen,
Groß durch die Eidame all, durch die Kinder, die Schnuren, den Gatten,
Muss ich verbannt, hilflos, von den Gräbern der Meinen gerissen,
Fort zu Penelopes Dienst. Die sagt dann Ithakas Müttern,
Deutend auf mich, wenn ich spinne mein Teil: ›Das ist die berühmte
Troische Frau, die Hektor gebar, des Priamus Gattin!‹
Nach so vieler Verlust bist du, in dem Jammer der Mutter
Noch ihr einziger Trost, am feindlichen Grabe geopfert.
Totengabe gebar ich dem Feind. Was bleib' und verzieh' ich,
Hart wie Stahl? Was hebst du mich auf, vieljähriges Alter?
Grausame Götter, wozu noch dehnt ihr das Leben der Greisin,
Als dass Leichen sie sieht stets neu? Wer möchte vermeinen,
Dass nach Pergamus' Fall noch Priamus glücklich zu preisen?
Ja, er ist glücklich im Tod: er sah nicht, wie sie gemordet

Dich, mein Kind, und schied von dem Leben zugleich und der Herrschaft.
Doch sie bestatten dich wohl hochfeierlich, fürstliche Jungfrau,
Setzen gewiss dich bei in der Stammgruft neben den Ahnen?
So wohnt nicht in dem Hause das Glück. Als Spende der Mutter
Werden dir Tränen zuteil und ein Häuflein Sand in der Fremde.
Uns ist alles geraubt. Mir bleibt, weshalb ich dem Leben
Gönne noch kurzen Bestand, Polydorus, der liebste der Mutter,
Jetzo der einzige, sonst vom männlichen Stamme der jüngste,
Den der Ismarierfürst aufnahm an diesen Gestaden.
Doch was säum' ich indes, ihr die grausame Wunde zu waschen
Und das bespritzte Gesicht von dem schrecklichen Blute zu säubern?«
Also sprach sie und ging mit wankendem Schritte, die weißen
Haare zerrauft, an den Strand. »Reicht her, Troaden, die Urne!«
Hatte die Ärmste gesagt, dass flüssige Wellen sie schöpfte.
Sieh, sie gewahrt, wie zum Ufer gespület tot liegt Polydorus
Und von dem thrakischen Schwert weit klafft die entsetzliche Wunde.
Laut schrei'n Trojas Frau'n; stumm bleibt im Schmerze die Mutter,
Denn mit der Stimme zugleich schluckt innen sich regende Zähren
Eben der Schmerz in sich, und vergleichbar hartem Gesteine
Starrt sie und heftet den Blick bald vor sich hin auf die Erde,
Bald auch richtet sie auf zum Äther das finstere Antlitz;
Bald das Gesicht, bald schaut sie die Wunde des liegenden Sohnes,
Aber die Wunde zumeist, und nährt und schüret den Ingrimm.
Wie er zur Flamme gefacht, da füllt, als bliebe sie immer
Königin, Rache ihr Herz, und sie lebt in Gedanken der Strafe.
So wie die Löwin in Wut, der genommen das saugende Junge,
Ohn' ihn zu sehen, dem Feind nachjagt, des Spur sie gefunden:

So nimmt Hekuba auch, da Zorn sich mengte mit Jammer,
Ihres Verlangens gedenk, nicht aber der Jahre gedenkend,
Zu Polymestor den Weg, dem Verüber des grässlichen Mordes,
Und sie begehrt ein Gespräch: Gold wolle sie, das in der Heimat
Läge versteckt, auf dass er es gebe dem Sohn, ihm verraten.
Glaublich erschien's, und der Fürst der Odryser, gewöhnt an die Habgier,
Findet allein sich ein. Arglistig mit schmeichelndem Munde
Sprach er: »Hekuba, gib nur rasch für den Sohn die Geschenke!
Was du mir gibst, was früher du gabst – bei den Himmlischen schwör' ich –,
Alles verbleibt für ihn.« Wie er redete schuldig des Meineids,
Schaut sie finster ihn an und wallt von steigendem Zorne.
So nun packt sie ihn fest und ruft der gefangenen Mütter
Menge herzu und stößt in die treulosen Augen die Finger,
Reißt sie im Nu aus den Wangen heraus – stark macht sie der Ingrimm –,
Bohrt mit den Händen und gräbt, mit dem schuldigen Blute besudelt,
Nicht in den Augen, davon nichts blieb, in der Stelle der Augen.

Aber die Thraker, erbost, dass solches dem Herrscher getan war,
Fallen die Troerin an mit Steinen zugleich und Geschossen.
Hinter geworfenem Stein eilt jene mit heiserem Heulen
Und will schnappen danach, und wie sie zu reden gedachte,
Scholl aus dem Rachen Gebell – noch heute, benannt von dem Wunder,
Zeigt man den Ort –, und lange gedenk vormaliger Leiden
Heulte sie da auch noch schmerzvoll in sithonischen Fluren.
Ihre Trojaner bewegt und sogar die pelasgischen Feinde
Hekubas herbes Geschick; es bewegt auch alle die Götter,

Alle gesamt, so dass gar Jupiters Gattin und Schwester
Selber gestand, das habe sie nicht zu erleiden verdienet.
Müßig ist nicht, obwohl sie die nämlichen Waffen begünstigt,
Trojas und Hekubas Fall und Verderb zu empfinden Aurora:
Nähere Sorge befängt und häusliche Trauer die Göttin,
Da sie den Memnon verlor. Ihn sah in den phrygischen Feldern
Vom Achilleischen Speer hinsinken die rosige Mutter,
Sah's, und der Purpurschein, davon sich die Frühe des Tages
Rötet, erblasste sogleich, und in Wolken verbarg sich der Äther.
Als nun aber der Leib zur Bestattung lag auf dem Feuer,
Konnte die Mutter es nicht ansehn: mit gelösetem Haupthaar,
So wie sie war, verschmähte sie nicht zu umfassen des großen
Jupiter Knie und so zu Tränen die Worte zufügen:
»Keiner der Göttinnen gleich, die wohnen im goldenen Äther –
Denn mir stehen erbaut auf Erden die seltensten Tempel –,
Komm' ich zu dir doch nicht, Wohnstätten und heilige Tage
Mir zu erbitten von dir und mit Feuer zu wärmende Herde.
So du bedächtest indes, was mir du verdankest, dem Weibe,
Wenn ich die Grenzen der Nacht mit erneuetem Lichte bewache,
Schien' ich dir Lohns wohl wert. Doch das nicht kümmert Aurora,
Nicht so steht es mit ihr, dass schuldige Ehren sie heische:
Memnons komm' ich, des Sohnes, beraubt, der streitbare Waffen
Eitel erhob für den Ohm und bezwungen vom starken Achilles –
Ihr ja habt es gewollt – in der blühenden Jugend dahinsank.
Gib, ich bitte, zum Trost für den Tod ihm einige Ehre,
Höchster im göttlichen Rat, und lindre die Wunde der Mutter!«
Jupiter nickte Gewähr. Als Memnons ragender Holzstoß
Sank mit dem lodernden Brand und die Wirbel des schwärzlichen Rauches
Dunkel verdeckten den Tag, gleichwie wenn steigende Nebel

Hauchet der Strom und der Sonne verwehrt nach unten zu dringen,
Flieget die Asch' umher, und zu einem verdichteten Körper
Wird sie geballt und gewinnet Gestalt und eignet vom Feuer
Wärm' und Leben sich an. Mit Schwingen begabt sich die leichte.
Ähnlich dem Vogel zuerst, bald aber ein wirklicher Vogel,
Regte sie rauschenden Flug, und zugleich unzählige Schwestern
Rauscheten, alle gezeugt auf die selbige Art. Um den Holzstoß
Kreiset die Schar dreimal, und dreimal geht in die Lüfte
Einig Geschrei; drauf teilt sich der Schwarm in dem vierten der Flüge.
Feindlich geschieden sodann in zwei kampflustige Heere,
Führen sie blutigen Krieg und fallen mit Schnäbeln und Krallen
Zornig sich an und ermüden die Brust und die Flügel im Andrang,
Und das entstand'ne Geschlecht, das verwandt der bestatteten Asche,
Sinkt als Opfer am Grab und gedenkt der Entstehung vom Helden.
Vom Urheber behält das neue Geflügel den Namen,
Memnonsvögel genannt. Wenn Sol zwölf Zeichen durchlaufen,
Eilen sie wieder zum Kampf und sterben dem Vater zur Sühne.
War drum kläglich zu sehn, dass bellte die Tochter des Dymas,
Anderen, eigenem Leid hängt nach Aurora, und Zähren
Weiht sie dem Sohn noch jetzt und betauet die sämtlichen Lande.

Acis und Galatea

Als ihr grünliches Haar des Nereus Kind, Galatea,
Reichte dem ordnenden Kamme der noch unverwandelten Scylla,
Sagte sie ihr tiefseufzend des Acis traurige Liebe.
Acis ward von Faunus erzeugt und der Nymphe Symäthis.
Reizend blüht' er dem Vater zur Lust und reizend der Mutter;
Aber noch reizender mir. Mich einzige liebte der Schöne,

Der nur eben gefeiert den zweimal achten Geburtstag,
Und die zärtliche Wang' in bezweifeltem Flaume gebräunet.
Aber entbrannt, wie ich jenem, so trachtete mir der Zyklop nach.
Auch nicht, wenn du mich fragst, ob Hass des Zyklopen, ob Liebe
Gegen den Acis in mir vorwaltete, kann ich es sagen!
Gleich war jenes und dies. Wie groß, Allherrscherin Venus,
Ist doch deine Gewalt! Der so ganz Unmilde, der grässlich
Selbst den Waldungen schien, den nie ein Fremdling besuchte
Ungestraft, der Verächter der ewigen Mächt' im Olympus
Fühlet, was Liebe sei; und für mich in Begierde verloren,
Lodert er auf, vergessend des Viehs und der Felsenbehausung!
Schon ist deine Gestalt, schon Lust zu gefallen dir wichtig;
Schon wird gekämmt mit dem Karst dein borstiges Haar, Polyphemos;
Schon entmähst du dir gern den verzottelten Bart mit der Hippe,
Spiegelst dich gern im Gewässer, und stellst das verwilderte Antlitz.
Mordlust, grausame Wut, und unermesslicher Blutdurst,
Rasten nunmehr; und es kommen und gehn ungefährdete Schiffe.
Telemus aber indes, zum sikulischen Ätna verschlagen,
Telemus, Eurymus' Sohn, den nie ein Vogel getäuschet,
Naht dem entsetzlichen Riesen ein Gast, und: Das einzige Auge,
Das auf der Stirne dir glänzt, entwendet dir, sagt er, Ulysses.
Lachend: O du witzloser Verkündiger, sprach er, du irrest!
Schon ja entwandt' es ein Mädchen! So spottet er sein, der umsonst ihn
Warnete. Bald die Gestade mit machtvoll wandelndem Fußtritt
Lastet er, bald dann kehret er müd' in die dumpfige Felskluft.
Weithin ragt in das Meer ein lang auskeilender Hügel,
Zugespitzt; und die Seiten umstürmt rings wogende Brandung.
Hierauf steigt der wilde Zyklop, und sitzt in der Mitte;

Und ihm folgt ungeleitet die Wolle tragende Herde.
Als ihm die Fichte nunmehr, die den Dienst des Stabes ihm darbot,
Lag vor den Füßen gestreckt, dem besegelten Maste nicht ungleich;
Und sein Pfeifengebund aus hundert Röhren gefasst war:
Laut im ganzen Gebirg' erscholl der gellende Feldton,
Laut in den Fluten umher. Vom Geklüft verborgen, und sitzend
Meinem Acis im Schoß, vernahm ich fern mit den Ohren
Diese gesungenen Wort' und behielt die gehörten im Geiste:
Weißere du, Galatea, wie Blütenschnee des Ligusters,
Frischer wie Blumenau'n, und länger gestreckt wie die Erle,
Hell vor hellem Kristall, mutwilliger hüpfend wie Böcklein,
Weicher wie Schwanenflaum, und quabbelnde Milch in den Formen;
Doch wie der Fels unbeweglich, und wild wie der schäumende Sturzbach,
Stolz wie der Lob anhörende Pfau, trugvoller wie Glatteis;
Und, was ganz vorzüglich dir abzugewöhnen ich wünsche,
Flüchtiger selbst wie der Hirsch vor dem Hund, ja, wie wehende Lüftchen!
Aber kennst du mich recht, du bereuest die Flucht, und verdammest
Selbst dein sprödes Verziehn, und suchst mich zu halten mit Sorgfalt.
Mir gehn tief in den Berg von lebendem Felsen gewölbte
Höhlungen, wo du so wenig die Mittagsgluten des Sommers
Fühlst, als winternden Frost; mir hängt voll Obstes der Fruchtbaum;
Mir glühn purpurne Trauben an lang ausrankenden Reben,
Mir auch gelbe wie Gold: dir sparen wir diese, wie jene.
Selbst mit eigener Hand auch sammelst du würzige Erdbeern

Unter dem wildernden Schatten, und selbst die Kornellen des Herbstes,
Pflaumen zugleich, nicht nur von dunkelem Safte gebläuet,
Sondern edle sogar, dem jungen Wachse vergleichbar.
Nie auch fehlt's an Kastanien dir, wenn ich dein Gemahl bin,
Nie an des Arbutus' Frucht; dir frönt ein jeglicher Baum dann.
Alle die Schaf und Ziegen sind mein: viel irren in Tälern,
Viel auch decket der Wald, viel sind auch in Höhlen gestallet.
Und, wenn du etwa mich fragst, nicht kann ich dir sagen die Anzahl.
Arme nur zählen ihr Vieh! Von des meinigen trefflicher Tugend
Sollst du mir nichts zuglauben; du kannst in Person es betrachten,
Wie kaum zwischen den Beinen es schleppt das gedehnete Euter.
Hier sind, jüngere Zucht, in laulichen Ställen die Lämmer,
Hier gleichalterig auch in anderen Ställen die Zicklein.
Milch gibt's ewig bei mir, schneeweiß: teils wird zu Getränk sie
Aufbewahrt, und teils mit verdünntem Labe gekäset.
Auch nicht leichtere Spielchen verehr' ich dir, oder Geschenke
Von alltäglicher Art, wie die Gems', und der Has', und die Berggeiß,
Oder ein Taubenpaar, und ein Nest aus dem Wipfel genommen;
Nein, dir fand ich ein Paar, zum Spiele mit dir wie geschaffen,
Beide so gleich, dass kaum sie einer erkennt voneinander,
Hoch im Gebirg', zwei Jungen der raugezottelten Bärin;
Diese fand ich, und sprach: Der Gebieterin will ich sie aufziehn.
Strecke doch jetzt dein niedliches Haupt aus dem bläulichen Meere!
Komm doch hervor, Galatea; verschmäh' nicht unsere Gaben!
Wahrlich, ich kenne mich selbst: ich sah im lauteren Wasser
Neulich mein Bild; es gefiel mir meine Gestalt bei dem Ansehn.
Schaue, wie groß ich bin! Nicht stattlicher pranget an Größe
Jupiter selbst im Himmel; denn oft ja erzählt ihr einander,

Dass so ein Mann wie Jupiter herrscht. Dick bauschet das Haupthaar
Vorn in das düstre Gesicht, und beschattet wie Wald mir die Schultern.
Und wenn in starrenden Borsten mir rings aufstrauben die Glieder,
Achte für hässlich es nicht. Nur entblätterte Bäume sind hässlich;
Hässlich das Ross, dem Mähne den falbigen Nacken nicht einhüllt.
Vögel bedeckt ihr Gefieder, dem Schaf ist Wolle die Zierrat;
Männern ziemet der Bart, und ein Leib voll struppiger Zotteln.
Einzeln leuchtet das Auge mir grad auf der Stirne; doch Umfang
Hat's wie ein mächtiger Schild. Wie? Schaut nicht alles umher Sol
Hoch vom Himmel herab? Sol schaut mit der einzelnen Rundung!
Denke dazu, mein Vater ist eueres Meeres Gebieter:
Der soll Schwäher dir sein! O erbarme dich endlich, und höre
Mein demütiges Flehn! Dir Einzigen fleh' ich in Demut!
Ich, dem Himmel und Jupiter nichts, noch der schmetternde Strahl ist,
Nymph', ich huldige dir! Mehr schreckt, wie der Donner, dein Zorn mich!
Ach, ich trüge vielleicht ausdauernder deine Verachtung,
Wenn du vor allen entflöhst. Doch warum, den Zyklopen verschmähend,
Hast du den Acis so lieb, und umarmst, statt meiner, den Acis?
Immer indes gefalle sich selbst, und gefalle der Jüngling,
Was mich dau'rt, Galatea, auch dir! Doch kommt er mir einmal,
Lernen soll er, ob Kraft in dem Riesenwuchse mir wohne!
Lebend schlepp' ich sein Herz, und zerstückelt den Leib, durch die Äcker,
Und dann streu' ich ihn dir (so werdet vereint!) in die Fluten!
Heiß ist die Lieb', und es braust die beleidigte Flamme noch wilder;

Ja, mich deucht, ich trage mit allen Gluten den Ätna,
Hier in den Busen versetzt! Doch dich, Galatea, bewegt nichts!
Als er solches umsonst herjammerte (alles bemerkt' ich),
Springt er empor: wie ein rasender Stier nach geraubeter Starke
Unstet tobt und Wälder und kundige Tale durchirret.
Jetzt, da wir harmlos ruhen und nichts argwöhnen vom Unhold,
Siehet er Acis und mich: O ich seh' euch! ruft er, und diesmal
Sollt ihr zuletzt, das mein' ich, der Wollust pflegen in Eintracht!
Lautes Getön, so laut ein Zyklop voll Zorn es hervorruft,
Scholl in dem drohenden Ruf; von dem Nachhall dröhnte der Ätna.
Ich, die Erschrockene, tauche mich schnell in das nahe Gewässer.
Aber gewendet entfloh der edele Spross des Symäthus:
Rette mich doch, Galatea! so flehet' er; rettet, ihr Eltern!
Oder gönnt mir Verlornen ein Anteil eures Gebietes!
Schleunig verfolgt der Zyklop, und ein Stück, von dem Berge gerüttet,
Schwingt er ihm nach; und wiewohl mit der äußersten Ecke der Fels nur
Jenen erreicht, so zermalmt er doch ganz umhüllend den Acis.
Wir indes, was einzig zu tun vergönnte das Schicksal,
Taten wir: dass dem Symäthus an Macht sich geselle der Enkel.
Purpurn strömte das Blut aus der Felsenmasse; doch wenig
Dau'rte die Frist, da begann die Röt' allmählich zu schwinden;
Nun ward erst die Farbe des Bachs, den der Regen getrübet;
Sie auch klärte sich bald. Dann lechzte der Fels auseinander;
Frisch nun drang aus den Spalten ein hochgeschossenes Röhricht;
Und dem gehöhleten Schlund' entrauscht' aufhüpfendes Wasser.
Plötzlich, o Wunder! erschien, bis zur Mitte des Bauchs in dem Strudel,
Schön der Jüngling mit Rohr die keimenden Hörner umgürtet:

Der, nur dass er größer und blau im ganzen Gesicht ist,
Acis war. Doch was auch; er blieb, auch zum Strome verwandelt,
Acis; und noch behauptet den vorigen Namen der Sprudel.

Glaukus und Scylla

Jetzo entließ Galatea der Nereiden Gesellschaft;
Und sie schwammen zerstreut in ruhigen Wellen des Meeres.
Scylla wandelte heim; denn der Meerflut sich zu vertrauen
Wagte sie nicht. Dort irrt sie enthüllt im gefeuchteten Sande;
Oder müde des Gangs durchdringt sie die einsame Felsbucht,
Dass sie den Leib sich erfrisch' im eingeschlossenen Wasser.
Sieh, ein neuer Bewohner der Salzflut spaltet die Woge,
Der am euböischen Sund' Anthedons jüngst sich verwandelt,
Glaukus; er naht und betrachtet mit Sehnsucht lange die Jungfrau;
Und, was immer für Wort' ein fliehendes Mädchen verweilen,
Saget er ihr: doch fliehet sie fort; und von Schrecken geflügelt,
Klimmt sie zur Höhe des Bergs, der nah am Ufer emporsteigt.
Gegen den Sund erhebt sich, zur einzelnen Spitze geenget,
Baumlos über den Fluten gewölbt, ein erhabener Gipfel.
Hier nun steht sie, gesichert vom Ort; und, ob Scheusal, ob Gottheit
Jener sei, erforscht sie, und sieht anstaunend die Farbe,
Sieht, wie das Haar ihm die Schulter und tief den Rücken bedecket,
Und, wie hinten der Schoß zum gewundenen Fische sich endigt.
Glaukus merkt's, und gelehnt an den nah aufstarrenden Felsen:
Weder ein Wunder des Meers, noch ein Untier bin ich, o Jungfrau!
Saget er, sondern ein Gott. Nicht Proteus waltet, noch Triton,
Mächtiger über die Flut, noch der Athamantide Palämon
Weiland war ich indes ein Sterblicher; aber schon damals

Wohl mit dem Meere vertraut und stets in den Fluten beschäftigt.
Denn bald zog ich daher die Fisch umfangenden Netze,
Bald, auf Felsen gesetzt, bewegt' ich am Rohre die Angel.
Eine grünende Wiese begrenzt die Gestade des Meeres,
Dass hier Wogen den Rand und dort ihn gürten die Kräuter,
Welchen nie ein gehörnetes Rind mit der Zunge verletzt hat;
Noch das friedsame Schaf und die struppige Ziege gerupfet;
Nie dort trug die geschäftige Bien' aus würzigem Kelche;
Nie auch wand man dem Haupt hochfestliche Blumen und niemals
Mähete dort mit der Sichel die Hand. Ich selber der erste
Setzt' auf den Rasen mich hin, bis die triefenden Garne getrocknet.
Um nach der Ordnung indes die gefangenen Fische zu mustern
Goss ich im Grase sie aus, die sowohl in die Netze der Zufall,
Als leichtgläubiger Sinn zur gebogenen Angel geführet.
Scheinen mag's wie erdichtet; allein was frommt mir Erdichtung?
Kaum war berühret das Gras, so beginnt mein Fang sich zu regen,
Wirft sich von Seite zu Seit' und strebt, wie im Meer, auf dem Lande.
Während ich dies anschauend bewundre, fliehet der ganze
Schwarm in die Flut, den Eigner zugleich und das Ufer verlassend.
Und ich erstaun', und forsche des Dings Ursache mit Zweifel,
Ob dies irgendein Gott, ob der Saft es gewirket des Krautes.
Was hat aber das Kraut für Tugenden? sprach ich und rupfte
Grüne Gewächs' in der Hand und kaute sie zwischen den Zähnen.
Kaum noch hatte die Kehle die seltsamen Säfte gekostet,
Als ich empfand, dass plötzlich die innerste Brust mir erbebte,
Und nach andrer Natur mein Herz aufwallte vor Sehnsucht.
Stillstehn konnt' ich nicht länger: O Land, nie wieder besuchtes,
Lebe mir wohl! so rief ich und tauchte den Leib in die Wogen.
Götter des Meers empfahn mich würdigend gleicher Verehrung;

Und zu Ozeanus flehn sie und Tethys, dass sie mir nehmen,
Was ich noch Sterbliches trage. Geheiliget werd' ich von ihnen.
Neunmal ummurmelte mich der Entsündigung kräftiger
Bannspruch;
Und man gebot mir die Brust in hundert Strömen zu läutern.
Ohne Verzug nun rollen umher aus den Quellen die Ströme,
Und die Gewässer des Meers umfluten mir alle die Scheitel.
So weit kann ich die Tat des Wundergeschicks dir erzählen;
So weit reicht die Besinnung: das Folgende fühlte mein Geist nicht.
Als er zurück mir gekehrt; in ganz veränderter Bildung
Fand ich jetzo mich wieder, auch nicht an Geiste, wie vormals.
Jetzo erschien mir zuerst mein Bart in dunkeler Grüne,
Und dies hangende Haar, das lang die Welle durchfeget,
Auch die bläulichen Arme, zugleich die gewaltigen Schultern,
Und die Schenkel gekrümmt zum flossigen Schweife des Fisches.
Doch was frommt die Gestalt, was Mächten der Flut zu gefallen,
Was die Vergötterung mir, wenn dich das alles nicht rühret?
Als er solches gesagt, und mehreres wollte, verließ ihn
Scylla, den Gott. Da entbrannt' er, und unmutsvoll ob der Weigrung,
Eilt' er zum Wunderpalast der titanischen Circe.

Vierzehntes Buch

Glaukus und Scylla

Schon den drückenden Berg auf gigantischen Kehlen, den Ätna,
Und der Zyklopen Bezirk, die weder den Karst noch die Pflugschar
Kennen, und nichts dem Gespann arbeitender Stiere verdanken,
Ließ der Euböer zurück, der geschwollenen Fluten Bewohner.
Zankle darauf verließ er und jenseits Rhegions Mauern,
Samt dem zerscheiternden Sund, der, geengt vom Doppelgestade,
Hier ausonisches Feld, dort Sikulerfluren begrenzet.
Jetzt, mit gewaltiger Hand die tyrrhenische Woge durchschlüpfend,
Schwamm er die kräutrigen Hügel hinan und der sonnenerzeugten
Circe durchwimmelten Hof von mancherlei Wildes Erscheinung.
Gleich, da er jene geschaut und gegeben den Gruß und empfangen:
Mitleid schenke mir, Göttin, dem Gott! denn allein ja vermagst du,
Sprach er, sie mir zu erleichtern, nur sei ich's würdig, die Sehnsucht.
Welche Gewalt der Kräuter du hast, o Titanin, erkennet
Inniger keiner denn ich; mich selbst verwandelten Kräuter.
Dass dir nicht unentdeckt die Quelle sei meiner Betörung:
An dem italischen Strand, den Messeniermauern entgegen,
Hab' ich die Scylla gesehn. Es verdreußt, wie umsonst ich in Demut
Schmeichelte, fleht' und verhieß, liebkost' und beschwur, zu erzählen.
Aber wofern du waltest in Zaubertönen, so töne
Zauber dein heiliger Mund: wofern siegreicher das Kraut ist,
Brauche die wirksame Kraft des wohlerprobeten Krautes.
Nur nicht schaffe Genesung, noch heile mir, bitt' ich, die Wunden;

Denn das besserte nichts; lass teil an der Flamme sie nehmen!
Circe darauf (denn es hatte für solcherlei Gluten noch keine
So ein empfängliches Herz; ob nun in ihr selber der Grund sei,
Oder ob Venus es wirke, durch Sols Anzeige beleidigt)
Gibt ihm die Worte zurück: Du folgst der Verlangenden besser
Und die dasselbige wünscht und entbrannt von gleicher Begierd' ist.
O du verdienst, Anträge, so frei als grade, zu hören;
Und wenn du Hoffnung gewährst, dann, glaube mir, hörst du den Antrag.
Dass dir der Zweifel entschwind', und Vertraun beiwohne der Schönheit:
Ich, da Göttin ich bin, da der strahlende Sol mich gezeuget,
Da ich mit Kraute so viel und so viel mit Beschwörungen leiste,
Schmacht' ich, die Deine zu sein! Der Verachtenden sei ein Verächter,
Aber der Willigen hold; dass du zwo durch eines belohnest!
Als sie ihn also versucht: Erst soll, antwortete Glaukus,
Grünen im Meere das Laub und hoch auf Bergen das Meergras,
Ehe bei Scyllas Leben sich unsere Liebe verändert!
Unmutsvoll ist die Göttin, und weil sie ihn selbst zu verletzen
Weder vermag, noch liebend es will, so zürnet sie jener,
Welche der Gott vorzog; und gekränkt durch verschmähete Liebe,
Reibt sie sofort ein Gemisch unlöblicher Kräuter zusammen,
Schrecklich von Saft, und gesellt hekateïscher Worte Beschwörung.
Dann in finstre Gewande den Leib einhüllend, enteilt sie
Durch anschmeichelnder Tiere Gewühl aus umbauetem Vorhof;
Und den entgegenen Strand der zanklischen Felsen erreichend,
Rhegion, geht sie hinein in den wild aufbrandenden Strudel,
Wo sie den Tritt aufsetzet, als wär' es gediegenes Ufer,
Und mit trockener Fers' auf den oberen Wellen einherläuft.

Eng verlor sich ein Busen in schweifendes Felsengewinde,
Scyllas liebliche Ruhe, wohin vor den Gluten des Himmels
Und des Meers sie entwich, wann Sol in der Mitte des Umlaufs
Machtvoll schien, von der Scheitel die kürzesten Schatten erstreckend.
Diesen verfälscht sie zuvor mit missgestaltenden Giften
Trübend, und sprengt ihm Seime, gedrückt aus schädlicher Wurzel;
Dann im Gewirr seltsamer Beschwörungen tönet sie dreimal
Neunfach kehrende Worte mit magischer Laute Gemurmel.
Scylla kam und taucht' in die Flut bis zur Mitte des Bauches.
Als sie geschändet den Schoß von bellenden Ungeheuern
Schauete: erst nicht glaubend, dem eigenen Leibe sei jenes
Anwachs, bebt sie zurück und verscheucht mit Entsetzen das schamlos
Grinsende Hundegewühl; doch sie schleppt, was sie flieht, mit sich selber.
Suchend den Wuchs der Hüften, der Schenkel hinab und der Füße,
Findet sie Zerberusrachen umher, und auf rasendem Scheusal
Stehet sie; unten hervor arbeitende Rücken der Beller
Sind im verstümmelten Schoß und gebläheten Bauche verhaftet.

Picus

Als dem Ulysses nunmehr die titanische Zauberin Circe
Wieder aus grunzenden Säu'n klugredende Männer gebildet;
Weilt' er ein Jahr im Palaste der Herrscherin. Viele der Wunder
Sahn sie, und höreten viel', er selbst und die wackeren Freunde.
Dies auch erzählt' im Vertraun dem Makareus eine Genossin
Jener vier, die geschäftig der Zauberin Dienste besorgten.

Denn da der Ithaker Fürst allein mit der Circe verweilte,
Zeigete jene dem Freund ein Bild aus schneeigem Marmor:
Jugendlich war es geschnitzt und führte den Specht auf der Scheitel,
Stehend in einer Kapell' und rings umhänget mit Kränzen.
Wer er sei und warum man in dieser Kapell' ihn verehre,
Auch warum ihm der Vogel gesellt sei? forschet der Fremdling.
Höre denn, sagt sie, mein Wort; und lern', o Fremdling, auch hieraus
Meiner Gebieterin Macht; du vernimm, was ich rede, mit Sorgfalt.
Picus, erzeugt von Saturnus, war einst der ausonischen Lande
Waltender Fürst und hegte der kriegrischen Rosse Geschlechter.
Seine Gestalt war, wie du sie schaust; o betrachte des Mannes
Anmut selbst und bewundr' im gekünstelten Bilde das wahre.
Gleich der Gestalt war der Mut; und noch nicht konnte der Jüngling
Viermal heilige Kämpf' anschaun in der graijschen Elis.
Schmachtend sahn die Dryaden, die latische Berge bewohnen,
Alle sein holdes Gesicht; ihn sahn die Mächte der Quellen,
Alle Najaden mit Lust, die Albula und der Numicus,
Oder der Anio nährt und der bald ausströmende Almo,
Auch der narische Strudel und Pharpharus, lieblich umschattet;
Auch die im Waldreich hausen der szythischen Göttin Diana,
Und in benachbarten Seen. Doch die übrigen alle verachtend,
Liebt' er die einzige Nymphe, die einst auf Palatiums Hügel,
Sagt man, Venilia brachte dem doppelhauptigen Janus.
Diese, nachdem sie zur Reife gelangt des bräutlichen Alters,
Ward vor den Werbenden allen verliehn dem Laurentier Picus:
Selten zwar an Gestalt, doch seltner an Kunst des Gesanges.
Canens hieß sie daher, die Singerin: Felsen und Wälder
Folgten dem Hall und gesänftigtes Wild; langschlängelnde Ströme
Hemmten den Lauf, und im Fluge verweileten streifende Vögel.
Während mit weiblichem Laute sie maß die begeisterten Lieder,

Wandelte Picus hinaus in die laurentinischen Äcker,
Eingeborene Eber zu fahn. Er beschwerte den Rücken
Einem feurigen Ross und trug zween Spieß' in der Linken
Und sein Purpurgewand war mit goldener Spange geheftet.
Auch die Tochter des Sol durchging die selbige Waldung,
Um sich neue Gewächs' auf den fruchtbaren Höhen zu sammeln,
Fern der circäischen Flur, die den Namen der Herrscherin führet.
Jetzo, sobald sie, gedeckt von Gebüsch, anschaute den Jüngling,
Staunete sie; es entsanken dem Schoß die gesammelten Kräuter,
Und ihr schien es wie Flamme durch Mark und Gebeine zu lodern.
Als von der stürmischen Glut ihr zuerst die Besinnung gekehrt war,
Wollte sie gleich ihm bekennen die Sehnsucht; aber den Zugang
Wehrte das eilende Ross und umher der Trabanten Gewimmel.
Doch nicht sollst du entfliehn, und flöhst du gerafft vom Orkane;
Wenn ich mich selbst recht kenn', und nicht mir völlig dahinschwand
Meiner Kräuter Gewalt, und fehlschlägt meine Beschwörung!
Sprach sie und bildete schnell ein Truggebilde des Ebers,
Körperlos, das vorüber des Königes Augen zu laufen
Schien und hineinzugehn in des Walds vielstämmiges Dickicht,
Wo das verwachsne Gesträuch nicht Bahn dem Rosse gewährte.
Ohne Verzug, unkundig verfolgt den Schatten des Fanges
Picus und schwinget sich rasch von dem dampfenden Rücken des Rosses,
Und durchirret zu Fuß das Gebüsch nach der eitelen Hoffnung.
Doch sie erhebt ein Flehn und bannt mit zaubernden Worten,
Seltsame Mächt' anrufend mit seltsamer Töne Gemurmel,
Welches ihr oft das Gesicht des blinkenden Mondes beflecket,
Oder des Vaters Haupt in Regenschauer verhüllet.
Jetzt auch trübt sich in Nacht vom gemurmelten Banne der Himmel,

Und das Gefild' haucht Nebel empor; blind schwärmt die Begleitung
Kreuzende Pfade hindurch und des Königes Wache verliert sich.
Nutzend den Ort und die Zeit: Bei den glänzenden Augen, womit du,
Sprach sie, die meinigen singst; bei dieser Gestalt, o du Schönster!
Die dir zu huldigen zwingt mich Unsterbliche! lindre des Herzens
Flamme mir; nimm zum Schwäher den allumschauenden Sol an!
Und nicht grau am verachte die Hand der titanischen Circe!
Jene sprach's; doch trotzig sie selbst und die Bitte verdrängend:
Wer du auch seist, nicht deiner bin ich! ein' andere, ruft er,
Hält mich, und soll mich halten ein langes Leben, das fleh' ich!
Nie durch frevele Lust sei gekränkt das heilige Bündnis,
Weil das Geschick mir vergönnt die vom Janus entsprossene Canens!
Oft erneuet ihr Flehn die Titanin umsonst, und beginnt nun:
Nicht ungestraft sei dir solches; du kehrst nicht wieder zur Canens!
Was die Gekränkte vermag, was die Liebende und was ein Weib, das
Lern' aus der Tat! Doch gekränkt und liebend und Weib ist Circe!
Zweimal zum Niedergang dreht jene sich, zweimal zum Aufgang;
Dreimal rühret ihr Stab, mit drei Bannworten, den Jüngling.
Jener entflieht; doch er wundert sich selbst, dass er hurtiger jetzo
Laufe, wie sonst; und bemerkt um den ganzen Leib das Gefieder.
Sich so geschwind, als Vogel, das Volk der latinischen Wälder
Mehren zu sehn, unwillig, durchbohrt er mit hackendem Schnabel
Wildernde Stämm', und verwundet im Zorn die erhabenen Äste.
Gleich dem Purpurgewand erglühn die gepurpurten Flügel!
Wo die Spange zuvor das Gewand mit Golde geheftet,
Wächst nun Flaum, und den Nacken umläuft ein goldener Halsring.

Nichts mehr bleibt von Picus dem pickenden Specht, denn der Name.
Seine Genossen indes, da sie lang umsonst durch die Felder
Picus mit häufigem Rufe gespäht und nirgend gefunden,
Treffen die Zauberin jetzt; denn sie hatte die Luft nun verdünnet
Und den umhüllenden Nebel durch Wind und Sonne geöffnet.
Jeder bestürmt mit gerechter Beschuldigung, fordert den König
Wieder und drohet Gewalt und erhebt feindselige Waffen.
Circe sprengt ihr grauses Gemisch und die Säfte des Giftes;
Und mit der Nacht die Götter der Nacht aus der Höll' und dem Chaos
Ruft sie, und Hekate her mit magischem Jammergeheule.
Plötzlich entsprangen dem Ort, o Wundererscheinungen! Wälder:
Und laut stöhnte die Erd', in der Näh' erblassten die Bäume;
Rings auch troffen die Kräuter gesprengt mit blutigen Tropfen;
Und es erhub das Gestein, so schien's, dumpf brüllende Laute,
Und ein Gebell, wie der Hund'; es wühleten schwärzliche Nattern
Durch das Gefild' und es schwebte von luftigen Schemen der Toten.
Starr vor dem Scheusal staunen die Jünglinge; doch der Erstaunten
Wunderndes Antlitz berührt sie mit giftiger Rute des Zaubers.
Nach der Berührung umfliegt vielartigen Wildes Erscheinung
Allen die Männergestalt; kein einziger blieb unverwandelt.
Schon war Phöbus im Westen genaht dem tartessischen Ufer;
Und es erharrte daheim mit Herz und Augen vergebens
Canens ihrem Gemahl. Das Volk und die Diener durchlaufen
Wälder umher und Gebüsch', und tragen begegnende Fackeln.
Nicht ist der Nymphe genug, dass sie wein', und die Haare sich raufe,
Und sich zerschlage die Brust: zwar tut sie alles; doch plötzlich
Stürzt sie hervor, und durchirrt sinnlos die lateinischen Äcker.
Sechsmal schaute die Nacht, und sechsmal kehrend der Sonne
Leuchtendes Angesicht, wie, der Kost und des Schlafes entbehrend,

Jene durch Täler und Höh'n, wo der Zufall führte, daherging.
Endlich sah die Arme, vom Gram und Wege gemattet,
Tiberis, als sie den Leib hinstreckt' am kühlenden Ufer.
Dort mit Geseufz und Tränen den eigenen Jammer besingend,
Tönte sie wehmutsvoll sanft klagende Worte: wie manchmal
Trauergesäng' anstimmet der Schwan vor dem nahenden Tode.
Aber zuletzt vor Kummer im innersten Marke zerschmolzen,
Schwand sie dahin, allmählich in wehende Lüfte veratmend.
Dennoch zeichnet die Sage den Ort; denn es nannten ihn Canens
Nach dem Namen der Nymphe mit Fug die Camönen der Vorzeit.

Des Äneas Vergötterung

Schon die unsterblichen Götter gesamt, und selber die Juno
Zwang die Äneische Tugend, dem altenden Groll zu entsagen;
Als, nach gegründeter Macht des wachsenden Knaben Julus,
Reif dem Himmel erschien der heroische Sohn der Cythere.
Jetzt umwandelte Venus die Oberen; und um des Vaters
Nacken geschmiegt, begann sie: O nie seit ewigen Zeiten,
Väterchen, warst du mir hart; nun sei der Mildeste, fleh' ich!
Gib doch meinem Äneas, der dich aus unserem Blute
Zum Großvater gemacht, gib, Bester, ihm wenige Gottheit;
Wenn du nur etwas gibst! O genug, die Bezirke der Unlust
Einmal zu schaun, und einmal die stygische Flut zu durchfahren!
Beifall gaben die Götter; und selbst die Königin hielt nicht
Unbewegt das Gesicht; sie nickte mit freundlichem Antlitz.
Jupiter drauf: Wert seid ihr des himmlischen Ehrengeschenkes,
Du, die verlangt, und für den du verlangst. Nimm, Tochter, den Wunsch hin.

Jener sprach's; sie freut sich, und dankt dem liebenden Vater.
Und mit dem Taubengespann sanft wehende Lüfte durchfahrend,
Naht sie dem Strand der Laurenter, wo eingehüllt in den Rohrkranz
Zum angrenzenden Meere der Strom Rumicius schlängelt:
Spüle hinweg dem Äneas, was dienstbar ist der Verwesung,
Sagt sie, und trag' es hinab in stillem Laufe zur Meerflut.
Und der gehörnete Strom vollbringt die Gebote der Venus.
Was auch klebt an Äneas von Sterblichkeit, wäscht er und läutert
Oft mit gesprengeter Flut; bis der edlere Teil ihm zurückbleibt.
Ihn, den Gereinigten, salbt mit göttlichem Dufte die Mutter,
Und mit Ambrosia rührt sie, gemischt zu lieblichem Nektar,
Sanft sein Gesicht, und schafft ihn zum Gott: den die Schar des Quirinus
Indiges nennt, und mit Tempel und Weihaltären verherrlicht.

Pomona und Vertumnus

Nie war eine vordem der latinischen Hamadryaden
Emsiger, als Pomona, in blühender Gärten Bestellung,
Nie geschäftiger eine für saftige Früchte des Baumes.
Davon ward sie benamt. Nicht Waldungen liebt sie, noch Flüsse;
Aber die Flur, und Äste mit glücklichem Obste belastet;
Und für den Wurfspieß trägt sie die mondliche Hipp' in der Rechten,
Die bald üppigen Wuchs ihr bändiget, und die verwildert
Schweifenden Arme bezähmt, und bald in gespaltene Rinde
Pfropfet das Reis, und Säfte dem kindlichen Fremdlinge darbeut.
Nichts auch lässt sie verschmachten vor Durst, und der schlürfenden Wurzel

Zackige Fäserchen tränkt sie mit sanft umgleitender Welle.
Das ist Lust und Geschäft! Auch der Cypria achtet sie gar nicht.
Scheuend indes die Gewalt der Ländlichen, schließt sie den Obsthain
Drinnen, und sorgsam wehrt und meidet sie männlichen Zugang.
Was nicht alles ersann die im Tanz aufhüpfende Jugend,
Satyre! und, um die Hörner gekränzt mit der Fichte, die Panen;
Auch Silvanus der Greis, stets jugendlich über sein Alter;
Und der Gott, der den Dieb mit Pfahl und Hippe verscheuchet:
Ihrer Umarmung zu nahn! Selbst diesen auch strebte Vertumnus
Liebend zuvor; allein nicht glücklicher war er, denn jene.
O wie trug er so oft in der Tracht des gehärteten Schnitters
Ähren im Korb, und war ein wirklicher Schnitter von Ansehn!
Oft, wann er zierlich die Schläfe mit frischem Heu sich umwickelt,
Schien's, als hätt' er des Grases gemähete Schwade gewendet.
Oft auch trug er den Stachel in starrender Rechte; da schwur man,
Dass er nur eben vom Joch die ermüdeten Farren gelöset.
Nahm er die Hippe, so schor er dir Laub, und schneitelte Reben;
Hatt' er die Leiter gefasst, er schien Obst pflücken zu wollen;
Kriegsmann war er mit Schwert, mit Rohr in den Händen ein Fischer.
So durch viele Gestalten eröffnete jener sich häufig
Zugang, um zu genießen die Lust der betrachteten Schönheit.
Dieser anjetzt, die Schläfen mit bunter Mütze verhüllend,
Ging am Stabe gestützt, grau schimmerndes Haar um die Schläfen,
Einem Mütterchen gleich, und trat in den zierlichen Garten.
Drinnen das Obst anstaunend: O ganz Glückselige! sprach er;
Dann die Gelobete küsst' er mit wenigen Küssen; doch niemals
Gab sie ein Mütterchen so; und gekrümmt auf die Scholle sich setzend,

Schaut' er empor zu den Ästen, die schwer vom Herbste sich bogen.
    Gegen ihm stand ein Ulm mit schwellenden Trauben gebreitet.
Als er jenen gerühmt, und zugleich die gesellete Rebe:
Stände nun, sagt' er, der Stamm ehlos, ungepaart mit dem Weinschoß,
Nichts wär' außer dem Laube, was ihn zu besuchen uns reizte.
Auch die verbundene Rebe, die sanft ausruhet im Ulmbaum,
Wäre sie nicht vermählt, sie läge gestreckt auf der Erde.
Doch du bleibst ungerührt von des Baums so lehrendem Beispiel,
Fliehst das ehliche Lager, und denkst an keine Vermählung!
Aber, o wolltest du nur! Nicht Helena hätten so viele
Freier gedrängt, noch jene, die Kampf den Lapithen erreget,
Noch des Ulysses Gemahlin, des Trotzigen gegen Verzagte!
Jetzo sogar, wie sehr du die Liebenden fliehst und verabscheust,
Drängen sich tausend Bewerber um dich, Halbgötter und Götter,
Und was immer für Mächt' albanische Berge bewohnen.
Doch wenn du klug bist, Kind, wenn du wohl heiraten, und hören
Dieses Mütterchen willst, das mehr als alle die andern,
Mehr wie du glaubst, dich liebt, so verwirf alltägliche Freier,
Und den Vertumnus erwähle zum Bräutigam! Für den Vertumnus
Setz' ich zum Pfande mich dir! denn er kennt sich selber nicht besser,
Als ich ihn! Nicht schweift er, umher stets irrend, die Welt durch;
Hier nur treibt er Verkehr. Auch nicht, wie die Menge der Freier,
Macht, was er sah, ihn verliebt; du wirst ihm zuerst, und zuletzt ihm,
Rühren das Herz; dir allein wird ganz sein Leben geweiht sein.
Hiernächst ist er ein Jüngling, und angeborene Zierde
Ward ihm verliehn; auch nimmt er mit Anstand jede Gestalt an,
Und was du immer verlangst, verlang' auch alles, das wird er.

Einerlei liebt ihr beide: denn jegliches Obst, das du aufziehst,
Hat er zuerst, und hält dein Geschenk in fröhlicher Rechte.
Doch nicht mehr von den Bäumen gesammelte Früchte begehrt er,
Noch wohlschmeckende Kräuter, die mild der Garten erzeuget:
Nichts mehr, außer dich selbst! O erbarm' dich des Schmachtenden; denk' ihn
Selbst den Bittenden hier, der aus meinem Munde dich anfleht!
Rächender Götter Gewalt, und Idalia, welche den Starrsinn
Züchtiget, scheue, mein Kind, und den Zorn der rhamnusischen Göttin!
Dir die Scheu zu erhöh'n (denn mancherlei Kund' hat das Alter
Mir ja gewährt), so erzähl' ich, was weit in Cyprus bekannt ist,
Schickungen, welche dein Herz leicht bändigen können und mildern.

Iphis, erzeugt vom Geschlechte der Niedrigen, schaute die edle
Anaxarete einst, aus dem altenden Blute des Teukros;
Und wie er schauete, fuhr durch Mark und Gebein ihm das Feuer.
Lang erst kämpft' er entgegen; allein da Vernunft ihm den Wahnsinn
Nicht zu besiegen vermocht, jetzt nahet er flehend der Schwelle.
Bald bekannt' er der Amme die sterbliche Lieb', und beschwur sie,
Ihm nicht grausam zu sein, bei der Zöglingin Hoffnungen allen;
Bald auch schmeichelt' er einer vom Schwarm der dienenden Mägde,
Um gewogene Huld mit ängstlicher Stimme sie bittend.
Oft vertrauet' er auch liebkosende Worte den Täflein.
Manchmal blumige Kränze verbreitet' er über die Pfosten,
Tränenbenetzt, und legt' auf die harte Schwelle die weiche
Seite dahin, und schmähte das leidige Schloss mit Verwünschung.
Tauber war jen' als der Sund, der sich hebt vor den sinkenden Böcklein,

Härter, wie Eisen und Stahl, das in norischer Esse geschmelzt wird,
Und wie Gestein, das lebend annoch anwurzelt dem Boden.
Vornehm höhnt sie, und lacht, und gesellt unfreundliche Taten.
Trotzige Wort', und beraubt den Liebenden selber der Hoffnung.
    Jetzo ertrug nicht länger die Qual des dauernden Schmerzes
Iphis; er sprach an der Pforte zuletzt noch dieses zum Abschied:
    Ja du siegst, Anaxarete, siegst! nicht bring' ich hinfort dir
Neuen Verdruss zu bestehn. Du rüste nur frohe Triumphe,
Rufe den Päan laut, und winde dir festlichen Lorbeer!
Ja du siegst, und ich sterbe mit Lust! Auf, freue dich, Harte!
Etwas sollst du an mir doch wenigstens loben, für etwas
Sollst du verpflichtet mir sein, und Dank dem Verdienste bekennen!
Doch nicht eher entschwand mir die Sehnsucht deiner, gedenk es,
Als mein Hauch; und sogleich des gedoppelten Lichtes entbehr' ich.
Auch nicht soll ein Gerücht dir die Botschaft bringen des Todes.
Selbst will ich, zweifele nicht, da sein, und dir sichtbar erscheinen:
Dass am entseeleten Leibe die grausamen Augen du weidest!
Wenn ihr jedoch, o Götter, der Sterblichen Schicksale sehet,
O so gedenkt doch mein! nichts Weiteres waget die Zunge
Noch zu flehn; lasst dauern mein Angedenken in Zukunft;
Und was dem Leben an Zeit ihr geraubt, das gebet dem Nachruhm!
    Sprach's; und drauf zu den Pfosten, die oft mit Kränzen er schmückte,
Hub er die tränenden Augen empor, und die blasseren Arme;
Dann an die Pfort' anknüpfend den oberen Knoten des Seiles:
Solch ein Geflecht ist dir Freud', unzärtliche Quälerin! sprach er,
Und er umschlang sein Haupt, auch nun zu jener sich wendend,
Ach, und der Elende schwebt' an erdrosselter Kehle herunter.
Als von der zappelnden Füße Bewegungen lautes Getöse
Jetzo erscholl an der Pfort', und rasch sie geöffnet die Tat nun

Zeigete, huben die Knecht' ein Geschrei; und umsonst ihn enthebend,
Trugen sie (tot war der Vater) den Leib zu dem Hause der Mutter.
Jen' empfangt ihn im Schoß, und umarmt die erkalteten Glieder
Ihres Sohns; und nachdem sie die Wort' unglücklicher Mütter
All und jeglicher Tat unglücklicher Mütter vollendet,
Führte sie ganz in Tränen den Leichenzug durch die Stadt hin,
Tragend die Totengestalt auf finsterer Bahre zum Feuer.
Nahe lag an der Gasse das Haus, wo kläglich vorbeiging
Jener Zug; und es drang das Jammergetön zu der harten
Anaxarete Ohr, die der rächende Gott schon verfolgte.
Lasst uns, sprach sie gerührt, anschaun das Trauerbegängnis!
Und sie trat in das hohe Gemach mit gebreiteten Fenstern,
Kaum erkannte sie recht auf dem Totenlager den Iphis:
Plötzlich erstarrt' ihr Aug', und das warme Blut aus den Adern
Floh vor umhüllender Blässe hinweg. Sie wollte zurück nun
Heben den Fuß, fest klebt' er, sie wollt' abwenden das Antlitz,
Dies auch konnte sie nicht; und es hüllt' allmählich die Glieder,
Was in der harten Brust vorlängst schon waltete, Felsen.
Halte das nicht für Fabeln! denn Salamis heget das Bild noch
Ganz in Lebensgestalt; auch heißt vorschauend die Venus,
Der im Tempel es steht. Dies, Teure, bedenk', und entsage,
Fleh' ich, dem störrischen Trotz, und dem Liebenden füge dich, Nymphe
Möge dann nie im Lenze der Trost ansetzendes Obst dir
Sengen, und nie Sturmwinde die blühenden Bäume zerschütteln!
Als der Gott, der umsonst in jede Gestalt sich geschmieget,
Solches gesagt, schnell ward er zum Jünglinge, und, sich entäußernd
Alles Matronengeräts, erschien er ihr herrlich von Ansehn:
So wie aus dichtem Gewölk das strahlende Bildnis der Sonne

Siegend hervor sich drängt, und ohne Verdunkelung leuchtet.
Und er bereitet Gewalt: nicht braucht er sie; in der Gestalt schon
Liebt die Nymphe den Gott, und fühlt antwortende Flammen.

Romolus und Hersilia

Tatius sank, und zugleich den Deinigen und den Sabinern,
Romolus, gabst du Gesetz; da, den Helm ablegend, der Kriegsgott
Also begann zum Vater des Menschengeschlechts und der Götter:
Vater, die Zeit ist genaht (dieweil auf Stärke gegründet
Steht die römische Macht, und nicht an dem Ordner allein hängt),
Dass du den Lohn, den mir du gelobt, und dem würdigen Enkel,
Ausbezahlst, und hinweg von der Erd' in den Himmel ihn einführst.
Weiland sagest du mir in der seligen Götter Versammlung
(Denn ich bewahr' andenkend das gütige Wort in der Seele):
Ihn, den einzigen, wirst du erhöh'n zu der Bläue des Himmels
Also redest du; vollbracht nun werde der Ausspruch.
Zeus der allmächtige winkt; und schwarz in dunkele Wolken
Hüllt er die Luft, und mit Donner und Leuchtungen schreckt er die Stadt rings.
Als er die Zeichen erkannt der ihm verheißnen Entführung,
Steigt, von der Lanze gestützt, der unerschrickne Gradivus
Schnell auf der Rosse Geschirr mit blutiger Deichsel, und schwinget
Knallendes Geißelgetön; und jäh durch die Lüfte gerollet,
Hält er auf des bebüschten Paladiums oberstem Hügel;
Und, da er seinem Quiriten das Recht, nicht königlich, aussprach,
Rafft er der Ilia Sohn. Der sterbliche Hülle zerfloss ihm
Durch die wehende Luft: wie oft aus geründeter Schleuder

Fliegend erblüht die Gestalt, und des hochgepolsterten Lagers
Würdiger, hehr wie die Bildung des pupurhellen Quirinus!
 Ihn beweint als verloren das Weib. Doch die Herrscherin Juno
Heißt zur Hersilia schnell auf gekrümmetem Pfade die Iris
Niedergehn, und so der Verödeten bringen die Botschaft:
 Du vom latischen Volk und zugleich vom Volk der Sabiner,
Ausgesonderte Zierde der Frau'n, du würdigste Gattin
Solches erhabenen Mannes zuvor, und jetzt des Quirinus!
Hemme der Wehmut Tränen; und wenn du den Gatten zu schauen
Sehnsucht hast, so folge zum Haine mir, der den Quirinus-
hügel umgrünt, und der Tempel des römischen Königs beschattet.
 Iris gehorcht; und zur erd' im farbigen bogen entgleitend,
Naht sie, Hersilia, dir, und sagt die befohlenen Worte.
 Sie mit verschämtem Gesicht, und kaum die Augen erhebend:
Göttin! (denn welche du seist, ist mir zwar dunkel doch deutlich,
Dass du der Göttinnen seist) o führe mich, ruft sie, und zeige
Mir des Gemahls Anblick! Wenn ihn zu schauen nur *einmal*
Mir das Schicksal vergönnt; wie in himmlicher Seligkeit schweb' ich!
 Stracks nun wandelt sie hin mit der thaumanteïschen Jungfrau
Zum romulischen Hügel. Ein Stern dort, gleitend vom Äther,
Fällt auf die Erde herab: von dessen Schimmer entbrennend
Schnell der Hersilia Haar mit dem Stern auffliegt in die Lüfte.
Jetzo schließt sie bekannt der Stifter Roms in die Arme,
Welcher, den vorigen Namen zugleich mit dem Leibe verändernd,
Ora sie grüßt, die als Göttin nunmehr dem Quirinus gesellt ist.

Fünfzehntes Buch

Pythagoras

In der Stadt, die liegt an Italiens Ende,
Wohnte ein Mann aus Samos, aber von Samos
War er geflohn vor dem Herrn und blieb freiwillig im Banne,
Hassend Tyrannengewalt. Der stieg, ob fern von dem Himmel,
Doch zu den Göttern im Geist und ersah, was ewige Ordnung
Menschlichen Blicken entzog, mit dem Auge der denkenden Seele.
Dann, wie er alles erspäht mit Gedanken und wachender Sorge,
Trug er es vor im versammelten Kreis, und den schweigenden Schülern,
Die zuhörten dem Wort mit Verwunderung, lehrt' er des Weltalls
Uranfang und der Ding' Ursachen, und was die Natur sei,
Auch was Gott, von wannen der Schnee, wie Blitz sich erzeuge,
Ob in zerteiltem Gewölk Sturmwind, ob Jupiter donnre,
Was aufschüttre das Land, nach welchem Gesetz die Gestirne
Wandeln, und was sonst dunkel verbleibt. Er rügte die Sitte
Tiere zu speisen zuerst und erschloss zu folgender Rede
Weisheit kündenden Mund, der nicht auch Glauben gefunden:
»Lasst, ihr Sterblichen, ab durch frevlige Speise die Leiber
Euch zu entweihn. Feldfrucht ja ist und die tragenden Äste
Abwärts ziehendes Obst und am Weinstock schwellende Trauben,
Zarte Gewächs' auch sind und andere, welche das Feuer
Mild kann machen und weich; und wird euch nimmer benommen
Labende Milch, noch Seim nach Thymian duftenden Honigs.
Gaben in Fülle beschert die verschwendende Erde zu milder
Nahrung und beut euch Kost, die Blut nicht heischet und Tötung.

Tiere nur sättigen sich mit Fleisch, doch alle mitnichten;
Denn Gras nähret das Ross und das wollige Vieh und die Rinder;
Denen jedoch in wohnt unbändiges Wesen und Wildheit,
Löwen, die zornige Brut, armenische Tiger, mit Bären
Gieriger Wölfe Geschlecht, die freuen sich blutigen Fraßes.
Welch ein vermessenes Tun, im Fleische das Fleisch zu versenken
Und den begehrlichen Leib mit verschlungenem Leibe zu mästen
Und mit des Lebenden Tod ein Lebender sich zu erhalten!
Bei so reichlichem Gut, das die Erde, die beste der Mütter,
Zeuget, behagt dir nichts als traurige Stücke zu kauen
Mit unseligem Zahn und zu tun nach Art der Zyklopen?
Weißt du nimmer die Gier des gefräßigen Bauches zu stillen,
Der zum Schlimmen gewöhnt, als wenn du vernichtest den Andern?
Jene verwichene Zeit, die golden wir pflegen zu nennen,
War mit Baumesertrag und dem Boden entsprossenen Pflanzen
Reichlich beglückt und befleckte noch nicht mit Blute die Lippen.
Damals schlugen die Luft mit sicheren Schwingen die Vögel;
Furchtlos irrt' umher im freien Gefilde der Hase;
Nie auch hängte den Fisch leichtgläubiger Wahn an die Angel.
Ohn' auflauernden Trug und nichts argwöhnend von Tücke
War voll Frieden die Welt. Als aber ein Stifter des Unheils,
Wer auch immer es war, hinblickte mit Neid auf die Rachen
Und in den gierigen Bauch sich leibliche Speisen versenkte,
Bahnt' er dem Frevel den Weg. Vielleicht von des Wildes Erlegung
Wurde am ersten gewärmt mit Blute besudeltes Eisen,
Und das hätte genügt; denn was uns steht nach dem Leben,
Dürfen wir, ohne die Pflicht zu verletzen, vom Boden vertilgen.
Aber zu töten die Brut war recht, nicht auch sie zu essen.
Dann ging weiter der Gräul, und zufallen als frühestes Opfer,

Glaubt man, verdiente das Schwein, weil das mit gebogenem Rüssel
Saaten im Feld umwühlt und vereitelt die heurige Hoffnung.
Weil er die Reben benagt, wird an dem Altare des Rächers
Bacchus geschlachtet der Bock. Schuld brachte den beiden Verderben.
Was für Schuld habt ihr, friedfertige Schafe, den Menschen
Zur Fürsorge bestimmt, die ihr im gefülleten Euter
Nektar tragt und zum weichen Gewand uns euere Wolle
Gebet und mehr, denn im Tod, uns Nutzen gewähret im Leben?
Was tat Böses der Stier, der Falsch nicht kennet und Tücke,
So unschädlich und schlicht und geschaffen zum Dulden der Arbeit?
Undank hegt im Gemüt und der Gaben des Feldes ist unwert,
Wer, da eben die Last des gebogenen Pflugs ihm benommen,
Seinen Besteller der Flur zu schlachten vermocht' und den Nacken,
Der von der Arbeit wund so vielmal hartes Gefilde
Hatte bereitet für ihn und Ernten beschafft, mit dem Beil schlug.
Doch es geschieht nicht bloß die Verruchtheit, selber den Göttern
Bürden den Frevel sie auf und vermeinen, das höchste der Wesen
Finde Gefallen am Morde des Mühen ertragenden Rindes.
Schön vor allen an Wuchs und jeglichen Makels entbehrend –
Grade der Wert ist Verderb –, mit Goldschmuck prangend und Bändern,
Stehet das Opfer am Herd und vernimmt arglos die Gebete,
Sieht dann, wie auf die Stirn ihm zwischen die Hörner gelegt wird
Feldfrucht, die es gebaut, und färbt beim Streiche das Messer,
Das es in spiegelnder Flut vielleicht schon sah, mit dem Blute.
Aus noch lebender Brust gleich reißend die edelen Teile,
Halten sie Schau und erforschen darin die Gesinnung der Götter.
Warum hungert denn so nach verbotener Speise den Menschen?
Sterblich Geschlecht, sie zu essen vermesst ihr euch? Von dem Frevel
Stehet, ich bitt' euch, ab und höret auf unsere Warnung!

Wenn ihr den Gaumen euch letzt mit den Gliedern geschlachteter Stiere,
O so wißt und bedenkt, dass euere Pflüger ihr kautet!
Weil zu reden ein Gott mich treibt, so leist' ich geziemend
Folge dem treibenden Gott. Mein Delphi und droben den Äther
Schließe ich auf und eröffne den Spruch hochheiligen Geistes.
Großes enthüllt mein Mund, was noch kein Denker erspürte,
Was lang Dunkel umzog. Durch hohe Gestirne zu wandeln
Freuet, es freut auf Wolken der Erd' unrührigem Sitze
Ferne zu schweben, zu stehn auf der Schulter des kräftigen Atlas
Und von der Höhe zu schau'n auf die unstet irrenden Menschen,
Die der Erkenntnis bar, und den Zagenden, welche der Tod schreckt,
Also zu heben den Mut und zu künden die Reihe des Weltlaufs.
O du Geschlecht, von der Furcht vor frostigem Tode bewältigt,
Was macht Styx dir bang, was Dunkel und eitele Namen,
Dichtern gefälliger Stoff und Gefahren erlogenen Reiches?
Ob er im Feuer verging auf dem Holzstoß, ob ihn Verwesung
Wegnahm, glaubet, der Leib kann nicht mehr Schlimmes erleiden.
Frei ist die Seele vom Tod, und verließ sie die frühere Stätte,
Wohnt und lebet sie fort im anderen Hause geborgen.
Mir ist bewusst noch jetzt: Zur Zeit des trojanischen Krieges
War ich Panthous Sohn Euphorbus, welchem gehaftet
Vorn in der Brust der gewichtige Speer vom zweiten Atriden.
Unlängst hab' ich erkannt im abantischen Argos in Juno's
Tempel den nämlichen Schild, den unsere Linke getragen.
Alles verändert sich nur, nichts stirbt. Herüber, hinüber
Irrt der belebende Hauch, und in andre beliebige Glieder
Ziehet er ein und geht aus Tieren in menschliche Leiber
Und in Getier von uns und besteht so ewige Zeiten.

Wie das geschmeidige Wachs, zu neuer Gestalt sich bequemend,
Weder verbleibt, wie es war, noch hält an den selbigen Formen,
Aber dasselbe doch ist; so bleibt auch, lehr' ich, die Seele
Immer sich gleich und begibt sich nur in verschiedene Formen.
Drum, dass achtende Scheu nicht weiche den Lüsten des Bauches,
Hört mein göttliches Wort: Lasst ab, zu verdrängen verwandte
Seelen mit schändlichem Mord, und Blut nicht nähret mit Blute.
Weil ich auf offener See nun treib' und die Segel den Winden
Gab zum Blähn: nichts ist von Bestand in der Weite des Weltalls.
Rings ist Fluss, und jedes Gebild ist geschaffen zum Wechsel.
Selber die Zeit auch gleitet dahin in beständigem Gange,
Anders nicht als ein Strom; denn Strom und flüchtige Stunde
Stehen im Lauf nie still. Wie Woge von Woge gedrängt wird,
Immer die kommende schiebt auf die vordere, selber geschoben,
Also fliehen zugleich und folgen sich immer die Zeiten,
Unablässig erneut; was war, das bleibet dahinten;
Was nicht war, das wird, und jede Minute verjüngt sich.
Gegen das Licht auch siehst du die Nacht aus dem Meere sich heben,
Aber der finsteren Nacht nachfolgen die glänzenden Strahlen.
Anders erweist sich der Himmel gefärbt, wenn alles ermüdet
Liegt im Schoße der Ruh, und wenn hell auf schneeigem Rosse
Lucifer kommt, und anders, wenn früh die pallantische Göttin,
Kündend den Tag, Schein wirft in die Welt, die harret des Phöbus.
Rot ist auch Sols Schild, wenn er steigt vom Grunde der Erde,
Morgens zu sehn und rot, wenn er sinkt vom Grunde der Erde,
Doch in der Höh ist er hell, weil droben sich breitet des Äthers
Reinere Luft und ferne sich hält von der trübenden Erde.
Nie auch bleibt die Gestalt der bei Nacht sichtbaren Diana
Völlig dieselbe und gleich; denn stets ist kleiner als morgen

Heute das Bild, wenn die Scheibe sich dehnt, doch engt sie sich, größer.
Wie, und siehest du nicht in vier abwechselnde Formen
Treten das Jahr, nachahmend den Gang von unserem Leben?
Saftreich ist es und zart, ganz ähnlich dem Alter des Knaben,
In dem erwachsenden Lenz. Dann strotzen die neuen Gewächse,
Kraft noch missend und Halt, und ergötzen mit Hoffnung den Landmann.
Dann blüht alles umher, und fröhlich im Schmelze der Blumen
Prangt das Gefild, doch fehlt noch festes Beharren dem Laube.
Tüchtiger geht nach dem Lenz nun über das Jahr in den Sommer,
Rüstigem Jüngling gleich; denn es ist kein anderes Alter
Reicher in Fülle der Kraft, keins heißer in drängendem Streben.
Danach folget der Herbst, der ohne das Feuer der Jugend
Reif dastehet und mild und zwischen dem Greis und dem Jüngling
Mäßig in Mitten sich hält, schon grau an den Schläfen gesprenkelt.
Schaurig mit wankendem Schritt kommt endlich der greisende Winter,
Völlig der Haare beraubt, und trägt er sie, weiß an dem Haupte.
An uns selber erfährt ja auch rastlose Verwandlung
Immer der Leib, und was wir gewesen und sind, wir verbleiben
Morgen es nicht. Einst war ein Tag, wo im Schoße der Mutter
Nur als Samen und Keim zukünftiger Menschen wir wohnten.
Bildende Hand anlegte Natur, und dass vom gedehnten
Leibe der Mutter umspannt die lebendige Bürde gezwängt sei,
Wollte sie nicht und ließ sie heraus an die ledigen Lüfte.
Jetzo gebracht ans Licht lag ohne Vermögen der Säugling;
Bald auf vieren bewegt' er nach Sitte der Tiere die Glieder,
Und er begann allmählig mit noch unsicheren Knieen
Wankend zu stehen und half durch schwache Versuche den Sehnen.

Stark dann wird er und rasch, und über die Strecke der Jugend
Geht er, und ist dann auch vollendet der mittleren Jahre
Dienstzeit, geht's abwärts auf der Bahn hinfälligen Alters.
Dieses zerrüttet und macht zunichte der früheren Jahre
Rüstige Kraft, und Milon der Greis sieht weinend die Arme,
Die, den herkulischen gleich, von straff sich spannenden Muskeln
Hatten gestrotzt ehdem, schlaff hängen in nichtiger Ohnmacht.
Weinend im Spiegel erblickt auch Tyndarus' Tochter des Alters
Runzeln und fragt bei sich, warum zweimal sie entführt sei.
Du, aufzehrende Zeit, und du, missgünstiges Alter,
Ihr bringt allem Verderb, und benagt vom Zahne des Wechsels
Macht ihr alles gemach im schleichenden Tode vergehen.
Ohne Bestand sind auch, die wir Elemente benennen.
Was für Wechsel sie trifft – merkt auf –, ich will es verkünden.
Vier Grundstoffe bewahrt, die alles erzeugen, des Weltalls
Ewiger Bau. Zwei haben Gewicht: mit der Erde die Welle,
Die gehn nieder zum Grund, von der eigenen Schwere gezogen.
Ebenso viel sind ohne Gewicht und streben zur Höhe,
Frei vom Drucke: die Luft und, reiner als jene, das Feuer.
Daraus, wenn sie getrennt auch sind, nimmt seine Entstehung
Alles, in sie fällt alles zurück. Das zersetzete Erdreich
Löst sich in flüssiges Nass, und das flüchtig gewordene Wasser
Schwindet in Dunst und Luft, und wieder, enthoben der Schwere,
Schwingt sich die dünneste Luft in die Höhe zum feurigen Aether.
Dann geht wieder der Weg rückwärts in der nämlichen Folge.
Denn in die trägere Luft geht über verdichtetes Feuer;
Wasser entsteht aus der Luft; zum Erdreich ballt sich die Welle.
Keines verbleibt in derselben Gestalt, und Veränderung liebend
Schafft die Natur stets neu aus anderen andere Formen,
Und in der Weite der Welt geht nichts – das glaubt mir – verloren;

Wechsel und Tausch ist nur in der Form. Entstehen und Werden
Heißt nur anders als sonst anfangen zu sein, und Vergehen
Nicht mehr sein wie zuvor. Sei hierhin jenes versetzet,
Dieses vielleicht dorthin: im Ganzen ist alles beständig.
Unter dem selbigen Bild – so glaub' ich – beharrt auf die Dauer
Nichts in der Welt.

Cäsars Vergötterung

Cäsar, im Krieg und Triumph nicht herrlicher, als in der Toga,
Der in dem äußersten Meer des Ozeanus zwang die Britanner,
Der die Papyrusfluten des siebenströmigen Nilus
Mit siegprangender Flotte durchdrang und der Numider Aufruhr,
Und den Cinypher Juba, und selbst mithridatische Namen
Bändigte, fern im Pontus, dem herrschenden Volk des Quirinus:
Cäsar nahte dem Tode. Die Ewigen sahn's mit Betrübnis.
Zwar nicht konnten sie brechen die eisernen Schlüsse der Parzen,
Aber sie gaben dem Volk nicht dunkele Zeichen der Trauer.
Rasselndes Waffengetös' in düsteren Wolken, erzählt man,
Schreckenvolle Trompeten, und tönende Hörner am Himmel,
Sagten den Jammer zuvor. Auch Phöbus' trauriges Bildnis
Bot ein gelb erblassendes Licht den bekümmerten Ländern.
Feurige Brände der Luft durchloderten oft die Gestirne;
Oft auch schauerte Regen herab mit blutigen Tropfen.
Neblicht war, und im Antlitz mit finsterer Bräune gesprenget,
Lucifer; auch mit Blute besprengt der Wagen der Luna.
Tausendmal gab Vordeutung des Wehs der stygische Uhu;
Tausendmal floss von Tränen das Elfenbein; und Gesänge
Wurden gehört, und drohende Wort' aus heiligen Hainen.

Auch kein Opfer versöhnt; mit Tumult droht schrecklich die Fiber,
Und ein gestochenes Haupt wird im Eingeweide gefunden.
Laut auf dem Markt, um die Häuser der Stadt und die Tempel der
Götter,
Scholl der nächtlichen Hunde Geheul; auch schweigende Schatten
Sagt man, irrten umher; und es bebte die Stadt von Erschüttrung.
Doch die verdeckte Gefahr und die kommenden Schicksale
wendet
Kein vorwarnender Gott. Man trägt gezogene Dolche
Selbst im geweiheten Raum; in der Kurie lauert Ermordung.
Jetzo schlug Cytherea mit beiden Händen die Brust sich
Heftig, und strebte den Sohn in ätherischer Wolke zu bergen,
Jener, worin sich Paris dem Ungestüm des Atriden
Einst entzog, und Äneas dem diomedischen Schwerte.
Jupiter drauf: Zu bewegen das unabwendbare Schicksal
Wagest du, Tochter, allein? Geh' selbst in der strengen Geschwister
Wohnungen, dort erkennst du die ungeheuer gebaute
Kanzelei der Geschick' aus Erz und gediegenem Eisen:
Die nicht prallenden Sturz des Gewölks, noch zornige Leuchtung,
Noch ein andres Verderb in sicherer Ewigkeit fürchtet.
Dort auch siehst du gehaun in unvergänglichen Demant
Schicksale deines Geschlechts. Ich las und behielt sie im Geiste.
Merke denn auf; nicht seist du hinfort unkundig der Zukunft.
Seine Zeit hat dieser, um den, Cytherea, du sorgest,
Ausgelebt und vollbracht die der Erde gebührenden Jahre.
Dass er ein himmlischer Gott aufsteig', ehrwürdig den Tempeln,
Schaffest du mit dem Sohne zugleich, der, ein Erbe des Namens,
Trägt die genommene Bürde der Stadt, und des blutenden Vaters
Tapferer Rächer im Krieg' uns selbst als die Seinen erkennet.
Gab er den Frieden der Welt, dann kehrt zu den Rechten des Bürgers

Jener den Sinn und weihet Gesetz', ein billiger Ordner,
Fördert die Zucht und läutert durch Lehr' und Muster die Sitten.
Diese Seel', aus dem Leibe des Blutenden selber entführend,
Schaffe zu Glanz, dass immer auf mein Kapitol und den Markt her
Aus dem erhabenen Tempel der göttliche Julius schaue.

Kaum war geredet das Wort; als mitten im Raum des Senates
Stand die allgütige Venus, dem Blick unbemerkbar, und ihres
Cäsars Seel' aus den Gliedern, bevor in die Lüfte veratmet
Jene zerfloss, aufnahm, und zu himmlischen Sternen emportrug.
Während sie trug, ward leuchtend von Glanz und feurig die Seele;
Welche, dem Busen entsandt, hoch über den Mond sich hinaufschwang.
Weit in die Quer' hinziehend das flammenwehende Haupthaar,
Funkelt der Stern, wohltätig, und schaut die größere Wohltat
Seines Sohns und freut sich, besiegt zu werden von jenem.
Und nun hab' ich ein Werk vollbracht, das Feuer und Eisen
Nimmer zerstört, noch Jupiters Zorn, noch zehrendes Alter.
Mag denn kommen der Tag, der nur am vergänglichen Leibe
Recht ausübt, und den Raum unsicheren Lebens beschließen:
Trotz wird bieten der Zeit und über die hohen Gestirne
Schweben mein besserer Teil und nie mein Name getilgt sein.
Rings, so weit Roms Macht sich erstreckt in bezwungenen Ländern,
Wird mich lesen das Volk, und wofern nicht trügen der Dichter
Ahnungen, werd' ich stets fortleben in fernste Zukunft.

Elegien der Liebe
(Amores)

Erstes Buch

Elegie I

Waffen in schwererem Takt und gewaltsame Kriege zu singen
War ich gerüstet; dem Stoff sollte sich fügen die Form;
Gleich lang waren die Verse; da lachte Cupido, und immer
Stahl aus dem zweiten des Paars einen der Füße der Schalk.
Wer gab, wilder Gesell, dir Recht auf meine Gedichte?
Sänger des Pieros-Chors, nicht dein Gesinde bin ich.
Raubt auch Venus vielleicht die Waffen der blonden Minerva?
Fachet der Fackeln Glut Pallas die blonde vielleicht?
Wer wohl fänd' es erlaubt, wenn Venus herrscht' in dem Bergwald?
Wenn die beköcherte Maid gäbe den Fluren Gesetz?
Rüstet mit spitzigem Speer wohl Einer den lockenumwallten
Phöbus Apollo? Bewegt Mars das äonische Spiel?
Groß, o Knab', ist dein Reich! Zu mächtig, leider, dein Szepter!
Was, Ehrgeiziger, strebst neuem Beginnen du nach?
Also was ist, ist dein? Dein auch des Helikon Bergschlucht?
Kaum noch die Leier Apolls, scheint es, ist sicher vor dir.
Als mit dem ersten der Verse mein Lied sich trefflich emporschwang,
Wurden die Sehnen sogleich mir bei dem zweiten geschwächt.
Und doch fehlt mir ein passender Stoff für die leichteren Rhythmen,
Fehlt mir ein Knab', ein schmuck Mägdlein mit wallendem Haar.
Also klagt' ich; da löst von den Schultern sofort er den Köcher,
Wählt ein Geschoss daraus, mir zum Verderben bestimmt,
Kraftvoll krümmt mit dem Knie in Halbmondsform er den Bogen,

Spricht: Hier nimm für dich, Dichter, den passenden Stoff!
Weh mir Armen! Es hat gar sichere Pfeile der Knabe!
O, wie brennt es! Der Gott herrscht in der ledigen Brust.
Mit sechs Füßen beginne mein Lied; es ende mit fünfen.
Eiserner Krieg, und ihr, eiserne Rhythmen, ade!
Jetzt mit der Myrte des Strands umkränze die goldenen Schläfe,
Muse, du sollst durch elf Takte nun gleiten dahin.

Elegie II

Was es bedeuten doch mag, dass gar so hart mir das Lager
Vorkommt; nirgend im Bett liegen die Decken mir recht?
Dass schlaflos ich die Nacht – Gott weiß, wie lange! – verbringe;
Dass mein ermüdet Gebein schmerzt, wie ich wälze den Leib?
Merken doch würd' ich's gewiss, wär ich von Liebe befallen.
Oder hat listig ihr Gift still sich geschlichen ins Herz?
Ja, so war's! – Es stack der spitzige Pfeil in der Brust mir;
Amor tobt als Tyrann wild in dem neuen Besitz.
Weich' ich? Oder entzünd' ich durch Kampf aufflackernde Lohe?
Weiche! Die Last wird leicht, wenn mit Geschick man sie trägt.
Ost schon sah ich die Glut der geschüttelten Fackel entsprühen,
Sah, wie die Glut, sobald Keiner sie regte, verlosch.
Häufiger trifft die Geißel den Stier, der zuerst in der Schlinge
Gegen das Joch sich wehrt, als der des Pfluges sich freut.
Eisengebiss zerreißt die Lippen des störrigen Rosses:
Weniger spürt es den Zaum, wenn es sich fügt ins Geschirr.
Denn, die sich sträuben, bedrängt viel wilder und heftiger Amor,
Als die unter sein Joch still sich zu beugen gestehn.
Sieh! – ich bekenn' es – du hast auch mich erbeutet, Cupido,

Machtlos streck' ich die Hand aus, dein Gesetz zu empfahn.
Kampfes bedarf's hier nicht; ich bitt' um Verzeihung und Frieden.
Wehrlos bin ich; kein Ruhm ist's, wenn bewehrt du mich zwingst.
Kränze mit Myrten dein Haar; schirr' an die Tauben der Mutter,
Dein Stiefvater wird dir schenken den Wagen dazu.
Auf dem Wagen alsdann, wenn das Volk rings jauchzt zum Triumphe,
Wirst du stehn und mit Kunst lenken der Vögel Gespann.
Und es folgt dir gefangen der Jünglinge Schar und der Jungfrau'n,
Als prachtvollster Triumph gilt dir der stattliche Zug.
Ich, als dein letzter Erwerb, mit der frisch mir geschlagenen Wunde,
Trag' im gefesselten Geist Ketten, die nimmer ich trug.
Auch die Vernunft und die Scham, die Händ' auf den Rücken gebunden,
Führt man daher, und was sonst Amors Befehlen sich sträubt.
Alles erbebt vor dir; das Volk streckt flehend die Arme
Nach dir aus, und laut singt es und jubelt: »Triumph!«
Dir als Begleiter gesellt sind Muth und Geschmeichel und Irrwahn,
Die zu deinem Panier stets sich beharrlich geschart.
Mit den Kriegern besiegst du glorreich Menschen und Götter;
Ließest die Hülfe du dir nehmen, so stündest du nackt!
Froh vom hohen Olymp klatscht Beifall deinem Triumphe
Venus; vom Lager herab streut sie dir Rosen aufs Haupt.
Edelgestein im Haar und Edelgestein an den Flügeln
Wirst goldprangend du selbst fahren auf goldnem Geschirr.
Wirst nicht Wenige dann, wenn recht ich dich kenne, versengen.
Wirst im Vorüberziehn Wunden verteilen genug.
Wolltest du selber es auch, nicht rasteten deine Geschosse.
Ist rings Alles erhitzt, wütet die Flamme von selbst.

So zog Bachus daher, als er Ganges' Lande gebändigt
    Ernst mit Tigern, wie du prangst mit dem Vogelgespann.
Also, da ich ein Teil sein kann des heil'gen Triumphes,
    Schone mich! nicht an mir, Sieger, verschwende, die Kraft.
Blick' auf die glückliche Wehr des Cäsar, deines Verwandten,
    Wie mit siegender Hand selbst den Besiegten er schützt.

Elegie III

Recht nur ist was ich bitte: die Maid, die jüngst mich erbeutet,
    Möge mich lieben; wo nicht, ewig mich fesseln an sich.
Ach! ich erbat zu viel! Nur dulde sie, dass ich sie liebe,
    Und Cytherea selbst höre mein brünstiges Flehn.
Nimm mich an zu dauerndem Dienst für Jahre und Jahre,
    Nimm mich an, der treu, innig zu lieben versteht.
Ob hochklingende Namen mich nicht vorzeitlicher Ahnherr'n
    Dir empfehlen, ob nur stamme von Rittern mein Blut,
Mögen mein Feld auch nicht unzählige Pflüge bestellen,
    Messen den Aufwand nur spärlich die Eltern mir zu: –
Rede dann Phöbus für mich, und die neun Gefährtinnen, Er auch,
    Welcher die Reb' erfand; Amor, der dir mich geschenkt,
Treue, die niemanden weicht, und unsträfliche Sitten, dir nackte
    Einfalt sonder Betrug, und die errötende Scham.
Nicht für Tausende schwärm' ich; nicht bin in der Lieb' ich ein Gaukler;
    Dir ist ewiglich, traun, alles mein Sinnen geweiht.
Mit dir – was mir der Schwestern Gespinst verleihet an Jahren –
    Möcht' ich verleben; von dir werden im Tode beweint.
Du sei mir ein fruchtbarer Stoff für meine Gedichte;

Meine Gedichte, sie sei'n würdig so herrlichen Stoffs.
Dichtkunst machte die Io berühmt, die erschrak ob der Hörner;
Und, die als Vogel der Flut täuschte der schlaue Galan;
Und, die über das Meer von des Stiers Trugbilde getragen
Mit jungfräulicher Hand griff in die Krümmung des Horns.
Auch uns beide besingt man einst rings über den Erdkreis,
Und mein Nam' erklingt stets mit dem deinen vereint.

Elegie IV

Heut zu demselben Gelag mit uns wird gehen dein Gatte;
Wäre die Mahlzeit doch, Götter, die letzte des Manns!
Also als Gast nur soll mein geliebtestes Mädchen ich anschau'n,
Und ein anderer soll ihrer Berührung sich freun?
Du sollst ruhn an des anderen Brust in holdem Umfangen?
Er soll dir um den Hals schlingen den Arm, wie er will?
Nun, dann staune nicht mehr, dass beim Wein der Atrakerin Schönheit
Doppelgestaltiges Volk einst zu den Waffen gedrängt.
Nicht ist die Waldung mein Haus, nicht mit Ross-Gliedmaßen verwachsen
Bin ich – und kaum vor dir halt' ich die Hände zurück.
Aber vernimm, was heut dir obliegt! Gib nicht dem Ostwind,
Gib dem laulichen Süden nimmer zur Beute mein Wort.
Zeitiger komm als dein Mann; zwar was dein früheres Kommen
Nütze, noch weiß ich es nicht; – dennoch sei früher du da.
Wenn auf dem Polster er liegt, so geh mit bescheidenem Antlitz
Zu ihm und lege dich auch; rühre mir heimlich den Fuß.
Acht' auf mich, auf jeglichen Blick, die gesprächigen Mienen,

Auf den verstohlenen Wink lausch' und erwid're mir ihn.
Worte, doch lautlos – sagt das beredsame Zucken der Brauen,
Worte der Finger; du lies Worte geschrieben mit Wein.
Wenn das üppige Spiel dir unserer Lieb' in den Sinn kommt,
Schwinge den zierlichen Daum hold um das rosige Kinn.
Führst im geheimen Verschluss des Busens du über mich Klage,
Lass am Ohr herab lässig dann bangen die Hand.
Doch, wenn, holdestes Kind, was ich tat und sprach, dir gefallen,
Dann im Kreise herum dreh' mit den Fingern den Ring.
Fasse den Tisch mit der Hand, so wie ihn Betende fassen.
Flehst du mit Recht auf den Mann Böses in Menge herab.
Was für dich er gemischt, heiß klüglich selber ihn trinken,
Leise zum Diener gewandt fordre dir, was du begehrst.
Dann nehm' ich mir zuerst den Becher, den du ihm zurückgabst.
Und an der Stelle, wo du trankest, da trink' ich dir nach.
Wenn von der Speise vielleicht, die Er zuvor hat gekostet.
Er dir bietet, so schieb, was er berührte, zurück.
Lass' ihn die Arm' auch nicht auf den Rücken dir legen, dich drücken;
Lehne dein liebliches Haupt nie an die knöcherne Brust.
Dulde die Finger auch nicht um des Busens schwellende Knospen,
Aber vor Allem, dass nie willig zum Küssen du seist.
Wenn du zu küssen ihn wagst, tret' als Liebhaber ich offen
Auf und halte dich und rufe: »Die Küsse sind mein!«
Dies ist alles zu sehn; doch was die Gewänder verstecken,
Wird mir Gründe genug bieten zu heimlicher Furcht.
Rück' mit dem Schenkel ihm nicht zu nah' und nicht mit dem Schienbein;
Setz dein Füßchen ihm nicht leis' auf den tölpischen Fuß.
Vielerlei fürcht' ich Armer, da keck ich Vieles begangen,

Und mein Beispiel selbst Schreck mir bereitet und Qual.
Bitte zu trinken den Mann; doch küss' ihn nicht, wenn du ihn bittest.
Heimlich gieß, wenn er trinkt, kannst du es, Wein noch dazu.
Wenn hinlänglich besiegt von Schlaf und Wein er dahinsinkt,
Wird uns Zeit und Ort bringen den wichtigsten Rat.
Stehst du dann auf, um nach Hause zu gehn, aufstehen wir Alle;
Denke daran, dass du dann mitten im Schwarme dich hältst.
Denn hier wirst du mich finden; wo nicht, so find' ich dich selber;
Was du berühren daselbst kannst, das berühre von mir.
Weh mir Armen! Mein Rat, er nützt nur wenige Stunden,
Da das Gebot der Nacht von der Geliebten mich trennt.
Nachts verschließt dich der Mann – und traurig mit quellenden Tränen
Folg' ich, so weit es erlaubt, bis zu der grausamen Tür.
Küsse dann wird er sich nehmen, und nicht bloß Küsse sich nehmen;
Was mir heimlich du gibst, gibst du gezwungen, als Pflicht.
Doch gib ungern sie, dass den Zwang er merke; das kannst du.
Schmeichelndes Kosen sei fern; Venus verdrossen und karg.
Ist mein Flehn von Gewicht, so wünsch' ich, dass nichts er genieße,
Oder dass wenigstens dir nicht zum Genuss es gereicht.
Doch was für ein Geschick die Nacht auch möge bereiten,
Leugne beharrlich vor mir morgen, dass du ihn erhört.

Elegie V

Heiß war der Tag und hatte bereits vollendet die Mitte
Und auf dem Polster zur Rast hatt' ich die Glieder gestreckt.
Halb war geöffnet und halb verschlossen der Laden des Fensters,
Und die Beleuchtung matt, wie in den Wäldern sie herrscht;
Gleichwie die Dämmerung sanft nur strahlt, wenn Phöbus entflohn ist,
Oder verschwunden die Nacht, ehe der Tag noch begann.
Diese Beleuchtung musst du schüchternen Mädchen bereiten,
Da sich die ängstliche Scham drin zu verstecken gedenkt.
Siehe, Corinna, sie naht, umhüllt von entgürtetem Kleide,
Und ihr entfesseltes Haar wallt um den glänzenden Hals,
Wie in ihr bräutlich Gemach die berühmte Semiramis eintrat,
Oder wie Laïs, die einst Scharen von Männern entflammt.
Ich entriss ihr das Kleid – zu dünn, um besonders zu schaden –
Doch sie stritt um das Kleid, sich zu bedecken damit.
Aber da so sie stritt, als trachte sie nicht nach dem Siege,
Ward durch den eignen Verrat ihre Besiegung nicht schwer.
Wie von Umhüllungen frei sie so vor den Augen mir dastand,
War an dem ganzen Leib nirgend ein einziger Fehl.
Was für Schultern und was für Arme nun sah und berührt' ich!
Und wie bot sich dem Druck schwellend des Busens Gestalt!
Unter der schmächtigen Brust wie maßvoll senkte der Leib sich,
O wie jugendlich schlank Schenkel und Hüfte sich wölbt!
Doch was preis' ich sie Stück für Stück – preiswürdig war Alles,
Und ohn' End' an mich hab' ich die Nackte gepresst.
Und wer wüsste das Übrige nicht? Wir ruhten ermattet;
Dass Mittage wie der häufig mir würden zu Teil!

Elegie VI

Pförtner, mit eisernem Band schmachvoll an die Türe gekettet,
Lass in der Angel die Tür, lass sich die grausame drehn!
Traun, was ich bitt' ist gering; lass halb sich öffnen den Eingang,
Nur so viel, dass sich schräg dränge die Seite hindurch.
Liebe, so lange geübt, hat schmächtig zu solchem Gebrauche,
Leicht an Gewicht und behend längst mir die Glieder gemacht.
Amor hat mir gezeigt, wie ich sacht die Posten der Wächter
Könne durchschleichen; er hat sicher die Füße gelenkt.
Und doch fürchtet' ich einst die Nacht und eitle Gespenster,
Staunte, wenn sich auf den Weg Einer im Finstern gemacht.
Laut auf lachte Cupido; es lachte die liebliche Mutter;
Und er sprach leichthin: Du auch wirst einst noch ein Held.
Und kaum sagt' er's, da kam auch die Liebe: Nicht fliegende Schatten
Fürcht' ich bei Nacht; nicht die Hand, gegen mein Leben gezückt.
Dich nur fürcht' ich, du seist zu lässig; dir schmeichl' ich allein nur;
Du hast den Blitz, der mich einzig zu töten vermag.
Sieh – und damit du es sieh'st, zieh auf den grausamen Riegel –
Wie mit Tränen ich rings habe die Türe benetzt
Und doch, als du entblößt vom Kleid zur Züchtigung dastand'st.
Bat für den Zitternden ich bei der Gebieterin vor.
Und nun wäre die Gunst, die einst für dich doch gewirkt hat
– O, wie schmählich! –, für mich ohne Bedeutung und Kraft?
Danke mir, wie ich's verdient; kein Vergehn ist das. – Was du wünschest,
Pförtner, die Nachtzeit flieht; schiebe den Riegel zurück!
Schieb' ihn zurück! So mögest du einst erlöst von der langen

Kette nicht Knechtschaftstrunk schmecken auf ewige Zeit!
Pförtner, ein eisernes Ohr beutst du den vergeblichen Bitten;
Hart aus Eisen gefügt starrt in den Pfosten die Tür.
Frommt der belagerten Stadt auch der Schutz verschlossener Tore,
Mitten im Frieden doch nicht fürchtest du Waffengewalt?
Was erst tätst du dem Feind, da so du den Liebenden ausschließ'st?
Pförtner, die Nachtzeit flieht; schiebe den Riegel zurück!
Nicht mit Heeresgeleit, noch komm' ich mit Waffen gerüstet;
Einsam bin ich; mir folgt Amor der grimmige nur.
Ihn, und wünscht' ich es auch, ich könnt' ihn nimmer entlassen;
Eher noch könnt' ich mich selbst trennen vom eigenen Leib.
Amor demnach, und im Kopf ein mäßiges Räuschchen, die bring' ich
Mit, und den Kranz, der vom weintriefenden Haar mir entsinkt.
Fürchtet die Waffen man auch? Und wagt man sie nicht zu bekämpfen?
Pförtner, die Nachtzeit flieht; schiebe den Riegel zurück!
Träger Gesell! Doch vielleicht, dass der Schlaf, stets Liebenden feindlich,
In die Winde mein Wort schlägt und das Ohr dir verschließt?
Und doch erinnr' ich mich wohl, als zuerst ich zu täuschen dich suchte,
Warst – da die Mitte der Nacht zeigten die Sterne – du wach.
Oder vielleicht ruht jetzt bei dir dein eigenes Liebchen.
Ach dein Loos, wie viel besser ist dann es als mein's.
Hätt' ich es so, gern nähm' ich auf mich die drückenden Ketten.
Pförtner, die Nachtzeit flieht; schiebe den Riegel zurück! –
Täusch' ich mich, oder erscholl ein Ton von knarrender Angel?
Hört' ich ein dumpfes Geräusch wie von gerüttelter Tür?
Ach, es ist Täuschung! Es schlug an die Tür der entfesselte Sturm nur,

Wehe, wie weit mir der Wind wieder die Hoffnung verschlug!
Boreas, denkst du daran, wie du einst entführt Orithyien?
Komm' mit Gebraus, und die Tür stoße, die taube, mir ein.
Alles ist still in der Stadt; und feucht von kristallenem Frühtau
Fliehet die Nachtzeit hin; schiebe den Riegel zurück! –
Oder mit Feuer und Schwert – ich selbst tollkühner als beides –
Hier mit der Fackel sogleich stürm' ich das stolze Gemach.
Nacht und Begierd' und Wein – die raten zur Mäßigung nimmer;
Frei ist jene von Scham, Liber und Amor von Furcht.
Alles nun hab' ich versucht; ich habe durch Bitten und Drohung
Nicht dich bewogen; du bist grausamer noch als die Tür.
Wahrlich, nicht bist du es wert, dass du wachst an des holdesten Mädchens
Schwelle; du hättest die Hut trauriger Kerker verdient.
Sieh, wie der Rosse bereiftes Gespann schon Lucifer rüstet,
Und zu des Tagwerks Müh'n wecket die Armen der Hahn.
Doch du Kranz, den ich nicht von fröhlichem Haar mir genommen.
Hart auf die Schwelle gestreckt liege die Nacht nun hindurch.
Mögst der Gebieterin du, sieht dort sie morgen dich liegen,
Zeugnis geben, wie mir kläglich entschwunden die Zeit.
Wie du auch seist, leb wohl, und erkenne des Scheidenden Liebe;
Träg und taub bei dem Flehn Liebender, lebe denn wohl!
Grausame Pfosten, auch ihr lebt wohl, du starrende Schwelle,
Du mitfrohnende Magd, Tür, unerbittliches Holz!

Elegie VII

Schließ mir die Hände mit Fessel und Band (sie verdienen die Ketten)
Bis sich mein Wüten gelegt, bist in der Tat du mein Freund!
Gegen die Herrin erhob in der Wut ich die rasenden Arme;
Von wahnsinniger Hand weinet mein Mädchen verletzt.
Ja, ich hätte mich selbst an den teuersten Ältern vergriffen,
Hätte mit grimmigem Hieb heilige Götter bedroht!
Hat nicht Ajax einst, der den siebenhäutigen Schild schwang,
Rings im weiten Gefild Herden gejagt und gewürgt?
Der graunvoll an der Mutter den Vater gerächt hat, Orestes,
Zuckt' er nicht selbst auf der Nacht Göttinnen rasend den Stahl?
Also, ich konnte das Haar, das zierlich gestrählte, zerzausen?
Selbst das verworrene Haar stand der Geliebten nicht schlecht.
So selbst war sie noch schön; so jagt in des Mänalos Dickicht
Schöneus' Tochter Vordem mit dem Geschosse das Wild;
So, als der tobende Süd das Schiff des verrät'rischen Theseus,
Samt den Gelübden entführt, weinte die Kreterin einst.
So lag – nur dass die Binde das Haar umhüllte – Cassandra
Einst vor deinem Altar, keusche Minerva, im Staub.
Wer hat »Rasender« nicht, wer nicht »Barbar« mich gescholten?
Sie sprach nichts; von Furcht war ihr die Zunge gelähmt.
Aber ihr Blick, lautlos und stumm, sprach bittersten Vorwurf,
Und, wenn ihr Mund auch schwieg, klagten die Tränen mich an.
Lieber ja wollt' ich, es wären vom Leib mir die Arme gefallen;
Besser vom eigenen Selbst hätt' ich geopfert ein Stück.
Mir zum eignen Verlust hab' ich verschwendet die Kräfte,
Und zur Strafe mir selbst hab' ich mich tapfer gezeigt.

Kein Erbarmen mit euch, die ihr halft zu Mord und Verbrechen,
Traget die Fesseln, die ihr, räub'rische Hände, verdient!
Hätt' ich den schlechtsten vom Volk der Quiriten geschlagen, ich müsst' es
Büßen; ist größer etwa gegen die Herrin mein Recht?
Wohl gab Tydeus' Sohn dem Verbrechen das schmählichste Beispiel,
Da er ein göttliches Weib schlug; doch der zweite bin ich.
Schuldiger bin ich als er; ich verwundete, die ich zu lieben
Vorgab; Tydeus' Sohn wütete gegen den Feind.
Auf, und rüste dich nun siegreich zu prächt'gen Triumphen;
Lorbeer'n wind' um dein Haar, zahle Gelübde dem Zeus.
Und die begleitende Schar, die dem Siegesgespanne sich anschließt,
Rufe: Triumph! In die Flucht jagte der Tapfre – ein Weib.
Geh' die Gefangne voran mit flatternden Haaren und trauernd.
Ganz schneeweiß im Gesicht – ließen die Wunden es zu! –
Besser, es wäre der Mund blutrünstig vom Drucke der Lippen,
Oder es trüge der Hals Spuren vom lüsternen Zahn.
Endlich – und schoss ich dahin nach Art des geschwollenen Gießbachs,
Hatte verblendeter Zorn ganz mich zur Beute gemacht:
War es nicht völlig genug, wenn das schüchterne Mädchen ich anfuhr?
Mehr denn genug, wenn ich ihr Drohungen donnerte zu?
Wenn ich zum Schimpf ihr das Kleid vom obersten Saum bis zur Hälfte
Zog herab – der Gurt hätt' es zur Hälfte geschützt –?
Doch ich eiserner Mensch, ich konnte das Haar von der Stirn ihr
Reißen, die Nägel ihr gar drücken ins edle Gesicht!
Und da stand sie erstarrt; lautlos und weiß war das Antlitz,
Wie aus Marmorgestein parischer Felsen gehaun.

Leblos sah ich sie stehn; ich sah erbeben die Glieder,
Wie wenn der Pappeln Haar leise durchsäuselt der Wind,
Wie von Zephyrs milderem Hauch das schwächliche Rohr bebt,
Wie wenn der lauliche Süd streift die gekräuselte Flut.
Lang' erst hielt sie die Tränen; dann flossen sie über ihr Antlitz,
Wie vom schmelzenden Schnee trieft das entfesselte Nass.
Da erst fing ich an, wie schuldig ich sei, zu empfinden;
Alle die Tränen, die sie weinte, sie waren mein Blut.
Dreimal wollt' ich mich jetzt abbittend zu Füßen ihr werfen,
Doch dreimal zurück stieß sie mit Schauder die Hand.
Doch du zaudre nicht mehr – es mildert die Rache den Schmerz mir –
Nein, mit den Nägeln sofort fahre mir in das Gesicht!
Schone die Augen mir nicht, noch schone mir etwa die Haare,
Stehe den Händen der Zorn bei, wenn sie selber zu schwach.
Und, dass von meinem Verbrechen nicht bleibt solch trauriges Merkmal,
Ordne dein eigenes Haar säuberlich so wie es saß.

Elegie VIII

'S gibt ein Weib – wer zu lernen begehrt, was »Kupplerin« heiße.
Höre – es gibt ein alt Weib; sie ist Dipsas genannt;
Und mit der Tat so genannt; nie sah sie nüchtern des schwarzen
Memnon Mutter empor lenken ihr rosig Gespann.
Magische Künste versteht sie wohl, ääische Lieder,
Und zur Quelle zurück treibt sie den strömenden Fluss;
Weiß gar wohl, was die Kräuter, des zauberischen Kreisels gedrehter
Faden, und was das Gift rossiger Stuten vermag.

Wenn sie will, so häuft das Gewölk sich rings um den Himmel,
Wenn sie will, so erglänzt heiter die Bläue des Tags.
Traun, ich habe gesehn, wie blutig flammten die Sterne,
Und wie des Mondes Gesicht purpurn mit Blut sich umgoss.
Ja ich vermute, dass oft sie verwandelt schwimmt durch das Dunkel,
Dass in Gefieder sie Nachts hüllt den verwitterten Leib.
So vermut' ich, und so erzählt man: auch blitzt in den Augen
Doppelt der Apfel ihr oft, leuchtet mit doppeltem Strahl.
Ahnherr'n ruft sie und Urahnherr'n aus verfallenen Grüften,
Und ihr Zaubergesang spaltet den festesten Grund.
Sie vermaß sich zu schänden die keuschesten Ehegemächer,
Und ihr Mund ist fürwahr schlimmer Beredsamkeit voll.
Zufall machte mich einst zum Zeugen, da so sie ermahnend
Sprach – ich lauschte versteckt hinter dem Flügel der Tür:
»Weißt du, mein Schatz, dass du gestern gefielst dem begütertsten Jüngling?
O, wie stutzt' er, wie hing fest er an deinem Gesicht!
Wem auch gefielest du nicht? Dir weicht kein Weib ja an Schönheit;
O, wie weh es mir tut, dass dir der Schmuck nur gebricht.
Wärst so glücklich du doch, wie an Reiz du allen voranstehst!
Wenn du reich einst wirst, werd' ich nicht ärmer drum sein.
Siehe, der feindliche Stern des Mars nur hat dir geschadet;
Mars ist fort; jetzt herrscht Venus mit holdem Gestirn.
Dass sie dir nütze sogleich, o sieh, hat verliebt sie den Reichen
In dich gemacht; sie trägt Sorge, wo etwas dir fehlt.
Auch sein Gesicht ist so, dass es wohl mit dir sich vergliche;
Wünscht' er zu kaufen dich nicht, müsstest du kaufen ihn selbst.«
Und sie errötete. » Scham lässt schön auf weißem Gesicht; – doch –
Nur die erheuchelte nützt; wirkliche schadet zumeist.

Blickst in den Schoß du verschämt mit niedergeschlagenen Äuglein,
Siehe dich um, wie viel Geld dir der Liebende bringt.
Waren zu Tatius' Zeiten die schmutzigen Weiber Sabinums
Mehreren Männern vielleicht nicht sich zu fügen geschickt:
Jetzt übt Mars auf fremdem Gebiet die Geister in Waffen,
Da in Aeneas' Stadt Venus als Königin herrscht.
Wer hier schön ist, buhlt. Keusch ist, die Niemand versucht hat,
Und ist verbauert sie nicht gänzlich, versucht sie zuerst.
Streiche die Runzeln auch fort, die die Stirn dir oben umziehen;
Runzeln rechnet man oft schlimm wie Verbrechen uns an.
Prüfte Penelope doch nur der Jünglinge Kraft mit dem Bogen,
Dass er der Hüften Gewalt zieh', war der Bogen von Horn.
Heimlich gleitet dahin und versteckt die flüchtige Jugend,
Wie mit raschem Gefall schleunig entgleitet der Bach.
Erz wird glatt durch Gebrauch; ein gutes Gewand will benützt sein,
Und ein verlassenes Haus starrt von entstellendem Staub.
Schönheit, nimmer verschenkt, wird alt aus Mangel an Übung;
Auch sind zu rechtem Erfolg Einer und Zwei nicht genug.
Sicherer ist's und erregt nicht Neid, wenn Viele du plünderst;
Vollere Beute gewinnt stets aus der Herde der Wolf.
Sieh, was außer dem neuen Gedicht dein trefflicher Sänger
Schenkt; bei Liebenden lass klingen die Tausende nur.
Strahlt nicht selber der Gott der Sänger in goldnem Gewände?
Und, die melodisch er schlägt, ist nicht die Leier von Gold?
Wer dir gibt, sei größer vor dir als der große Homerus.
Glaube mir das, mein Kind: Geben ist höchst genial.
Nimmer verachte mir den, der für Geld sein Leben verhandelt:
Traun ein bekreideter Fuß ist ein geringes Vergehn.
Lass dich täuschen auch nicht durch die wächsernen Bilder der Halle;

Packe den Stammbaum ein, armer Verliebter, und geh!
Wer, weil selber er schön, umsonst zu haben die Nacht denkt,
Mag ein Geschenk für dich fordern vom eig'nen Galan.
Mäßig stelle den Preis zuerst, wenn die Netze du ausspannst,
Dass sie nicht fliehen; doch scharf nimm sie, sobald du sie hast.
Nimmer auch schadet es, wenn du dich stellst, als liebtest du: mag er
Glauben, du liebst ihn; doch nie lass es ihn glauben umsonst.
Oft verweigre die Nacht; gib vor, du leidest an Kopfschmerz;
Aber ein anderes Mal biete die Isis den Grund.
Dann nimm wieder ihn auf, dass er nicht des Wartens gewohnt wird,
Und nicht die Lieb' erschlafft, wird sie zu häufig versagt.
Sei dein Tor dem Bittenden taub, dem Gebenden offen;
Draußen des Harrenden Wort höre der Glückliche drin.
Schmoll', als seist du zuerst verletzt, wenn du ihn verletzt hast.
Dass sich durch Gegengewicht hebe die Schuld mit der Schuld.
Aber gestatte dem Zorn niemals zu dauernden Spielraum,
Da andauernder Zorn oft zur Erbitterung führt.
Lass die Augen sich auch auf Befehl zu weinen gewöhnen,
Dass bald dies, bald das schicklich die Wange benetzt.
Wenn zu täuschen es frommt, so scheue dich nicht vor dem Meineid:
Venus' Gottheit leiht taub sich dem buhlenden Spiel.
Sklav und Sklavin musst du geschickt zu der Rolle dir wählen,
Dass sie ihm sagen, was sich eigne für dich zum Geschenk.
Mögen sie selbst sich erbitten ein Weniges; bitten von Vielen
Weniges sie, so häuft endlich die Gabe sich doch.
Werde der Buhle gepflückt von Schwester und Mutter und Amme:
Rasch ist vollendet der Raub, Haschen nur Hände genug.
Gehen die Gründe dir aus, weshalb du Geschenke dir forderst,

Back' zum Geburtstag dir Kuchen und lass sie ihn sehn.
Hüte dich, dass er zu sicher nicht liebt, da er keinen Rival sieht;
Wenn du den Streit wegräumst, dauert die Liebe nicht lang.
Mögen die Spuren im Bett, dass ein Mann da war, ihm verraten,
Sei von lüsternem Kuss immer der Nacken dir wund;
Lass die Geschenke vor allem ihn sehn, die der andere sandte,
Gab dir niemand etwas, kauf' auf dem Heiligen Weg.
Trugst du schon Vieles davon, so bitt' ihn, damit er nicht Alles
Schenke, zu leihn, was du – nimmer ihm stellest zurück.
Brauche den Mund; verstecke den Sinn mit Schmeicheln und Heucheln;
Unter dem Honigseim birgt sich das grausame Gift.
Bringst zu Wege du das, was ein langer Gebrauch mir bewährt hat,
Schlägst du mein warnendes Wort nicht in die Luft und den Wind:
Wirst du mich segnen noch oft, so lang' ich lebe, wirst oft dann
Flehn, dass sanft in der Gruft ruhe mein totes Gebein.«
Noch war die Red' im Zug, da verriet mich plötzlich mein Schatten:
Doch kaum konnt' ich zurück halten die Hände vor Wut,
Dass ich ihr weißes und spärliches Haar und die Augen, vom Trunke
Triefend und rot, und ihr alt Runzelgesicht nicht zerriss.
Geben die Götter kein Obdach dir, ein darbendes Alter,
Dauernden Frost, und dazu ewiglich brennenden Durst!

Elegie IX

Jeder, wer liebt, ist Soldat, und sein eigenes Lager hat Amor;
    Atticus, glaube mir fest, jeder, wer liebt, ist Soldat.
Das für den Kriegsdienst taugt, das Alter ist passend zur Liebe:
    Schlecht ist ein greiser Soldat, schlecht zum Verlieben ein Greis.
Die ein Feldherr heischt von tüchtigen Kriegern, die Jahre
    Fordert für Lager und Bund billig die willige Maid.
Beide dann ziehen auf Wacht; auf der Erd' auch schlafen sie beide;
    Der vor dem Feldherrn, der vor der Gebieterin Tür.
Weit zu gehn ist die Pflicht des Soldaten: man schicke das Mädchen,
    Und ohn' Ende verfolgt rüstig der Liebende sie;
Dringt zum Gebirg empor, das ihn hemmt; vom Regen geschwoll'ne
    Ströme durchschwimmt er und wühlt kühn sich durch Haufen von Schnee.
Muss er Meere durchziehn, nicht schwatzt er vom tobenden Ostwind,
    Fragt nicht, ob für die Fahrt günstig auch sei das Gestirn.
Wer, der Soldat nicht, oder verliebt, ertrüge den Nachtfrost,
    Und mit stöberndem Schnee Ströme von Regen gemischt?
Als Kundschafter entsandt wird Jener ins feindliche Lager,
    Dieser erspäht des Rivals Augen, als wär' er ein Feind.
Vesten belagert der eine; der andre der grausamen Liebsten
    Schwelle; die Tore zerbricht Jener, und Dieser die Tür.
Oft schon hat es genützt, in die schlafenden Feinde zu dringen,
    Sie mit bewaffneter Hand waffenlos niederzuhaun.
So erlag die barbarische Schar des thrakischen Rhesus,
    Und das gefangne Gespann ließ den Gebieter im Stich.
Also benutzen ja auch Liebhaber den Schlaf des Gemahles,
    Und erheben die Wehr gegen den schlummernden Feind.

Zu durchschleichen die Schar der Wächter, die Posten der Späher,
Ist den Soldaten, und ist armen Verliebten gemein.
Unzuverlässig ist Mars: nicht sicherer Venus; Besiegte
Richten sich auf, und von wem nie du es dachtest – er fällt.
Also nennet nicht mehr die Lieb' ein müßiges Treiben!
Voll von geschäftigem Geist dünkt mich die Liebe zu sein.
Briseus' Tochter entflammt, die geraubte, den großen Achilleus:
Troer, so lang' es erlaubt, brecht die argivische Macht!
Aus Andromaches Arm zog Hektor fort zu den Waffen,
Und sein eh'lich Gemahl setzt' ihm den Helm aus das Haupt.
Selber der Feldherrn Fürst, der Atrid', als er Priamus' Tochter
Sah, war entzückt vom Haar, das sie bacchantisch umfloss.
Mars, in der Falle des Schmieds ertappt – wie fühlt' er die Fesseln!
Keine Geschichte war so gangbar im Himmel als die.
Auch ich selbst war träg und zu üppiger Muße geboren,
Und durch Schatten und Bett war mir verweichlicht der Geist.
Siehe da trieb mich Schlaffen die Sorg' um ein liebliches Mädchen
In ihr Lager; gebot dort mir zu dienen um Sold.
Regsam bin ich seitdem und in nächtliche Kriege verwickelt:
Drum, will Einer nicht träg werden, der liebe wie ich.

Elegie X

Gleich ihr, die von Eurotas entführt auf phrygischen Kielen
Zweien vermählt den Krieg zwischen den Gatten entflammt;
Gleichwie Leda war, als versteckt in des trüg'rischen Vogels
Weißem Gefieder sie einst schlau der Verführer getäuscht;
Gleich Amymonen, als rastlos sie auf verdörrtem Gefilde
Irrt', und die Locken des Haupts drückte des Kruges Gewicht:

Also warst du: besorgt schon dacht' ich an Stier und an Adler,
Oder was Liebe noch sonst schuf aus dem Donnerer Zeus.
Nun ist verschwunden die Furcht; des Gemüts Irrwahn ist geheilt nun,
Und es berückt dein Gesicht ferner die Augen mir nicht.
Fragst du, was so verwandelt mich hat? – Dass Geschenke du forderst,
Das ist der Grund, weshalb fürder du nicht mir gefällst.
Als einfältig dein Herz, da liebt' ich dich – Körper und Seele;
Jetzt hat der Fehler des Geists deine Gestalt auch versehrt.
Amor ist nackt, und ein Knabe; von Geiz noch frei ist sein Alter;
Ohne Gewand ist sein Leib; offen erscheinet er stets.
Wollt ihr der Venus Sohn preisgeben für schnöde Bezahlung?
Fehlt ihm der Bausch doch selbst, drin zu bewahren das Geld.
Venus ist nicht, noch Venus' Sohn für grausamen Kriegsdienst
Passend; nicht dienen für Sold friedliche Götter wie die.
Für ein bedungenes Geld ist die Buhlerin jedem verkäuflich,
Treibt auf Geheiß mit dem Leib traurig ein Wuchergeschäft.
Doch sie verflucht auch genug den Befehl habsüchtiger Kuppler.
Was freiwillig ihr tut, tut sie gezwungen doch nur.
Nehmet zum Beispiel euch das Tier, dem keine Vernunft ward.
Schmählich, dass sanfteren Sinn hege das wilde Geschöpf!
Fordert die Stute vom Hengst ein Geschenk, die Kuh von dem Stiere?
Bietet der Widder dem Schaf, das ihm gefällt, ein Geschenk?
Nur das Weib erfreut sich des Raubs, den dem Manne sie abnahm,
Sie nur vermietet die Nacht, sie nur vermietet sich selbst.
Und sie verkauft was beiden gefällt, was beide verlangten,
Feilscht um den Preis, was es ihr bringt, wenn sie selbst sich vergnügt.

O, wie verkehrt, dass der Liebesgenuss, der für beide doch gleich ist,
Dass den diese verkauft, während ihn jener erkauft!
Dass mir bringe Verlust, dir Gewinn dasselbe Vergnügen,
Das durch vereinigtes Tun Weib sich bereitet und Mann!
Schön ist's nicht, wenn Zeugen ihr Wort verkaufen zum Meineid,
Schön nicht, öffnet dem Geld sich des Geschworenen Truh';
Schändlich, wenn man Verbrechen verficht mit bestochener Zunge,
Schändlich, wenn ein Gericht Schätze zusammen sich rafft:
Schändlich durch Zoll und Zins vom Bett zu vermehren das Erbgut,
Schändlich, die Schönheit Preis geben für schnöden Gewinn.
Schuldet mit Recht man Dank nur für Dinge, die nicht man bezahlt hat,
Kann ein vermietetes Bett nie uns verpflichten zum Dank.
Der da mietet, hat alles bezahlt. Hat den Lohn er gegeben,
Bleibt für keinerlei Dienst er dir verpflichtet hinfort.
Hütet euch drum, ihr Schönen, die Nacht für Geld zu verhandeln;
Nie hat guten Erfolg, glaubt mir, ein schmutziger Raub.
Nicht war so viel wert der Gewinn des sabinischen Armschmucks,
Dass auf der Jungfrau Haupt stürzte der Waffen Gewicht.
Ja es durchbohrte den Leib, aus dem er entsprungen, des Sohnes
Schwert – ein Halsband gab Grund ihm zur rächenden Tat.
Doch nicht bringt es euch Schmach, ein Geschenk vom Reichen zu fordern;
Der kann manches Geschenk geben; er hat ja genug.
Pflückt von beladener Rebe die üppig hängenden Trauben!
Spend' Alkinous' Land Äpfel aus reichem Ertrag!
Was der Arme dir beut, ist Dienst und Eifer und Treue.
Bringe der Herrin sein jeder so viel er besitzt.
Auch die Gab' ist mein, in Gedichten zu feiern ein Mädchen,
Die es verdient, und berühmt mach' ich dadurch, wen ich will.

Kleider zerreißen gar bald; Gold und Juwelen zerbrechen;
Aber der Ruhm, den ein Lied schafft, ist von ew'gem Bestand.
Nicht auch das Geben sowohl, als das Fordern krankt und verdrießt mich:
Was ich der Fordernden nicht gäbe, das geb' ich von selbst.

Elegie XI

Nape, die du das flatternde Haar zu sammeln und ordnen
Trefflich verstehst, nicht zum Schwarm niedriger Mägde gehörst,
Wohl vertraut mit dem Dienst verstohlener Nächte, geschickt auch
Und erfinderisch, wenn Zeichen zu geben es gilt;
Die du Corinnen so oft zuredetest, wenn sie zu kommen
Anstand, die ich getreu immer erfand in der Not;
Nimm die Täfelchen, die heut Morgen ich schrieb, und der Herrin
Bringe sie; jeden Verzug räume gewandt aus dem Weg.
Nicht von Kieselgestein, noch hart von Stahl ist dein Busen,
Nicht einfältiger auch bist du als andre der Art.
Ja ich vermute, auch du hast Amors Bogen empfunden;
Schütze die Fahnen in mir, denen du selber gefolgt.
Fragt sie, wie es mir geht, so sprich: »Er lebt von des Abends
Hoffnung.« Das Übrige schrieb schmeichelnd die Hand auf das Wachs.
Während ich red', entflieht die Zeit; gib, hat sie zu tun nicht,
Klug ihr das Täfelchen, doch mach', dass sogleich sie es liest.
Sieh (das befehl' ich dir an), wenn sie liest, nach Augen und Stirn ihr,
Da Zukünftiges oft schweigend die Miene verrät.

Dann lass sonder Verzug recht viel sie schreiben zur Antwort;
Ärgerlich ist's, dehnt rings leer sich das glänzende Wachs.
Dränge sie Zeil' an Zeile, so dass auf des äußersten Randes
Halb verstümmelter Schrift lange mein Auge verweilt.
Doch, was soll sie sich viel mit dem Stift die Finger ermüden?
Lass nur das einzige Wort stehn auf dem Täfelchen: »Komm!«
Dann mit Lorbeer'n will ich umwinden der Tafeln Triumphschrift,
Dann im heiligen Haus bringen der Venus sie dar,
Mit der Widmung: »Euch weiht, da ihr treu so lang' ihm gedient habt,
Naso der Venus; noch jüngst wart ihr gewöhnliches Holz.«

Elegie XII

Weint um mein bittres Geschick! Die Täfelchen kehren mit trüber
Kunde; die Unglücksschrift meldet, dass heut sie nicht kann.
Wirklich es ist etwas an Zeichen: als eben sie fortging
Stieß an der Schwelle die Zeh'n Nape, und hemmte den Schritt.
Schick' ich ein andermal dich, so nimm, wenn du über die Schwelle
Gehst, dich in Acht, und hoch hebe besonnen den Fuß.
Fort mit dir, trübseliges Holz – ihr verdrießlichen Tafeln,
Und du Wachs, darauf steht die verweigernde Schrift!
Korsikas Biene hat dich mit giftigem Honig aus hohen
Schierlingsblüten geschlürft, denk' ich, und zu uns gesandt.
Zwar du schienst, mit Mennige ganz versetzt, zu erröten;
Doch dein Blutdurst nur gab in der Farbe sich kund.
Mögt ihr, ein nutzlos Holz, verworfen nun liegen am Kreuzweg,
Mag im Vorbeifliehn euch treffen des Rades Gewicht.
Ihn auch, der euch vom Baum zu eurer Bestimmung geschnitten,

Muss ich beschuldigen: nicht rein ist gewesen die Hand.
Manch unglücklichem Hals bot wohl sich der Baum zum Erhängen,
Bot Scharfrichtern zum Bau scheußlicher Galgen sich dar.
Heiseren Schuhu'n lieh zum Sitz er den grausigen Schatten,
Und in seinem Gezweig brütete Geier und Kauz.
Und euch konnt' ich betört mein Liebesgeständnis vertrauen!
Konnte zur Herrin durch euch senden mein schmeichelndes Wort?
Passender diente das Wachs weitschweifiger Bürgen-Verschreibung,
Die mit verhärtetem Mund liest ein Gerichtsadvokat.
Besser, sie lägen verpackt mit Rechnungs- und Tagesnotizen,
Drin ein Geizhals klagt über der Schatze Verlust.
Nicht zweiseitig, ihr seid in der Tat zweideutig zu nennen;
Selber die doppelte Zahl kündete Gutes mir nicht.
Wie soll fluchen ich euch in der Wut? – Wurmstichiges Alter
Mög' euch zernagen, und weiß starren von Schimmel das Wachs!

Elegie XIII

Über den Ozean kommt blondlockig vom greisen Gemahle
Sie, die den nahenden Tag bringt mit bereistem Gespann.
Wohin so rasch Aurora? O bleibe! So sühne den Schatten
Memnons der Vöglein Schar jährlich durch festlichen Mord!
Jetzt erst liegt sich's so schön in der Herrin weicher Umarmung,
Jetzt, wenn je, schmiegt sanft mir an die Seite sie sich.
Jetzt ist wonnig der Schlaf, jetzt sind voll Kühlung die Lüfte,
Und aus dem Kehlchen entquillt frischer dem Vogel sein Lied.
Was enteilst du, verhasst den Männern, verhasst auch den Mädchen?

Zieh den betaueten Zaum straff mit der purpurnen Hand.
Ehe du aufgehst, blickt der Schiffer nach seinen Gestirnen
Sich'rer, und ratlos nicht irrt er inmitten der Flut.
Wenn du nahst, erhebt sich – wie sehr auch ermüdet – der Wandrer;
Streckt nach den Waffen die Hand – waffengewohnt – der Soldat.
Du zuerst siehst ziehn mit der Karst den beladenen Landmann,
Rufest den langsamen Stier zu dem gebogenen Joch;
Stiehlst dem Knaben den Schlaf und lieferst ihn aus an den Lehrer,
Dass von grimmigem Hieb schwelle die zärtliche Hand.
Du auch schickst, den der Bürgschaft Bann festhält, vor die Hallen,
Dass ihm ein einziges Wort bringe gewalt'gen Verlust.
Weder dem Anwalt kommst du genehm, noch genehm auch dem Redner,
Da zu neuem Prozess beide zu eilen du zwingst.
Du, wenn billig einmal aufhörte die weibliche Arbeit,
Rufst zum Rocken zurück wieder der Spinnerin Hand.
Alles ertrüg' ich gern – doch dass früh aufstehen die Mädchen,
Duldet wohl keiner als wer selber kein Mädchen besitzt.
Oft schon hab' ich gewünscht, es möchte die Nacht dir nicht weichen,
Und kein Stern im Lauf fliehen vor deinem Gesicht;
Oft schon hab' ich gewünscht, es zerbräche der Wind dir die Achse,
Oder es stürzte dein Ross strauchelnd im dicken Gewölk.
Neidische, wozu eilst du? Dein Sohn war schwarz – und natürlich!
Trug die Farbe doch schon vor ihm dein mütterlich Herz.
Wär' es Tithonus nur erlaubt, von dir zu erzählen:
Nicht im Himmel ein Weib wäre so hässlich wie du.
Nur, um ihm recht weit zu entfliehn, weil hoch er bei Jahren,
Steigst du vom Greise so früh auf dein verhasstes Gespann.

Hieltest du Kephalus nur, den lieber du magst, in den Armen,
　　Riefst du gewiss: O, lauft langsam, ihr Rosse der Nacht!
Soll ich Verliebter es büßen, dass schwach vom Alter dein Mann ist?
　　Bist du auf mein Geheiß etwa vermählt mit dem Greis?
Siehe, wie lange verlieh nicht Luna Schlaf dem geliebten
　　Jüngling, und ihre Gestalt weichet der deinen in Nichts.
Selber der Vater der Götter, dass nicht so oft er dich sähe,
　　Hat zwei Nächte sogar, sich zu ergötzen, vereint.
Also schloss ich den Streit; sie ward, als ob sie es hörte,
　　Rot – doch nicht später darum kam als gewöhnlich der Tag.

Elegie XIV

Sagt' ich dir nicht: »Hör' auf, dein Haar quacksalbernd zu beizen!«
　　Und zum Färben bereits fehlet dir selber das Haar.
Und doch, hätt'st du's gelassen, was war wohl voller und reicher?
　　Und wie wallt' es dir tief über die Hüften hinab!
Und wie war es so fein, dass man zu schmücken es anstand;
　　So wie das Schleiergewand farbiger Serer zu schaun,
Oder der Faden, gedreht vom zierlichen Fuße der Spinne,
　　Wenn sie ihr schwebendes Haus hängt an verlassnes Gebälk.
Und doch war es nicht schwarz; und doch auch war es nicht golden;
　　Keines von beiden genau, aber aus beiden gemischt.
Wie in quelliger Schlucht des hügligen Ida die hohe
　　Zeder die Farbe dir zeigt, wenn man die Rind' ihr geraubt.
Dann, wie gelehrig es sich in hundert Umwindungen schickte,
　　Und wie niemals es auch Grund dir gegeben zum Schmerz!
Nie hat die Nadel und nie es des Kamms Palisade zerrissen,
　　Nie ward der schmückenden Magd Körper gepeinigt darum.

Mir vor den Augen ist oft sie geschmückt; doch hat sie die Nadel
Nie ihr entrissen, ihr nie blutig gestochen den Arm.
Oft auch lag sie, bevor das Haar ihr geordnet, des Morgens
Halb auf den Rücken gelehnt lässig auf purpurnem Pfühl.
So auch war, nachlässig, sie schön, wie die thrakische Mänas,
Wenn sie ermüdet auf grün schwellendem Rasen sich streckt.
Und war zierlich es gleich, war zart wie Flaum es zu schauen,
Ach, wie mancherlei Qual trug doch geduldig das Haar!
O, wie gehorsam bot es sich dar dem Stahl und dem Feuer,
Bis zu gekräuseltem Rund biegsam die Locke sich schlang!
»Ruchlos ist's,« rief ich, »ruchlos, solch Haar zu versengen!
Schon von selbst ist es schön! Eiserne, schone dein Haupt!
Lass die Gewalt! lass ab! Kein Grund ist da, sie zu brennen;
Selber die Nadel wird zahm, bringst du den Haaren sie nah!«
So verdarb das schöne Gelock, das selbst sich Apollo,
Das Gott Bacchus als Schmuck wohl für sein Haupt sich gewünscht.
Ihm verglich ich es wohl, in welchem die nackte Dione
Prangt auf Gemälden; – die Hand trieft von der Last, die sie hebt.
Klagst du jetzt, schlecht sitze dein Haar, es sei gänzlich verdorben?
Schiebst du mit trauriger Hand, Törin, den Spiegel zurück?
Noch bist nicht du gewohnt, dich zu sehn mit den eigenen Augen:
Dass du gefallest dir selbst, musst du vergessen dich selbst.
Nicht verzauberte Kräuter vom Kebsweib haben verletzt dich,
Nicht aus hämonischem Born boshaft dich Hexen besprengt,
Noch hat dir Krankheit Schaden getan – doch ich will's nicht berufen! –
Noch dein wucherndes Haar neidische Rede verdünnt.
Eigener Hand und eigener Schuld verdankst den Verlust du;

Für dein eigenes Haupt hast du das Gift ja gemischt.
Jetzt wird Deutschland dir hersenden erbeutete Locken,
Durch des geknechteten Volks Gaben erhältst du dich noch.
O, wie oft, staunt einer dein Haar an, wirst du erröten,
Und wirst sagen: »Man pries mich um erhandeltes Gut.
Ein sygambrisches Weib trifft jetzt statt meiner der Lobspruch,
Und doch weiß ich die Zeit, da ich verdiente den Ruhm.«
Weh mir! Mit Not nur hält sie die Tränen, bedeckt mit der Rechten
Stirn und Augen; und Scham rötet das edle Gesicht.
Auf dem Schoß jetzt hält und besieht sie die früheren Haare.
Weh mir! anderen Schmucks scheinet mir würdig der Platz.
Sammle die Mienen, und sammle den Geist; der Schaden ist heilbar,
Bald wirst wieder du ja prangen im eigenen Haar.

Elegie XV

Was, o gefräßiger Neid, zeihst du mein Leben der Trägheit?
Willst im Dichten das Tun müßigen Geistes nur sehn,
Weil ich nicht nach der Ahnherrn Brauch im rüstigen Alter
Rang auf der Kriegskunst staubwirbelnder Bahn nach dem Preis,
Nicht wortreiche Gesetze dem Kopf einprägte, die Stimme
Auf undankbarem Markt nie zu entweihen beschloss?
Was du erstrebt, das Werk ist sterblich; ich strebe nach ew'gem
Ruhm; der Erdkreis soll singen auf immer von mir.
Lebt der Mäonier doch, weil Tenedos raget und Ida,
Weil mit wirbelnder Flut Simoïs stürzt in das Meer;
Lebt der Askräer doch auch, so lang' in der Kelter die Traube
Schäumt, und Ceres' Frucht fällt von der Sichel gemäht.

Battos' Sohn wird stets ringsum auf Erden man singen;
Ist durch Geist er auch nicht stark, so ist stark er durch Kunst.
Sophokles' hohem Kothurn geht nichts verloren im Zeitlauf,
Und mit Sonn' und Mond lebet für immer Arat.
Wenn noch ein pfiffiger Sklav, ein grausamer Vater, ein kuppelnd
Und ein buhlerisch Weib lebt, wird Menander bestehn.
Ennius, kunstlos zwar, und Attius, kräftigen Schwunges,
Haben den Namen, den nie wieder vernichtet die Zeit.
Wird man den Varro je und das erste der Schiffe vergessen?
Und wie Aeson's Sohn holte das goldene Vlies?
Dann erst werden vergehn des erhab'nen Lucretius Verse,
Wenn ein einziger Tag sämtliche Länder vertilgt.
Tityrus und die Gefild' und Aeneas' Waffen – man wird sie
Lesen, so lange der Welt Roma gebietet als Haupt;
Und so lange noch Pfeil und Fackel die Waffen Cupidos,
Wird dein Vers auch gern, feiner Tibullus, gehört.
Gallus: vom westlichen Strand wird Gallus zum Strande des Ostens,
Und mit Gallus zugleich seine Lycoris genannt.
Ja, wenn Kieselgestein, wenn der Zahn des duldsamen Pfluges
Endlich dem Alter erliegt, trotzet dem Tod das Gedicht.
Gegen Gedichte sind Könige nichts und Königstriumphe,
Nichts der Strand, den die Flut Tagus' befruchtet mit Gold.
Preise der Pöbel Gemeines; mir mag Apollo der blonde
Aus Kastalias Quell spenden mit vollem Pokal.
Möge die Myrte mein Haar, die den Frost nicht duldet, umwallen;
Möge bekümmert mich oft lesen der Liebende dann.
Unter den Lebenden nährt sich der Neid; er ruht nach dem Tode,
Wenn der erworbene Ruf Jeglichen schätzt nach Verdienst.
Drum, wenn einst auch mich der Bestattung Flamme benagt hat,
Werd' ich doch leben; ein Teil bleibt noch, ein großer, von mir.

Zweites Buch

Elegie I

Dies auch hab' ich verfasst; ich, Naso, des feuchten Pelignums
    Sohn, der mein schmähliches Tun selbst ich in Verse gebracht.
Amor gebot mir auch dies: fern bleibt, fern bleibet ihr Spröden!
    Nicht ein passender Kreis seid ihr für zärtlichen Sang.
Mich mag vor dem Verlobten mit glühender Wange die Jungfrau
    Lesen, der Knabe, noch nie früher von Liebe berührt.
Mag ein Jüngling dann, von demselbigen Bogen verwundet,
    Spüren des eigenen Brands sichere Zeichen in mir.
Mag er erstaunt dann fragen: Wer brachte dem Dichter die Kunde,
    Dass er in seinem Gesang meine Geschicke beschrieb?
Kühn – ich erinnre mich – wollt' ich den hundertarmigen Gyas,
    Wollt' ich der Himmlischen Kampf singen – ich spürte die Kraft –,
Wie sich Tellus grimmig gerächt; wie des Pelion Abhang
    Ragend der Ossa trug, auf den Olympus gehäuft;
Hielt in den Händen den Jupiter schon, samt Wolken und Blitzstrahl,
    Den für sein himmlisches Reich kühn er zu schleudern bereit.
Liebchen verschloss mir die Tür; da verlor ich Zeus und den Blitzstrahl:
    Jupiter selbst war jäh mir aus dem Geiste gestürzt.
Jupiter, zürne mir nicht! Dein Geschoss, nichts konnt' es mir helfen;
    Mehr als dein Blitzstrahl wirkt eine verschlossene Tür.
Schmeichelerguss des elegischen Lieds – mein Geschoss – das ergriff ich;

Sanftes Gekos' erweicht selber die härteste Tür.
Zauber des Liedes entführt die Hörner des blutigen Mondes,
Ruft im Laufe des Sol schneeige Rosse zurück;
Zauber des Liedes zersprengt des Lindwurms berstenden Rachen,
Lässt zur Quelle zurück fließen die Wogen des Stroms;
Zauber des Liedes eröffnet die Tür, und der Riegel im Pfosten,
War' er aus Eisen gefügt, wird von dem Liede besiegt.
Was doch nützt' es mir wohl, wenn den schnellen Achill ich besänge?
Hülfe des Atreus Sohn, dieser wie jener, mir wohl?
Er, der gleich viel Jahre vertan durch Krieg und durch Irrfahrt?
Hector, der kläglich geschleift ward vom Hämoner-Gespann?
Aber lobst du nur oft des Mägdleins liebliches Antlitz,
Eilt sie zum Sänger zuletzt selber als Preis des Gesangs.
Traun, ein herrlicher Lohn! Fahrt wohl denn, der Helden berühmte
Namen; die Gunst, die ihr spendet, sie passt nicht für mich.
Neigt ihr Mädchen vielmehr die schönen Gesichter den Liedern,
Welche der purpurne Gott Amor mir selber vertraut.

Elegie II

Du, dem das Amt vertraut, die Herrin zu hüten, Bagous,
Höre mich. Kurz ist mein Wort; aber es ist von Belang.
Gestern erblickt' ich ein reizendes Kind; sie wandelte stattlich
Durch die Halle, worin Danaus' Töchter zu sehn.
Gleich entzückt nun sandt' ich zu ihr, und ersuchte sie schriftlich; –
Aber mit bebender Hand schrieb sie: »Es geht nicht!« zurück.
Als nun, warum es nicht ging', ich fragte, vernahm ich als Ursach,
Dass dein Eifer zu arg deine Gebieterin plagt.

Bist du gescheit, o Wächter, so mach dich künftig verhasst nicht.
Glaube mir; jedermann wünscht dem, den er fürchtet, den Tod.
Auch ihr Mann ist nicht klug. Was quält er sich, das zu bewachen,
Was, wenn du nicht es bewachst, dennoch verloren nicht geht?
Doch mag Er auch betört dem Wahn nachgeben der Liebe,
Mag er glauben, dass keusch bleibe, was Vielen gefällt:
Schenkst du nur ihr durch gefälligen Sinn verstohlene Freiheit,
Dass sie, was du ihr gibst, später dir gebe zurück.
Mach' zum Vertrauten dich nur; dem Knecht wird verpflichtet die Herrin.
Scheust du, Vertrauter zu sein, stell dich als seist du es nicht.
Liest sie ein Briefchen für sich – so denk', es schick' ihn die Mutter;
Kommt ein Fremder zu ihr – geh' als Bekannter er fort.
Will sie die leidende Freundin – die frisch und gesund ist – besuchen,
Lass sie nur gehn; du selbst hältst ja die Freundin für krank.
Wenn zu lange sie weilt – lass nicht dich verdrießen ihr Zaudern;
Lege den Kopf aufs Knie, schnarche so viel dir beliebt.
Nicht auch forsche, was wohl bei der Isis, der Linnenumwallten,
Möge geschehn; nicht erschrick, wenn ins Theater sie geht.
Ja, ein Vertrauter der Schuld erwirbt sich dauernde Ehre;
Und zu schweigen ist doch wahrlich die kleinste der Müh'n.
Er ist beliebt; er regiert im Haus; er wird nicht geschlagen.
Er ist mächtig; im Staub krümmt sich der übrige Schwarm.
Sie, um den wirklichen Grund zu verstecken, erfindet ein Märchen,
Und, was die Herrin lobt, lobt mit der Herrin der Herr.
Zieht auch tüchtig der Mann ein Gesicht und runzelt die Stirne,
Doch, was das schmeichelnde Weib wünschte, das tut er zuletzt.
Aber zuweilen auch muss mit Dir sie Hader beginnen,
Tun, als weine sie, muss schimpfen dich: »Henkergezücht!«

Du erwiderst ihr dann, was leicht als falsch sie zurückweist;
Lass durch erdichtete Schuld ihn auch der wahren nicht trau'n.
So wird die Ehre dir stets, wird hoch anwachsen das Spargut;
Handelst du so, dann wirst sicher in Kurzem du frei.
Siehst du, wie Ketten den Hals spionierender Klätscher umschlingen?
Wie mit schmutziger Haft man den Verräter bestraft?
Sucht nicht Wasser im Wasser, und hascht nach entfliehenden Früchten
Tantalus? Das ist der Lohn, den sein Geklätsch ihm gebracht.
Da zu streng der junonische Wächter die Io gehütet,
Sank vor der Zeit er ins Grab: Sie ist zur Göttin erhöht.
Braun und blau am Schenkel gedrückt von Fesseln erblickt' ich
Sie, die die Schande der Frau brachten zu Ohren dem Mann.
Noch zu gering ist die Strafe; der Lästerer schadete Zweien:
Kummer erwuchs für den Mann; Schaden am Ruf für die Frau.
Glaube mir, keinem Gemahl ist's lieb, Anklagen zu hören;
Keinem, und wenn er sie hört, haben sie jemals genützt.
Ist er lau, so verhallt dein Bericht vor lässigen Ohren;
Ist er verliebt, so macht elend dein Eifer ihn nur.
Auch wird die Schuld – wenn schon handgreiflich – so leicht nicht erwiesen,
Da durch des Richtenden Gunst leicht sich die Schuldige schützt.
Hat er auch selbst es gesehn, so glaubt er ihr doch, wenn sie leugnet,
Traut nicht dem eigenen Blick, fabelt ein Märchen sich vor.
Sieht er die Herrin in Tränen dann gar, so weinet er selbst wohl,
Und dann heißt es: »Es soll büßen der Schelm sein Geschwätz!«
Wozu versuchst du den Kampf, der so ungleich? Schläge erwarten

Dich als Besiegten; doch sie sitzet dem Richter im Schoß,
Nicht ein Verbrechen beginnen wir hier; wir sind nicht beisammen
Gift zu mischen; es blitzt nicht in der Hand uns ein Schwert.
Was wir verlangen, ist, dass du in Ruh' uns gestattest zu lieben.
Lässt ein milderer Wunsch irgend sich denken als der?

Elegie III

Wehe, dass du – nicht Mann noch Frau – die Gebieterin hütest,
Venus' Wechselgenuss nie zu erfahren vermagst!
Er, der die Glieder der Zeugung zuerst entrissen den Knaben
Hätte die Wunden, die er schlug, zu erleiden verdient.
Freundlich zum Dienste bereit, und leicht nachgiebig der Bitte
Wärst du, wenn je dir ein Weib hätte den Busen erwärmt.
Nicht zu tummeln das Ross, nicht taugst du zu mutigen Waffen,
Nie wird geschickt dein Arm schwingen den krieg'rischen Speer.
Das ist der Männer Geschäft. Du Verzicht' auf solcherlei Hoffnung!
Einzig der Herrin Panier ist dir zu tragen vergönnt.
Mach' um sie dich verdient, und nütze die Gunst, die sie spendet;
Hättest du sie nicht, wozu wärst zu gebrauchen du noch?
Und sie ist schön; zu Venus' Spiel ist ihr Alter geeignet;
Schmählich, wenn solche Gestalt müßig verkommt und verliegt.
Dich zu betrügen war leicht, wie sehr du auch lästig dich machtest;
Denn was Zweie vereint wollen, das setzen sie durch.
Doch, da es passender scheint, es mit Bitten zuerst zu versuchen,
Bitt' ich; noch hast du Zeit, Würdigen Gunst zu verleihn.

Elegie IV

Nimmer vermocht' ich es, frech verdorbene Sitten zu schützen,
Nie für mein eignes Vergehn schwang' ich betrügliche Wehr.
Nein, ich bekenne; wenn irgend es nützt, zu beichten sein Unrecht,
Beicht' ich, und klag' – ich Tor! – meiner Verbrechen mich an.
Ja ich hasse sie – und doch wünsch' ich mir das, was ich hasse;
Ach wie schwer, was du gern von dir entferntest, sich trägt!
Denn nicht hab' ich die Kraft, mich selbst zum Rechten zu lenken.
Gleichwie ein Schiff von des Stroms reißenden Wirbeln entrafft.
Keine bestimmte Gestalt auch ist's, die zum Lieben mich anreizt;
Gründe zu Hunderten stets halten mich ewig in Glut.
Wenn den bescheidenen Blick ein Mägdlein senkt auf den Busen,
Steh' ich in Flammen; Verrat lauert auf mich in der Scham.
Ist sie dreist und kokett – entzückt sie mich, weil sie nicht bäurisch,
Weil sie auf üppigem Pfühl munter zu sein mir verheißt.
Wenn sie mir störrig erscheint und der spröden Sabinerin ähnlich,
Denk' ich: »Sie möchte gewiss; aber verstellt sich mit Fleiß.«
Bist du gebildet, mein Kind, so gefällst du durch seltene Künste,
Bist ungebildet du, steht Einfachheit grade dir schön.
Gegen mein Lied erklärt Kallimachus' Lieder für bäurisch
Eine: gefall' ich so sehr ihr, so gefällt sie auch mir.
Jene dagegen verschmäht mich als Dichter und tadelt die Lieder:
Tadlerin, o wie gern ließ' ich mich schulen von dir!
Sanft ist ihr Gang: es entzückt mich ihr Schritt. Starr scheint sie und eckig:
Wird sie doch sanfter gewiss, wenn sie der Mann nur berührt!
Dieser, die lieblich singt, und biegsam modelt die Stimme,
Hätt' ich so gern beim Gesang Küsse geraubt und geschenkt.
Diese durcheilt mit dem Finger behend sanft klagende Saiten;

Und wer liebte die Hand nicht, die so künstlich sich regt!
Reizend bewegt sich die, und wendet harmonisch die Arme,
Und mit schmiegsamer Kunst dreht sie den zierlichen Leib –
Von mir schweig' ich dabei, der entbrennt bei jeglichem Anlass –:
Stelle Hippolytus hin, sicher er wird zum Priap.
Gleichst du, schlanke Gestalt, nicht den Heroinen der Vorzeit?
Völlig und groß liegst du über das Polster gestreckt.
Handlich ist wieder, die klein von Wuchs. Sie verführen mich beide.
Groß und klein, sie sind beide mir völlig nach Wunsch.
Ist sie geputzt nicht, so denk' ich: was könnte der Putz an ihr bessern?
Ist sie geschmückt: was sie schön macht ist ihr eigener Reiz.
Blendendes Weiß entzückt, es entzückt mich die dunkele Schönheit;
Selbst in der bräunlichen Haut liegt ein verlockender Reiz.
Wenn von dunkelem Haar ihr schneeiger Nacken umwallt ist:
War mit dem schwärzesten Haar Leda nicht prächtig zu schaun?
Ist sie blond: wie gefiel mit den Krokoslocken Aurora!
Meine Verliebtheit passt allen Geschichten sich an.
Jugend erregt mich tief; mich bewegt das spätere Alter,
Jene durch schöne Gestalt, dieses durch reifen Verstand.
Kurz, um sämtliche Schönen der Stadt, die einer mir rühmte,
Um sie alle gesamt würbe mit Eifer mein Herz.

Elegie V

Nicht ist die Lieb' es wert – entweiche beköcherter Amor –,
Dass ich so oft mir den Tod wünsche mit heißestem Flehn.
Ja, mein Wunsch ist der Tod, wenn ich deiner Vergehen gedenke,
Mädchen, geboren für mich zu unablässigem Weh!

Nicht ein verratener Brief hat dein Tun mir gezeigt in der Blöße,
Nicht ein geheimes Geschenk klagt des Verbrechens dich an.
Hätt' ich nur solchen Beweis, dass nicht zu siegen noch möglich!
O, ich Armer, warum bin ich so sehr denn im Recht?
Glücklich, wer das, was er liebt, noch mutvoll wagt zu beschützen;
Wenn: »Ich hab's nicht getan!« kühn die Geliebte noch sagt.
Eisern fürwahr ist der Mann und fröhnt zu sehr der Erbitt'rung,
Der sich nach blutigem Sieg über die Schuldige sehnt.
Ich, Unglücklicher, sah, als du fest im Schlafe mich wähntest.
Nüchtern euch zu beim Wein, was ihr verbrecherisch triebt;
Sah wie ihr hin und her mit beweglichen Brauen euch zuspracht,
Wie ihr der Worte genug legtet in Mienen und Wink.
Stumm war weder dein Blick, noch der Tisch, auf welchem mit Wein ihr
Schriebt; Buchstaben auch sah deutlich den Fingern ich ab.
Euer Gespräch enthielt, was nicht so erschien nach dem Klange,
Und ein heimlicher Sinn war in die Worte gelegt.
Schon war endlich der Tisch von den meisten der Gäste verlassen,
Hie und da nur saß einzeln ein jugendlich Paar.
Da nun sah ich euch enge vereint in lüsternen Küssen,
Küssen, in denen gewiss Zunge mit Zunge verstrickt;
Wie sie die Schwester fürwahr nicht gibt dem ehrbaren Bruder:
Wie dem begehrenden Mann schmachtend sein Liebchen sie gibt;
Wie ich nicht denke, dass je Diana sie Phöbus gegeben,
Aber wie Venus dem Mars sicherlich öfters sie gab.
»Halt! Was beginnst du?«, rief ich, »was machst du mit meinen Genüssen?
Meine gebietende Hand leg' ich auf meinen Besitz;
Dies ist gemeinsames Gut, ist mein so gut wie es dein ist,

Und kein Dritter fürwahr soll sich bemengen damit!–
Also ich; und was sonst mir der Schmerz eingab; doch des Liebchens
Antlitz, der Schuld sich bewusst, glühte von purpurner Scham;
Wie von Tithonus' Gattin gefärbt sich rötet der Himmel,
Oder die Braut, wenn zuerst sie den Verlobten erblickt,
So wie Rosen gemischt mit schneeigen Lilien schimmern,
Oder wie Luna, so oft Zauber umstrickt ihr Gespann,
Oder wie Elfenbein aus Assyrien, das vor des Alters
Gelb mit färbendem Rost schützte die lydische Frau.
Alle dem oder doch einem davon glich höchlich die Farbe,
Und kein Zufall hat je sie mir schöner gezeigt.
Und sie senkte den Blick – wie den Blick zu senken ihr schön stand!
Trauer umhüllt' ihr Gesicht: wie ihr die Trauer erst stand!
Wie sie da waren – sie saßen so glatt – zu zerzausen die Haare,
Und in ihr zartes Gesicht war ich zu fahren bereit.
Als das Gesicht ich sah, da sanken die mutigen Arme,
Und von der eigenen Wehr wurde mein Mädchen beschützt.
Der ich noch eben ergrimmt, ich kam demütig und flehte:
»Gib mir künftig nur nicht schlechtere Küsse wie die.«
Und sie lacht', und gab mir von Herzen die besten; sie rängen
Selbst aus des grollenden Zeus' Händen das Flammengeschoss.
Jetzt nun quält es mich, dass ein andrer so Köstliches schmeckte,
Und ich wünsche, dass die waren von anderer Art.
Auch viel besser, als je ich gelehrt sie, waren die letzten;
Wie es mir scheint, so hat Etwas hinzu sie gelernt.
Dass sie zu sehr mir gefielen, ist schlimm; dass du ganz durch die Lippen
Drangst mit der Zunge mir, ganz schlürftest die meinige ein.
Doch das macht nicht allein mir Schmerz; nicht über das Küssen
Klag' ich nur, ist auch dies Grund mir zum Klagen genug:

Küsse wie die, sie konntest allein im Bett du erlernen.
Irgend ein Lehrer empfing große Bezahlung dafür.

Elegie VI

Mein Papagei, der geflügelte Mime der östlichen Inder,
Ach, er ist tot; zur Gruft folgt ihm, ihr Vögel gesamt!
Folg' ihm, frommes Gefieder! Die Brust mit den Fittichen schlagend.
Kratzt euch das zarte Gesicht wund mit den kralligen Klau'n.
Rupft statt trauernden Haars euch aus die sträubenden Federn,
Und statt der Tuba Schall töne der schmetternde Sang.
Du Philomela, die noch du die Schuld des ismarischen Wütrichs
Klagst; schon Jahre hindurch hast du der Klage genügt.
Wende zum schmerzlichen Trauergeleit dich des seltenen Vogels;
Triftiger Grund war zum Schmerz Itys – doch das ist verjährt!
Alle die ihr euch wiegt in den Bahnen des flüssigen Äthers –
Turteltäubchen, doch du klage vor allem den Freund.
Euch umschlang, so lang' ihr gelebt, vollkommene Eintracht;
Fest und dauernd bestand treu bis zum Ende der Bund.
Was dem Argiver Orest der phokäische Jüngling gewesen,
War, so lang' es erlaubt, Papchen, die Taube für dich.
Aber, was nützt dir Treue, Gestalt und seltene Farbe,
Oder die Stimm', in der Kunst, Töne zu wechseln, geschickt?
Was, dass meiner Geliebten geschenkt, du sofort ihr gefielest?
Preis der geflügelten Schar, Armer, da liegst du nun tot!
Selber der grüne Smaragd erblich vor deinem Gefieder;
Rot mit des Krokos Glut war dir der Schnabel gefärbt.
Täuschender ahmt' auf der Welt kein Vogel die Stimmen wie du nach;

So mit schnarrendem Laut gabst du die Worte zurück.
Neid hat dahin dich gerafft. Du begannst nicht wilde Gefechte,
Warst nur ein Plauderer, dem Frieden und Ruhe behagt.
Siehe die Wachtel, die stets in Kämpfen sich tummelt, sie lebt doch,
Ja vielleicht deshalb wird sie gewöhnlich so alt.
Auch mit dem Wenigsten nahmst du fürlieb. Aus Liebe zum Reden
Hatte dein Mund nicht einmal, viel zu verzehren, die Zeit.
Speise war dir ein Nüsschen, und Mohn um in Schlaf dich zu bringen;
Und ein einfacher Trunk Wassers vertrieb dir den Durst.
Doch der gefräßige Geier, die Luft durchkreisende Weihe,
Sie auch, die Dohle, die uns Regen verkündet, sie lebt.
Lebt die Krähe doch selbst, die der krieg'rischen Pallas verhasst ist;
Neun Jahrhunderte kaum reichen ihr hin, bis sie stirbt.
Und du, geschwätziger Freund, du Echo menschlicher Stimme,
Du Papagei, den der Welt Ende mir schenkte, du stirbst!
Immer das Beste zuerst wird entrafft von gierigen Händen,
Während des Schlechteren Zahl stets sich von Neuem erfüllt.
Sah nicht Thersit, wie Phylake's Held in den traurigen Tod ging?
Lebten, als Hector längst Staub, nicht die Brüder noch fort?
Was auch für fromme Gelübde für dich das geängstigte Mädchen
Tat, vom stürmischen Süd wurden ins Meer sie gejagt.
Da war der siebente Tag; ihm sollte kein weiterer folgen;
Leer war die Spindel; es stand müßig die Parze bei dir.
Dennoch verstummte noch nicht das Wort im ermattenden Gaumen,
Und mit sterbendem Laut riefst du: »Corinna, Ade!«
Unter Elysiums Höh'n ragt dunkelen Laubes ein Eichwald,
Von nie welkendem Gras grünt das bewässerte Land.
Ist auf Sagen zu traun, so ist dieses der Ort für die frommen

Vögel, der Zutritt ist bösem Geflügel versagt.
Weit umher ziehn dort unschuldige Schwäne zur Waide,
Neben dem Phönix, dem stets einzigen seines Geschlechts.
Junos Vogel entfaltet von selbst sein glänzend Gefieder;
Täublein girret und küsst schmeichelnd den lüsternen Mann.
Hier wirst du Papagei in der Waldung Schatten empfangen,
Und die gefiederte Schar lauschet, die fromme, dir zu.
Deine Gebeine bedeckt ein Hügelchen – groß nach Verhältnis.
Klein ist der Stein und dazu passend die Kürze des Spruchs:
»Aus dem Begräbnis erhellt, wie sehr ich der Herrin gefallen;
Mehr als bei Vögeln Gebrauch war ich im Reden gewandt.«

Elegie VII

Also ich soll mich stets zu neuer Beschuldigung stellen?
Muss ich so oft um den Sieg kämpfen, so wird er zur Last.
Seh' ich mich um nach den obersten Reihn des Marmortheaters,
Wählst aus der Menge du dir eine, um die du mir grollst.
Sieht unschuldig ein Weib mich an mit schweigendem Blicke,
Heimliche Zeichen sogleich siehst du im schweigenden Blick.
Lob' ich eine, so fährst du mir wild in das Haar mit den Nägeln;
Schelt' ich eine, so meinst du ich verstecke die Schuld.
Seh' ich gesund aus, so heißt es sogleich, dass ich gegen dich kalt bin;
Kränklich: ein anderes Weib macht mich zum Sterben verliebt.
Wenn ich denn wenigstens doch des Fehltritts schuldig mich wüsste;
Denn gleichmütiger trägt Strafe sich, die man verdient.
Ohne Besinnung verklagst du mich jetzt, glaubst alles und jedes,
Und so verliert durch dich selber dein Zorn sein Gewicht.

Blickt aus des Eseleins klägliches Los, des bekümmerten Langohrs!
　　Ewig mit Prügeln bestürmt schreitet es langsam dahin.
Siehe, ein neues Vergehn! Die den Putz dir ordnet, Cypassis,
　　Hat, so klagst du, beschimpft ihrer Gebieterin Bett.
Götter bewahrt mich! Nie, wenn ich Lust zum Sündigen hätte,
　　Wünscht' ich ein Liebchen aus so niedrig verachtetem Stand!
Möcht' ein Freier durch Venus' Bund an die Sklavin sich fesseln?
　　Möcht' er den Rücken, den jüngst Schläge zerfetzten, umfahn?
Nimm hinzu, dass stets sie bemüht, dir die Haare zu schmücken:
　　Dass durch der Hände Geschick dir sie als Dienerin lieb.
Und ich sollte die Magd, die dir so treu ist, versuchen?
　　Würde sie nicht mich verschmäh'n und mich verraten dazu?
Ja, bei Venus' Huld, beim Geschoss des geflügelten Knaben
　　Schwör' ich, dass nie ich die Schuld, der du mich zeihest, beging.

Elegie VIII

Die vollendet das Haar du ordnest in tausend Gestalten,
　　Doch Göttinnen allein wert bist zu ordnen das Haar,
Die als nicht plump ich erprobt im verstohlnen Genuss – o Cypassis,
　　Du, die der Herrin genehm, aber genehmer noch mir,
Wer hat verraten den Bund, den wir mit Umarmungen schlossen?
　　Wie hat Corinna gemerkt, dass du mein Lager geteilt?
Bin ich errötet vielleicht? Ist etwa ein Wort mir entglitten,
　　Das als ein Zeichen sofort heimlicher Lust sie erkannt?
Hab' ich nicht kühnlich gesagt, dass wer mit der Magd sich vergehen
　　Könne, dass dem es bestimmt fehl' an gesundem Verstand?
Freilich den Thessaler hat Briseïs entzündet als Sklavin,

Und Mykenäs Herrn Phöbus' Erkorne, die Magd.
Doch nicht größer bin ich als Tantalus' Spross und Achilleus,
Und was Königen ziemt, sollt' ich mir rechnen zur Schmach?
Aber sobald auf dich sie die zornigen Augen geheftet,
Sah ich dein ganzes Gesicht glühen in purpurnem Schein.
Wie viel mehr, wenn du recht dich besinnst, wusst' ich mich zu fassen!
Venus, die Himmlische, rief schwörend zur Zeugin ich an.
Doch du Göttin befiehl, dass den Meineid reiner Gemüter
In das karpathische Meer jage der lauliche Süd.
Und für solcherlei Dienst sollst du mir, braune Cypassis,
Heut' als süßesten Preis deine Umarmungen weihn.
Undankbare, du willst nicht? Du sprichst von neuen Gefahren?
Einen der Herren zum Freund sich zu erwerben genügt.
Weigerst du Törin dich doch, so verrat' ich das früher Gescheh'ne,
Gegen die eigene Schuld tret' ich als Kläger dann auf.
Wo ich, Cypassis, mit dir und wie oft ich zusammen gewesen,
Sag' ich der Herrin, und wie, und auf wie vielerlei Art.

Elegie IX

O, Cupido, der nie du genug für mich dich ereifert,
Der du in meinem Gemüt immer dich träge gezeigt,
Was doch verwundest du mich, der als Soldat dein Panier ich
Nimmer verließ? Dein Pfeil trifft mich im eignen Gezelt.
Muss denn den Freund durchbohren dein Schuss und die Fackel versengen?
Den zu besiegen, der kämpft, das ist ein größerer Ruhm.
Hat der Hämonische Held nicht ihn, den sein Eisen verwundet,

Wieder durchbohrt und dadurch ärztliche Hülfe gebracht?
Fliehendes Wild nur verfolgt, des gefangenen schonet der Waidmann,
Jaget nach dem nur, was weit ferner ihm liegt als sein Fund.
Ich, dein ergebenes Volk, muss leiden von deinen Geschossen.
Gegen den Feind, der sich wehrt, zaudert die lässige Hand.
Und was hilft's, wenn am nackten Gebein sich die hakige Waffe
Abstumpft? Nacktes Gebein ließ mir die Liebe zurück.
Männer so viel, und Mädchen so viel, die von Liebe noch frei sind,
Gibt es, da magst du mit Ruhm deine Triumphe begehn.
Hätte nicht Romas Kraft mit dem Erdkreis selbst sich gemessen,
Mit Strohhütten noch jetzt wären die Straßen besetzt.
Acker erhält zum Besitz der Soldat von Kriegen ermüdet,
Und von der Rennbahn frei geht in die Wälder das Ross.
Ruhig gestreckt in der Werft verbirgt das gelandete Schiff sich,
Und mit sicherm Rapier tauschet der Fechter sein Schwert.
Ich auch, der ich so oft zu Feld für die Liebe gezogen,
Sollte verlassen in Ruh leben! – es wär' an der Zeit.
Und doch, spräch' ein Gott: »Nun leb' und entsage der Liebe!«
Dankt' ich; die süßeste Qual ist doch auf Erden ein Weib.
Hat mich Ekel erfasst, ist die Glut erloschen im Geiste,
Treibt wie ein kreisender Sturm mich das gequälte Gemüt.
Wie hartmäulig ein Ross in den Abgrund rennt mit dem Reiter,
Der vergebens zurück zerrt am beschäumten Gebiss,
Wie wenn der Kiel fast schon das Gestade berührt, und zum Hafen
Einläuft, plötzlicher Sturm wieder ihn treibt in das Meer;
So treibt oft mich zurück der wechselnde Sturm der Begierde,
Greift zum bekannten Geschoss wieder der purpurne Gott.
Schieß nur, Knab'; ich stelle mich dir; nackt steh' ich und wehrlos.

Hier hast Kräfte du; hier fruchtet des Armes Geschick.
Hieher fliegen von selbst, als gehorchten dem Ruf sie, die Pfeile;
Kaum ist des Köchers Verschluss ihnen bekannter als ich.
O, wie beklag' ich den Mann, der im Bett zu ruhen die ganze
Nacht aushält, und den Schlaf rechnet als größten Gewinn.
Tor, was ist denn der Schlaf als das Bild des erstarrenden Todes?
Zeit zur Ruhe genug gibt dir noch einst das Geschick.
Mag mich mit trüg'rischem Wort auch täuschen die falsche Geliebte,
Wird mir die Hoffnung schon große Genüsse verleihn.
Mag sie schmeicheln mir bald, bald Streit und Hader beginnen,
Oft erfüllen mein Flehn, oft mir verweigern den Wunsch.
Mars heißt launisch; er ward es durch dich, Cupido, den Stiefsohn,
Und dein Beispiel ahmt jetzo beim Kämpfen er nach.
Flüchtig bist du und windiger noch als die eigenen Flügel;
Mit zweideutiger Treu gibst und verweigerst du Gunst.
Wenn mein Bitten jedoch du erhörst und die liebliche Mutter,
Wirst im Busen du mir ewiglich gründen dein Reich.
Füge dem Reich hinzu die schweifenden Scharen der Mädchen;
Von zwei Völkern alsdann wirst du in Hulden verehrt.

Elegie X

Du, ich erinn're mich wohl, Gräcinus, du warst es, der sagte,
Nimmer vermöcht' ein Mann Zweie zu lieben zugleich.
Durch dich bin ich getäuscht; durch dich fahrlässig entwaffnet
Bin ich in Zweie zugleich schmählich nun selber verliebt.
Beide sind schön von Gestalt; nach Bildung eifern sie Beide;
Nicht ist zu sagen so leicht, welche der Andern voraus.

Jene ist schöner als die; doch die auch schöner als Jene.
    Diese gefällt mir mehr, doch auch die Andere mehr.
Und wie die schwankende Jacht ein Spiel zwieträchtiger Winde,
    Hält in der Mitte mich so beiderlei Liebe geteilt.
Was, Erycina, verdoppelst du mir ohn' Ende die Schmerzen?
    War ein Mädchen mir nicht völlig zur Sorge genug?
Fügst du Blätter dem Baum, fügst Sterne den Scharen des Himmels,
    Fügst du der Tiefe des Meers etwa noch Wasser hinzu?
Und doch! besser ist dies als von Liebe verlassen zu liegen.
    Meinem verhasstesten Feind wünsch' ich, dass züchtig er lebt;
Meinem verhasstesten Feind, dass er schlaf' auf einsamem Lager,
    Dass er die Glieder bequem streck' in der Mitte des Pfühls.
Mich mag wilde Begier aufjagen aus lässigem Schlummer,
    Und mein Bett mich nie fühlen als einzige Last.
Möge mich beistandslos auch zuletzt mein Mädchen verderben,
    Wenn sie allein es vermag; zwei, wenn die eine nicht reicht.
Ich bin genug für zwei, mein Wuchs ist schmächtig, nicht kraftlos;
    Nerven und Sehnen sind gut; nur das Gewicht ist gering.
Liebesgenuss ernährt mit erneuerten Kräften die Seiten,
    Und noch ließ mein Dienst nimmer ein Mädchen im Stich.
Oft wenn die Nachtzeit ich verbracht in üppigem Treiben,
    War ich am Morgen doch noch brauchbar und kräftig von Leib.
Glücklich, wen Venus' Wechselgenuss aufreibt und vernichtet.
    Gäben die Götter, dass mir wäre dies Ende bestimmt!
Trage dem Feindesgeschoss der Soldat entgegen die offne
    Brust, und erkauf' er mit Blut willig unsterblichen Ruhm.
Suche der Geizhals Schätze; das Meer, das er müde gepflügt hat,
    Trink' er im Schiffbruch noch mit dem verlogenen Mund.
Doch mir sei es vergönnt, von Venus' Spielen ermattet

Aufzugeben den Geist mitten im Liebesgenuss;
Und ein Freund, der weinend mir folgt bei meiner Bestattung,
Sage: »Das war ein Tod, der für dein Leben gepasst!«

Elegie XI

Jenen verderblichen Weg durch die staunenden Wogen des Meeres
Lehrte die Fichte zuerst, Pelions Gipfel entstammt,
Die auf verwegener Fahrt durch zusammenschlagende Felsen
Den mit dem goldenen Vlies prangenden Widder entführt.
Hätte, dass Keiner die Fläche der Flut aufrührte mit Rudern,
Argo doch scheiternd des Meers bittere Wogen geschlürft!
Sieh, es entflieht dem befreundeten Bett, den gemeinsamen Laren
Meine Corinna, und zieht aus auf den türkischen Pfad.
Ach ich Armer, wie fürcht' ich für dich den Ost- und den Westwind,
Boreas' eisiges Wehn und den versengenden Süd!
Städte nicht siehst du dort; nicht wirst du Wälder bewundern,
Eine Gestalt nur zeigt rings das betrügliche Meer.
Auch nicht buntes Gestein, nicht zierliche Muscheln erblickst du
Hoch auf der Flut; dies Spiel kennt nur der durstige Strand.
Hier in den Sand nur drückt, ihr Mädchen, die marmornen Füße,
Hier nur ist sicher die See; finster der übrige Weg.
Lasst durch Andere euch von dem Kampf der Stürme berichten,
Und wie Skylla die Flut, wie sie Charybdis bedrängt;
Wie von Wogen umtobt hoch ragen Keraunias Felsen,
Wo sich die Syrt' in der Bucht – große wie kleine – versteckt.
Andre berichten euch dies: mögt ihr, was jeder berichtet,
Glauben; dem Glaubenden droht nicht von Orkanen Gefahr.

Nach dem Gestad hin blickst du zu spät, wenn das Tau man gelöst hat,
Und ins unendliche Meer fliegt der gebogene Kiel;
Wenn vor dem zürnenden Wind erbebt der geängstigte Seemann
Und so nahe den Tod sieht, wie das Wasser er sieht.
Dann, wenn Triton gar aufhetzt die erschütterten Wogen,
Wie wird aus dem Gesicht gänzlich die Farbe dir flieh'n!
Dann zum Zwillingsgestirn, den erbarmenden Söhnen der Leda,
Flehst du und rufst: »O beglückt, wer auf dem Lande nun weilt!«
»Sicherer ist's, man wärmt sein Bett, und liest in Gedichten,
Oder es rauscht durch das Spiel thrakischer Saiten die Hand.«
Und doch, wenn auch mein Wort die geflügelten Stürme vereiteln,
Mag Galatea dir gnädig beschützen dein Schiff!
Ja, euch geb' ich es Schuld, geht solch ein Mädchen zu Grunde,
Ihr Nereïden, und du, Vater des göttlichen Chors.
Geh, und gedenk' an mich; komm heim mit günstigem Winde;
Dann mit stärkerem Hauch schwelle dein Segel die Luft.
Lenke zu unserem Strand dann das Meer, erhabener Nereus,
Hieher wehe der Wind, treibe die Wasser die Flut.
Flehe du selbst, dass Zephyr allein dir schwelle die Segel,
Richte das blähende Tuch selbst mit der Hand nach dem Wind.
Ich erblicke zuerst vom Strand das befreundete Fahrzeug,
Und laut ruf' ich: »Es bringt unsere Götter zurück!«
Nehm' auf die Schultern dich hoch, und küsse dich, wie ich dich treffe,
Und für die Rückkehr wird dankbar das Opfer gebracht.
Aus dem gefügigen Sand wird rasch ein Polster gebildet,
Und statt des Tisches genügt irgend ein Hügel am Strand.
Da wirst Vieles du mir bei Lyäus' Bechern erzählen,

Wie beinahe dein Schiff mitten im Meere versank,
Wie, da zu mir du geeilt, du nicht vor den Schrecken der Nachtzeit,
Nicht vor des stürmenden Süds heftigen Stößen gebebt.
Alles erscheint mir wahr, und wär's in der Tat nur erdichtet;
Warum sollt' ich denn nicht schmeicheln dem eigenen Wunsch?
Bringe den Tag mir Lucifer dann so strahlend vom hohen
Himmel, wie je er erschien, schleunigst auf eilendem Ross.

Elegie XII

Schlingt um die Schläf' euch mir siegkündende Zweige des Lorbeers:
Sieger bin ich: an die Brust halt' ich Corinna gedrückt,
Sie, die der Mann, die verschlossene Tür und der Pförtner – so viele
Feinde – geschützt, dass mit List nimmer sie würde geraubt.
Solch ein Sieg vor allem ist wert des höchsten Triumphes,
Wo, wie groß sie auch ist, Blut an der Beute nicht klebt.
Nicht ein niedriger Wall, nicht mit winzigen Gräben ein Städtchen,
Hier ist erobert ein Weib; – ich war der Führer im Kampf.
Als einst Pergamum fiel als Gewinn zehnjährigen Krieges,
Welch ein Teil an dem Ruhm kam den Atriden da zu?
Doch mein Lob ist für sich und hat nichts zu tun mit Soldaten,
Und mit meinem Verdienst schmücket kein anderer sich.
Feldherr selbst und Soldat hab' ich dies Ziel mir erstritten,
Selbst war Fußknecht ich, Reiter und Fähnrich ich selbst.
Auch kein Zufall ward vom Geschick mir gemischt in den Kriegsruhm.
Komm denn Triumph! du Triumph, den ich mir selber erfocht.

Neu ist der Kriegsgrund nicht. Wenn nicht Tyndarus' Tochter geraubt ward,
Wäre mit Asien noch friedlich Europa vereint.
Auch die Lapithen des Walds hat zum Kampf mit den Doppelgestalten
Einst beim schäumenden Wein schmählich entzündet ein Weib.
Wieder ein Weib hat die Troer vermocht, dass von Neuem zum Schwert sie
Griffen; so wurde dein Reich, edler Latinus, verheert.
War's nicht ein Weib, die nach Rom, als die Stadt erst eben erbaut war,
Führte die Schwäher hinein? Gab die verderbliche Wehr?
Hab' ich doch Stiere gesehn im Kampf um die schneeige Gattin;
Als Zuschauerin stand selbst sie und reizte die Wut.
Gleich so Vielen hat mich – doch mich unblutig – Cupido
Mit zur Fahne gepresst, mit sich entführt in den Krieg.

Elegie XIII

Mit verwegenem Sinn versuchte Corinna des Leibes
Last zu zerstören; und krank liegt sie in Todesgefahr.
Zwar, da geheim vor mir das gefährliche Werk sie betrieben,
Sollt' ich ihr zürnen; doch weicht vor dem Entsetzen der Zorn.
Hatte von mir sie gewiss doch empfangen; so wenigstens glaub' ich;
Denn für Wirklichkeit gilt oft mir, was möglich nur ist.
Die Parätonium du und die fruchtbaren Au'n von Canopus,
Die du das Palmengefild Pharos' und Memphis' bewohnst,
Und wo der reißende Nil in breiterem Bette durch sieben
Mündungen flutend sich mischt mit dem Gewässer des Meers,

Isis, beim Sistrum fleh' ich, beim heiligen Haupt des Anubis
 – Mag dem Osiris so ewig gefallen dein Dienst;
Mag um dein Weihegeschenk sich langsam winden die Schlange,
 Stiergott Apis mit dir wandeln im prangenden Zug –
Hieher wende den Blick, in der einen erbarme dich Zweier;
 Du wirst der Herrin mein schenken das Leben; sie mir.
Oft hat im Dienst für dich sie gesessen an festlichen Tagen,
 Da wo dein Lorbeergezweig netzet der gallische Schwarm.
Und du, die du ja sonst dich der kreisenden Frauen erbarmest,
 Wenn zu lange den Leib spannt die verborgene Last –
Komm in Gnaden herbei, und erhöre mein Flehn, Ilithyia,
 Ja sie verdienet es wohl, dass du dein Amt an ihr übst.
Weihrauch spend' ich dann selber, geschmückt, auf umdampftem Altare,
 Auch das gelobte Geschenk leg' ich zu Füßen dir selbst.
Und ich schreibe darauf: »Für Corinnas Rettung der Dichter.«
 Mögst du der Inschrift Raum und dem Geschenke verleihn.
Doch du, wenn es sich ziemt, bei so großer Befürchtung zu warnen:
 Lass es dir ewig genug sein an der ersten Gefahr!

Elegie XIV

Was doch hilft es, dass frei vom Kriegsdienst feiern die Mädchen,
 Und mit der Tartsche nicht mehr folgen der tobenden Schar,
Wenn auch ohne den Krieg durch die eigenen Waffen sie leiden,
 Und die verblendete Hand rüsten zu ihrem Verderb?
Die zuerst es begann, sich die keimende Frucht zu entreißen,
 Hätt' in der blutigen Tat wahrlich zu sterben verdient.
Also allein dass den Leib man nicht zeih' entstellender Runzeln,

Rüstest den Kampfplatz du zu dem entsetzlichen Werk?
Hätte derselbe Gebrauch der Vorzeit Müttern gefallen,
Wäre das Menschengeschlecht lange vertilgt durch die Schuld,
Und man bedürfte von Neuem des Manns, der – unseres Stammes
Ursprung – würfe Gestein in die entvölkerte Welt.
Wo war der Mann, der des Priamus' Macht brach, hätte des Meeres
Göttin zu tragen die Last, bis sie erfüllet, verschmäht?
Hättest die Zwillinge du im schwellenden Leibe getötet,
Ilia, gab es nie Gründer der herrschenden Stadt.
Hätt' an Aeneas sich die schwangere Venus versündigt,
Blieb des Cäsarengeschlechts ewig die Erde beraubt.
Du auch, die du so schön zur Welt kamst, wärest vernichtet,
Hätte die Mutter mit dir, so wie du tatest, getan.
Ich auch selbst, dem besser es war durch Liebe zu sterben,
Hätte das Licht nicht gesehn, gab mir die Mutter den Tod.
Raubst du die Traube noch grün von üppig beladener Rebe?
Reißt du mit grausamer Hand sauer die Früchte vom Baum?
Fällt doch von selbst, was reift. Lass, was da entstanden ist, wachsen!
Für den geringen Verzug ist ja das Leben der Preis.
Was durchwühlt ihr den eigenen Leib mit spitzigen Waffen?
Gebt entsetzliches Gift Kindern noch vor der Geburt?
Wie ihr die Kolcherin schmäht, dass der Knäblein Blut sie vergossen,
Und um Itys weint, weil ihn die Mutter erwürgt!
Grausam waren sie beide; doch rächten aus schmerzlichem Grund auch
Beide sich an dem Gemahl durch das gemeinsame Blut.
Wo ist der Tereus, sagt, und wo der Jason, der euch treibt,
Dass mit bekümmerter Hand ihr euch den Körper durchbohrt?
Das hat die Tigerin nimmer getan in Armeniens Bergschlucht,
Selber die Löwin hat nimmer die Jungen erwürgt!

Aber die zärtlichen Mädchen, sie tun's – doch trifft sie die Strafe.
    Oft, wer vernichtet die Frucht, tötet sich selber dadurch;
Tötet sich selbst und liegt mit entfesseltem Haar auf dem Holzstoß,
    Und, wer immer sie sieht, ruft: »Ihr geschah nach Verdienst!«
Doch, mag dieses mein Wort in den Lüsten des Äthers verhallen,
    Sei es, wenn ahnend ich sprach, ohne Gewicht und Erfolg!
Gnädige Götter verleiht, dass sie straflos einmal gesündigt;
    Sei es genügend, dass sie büße beim zweiten Vergehn!

Elegie XV

Ring, der den Finger du bald umgibst des reizenden Mädchens,
    Dessen alleiniger Wert Liebe des Gebenden ist,
Geh als ein freundlich Geschenk, und möge mit frohem Gemüte
    Sie dich empfangen und gleich über den Finger dich ziehn.
Mögst du ihr passen so gut, wie wir zu einander uns passen,
    Und um den Finger dein Kreis schließen genau und bequem.
Glücklicher Ring, dich wird nun bald handhaben die Herrin;
    Ach ich Armer, bereits neid' ich dem eignen Geschenk.
O, dass plötzlich ich mich verwandeln könnt' in die Gabe
    Mit der Aeäerin Kunst, wie der karpathische Greis.
Käm' es ihr dann in den Sinn, zu berühren die schwellenden Brüste,
    Hätte sie unters Gewand grade die Linke gesteckt,
Fiel' ich vom Finger herab, wie eng und fest ich auch säße,
    Schlüpft' ihr mit sonderer Kunst los in den Busen hinab.
Dann auch, damit zum Versiegeln der heimlichen Briefchen ich taugte,
    Und nicht am trockenen Stein hinge das klebrige Wachs,
Rührt' ich vorher den befeuchteten Mund des lieblichen Mädchens;

Aber die Briefe, die mich kränkten, versiegelt' ich nie.
Gäbst zur Verwahrung du mich im Kästchen, so würd' ich nicht abgehn,
Und mit engerem Kreis fest dir den Finger umziehn.
Nicht zur Unzier würd' ich dir auch, mein Leben, gereichen,
Und mein Gewicht auch nicht drücken die zärtliche Hand.
Trage mich, wenn dich umrauscht des Staubbads laulicher Regen:
Gern ertrag' ich es, dringt unter den Stein auch die Flut.
Aber ich fürcht', erblick' ich dich nackt, so schwell' ich vor Wollust,
Und, wiewohl nur ein Ring, werd' ich mich zeigen als Mann.
Welch ein vergeblicher Wunsch! Geh hin denn kleines Geschenk du,
Sag' ihr, ich sende zugleich ewige Treue mit dir.

Elegie XVI

In des Pelignergebiets Sulmonischem Drittel verweil' ich;
Klein ist das Land, doch gesund; rings von Gewässern umsäumt.
Ob mit näherem Strahl auch die Sonne zerspaltet den Boden,
Und der Ikarische Hund funkelt mit tückischem Stern,
Sind die pelignischen Au'n von blinkenden Wogen durchrieselt,
Und auf dem lockeren Grund grünet das üppige Gras.
Reich ist die Flur an Ceres' Frucht, viel reicher an Trauben,
Pallas' Beere gedeiht schön auf dem leichteren Land.
Bäche durchgleiten das Gras, das sich beugt und wieder emporhebt,
Um dem befeuchteten Grund schattigen Rasen zu leihn.
Aber mein Feuer ist fort! – das war ein Fehler im Ausdruck!
Die mir die Gluten erregt, fehlt mir; die Gluten sind da.
Würd' ich zum Himmel erhöht inmitten von Castor und Pollux,

Möcht' ich nicht ohne dich Teil haben am Himmelsgezelt.
Mögen sie rastlos liegen, bedrückt von lastender Erde,
Welche zuerst fernhin reisend durchschnitten die Welt.
Oder sie mussten dem Mann zur Begleitung geben ein Mädchen,
Wenn er durchaus fernhin sollte durchschneiden die Welt.
Dann, wenn auch schaudernd vor Frost ich die stürmischen Alpen erklömme,
Zöge die Herrin nur mit, wäre der Weg mir bequem.
Zöge die Herrin mit, so durchdräng' ich die Libyschen Syrten,
Freudig dem tobenden Süd gäbe die Segel ich Preis.
Euch, Untiere, die ihr den Schoß umbellet der Jungfrau,
Fürchtet' ich nicht, noch die Bucht dort wo Malea sich krümmt,
Noch, die den Schlund sich füllt mit gescheiterten Schiffen, Charybdis,
Die ausgießet die Flut und sie von Neuem verschlingt.
Wenn von des Sturms Allmacht dann selbst Neptunus besiegt wird,
Und uns die Woge die gern helfenden Götter entführt,
Schling' um den Nacken du mir nur getrost die schneeigen Arme;
Leicht mit gelenkigem Leib trag' ich die liebliche Last.
Oft, um zu Hero zu ziehn, durchschwamm der Jüngling die Wogen;
Hätt' es zuletzt auch getan; doch es war dunkel der Weg.
Ohne dich aber, ob rings um mich mit Reben die Äcker
Reich sich schmücken, die Flur schwellende Ströme durchziehn,
Und in Gräben die rinnende Flut ableitet der Landmann,
Kühlender Wind das Haar säuselnder Bäume bewegt,
Ist es mir nicht, als atm' ich in heilsamer Lust der Peligner,
Nicht wie im Heimatland auf dem ererbten Besitz:
Nein, wie bei Skythen, kilikischen Horden und grünlichen Briten,
Und wo Prometheus' Blut rötet den starrenden Fels.

Liebt doch die Ulme die Reb', und die Rebe verlässt nicht den Ulmbaum:
    Weshalb werde so oft ich von der Herrin getrennt?
Und doch schworst du so fest mir Begleiterin ewig zu bleiben,
    Bei dem Augenpaar – meinem Gestirn –, und bei mir!
Leichter als fallendes Laub ist ein Wort von Mädchen gegeben,
    Wird von Wogen und Wind dahin und dorthin verstreut.
Doch, wenn noch etwas Sorge du trägst für mich, den Verlassnen,
    Auf und mache zur Tat endlich, was längst du versprachst.
Schirre die flüchtigen Klepper sogleich an den niedlichen Wagen,
    Schwing' in sausendem Trab selbst um die Mähnen den Zaum.
Bückt auf dem Weg, wo sie naht, euch nieder, ihr schwellenden Hügel,
    Seid ihr, Pfad' in des Tals Windungen, glatt und bequem!

Elegie XVII

Achtet es einer für Schmach, als Knecht zu dienen dem Mädchen,
    Würde sein Urteil mich schuldig erkennen der Schmach.
Treffe mich immer denn Schmach, wenn nur sie, die Cytheras umwogten
    Strand und Paphos beherrscht, mäßiger künftig mich quält.
Wäre die Herrin dann, der zur Beut' ich fiel, nur noch gütig,
    Da ich nun einmal bestimmt, Beute der Schönen zu sein.
Schönheit erhöhet den Mut; Corinna ist grausam aus Schönheit;
    Weh mir Armem, warum kennt sie sich selber so gut?
Wisse, vom Bild, das der Spiegel ihr zeigt, entnimmt sie den Hochmut,
    Und nie sieht sie hinein, bis sie zuvor sich geputzt.

Aber verleiht dein Gesicht dir auch allmächtige Herrschsucht –
O wie geschaffen es ist, mir zu berücken den Blick! –,
Musst deswegen du nicht, verglichen mit dir mich verachten,
Da zu Geringerem auch sich das Erhabene schickt.
Auch die Nymphe Calypso, so heißt's, hat zum sterblichen Manne
Liebe gefühlt, ja sie hielt ihn, der sich weigerte, fest.
Ja man erzählt, dass die Göttin des Meers sich dem phthiischen König
Und Egeria sich Numa, dem Weisen, ergab.
Venus gar dem Vulkan, obwohl, wenn dieser vom Amboss
Kommt, er schief mit dem Fuß schreitet, und widerlich hinkt.
Ungleich auch ist gefügt dies Lied, und paffend doch reiht sich
An den heroischen Vers immer das kürzere Maß.
Drum nimm du auch mich an, mein Licht. Sprich aus die Bedingung;
Gib vom erhabenen Pfühl, wie dir gebührt, dein Gesetz.
Wahrlich, nicht bring' ich dir Schimpf noch Last, die du lieber entfernt säh'st:
Unsere Liebe bedarf auch der Verheimlichung nicht.
Zwar nicht großen Besitz, doch biet' ich gedeihliche Lieder;
Und gar Manche, wie gern würde durch mich sie berühmt!
Kenn' ich doch eine, die selbst verbreitet, sie sei die Corinna:
Und was gäbe sie nicht, könnte sie wirklich es sein?
Doch Eurotas' kühlende Flut und der pappelumkränzte
Padus, sie fließen vereint nie in demselbigen Bett.
So wirst du, nur du, in meinen Gesängen gefeiert;
Du nur leihest den Stoff meinem erfindenden Geist.

Elegie XVIII

Während du, Macer, dein Lied ausführst bis zum Zorn des Achilles,
Waffen zuerst dem Bund leihst, der zum Krieg sich verschwor,
Streck' ich, Macer, mich träg im müßigen Schatten der Venus;
Amor der zärtliche bricht mir zum Erhabnen die Kraft.
Oft schon hab' ich zum Mädchen gesagt: »Entferne dich endlich!«
Und gleich hat sie sich mir schmeichelnd gesetzt auf den Schoß.
Oft auch sagt' ich: »Ich schäme mich recht!« – dann hielt sie die Tränen
Kaum und rief: »Weh mir! Schämst du dich, dass du mich liebst?«
Und sie umschlang mir den Hals so hold mit den Armen und schenkte
– Und das ist mein Verderb! – Küsse zu tausenden mir!
Siegreich zieht sie den Geist mir ab von Waffen und Kämpfen,
Dass ich von häuslicher Tat sing' und vom eigenen Krieg.
Aber das Szepter ergriff ich, und eine Tragödie reifte
Sorglich gepflegt; für das Werk schien ich erträglich geschickt.
Amor lachte des schleppenden Kleids, der gemalten Kothurnen,
Und wie vom häuslichen Herd plötzlich zum Szepter ich griff.
Und auch dem entzog mich der strengen Gebieterin Allmacht,
Amor feiert den Sieg über den Dichter-Kothurn.
Was mir nun bleibt, das treib' ich: »Die Kunst der zärtlichen Liebe« –
Wehe, wie werd' ich mit dem, was ich sie lehrte, gequält! –
Oder ich schreibe, was einst Penelope ihrem Ulysses
Meldete, oder wie du, Phyllis, verlassen geweint.
Was man an Paris geschrieben, an Makareus, und an den bösen
Jason, was an Hippolyts Vater und dich, Hippolyt.

Und, was das Schwert in der Hand die unglückselige Dido,
Was des äolischen Spiels Meisterin, Sappho, gesagt.
Wie mein Sabinus so bald von des Weltalls Enden zurück ist,
Wie er die Antwort schon bringt vom entferntesten Ort!
Ihres Odysseus Siegel erkennt die keusche Gemahlin,
Phädra liest mit Begier, was ihr Hippolytus schreibt.
Auch Aeneas der Held antwortet der armen Elissa;
Hier ist für Phyllis ein Brief – wenn er am Leben sie trifft.
An Hypsipyle kommt von Jason ein trauriges Schreiben.
Sappho, wiedergeliebt, weihe dem Phöbus ihr Spiel.
Macer auch du, so weit es erlaubt dem Sänger der Waffen,
Lässt du, mitten im Krieg Amor den goldnen nicht aus.
Paris ist hier und die trüg'rische Frau – das berühmte Verbrechen; –
Laodamia, die froh folgte dem toten Gemahl.
Kenn' ich dich recht, so besingst du den Krieg nicht lieber als diese,
Und vom Lager des Mars schweifst in das meine du gern.

Elegie XIX

Liegt dir, Tor, nicht daran, dein Mädchen für dich zu bewahren,
Nun so bewahr' es für mich, dass die Begierde mir wächst.
Was uns erlaubt ist, stößt uns zurück; das Verbotene reizt uns.
Der ist von Eisen, der liebt, wo ihm der andre nicht wehrt.
Hoffnung muss und Furcht uns gleich in der Liebe bewegen,
Und die Erfüllung erst nahn nach versagtem Gehör.
Was ist das Glück mir wert, das nie mich würdigt der Täuschung!
Was mich zu keinerlei Zeit peinigt, das lieb' ich auch nicht.
Wohl erspähte bei mir den Fehl die verschlagne Corinna,
Kannte das Mittel, wodurch schlau sie mich köderte, wohl.

O, wie erlog sie so oft Kopfschmerz, wenn sie völlig gesund war,
Schickte mich, wenn auch mein Fuß zögernd sich sträubte, nach Haus.
Oft erheuchelte Schuld sie sogar, und, so weit bei der Unschuld
Irgend es möglich, schien wirklich sie schuldig zu sein.
Hatte sie so mich gereizt, und erweckt die schlummernden Flammen,
Fügte gefällig sie sich wieder und freundlich dem Wunsch.
Wie sie mit schmeichelnder Art und zärtlichen Worten mir nahte!
Himmlische Götter! wie oft hat sie und wie mich geküsst!
Auch du, die du mir erst vor Kurzem die Augen berückt hast,
Fürchte nur öfters Verrat, schlag mein Begehren mir ab;
Lass auf die Schwelle gestreckt mich oft vor den Pfosten der Türe
Liegen und lange den Frost dulden und Reif in der Nacht.
So wird dauern die Lieb' und wird mit den Jahren sich mehren;
Das ergötzt mich; das gibt kräftige Nahrung dem Geist.
Liebe, die gar zu bequem und reichlich, erreget uns Ekel,
Gleich zu süßlicher Kost wird sie dem Magen zur Last.
Hätte man Danaën nicht im ehernen Turme verschlossen,
Hätt' auch Danaën Zeus nimmer zur Mutter gemacht.
Io, mit Hörnern entstellt und bewacht von der neidischen Juno,
Wurde gerade darum lieber dem Zeus als vorher.
Wer, was erlaubt und bequem ist, erstrebt, der rupfe vom Baum sich
Blätter zum Mahl und den Trunk schöpf er aus offenem Fluss.
Will lang' herrschen ein Weib, so muss sie den Liebenden täuschen.
Wehe! dass mir nur der Rat selber nicht werde zur Qual!
Doch mag kommen, was will; Nachgiebigkeit schadet mir immer:
Was mich verfolgt, flieh' ich, und ich verfolge, was flieht.
Doch du, der du zu sicher dich glaubst des reizenden Mädchens,
Fange nur an, und die Tür schließ bei beginnender Nacht;

Fange zu forschen nur an, wer so oft ganz leis' an der Schwelle
Klopft, was das Hundegebell meint in der schweigenden Nacht;
Was für Briefe die Magd so geschäftig trägt und zurückbringt,
Und was die Frau so oft schläft in gesondertem Bett.
Solche Besorgnis lass am Mark bisweilen dir nagen,
Und gib Raum und Stoff, Bester, für unsern Betrug.
Wahrlich, Sand heißt das am einsamen Strande sich stehlen,
Wenn man des törichten Manns Gattin zum Liebchen sich nimmt.
Und schon sag' ich's vorher, wenn du nicht dein Weib zu bewachen
Anfängst, fängt auch sie an nicht die meine zu sein.
Viel ertrug ich und lange; doch hofft' ich noch immer, du würdest
Gut sie bewachen, dass ich schön dich betröge sodann.
Zäh bist du und erträgst, was ein Mann nie sollte ertragen.
Doch mit der Liebe, die man frei mir gestattet, ist's aus.
Ich Unglücklicher, nie wird mir verweigert der Zutritt?
Ohne Gefahr soll ich immer verbringen die Nacht?
Nichts auch fürchten, und immer den Schlaf hinziehen mit Seufzern?
Du tust nichts, dass ich dir wünschte von Herzen den Tod?
Sag', was soll ich mit ihm, dem gefälligen Kuppler von Ehmann,
Da sein Fehler mir doch jedes Vergnügen verdirbt?
Andere suche dir auf, die an solcher Geduld sich erfreuen!
Wenn du mich zum Rival willst, so verbiete mir es.

Drittes Buch

Elegie I

Alt – Jahrhunderte lang von der fällenden Axt nicht getroffen –
Ragt ein Wald. Ein Gott, scheint es, bewohnet den Ort.
Mitten ein heiliger Quell, umwölbt von hangendem Tufstein,
Und süß tönt ringsum klagender Vögel Gesang.
Hier lustwandelt ich einst in des Hains umschattendem Dickicht,
Sinnend, zu welcherlei Stoff wende sich passend mein Lied.
Da kamst du, Elegie, im duftenden Lockengeflechte,
Irr' ich nicht, schien ein Fuß, Göttin, dir länger zu sein.
Hold die Gestalt, durchsichtig das Kleid und schmachtend die Mienen!
Selbst durch den Fehler am Fuß wurde der Reiz nur erhöht.
Und die Tragödie kam, mit mächtigen Schritten, gewaltsam,
Düster die Stirne, das Haar tief, und mit schleppendem Kleid.
Weit ausstreckend bewegt ein Königsszepter die Linke,
Hoch umschlingt des Kothurns lydische Fessel den Fuß.
Und sie begann: »Wann wirst ein Ende du machen der Liebe?
Dichter, du hängst zu zäh immer am eigenen Stoff.
Schon wird dein schmähliches Tun erzählt bei Zechergelagen,
Wird am Kreuzweg schon rings durch die Straßen erzählt.
Oft schon zeigt man, geht er vorbei, auf den Dichter mit Fingern,
Ruft: der, der dort ist's, welchen Cupido versengt.
Merkst du nicht, dass ganz Rom dich schon als Fabel herumträgt,
Da ganz schamlos du selber berichtest dein Tun?
Zeit wär's, dass dich der Schlag des ernsteren Thyrsus bewegte!
Schreite – du ruhtest genug! – endlich zu größerem Werk.

Niedergedrückt wird der Geist vom Stoff, sing männliche Taten,
Und du wirst sagen: »Die Bahn ist wie geschaffen für mich!«
Schuf dir tändelnd die Muse Gesang für zärtliche Mädchen,
Hast du in Weisen, die ihr ziemten, die Jugend verbracht,
Muss ich, Roms Tragödie, jetzt durch dich mich zum Ruhme
Schwingen empor; mein Gebot künftig durchwehen dein Geist.«
Also sie, und auf buntem Kothurn vortretend bewegt sie
Dreimal, viermal das Haupt, düster von Locken umwallt.
Aber die andere lachte dazu mit schelmischen Augen;
Irr' ich nicht, war ihr die Hand links mit der Myrte geschmückt.
»Stolze Tragödie«, sprach sie, »was dringst mit gewichtigen Worten
Du auf mich ein? Entsagst nie du gewichtigem Ernst?
Und doch ließest du jetzt dich ein auf die wechselnden Maße,
Um zu kämpfen mit mir nahmst du die Verse von mir.
Niemals würd' ich mein Lied mit erhabnen Gedichten vergleichen:
Niedrigen Schwellen zu hoch raget der Königspalast.
Leicht bin ich selbst und leicht ist Er, dem ich diene, Cupido;
Und kein Wunder, dass ich stärker nicht bin als mein Stoff.
Bäurisch ist ohne mich nur die Mutter des üppigen Amor,
Und als Kupplerin drum schließ' ich der Göttin mich an.
Sie, die du nimmer vermagst mit hartem Kothurn zu erschließen,
Meinem bestechenden Wort öffnet die Türe sich leicht.
Größere Macht auch verdien' ich als du, da ich Vieles ertrage,
Was dein stolzerer Blick nimmer erträglich sich denkt.
Durch mich hat Corinna gelernt, den Wächter zu täuschen,
Und wie des festesten Tors Treue zum Wanken man bringt,
Und zu entgleiten dem Bett, umhüllt mit losem Gewande,
Ohne den mindesten Schall nachts zu bewegen den Fuß.

O, wie oft hab' ich an der grausamen Türe gehangen,
Ließ mich geduldig dort lesen vom gaffenden Schwarm.
Ja, ich erinnere mich, wie einst, bis der grimmige Wächter
Fort war, ich in der Magd Busen verborgen mich hielt;
Und nun gar, da du mich zum Geburtstag schickst, wie Corinna
Mich zerbrach, und o Schimpf! grausam ins Wasser mich warf.
Ich auch nährte zuerst dir den fruchtbaren Samen des Geistes:
Dass jetzt jene um dich wirbt, das verdankst du nur mir.«
Also schloss sie; ich sprach: »Ich beschwör' euch Göttinnen beide,
Mag mein schüchternes Wort finden ein ruhig Gehör.
Du schmückst mich mit des Szepters Gewalt und dem hohen Kothurne;
Schon, wie du nur mich berührst, tönet erhaben mein Mund.
Doch du, dauernden Ruhm verleihest du unserer Liebe:
Gnädig zum längeren Vers füge den kürzeren drum.
Du, Tragödie, lass dem Sänger nur wenige Zeit noch:
Dann bist du ewig mein Werk; kurz ist, was jene verlangt.«
Und sie erhörte den Wunsch; nun eile dich, zärtliche Liebe,
Weil es noch Zeit; auf dem Fuß folgt uns ein größeres Werk.

Elegie II

Nicht als Kenner sowohl bin ich hier von edelen Rossen –
Zwar für das Ross, dem du wünschest den Sieg, bin auch ich –
Nein, ich kam nur, mit dir zu plaudern, zu dir mich zu setzen.
Dass du erfahrest, wie du Liebe bei andern entflammst.
Du schaust hin nach der Bahn; ich nach dir; lass beid' uns betrachten,
Was uns gefällt, lass uns weiden die Blicke daran.

Glücklich der Lenker der Rosse, für den du, Holde, Partei nimmst,
Also Er ist der Mann, den du erfreuest mit Gunst!
Würde das mir zu Teil, so flög' aus den heiligen Schranken
Selbst ich auf hohem Gespann tapferen Mutes dahin.
Jetzo den Zügel verhängt, und jetzt anpeitschend die Rosse,
Streift' ich mit innerem Rad scharf an dem Ziele vorbei.
Doch, wenn ich dich erblickte, so hielt ich' mitten im Lauf an,
Und aus der staunenden Hand glitte der flatternde Zaum.
O, wie Pelops fast vom Pisäischen Speere gefällt ward,
Als er nach deinem Gesicht, Hippodamea, geschaut!
Und doch hat er zuletzt noch gesiegt durch die Gunst der Geliebten;
Siegte doch jeder von uns durch der Gebieterin Gunst!
Wie? Du fliehest? Umsonst! die Leine da hält uns zusammen;
Das ist der Vorteil, den bietet des Circus' Gesetz.
Doch du, wer du auch bist, da zur Rechten! verschone das Mädchen!
Komm mit der Seit' ihr nicht nahe; du tust ihr ja weh!
Du da, hinter uns auch, zieh hübsch zusammen die Füße!
Pfui! mit dem knochigen Knie drücke den Rücken ihr nicht!
Aber es sinkt zu tief dein Gewand; es liegt auf dem Boden:
Nimm es zusammen! – doch nein! selber schon heb' ich es auf.
Neidisches Kleid, wie verdecktest du doch so zierliche Schenkel!
Und dass besser du siehst ... Wahrlich ein neidisches Kleid!
Hatte die flüchtige Maid Atalante Schenkel wie diese,
Hätte Milanion auch gern sie gestützt mit der Hand.
Schenkel wie die sieht man am Bild der geschürzten Diana,
Wenn sie das kräftige Wild – kräftiger selber – verfolgt.
Eh' ich sie sah, entflammten sie mich; wie, da ich sie sehe?
Da in die Gluten du Glut, Wasser gegossen ins Meer?
Schließ' ich doch sicher aus dem, wie das andre mir müsse gefallen,

Was so heimlich sich birgt unter dem zarten Gewand!
Willst du inzwischen jedoch, dass freundlich kühlende Lüste
Dich umwehn? Schon ist, siehe, mein Fächer zur Hand!
Oder entstammt aus dem Geiste die Glut, nicht aus äußerer Hitze?
Dörrt die gefangene Brust weibliche Liebesgewalt?
Auf dein weißes Gewand fliegt Staub dir, während ich spreche.
Willst du garstiger Staub fort von dem schneeigen Leib!
Aber da kommt ja der Zug. Andächtigen Mundes und Herzens
Klatscht ihm Beifall! jetzt kommt er, der goldene Zug.
Vornan seht, wie Victoria zieht mit entfalteten Schwingen.
Komm, o Göttin, und leih mir in der Liebe den Sieg!
Beifall klatscht dem Neptun, die zu sehr ihr trauet den Wogen!
Ich will nichts von dem Meer! Mir ist die Erde genug.
Klatsche dem Mars Beifall, Soldat! Ich hasse die Waffen.
Friede behagt mir; mir ward Liebe durch Frieden zu Teil.
Sei Weissagern Apoll, sei Phöbe den Jagenden günstig,
Wende des Künstlers Hand dir, o Minerva, sich zu.
Stehe das Landvolk auf vor Ceres und Bacchus dem Zarten!
Castor und Pollux, seid Reitern und Fechtenden hold!
Ich will, schmeichelnde Venus, nur dich und den bogengewalt'gen
Knaben beklatschen; o sei meinem Beginnen du hold!
Lenke der neuen Gebieterin Herz, sie lasse sich lieben.
Siehe, sie winkt; es gibt günstige Zeichen ihr Wink.
Was mir die Göttin versprach, versprich – ich flehe – du selber;
Mög' es mir Venus verzeihn, größer als Venus bist du.
Hier bei allen den Zeugen, ich schwör's bei der Himmlischen Festzug,
Dass ich auf ewig nur dich will zur Gebieterin weihn …
Aber dir hängen die Füße; du kannst, wenn das dich erleichtert,
Zwischen den Gitterverschlag stecken zur Stütze den Fuß.

Schon ist der Circus geräumt; schon hat aus den Schranken der Spiele
Größtes der Prätor – die vierspännigen Rosse gesandt.
Wem du die Gunst schenkst, seh ich; und, wen du begünstigst, der siegt auch.
Selber der Rosse Gespann scheint zu verstehn, was du willst.
Weh mir Armem! Er schwenkt um das Ziel in geräumigem Kreise,
Und mit beschleunigtem Rad drängt sich der Nächste vorbei.
Was, Unglücklicher, tust du? Verdirbst du des Mädchens Gelübde?
Zieh mit kräftiger Hand, hörst du, die Zügel nach links!
Feig ist der Mensch, und verschwendet die Gunst; doch ruft ihn zurück noch,
Römer, und gebt das Signal rings mit geschwung'nem Gewand!
Sieh, man ruft ihn zurück! Doch dass die geschwungene Toga
Dir nicht verwirre das Haar, leg' an den Busen dich mir.
Und schon öffnen aufs neu mit entriegeltem Tor sich die Schranken;
In buntfarbigem Zug sprengen die Rosse hervor.
Wenigstens jetzt auf offener Bahn enteile zum Siege!
Mach', dass mein Flehn sich erfüllt und der Gebieterin Flehn!
Ja der Gebieterin Flehn ist erfüllt; noch bleibet das meine:
Er hat die Palm' in der Hand; mein ist die Palme noch nicht.
Und sie lacht' und versprach mir etwas mit bedeutsamen Blicken;
Das ist genug; den Rest zahlst du wo anders mir nach.

Elegie III

Geh nur, und glaub' an Götter! Sie schwor und brach mir die Treue,
Und ihr Gesicht bleibt ganz wie es gewesen zuvor.
Grade so lang wie ihr Haar sie umwallt' eh' falsch sie geschworen,

Grade so lang ist es noch, seit sie die Götter verletzt.
Weiß war die Haut; das Weiß von rosiger Röte durchschimmert:
Und noch leuchtet wie Schnee rosig umstrahlt das Gesicht.
Klein war ihr Fuß: klein blieb die Gestalt des niedlichen Fußes;
Schlank und anmutsvoll war sie und ist sie noch jetzt.
War ihr Auge belebt, wie ein Stern so funkeln die Augen,
Ach und wie oft Meineid grade bei ihnen sie schwor!
Ja, mich dünkt, es gestatten für ewig die Götter den Mädchen
Falsch zu schwören; es ist selber die Schönheit ein Gott.
Jüngst, ich erinn're mich wohl, schwor hoch sie bei ihren und meinen
Augen, und siehe, hernach taten die meinen mir weh.
Sagt ihr Götter, wenn sie euch straflos durfte betrügen,
Weshalb musste denn ich leiden für fremdes Vergehn?
Was für Schmach hat euch einst des Kepheus Tochter bereitet,
Die, weil die Mutter zu schön war, ihr dem Tode geweiht!
Ist's nicht gnug, dass ich ohne Gewicht zu Zeugen euch anrief,
Und dass sie straflos mich höhnt und die Götter in mir?
Soll, dass durch meine Bestrafung sie sühne den eigenen Meineid,
Ich der Betrogene noch fallen für sie, die betrog?
Inhaltslos – nur ein Schall ist Gott, ein eiteles Schreckbild,
Das mit törichter Furcht gläubige Völker bewegt;
Oder ist wirklich ein Gott, so ist er verliebt in die Mädchen,
Lässt sie in allem nach Wunsch schalten und walten allein.
Uns nur dräut mit dem Schicksalsschwert umgürtet der Kriegsgott,
Nach uns schleudert den Speer Pallas, die nimmer erlag;
Auf uns zielet gekrümmt der schmiegsame Bogen Apollos.
Auf uns schwinget den Blitz Jovis erhabene Hand.
Aber die Schönen wird nimmer ein Gott, auch beleidigt, verletzen;
Sie, die vor ihm sich nie fürchteten, fürchtet er selbst.

Und nun sollte man fromm noch Weihrauch streun auf Altären?
  Wahrlich ein höherer Mut ziemet dem männlichen Geist.
Jupiter schleudert den Blitz auf die eigenen Burgen und Haine,
  Vor meineidigen Frau'n hält er zurück das Geschoss.
Ja, so Viele verdienten's: und sieh, es verbrannte die arme
  Semele. Weil sie dem Gott huldigte, ward sie bestraft.
Hätte dem Liebenden sie, als er nahte, sich heimlich entzogen,
  Hätte den Vater auch nicht Bacchus zur Mutter gehabt.
Doch, was klag' ich? Was häuf' ich Schimpf auf den ganzen Olympus?
  Haben die Götter doch auch Augen und Herzen wie wir.
Wär' ich selber ein Gott, ich sähe die eigene Gottheit
  Mit meineidigem Mund ruhig verhöhnt von den Frau'n.
Eidlich erhärtet' ich selbst, wahr seien die Eide der Mädchen,
  Und nie hieß' es von mir, dass ich ein grämlicher Gott.
Doch du mäßige dich im Gebrauch des Göttergeschenkes,
  Oder zum mindesten lass, Mädchen, mein Auge verschont.

Elegie IV

Grausamer Mann, nichts nützt es, dass du mit Wachen das holde
  Mädchen umstellst; die Frau'n schützt nur ihr eigener Sinn.
Die ist keusch, die auch, wenn die Schuld man beseitigt, noch keusch ist.
  Wer nicht, weil er nicht kann, sündigt, der sündigt gewiss.
Wenn du den Leib auch bewahrst, so bricht ihr Geist doch die Ehe,
  Und der, wenn er nicht will, wird nicht durch Wächter beschützt.
Selbst nicht den Körper bewahrst du, und wenn du auch alles verschlössest.

Schließest du allen die Tür, bleibt der Verführer darin.
Weniger sündigt, wer sündigen darf; es macht die Erlaubnis
Selbst, dass der üppigen Lust Samen sich lässiger regt.
Hör' auf mich! Lass ab, durch Verbot zur Sünde zu reizen;
Durch nachgiebigen Sinn setzest du besser es durch.
Jüngst erst sah ich ein Ross, das gegen die Bande sich sträubte,
Mit hartnäckigem Maul rennen dahin wie der Blitz.
Aber es stand, sobald es bemerkt, dass die Zügel man nachließ;
Schlaff auf der Mähne, die hoch flatterte, ruhte der Zaum.
Nach dem Verbotenen streben wir stets und begehren Versagtes,
Wie nach verweigertem Trunk lechzend der Kranke sich sehnt.
Hundert der Augen bedeckten die Stirn und hundert den Nacken
Argus'; und doch wie oft täuschte sie Amor allein.
Danaë, die in ein festes Gemach von Stein und von Eisen
Man als Jungfrau schloss, ging doch als Mutter heraus.
Aber Penelope blieb, ob auch nie von Wächtern umstellet,
Unter der Jünglinge Schar, die sie umfreiten, doch rein.
Was man bewahrt, das erstreben wir mehr; es lockt die Besorgnis
Selber den Dieb; nicht leicht liebt man, was Keiner uns wehrt.
Nicht die Gestalt reizt andre so sehr als die Liebe des Gatten.
Etwas Besondres, was dich fessle, vermuten sie hier.
Gut wird sie nicht durch die Hut des Manns, nur die Sünde wird süßer.
Und von größerem Wert scheinet die Furcht als der Leib.
Wie du dich ärgerst, es freut die verweigerte Lust doch am meisten,
Und es entzückt ein Weib, wenn sie: »Ich fürchte mich« – sagt.
Sträflich auch ist's, ein Mädchen von freier Geburt zu bewachen;
Mag man durch solcherlei Furcht zwingen, die fremden Geschlechts.
Also, damit ein Wächter sich rühmt: »Ich bracht' es zu Wege!«

Willst du, dass keusch dein Weib bleibe – zum Ruhme des Knechts?
Allzu bäurisch ist Er, der verletzt sich fühlt durch der Gattin
Ehbruch; wahrlich er kennt wenig die Sitten der Stadt,
Wo der Mavortische Stamm nicht ohne Verbrechen gezeugt ist,
Remus, der Ilia Sohn, Romulus, Ilia's Sohn.
Wenn nur ein züchtiges Weib dir gefiel, was nahmst du ein schönes?
Denn auf keinerlei Art lässt sich vereinigen das.
Bist du gescheit, gib nach der Gebieterin, lass von den strengen
Mienen und halte so starr nicht an den Rechten des Manns.
Bringt dir Freude die Frau – und sie bringt dir manche – so hege
Warm sie. Geringes Bemühn schafft dir bedeutende Gunst.
Zutritt hast du dann stets zu der Jünglinge frohen Gelagen,
Und wirst Vieles zu Haus sehen, was du nicht geschenkt.

Elegie V

Nachtzeit war's, und es schloss mir der Schlaf die ermatteten Augen,
Da erfüllten den Geist solche Gesichte mit Furcht:
Unter besonneter Höh' stand, dicht mit schattigen Eichen
Ragend, ein Wald; sein Gezweig hegte der Vögelein Schar.
Unter ihm dehnt sich ein Plan umgrünt vom üppigsten Rasen,
Welchen das perlende Nass murmelnder Quellen benetzt.
Unter des Walds Laubdach sucht' ich zu entfliehen den Gluten;
Doch mich verfolgte die Glut selbst zu den Schatten des Walds.
Siehe, da stand im Grase, das bunt mit Blumen gemischt war,
Weidend vom blendendsten Weiß mir vor den Augen ein Rind.
Blendender war es als Schnee, der erst vor Kurzem gefallen,
Und sich zu Wasser noch nicht löst durch die Länge der Zeit;

Blendender noch als die Milch, die weiß vom zischenden Schaume
    Eben die Euter des Schafs, kaum noch getrocknet, verließ.
Und ein Stier war Begleiter der Kuh, ein glücklich Vermählter,
    Der mit der Gattin sich froh streckt' auf dem rasigem Grund.
Während er liegt und gemach am schon verschlungenen Gras käut,
    Und das genossene Mahl wieder aufs neue genießt.
Schien es, als ob ihm der Schlaf allmählich die Kraft sich zu halten
    Nahm und er streckt' in das Gras matt das gehörnete Haupt.
Dann auf flüchtigen Schwingen herab aus den Lüften, sich senkend
    Kam eine Krähe, und saß schwatzend auf grünendem Grund.
Dreimal bohrte der schneeigen Kuh mutwillig den Schnabel
    Sie in die Brust und flog fort mit dem glänzenden Haar.
Jene verließ dann den Ort und den Stier nach längerem Zögern;
    Aber es haftet der Kuh schwärzlich ein Fleck an der Brust.
Da sie von fern nun sah durch das Gras hinweidende Stiere –
    Denn es weideten fern Stiere durch üppiges Gras –
Flog sie eilend dahin und mischte sich unter die Herden,
    Auf fruchtbarerem Grund suchte sie Kräuter für sich.
Doch du sage mir nun, der du nächtliche Träume zu deuten
    Weißt, wenn Wahres darin liegt, was verheißt das Gesicht?
Also ich, und es sprach der Deuter der nächtlichen Träume,
    Als er jegliches Wort einzeln erwogen im Geist:
»Erstlich die Glut, der du zu entfliehn in dem schwankenden Schatten
    Suchtest, doch schlecht nur entflohst: Liebe bedeutet sie dir.
Dann ist die Kuh dein Mädchen; es passt auf das Mädchen die Farbe:
    Du, ihr Mann, bist der Stier, als der Gefährte der Kuh.
Dass ihr die Krähe die Brust durchbohrt mit spitzigem Schnabel,
    Deut' ich: der Herrin Sinn lenket ein kupplerisch Weib.

Wie nach längerem Zögern die Kuh vom Stiere sich trennte,
Wirst verlassen auch du frieren auf einsamem Pfühl.
Aber die Wund', und vorn auf der Brust die schwärzlichen Flecken
Künden, des Treubruchs Schmach habe die Brust ihr befleckt.«
Also sprach der Erklärer. Mir floh das Blut aus erstarrtem
Antlitz, und dunkele Nacht stieg vor dem Blick mir empor.

Elegie VI

Strom, des schlammiges Ufer mit Schilf umwachsen, ich eile
Zu der Gebieterin mein. Hemm' auf ein Weilchen die Flut.
Brücken sind nirgend zu sehen, noch schwankt an hinübergespanntem
Tau ein bauchiger Kahn ohne des Ruderers Schlag.
Klein nur warst du; ich weiß es noch wohl; nicht scheut' ich mich damals
Dich zu durchwaten, mir ging kaum an die Knöchel die Flut.
Jetzt aus geschmolzenem Schnee vom nahen Gebirge dich stürzend
Wälzest im schmutzigen Schlund schlammige Wasser du sort.
Was nun hilft mir die Eile? Was hilft's, dass ich spärliche Ruhe
Nur mir gegönnt? dass die Nacht ich mit dem Tage verband?
Wenn ich nun stehn hier muss, wenn durch keinerlei Kunst es gelinget,
Auf jenseitigem Strand sicher zu setzen den Fuß?
Hätt' ich die Schwingen doch jetzt des danaeïschen Helden,
Als er das Haupt entführt, grässlich von Schlangen umzischt!
Hätt' ich den Wagen doch jetzt, vor welchem die Saaten der Ceres
Sanken zuerst in der Flur nimmer beackerten Schoß!

Doch von erlogenem Wundergebild vorzeitlicher Seher
    Red' ich, das nimmer die Welt sah und auch künftig nicht sieht.
Du vielmehr, o Strom, den geräumigen Ufern entflutet,
    Gleit' in dein Bett zurück! Ewig auch währe dein Lauf.
Unerträglichen Schimpf, o Gießbach, würd' es dir bringen,
    Hieß' es hernach, dass du mich hieltest, den Liebenden, auf.
Jeglicher Fluss ja müsst' in der Liebe den Jünglingen beistehn;
    Denn, was Verliebtsein heißt, haben die Flüsse gespürt.
Inachus folgt' erbleichend vordem der bithynischen Nymphe
    Melie, sagt man, und tief glüht' er in eisiger Furt.
Trojas Burg ward noch zwei Lustern hindurch nicht belagert,
    Als Neära dir, Xanthus, die Augen berückt.
Hat den Alpheios, vom Reiz verlockt der arkadischen Jungfrau,
    Nicht zum entlegenen Land stetige Liebe gedrängt?
Du, Peneios, auch hast die Verlobte des Xanthus, Kreusa
    Einst im phthiotischen Land, also erzählt man, versteckt.
Soll vom Asopos ich reden? Ihn hielt die martische Thebe,
    Thebe umgarnt, die fünf Töchter ihm später gebar.
Fragt', Achelous, ich dich, wo einst du die Hörner gelassen,
    Würdest du jammern: sie brach Herkules' zürnende Hand!
Kalydon nicht, nicht ganz Ätolien lag ihm am Herzen,
    Deianira, sie lag so ihm am Herzen allein.
Selber der Nil, der reich durch sieben Mündungen hinfließt,
    Der der gewaltigen Flut Heimat so sicher versteckt,
Hat nicht die Glut, zu der Asopus' Tochter, Euadne
    Ihn entflammt, in des Stroms Wirbeln zu löschen vermocht.
Dass er auf trockenem Grund Salmoneus' Tochter umarme,
    Hieß Enipeus den Fluss weichen; er wich dem Geheiß.
Dich auch lass' ich nicht aus, der du des argeischen Tibur
    Obstbaum-Hainen vorbei stürzest durch hohes Geklipp;

Ilia liebtest du einst, obwohl verwildert von Ansehn
Sie mit den Nägeln das Haar sich und die Wangen zerfetzt.
Jene, des Oheims Schuld und Mars' Vergehen bejammernd,
Irrte mit nackendem Fuß durch das verlassne Gefild.
Anio sah sie, der stürmische Gott, von der reißenden Wog' aus,
Und dumpftönend erscholl tief aus den Fluten sein Wort:
»Du, des Laomedon Spross, des idäischen Fürsten«, so rief er,
»Ilia, was voll Angst irrst du umher an dem Strand?
Wo hast den Schmuck du gelassen? Was treibst du einsam umher dich?
Warum fesselt dir nicht schimmernd die Binde das Haar?
Warum weinst und verdirbst du die tränenbefeuchteten Augen,
Schlägst dir die offene Brust heftig mit rasender Hand?
Wahrlich, Felsen hat der und Stahl und Eisen im Herzen,
Wen ein holdes Gesicht, schwimmend in Zähren, nicht rührt.
Ilia, lass von der Furcht! dir öffnet mein königlich Schloss sich;
Dich ehrt jeglicher Fluss; Ilia, lass von der Furcht!
Hundert der Nymphen und mehr, sie horchen auf deine Befehle;
Hundert der Nymphen und mehr weilen in meinem Gebiet.
Nur verachte mich nicht, ich bitte dich, troischer Sprössling:
Reichere Gabe wird dir, als ich versprochen, zu Teil.«
Sprach's; und sie senkte den Blick der bescheidenen Augen zu Boden;
Schauer von Tränen aufs neu netzten die liebliche Brust.
Dreimal wollte sie fliehn; stand dreimal still an der Tiefe,
Da ihr der Schrecken die Kraft, rasch zu enteilen, geraubt.
Endlich zerraufte sie sich das Haar mit feindlichen Fingern,
Und mit bebendem Mund jammerte schmählich sie so:
»Wäre gesammelt doch schon mein Gebein zum Grabe der Väter,
Da man als Jungfrau mich konnte noch tragen zur Gruft.
Ich, Vestalin noch jüngst, ich musste den bräutlichen Fackeln

Nahen – o Schmach! – da nun Ilions Herd mich verstößt!
Zaudr' ich noch? Soll mich mit Fingern das Volk als Entehrte
bezeichnen?
Fort mit dem Antlitz, das doch schimpfliche Scham nur entstellt!«
Also ruft sie, bedeckt mit dem Kleid die geschwollenen Augen,
Und in die reißende Flut stürzt die Verlorne hinab.
Aber ihr streckte der flüssige Gott, so sagt man, die Arme
Unter den Busen und teilt mit ihr das ehliche Bett.
Glaublich ist es, auch du erglühtest für irgend ein Mädchen.
Euer Vergehen versteckt freilich in Wald sich und Hain.
Während ich spreche, da sieh', hebt weiter und breiter die Flut sich,
Und das geräumige Bett fasst nicht den wogenden Schwall.
Rasender, sprich, was willst du von mir? Was hemmst du der Liebe
Wechselgenuss? Was fällst du mir so plump in den Weg?
Wärst du mit Fug und Recht noch ein Fluss, ein adlig Gewässer,
Würde dein Name mit Ruhm rings noch auf Erden genannt!
Aber dein Nam' ist nichts; du läufst zusammen aus kleinen
Rinseln; nicht Quellen einmal hast du, kein sicheres Haus.
Statt der Quellen ernährt dich geschmolzener Schnee nur und Regen;
Winter, der träge Gesell, speichert die Schätze dir auf.
Schmutzig entweder erbraust zur Neujahrszeit dein Gefälle,
Oder bestäubt kriechst du langsam durch glühenden Sand.
Könnte der Wanderer dann aus dir, der verschmachtende, schöpfen?
Sprach ein dankbarer Mund: »Fließe beständig, o Fluss« –?
Schaden nur bringst du dem Vieh, mehr Schaden noch bringst du
den Äckern;
Doch der Schaden betrübt andre; der meinige mich.
Und ihm hab' ich – ich Tor! – erzählt von der Liebe der Flüsse!
So unwürdigem Ohr – schändlich! – die Namen genannt!
Hier vor dem Ersten dem Besten, wie konnt' ich dich, Achelous,

Flussgott Inachus, dich, dich nur erwähnen, o Nil?
Doch dir wünsch' ich, wie du's verdienst, unlauterer Gießbach,
Dass dich die Sonne versengt; ja, auch der Winter dich dörrt!

Elegie VII

Aber sie ist nicht schön, nicht schmuck und zierlich, das Mädchen;
Nicht ja schon lange das Ziel sehnlicher Wünsche von mir!
Und doch hatt' ich, unglücklich erschlafft, sie zu keinem Gebrauche,
Sondern auf trägem Pfühl lag ich zur Schande und Last;
Konnte, wie sehr ich es wünscht' und es gleichfalls wünschte das Mädchen,
Nicht mich der Hülfe erfreun meines entkräfteten Glieds.
Zwar um den Hals mir schlang sie die elfenbeinernen Arme,
Arme, weißer als Schnee auf der Sithonischen Flur;
Drückte den Mund mir ein, der rang mit der lüsternen Zunge,
Schob das üppige Bein selber mir unter das Bein,
Sagte mir Schmeichelein und nannte mich ihren Gebieter,
Und was übrigens noch üblich für Worte da sind.
Meine Glieder jedoch, wie berührt von eisigem Schierling,
Ließen ermattet im Stich, was sie erst vor sich gesetzt.
Fühllos lag ich, ein Klotz, ein Schein, unbrauchbare Masse;
Zweifelhaft ist's, ob Mensch oder ein Schatten ich war.
Was steht mir für ein Alter bevor, wenn ja es bevorsteht,
Da die Jugend schon selbst ihrer Verpflichtung entsteht?
Schande doch über die Jahre, dass mich die Freundin empfunden,
Mich, den Jüngling, den Mann, weder als Jüngling noch Mann!
So, der heiligen Flamme zu nahn, die ewige Jungfrau
Steht und die Schwester so auf, von dem Bruder gescheut.

Zweimal doch ward Chlide, die Blonde, und Pitho, die Weiße,
　　Dreimal jüngst, dreimal Libas bedient auch von mir.
Dass neunmaliger Dienst in knapper Nacht von Corinna
　　Zugemutet mir ward, weiß ich noch, und ich bestand.
Ist mein Körper denn siech, von Thessalischem Gifte verpestet?
　　Haben dem Armen es denn Kräuter und Sprüche getan?
Hat in phönizischem Wachs mir verfehmt den Namen die Hexe
　　Und in die Leber hinein schmächtige Nadeln gebohrt?
Saat, vom Spruche versehrt, erstirbt zu nichtigen Halmen,
　　Wie, vom Spruche versehrt, Adern versiechen des Quells.
Trauben entsinken dem Stock und Eicheln der Eiche durch Zauber,
　　Und das Obst fällt ab ohne Berührung vom Baum.
Können die Nerven nicht auch stumpf werden durch magische Künste?
　　Davon ohne Gefühl ist mir die Lende vielleicht.
Hierzu kam noch die Scham; sie machte die Sache nicht besser:
　　Mein Gebrechen nur ward mehr noch gesteigert durch sie.
Doch so wie ich gesehn nur hab' und berühret das Mädchen,
　　So auch gerade berührt wird sie vom eigenen Hemd.
Nestor könnte, berührt von ihr, zum Jünglinge werden,
　　Und Tithonus an Kraft trotzen der Jahre Gewicht.
Diese zuteil war mir, doch ihr geworden ein Mann nicht.
　　Was soll jetzt mein Wunsch noch von dem Himmel erflehn?
Ja, ich glaube, es hat die großen Götter gereut auch
　　Das gebotne Geschenk, das ich so schimpflich gebraucht.
Aufgenommen zu werden ins Bett ja wünscht' ich; ich ward es:
　　Küsse zu geben; ich tat's: nahe zu sein ihr; ich war's.
Was hilft Fülle des Glücks, ein Reich mir ohne Benutzung?
　　Was dem Reichen ein Schatz, macht er aus Geiz nicht Gebrauch?
Also schmachtet inmitten der Flut des Geheimen Verbreiter

Und hat Früchte, die nie er zu berühren vermag.
So steht früh man auf von unerwachsenen Mädchen,
Dass man nahen sofort heiliger Stätte sich kann.
Aber nicht zärtliche Küsse vielleicht, nicht hat sie die besten
Auf mich verwendet, gereizt nicht mich mit aller Gewalt.
Harter Demant und taubes Gestein und störrige Eichen
Hätte mit ihrem Gekos sie zu bewegen vermocht.
Wert zu bewegen doch wenigstens war sie Lebend'ge und Männer;
Weder lebendig jedoch war ich, noch Mann, wie vordem.
Phemius sänge umsonst vor tauben Ohren; dem armen
Thamyras nützte es nichts, schöne Gemälde zu sehn.
Aber was hab' ich im Geiste mir nicht gedacht für Genüsse!
Was für Arten der Lust nicht mir ersonnen, versucht!
Doch es hing, als wär' es abgestorben und welker
Als die gestrige Ros', immer das Glied mir herab,
Das jetzt, siehe, so strotzt zur Unzeit, frisch und gesund ist,
Arbeit jetzt verlangt und den gehörigen Dienst.
Liege denn, schlimmster Teil du von mir, ja liege beschämt da,
Gleichwie getäuscht mich hat deine Verheißung vorher.
Du betrügst den Besitzer; durch dich entwaffnet betroffen,
Hab' ich bei schwerem Verlust tiefe Beschämung erlebt.
Hand hat selbst mein Mädchen an ihn zu legen verschmäht nicht,
Hat mit sanfter Gewalt nicht ihn zu reizen verschmäht.
Aber nachdem sie erkennt, dass keinerlei Kunst ihn zum Steigen
Bringt und uneingedenk seiner darnieder er liegt:
Spricht sie: Was foppst du mich denn? Wer hat dir, Verwirrter, geheißen,
Meinem Lager zu nahn, ohne vermögend zu sein?
Eine Zauberin muss entweder, durchbohrend die Wolle,
Bannen dich; oder du kommst matt schon von andrem Genuss.

Rasch entsprang sie dem Bett, umhüllt vom entgürteten Kleide:
O wie reizend, den Fuß nackt sie so schwingen zu sehn!
Dass nicht merkten die Zofen, dass unberührt sie geblieben
Nahm sie Wasser und barg unter dem Wasser die Schmach.

Elegie VIII

Und nun soll noch ein Mensch die edelen Künste verehren,
Oder noch glauben, es sei wirksam ein zärtlich Gedicht?
Vormals hielt man den Geist in höherem Wert als das Gold selbst,
Jetzt gilt der allein, der nichts besitzt, als Barbar.
Wenn der Gebieterin auch mein Gedicht vortrefflich gefallen,
Lässt mein Gedicht sie zwar, aber mich selbst nicht hinein.
Wenn sie mich wacker gelobt, so schließt dem Gelobten die Tür sie,
Ich geistreicher Poet irre verspottet umher.
Siehe, den Reichen, der jüngst durch Wunden Vermögen erworben,
Zieht sie mir vor, den Herrn Ritter, gemästet mit Blut.
Und den kannst du, mein Herz, mit den reizenden Armen umschlingen?
Kannst von dem umarmt ruhen im Bette, mein Herz?
Weißt du denn nicht, es pflegt' ein Helm sein Haupt zu bedecken;
Und an der Hüfte, die dir dienet, da klirrte das Schwert.
Über der Linken, die spät sich jetzt und nicht passend mit Gold schmückt,
Trug er den Schild; und Blut hatte die Rechte bespritzt.
Die einst Menschen erschlug, die Hand kannst jetzt du berühren?
Weh! Ist die Sanftmut ganz dir aus dem Busen entflohn?
Siehe die Narben nur an, die Spuren der früheren Schlachten!
Was er nur irgend besitzt, hat mit dem Leib er verdient.

Möglich, dass er dir sagt, wie viel er Menschen erwürgt hat.
Kannst, Habsüchtige, du nahen der Hand, die das tat?
Und ich, den Musen geweiht, und Phöbus' lauterer Priester,
Muss an der störrigen Tür singen vergebens mein Lied?
Lernt, wenn ihr klug seid, nicht, was zwecklos selbst ich erlernte!
Tobenden Schlachtreih'n folgt, folget des Lagers Gewühl!
Ordnet den vordersten Zug, statt Wort' in Verse zu ordnen!
Darin könntest auch du Etwas noch lernen, Homer!
Jupiter, da er erfuhr, dass nichts so mächtig als Gold sei,
Gab sich der Jungfrau selbst für die Verführung als Preis.
Da noch kein Geld da war, war hart der Vater, sie selber
Keusch, war die Tür von Erz, starrte von Eisen der Turm.
Aber als in das Geschenk sich schlau der Verführer verwandelt.
Bot sie den Schoß ihm und gab, was er zu geben gebot.
Ja, als der greise Saturn in den himmlischen Reichen regierte,
Deckte die Erde noch tief alle die Schätze mit Nacht:
Erz und Silber und Gold, und des Eisens Gewicht, sie entrückt' es
Tief zu den Manen; es gab nirgends auf Erden Metall.
Doch viel Besseres gab sie: die Feldfrucht ohne die Pflugschar,
Obst, und Honig im Stamm rissiger Eichen bewahrt.
Niemand furchte mit kräftigem Pflug die Rinde des Bodens,
Kein Feldmesser noch zog Grenzen die Fluren entlang,
Niemand tauchte das Ruder ins Meer und fegte die Wog' auf;
Äußerstes Ende des Wegs war für die Menschen der Strand.
Menschennatur, wie warst du erfinderisch gegen dich selber!
Allzu geistreich nur warst du zum eignen Verderb.
Welcher Gewinn, dass mit Mauer und Turm man umringte die Städte?
Dass man zum Streite die Hand noch mit der Waffe versah?
Was hat das Meer dir getan? Dir durfte die Erde genügen.

Willst du den Himmel nicht auch stürmen, das dritte Gebiet?
Ja auch den Himmel, so weit du kannst, erklimmst du: Quirinus,
Liber, Alcides und jetzt Cäsar sind Götter bereits.
Statt des Getreides entreißt man gediegenes Gold nun der Erde,
Und es besitzt der Soldat Schätze, gewonnen durch Blut.
Armen verschließt der Senat sich; Besitz gibt Ämter und Ehren:
Ehrsame Richter bestallt, würdige Ritter – Besitz.
Nehmet denn alles nur hin; mag Euch der Markt und das Marsfeld
Dienen; ihr Andern bestimmt Frieden und blutigen Krieg.
Nur versteigert mir nicht, Habgierige, meine Geliebte,
Denn es genügt mir, wenn Ihr Etwas dem Armen nur lasst.
Doch jetzt, kommt sie auch gleich Sabinums grämlichen Frauen,
Wird sie von jedem, der viel bietet, als Sklavin beherrscht.
Mir ist der Wächter im Weg; gilt's mir, so fürchtet den Mann sie;
Könnt' ich nur zahlen, sogleich räumten mir Beide das Haus.
O, ist irgend ein Gott der Rächer verachteter Liebe,
Wandl' er in Staub den Besitz, den sie so schmählich erwarb!

Elegie IX

Wenn um Memnon die Mutter, die Mutter geweint um Achilles,
Wenn ein Trauergeschick mächtige Göttinnen rührt,
Löse dann weinend dein Haar, Elegie, nicht achtend des Schmuckes.
Ach, heut wird zu sehr, leider! dein Name bewährt.
Er, dein Ruhm, der gesungen dein Lied, der Seher Tibullus,
Brennt, ein entseeleter Leib, jetzt auf dem Leichengerüst.
Siehe, wie Venus' Sohn mit zerbrochenem Bogen und leerem
Köcher ihm folgt; kein Licht flammt von der Fackel ihm mehr.
Sieh, wie mit hangendem Fittich, ein Bild des Jammers, er schreitet,

Und sich die offene Brust schlägt mit gewaltsamer Hand.
Feucht ist von rinnenden Tränen das Haar, das den Hals ihr umflattert,
Zuckendes Schluchzen ertönt laut aus dem bebenden Mund.
So erschien er vordem bei der Leiche des Bruders Aeneas,
Als aus deinem Gemach, schöner Iulus, er schritt.
Venus auch ist von Tibullus' Tod nicht minder erschüttert,
Als da des Jünglings Leib wütend der Eber zerfleischt.
Heilige Seher doch heißt man uns, Pflegsöhne der Götter!
Einige legen sogar göttliches Wesen uns bei!
Ja, zudringlich entweihet der Tod, was da heilig auf Erden,
Und auf jegliches Ding wirft er die finstere Hand.
Half dem Ismarier wohl, dem Orpheus, Vater und Mutter?
Half es ihm, dass sein Gesang staunende Tiere gebannt?
»Aelinon!«, klagte sein Vater im Wald, und: »Aelinon!« hallte
Laut durch die Berge sein Lied, wie auch die Leier sich wehrt.
Nimm den Mäonier dann, aus dem wie aus ewigem Borne
Sich mit pierischem Nass netzen die Sänger den Mund;
Ihn auch sandte das letzte Geschick zum dunkeln Avernus;
Nur die Gesäng' entfliehn ewig der gierigen Glut.
Dauernd bestehet das Werk der Sänger: die Mühen um Troja,
Und das Gewebe, das stets nächtlich die Schlaue zertrennt.
So wird Nemesis man und Delia lange noch nennen,
Sie, die jüngst ihn entflammt, sie, die zuerst er geliebt.
Was nun hilft euch der heilige Brauch? das ägyptische Sistrum?
Was, dass ihr einsam geruht auf dem verlassenen Pfühl?
Da das böse Geschick uns die Besten entrafft, so – verzeiht mir –
Werd' ich zu zweifeln gedrängt, ob es auch Götter noch gibt.
Lebtest du fromm, doch stirbst du. Verehrst du die Götter: vom Tempel

Reißt dich der Tod mit Gewalt fort zu der Wölbung der Gruft.
Baust du auf schönen Gesang: da liegt – o siehe – Tibullus:
Was von ihm übrig, füllt kaum noch den winzigen Krug.
Heiliger Seher, auch dich entraffte der stammende Holzstoß?
Und nicht scheute die Glut dir zu verzehren die Brust?
Hätte doch ebenso gut sie die goldenen Tempel der hohen
Götter verbrannt, da sie so frevelnder Tat sich erfrecht.
Die auf Eryx' Waldhöh'n thront, sie wandte den Blick ab:
Einige sagen, dass sie selber die Tränen nicht hielt.
Doch war besser es so, als wenn das phäakische Land ihn
In unwürdigen Grund legte, wo Niemand ihn kennt.
Hier war die Mutter denn doch, die zuletzt des Sterbenden feuchte
Augen verschloss und dem Staub brachte das letzte Geschenk.
Hier war die Schwester; den Schmerz mit der jammernden Mutter zu teilen,
Kam sie, die Locken zerzaust und mit verworrenem Haar.
Nemesis auch war da und die früh're Geliebte: sie küssten
Mit dir vereint ihn; es wich keine vom Leichengerüst:
Delia bog sich herab: »Mein war die beglücktere Liebe!«
Rief sie: »Du hast, so lang' du für mich glühtest, gelebt.«
Nemesis sprach: »Kann mein Verlust mit Schmerz dich erfüllen?
Mich ja fasst' er im Tod noch mit ermattender Hand!«
Aber, wenn mehr von uns als Namen und Schatten zurückbleibt,
Wird in Elysiums Tal sicherlich weilen Tibull.
Dort, dein jugendlich Haupt mit Efeu umschlungen, empfange
Du ihn, gelehrter Catull, Calvus dein Teurer mit dir.
Du auch, wenn des Verrats am Freund man fälschlich dich zeihet,
Gallus, mit Blut und Geist allzu verschwenderisch du.
Diesen gesellt sich dein Schatten. Wenn wirklich ein Schatten des Leibes

Bleibt, hast der Seligen Zahl, sanfter Tibull, du vermehrt.
Mag dein friedlich Gebein still ruhen in sicherer Urne,
Werde die Erde der Gruft nimmer der Asche zur Last,

Elegie X

Wiederum kehret die Zeit für Ceres' jährliche Feier,
Und auf verlassenem Pfühl ruhet das Mädchen allein.
Ceres, du Blonde, das seidene Haar mit Ähren umwunden,
Weshalb muss mich dein Fest stören in meinem Genuss?
Als Wohltäterin preisen dich rings, o Göttin, die Völker:
Keine so wenig wie du neidet der Sterblichen Glück.
Struppig und wild war der Bauer vordem; er dörrte sein Korn nicht,
Und kein Mensch auf der Welt wusste von Tennen ein Wort;
Sondern – das erste Orakel – der Eichbaum schenkte die Eichel;
Diese nun war mit der Flur zarteren Kräutern die Kost.
Ceres zuerst hat gelehrt, wie die Saat anschwillt in den Äckern,
Hat mit der Sichel das Haar, wenn es sich färbte, gemäht;
Zwang die Stiere zuerst, den Hals in die Joche zu fügen,
Drang mit des hakigen Pflugs Zahn in den ewigen Grund.
Wer kann glauben, dass sie sich ergötzt an der Liebenden Tränen,
Dass man durch Qualen sie recht ehrt und durch einsamen Schlaf?
Ist sie doch auch, wiewohl fruchtbringende Felder sie liebet,
Bäurisch nicht; ihr Herz ist mit der Liebe vertraut.
Kreter, ihr könnt' es bezeugen! Nicht alles erlügen die Kreter;
Kreta, dein Land ist stolz, dass es ernährte den Zeus.
Dort trank Er, der die Höhen der Welt, der sternenbesäten,
Lenkt, als winziges Kind Milch mit dem lieblichen Mund.

Solch ein Zeuge hat Wert. Der Zögling preiset den Zeugen;
Auch zu bekannt ist die Schuld: Ceres wird selbst sie gestehn.
Als Iasius einst am kretäischen Ida mit sichrer
Hand durchbohrte das Wild, hat ihn die Göttin gesehn;
Hat ihn gesehn, und ihr innerstes Mark fing Feuer und Flammen.
Hierhin, dorthin zog wechselnd die Lieb' und die Scham.
Aber die Liebe besiegte die Scham. Es dorrten die Furchen,
Und mit dem kleinsten Ertrag kehrten die Saaten zurück.
Hatte mit wackerem Wurf die Karst zerschlagen das Brachfeld,
Hatte der hakige Pflug tüchtig zerbrochen den Grund,
War dann die Saat gleichmäßig gestreut in die breiten Gefilde:
Wurde des Landmanns Flehn dennoch am Ende getäuscht.
Denn es weilte die Göttin der Flur in den ragenden Wäldern,
Ährengewinde nicht mehr schmückten ihr wallendes Haar.
Kreta allein war reich durch die Frucht des gesegneten Jahres,
Wo nur die Göttin ging, fand auch der Schnitter zu tun.
Ida schimmerte selbst in den Waldungen weiß von Getreide,
Und es mähten im Forst grimmige Eber das Korn.
Minos, der Staatenbegründer, er wünschte sich ähnliche Jahre;
Hätt' er der Ceres nur dauernde Liebe gewünscht!
Göttin, wie wär' ein einsames Bett dir betrübend gewesen!
Zu so einsamem Bett zwinget dein Opfer mich jetzt.
Muss ich traurig denn sein, da die Tochter du wieder gefunden,
Und als Königin, der einzig nur Juno nicht weicht?
Liebe, Gesang und Wein ist die Losung festlicher Tage.
Das sind Geschenke, wie man herrschenden Göttern sie weiht.

Elegie XI

Viel ertrug ich und lange, doch reißt zuletzt die Geduld mir.
Schimpfliche Lieb' entweich' aus der ermüdeten Brust!
Endlich hab' ich mich selber befreit und die Ketten zerrissen,
Schäme der Knechtschaft mich, der ich mich sonst nicht geschämt,
Setz' als Sieger den Fuß auf die niedergeworfene Liebe,
Hebe das eigene Haupt stolzer und höher empor.
Setz' es durch, und sei hart! der Schmerz wird am Ende dir nützen.
Bitterer Saft hat oft Leidenden Hilfe gebracht.
Wie ich es jemals vermocht, dass, so oft von der Türe gewiesen,
Ich, ein Freier, den Leib streckt' auf der Schwelle von Stein!
Ich für den Ersten den Besten, den du in Umarmungen wärmtest,
Schildwacht stand wie ein Sklav' vor dem verschlossenen Haus!
Sah ich doch selbst den Galan, wie er müd' und matt aus der Tür ging,
Wie er erschöpft und schlaff Schenkel und Hüfte dann trug.
Doch, was schlimmer noch ist, ich wurde von ihm auch gesehen.
Schmach zu erdulden wie die, wünsch' ich dem bittersten Feind.
Sprich, wann hab' ich dir nicht an der Seite geduldig gehangen?
War' ich dein Wächter, dein Mann, war dein Begleiter ich nicht?
Ja, du gefielst dem Volk umher durch meine Begleitung,
Und gar Mancher hat dich, weil ich dich liebte, geliebt.
Soll ich noch sagen, wie schändlich du logst mit betrüglicher Zunge?
Mir zum Verderb Meineid gegen die Götter begingst?
Schweigende Winke so oft mit den Jünglingen tauschtest bei Tische?
Wie du in Zeichen und Blick heimliche Worte verbargst?
Krank einst warst du gemeldet; ich lief in Hast, wie besessen,

Kam, und für meinen Rival sicherlich warst du nicht krank.
Dieses und mehr noch hielt ich aus, was jetzt ich verschweige.
Suche nach Anderen jetzt, die es ertragen für mich.
Schon ist mein Schiff am Spiegel bekränzt mit gelobten Gewinden,
Und gleichgültig von fern hört es die tobende See.
Schmeichelnde Worte, die einst von Gewicht – jetzt sind sie verschwendet!
Lass sie! Nicht bin ich der Tor, der ich gewesen zuvor.
Mein leichtsinniges Herz zieht nach verschiedenen Seiten
Hass und Liebe; doch siegt, fürcht' ich, die Liebe zuletzt.
Wenn ich's vermag, so hass' ich; wo nicht, so muss ich ja lieben;
Liebt auch der Stier nicht sein Joch, trägt er doch, was ihm verhasst.
Flieh' ich auch üppiges Tun, so führt zurück mich die Schönheit.
Ob ich der Sitten Verderb scheue, doch lieb' ich den Leib.
Also ohne dich nicht, noch mit dir vermag ich zu leben;
Und so scheint es, ich weiß selber nicht, was ich gewünscht.
Weniger schön entweder – wo nicht, so wünscht' ich dich minder
Schlecht, da so schöne Gestalt hässlichen Sitten nicht passt.
Hass verdient dein Tun; dein Gesicht, es flehet um Liebe;
Weh mir Armem, es ist stärker als all dein Vergehn!
Schone! – ich flehe beim Recht des gemeinsamen Bettes, bei allen
Göttern, die dir so oft, sie zu betrügen, erlaubt.
Bei dem Gesichte, das ich als erhabenste Gottheit verehre,
Bei den Augen, o Kind, die mir die meinen geraubt.
Wie du auch bist, stets bleibst du mein. Nur magst du entscheiden:
Willst du, dass ich dir frei huldige – oder aus Zwang?
Doch ich werde geschickt nach dem Wind zu segeln versuchen,
Dass, ob ich lieben auch nicht will, du zum Wollen mich zwingst.

Elegie XII

Was für ein Tag war das, an dem zu traurigen Zeichen
Stets für den Liebenden nicht weißes Geflügel gekrächzt?
Was für ein Unglücksstern trat meinen Geschicken entgegen?
Wer aus der Himmlischen Schar mag mich bedrohen mit Krieg?
Sie, noch die Meinige jüngst, die allein zu besitzen ich dachte,
Wird mit Vielen zugleich, fürcht' ich, die Meinige sein.
Täusch' ich mich? Oder ist durch mein Lied so bekannt sie geworden?
Ja, so ist es! Ich gab preis sie durch meinen Gesang.
Und mit Recht. Was pries ich die Schönheit aus in den Gassen?
Durch mein eignes Versehn hab' ich sie käuflich gemacht.
Ich war Kuppler für sie; ich führte die Liebenden zu ihr,
Und mit der eigenen Hand hab' ich geöffnet die Tür.
Ob ein Gedicht auch nützt? – Mir haben sie immer geschadet.
Sie nur haben den Neid gegen mein Glück mir erregt.
Stoff bot Theben und Troja genug und die Taten des Cäsar;
Aber den Geist hat mir einzig Corinna geweckt.
Hätten doch meinem Gesang nicht hold sich erwiesen die Musen,
Hätte dem Werk beim Beginn gleich sich entzogen Apoll!
Aber man pflegt doch sonst nicht die Dichter als Zeugen zu hören.
Hätte man nur auf mein Wort solches Gewicht nicht gelegt!
Wir sind Schuld, dass Skylla das Haar dem greisen Erzeuger
Ausriss, dass ihr den Leib wütende Meute umbellt.
Fittiche haben dem Fuß wir geliehn und Schlangen dem Haupthaar,
Und der abantische Held spornt ein geflügeltes Ross.
Wir auch streckten den Tityus aus auf gewaltigem Raume,
Gaben ein dreifach Haupt – schlangenumzüngelt – dem Hund,
Ließen mit tausend Armen Enkeladus schleudern die Felsen,

Doppelgesichtige Frau'n Männern berücken das Ohr;
Haben des Aeolus Wind in des Ithakers Schläuchen verschlossen;
Tantalus büßt den Verrat dürstend inmitten des Stroms.
Niobe haben zum Fels wir gemacht; zur Bärin die Jungfrau;
Kekrops' Vogel beklagt Itys, ihr thrakisches Kind.
Jupiter wandelt sich bald in Gold und bald in Geflügel,
Bald mit der Jungfrau Last schwimmt durch die Flut er als Stier.
Soll ich von Proteus noch und der Saat der thebanischen Zähne,
Soll von den Stieren ich noch reden, die Flammen gespie'n?
Wie, Rosslenker, um dich einst Bernstein weinten die Schwestern?
Wie aus Schiffen sogar Göttinnen wurden des Meers?
Wie sich der Tag abwandte bei Atreus' grausigem Mahle,
Und wie der starrende Fels folgte der Leier Getön?
Ins Unendliche geht die erschaffende Freiheit der Sänger;
Nicht mit geschichtlicher Treu fesseln sie ängstlich ihr Wort.
Darum musstet ihr glauben, dass ich auch fälschlich die Schöne
Pries. Leichtgläubigkeit bringt jetzt mir den herben Verlust.

Elegie XIII

Im obstreichen Faliskergebiet ist mein Weibchen geboren,
Darum zog ich zur Burg, die du, Camillus, besiegt.
Junos züchtiges Fest ward grade beschickt von den Priestern:
Spiel' und Menschengewühl, Opfer von heimischen Küh'n.
Wohl ist der Müh' es wert, die heiligen Bräuche zu schauen,
Schlingt auch beschwerlich der Weg sich an den Bergen empor.
Siehe, da ragt ein Hain umdunkelt vom dichtesten Laube,
Uralt; wenn du ihn siehst, glaubst du, die Gottheit ist drin.
Und Andächtige nahn mit Gebet und verheißenem Weihrauch

Einem Altar, den schlicht früheste Zeiten gebaut.
Von hier – Flötenmusik voran mit festlichen Weisen –
Gehet der jährliche Zug; teppichumwallt ist der Weg.
Unter dem Jubel des Volks ziehn auf die schneeigen Kühe,
Die des Faliskergefilds heimischer Rasen genährt;
Dann mit drohender Stirn – noch nicht zu fürchten – die Kälber,
Ferner, des niederen Stalls kleineres Opfer, das Schwein.
Endlich, das Horn um die Schläfe gekrümmt, der Führer der Herde:
Nur die Zieg' allein wird von der Göttin gehasst.
Denn durch ihren Verrat entdeckt in der ragenden Waldung,
Ließ sie, so sagt man, ab von der begonnenen Flucht.
Nach der Verräterin werfen noch jetzt mit Spießen die Knaben.
Wer sie verwundet, dem wird selbst sie verliehen als Preis.
Jünglinge fegen mit schleppendem Kleid und schüchterne Mädchen
Stets den geräumigen Pfad, eh' ihn die Göttin betritt.
Edelgestein und Gold umwindet die Haare der Jungfrau'n,
Über die goldenen Schuh' wallet das prächtige Kleid.
Und in weißem Gewand nach grajischer Sitte der Ahnherrn
Tragen das Weihegerät sie auf dem Scheitel daher.
Andachtsstill ist das Volk, wenn die Göttin im goldenen Festzug
Hinter den Frauen, die ihr priesterlich dienen, sich naht.
Ganz argivischer Art ist der Zug. Nach dem Mord Agamemnons
War Haläsus, Verrat fürchtend, der Heimat entflohn,
Und nachdem auf der Flucht er Länder und Meere durchirret,
Baut' er mit glücklicher Hand endlich die ragende Burg.
Er hat seine Falisker gelehrt die junonische Feier.
Sei heilbringend sie mir stets und dem heimischen Volk.

Elegie XIV

Nicht, dass du niemals sündigst, verlang' ich – da bist du zu reizend –,
Nur dass ich Elender nicht immer erfahren es muss.
Auch mein Tadel – er will dich nicht zur Züchtigkeit zwingen;
Bitten nur will er, dass du dich zu verstellen versuchst.
Niemals sündigt die Frau, die zu leugnen vermag, dass sie sündigt,
Nur wenn die Schuld sie gesteht, wird sie berüchtigt dadurch.
Ist es nicht rasend, bei Tag zu gestehn, was der Schleier der Nacht deckt?
Und, was man heimlich getan, offen zu sagen hernach?
Treibt doch die Buhlerin selbst, wenn dem ersten dem besten Quiriten
Sie sich ergibt, erst das Volk fort und verriegelt die Tür.
Und du gibst dein eignes Vergehn dem schlimmsten Gerücht preis?
Und bei der eigenen Schuld trittst du als Klägerin auf?
Komm zu besserm Verstand, tu' wenigstens ähnlich den Keuschen,
Dass du, bist du's auch nicht, mir doch als züchtig erscheinst.
Was du tust, das tue, nur leugne mir, dass du es tatest;
Sittsam bescheidenen Worts schäme dich öffentlich nie.
Wohl ist ein Ort, der üppiges Tun erfordert; in jeder
Wollust übe dich dort; Scham sei verbannet von ihm.
Aber zugleich mit dem Kleid musst auch unschuldige Mienen
Du antun, und die Scham leugne das schlüpfrige Tun.
Täusche das Volk und täusche mich selbst; lass ohne mein Wissen
Mich leichtgläubigen Sinns meiner Betörung mich freu'n.
Weshalb seh' ich so oft, dass du Briefchen empfängst und entsendest?
Weshalb ist dein Bett hinten und vorne zerdrückt?

Weshalb ist dein Haar dir mehr als vom Schlafen verworren?
Weshalb seh' ich am Hals Spuren des lüsternen Zahns?
Einzig nur fehlt, dass du deine Vergehn vor den Augen mir aufführst.
Willst du nicht schonen den Ruf, schone dann wenigstens mich.
Wenn du die Schuld mir bekennst, so vergeht mir Besinnung und Atem,
Und ein frostiger Schweiß rieselt die Glieder hinab.
Dann, dann lieb' ich; dann hass' ich umsonst, was zur Liebe mich zwinget,
Dann – doch mit dir nur vereint – stürb' ich am liebsten sogleich.
Forschen auch will ich nach Nichts; noch, was du verheimlichen möchtest,
Ausspähn. Wie ein Geschenk nehm' ich die Täuschung von dir.
Ja, wenn ich wirklich einmal inmitten der Schuld dich ertappte,
Wenn ich dein schimpfliches Tun sähe mit eignem Gesicht:
Müsstest du doch, was bestimmt ich sah, mit Bestimmtheit verleugnen,
Und mein Auge wird gern glauben dem Wort, das du sprichst.
Ihm, der besiegt sein will, ist leicht zu entringen die Palme,
Wenn nur die Zunge beherzt immer: »Ich tat es nicht!« sagt.
Da es so leicht dir wird, mit nur vier Worten zu siegen,
Siege – wo nicht mit Recht, doch durch des Richtenden Gunst.

Elegie XV

Suche nach anderen Sängern, du Mutter der zarten Eroten;
Denn an dem äußersten Ziel streift mein elegisches Lied.
Ich, der Sohn der pelignischen Flur, verfasste die Lieder,
Und mein tändelndes Spiel hat mir nicht Schande gebracht.
Ist's von Belang: ich erbte den Stand von den Ahnen der Vorzeit;
Nicht im Strudel des Kriegs ward ich zum Ritter gemacht.
Mantua ist auf Virgilius stolz; auf Catullus Verona,
Und mich nennt man als Ruhm einst des Pelignergeschlechts,
Welches der Freiheitsdrang zu ehrlichen Waffen getrieben,
Als der Verbündeten Macht Roma mit Schrecken erfüllt.
Und wenn ein Fremdling einst des quellenumrieselten Sulmo
Mauer erblickt, die nur wenige Hufen umfasst,
Wird er sagen: O du, die einst du erzeugtest den großen
Dichter, wie klein du auch bist, wahrlich ich nenne dich groß!
Holdester Knab', und du, Amathusische Mutter des holden
Knaben, aus meinem Gebiet reißt nun das gold'ne Panier!
Denn mit erhabenem Stab mahnt mich der gehörnte Lyäus,
Dass ich in weiterer Bahn jage mit hohem Gespann.
Lebt denn wohl, Elegien, ihr friedlichen Kinder der heitern
Muse! Wenn längst ich dahin, bleibt ihr ein dauerndes Werk.

Liebeskunst
(Ars amatoria)

Erstes Buch

Wer in dem Römischen Volk die Kunst zu lieben nicht kennet,
  Lese nur mich, und belehrt lieb' er nach meinem Gedicht.
Kunst regiert das hurtige Schiff mit Segel und Ruder;
  Kunst das leichte Gespann: Amor'n auch lenke die Kunst.
Tauglich Automedon war für Wagen und biegsame Zügel;
  Unter des Tiphys Befehl fuhr das Hämonische Schiff.
Mich hat Venus bestellt dem zarten Amor zum Bildner;
  Amors Automedon wird nennen und Tiphys man mich.
Wild zwar ist er und oft zu widerstreben geneigt mir,
  Aber ein Knab', ein Kind, leicht zu regieren und weich.
Chiron bildete aus den Knaben Achill auf der Zither,
  Und mit gewinnender Kunst brach er den störrigen Sinn.
Der die Genossen so oft, so oft die Feinde erschreckte
  Soll gar mächtige Furcht haben gehabt vor dem Greis.
Und die Hände, die einst ein Hector sollte empfinden,
  Hielt zu Schlägen er hin, wann es der Lehrer gebot.
Chiron lehrte Achill, ich bin der Lehrer des Amor,
  Beides Knaben gar wild, Göttinnen beide entstammt.
Aber vom Joche doch wird auch der Nacken des Stieres belastet;
  Und das mutige Ross kaut mit dem Zahne den Zaum.
Amor auch soll sich mir geben, so schwer er das Herz mit dem Bogen
  Auch mir verwundet und weit schüttelt die Fackeln im Kreis.
Je gewaltsamer traf, je heftiger Amor mich brannte,
  Desto entschiedener will Rächer der Wunde ich sein.
Nicht dass, Phöbus, von dir mir Künste verliehen, erlüg' ich;
  Noch vom Laute gemahnt werd' ich der Vögel der Luft;

Noch sind Clio mir und die Schwestern erschienen der Clio,
Während in deinen Au'n, Ascra, ich Herden bewacht.
Lehrerin ist die Erfahrung. Gehorcht dem erfahrenen Sänger.
Wahrheit sing' ich. O hilf, Mutter Cupidos, dem Werk!
Weg, ihr Zeichen der Scham, ihr dünnen Binden und lange
Falbel du, die du den Fuß bis in die Mitte bedeckst!
Ich will sichern Genuss und gestattetes Naschen nur singen;
Und in meinem Gedicht werden Verbrechen nicht stehn.
Erstens trachte danach, was lieben du möchtest, zu finden,
Der du zum ersten Mal Waffen als Neuling ergreifst.
Nächstes Bestreben dann ist, die gefallen dir hat, zu erbitten.
Drittens, dass lange Zeit habe die Liebe Bestand.
Diesen Bereich, dies Feld wird unser Wagen befahren,
Halten auf dieses Ziel müssen das stürmende Rad.
Während du frei noch vom Zaum kannst hierhin gehen und dorthin,
Wähle, wo sagen du magst: Du, du gefällst mir allein.
Nicht wird diese herab durch die Luft geflogen dir kommen;
Eigene Augen erspähn müssen die Passende dir.
Weiß der Jäger ja doch, wo Netze den Hirschen er spanne,
Weiß, wo liegen im Tal bissige Eber versteckt.
Voglern sind die Gebüsche bekannt; wer führet die Angel,
Kennt das Wasser, worin Fische sich tummeln zu Hauf.
Du auch, suchest du Stoff zu lang aushaltender Liebe,
Schaue zuvor, wo viel Mädchen sich finden, dich um.
Nicht dem Suchenden werd' ich raten, die Segel zu spannen;
Nicht langwieriger Weg tut dir zum Finden erst not.
Perseus holt' Andromeda her von den schwärzlichen Indern,
Und von dem Phrygier so wurde die Griechin geraubt.
So viel reizende Mädchen ja wohl wird Roma dir bieten,

Dass du gestehst: Es hat Roma die Schätze der Welt.
So viel Gargara Saaten besitzt und Reben Methymna;
So viel Fische im Meer, Vögel sich bergen im Laub;
So viel Sterne der Himmel: So viel hat Roma der Mädchen;
Ihres Äneas Stadt segnet die Mutter noch fort.
Wirst du vom ersten und noch frisch knospenden Alter gefesselt,
Wird dein forschender Blick finden ein wirkliches Kind.
Wünschest du eine Erwachsne, es werden dir tausend gefallen;
Ganz zu vergessen den Wunsch wirst du genötigt dich sehn.
Oder erfreut dich vielleicht das späte und weisere Alter:
Das auch, glaube mir, wird's geben in reichlichem Maß.
Schlendre nur lässig umher im Pompejanischen Schatten,
Wann des Herkulischen Leus Rücken die Sonne betritt;
Oder auch wo den Gaben des Sohns die ihren die Mutter
Beigefüget; ein Werk, reich an der Fremde Gestein.
Meide die Halle auch nicht, besät mit alten Gemälden,
Die von der Stifterin man Halle der Livia nennt,
Und wo, Mord an den Vettern zu üben bereit, die Beliden
Stehn, und der Vater dabei, wild mit gezogenem Schwert.
Auch vermisse dich nicht Adonis, von Venus bejammert;
Noch des Jüdischen Volks Opfer am siebenten Tag;
Noch der linnenbekleideten Kuh Memphitischer Tempel:
Sie macht viele dazu, was sie dem Jupiter war.
Passend für Amor auch sind – wer sollte es glauben? – die Fora;
Oft gefunden schon ward Lieb' auf dem lärmenden Markt.
Wo, errichtet am Fuß des Marmortempels der Venus,
Mit aufspritzender Flut Appias peitschet die Luft,
Das ist ein Ort, wo oft der Berater von Amor gefahn wird,
Und, der andre geschützt, selber sich schützen nicht kann.
Das ist ein Ort, wo oft dem Redner gebrechen die Worte,

Neue Fälle entstehn, eigene Sache es gilt.
Über ihn lacht aus dem Tempel, der nahe gelegen, die Göttin.
Der noch Beschützer vorher, wünscht nun der Schützling zu sein.
Lege dich aber zumeist auf die Jagd in dem Amphitheater;
Günstiger ist der Ort, als du es wünschen nur kannst.
Da triffst Mädchen du an zum Lieben sowohl als zum Spielen,
Mädchen zu kurzem Genuss, Mädchen zu stetem Besitz.
Wie da in langem Zug Ameisen kommen und gehen,
Im Korn tragenden Maul schleppend das übliche Mahl;
Oder wie, wann sie erreicht ihr Feld und duftige Weide,
Bienen auf Blumen umher schwärmen und Thymiankraut.
Also stürzet das Weib in prangendem Schmuck zu den Spielen.
Oft die Menge schon hat meine Entscheidung erschwert.
Da erscheint man, zu sehn; man erscheint, sich sehen zu lassen.
Nachteil bringt der Ort züchtiger Scham und Gefahr.
Romulus hat zuerst die besorglichen Spiele gegründet,
Als der Sabinerin Raub einsamen Männern gefrommt.
Damals hingen noch nicht Vortücher auf marmornem Schauplatz,
Hatte die Bühne nicht rot flüssiger Safran gefärbt.
Zweige nur waren allda, die Palatiums Haine getragen,
Einfach gesteckt; kunstlos stellte die Bühne sich dar.
Stufen, von Rasen gemacht, da dienten dem Volke zu Sitzen;
Laub von jeglicher Art deckte das struppige Haar.
Überall sieht ein jeder sich um und merkt sich ein Mädchen,
Welches er wünscht; und viel denkt man in schweigender Brust.
Während zur rauen Musik des Tuscischen Pfeifers der Spieler
Dreimal nun mit dem Fuß stampft den geebneten Plan;
Da gab mitten im Klatschen – das Klatschen entbehrte der Kunst noch –

Gab der König dem Volk Zeichen die Beute zu fahn.
Plötzlich springen sie auf, durch Geschrei die Gesinnung verratend,
Und an die Mädchen zumal legen sie gierig die Hand.
Wie vor dem Adler entflieht das schüchterne Völkchen der Tauben,
Oder das zarte Lamm vor dem gesehenen Wolf:
Also fürchteten diese die wild anstürmenden Männer;
Keine die Farbe behielt, welche zuvor sie gehabt.
Denn die Furcht war gleich, nicht gleich die Miene der Furcht nur:
Diese zerraufen das Haar, andere sitzen entseelt;
Diese ist stumm vor Schmerz, umsonst ruft jene die Mutter;
Die klagt, die ist starr; die bleibt, jene entflieht.
Fort führt man den erfreulichen Raub, die erbeuteten Mädchen;
Und wohl vielen verlieh Reize gerade die Furcht.
Sträubte sich eine zu sehr und weigerte sich des Begleiters,
Nahm der Mann sie und trug selbst sie an sehnender Brust,
Sprechend: Warum doch verdirbst du mit Tränen die reizenden Augen?
Will ich dir das doch, was Vater der Mutter ist, sein.
Romulus, du nur verstandest Gewinn den Soldaten zu schaffen:
Willst du mir solchen Gewinn schaffen, so werd' ich Soldat.
Ja, es bleiben gewiss die festlich besuchten Theater
Nach damaliger Art Schönen gefährlich noch jetzt.
Lass dir entgehen auch nicht den Wettkampf edeler Rosse;
Der volkswimmelnde Kreis bietet dir reichen Gewinn.
Nicht der Finger bedarf es, durch die du Geheimes besprechest;
Noch ein Zeichen auch brauchst du zu empfangen durch Wink:
Setze, da keiner es wehrt, dich dicht ganz zu der Erwählten;
Schmiege, so eng du nur kannst, Seite an Seite dich an.
Gut, dass, wenn sie nicht will, zur Vereinigung nötigt die Linie,
Dass du berühren sie musst nach dem Gesetze des Orts.

Anzuknüpfen nun suchst du den Faden geselliger Rede;
Und des Gespräches Beginn mach' ein gewöhnliches Wort.
Magst mit Eifer erkundigen dich, wes Rosse da kommen.
Wem sie hold, dem sei du es auch, wer es auch ist.
Aber erscheinet der Zug im Gedräng wetteifernder Jugend,
Klatsche mit günstiger Hand Venus, der Herrscherin, zu.
Und wenn, wie es geschieht, auf den Schoß Staub sollte dem Mädchen
Fallen, so streiche den Staub ihr mit den Fingern hinweg.
Und wenn keinen es gibt, so streiche hinweg doch den keinen,
Jede Gelegenheit sei Dienste zu leisten dir recht.
Schleppt, heruntergelassen zu weit, auf dem Boden der Mantel,
Nimm von der schmutzigen Erd' emsig erraffend ihn auf
Alsbald wird zur Belohnung der Müh', indem sie es duldet,
Deinen Augen das Glück werden die Schenkel zu sehn.
Siehe zudem dich um, dass ihr den schwellenden Rücken
Nicht anstemmend das Knie drücke, wer hinter euch sitzt.
Kleines gewinnt ein leichtes Gemüt. Es nützte schon manchem,
Wenn er gefälliger Hand legte das Kissen zurecht;
Wenn mit dem dünnen Fächer die Luft er brachte in Strömung.
Stützenden Schemel ihr gab unter den reizenden Fuß.
Solche Gelegenheit beut zu neuer Liebe der Zirkus
Dar und der traurige Sand auf dem gefährlichen Plan.
Auf *dem* Plane schon oft hat Venus' Knabe gestritten;
Und verwundet ist der, welcher die Wunden geschaut.
Während er spricht und greift nach der Hand und fordert die Tafel,
Setzet das Pfand und fragt, welcher von beiden wohl siegt:
Hat er, verwundet, erseufzt und gefühlt den beflügelten Pfeil schon,
Ist des gesehenen Spiels selber geworden ein Teil.
Ja, als Cäsar jüngst aufführte im Bilde der Seeschlacht

Persische Schiffe zusamt Schiffen aus Cecrops' Gebiet;
Kamen von beiderlei Meer die Jünglinge, kamen die Mädchen;
Und es befand in der Stadt sich der gewaltige Staat.
Wer hat da in dem Schwarm nicht, was er liebe, gefunden?
Ach, wie viele nicht hat Lieb' aus der Fremde gequält!
Sieh, zur gebändigten Welt, was fehlt noch, zu fügen, bereitet
Cäsar sich. Unser nun wirst, äußerster Osten, du sein.
Büßen sollst du, o Parther: Frohlockt, ihr begrabenen Crassus;
Fahnen auch, die ihr zum Schimpf fielt in Barbarengewalt.
Da ist der Rächer, ein Held, mit den ersten Waffen gerüstet,
Führt, noch Knabe, den Krieg, nicht für den Knaben gemacht.
Spart, ihr Verzagten, es euch, die Jahre zu zählen der Götter;
Männlicher Sinn vor der Zeit ward den Cäsaren zu Teil.
Himmlischer Geist erhebt sich, voraus den eigenen Jahren
Eilend, und duldet nur schwer trägen Verzuges Verlust.
Klein noch war der Tirynthische Held und erdrückt' in den Händen
Schlangen; und Jupiters wert war in der Wiege er schon.
Der du ein Knabe noch jetzt, wie groß warst, Bacchus, du damals,
Als sich vor deinem Stab Indien beugte, besiegt!
Führen mit Segen und Mut des Vaters wirst du die Waffen,
Knabe; mit Segen und Mut siegen des Vaters im Kampf.
Solche Erprobung bist so großem Namen du schuldig;
Jetzt der Jünglinge Haupt wirst du, der Greise dereinst.
Rache, da Brüder du hast, nimm für die beleidigten Brüder;
Da ein Vater dir lebt, schütze des Vaters Gebiet.
An dir legt der Vater des Lands und deiner die Waffen;
Unbesieget beraubt sieht sich der Vater vom Feind.
Du wirst Waffen der Pflicht, er führen die Pfeile des Frevels;
Her vor deinem Panier gehen das Recht und die Pflicht.

Rechtlich erliegt der Parther, er unterlieg' auch in Waffen;
Und mit des Ostens Gebiet Latium mehre mein Held.
Vater Mars, gib Segen, und Vater Cäsar, dem Zuge.
Gott ist jener, und sein wird es der andre von euch.
Ja, ich seh' es, du siegst; die gelobten Lieder entricht' ich,
Und in erhabenem Ton wirst du gesungen von uns.
Stand denn gefasst und die Schlacht mit meinen Worten begeistert!
Möge nur deinem Mut würdig entsprechen mein Wort.
Singen werd' ich die Brust der Römer, den Rücken der Parther,
Pfeile, die sendet der Feind von dem gewendeten Ross.
Der, um zu siegen, du fliehst, was bleibt dir, Parther, besiegt dann?
Parther, es deutet dein Kampf jetzt schon auf schlimmen Erfolg.
Drum wird kommen der Tag, wo prangend in Gold, o Erhabner,
Ziehen du wirst mit vier schneeigen Rossen daher.
Ziehen dir werden voran die Führer mit Ketten belastet,
Dass sie nicht suchen ihr Heil können, wie früher, in Flucht.
Zusehn werden vergnügt die Bursche vereint mit den Mädchen,
Und der Tag wird hoch allen erfreuen das Herz.
Und wann manche davon nach den Namen der Könige forschet,
Was für Örter und Berg' oder Gewässer man trägt;
Gib auf alles Bescheid; auch warte nicht erst auf die Frage.
Auch was wissen du nicht solltest, erzähl' als bekannt.
Das ist der Euphrat hier, mit Rohr umkränzet die Stirne;
Den mit dem bläulichen Haar lasse den Tigris du sein,
Nenne Armenier *die*; das ist der Dánae Persis;
Eine Stadt war dies in Achämenischer Au.
Der und der sind Häupter; du wirst angeben schon Namen:
Wahre, wofern du es kannst; passende aber, wo nicht.
Schmäuse auch bahnen den Weg an den lang hinstehenden Tafeln;
Da zu erholen etwas gibt es noch außer dem Wein.

Da zog oft an den Hörnern den aufgetragenen Bacchus
Amor, der rosige, zwang ihn mit dem niedlichen Arm.
Sind vom Weine besprengt die durstigen Flügel Cupidos,
Nimmt er Stellung und steht fest und voll Würde am Platz.
Zwar es schüttelt behänd das feuchte Gefieder Cupido;
Doch dass Liebe die Brust auch nur besprengte, ist schlimm.
Wein erreget das Herz und macht es für Liebe empfänglich;
Sorge entflieht; hinweg spült sie der reichliche Wein.
Dann kommt Lachen und Lust, dann wachsen die Hörner dem Armen,
Dann weicht Kummer und Schmerz, weichen die Runzeln der Stirn.
Dann schließt auf ihr Herz die in unseren Zeiten so seltne
Einfalt, während der Gott alle Verstellung verscheucht.
Da hat oft schon geraubt das Herz dem Jüngling das Mädchen;
Venus war in dem Wein, Feuer in Feuer, versteckt.
Da gib Glauben du nicht zu viel der betrüglichen Lampe;
Denn der Schönheit Gericht schaden die Nacht und der Wein.
Tag war's, heitere Luft, da Paris die Göttinnen schaute,
Und zu Venus er sprach: Beide besiegest du sie.
Nachts entziehn sich die Fehler, und jedem Gebrechen verzeiht man:
Schön macht nächtliche Zeit jegliche, wie sie auch sei.
Über den Edelstein, die Wolle, gefärbt mit der Schnecke,
Über Gesicht und Leib ziehe zu Rate den Tag.
Was soll auf ich dir zählen die Frauenvereine zu Jagden
Passend? Mit meiner Zahl kann sich nicht messen der Sand.
Was soll Bajä ich nennen, den Strand mit Segeln verbrämet,
Und das Wasser, das heiß dampft von des Schwefels Gehalt?
Hier wegtragend die Wund' in der Brust hat mancher gesagt schon:

Nicht entsprechend dem Ruf hat sich das Wasser bewährt.
Siehe nicht weit von der Stadt den Tempel Dianens im Walde,
Und das Reich, das erwirbt schuldige Faust mit dem Schwert!
Diese, dieweil sie hasst die Pfeile Cupidos als Jungfrau,
Schlug der Wunden schon viel, wird sie noch schlagen dem Volk.
Soweit lehrt, ungleichen Gespanns hinrollend, Thalia,
Wo du zu wählen ein Lieb hast und zu stellen das Netz.
Jetzt die besondere Kunst, durch welcherlei Mittel zu fahn sei,
Die gefallen dir hat, bin ich zu lehren bemüht.
All' ihr Männer umher, neigt zu mir gelehrige Ohren;
Komme herbei, o Volk, meinem Versprechen geneigt.
Fass im Herzen zuerst das Vertraun, dass alle sich lassen
Fahn, und du wirst sie fahn; spanne die Netze nur aus.
Eher wohl schwiegen die Vögel im Lenz, die Cicaden im Sommer,
Kehrte den Rücken dem Wild zu der Mänalische Hund;
Als ein Mädchen, mit Schmeicheln versucht, sich entzöge dem Jüngling.
Die auch, von der du glaubst, dass sie nicht wolle, sie will.
Gleichwie dem Mann die verstohlene Lust, so schmeckt sie dem Weib auch;
Übel verhehlt es der Mann, stiller begehret das Weib.
Einig seien die Männer, zuerst nicht eine zu bitten;
Ist gewonnen das Weib, ist es zu bitten an ihr.
So auf dem grasigen Plan brüllt zu das Weibchen dem Stiere,
Dem hornhufigen Ross wiehert die Stute auch zu.
Spärlicher brennt in uns und nicht so wütend die Wollust,
Und die Flamme des Manns hat das gehörige Maß.
Was soll Byblis ich nennen, die brannt' in verbotener Liebe
Für den Bruder, die Schuld sühnte voll Mut mit dem Strick?

Myrrha liebte den Vater, doch nicht wie's ziemet der Tochter;
    In umhüllender Rind' ist sie begraben nunmehr.
Und mit den Tränen von ihr, die aus duftigem Baum sie ergießet,
    Salben wir uns; und benannt sind noch die Tropfen von ihr.
In den umschatteten Au'n des waldbewachsenen Ida
    War ein weißer Stier, Zierde der Herde, einmal,
Zwischen den Hörnern allein mit schmalem Schwarze gezeichnet:
    Dies der einzige Fehl; übrigens sah er wie Milch.
Nach ihm trugen Begehr die Kühe von Gnosus und Cydon;
    Ihren Rücken nur ihm wünschten zu bieten sie dar.
Glücklich Pasiphae war, die Buhlin zu werden des Stieres:
    Neidisch verfolgte mit Hass reizende Kühe das Weib.
Allbekanntes nur sing' ich; das hundertstädtige Kreta
    Ist, ob lügnerisch auch, nicht es zu leugnen imstand.
Sprossendes Laub, sagt man, und der Wiesen Zartestes habe
    Mit selbeigener Hand ab sie geschnitten dem Stier.
Sie begleitet das Vieh; und zu gehn hält nicht sie die Sorge
    Ab um den Gatten; es war Minos vom Ochsen besiegt.
Was, Pasiphae, nützt's, kostbare Gewänder zu tragen?
    Hat doch für keinerlei Schmuck dieser dein Buhle Gefühl.
Was soll, wenn du besuchst die Herden des Bergs, dir ein Spiegel?
    Warum streichst du so oft, Törin, das fertige Haar?
Glaube dem Spiegel jedoch, lässt nicht er als Kuh dich erscheinen.
    O, wie wünschtest du heiß Hörner entsprossen der Stirn!
Wenn dir Minos behagt, so brauchst du nicht Buhler zu suchen;
    Willst du betrügen den Mann, sei doch der Buhle ein Mann.
Fort in den Wald, auf die Trifft stürzt aus dem Palaste die Fürstin,
    Wie die Bacchantin, entflammt von dem Aonischen Gott.
Ah, wie blickte sie oft mit feindlichen Augen die Kuh an,
    Sprechend: Warum gefällt meinem Gebieter doch die?

Sehet nur, wie sie vor ihm auf dem üppigen Rasen herumspringt!
  Ja, ich glaube, sie meint, Närrin die, dass es ihr steht.
Sprach's und ließ auf der Stelle hinweg von der mächtigen Herde
  Schleppen sie unverdient unter den Bogen des Jochs,
Oder auch vor dem Altar zum erdichteten Opfer sie fallen;
  Und der Rivalin Gedärm hielt sie in fröhlicher Hand.
Oft, oft opferte sie, Rivalinnen schlachtend, den Göttern;
  Sprach, das Gedärm in der Hand: Geht und gefallet nun ihm!
Io wünscht sie sich bald und bald Europa zu werden:
  Jene, sie ist ja ein Rind; diese, es trug sie ein Rind.
Aber, getäuscht von ahorner Kuh, macht schwanger der Bulle
  Sie, und an der Geburt wurde der Vater erkannt.
Hätte die Kreterin sich der Liebe erwehrt zu Thyestes –
  O wie ist es so groß, einem gefallen allein! –
Hätt' in der Mitte die Fahrt nicht unterbrochen und rückwärts
  Ross und Wagen gelenkt Phöbus, gen Morgen zu gehn.
Die das purpurne Haar dem Vater gestohlen, die Tochter
{ Wurde im Fall von dem Schiff, sagt man, zum Vogel des Meers.
Scylla, die andre, ein Wunder des Meers durch den Zauber der Circe,}
  Drückt mit Weiche und Scham wütende Hunde an sich.
Der du zu Lande dem Mars, dem Neptun entflohn auf den Wogen,
  Wardst, Atride, der Frau scheußliches Opfer daheim.
Wer nicht hätte beweint Creusens zu Ephyra Flamme,
  Und die Mutter, vom Mord ihrer Erzeugten voll Blut?
Tränen aus leeren Höhlen vergoss der Sohn des Amyntor;
  Schüchterne Rosse zerfleischt haben Hippolytus' Leib.
Was bohrst, Phineus, du aus den unschuldigen Söhnen die Augen?
  Auf dein Haupt wird selbst fallen die Strafe zurück.
Das ward alles zumal durch Weiberbegierde gestiftet;

Heftiger ist sie und hat mehr als die unsrige Wut.
Auf denn, zweifele nicht, die Mädchen gesamt zu besiegen;
Kaum aus Tausenden wird eine versagen sich dir.
Die da gewährt und die da versagt, lässt gern sich doch bitten;
Täuschtest du auch dich, es ist ohne Gefahr ja der Korb.
Aber warum dich täuschen, da neues Vergnügen so süß ist,
Und das Fremde das Herz mehr als das Eigene reizt?
Üppiger stehen ja stets auf fremdem Gefilde die Saaten,
Und bei dem Nachbar hat größere Euter das Vieh.
Kennen zu lernen vorher die Magd des zu fahenden Mädchens
Sorge; den Zutritt wird sie dir erleichtern zu ihr.
Siehe, dass sie ja sei die Nächste im Rate der Herrin
Und zu wenig nicht treu bei der verstohlenen Lust.
Sie mit Versprechungen musst, sie musst du bestechen mit Bitten:
Wenn sie will, so wirst leicht du erlangen den Wunsch.
Sie wird wählen die Zeit – auch Ärzte beachten die Zeiten –
Wo der Gebieterin Herz leicht ist und passend zu fahn.
Passend zu fahn wird's sein dann, wann, wie in üppigem Boden
Wuchert die Saat, es schwelgt fröhlich in heiterster Lust.
Während voll Freude die Brust und nicht beklommen vom Schmerz ist,
Schleicht sich ins offene Herz Venus mit schmeichelnder Kunst.
Da voll Trauer es war, ward Ilium tapfer verteidigt,
Während in Lust es das Pferd, schwanger von Kriegern, empfing.
Auch versuche sie dann, wann Kränkung sie traf durch ein Kebsweib;
Dass sie nicht ungerächt bleibe, bemühe dich dann.
Reizen sie möge die Magd, das Haar ihr kämmend am Morgen,
Und zu dem Segel hinzu fügen des Ruderers Dienst,

Und so sagen für sich, aufseufzend in leisem Geflüster:
    Wie ich glaube, so kannst du es vergelten ihm nicht.
Von dir spreche sie dann in überredenden Worten,
    Schwöre dazu, dass du stürbest vor Liebe zu ihr.
Aber geeilt, sonst sinkt das Segel, die Winde verwehen.
    Wie das zerbrechliche Eis, schwindet der Zorn durch Verzug.
Ob an der Dienerin selbst zu vergreifen sich, fragst du, geraten?
    Solche Vergehungen sind gar ein gefährliches Spiel.
Von der Begattung wird die emsiger, lässiger jene:
    Die für die Herrin zum Schatz macht dich, die andre für sich.
Sicher nicht ist der Erfolg. Sei sie auch bereit zu dem Wagnis,
    Bleibt doch immer mein Rat, sich zu enthalten der Magd.
Nicht in den Abgrund will und auf spitzige Gipfel ich gehen;
    Keiner der Jünglinge soll werden gefangen durch mich.
Wenn die Magd dir jedoch beim Bringen und Holen der Briefe
    Wegen der Reize, nicht bloß wegen der Eile gefällt:
So erobre zuerst doch die Herrin, die Dienerin folge;
    Nicht anfangen bei der darfst du im Liebesgenuss.
Das nur sei dir gesagt, wenn etwas Gewicht nur die Kunst hat,
    Und nicht über das Meer Winde verwehen mein Wort:
Hast den Versuch du gemacht, so vollend' auch; es schläft der Verräter,
    Wann sie Teil an der Schuld selber genommen einmal.
Nicht zum Nutzen entflieht mit geleimtem Gefieder der Vogel,
    Gehet der Eber hervor aus dem gelockerten Garn.
Halt' an der Angel den Fisch, der, einmal verwundet, gefasst hat.
    Lass die Versuchte nicht los, geh nur als Sieger hinweg.
Dann verrät sie dich nicht, der gemeinsamen Sünde verfallen;
    Und es wird dir bekannt Sagen der Herrin und Tun.
Aber verhehle nur gut den Verräter; verhehlest du gut ihn,

Wird zu Gebote dir stets Kenntnis der Freundin auch stehn.
Wer, dass Pfleger allein der einsamen Äcker und Schiffer
Hätten zu sehn auf die Zeit, glaubet, der täuscht sich fürwahr.
Weder ist stets zu vertrauen die Saat den betrüglichen Fluren,
Noch das bauchige Schiff immer der grünlichen Flut.
Auch die lieblichen Mädchen zu fahn ist sicher nicht immer;
Oft dasselbe geschieht besser zu anderer Zeit.
Wann der Geburtstag ist, wann ist der erste des Monats,
Der da Venus mit Mars sich zu vereinigen freut;
Wann nicht, wie vorher, geschmückt der Zirkus mit Bildwerk,
Sondern er aufgestellt zeiget der Könige Pracht:
Dann halt' ein; der Winter ist da, es nahn die Plejaden,
Und in die Fluten des Meers sinket das Böcklein hinab.
Dann ist rätlich der Schluss; es bringt, wer dann in die See sticht,
Kaum des lecken Gebäu's brüchige Glieder davon.
Doch an dem Tag, wo kläglich dahin die Allia strömte,
Rot von Latinischem Blut, magst du beginnen das Werk;
Auch an dem Tag, wo kehrt, nicht wohlgeeignet zur Arbeit,
Palästinischen Volks Opfer am siebenten Tag.
Heilige Scheu einflöße dir stets der Freundin Geburtstag;
Und schwarz heiße der Tag, wo man Geschenke verlangt.
Weichst du auch aus, sie wird sie erlangen doch; eines Verliebten
Beutel zu rupfen versteht Mittel zu finden das Weib.
Zur kauflustigen Dame wird kommen ein schlumpiger Krämer,
Wird auslegen sein Zeug, während du sitzest dabei.
Dies dann sollst du besehn, damit du als Kenner dich zeigest;
Dann wird küssen sie dich, bitten zu kaufen dich dann.
Damit zufrieden zu sein auf längere Jahre dir schwört sie;
Jetzt sei nötig es ihr, spricht sie, und billig der Kauf.
Schützest du vor, du habest kein Geld zu Hause zu geben,

Fordert die Handschrift man; selber die Schule ist schlimm.
Und wie, wenn ein Geschenk zum Angebinde sie fordert
Und so oft sie es braucht, selber geboren sich wird?
Wie, wenn niedergedrückt von erlognem Verluste sie jammert,
Sagt, aus dem Läppchen des Ohrs sei ihr gefallen ein Stein?
Vieles erbitten sie sich zum Gebrauch, was nie sie erstatten;
Weg ist's; keinerlei Dank hast du bei deinem Verlust.
Wollt' ich die schurkischen Künste der Dirnen verfolgen, es wären
Zehn der Münde mir nicht, zehen der Zungen genug.
Wachs versuche die Furth, auf geglättete Brettchen gegossen;
Wachs geh' erst, ihr kund deine Gesinnung zu tun.
Zärtliche Grüße von dir und Liebe verratende Worte
Bring' es; und, wer du auch seist, spare nicht Bitten dabei.
Hektorn schenkte Achill dem Priamus, weichend der Bitte:
Beugen durch Worte des Flehns lässt sich ein zürnender Gott.
Spar' auch Versprechungen nicht; denn was verschlägt's zu versprechen?
Reich an Verheißungen kann immer ein jeglicher sein.
Hoffnung, einmal gefasst, hält lange; denn ist auch betrüglich
Selbige Göttin und falsch, ist zu gebrauchen sie doch.
Hast du gegeben etwas, so kann sie mit Art dich verlassen;
Früheres hat sie dahin, aber verloren gar nichts.
Doch was nicht du noch gabst, schein' immer noch geben zu wollen:
So hat mageres Feld oft den Besitzer getäuscht.
So lässt, nicht zu verlieren, nicht ab zu verlieren der Spieler;
Oft die gierige Hand rufen die Würfel zurück.
Das ist nötig, zuerst sie ohne Geschenk zu gewinnen;
Dass sie umsonst nicht gab, gibt das Gegebne sie fort.
Darum gehe, gefasst in zärtliche Worte, ein Brieflein,
Erst zu versuchen den Weg und zu erforschen ihr Herz.

Übersendet im Apfel, betrog ein Briefchen Cydippe;
Ohn' es zu wissen, gefahn ward sie durchs eigene Wort.
Lerne die Künste des Worts, lass raten dir, Römische Jugend,
Nicht bloß dass du in Schutz nehmest Beklagte voll Angst.
Gleichwie das Volk und der hohe Senat und der Richter voll Strenge,
So von der Rede besiegt wird sich ergeben das Weib.
Aber die Stärke verbirg, und zur Schau nicht zeige beredt dich;
Lasse entschlüpfen sich nicht schwülstige Worte dein Wachs.
Wer, wenn nicht er beschränkt, schreibt Reden an seine Geliebte?
Wirksame Ursach war oft schon des Hasses ein Brief.
Glaubhaft sei die Rede und nur gewöhnlich die Worte,
Zärtlich jedoch, als wenn selber du sprächest mit ihr.
Nimmt sie Geschriebenes nicht, schickt ungelesen zurück es;
Glaube, sie liest schon noch; lass nur nicht ab vom Versuch.
Unter das Joch mit der Zeit gehn widerspenstige Stiere;
Dulden das steife Gebiss lehrt man das Ross mit der Zeit.
Durch den steten Gebrauch nutzt ab der eiserne Ring sich;
Stets im Boden, vergeht auch der gebogene Pflug.
Was ist härter als Stein? Und was ist weicher als Wasser?
Aber in weicher Flut höhlt sich das harte Gestein.
Selber Penelope wirst, halt' aus nur, du endlich besiegen;
Troja erobert zwar spät siehst du, erobert jedoch.
Liest sie und will Antwort nicht geben, so nöt'ge sie ja nicht;
Lass sie nur immerfort lesen, wie zärtlich du liebst.
Was sie zu lesen gewünscht, wird wieder zu schreiben sie wünschen;
Stufenweise schon kommt dies nacheinander von selbst.
Kommen auch wird dir vielleicht zuerst ein trauriges Briefchen,
Das dich bittet, ihr nicht weiter zu fallen zur Last.
Was sie bittet, ist Furcht; was nicht, Wunsch, dass du beharrest:
Setz' ihr nur zu, und du wirst endlich des Wunsches gewährt.

Triffst du inzwischen sie an auf dem Pfühl halb liegend getragen,
Geh' an die Sänfte verstellt dann der Geliebten hinan;
Und dass nicht ein lästiges Ohr erlausche die Worte,
Hüll' in Zeichen geschickt doppelter Deutung sie ein.
Wandelt sie müßigen Fußes hindurch die geräumige Halle,
Bringe auch du hier zu müßige Weile mit ihr.
Und bald musst du voran ihr gehn, bald folgen im Rücken,
Bald beeilen den Schritt, wieder dann langsamer gehn.
Auch vorüber zu gehn ein Paar von den mittleren Säulen
Schäme dich nicht; auch nicht Seite an Seite zu gehn.
Ohne dich auch nicht sitze sie breit im Amphitheater;
Dein Schauspiel – das bringt mit an den Schultern sie selbst.
Ansehn immer nur sie und sie bewundern nur magst du,
Viel mit dem Augenlied sprechen, mit Zeichen auch viel;
Beifall klatschen, so oft ein Mädchen vom Mimen getanzt wird;
Jeden beschenken mit Gunst, welcher den Liebenden spielt.
Stehet sie auf, steh' auf; bleib sitzen, solange sie sitzet;
Bringe die Zeit nach der Wahl deiner Gebieterin zu.
Doch es gefalle dir nicht, mit dem Eisen die Haare zu kräuseln;
Auch mit beißendem Bims glätte die Schenkel dir nicht.
Solcherlei lass die tun, aus deren Phrygischen Weisen
Mutter Cybeles Preis hallet in heulendem Chor.
Männern geziemt versäumte Gestalt. Die Tochter des Minos
Holte sich Theseus, den Schlaf nicht von der Nadel geschmückt.
Phädra verliebt' in Hippolytus sich, so wenig er schmuck war;
Während Adonis, zum Wald passend, der Göttin gefiel.
Sauberkeit sei dir lieb, gebräunt der Körper vom Campus;
Passend und fleckenlos, sitze die Toga dir gut.
Starr nicht klebe die Zunge, von Rost frei seien die Zähne;
Und in zu weitem Schuh schlappe der Fuß nicht herum.

Auch entstelle die Schur das steife Haar nicht zum Schimpfe;
Haar geschnitten und Bart sei dir von kundiger Hand.
Lass die Nägel auch nicht vorragen und halte sie schmutzfrei;
Und aus dem Nasenloch stehe kein Haar dir heraus.
Nicht beschwerlich auch sei der Hauch schlimm riechenden Mundes;
Ziegen-Vater und Mann setze der Nase nicht zu.
Alles Übrige lass wollüstige Mädchen nur machen,
Und wer, ein Halbmann, Männer zu haben begehrt.
Seinen Verkündiger ruft da Liber! Auch dieser begünstigt
Liebende, fördert die Glut, welche ihn selber erhitzt.
Sinnlos irrte die Gnosierin an fremdem Gestade,
Wo das Wasser des Meers Dia, die kleine, bespült.
Und wie sie war vom Schlaf, umhüllt mit entgürtetem Kleide,
Nackenden Fußes, gelöst wallend das Safrangelock,
Rief dem tauben Gewoge sie zu: O grausamer Theseus,
Während ein Tränenstrom netzte das zarte Gesicht.
Laut, laut rief sie und weinte zugleich; doch zierte sie beides,
Und ihr tränender Blick machte sie hässlicher nicht.
Was wird werden aus mir? Der Ungetreue verließ mich,
Spricht sie, mit flacher Hand schlagend die schwellende Brust.
Was wird werden aus mir? Da erschallen am ganzen Gestade
Cymbeln, und Paukenschlag dröhnet von donnernder Hand.
Sinnlos ward sie vor Furcht, und die letzten Worte erstarben;
Blutlos starrte und bleich ihr der entgeisterte Leib.
Sieh, die Mimalloniden, das Haar zerstreut auf dem Rücken!
Sieh, ankündend den Gott, hurtiger Satyre Schar!
Siehe, der trunkene Alte, Silen! Auf dem bauchigen Esel
Sitzt er mit Not, und geschickt hält er die Mähne gefasst.
Während den Bacchen er folgt und die Bacchen ihn fliehen und suchen,

Und er, ein Reiter gar schlecht, treibt mit der Rute das Tier:
Vom langöhrigen Esel herab da fällt auf das Haupt er.
Steh', o Väterchen, steh', schreien die Satyrn, doch auf!
Jetzt auf dem Wagen, der oben herum mit Trauben bedeckt war,
Gab die Zügel von Gold Bacchus dem Tigergespann.
Theseus war und die Farb' und die Stimme vergangen dem Mädchen;
Immer versucht sie die Flucht, immer verwehrt sie die Furcht.
Schauernd erbebt sie, wie schauern im Wind unfruchtbare Ähren,
Wie im morastigen Sumpf zittert das schwankende Rohr.
Und es beginnt der Gott: Hier kommt dir ein treuerer Pfleger.
Banne die Furcht: Nun sollst Bacchus' Gemahlin du sein.
Nimm zum Geschenk den Himmel; an ihm als Kretische Krone
Sollst du erscheinen und oft leiten ein irrendes Schiff.
Sprach's, und vom Wagen herab, dass nicht sie fürchte die Tiger,
Sprang er; es wich der Sand unter des Fußes Gewicht.
Und im Busen gefasst – nicht hatte sie Kraft ja zu kämpfen –
Trug er sie fort, wie leicht alles ein Gott denn vermag.
Und: Hymenäus! erschallt's; Juchheisa, Evius, ruft man.
Also im heiligen Bett einen sich Mädchen und Gott.
Wird nun die Gabe zu Teil dir des ausgetragenen Bacchus
Und ein Weibchen beschert dir auf gemeinsamem Pfühl:
Rufe den Vater Nyctelius an und die nächtlichen Opfer,
Dass sie dir in den Kopf steigen nicht lassen den Wein.
Viel in erdichteter Rede versteckt ist hier dir zu sagen
Möglich, wovon sie mag merken, ihr werd' es gesagt;
Flüchtige Zärtlichkeiten in Tropfen Weines zu schreiben,
Dass sie es les' auf dem Tisch, wie sie beherrsche dein Herz;
Und in das Aug' ihr zu schaun mit Liebe bekennendem Auge:
Stimme und Wort hat oft, glaub' es, der schweigende Blick.

Trachte darnach, zu erhaschen zuerst den Becher, den ihre
Lippen berührt, und trink, wo die Gebieterin trank.
Und nach jeglicher Speise, die sie mit den Fingern berührt hat,
Greife und suche dabei ihr zu berühren die Hand.
Richt' auch den Wunsch darauf, dem Mann zu gefallen des Mädchens.
Nützlicher wird er euch sein, ist er zum Freunde gemacht.
Ihm, wenn eben du trinkst, gestatte im Trinken den Vorrang,
Ihm hinreiche den Kranz, den man dir selber geschickt.
Alles empfang' er zuerst, mag unter dir, mag er dir gleichstehn;
Immer das erste Wort sei ihm zu lassen bereit.
Sicher und leicht ist der Weg, durch den Namen des Freundes zu täuschen.
Doch ob sicher und leicht, ist er doch frei nicht von Schuld.
Dann zum Verwalter bestellt, verwaltet zu viel er im Hause;
Glaubt, er müsse auf mehr sehen, als auf man ihm trug.
Auch gegeben von uns soll werden ein Maß dir im Trinken:
Füße müssen und Kopf fähig dir bleiben zum Dienst.
Streitsucht, die aufstachelt der Wein, vermeide vor allem;
Halte nicht immer die Hand fertig zu blutigem Krieg.
Hinsank Eurytion, da töricht den Wein er getrunken.
Tisch und Wein sind mehr passend zu süßem Gekos.
Hast du Stimme, so singe; bewegliche Arme, so tanze:
Welches Talent du nur hast, suche zu glänzen damit.
Wirkliche Trunkenheit ist schädlich, erdichtete nützt dir:
Lass die Zunge voll Trug lallen in stammelndem Laut,
dass als Schuld an allem, was allzu keck und verwegen
Tun und sprechen du magst, gelte der reichliche Wein.
Glücklich, sprich zur Geliebten, ja glücklich, bei welchem sie schlafe;
Aber zum Henker zu gehn wünsche im Stillen dem Mann.

Gehen nun aber hinweg nach Entfernung des Tisches die Gäste;
Wird das Gewühl dir selbst Möglichkeit bieten zu nahn.
Mische dich in das Gewühl; und leise genaht ihr im Gehen,
Zupf' an der Seite sie nur, rühr' an den Fuß mit dem Fuß.
Nun ist Zeit es, zu sprechen mit ihr; hinweg nun, hinweg weit,
Tölpische Scham! Beistehn Wagenden Liebe und Glück.
Deine Beredsamkeit bedarf nicht unserer Regeln:
Mache den Anfang nur, bist du von selber beredt.
Spielen den Liebenden musst du, im Wort darlegen die Wunden,
So erstreben für dich Glauben auf jeglichem Weg.
Leicht auch ist es; es hält für liebenswürdig sich jede;
Sei sie die hässlichste auch, jede sich selber gefällt.
Der sich verstellte jedoch, fing oft an wirklich zu lieben,
Ward oft, was er zuerst hatte erdichtet zu sein.
Um so gefälliger seid, o Mädchen, den scheinbar Verliebten;
Wirkliche Lieb' oft wird, die nur geheuchelt erst war.
Jetzt wohl wäre das Herz unmerklich zu fahen durch Schmeicheln,
Wie der schleichende Bach höhlet den hangenden Rand.
Auch verdrieß' es dich nicht, das Gesicht und die Haare zu loben
Und die Finger so rund samt dem so niedlichen Fuß.
Ihrer Gestalt Lobpreisung erfreut die Keuschesten selber,
Ihre Gestalt ist stets wichtig den Frauen und wert.
Denn was schämen sich heutigen Tags noch Pallas und Juno,
Dass sie erhalten den Preis nicht aus dem Phrygischen Wald?
Werden die Federn gelobt, spreizt aus sie der Vogel der Juno;
Schaust du schweigend ihn an, wieder verbirgt er den Schatz.
Auch dem Rosse behagt's bei dem Kampf des flüchtigen Wettlaufs,
Wird ihm die Mähne gekämmt, fühlt es den Hals sich geklatscht.

Auch versprich nicht schüchtern; es locken Versprechen die Mädchen;
Rufe zu Zeugen dafür jegliche Götter auch an.
Jupiter lacht aus der Höh' der falschen Schwüre der Liebe,
Lässt sie von Äolus' Süd ohne Bedeutung verwehn.
Bei den Fluten der Styx pflog falsch zu schwören der Juno
Jupiter; sein Beispiel selber ist günstig für euch.
Vorteil bringt's, dass Götter es gibt; drum lasst uns sie glauben;
Weihrauch lasst uns und Wein opfern auf altem Altar.
In schlafähnlicher Ruhe auch hält sorgloses Behagen
Nicht sie zurück. Schuldlos lebt, und die Gottheit ist nah.
Gebt das Anvertraute zurück; treu haltet Verträge;
Trug sei fern; von Mord haltet die Hände euch rein.
Habt, wenn klug ihr seid, straflos nur Mädchen zum Besten;
Außer dem einen Betrug halte man redlich sein Wort.
Täuschet die Täuschenden denn, die großenteils nur gemeiner
Schlag sind; fallen ins Netz mögen sie, das sie gestellt.
Einst entbehrte der Flut, zu erquicken die Fluren, Ägypten,
War neun Jahre hindurch trocken, berichtet die Mähr.
Da kommt Thrasius hin zu Busiris und zeigt ihm, es könne
Eines Fremdlings Blut sühnen nur Jupiters Zorn.
Ihm erwidert Busiris: Du sollst als Jupiters Opfer
Fallen zuerst und dem Land Wasser als Fremder verleihn.
Phalaris hat im Stier auch geröstet des grausen Perillus
Glieder, und eingeweiht hat der Erfinder sein Werk.
Beide waren gerecht. Das Gesetz ist billig wie keines,
Dass Anstifter des Mords sterben durch eigene Kunst.
Also damit nach Verdienst Meineid Meineidige täusche,
Fühle das Weib sich gekränkt, wie es erst selber gekränkt.
Tränen auch haben ihr Gutes; man rührt mit Tränen ein Stahlherz.

Lass, wo möglich, sie sehn Wangen von Tränen benetzt.
Wenn es an Tränen gebricht – rechtzeitig ja kommen nicht immer
Tränen – mit feuchter Hand fahre dir übers Gesicht.
Wer, der klug ist, mischte nicht Kuss mit zärtlichem Worte?
Ob sie versage den Kuss, nimm den versagten dir doch.
Kämpfen wird sie vielleicht anfangs und sagen: Du Böser!
Aber sie wird besiegt werden doch wollen im Kampf.
Nur dass nicht, zu gröblich geraubt, er schade den Lippen,
Und nicht klagen sie kann, dass er gewesen zu hart.
Wenn, wer Küsse sich nimmt, nicht auch das Übrige mitnimmt,
Wird, was schon man ihm gab, wert zu verlieren auch sein.
Was nach den Küssen er fehlen noch ließ zum vollen Genusse,
Bäurische Einfalt war's wahrlich, nicht Folge der Scham.
Nennen sie auch es Gewalt, lieb solche Gewalt ist den Mädchen.
Geben, was ihnen behagt, wollen mit Sträuben sie oft.
Jede, an der der plötzliche Raub des Genusses verübt ist,
Freut sich; Verwegenheit ist ihr ein wertes Geschenk.
Doch die, während sie konnte genötiget werden, es nicht ward,
Wird durch trübes Gesicht heucheln genossene Lust.
Angetan ward Phöben Gewalt, Gewalt auch der Schwester;
Und den Geraubten doch lieb waren die Räuber zumal.
Wohlbekannt ist die Mähr, doch nicht unwert des Erzählens,
Wie der Hämonische Mann liebte die Scyrische Maid.
Schon für der Schönheit Preis Lohn hatte gegeben die Göttin,
Würdig am Idaberg zwei zu besiegen erklärt;
Schon zu Priamus war die Schnur aus der Fremde gekommen,
Und in Iliums Burg hauste das Grajische Weib.
Alle schwuren den Eid auf den Ruf des beleidigten Gatten,
Denn des Einzigen Schmerz war ein gemeinsames Leid.
Schimpflich, wofern es geschehn nicht wäre auf Bitten der Mutter,

Hatte Achilles den Mann unter dem Rocke versteckt.
Was machst, Äacus' Spross, du? Dein Dienst ist nicht für die Wolle.
Pallas' andere Kunst möge gewähren dir Ruhm.
Nicht sind Körbe für dich; der Schild gehört in die Linke.
Nicht für die Zahl ist die Hand; Hector erliege durch sie.
Wirf die Spindel hinweg, mit dem mühsamen Faden umwunden;
Diese Rechte, sie muss schwingen den Pelischen Speer.
Grad' in demselben Gemache befand sich die Tochter des Königs.
Ihr ward, dass er ein Mann war, durch Entehrung bekannt.
Zwar sie ward durch Stärke besiegt, so muss man ja glauben;
Aber sie wollte doch gern werden durch Stärke besiegt.
Bleibe, begann sie oft, als nun forteilte Achilles:
Denn mit tapferer Wehr hatt' er den Rocken vertauscht.
Wo ist jetzt die Gewalt? Was hältst du mit schmeichelnder Stimme
Ihn, der erst dich entehrt, Deidamia, zurück?
Freilich man schämt sich zuweilen wohl selbst zu machen den Anfang;
Fängt ein anderer an, ist man zu leiden erfreut.
Ha, es vertrauet zu sehr der Jüngling der eigenen Schönheit,
Wenn er wartet darauf, dass sie ihn bitte zuerst.
Kommen zuerst muss er, vorbringen die Worte der Bitte;
Sie wird freundlichen Blicks schmeichelnde Bitten empfahn.
Bitte um ihren Besitz; sie will nur bitten sich lassen;
Anlass gib ihr und Grund, was du begehrest, zu tun.
Jupiter kam mit Flehn zu den Heroinen der Vorzeit;
Und kein Mädchen entzog sich dem erhabenen Gott.
Solltest du merken jedoch, dass Bitten geschwollenem Hochmut
Nahrung nur gibt, halt' ein mit dem Beginnen und geh.
Was sich entzieht, wünscht manche und hasst zudringliches Wesen;
Dringst du gelassner in sie, machst du sie leichter geneigt.

Auch darf Hoffnung der Lust nicht immer gestehn der Bewerber;
Unter dem Namen des Freunds schleiche die Liebe sich ein.
Solchergestalt sah oft ich überlistet die Spröde;
Der der Verehrer erst war, ward der Geliebte zuletzt.
Schiffern geziemt nicht Weiße der Haut; von den Strahlen der Sonne
Sei die Farbe geschwärzt und von der Woge der See.
Weiße geziemt dem Bauer auch nicht, der immer im Freien
Stürzt mit dem Pfluge das Land und dem gewichtigen Karst.
Du auch, der du erstrebst den Ruhm Palladischen Kranzes,
Sollte dein Leib weiß sein, sähest geziemend nicht aus.
Blass sei jeder, der liebt; *die* Farbe ist passend zur Liebe;
Die steht gut, die lässt glauben, dass leidend du warst.
Blass war Daphnis, der Hirt, für die spröde Najade; Orion
Irrte für Lyrice blass tief in den Wäldern umher.
Magerkeit auch beweise die Lieb'; die Kapuz' auch zu legen
Auf das glänzende Haar halte für schimpflich du nicht.
Hager machen den Leib durchwachte Nächte dem Manne.
Hager der Schmerz, den stets heftige Liebe erzeugt.
Um zu erreichen den Wunsch, sei mitleidswürdig und leidend;
Dass, sobald man dich sieht, sagen man könne: Du liebst.
Ob ich beklag', ob warne, dass Recht verwirrt ist und Unrecht?
Freundschaft ist ein Schall, Treue ein nichtiges Wort.
Ach, es ist gegen den Freund die Geliebte zu loben bedenklich!
Schenkt er Glauben dem Lob, schleichet er selber sich ein.
Aber nicht Actors Spross befleckte das Bett des Achilles;
Gegen Pirithous war Phädra ein züchtiges Weib.
Pylades liebte Hermione nur, wie Phöbus Minerven;
War, was, Helena, dir Castor, der doppelte, war.
Wer das Nämliche hofft, der hoffe, dass Obst Tamarisken

Tragen; und Honigseim hol' er inmitten des Stroms.
Nur das Entehrende reizt; für seinen Kitzel nur sorgt man:
Der kommt lieb und genehm auch von des anderen Schmerz.
Ha, abscheulich! Den Feind nicht muss der Liebende fürchten;
Die du für treu dir hältst, fliehe; so bist du geschützt.
Nimm dich vor Vetter und Bruder in Acht und dem lieben Genossen:
Grund dir wird dies Volk wahrer Befürchtungen sein.
Schließen schon wollt' ich; doch sind die Herzen der Mädchen verschieden:
Tausendfach sei die Kunst, tausend Gemüter zu fahn.
Einerlei Land auch erzeugt nicht alles: Es ist der Olive
Jenes, doch dieses dem Wein, dieses gedeihlich dem Spelt.
Arien auch gibt's der Gemüter so viel als auf Erden Gestalten.
Bist du weise, so schmiegst jeglicher Art du dich an;
Wirst wie Proteus bald dich verdünnen zu flüchtiger Welle;
Wirst bald Löwe, bald Baum, struppiger Eber bald sein.
Fische fängt man, die einen mit Speer, an der Angel die andern;
Andere ziehet gespannt straffen Geflechtes das Netz.
Einerlei Art auch beliebe dir nicht bei jeglichem Alter.
Weiter entfernt schon sehn ältere Hirsche das Garn.
Wenn du gebildet der Rohen erscheinst und keck der Verschämten;
Wird misstrauen alsbald sicher die Arme sich selbst.
Daher kommt's, dass, die sich gescheut zu gehören dem Hohen,
Nun dem Niedrigern auch feil in die Arme sich wirft.
Übrig noch ist ein Teil, ein Teil vollendet des Werkes.
Hier zu halten mein Schiff werfe den Anker ich aus.

Zweites Buch

Ruft Juchheisa, Triumph! Und nochmals rufet Juchheisa!
    Eingegangen nach Wunsch ist mir die Beute ins Garn.
Fröhlich beschenkt der Erhörte mein Lied mit der grünenden Palme,
    Zieht dem Ascräischen Greis mich, dem Mäonischen vor.
Also fuhr, die Segel gespannt, vom bewehrten Amyclä
    Mit dem erbeuteten Weib ab der Trojanische Gast.
So frohlockte, der dich siegreich mit dem Wagen davontrug,
    Hippodamia, dahinrollend auf fremdem Gespann.
Jüngling, wohin so eilig? Der Hafen, nach welchem ich steure,
    Ist noch weit, und es schwimmt mitten im Meer noch dein Schiff.
Dass ein Mädchen dir ward durch meine Dichtung, genügt nicht;
    Fesseln auch meine Kunst muss sie, die erst sie gefahn.
Kleiner ist nicht das Verdienst zu erhalten, als erst zu gewinnen;
    Dies ist Zufalls Werk, jenes ist Sache der Kunst.
Jetzt, wenn irgend einmal, seid hold mir, mein Knab' und Cythera,
    Erato jetzt; denn du bist von der Liebe benannt.
Großes beginn' ich: zu singen, durch welcherlei Künste man Amor
    Halte, der weit und breit schweift auf der Erde umher.
Leicht ja ist er und hat zwei Flügel von dannen zu fliegen,
    Flügeln aber ist schwer Schranken zu setzen und Ziel.
Minos hatte versperrt dem Gast jedwedes Entfliehen:
    Kühn mit Fittichen wusst' er sich zu bahnen den Weg.
Dädalus, als er den Mann, der Ochs, und den Ochsen, der Mann war,
    Den die Mutter empfahn hatte in Sünden, verwahrt,

Sprach: Setz' endlich ein Ziel der Verbannung, o würdiger Minos;
    Lasse der Väter Land meine Gebeine empfahn.
Und dieweil ich, verfolgt von bösem Geschick, in der Heimat
    Leben nicht konnte, so lass, lasse mich sterben darin.
Wenn dir der Greis nichts gilt, so gewähre dem Knaben die Rückkehr;
    Tust du dem Knaben es nicht, tu' es zu Liebe dem Greis.
Dieses sprach er; doch dies und mehr noch mochte er sagen;
    Fortzugehen erlaubt jener mitnichten dem Mann.
Jetzt, o Dädalus, jetzt, beginnt er, sobald er es merkte,
    Bietet sich Stoff dir, woran Geist du bewährest und Witz.
Minos ist im Besitze des Lands, im Besitze des Meeres;
    Offen ist weder das Land unserer Flucht noch das Meer.
Übrig nur ist die Luft. Durch diese zu gehen versuch' ich.
    Meinem Beginnen verzeih', hoher Gebieter der Luft.
Nicht zu ersteigen erkühne ich mich der Himmlischen Sitze;
    Keinen anderen Weg gibt's zu entfliehen dem Herrn.
Gehe ein Weg durch die Styx, die stygischen Wogen durchschwimm' ich.
    Wandeln meine Natur muss ich nach neuem Gesetz.
Unglück weckt die geistige Kraft. Wer glaubte es jemals,
    Dass durchschneiden ein Mensch könnte die Bahnen der Luft?
Federn, die Ruder der Vögel, der Reihe nach legt er zusammen;
    Und mit Linnenverband knüpft er das leichte Gemächt.
Wachs, am Feuer gelöst, hält fest die untersten Teile;
    Und so war nun das Werk neuer Erfindung vollbracht.
Lachend betastet das Wachs und die Federn der Knabe; er weiß nicht,
    Dass das Geräte ihm selbst ist für die Schultern bestimmt.
Dieses Segel, beginnt der Vater, entführ' uns zur Heimat;

Damit müssen der Macht wir des Gebieters entfliehn.
Alles versperrt' er, die Luft nur konnt' er nicht. Diese durchschneide –
Sie nur ist möglich – mit dem, was ich erfunden, o Sohn!
Doch die Tegeerin nicht und Bootes' Begleiter, Orion
Mit dem geschwungenen Schwert, darfst du mit Augen erschaun.
Nimm im Flug die Richtung nach mir; ich werde vorangehn,
Leiten dich ohne Gefahr; sorge zu folgen du nur.
Denn wenn wir durch die höhere Luft in der Nähe der Sonne
Fliegen, so wird mit der Glut nicht sich vertragen das Wachs.
Wenn wir niedrigen Flugs hinschweben zu nahe dem Meere,
Wird von den Wellen der See werden die Schwinge benetzt.
Halt' in der Mitte den Flug. Auch musst du fürchten die Winde,
Musst dem Zuge der Luft willige Segel vertraun.
So legt an er das Werk dem Knaben und zeigt die Bewegung,
Wie die befiederte Brut mahnend die Mutter belehrt.
Dann fügt an er sich selbst an die Schultern die künstlichen Flügel,
Und für den neuen Weg wiegt er nur schüchtern den Leib.
Und zum Fluge bereit nun gab er noch Küsse dem Söhnlein;
Tränen nicht konnte das Aug' halten des Vaters zurück.
Nicht zum Berge erhob auf dem ebenen Feld sich ein Hügel:
Hier vertrauten sich an beide der traurigen Flucht.
Seine Flügel bewegt und schaut auf die Flügel des Sohnes
Dädalus, und er erhält sich in dem Lauf und den Sohn,
Und schon macht Vergnügen die Fahrt, die neue; und furchtlos
Fliegt mit keckem Geschick Ikarus stärkeren Flugs.
Sie sah mancher, indes an zitternder Angel er Fische
Fing; und im Stiche die Hand ließ das begonnene Werk.
Schon war Samos zur Linken zurück und Naxos gelassen,

Paros und Delos dazu, teuer dem Clarischen Gott;
Rechtshin lagen Lebynth und das waldbedeckte Calymne,
Von Fisch wimmelnder Flut Astypaläa umringt:
Als der Knabe, zu keck durch das unvorsichtige Alter,
Höher den Lauf stets trieb, lassend den Vater im Stich.
Locker wird das Gebinde, das Wachs, zu nahe dem Gott, weich;
Wehende Luft nicht fasst mehr der geschwungene Arm.
Hoch vom Himmel hinab in die Meersflut blickt er erschrocken;
Und sein Auge umhüllt Nacht vor verzagender Furcht.
Nackt – es war geschmolzen das Wachs – nackt schlägt er die Arme;
Schwankend hat er, womit er sich erhalte, nicht mehr.
Und so fiel er und rief im Fall: O Vater, ich stürze.
Während er sprach, verschloss grünes Gewässer den Mund.
Doch der unglückliche Vater, schon Vater nicht, rufet: Wo bist du,
Ikarus? Wo in der Luft fliegst du, in welchem Gebiet?
Ikarus, rief er oft: Da sieht er im Wasser die Federn.
Erde empfängt das Gebein, aber den Namen das Meer.
Nicht war Minos imstand zu bezähmen die Flügel des Menschen:
Ich den beflügelten Gott schicke zu halten mich an.
Der betrügt sich, der greift zu Hämonischen Künsten und gibt, was
Ab von der Stirne er reißt eben geborenen Pferds.
Nicht bewirken, dass Liebe besteht, Medeksche Kräuter
Und der Marsische Sang unter bezauberndem Ruf.
Circe hätte Ulyss, Medea Jason gehalten,
Könnte nur Liebe gebannt werden durch Zaubergesang.
Blasser Liebestrank, den Mädchen gegeben, auch nützt nicht;
Ja er schadet dem Geist, steigert die Liebe zur Wut.
Fern sei jegliche Schuld. Das Liebenswürdige liebt man;
Und nicht gibt das Gesicht dies und die bloße Gestalt.
Sei's, dass Nireus ward gepriesen vom alten Homerus,

Hylas, der zarte, geraubt ward durch der Nymphen Vergehn:
Füge, damit du erhältst die Geliebte und nicht dich verlassen
Siehst, zu den Gütern des Leibs Gaben des Geistes hinzu.
Schönheit ist vergänglich, und wie mit den Jahren sie zunimmt,
Nimmt sie auch ab; es verzehrt eigene Dauer sie selbst.
Weder Violen auch blühn, noch prangende Lilien immer;
Und nach der Rose Verlust starrt der verbliebene Dorn.
Dir auch wird, o Schöner, das Grau bald kommen des Haares,
Kommen die Runzel dir bald, welche den Körper dir furcht.
Baue den Geist, der dauert, denn an, zu heben die Schönheit.
Bis zu dem Holzstoß bleibt dieser Besitz dir allein.
Sei nicht wenig das Herz auch zu bilden durch edele Künste
Und die Sprachen mit Fleiß beide zu lernen bemüht.
Schön nicht war von Gestalt, doch war beredsam Ulysses,
Und Meergöttinnen hat Qualen der Lieb' er gemacht.
O, wie jammerte oft, dass fort er eile, Calypso,
Sagte, dem Ruderschlag füge das Wasser sich nicht!
Wieder und wieder befragt *sie* ihn um Trojas Geschicke;
Oft zu erzählen ihr pflegt anders das Nämliche *er*.
Als sie standen am Strand schon, hatte die schöne Calypso
Nach des Odrysenhaupts blutigem Ende geforscht.
Jener, mit leichtem Stab, den eben er hielt in der Rechten,
Zeichnet im dichten Sand ihr die erbetene Tat.
Dies ist Troja, beginnt er, indem er Mauern im Sand macht,
Das der Simois da, denke mein Lager dir hier.
Hier auf dem Feld – und er macht ein Feld – verspritzten wir Dolons
Blut, indes er Achills Rosse als Wächter begehrt.
Dorthin standen gereiht des Sithonischen Rhesus Gezelte;
Hieher fuhr ich zurück aus dem errafften Gespann.

Mehr noch zeichnete er, als Troja und Rhesus' Gezelte
Samt dem Führer hinweg spülte ein plötzlicher Schwall.
Siehst du, begann die Göttin, wie große Namen die Wellen,
Die für die Fahrt du dir treu glaubst, ins Verderben gestürzt?
Darum, wer du auch seist, trau scheu nur der trüglichen Schönheit,
Oder besitze etwas höheren Werts als den Leib.
Schickliche Milde gewinnt vor allem die Herzen der Mädchen;
Härte erregt nur Hass, führet zu widrigem Streit.
Hasst man den Habicht doch, der immer nur lebt in den Waffen;
Hasset den Wolf, der stets geht auf das schüchterne Lamm.
Aber es hat, wo hausen er mag, der Chaonische Vogel,
Türme; und weil sie sanft, stellt man der Schwalbe nicht nach.
Fern sei Zank und Streit und erbitterte Zungengefechte;
Zärtliche Liebe verlangt Worte gefälligen Tons.
Weiber nur scheuchen mit Streit die Männer, und Männer die Weiber;
Und miteinander Prozess glauben zu haben sie stets.
Streit geziemet der Frau, die Mitgift ist er der Frauen;
Worte, dem Herzen erwünscht, höre die Freundin nur stets.
Nicht des Gesetzes Gebot hat euch im Bette vereinigt,
Liebe verwaltet das Amt strengen Gesetzes bei euch.
Zärtliche Schmeichelei'n und Worte, das Ohr zu gewinnen,
Sag' ihr, dass sie erfreut werde durch deinen Besuch.
Nicht für die Kinder des Glücks tret' auf ich als Lehrer des Liebens,
Nicht der Künste bedarf, wer da zu geben vermag.
Bei sich hat den Verstand, wer, wann's ihn gelüstet, da, nimm! spricht.
Mehr, als was ich erfand, hat er; ich trete zurück.
Armen nur gilt mein Rat; denn arm selbst habe geliebt ich;
Worte statt allen Geschenks hatte zu geben ich nur.

Hübsch mit Vorsicht liebe der Arme; er scheue das Schelten,
    Lasse gefallen sich viel, was sich der Reiche nicht lässt.
Einmal hab' ich im Zorn das Haar verwirrt der Geliebten.
    Dieser Zorn, wie viel hat er mir Tage geraubt!
Dass ich zerrissen den Rock, nicht hab' ich gemerkt es, noch glaub' ich's.
    Aber sie sagt' es, und ich musste ersetzen den Rock.
Seid ihr aber gescheit, so meidet die Fehler des Lehrers;
    Scheuet Verluste, wie mir eigene Schuld sie gebracht.
Lebt mit den Parthern in Krieg, mit der reizenden Freundin in Frieden,
    Freude und Lust und was fördern die Liebe nur kann.
Wenn nicht zärtlich genug und hold sie dem Liebenden sein wird,
    Trag' es und habe Geduld; milder schon wird sie nachher.
Durch fügsame Geduld lässt krümmen am Baume der Ast sich;
    Aber er bricht dir, versuchst du, ihn zu krümmen, Gewalt.
Fügsam dem Strom, durchschwimmest du ihn; du wärest die Fluten
    Nicht zu bezwingen imstand, schwämmest du gegen den Strom.
Tiger durch Fügsamkeit und Numidische Löwen bezwingt man;
    Unter des Landmanns Joch fügt mit der Zeit sich der Stier.
Was war grausamer als Atalanta, Arkadiens Tochter?
    Und es erlag ihr Trotz doch den Verdiensten des Manns.
Über sein Schicksal soll und das spröde Gebaren des Mädchens
    Unter Bäumen geweint haben Milanion oft.
Oft trug, wie sie befahl, am Hals er betrügliche Netze;
    Trotzige Eber erlegt' oft er mit sausendem Spieß.
Auch empfand er, verwundet, den Pfeil, von Hyläus geschossen.
    Aber bekannter als der war ihm ein anderer Pfeil.
Nicht die Mänalischen Wälder jedoch zu ersteigen mit Waffen
    Will ich dir heißen, auch nicht Netze zu tragen am Hals;

Auch nicht darzubieten die Brust geschossenen Pfeilen.
Leicht ist, was dir gebeut meine bedächtige Kunst.
Gib der sich Sträubenden nach, so gehst du als Sieger von dannen;
Spiele die Rolle du nur, die sie zu spielen befiehlt.
Tadelt sie, musst du tadeln, und billigen, was sie nur billigt;
Nein auch, spricht sie nein, sprechen; bejaht sie, bejahn.
Lacht sie, so lache mit ihr; und weint sie, bemüh' dich zu weinen:
Deinem Gesicht und Blick lege Gesetze sie auf.
Spielt sie und wirft mit der Hand die elfenbeinernen Zahlen,
Wirf du schlecht und gib, wie du geworfen, auch schlecht.
Oder wirfst du die Knöchel, so mache, dass, um die Besiegte
Nicht zu bestrafen, dir oft stehe der schädliche Hund.
Oder lasst ihr den Stein im Soldatenspiele marschieren,
Mache, dass dein Soldat falle vom gläsernen Feind.
Selber auch halte gespannt in seinen Stäben das Schirmdach;
Selber mach' im Gewühl, wo sie erscheinet, ihr Platz.
Sei auch bereit, an das zierliche Bett den Schemel zu rücken;
Aus auch die Sohle und an ziehe dem niedlichen Fuß.
Oft auch muss ihr die Hand, obgleich es selber dich schauert,
Wann die Gebieterin friert, werden im Busen erwärmt.
Halt' es für schimpflich auch nicht – so schimpflich es ist, es gefällt doch –
Dass mit eigener Hand vor du den Spiegel ihr hältst.
Er, der, auf Stiefmutters Geheiß die Ungeheuer
Fällend, den Himmel verdient, welchen er selber erst trug,
Unter den Töchtern Ioniens soll er gehalten das Körbchen,
Rohe Wolle gedreht haben zu feinem Gespinst.
Seiner Gebieterin Wink vollzog der Tirynthische Heros.
Geh' und besinne dich noch, ob du ertragest, was er.
Sollst auf dem Forum du sein, so sorge noch früher zu kommen,

Als zur befohlenen Zeit; spät auch nur gehe hinweg.
Sollst du irgendwohin ihr gehn, lass alles im Stiche;
Laufe, und kein Gewühl halt' auf dem Wege dich auf.
Kehrt sie bei Nacht nach Hause zurück von beendetem Schmause,
Statt des Sklaven auch da komme, sobald sie ihn ruft.
Lässt sie dir sagen aufs Land: Komm; mache, im Fall es am Wagen
Fehlet – die Säumigen hasst Amor – die Reise zu Fuß.
Lästiges Wetter auch halte dich nicht und der dürstende Hundsstern,
Nicht auch ein Weg dich auf, weiß von gefallenem Schnee.
Ähnlich dem Kriegsdienst ist die Liebe: Hinweg da, ihr Trägen!
Dieses Panier nicht darf schützen ein furchtsamer Mann.
Weite Wege und Winter und Nacht fasst dieses so sanfte
Lager und tobenden Schmerz in sich und jegliche Müh'.
Ströme aus himmlischer Wolke gelöst wirst oft du ertragen,
Liegen auf bloßer Erd' oft, von der Kälte erstarrt.
Soll doch die Kühe Admets in Pherä geweidet Apollo
Haben und unter dem Dach niedriger Hütte gehaust.
Wem ziemt nicht, was Phöbus geziemt? Lass fahren den Hochmut,
Der du sorglich bedacht bist auf der Liebe Bestand.
Wenn dir den sichern und ebenen Weg zu gehen versagt wird,
Und die Türe verwahrt ist mit dem Riegel davor:
Nun, so lass durch das offene Dach in die Tiefe dich nieder;
Heimlichen Weg auch biet' oben das Fenster dir dar.
Freuen sich wird sie zu wissen, sie sei Ursach der Gefahr dir;
Sein wird dies der Beweis sicherer Liebe für sie.
Missen wohl konntest du oft dein Mädchen, Leander; hinüber
Schwammst du über das Meer, dass sie erkenne dein Herz.
Halt' es für Schande auch nicht, der Reihe nach dir die Mägde,
Minder die Diener auch nicht dir zu verpflichten zu Dank.

Grüße – es ist kein Schaden dabei – jedweden mit Namen;
Schließe die niedrige Hand eifrig in deine hinein.
Auf sein Bitten auch musst du dem Sklaven – gering ist der Aufwand –
Reichen aus deines Glücks Fülle ein kleines Geschenk.
Reich' ein Geschenk auch der Magd an dem Tag, an welchem, betrogen
Durch das Frauengewand, büßte die Gallische Schar.
Glaube mir, mache das Volk dir geneigt; es befinde darunter
Stets sich der Pförtner und der liegt vor der Tür des Gemachs.
Nicht kostbare Geschenke auch sollst der Geliebten du geben.
Kleinigkeiten, jedoch passende gib mit Geschmack.
Während ergiebig das Land, und unter der Last sich der Ast beugt,
Bringe der Knabe im Korb ländliche Gaben ihr hin.
Dass sie vom Stadtgut wären geschickt dir, kannst du ihr sagen,
Mögen sie immer gekauft sein auf dem heiligen Weg.
Trauben bringe er hin, er bringe Kastaniennüsse,
Die Amaryllis geliebt, aber mitnichten mehr liebt.
Ja ein Täubchen sogar und eine Drossel ihr schickend,
Magst du beweisen, du seist deiner Geliebten gedenk.
Schande, erkauft damit man sich Hoffnung auf Tod und verwaistes
Alter! Und wehe, durch wen werden Geschenke zur Schuld!
Was soll raten ich dir, auch zärtliche Verse zu schicken?
Ach, es stehn nicht hoch leider, Gedichte im Preis!
Versen erteilt man Lob, doch große Geschenke verlangt man.
Ist er nur reich, so gefällt selber der roheste Mann.
Jetzt ist wirklich die goldene Zeit; am höchsten in Ehren
Stehet das Gold; für Gold stehet die Liebe zu Dienst.
Möchtest du selbst auch kommen, Homer, von den Musen begleitet;
Wenn Nichts mit du gebracht, wirft man, Homer, dich hinaus.

Aber es gibt, doch selten nur gibt's, auch gebildete Mädchen;
Nicht ist's, aber doch sein will es der übrige Schwarm.
Beiden erteil' in Gedichten man Lob, die, welcherlei Art sie
Seien, der vor sie liest, hebe durch lieblichen Ton.
Diesen nun wird, auch jenen, ein nächtlich gedichtetes Liedchen
Auf sie selber vielleicht gelten als kleines Geschenk.
Doch was selbst du zu tun vorhast und ersprießlich erachtest,
Darum bitten dich erst lass die Gebieterin stets.
Hättest du zugesagt der Deinigen einem die Freiheit,
Von der Gebieterin doch lass sie erbitten ihn erst.
Wenn du dem Sklaven die Strafe und schreckliche Fesseln erlässest,
Habe zu danken sie dir, was du beschlossen zu tun.
Dein sei stets der Gewinn, der Gebieterin werde die Ehre;
Ohne Verlust für dich spiele die Mächtige sie.
Bist du aber bedacht das Mädchen auch fortzubehalten,
Lass sie glauben, du seist trunken von ihrer Gestalt.
Ist sie in Tyrischem Kleid, so lobe die Tyrische Kleidung;
Ist sie im Coergewand, lobe das Coergewand.
Geht sie in Gold, so sei kostbarer sie dir als das Gold selbst;
Zieht die Kutte sie an, finde die Kutte bewährt.
Steht sie im Hauskleid da, so rufe: Du stiftest ja Brand an;
Bitte sie schüchtern jedoch, dass sie erkälte sich nicht.
Ist das Haar in Flechten gelegt, so preise die Flechten;
Lockt sie mit Feuer das Haar, preise das lockige Haar.
Wenn sie tanzt, bewundre den Arm; und singt sie, die Stimme:
Und dass auf sie gehört, klage bedauernden Munds.
Selber den Beischlaf magst du und was ihn fördert, verehren,
Und mit besonderem Laut deuten den Liebesgenuss.
Wäre sie unerbittlicher auch als die stiere Medusa,
Gegen den Liebenden wird werden sie sanft und gefüg.

Nur dass deine Verstellung dabei nicht selbst du verratest,
Nicht mit der Miene zerstörst, was du mit Worten gebaut!
Nur die verborgene Kunst nützt dir, die entdeckte beschämt dich,
Hebt für immer mit Recht auf das Vertrauen zu dir.
Oft geschieht es im Herbst, dann, wann am schönsten das Jahr ist,
Und von dem purpurnen Wein strotzend die Traube sich färbt,
Wann vor Kälte wir bald starr sind, bald schmelzen vor Hitze,
Dass bei schwankender Lust Schwäche den Körper befällt:
Möge sie wohl dann sein! Doch läge danieder sie unwohl
Und empfände erkrankt schädliche Folgen der Lust:
Dann beweise, wie treu, wie zärtlich du liebest, dem Mädchen;
Säe, was später du magst ernten mit vollem Ertrag.
Nicht auch komme Verdruss dir an ob der mürrischen Krankheit;
Und es geschehe durch dich alles, was selber sie lässt.
Weinen auch sehe sie dich; und es ekle dich nicht, sie zu küssen;
Und mit dem trockenen Mund schlürfe die Tränen sie ein.
Tue Gelübde auch viel, doch laut; und fröhliche Träume,
Die du erzählen ihr magst, schaue, sooft es beliebt.
Auch ein Mütterchen komme, zu reinigen Lager und Stätte,
Eier und Schwefel voran haltend in zitternder Hand.
In dem allen erkennt sie die Spuren erfreuender Sorge.
Vielen schon hat zum Vertrag solches geebnet den Weg.
Doch dass Dienste auch nicht zuwider dich machen der Kranken,
Halte gehöriges Maß zärtlicher Eifer bei dir.
Wehr' auch zu essen ihr nicht, noch reich' ihr bitteren Trank dar.
Nebenbuhler nur lass solchen ihr machen zurecht.
Doch des Windes, mit dem du gespannt die Segel vom Strand aus,
Darfst du bedienen dich nicht, wann du die Mitte erreichst.
Schweift die Liebe noch jung, so sammle sie Kräfte durch Übung;
Stark wird sie mit der Zeit, wenn du gehörig sie pflegst.

Was du fürchtest als Stier, das pflegtest als Kalb du zu streicheln.
Rute erst war der Baum, welcher dir Schatten gewährt.
Klein entspringet der Strom, doch wird er mächtig im Laufe;
Überall nimmt auf dem Weg viele Gewässer er auf.
Lass sie an dich sich gewöhnen, denn mächtiger nichts als Gewohnheit.
Scheue nur keinerlei Müh', bis du eroberst sie dir.
Immer sehe sie dich, ihr Ohr dir leihe sie immer;
Dein Bild steh' ihr bei Tag, steh' ihr vor Augen bei Nacht.
Kannst du sicherer schon, man werde vermissen dich, hoffen;
Dann wirst fern du ihr sein, dass sie sich sehne nach dir.
Lass ihr Ruhe; ein Feld, das geruht, gibt reichlichen Segen;
Und das himmlische Nass saugt ein vertrocknetes Land.
Mäßiger brannt', als bei ihr er war, für Demophoon Phyllis;
Stärker erglühte die Lieb', als er die Segel gespannt.
Zehrt' an Penelope nicht der Gram um den fernen Ulysses?
Dein Phylacide auch war, Laodamia, entfernt.
Doch sei kurz der Verzug; mit der Zeit ermattet die Sehnsucht.
Liebe zum Fernen vergeht, neues Verlangen erwacht.
Während der Gatte entfernt, ruht Helena, dass sie nicht einsam
Schlafe, bei Nacht von dem Arm zärtlich des Gastes umarmt.
Welch ein Blödsinn das, Menelaus! Du ließest allein sie;
Unter dem nämlichen Dach waren der Gast und dein Weib.
Schüchterne Tauben vertrauest du an, Verrückter, dem Habicht?
Anvertrauest des Stalls Fülle dem Wolfe des Bergs?
Kein Verbrechen begeht hier Helena, keines der Buhle;
Tut er doch nur, was du würdest und jeglicher tun.
Zwingest zum Ehebruche du nicht, die Gelegenheit bietend?
Deinem eigenen Rat ist nur die Gattin gefolgt.
Was soll tun sie? Der Mann ist fern und ein artiger Gast da,

Und im verwitweten Bett mag sie nicht liegen allein.
Sehe der Mann da zu; denn Helena sprech' ich von Schuld frei;
Umgang hat sie gepflegt nur mit gefälligem Mann.
Nicht so rasend jedoch ist mitten im Zorne der Eber,
Wann er mit blitzendem Zahn wütige Hunde zerfetzt;
Nicht die Löwin, gewährt sie den saugenden Jungen das Euter;
Kleine Nattern auch nicht, tritt sie unwissend ein Fuß:
Als ein Weib, betrifft sie im Ehebette ein Kebsweib,
Wütet und auf dem Gesicht Zeichen des Inneren trägt.
Stürzend nach Feuer und Schwert, wie von des Aonischen Gottes
Hörnern gestoßen, einher stürmt sie, entäußert der Scham.
Dies löst innig geschlossenen Bund und die festeste Liebe;
Solche Vergehn zu scheun hat der behutsame Mann.
Ihres Gemahles Vergehn und der Gattin beleidigte Rechte
Hat an dem eignen Geschlecht grausam Medea gerächt.
Minder nicht grausam war die Mutter auch, welche als Schwalbe
Jetzt du erblickst; die Brust hat sie gezeichnet mit Blut.
Auch verdammet euch nicht zu einem Mädchen mein Ausspruch.
Das sei fern. Kaum kann dieses verlangen die Frau.
Liebt! Doch werde verhehlt die Schuld in bescheidnem Genusse;
Ruhm mit seinem Vergehn suche mitnichten der Mann.
Gib Geschenke auch nicht, die könnte erkennen die andre;
Lass auch bestimmt die Zeit deiner Bestellung nicht sein.
Dass dich die Frau nicht sah' auch in ihr bekanntem Verstecke,
Hüt' an dem nämlichen Ort jede zu treffen dich hübsch.
Wann du schreibst, sieh selber erst ein die sämtlichen Blätter;
Mehr als ihnen geschickt, lesen so manche darin.
Liebe, gekränkt, rücksendet den Pfeil in gerechter Vergeltung;
Was sie nur eben beklagt, lässt sie beklagen dich selbst.
Keusch war, während sich noch der Atride mit einer begnügte,

Auch sein Weib; durch die Schuld wurde sie böse des Manns.
Chryses, hörte sie, hab', obgleich in der Hand er den Lorbeer
Trug und die Binden ums Haupt, nichts für die Tochter vermocht;
Hörte, Lyrnesierin, als weg man dich führte, dein Jammern,
Und dass schimpflich der Krieg längere Dauer gehabt.
Doch dies hörte sie nur; selbst sah sie des Priamus Tochter:
Seiner Erbeuteten war schimpfliche Beute der Held.
Drum nahm auf in das Bett wie ins Herz den Sohn des Thyestes
Tyndars Tochter und straft' übel den fehlenden Mann.
Kommt dein Tun, wie gut auch verhehlt, doch irgend zutage;
Wär' es auch klar wie der Tag, leugne du dennoch es stets;
Sei demütig du weder noch schmeichlerischer als immer:
Solches Benehmen enthält schuldigen Herzens Beweis.
Schone jedoch die Brust auch nicht; in einer Umarmung
Gänzlicher Friede; mit der leugne den frühern Genuss.
Kräuter, wie Knabenkraut, die schaden, empfehlen zu nehmen
Manche; ich halte dafür, damit empfehlen sie Gift.
Oder sie mischen mit Pfeffer den Samen der stechenden Nessel,
Gelbes Pyrethrum, in Wein alten Gewächses gerührt.
Doch lässt zwingen nicht so sich zu ihren Genüssen die Göttin,
Die auf des Eryx Höh' thronet im schattigen Hain.
Weiße Zwiebel, geschickt aus Alcathoe, Stadt der Pelasger,
Und das geile Gewächs, das aus dem Garten uns kommt,
Eier auch magst du nehmen und nehmen Hymettischen Honig;
Nüsse auch, welche am Blatt stachliche Fichten erzeugt.
Doch was schweifst du, Erato, ab zu ärztlichen Mitteln?
Halten mit meinem Gespann muss ich auf näheres Ziel.
Der du nach meinem Rat erst deine Vergehen verhehltest,
Kehre nun um, tu' kund heimlicher Freuden Genuss.

Zeiht leichtfertigen Sinnes mich nicht. Nicht fördert derselbe
Wind die Schiffenden stets auf dem gebogenen Kiel.
Denn mit dem Ostwind fahren wir bald, mit dem Thracischen Nord bald;
Oft von dem Zephir und oft schwellen die Segel vom Süd.
Sieh, bald lässt auf dem Sitz der Lenker die flatternden Zügel
Schießen, und wieder geschickt hemmt er das rasche Gespann!
Mancher erweist man widrigen Dienst mit schüchterner Nachsicht,
Und der Liebe gebricht ohne Rivalin der Reiz.
Meist ist übermütig das Herz in günstiger Lage,
Und gleichmütig das Glück ist zu ertragen nicht leicht.
Wie schwach glimmendes Feuer, an Kraft abnehmend allmählich,
Selber sich birgt, und weiß oben die Asche nur glüht;
Doch, wann Schwefel hinan man hält, die erloschene Flamme
Wieder erhält und hell wieder entbrennt wie zuvor:
So, wann träge vor Ruh und frei von Besorgnis die Brust starrt,
Muss die Liebe geweckt werden durch wirksamen Reiz.
Lass sie fürchten um dich, dass wieder erwarme das Herz ihr;
Durch die Entdeckung blass werde sie deines Vergehns.
O viermal und so oft nicht möglich zu sagen mit Zahlen
Glücklich, um den sich ein Weib wegen Verletzung betrübt!
Wenn sie, sobald mit sich sträubendem Ohr sie vernimmt die Verschuldung,
Außer sich wird und vor Schmerz Stimme und Farbe verliert!
Der wünscht' ich mir zu sein, des Haar sie wütend zerzauste,
Dem mit den Nägeln sie wild führ' in das zarte Gesicht;
Den sie mit Tränen im Blick ansähe, mit trotzigen Augen;
Ohne welchen sie nicht wäre zu leben imstand.
Doch sei kurz nur die Zeit, in der die Beleidigte jammert,
Dass nicht Kräfte der Zorn sammle durch trägen Verzug.

Alsbald werde der Arm um den glänzenden Nacken geschlungen,
　Werde das weinende Weib zärtlich gedrückt an die Brust.
Küsse sie unter den Tränen, gewähr' ihr Genuss in den Tränen:
　Friede wird sein; es lässt so nur sich stillen der Zorn.
Hat sie tüchtig gerast, erscheint sie als sichere Feindin;
　Suche im Beischlaf dann Einigung, und sie verzeiht.
Allda ruhen die Waffen, allda ist heimisch die Eintracht;
　Da ward, glaube es mir, da die Versöhnung gezeugt.
Tauben, die eben gekämpft miteinander, vereinen die Schnäbel;
　Ihr Liebkosen, ihr Herz spricht in dem Girren sich aus.
Anfangs war die Welt nur eine verworrene Masse,
　Boten nur ein Ansehn Erde, Gestirne und Meer.
Da legt' über die Erde der Himmel, das Meer um das Land sich;
　Und nach der Teile Natur schied sich des Chaos Gewirr.
Vögel bekam die Luft, Wildtiere der Wald zum Besitze;
　In durchsichtiger Flut barg sich die schuppige Schar.
Einsam schweifte umher das Menschengeschlecht auf den Fluren,
　Und in der rohen Brust waltete einzig die Kraft.
Wald war Wohnung und Lager das Laub und Kräuter die Speise.
　Lange hindurch da war keinem der andre bekannt.
Milder gemacht soll haben die trotzigen Herzen die Wollust:
　Ein an demselbigen Ort fand sich der Mann und das Weib.
Was sie da sollten, erkannten sie selbst ohn' alle Belehrung;
　Kunstlos gänzlich vollzog Venus das süße Geschäft.
Vögelchen hat sein Lieb, Fischweibchen inmitten des Wassers
　Findet das Männchen, mit dem seine Genüsse es paart.
Ihresgleichen gesellt sich die Hindin, die Schlange der Schlange;
　Mit dem Hunde verstrickt hängt zur Begattung der Hund.
Die plattnäsige Ziege erträgt den unsauberen Gatten;
　Fröhlich des Sprungs ist das Schaf, fröhlich des Stieres die Kuh,

Brunst treibt an die Stute, und über geräumige Strecken
Folgt sie dem wiehernden Hengst, ist er getrennt durch den Strom.
Darum auf und gib der Beleidigten kräftige Mittel;
Diese gewähren allein Ruhe von wütendem Schmerz.
Diese Mittel, sie tun es zuvor den Säften Machaons:
Damit, hast du gefehlt, mache dich wieder beliebt.
Während ich also sang, da ließ, urplötzlich erscheinend,
Seines vergoldeten Spiels Saiten ertönen Apoll.
Lorbeer war in der Hand; um das heilige Haar ihm geschlungen
War Lorbeer – er kommt sichtbar zum Dichtergeschlecht –.
Dieser begann zu mir: Du Lehrer der üppigen Liebe,
Meinem Tempel, wohlan, führe die Lernenden zu!
Allda stehet ein Wort, weithin auf der Erde gefeiert,
Das jedweden ermahnt kennen zu lernen sich selbst.
Wer sich selber erkannt, nur der wird lieben mit Weisheit,
Seinen Kräften gemäß treiben ein jedes Geschäft.
Hat dir Wuchs verliehen Natur, so lasse ihn sehen;
Hast du Farbe, so lieg' öfters, die Schulter entblößt.
Wer durch Rede gefällt, der meide die schweigsame Stille:
Singe, wer singt mit Kunst; trinke, wer trinket mit Kunst.
Reden jedoch nicht halt' in gewöhnlichem Stile der Redner;
Euere Schriften auch lest, schlechte Poeten, nicht vor.
Also des Phöbus Rat. So gehorchet dem Rate des Phöbus:
Wahr ist, was der Gott spricht mit dem heiligen Mund.
Näherem wend' ich mich zu. Es wird, wer weise nur liebet,
Siegen, und was er begehrt, haben durch unsere Kunst.
Nicht gibt immer mit Zinsen zurück den Samen die Furche,
Noch begünstigt der Wind immer das schwankende Schiff.
Wenig ist, was da erfreut; mehr ist, was Liebende kränket.

Stelle dir vor, dass viel, viel zu ertragen du hast.
So viel Hasen ernährt der Athos und Bienen der Hybla;
So viel Pallas' Baum bläuliche Beeren beschert;
So viel Muscheln der Strand: So viel hat Schmerzen die Liebe;
Reichlich in Galle getaucht ist der uns treffende Pfeil.
Die du vielleicht wirst sehn, sei, wird man sagen, daheim nicht.
Glaube, dass falsch du siehst, dass sie zu Hause nicht ist.
Findest du in der versprochenen Nacht die Türe verschlossen,
Sei auf die schmutzige Erd' auch dich zu legen bereit.
Auch sagt wohl die Lügnerin Magd mit verächtlicher Miene:
Was belagert denn der unsere Türe da so?
Auch liebkos' auf den Knien der Tür der grausamen Schönen;
Nimm die Rosen vom Haupt, leg' auf die Schwelle sie hin.
Wann sie es wünscht, so komm; geh' weg, sobald sie dich meidet.
Fallen zu sehn sich zur Last ziemt für den Edlen sich nicht.
Lass sie sagen dir nicht: Ist dem denn nicht zu entgehen?
Nicht zu jeglicher Zeit sind die Gefühle erregt.
Halt' auch Schmähungen nicht, noch Schläge zu leiden vom Mädchen,
Noch dem niedlichen Fuß Küsse zu geben, für Schimpf.
Doch was weil' ich bei Kleinem? Auf Größeres richtet der Geist sich.
Wichtiges sing' ich. Herbei, Hörer, mit ganzem Gemüt!
Schwer ist, was ich beginne; doch schwer ist jegliches Hohe.
Sauere Mühe und Kampf fordert auch unsere Kunst.
Nebenbuhler ertrag' in Geduld: So wird dir zur Seite
Stehen der Sieg, und im Kranz Jupiters Tempel dich sehn.
Glaube, ein Mensch nicht sagt dir dies, nein, Griechische Eichen.
Größeres kann dir nichts bieten, als dieses, die Kunst.
Winkt sie ihm zu, so ertrag's; und schreibt sie, berühre den Brief nicht.

Lass sie kommen, woher, gehen, wohin sie nur will.
Dieses gesteht der Mann ja zu der gesetzlichen Gattin,
Da denn ein lockerer Schlaf selber zu Hülfe ihm kommt.
Ich bin zwar, ich gesteh's, hierin mitnichten ein Meister;
Meinen Lehren vermag selber zu folgen ich nicht.
Sehen sollt' ich, dass wer zuwinkte meiner Geliebten,
Ohne dass mich der Zorn triebe ich weiß nicht wohin?
Einmal hatte geküsst sie ihr Mann. Ich klagte darüber;
Meiner Liebe gebricht feinere Bildung zu sehr.
Nicht nur ein Mal schadete mir der Fehler; gescheiter
Ist, auf wessen Betrieb andere Männer sich nahn!
Besser nun war's, unwissend zu sein. Deck' auf nicht die Buhlschaft;
Sonst vom besiegten Gesicht flieht die geständige Scham.
Hüte darum, o Jüngling, dich wohl, zu betreffen dein Mädchen.
Sündige sie und glaub' immer, sie führe dich an.
Stärker nur lieben Betroffne. Wo zwei in der nämlichen Lage,
Da beharret bei dem jeder, was schädlich ihm ist.
Stoff zur Erzählung gibt im ganzen Himmel das Märchen,
Wie durch Mulcibers List Venus gefahen und Mars.
Vater Mars, für Venus entbrannt in unsinniger Liebe,
War Liebhaber in Form worden, der schreckliche Held.
Für des Gradivus Flehen auch war – denn weicher ist keine
Unter der Göttinnen Zahl – Venus nicht spröde und taub.
Ach, wie soll sie so oft, die Lose, der Füße des Gatten
Haben gelacht und der Hand, hart von der Glut und der Kunst!
Auch nachahmte zugleich sie vor Mars den Vulkan; und es stand ihr;
Reizende Anmut war da mit der Schönheit gepaart.
Doch verhehlten sie wohl die ersten Umarmungen immer,
Und es war noch die Schuld voll der errötenden Scham.

Aber durch Sols Verrat – wer könnte vor Sol sich verbergen? –
Wurde Vulkan das Tun seiner Gemahlin bekannt.
Böses Beispiel gibst du da, Sol. Bitt' um ein Geschenk sie.
Sicherlich hätte sie eins, wärst du verschwiegen, für dich.
Mulciber legt und verteilt ringsher verborgene Schlingen
Über und um das Bett, dass sie dem Auge entgehn;
Stellt sich darauf nach Lemnos zu gehn. Die Liebenden kommen.
Beide nun liegen sie nackt da, in die Schlingen verstrickt.
Da ruft jener die Götter zum Schauspiel, das die Gefangnen
Boten. Der Tränen enthielt Venus, erzählt man, sich kaum.
Nicht ihr Antlitz sind zu verhüllen sie, noch auch die Hände
Vor nur zu halten imstand selber den Teilen der Scham.
Da sprach einer mit Lachen: Auf mich trag' über die Banden,
O du tapferer Mars, wenn sie beschwerlich dir sind.
Kaum auf Bitten Neptuns löst er die Gefesselten wieder.
Thraciens Flur sucht Mars, Venus die Paphische auf.
Das nur hast du gewonnen, Vulkan: Was erst sie verbargen,
Tun sie nun freier; es hält keinerlei Scham sie zurück.
Oft bekennst du jedoch, verstandlos töricht gewesen
Wärst du, und deinen Zorn hättest du, glaubt man, bereut.
Davor warnt' ich; es warnt euch da die betroffne Dione,
Fallen zu stellen wie die, welche man stellte ihr selbst.
Legt auch ihr nicht Schlingen dem Nebenbuhler und fanget
Worte, von heimlicher Hand etwa geschrieben, nicht auf.
Dem nachstrebe der Mann, wenn ja er glaubt es zu müssen,
Den zum gesetzlichen Mann Feuer und Wasser gemacht.
Wieder erklär' ich es laut: Hier gilt's nur gesetzlich erlaubtes
Kosen; von unserer Lust schließen die Falbel wir aus.
Wer wagt kund wohl zu tun Unheiligen Ceres' Gebräuche
Und die erhabenen Weihn, die Samothrace erfand?

Klein ist die Tugend, etwas zu verschweigen; dagegen zu sagen,
Was zu verschweigen man hat, straft sich als schweres Vergehn.
Wohlverdient ist, dass der geschwätzige Tantalus schmachtet
Mitten im Strom und umsonst hascht nach den Früchten des Baums.
Venus vor allen befiehlt von ihren Opfern zu schweigen.
Dass kein Schwätzer daher ihren Altären sich naht!
Sind Cytherens Geheimnisse nicht in Kästen verborgen,
Schallt auch bauchiges Erz nicht von unsinnigem Schlag;
Sind sie doch unter uns in allgemeinem Gebrauche,
Aber doch so, dass wir halten sie sollen geheim.
Venus selber auch hält, sooft sie ab das Gewand legt,
Halb gebogen die Scham sich mit der Linken bedeckt.
Frei an jeglichem Ort paart nur sich das Vieh; auch von diesem
Anblick wendet das Weib immer ihr Auge hinweg.
Passend für uns zu geheimem Genuss sind Kammer und Haustür,
Und es verbirgt sich die Scham unter der Hülle des Kleids.
Und wenn Finsternis nicht, doch etwas von düsterem Schatten
Suchen wir, etwas, das offenem Tage nicht gleicht.
Auch zu der Zeit, da Dachung noch nicht vor Sonne und Regen
Schützt' und die Eiche nur noch Speise gewährte und Dach,
Paarte in Höhlen und Wald sich, nicht im Freien, die Wollust;
So sich beflissen der Scham zeigte das rohe Geschlecht.
Aber in jetziger Zeit legt Ruhm man dem nächtlichen Tun bei,
Lässt viel kosten es sich, sprechen zu können davon.
Freilich du wirst durchmustern die Mädchen alle, damit du
Sagen von jeder nur kannst: Diese auch hab' ich gehabt.
Dass nicht fehlen dir Mädchen, darauf mit den Fingern zu zeigen,
Machst du zum Märchen der Stadt jede, die an du gerührt.
Mehr noch: Mancher ersinnt, was, wäre es wahr, er bestritte,

Und sagt jeglicher nach, dass er geschlafen bei ihr.
Kann den Körper er nicht, so fasst er – das kann er – den Namen;
Und er schändet den Ruf ohne Berührung des Leibs.
Geh' jetzt, schließe die Tür, du verhasster Hüter, des Mädchens,
Riegel hundert und mehr leg' an die eichene Tür.
Was ist sicher, wofern ein Ehrenschänder vorhanden?
Scheinen er will, was ihm nimmer gelungen zu sein?
Wir gestehen nur karg selbst wirklich genossene Liebe;
Treulich verborgen von uns bleibt die verstohlene Lust.
Meid' es zumal, Gebrechen dem Weib zu machen zum Vorwurf,
Die zu verhehlen mit Fleiß vielen ersprießlich schon war.
Ihre Farbe auch warf nicht vor der Andromeda jener,
Der an der Füße Paar schwingbare Fittige trug.
Allen erschien Andromaches Form als allzu behäbig;
Aber von mäßigem Wuchs nannte sie Hector allein.
Was dich verdrießt, das werde gewohnt; du erträgst es. Gar vieles
Mildert die Zeit, nur bemerkt alles die Lieb' im Beginn.
Während das junge Reis mit der grünen Rinde noch anwächst,
Wird es erliegen, noch zart, jeder Erschüttrung der Luft.
Aber gehärtet im Laufe der Zeit, beut Trotz es den Winden,
Trägt, ein erstarkter Baum, Schätze veredelter Art.
Jeglichen Makel benimmt der Zeitlauf selber dem Körper;
Aufhört Fehler zu sein, was es erst war, mit der Zeit.
Neulingsnasen verschmähn den Geruch zu ertragen der Stierhaut;
Stete Gewöhnung lässt merken sie nicht den Geruch.
Garstiges mildere man durch die Namen; man nenne die Braune,
Deren Geblüt aussieht schwarz wie Illyrisches Pech.
Ist sie blinzelnd, so gleicht sie der Venus, und blond der Minerva;
Schlank sei, die da kaum leben vor Magerkeit kann.
Nenne gefüg, die kurz; die strotzt vor Dicke, voll Fülle:

Birg die Fehler in Lob, welches den Fehlern verwandt.
Forsche auch nicht nach dem Alter, in welchem Jahre das Licht sie
Habe erblickt – das ist strenger Zensoren Geschäft –;
Wenn sie zumal nicht blühend mehr ist und die bessere Zeit schon
Hinter sich hat und heraus weißliche Haare sich zupft.
Brauchbar, Jünglinge, ist dies oder ein späteres Alter:
Das ist ein Feld, das Frucht trägt, das besäen man muss.
Weil es Jahre und Kraft noch gestatten, so scheuet nicht Mühen;
Bald mit schweigsamem Fuß nahet das Alter gebückt.
Mögt ihr mit Rudern das Meer, mit der Pflugschar spalten die Erde,
Oder den krieg'rischen Arm rüsten mit grausamer Wehr,
Oder Lenden und Kraft und Arbeit widmen den Weibern:
Dieses auch ist Kriegsdienst, dieses auch bringet Gewinn.
Größere Klugheit auch wohnt diesen bei im Geschäfte
Und die Übung, allein Meister zu machen geschickt.
Diese ersetzen durch netten Geschmack den Schaden der Jahre;
Und die Pflege bewirkt, dass sie erscheinen nicht alt.
Wie du nur willst, gewähren sie Lieb' in tausend Gestalten.
Mehrere Arten ersinnt eine Tabelle dir nicht.
Sie empfinden ein nicht durch Reiz erzeugtes Entzücken:
Gleichen Teil am Genuss trage das Weib und der Mann.
Beischlaf ist mir verhasst, bei dem nicht beide zerschmelzen.
Knabenliebe auch sagt darum mir weniger zu.
Nicht mag haben ich die, die nur gezwungen sich hingibt
Und für ihre Person kalt an den Rocken nur denkt.
Liebeswonne, gewährt von der Pflicht, ist ohne Genuss mir;
Dienste der Pflicht soll mir leisten mitnichten ein Weib.
Hören will ich die Laute, wodurch ihr Entzücken sie kund gibt;
Aus noch zu halten bei ihr, möge sie bitten mich selbst.
Sehen will ich die Augen des trunkenen Mädchens bezwungen;

Matt verbiete sie mir, lange nicht wieder zu nahn.
Gaben der Art verlieh die Natur nicht erstem Erblühen;
Jahre dreißig und fünf sind zu erfüllen vorher.
Hast du es eilig, so trinke nur Most; mir spende bejahrten
Trank ein Fässchen, zur Zeit alter Konsulen verwahrt.
Spät erst kann die Platane den Weg versperren der Sonne;
Eben geschorenes Feld stachelt den nackenden Fuß.
Könntest Hermionen du vor Helena geben den Vorzug?
Gorge käme dir vor besser, als die sie gebar?
Ja, wenn widmen du dich willst einer reiferen Liebe,
Wirst, wenn aus du nur hältst, reichlich belohnt du dich sehn.
Siehe das trauliche Bett! Zwei Liebende hat es empfangen.
Bleib', o Mus', an der Tür stehn des verschlossnen Gemachs.
Ohne dich schon werden geläufige Worte sie sprechen,
Und untätig nicht wird liegen die Linke im Bett.
Finden werden die Finger zu tun an den reizenden Teilen,
Wo, von Amor gesandt, haftet der heimliche Pfeil.
Das tat bei Andromache einst der tapfere Hector,
Und nicht war er ein Held, tauglich zum Kriege allein.
Bei der gefangnen Lyrneserin tat's der große Achilles,
Wann er sich müde vom Feind streckt' auf den schwellenden Pfühl.
Von den Händen betasten sich ließ die Tochter des Brises,
Die fortwährend getaucht waren in Phrygisches Blut,
Oder war es das eben, was dich, du Lose, erfreute,
Dass du an deinem Leib fühltest den siegenden Arm?
Glaube mir, übereilen nicht darf man den Kitzel der Liebe,
Sondern nur nach und nach reizen mit zögernder Lust.
Hast du die Orte entdeckt, die gern sich betasten das Weib lässt,
Stehe die Scham dir nicht sie zu betasten im Weg.

Funkeln wirst du dann sehn die Augen in zitterndem Glanze,
    Wie die Sonne zurück glänzt aus dem Spiegel der Flut.
Klagen stellen sich ein, einstellt sich ein liebliches Flüstern,
    Und ein Seufzen so süß; Worte, entsprechend der Lust.
Doch lass nicht die Geliebte im Stich, mit volleren Segeln
    Schiffend; und deiner Fahrt komme auch sie nicht zuvor.
Schreitet zum Ziele zugleich: Dann ist vollkommen die Wonne,
    Wann gleichzeitig besiegt liegen der Mann und das Weib.
Dies ist der Weg, den gehen man muss, gestattet die Zeit es,
    Und beschleunigt die Furcht nicht das verstohlene Werk.
Drohet Gefahr im Verzug, so lege mit Macht dich aufs Ruder,
    Rat' ich, und setze dem Pferd ein zum Galoppe den Sporn.
Da ist das Ende des Werks. Gib dankbar, Jugend, die Palme;
    Winde den Myrtenkranz mir in das duftende Haar.
Was Podalirius war bei dem Danaervolk in der Heilkunst,
    Nestor an klugem Sinn, Äacus'Spross mit dem Arm,
Calchas im Eingeweid', Automedon war auf dem Wagen,
    Telamons Sohn mit der Wehr: Das in der Liebe bin ich,
Feiert als Sänger denn mich, ihr Männer, und stimmet mein Lob an;
    Weit und breit in der Welt werde mein Name gerühmt.
Waffen euch hab' ich gegeben, es gab sie Vulkan dem Achilles:
    Sieget nun mit dem Geschenk, das ihr empfangen, wie er.
Doch wer immer bezwingt mit meinem Stahle ein Mädchen,
    Schreib' auf die Beute: Es war Naso der Lehrer der Kunst.
Siehe, es bitten die Mädchen, nun Lehren auch ihnen zu geben!
    Sorge für euch denn wird tragen das folgende Blatt.

Drittes Buch

Gegen die Amazonen bewehrt' ich die Danaer; Wehr auch
Habe für dich und dein Volk, Penthesilea, ich noch.
Geht in den Krieg denn gleich. Wem Venus Gunst und der Knabe,
Welcher die Welt durchfliegt, spendet, gewinne den Sieg.
Nicht war's billig, zu gehn in den Kampf mit Bewaffneten wehrlos.
So war schimpflich es auch, Männer, zu siegen für euch.
Der und jener vielleicht wird sagen: Was gibst du der Schlange
Gift noch? Und gibst den Stall reißenden Wölfinnen preis?
Möget ihr nicht nur weniger Schuld ausdehnen auf alle;
Jegliches Mädchen geschätzt werde nach ihrem Verdienst.
Wenn der jüng're Atride die Helena, Helenas Schwester
Eines Verbrechens zu zeihn freilich der ältere hat;
Wenn der Öclide durch Schuld Eriphyles, Talaus' Tochter,
Lebend zum Ufer der Styx kam auf lebend'gem Gespann:
Ist Penelope treu, indes zehn Jahre der Gatte
Irret umher und Krieg ebenso lange auch führt.
Denk' an Phylacus Spross und an die, die ihrem Gemahle
Folgte und vor der Zeit, sagt man, sich weihte dem Tod.
Pheres' Sprössling erlöste vom Tod die Thessalische Gattin;
Statt der Leiche des Manns trug man zu Grabe die Frau.
Nimm mich, Capaneus, auf, sprach Iphis' Tochter, die Asche
Mischen wir noch! Und sie sprang mitten hinein in die Glut.
Selber die Tugend auch ist ein Weib nach Kleidung und Namen.
Ist's ein Wunder, wenn hold ihrem Geschlecht sie sich zeigt?
Solche Gesinnung jedoch beansprucht unsere Kunst nicht;
Unserem Fahrzeug stehn kleinere Segel nur an.
Lockerer Liebesgenuss nur lernt sich durch meine Belehrung;

Vorschrift über die Art geb' ich zu lieben ein Weib.
Weder der Flammen erwehrt sich das Weib noch des grausamen Bogens;
Weniger schaden dem Mann sehe ich dieses Geschoss.
Männer betrügen gar oft, nicht oft die liebenden Mädchen;
Selten begehn sie die Schuld, forschest du nach, des Betrugs.
Colchis' Tochter, schon Mutter, verstieß der falsche Jason;
Eine andere Frau kam ins Äsonische Bett.
Kam es auf Theseus an, so hätt' Ariadne, verlassen
An unwirtlichem Strand, Vögel geweidet der See.
Frage, warum *ein* Weg neun Wege geheißen, und höre:
Wälder geschorenen Haars haben die Phyllis beweint.
Und den Ruf der Treue wohl hat, war aber, Elissa,
Dir Ursache des Tods, reichte das Schwert dir, dein Gast.
Was verderblich euch war, ist, dass ihr zu lieben nicht wusstet;
Ja, euch fehlte die Kunst: Liebe bestehet durch Kunst.
Heute noch wüssten sie's nicht; doch mich wies an es zu lehren
Venus, und meinem Blick stellte sie selber sich dar.
Was doch haben, begann sie, die armen Mädchen verschuldet,
Dass man sie wehrlos preisgibt dem bewaffneten Mann?
Diesen haben gemacht zwei Bücher zum fertigen Meister;
Komm' auch dem anderen Teil deine Belehrung zu gut.
Er, der Schmähungen erst gesagt dem Therapnischen Weibe,
Bald in günstigerm Ton ließ er erschallen ihr Lob.
Kenn' ich dich recht, so kränkest du nicht die reizenden Mädchen;
Streben nach deren Gunst musst du, solange du lebst.
Sprach's und reicht' aus der Myrte – das Haar mit Myrte durchflochten
Stand sie da – mir ein Blatt dar und der Beeren ein Paar.
An dem Empfangnen auch merkt' ich die Gottheit; es strahlte der Himmel

Reiner, und eine Last fiel mir hinweg von der Brust.
Während noch wirkt der Geist, schöpft hier Vorschriften, ihr Mädchen,
Denen besonderes Recht, Scham und Gesetz es erlaubt.
Nehmet Bedacht schon jetzt auf das einst annahende Alter,
So wird unnütz euch keine Minute vergehn.
Liebet, solange ihr könnt und die wirklichen Jahre ihr angebt;
Denn die Jahre vergehn gleich der entströmenden Flut.
Wie die Welle, vorübergeströmt, nicht wieder zurückkommt,
Kehrt die Stunde auch nicht, einmal vergangen, zurück.
Darum benutzt die Zeit; denn flüchtigen Fußes enteilt sie;
Keine, die folgt, ist so, wie die gewesene, gut.
Hab' ich nicht dieses Gestrüpp, jetzt grau, als Violen gesehen?
Hat mir der Dorn da nicht liebliche Kränze gewährt?
Kommen auch wird's, dass du, die jetzt den Liebenden ausschließt,
Alt und kalt daliegst in der verlassenen Nacht.
Weder in nächtlichem Streit wird dann die Tür dir zerbrochen,
Noch mit Rosen bestreut findest die Schwelle du früh.
Ach, wie so schnell wird leider die Haut durch Runzeln erweitert,
Schwindet die Farbe, die erst hatte das schöne Gesicht!
Haare, von denen du schwörst, dass grau sie gewesen von klein auf,
Zeigen sich über den Kopf überall plötzlich gesprengt.
Mit dem Balge zugleich ziehn aus die Schlangen das Alter;
Nicht zum Greise den Hirsch macht das geworfne Geweih.
Unsere Reize entfliehn unhaltbar: Pflücket die Blume,
Die, wird nicht sie gepflückt, schmählich von selber verwelkt.
Auch Geburten verkürzen die Zeit der flüchtigen Jugend.
Durch fortwährenden Schnitt altert am Ende das Feld.
Über Endymion nicht auf dem Latmus errötest du, Luna;
Über des Cephalus Raub, rosige Göttin, du nicht.

Sieht man der Venus Adonis auch nach, den noch sie betrauert,
 Ihren Äneas doch hat, ihre Harmonia sie.
Ahme, o sterblich Geschlecht, nur nach der Göttinnen Beispiel:
 Euere Freuden versagt nimmer dem brünstigen Mann.
Mag er genießen nun auch, was kostet's euch? Alles ja bleibt euch.
 Nehm' er auch tausendmal, darum verliert ihr doch Nichts.
Eisen nützet sich ab; dünn wird vom Gebrauche der Kiesel;
 Aushält stets *der* Teil, hat nicht zu fürchten Verlust.
Wer verböte, vom Licht, das da steht, Licht zu entnehmen?
 Wer bewahrte der Flut Fülle im Becken des Meers?
Und doch spricht noch ein Weib zum Manne: Es ist mir nicht dienlich?
 Sage mir, was für Verlust hast du als Wasserverbrauch?
Auch gibt Preis euch nicht mein Wort; nur eitle Verluste
 Sollt ihr nicht fürchten: Verlust bringet Gewährung euch nicht.
Doch da segeln ich will mit dem Wehen stärkeren Windes,
 Führe ein sanfterer Hauch erst aus dem Hafen das Schiff.
Mit der Pflege beginn' ich. Gepflegt gewähren die Trauben
 Wein, und üppige Saat steht im gepflegten Gefild.
Schönheit schenket ein Gott. Wie wenige prangen in Schönheit!
 Wahrlich, dem größeren Teil fehlt es an solchem Geschenk.
Pflege bewirkt Ansehn; Ansehn, versäumet, entschwindet,
 Wär' es der Göttin auch gleich, die auf Idalium thront.
Pflegten in ältester Zeit nicht so den Körper die Mädchen,
 Hatten sie Männer auch nicht, so auf die Pflege bedacht.
War Andromache nur mit starkem Gewande bekleidet,
 War's ein Wunder? Sie war rauem Soldaten vermählt.
Freilich dem Ajax, dem Stierhäute sieben zur Deckung
 Dienten, ihm hätte die Frau sollen im Schmucke sich nahn!
Rohe Einfalt herrschte vordem; der bezwungenen Erde

Große Schätze besitzt jetzo das goldene Rom.
Schaue das Capitol, wie jetzt es ist, wie es gewesen.
Einem anderen Gott, meintest du, hab' es gehört.
Und die Curia, jetzt so würdig so hoher Versammlung,
War, als Tatius' Hand lenkte das Steuer, von Stroh.
Und das Palatium, das jetzt unter Phöbus und Fürsten
Schimmert, es bot nur dar Weide dem pflügenden Stier.
Andre erfreue das Alte; ich schätze mich jetzt erst zu leben
Glücklich; die jetzige Zeit eignet sich meinem Geschmack.
Nicht weil jetzt das geschmeidige Gold man entziehet der Erde,
Und die Muschel, gesucht, kommt vom entlegenen Strand;
Nicht weil durch Entgrabung des Steins abnehmen die Berge,
Und die bläuliche Flut wird durch Gebäude verdrängt:
Nein, weil Bildung herrscht, und nicht forterbend die Rohheit
Unserer Väter gewährt hat bis auf unsere Zeit.
Ihr auch belastet das Ohr euch nicht mit teueren Steinen,
Die der indische Mohr sucht in der grünlichen Flut.
Tretet auch auf nicht schwer in golddurchwobenen Kleidern.
Solches Geschmeide verscheucht, statt uns zu fesseln, uns oft.
Sauberkeit nimmt uns ein; nicht regellos hange das Haupthaar;
Schönheit gibt und benimmt eine geschäftige Hand.
Arten auch gibt es des Schmucks gar viel. Es wähle sich jede,
Was ihr steht; nur um Rat frage den Spiegel sie erst.
Scheiteln des bloßen Kopfs ist passend dem langen Gesichte:
Also trug das Haar Laodamia im Schmuck.
Dass ein kleineres Nest an der Stirn' ihr oben verbleibe,
Frei zu lassen das Ohr, fordert ein rundes Gesicht.
Eine andere lasse das Haar umflattern die Schultern,
Wie mit dem Saitenspiel Phöbus als Sänger erscheint.
Diese bind' es zurück nach Art der geschürzten Diana,

Wie sie es trägt bei der Jagd auf das erschrockene Wild.
Jener steht's, wenn locker gebauscht ihr liegen die Haare;
Diese erscheine, das Haar straff an den Schädel gelegt.
Diese gefällt, geordnet den Zopf in Cyllenischer Leier;
Jener walle das Haar busig wie Fluten des Meers.
Wie du zählen nicht kannst an der Eiche die Eckern, die Bienen
Nicht auf des Hybla Höhn, noch auf den Alpen das Wild:
So ist's möglich mir nicht, die Lagen des Haares zu zählen.
Andere Arten der Tracht bringet ein jeglicher Tag.
Auch ein versäumtes Haar steht vielen. Das gestrige meinst du
Hängen zu sehn; es ist eben nur wieder gekämmt.
Zufall scheine die Kunst. So sah der Alcide und liebte
Iole, wie er sie sah, als er erobert die Stadt.
So nahm Bacchus dich, du verlassenes Mädchen von Gnossus,
Auf in den Wagen, indes schrien die Satyrn Juchhei.
O wie ist willfährig Natur für euere Schönheit,
Da ausgleichen ihr könnt Mängel auf vielerlei Art.
Uns deckt schmählich es ab; und geraubt von den Jahren, entfallen,
Gleich dem Laub bei des Nords Toben, die Haare dem Kopf.
Weiber färben ihr Grau mit Germanischen Kräutern, und bessre
Farbe verschafft die Kunst, als die natürliche ist.
Weiber gehen einher mit dem dichtesten Zopf, der erkauft ist;
Und zu eigenem Haar machen sie fremdes für Geld.
Offen zu kaufen errötet man nicht; vor Herkules' Augen
Und vor der Jungfraun Chor sehn wir den Handel geschehn.
Was erwähn' ich die Kleidung? Da fehlt es weder an Spitzen
Noch an Wolle, getaucht doppelt in Tyrisches Rot.
Da der Farben so viel vorhanden geringeren Preises,
Ist's nicht rasend, am Leib Habe zu tragen und Gut?
Siehe, die Farbe der Luft, wann ohne Wolken der Himmel,

Und der lauliche Süd nicht sie mit Regen erfüllt!
Siehe die Farbe, die ähnlich ist dir, der Phryxus und Helle
Einst du der Ino List habest, erzählt man, entrückt!
Die ist ähnlich den Wogen und hat von den Wogen den Namen.
Nymphen bedecken sich wohl, mein' ich, mit solchem Gewand.
Die stellt Safran dar; ein safranfarbenes Kleid schmückt,
Wann sie ihr leuchtend Gespann schirret, die Göttin des Thaus.
Purpurnem Amethyst gleicht die, die Paphischer Myrte;
Weißen Rosen die, Thracischen Kranichen die.
Mandeln gebrechen auch nicht, noch deine Frucht, Amaryllis;
Seinen Namen auch gab flockiger Wolle das Wachs.
So viel Blumen die Erde erzeugt, wann Knospen der Weinstock
Treibt, und des Winters Frost weichet dem sonnigen Lenz:
So viel oder noch mehr trinkt Farben die Wolle. Gewisse
Wähle denn aus: Nicht ist jede für jede gemacht.
Schwarz steht schneeiger Haut. Schwarz stand der Tochter des Brises;
Als sie geraubt ward auch, trug sie ein schwarzes Gewand.
Weiß steht dunkeler Haut. Weiß, Cepheus' Tochter, gefielst du.
So warst an du getan, als du Seriphus betratst.
Wie fast hätt' ich gewarnt, dass gräulicher Bock in die Achseln
Euch nicht komme, nicht rauch strotze von Haaren das Bein!
Aber ich spreche ja nicht zu Mädchen von Caucasus' Felsen,
Oder die Mysiens Strom, wilder Caicus, du tränkst.
Wie, wenn lehren ich wollte, nicht schwarz die Zähne vor Trägheit
Werden zu lassen und früh aus euch zu spülen den Mund?
Weiß auch euch wisst ihr zu machen mit aufgetragenem Wachse;
Die nicht wirkliches Blut rötet, die rötet die Kunst.
Künstlich füllet ihr aus die nackenden Grenzen der Brauen,
Hüllt das natürliche Lid ein in ein niedliches Fell;

Schämt euch zu zeichnen auch nicht mit gestoßener Asche die
Augen,
Oder mit Safran, an dir, schimmernder Cydnus, erzeugt.
Nicht umfänglich, doch groß an Sorgfalt, hab' ich ein Büchlein,
Wo die Mittel ich dar euerer Schönheit gelegt.
Da auch holet euch Rat für verblichene Reize; es wird nicht
Unnütz meine Kunst euren Bedürfnissen sein.
Aber es finde der Mann die Büchsen nicht auf dem Tische
Ausgekramt; dem Gesicht dienet verheimlichte Kunst.
Wen beleidigte nicht ein Gesicht, in Schminke getaucht ganz,
Dass sie durch Schwere entschlüpft fließt in den Busen herab?
Warum Ösypgeruch? Und wird er geschickt von Athen auch,
Saft vom unsauberen Vlies ist es genommen des Schafs.
Offen auch nicht das bereitete Mark zu nehmen der Hirschkuh
Rate, die Zähne auch euch offen zu putzen ich nicht.
Das gibt Ansehn wohl, doch ist es hässlich zu sehen.
Vieles, das, wann es geschieht, garstig, gefällt uns geschehn.
Myrons Meistergebilde von jetzt hochrühmlichem Namen
Waren untaugliche Last, starrende Klumpen zuvor.
Dass sich gestalte ein Ring, schlägt erst das Gold man zusammen;
Euere Kleidung war schmutzige Wolle vorher.
Als sie entstand, war raues Gestein, jetzt edeles Standbild
Venus, die nackend entpresst triefenden Locken die Flut.
Auch wann dich man schmückt, magst uns für schlafend du gelten;
Erst mit der letzten Hand lasse dich sehen vor uns.
Wozu weiß ich, woher das Weiß in deinem Gesichte?
Was zeigst roh du das Werk? Schließe die Tür des Gemachs.
Vieles ja darf nicht wissen der Mann, da euere Dinge
Meist anstößig, wofern nicht ihr das Innre verhüllt.
Siehe die goldenen Bilder, die schweben im prächt'gen Theater;

Schaue, wie dünnes Blech da nur bekleidet das Holz!
Gleichwie diesen das Volk nicht nahn darf, ehe sie fertig,
Darf sich auch schmücken das Weib nur nach Entfernung des Manns.
Doch nicht wehr' ich das Haar vor dem Manne zum Kämmen zu bieten,
Dass es dir walle zerstreut über den Rücken hinab.
Hüte zu der Zeit ja vor allem dich, dass du nicht mürrisch
Seist, und reiße nicht ein oft das geordnete Haar.
Sicher sei die Zofe. Verhasst ist mir, die mit den Nägeln
Kratzt ins Gesicht und den Arm zornig mit Nadeln zersticht.
Jene verwünscht das Haupt der Herrin, sowie sie es anrührt,
Bei dem verhassten Haar jammernd und triefend von Blut.
Wache sich stell' an die Tür und lass' in der gütigen Göttin
Tempel sich machen das Haar eine, die übel behaart.
Einem Mädchen einmal war plötzlich gemeldet ich worden;
In der Verwirrung verkehrt setzte die Haare sie auf.
Feinde betreffe das Loos, so schmählich sich schämen zu müssen;
Und derartiger Schimpf fall' auf die Parthischen Fraun!
Hässlich ist kahles Vieh, das Feld auch ohne Begrasung,
Unbelaubt das Gesträuch, ohne Behaarung der Kopf.
Nicht die Sidonierin, die der fälschliche Stier durch die Flut trug,
Leda und Semele nicht kamen zu lernen zu mir.
Helena nicht, die wieder verlangt nicht dumm Menelaus,
Aber auch du nicht dumm, Troischer Räuber, behältst.
Lehre verlangt nur die Menge, so schöne wie hässliche Mädchen;
Und des Garstigen gibt's mehr als des Guten doch stets.
Minder um Hülfe der Kunst und Lehren bekümmern sich Schöne;
Schönheit ist ihr Teil, mächtig auch ohne die Kunst.
Wann beruhigt das Meer, dann sorglos feiert der Schiffer;

Schäumt es, so wendet er auf sämtliche Mittel der Kunst.
Selten jedoch ist frei ein Gesicht von Makeln; verbirg sie,
Und verstecke des Leibs Fehler, so viel du vermagst.
Sitze, wenn klein du bist; sonst scheinst du stehend zu sitzen;
Strecke auf deinem Pfühl aus dich, so lange du bist.
Und damit man auch hier im Liegen dich messen nicht könne,
Sorge, dass unter dem Kleid bleiben die Füße versteckt.
Eine, die gar zu schlank, muss Hüllen von dickerem Faden
Nehmen, ihr hänge das Kleid schlaff von der Schulter herab.
Bist du blass, so färbe den Leib mit purpurnen Streifen;
Schwarz, so suche dafür Hülfe beim Pharischen Fisch.
Einen übelen Fuß birg immer in schneeigem Leder,
Und den Banden entnimm nimmer ein mageres Bein.
Dünne Wattierungen sind bei Schultererhöhungen passend;
Um die strotzende Brust schlinge ein Band sich herum.
Mit nur geringer Gebärde begleite, was immer sie spreche,
Deren Finger zu fett sind und die Nägel zu rau.
Der aus dem Munde es riecht, die hüte sich nüchtern zu sprechen
Und steh' immer ein Stück ab vom Gesichte des Manns.
Wenn die Zähne dir schwarz, zu groß sind oder nicht richtig
Stehen; so wirst du viel Schaden durch Lachen dir tun.
Ja – wer sollte es glauben? – es lernen auch Lachen die Mädchen;
Und hierinnen auch sucht man für die Schönheit Gewinn.
Mäßig nur öffnet den Mund, dass kleine Grübchen entstehen;
Und das Zahnfleisch sei stets von den Lippen bedeckt.
Spannet den Leib auch nicht in unaufhörlichem Lachen;
Sanft nur, ich weiß nicht wie, klinge und weiblich der Ton.
Manche verziehn das Gesicht beim Lachen wohl bis zur Verzerrung;
Andere weinen, so scheint's, sind sie im Lachen vergnügt.
Heiser erschallt bei andern und gar unlieblich das Lachen,

Wie bei der Mühle Geknarr hässlicher Esel Geschrei.
Alles durchdringt die Kunst. Anmutig auch lernen sie weinen;
Wann sie nur wollen und wie, sind sie zu heulen bereit.
Ja, Buchstaben beraubt man sogar des gehörigen Lautes,
Nötigt zu stammeln die Zung' in dem befohlenen Wort.
Anmut liegt in dem Fehler, ein Wort schlecht wiederzugeben;
Minder zu sprechen verstehn lernet man, als man verstand.
Auf dies alles verwendet – es nützt euch – sorgliche Pflege,
Eueren Körper auch lernt tragen mit weiblichem Halt.
Nicht der mindeste Teil der Anmut liegt auch im Gange.
Männer, euch unbekannt, lockt er und scheucht er hinweg.
Kunstreich wendet sich diese und fängt mit dem flatternden Kleide
Auf die Luft; und gestreckt trägt sie die Füße voll Stolz.
Gleich des Umbrischen Manns rotbäckigem Ehegemahle
Schreitet jene und macht mächtige Schritte gespreizt.
Aber es sei auch hier, wie überall, Maß. Es erscheinet
Diese Bewegung im Gang bäuerisch, jene geziert.
Aber der untere Teil der Schulter, der ob're des Armes
Bis an die linke Hand zeige dem Auge sich bloß.
Das steht euch vorzüglich, ihr Weißen. Sooft ich das sehe,
Habe die Schulter, soweit möglich, zu küssen ich Lust.
Wunder des Meers, die Sirenen vermochten mit reizender Stimme
Aufzuhalten im Lauf selber das rascheste Schiff.
Als er diese vernahm, da hätte des Sisyphus Sprössling
Fast sich gelöst; mit Wachs waren die Leute verstopft.
Etwas Reizendes ist der Gesang. Lernt singen, ihr Mädchen.
Mancher die Stimme schon war Kupplerin statt des Gesichts.
Singt bald nach, was schon ihr gehört im marmornen Schauplatz,
Bald Gesänge im Ton Nilischer Weisen gesetzt.
Auch in der Rechten den Stab, in der Linken zu halten die Leier

Wisse ein Weib, wie ich wünsche gebildet sie mir.
Felsen bewegte und Wild mit der Leier des Rhodope Sänger,
Den dreiköpfigen Hund selbst und des Tartarus Seen.
Steine durch deinen Gesang, du gerechtester Rächer der Mutter,
Haben zu neuer Stadt Mauern sich willig gefügt.
War er auch stumm, der Fisch – von Arions Leier bekannt ja
Ist die Erzählung –, er hat, glaubt man, den Tönen gelauscht.
Lerne mit doppelter Hand die heitere Harfe auch fegen;
Wohl ist diese zur Lust passend und süßem Gekos.
Kund sei dir des Callimachus Sang und des Coischen Dichters,
Kund der Teische Sang von dem betrunkenen Greis.
Sappho auch sei dir bekannt – was ist wollüst'ger als diese? –
Und der Väter durch List pfiffiger Geten betrügt.
Auch die Dichtungen magst du des zarten Propertius lesen,
Oder von Gallus etwas, oder, Tibullus, von dir;
Auch das von Varro besungne, durch goldene Zotteln berühmte
Vlies, zu beklagen im Tod, Schwester des Phryxus, von dir;
Und des Äneas Flucht, Ursprung der erhabenen Roma,
Derengleichen an Ruhm nicht man in Latium kennt.
Auch mein Name vielleicht wird unter diese sich mischen,
Nicht in der Lethe Flut, was ich gesungen, vergehn.
Mancher gewiss wird sagen dereinst: Lies unseres Meisters
Glatte Gedichte, worin beide Geschlechter er lehrt.
Oder aus den drei Büchern, betitelt die Liebesergüsse,
Wähle, was lesen du magst zärtlich gelehrigen Munds.
Oder man trage auch vor mit gehöriger Stimme die Briefschaft.
Anderen unbekannt, ward sie erfunden von ihm.
Das gib, Phöbus; o gebt's, ihr heiligen Mächte der Sänger,
Bacchus, geziert mit dem Horn, Göttinnen, neun an der Zahl!
Wer hegt Zweifel, dass Tanzen auch soll verstehen ein Mädchen,

Dass sie beim Weine des Mahls schwenke die Arme nach Wunsch.
Meister der Leibesgebärden im Spiel der Bühne zu schauen
Lieben wir: So viel hat diese Beweglichkeit Reiz.
Kleinigkeiten nur sind, dass sagen die Würfe der Knöchel
Könne das Mädchen, und was Würfel bedeuten im Spiel;
Die drei Zahlen bald werfe, bald schlau bedenke, auf welchen
Teil sie passend den Satz halte und welchen sie nenn';
Schlecht auch spiele mitnichten der Räuber bedächtige Schlachten,
Wann in dem Kampf ein Stein zweien der Feinde erliegt,
Und der Streiter den Krieg führt, ohne Gefährten betroffen,
Oft der Gegner zurück läuft den begonnenen Weg.
Auch in ein offenes Netz mag glatte Bälle man schütten,
Und der entnommene Ball darf sich bewegen allein.
Ferner ein Spiel durch saubere Schrift in Striche geordnet
Ebenso viel, als sind Monden im rollenden Jahr.
Je drei Steine enthält auf beiden Seiten ein Brettchen,
Wo aneinander zu reihn deine zum Sieger dich macht.
Sei auf tausend Scherze bedacht. Nicht scherzen zu können
Schadet; denn scherzend erwirbt Liebe ein Mädchen sich oft.
Aber gering ist die Mühe, geschickt zu benutzen die Würfe;
Größere macht es, der Herr seines Benehmens zu sein.
Während wir achtlos sind und gehen uns lassen im Eifer,
Und im Spiele die Brust offene Blöße sich gibt;
Schleicht sich ein hässliches Übel, der Zorn, ein und die Gewinnsucht,
Hader und Streit und Zank und der bekümmerte Schmerz,
Laut beschuldigt man sich, von Geschrei hallt wieder der Luftkreis,
Und ein jeglicher ruft Götter, die zürnen ihm, an.
Kein Vertrauen, wo nicht mit Gelübden man geht an die Tafel

Auch mit Tränen benetzt hab' ich oft Wangen gesehn.
Jupiter möge von euch fernhalten so schimpfliche Laster,
Wünscht ihr, dass irgendein Mann finde Gefallen an euch.
Diese Vergnügen nur hat die träge Natur euch gegeben;
Reicheren Stoffes erfreut sich zu vergnügen der Mann.
Der hat Reifen und Speer zum Spiel und die flüchtigen Bälle,
Waffen dazu und das Ross, welches er tummelt im Kreis.
Euch sieht nicht der Campus, euch nicht die kürende Jungfrau;
Nicht in der lieblichen Flut führt euch der Tuscische Strom.
Doch ist erlaubt es und gut, im Pompejischen Schatten zu wandeln,
Wann der Jungfrau Haupt glüht in dem Sonnengespann.
Nach dem Palatium geht, geweiht dem Apoll mit dem Lorbeer,
Der die Schiffe versenkt vom Parätonischen Strand.
Geht nach den Malen, gesetzt von Schwester und Gattin des Fürsten
Und von dem Eidam, im Kranz prangend des Siegers zur See.
In der Memphitischen Kuh von Weihrauch knisternde Tempel
Geht, und die drei weithin freien Theater besucht.
Schauet den Sand des Plans, rotfleckig von warmem Geblüte;
Schauet das Ziel, das muss glühend umfahren das Rad.
Unbekannt ist, was sich verbirgt, und niemand begehrt es;
Was nützt schöne Gestalt, wenn sie der Zeugen entbehrt.
Thamyras übertriff in der Kunst des Gesangs und Amöbeus;
Kennt man es nicht, wird stehn wenig in Gunsten dein Spiel.
Hätte nicht dargestellt wo Venus der Coer Apelles,
Läge die Göttin versenkt unter den Wellen des Meers.
Was erstreben, als Ruhm allein, die heiligen Dichter?
Dieses Verlangen beherrscht einzig all unser Bemühn.
Sorge der Fürsten vordem und der Könige waren die Dichter;
Hohe Belohnung zuteil wurde dem alten Gesang.
Heilige Würde besaß und verehrungswürdigen Namen

Sonst der Sänger, und reich flossen die Schätze ihm zu.
Ennius, aus dem Gebirge entstammt Kalabriens – würdig
Ist, Held Scipio, dir er an die Seite gestellt.
Jetzt ist der Efeukranz ruhmlos; und die wachende Sorge,
Die du den Musen geweiht, nennt man vergeudete Müh'.
Doch für den Ruhm zu wachen ist schön. Wer kennte Homerus,
Gäb's das unsterbliche Werk, gäb' es die Ilias nicht.
Danae kennte man nicht, wenn eingeschlossen sie immer
Und in dem Turme versteckt blieb in das Alter hinein.
Nützlich euch ist es, dafür, ihr reizenden Schönen, zu sorgen,
Dass ihr den schweifenden Fuß über die Schwelle oft setzt.
Dringt nicht ein in die Herde der Wolf, ein Schaf zu erbeuten?
Stößt auf der Vögel Schwarm nieder nicht Jupiters Aar?
So auch stelle zur Schau ein reizendes Weib sich der Menge;
Einer aus Tausenden doch wird zu erobern wohl sein.
Allerorten verweile das Weib, nur bestrebt zu gefallen;
Und ihr ganzes Bemühn sei zu erhöhen den Reiz.
Überall waltet das Glück. Wirf aus nur immer die Angel:
Wo du am wenigsten denkst, steckt in der Tiefe der Fisch.
Oftmals jagen umsonst auf den waldigen Bergen die Hunde;
Und wann keiner ihn hetzt, fällt in die Schlinge der Hirsch.
Weniger konnte wohl nichts die gebundne Andromeda hoffen,
Als dass einem nur je könnte gefallen ihr Schmerz.
Oft bei Bestattung des Mannes erwirbt man sich einen; gelösten
Haares zu gehn und im Blick Tränen, verleihet euch Reiz.
Meidet die Männer jedoch, die prangen mit Pflege und Schönheit,
Die ein geschniegeltes Haar öffentlich stellen zur Schau.
Was sie sagen zu euch, das haben gesagt sie zu tausend.
Bleibenden Sitz nicht hat Amor; er flattert umher.
Was soll machen das Weib, ist glatter der Mann als sie selber?

Dürfte da haben vielleicht mehrere Männer die Frau?
Glauben mir werdet ihr kaum; doch glaubt mir: Noch stände auch Troja,
Kam es den Weisungen nach, die ihm sein Priamus gab.
Manche schwärmen umher mit erlogenem Scheine der Liebe,
Suchen auf solchem Weg schändlicher Weise Gewinn.
Weder euch täusche das Haar, hell glänzend von triefender Narde,
Noch der verengernde Gurt, straff auf die Falten gedrückt;
Noch betrüg' euch die Toga vom feinsten Gespinste; auch das nicht,
Wenn an den Fingern sich zeigt ein und der andere Ring.
Jener von ihnen vielleicht, der als der geschmückteste auftritt,
Ist ein Dieb; und dein Kleid ist es, für welches er brennt.
Gib mir das Meine zurück! schrein oft die bestohlenen Mädchen;
Gib mir das Meine zurück! hallt auf dem Platze es weit.
Diesem Gezänk siehst du aus dem goldenstrahlenden Tempel
Ruhig, o Venus, sehn Appius' Göttinnen zu.
Einige Namen auch gibt's unzweifelhaft bösen Geruches,
Die sich bei vielen gemacht schuldig getäuschten Vertrauns.
Lernet von anderer Leid Furcht haben vor eigenen Klagen,
Dass dem betrüblichen Mann nicht sich erschließe die Tür.
Hütet euch, Cecropiden, zu glauben dem schwörenden Theseus.
Götter, bei welchen er schwört, hat er betrogen auch sonst.
Auch Demophoon, dir, dem Erben von Theseus' Verbrechen,
Schenkt man Glauben nicht mehr, da du die Phyllis getäuscht.
Wenn sie tüchtig versprechen, versprecht ihr ebenso wortreich;
Geben sie, gebt auch ihr dann den bedungnen Genuss.
Die kann weg aus dem Tempel die Heiligtümer der Isis
Rauben, auf Vestas Herd löschen die ewige Glut,
Wolfswurf geben dem Mann, gemischt mit geriebenem Schierling,
Die nach empfangenem Lohn weigert den Liebesgenuss.

Näher zu halten gedenk' ich dem Ziel; straff halte die Zügel,
Muse, und lass dich nicht schleudern vom jagenden Rad.
Würde versucht die Furth mit Worten auf tännenen Brettchen,
Nähme die Dienerin schlau an den gesendeten Brief;
Siehe hinein und entnimm aus den Worten selber, ob ernstlich,
Was du liesest, gemeint, oder geheuchelt nur sei.
Schreib' ihm wieder nach kurzem Verzug; stets reizet das Zaudern
Liebende, wenn der Verzug kürzere Dauer nur hat.
Weder zu leicht versprich dich jedoch dem bittenden Jüngling,
Noch auch schlage ihm ab gänzlich, wonach er verlangt.
Lass ihn fürchten und hoffen zugleich; und sooft du zurückschreibst,
Werde die Hoffnung für ihn fester, geringer die Furcht.
Artige Worte, doch nur alltäglichem Kreise entnommen,
Schreibt, ihr Mädchen; es nimmt ein der gebräuchliche Stil.
Oft war, über die Schrift in Zweifel, erzürnt der Bewerber,
War der barbarische Mund schädlich der schönen Gestalt.
Doch weil, ob es euch auch gebricht an der Ehre der Binde,
Doch zu täuschen bedacht euere Männer ihr seid;
Bringe geschickt den Brief der Magd Hand oder des Burschen,
Und vertrauet nicht an Neulingen euere Gunst.
O wie manche schon hab' ich von solchem Schrecken erbleichen,
Ewige Sklaverei leiden die Arme gesehn!
Treulos zwar ist der, der aufhebt solche Beweise;
Aber des Ätna Blitz führt er in Händen darin.
Meines Bedünkens ist Täuschung erlaubt, um wieder zu täuschen.
Gegen Bewaffnete ist Waffen zu nehmen gerecht.
Vielerlei Zeichen zu ziehn gewöhne dieselbige Hand sich.
Wehe den Männern, für die Solcherlei raten ich muss!
Auch nicht ohne zu löschen das Wachs mögt wieder ihr schreiben,
Dass der Hände nicht zwei habe das nämliche Blatt.

Frau von der Schreiberin auch werd' immer genannt der Geliebte;
Der ein Er ist, Sie heiß' er in euerer Schrift.
Doch von Geringerem will den Geist ich auf Höheres richten
Und zu strotzendem Bauch spannen die Segel gesamt.
Schöner Gestalt steht's an, das wütende Wesen zu zähmen.
Ruhiger Friede geziemt Menschen, dem Tiere der Zorn.
Aufschwellt Zorn das Gesicht, schwarz werden vom Blute die Adern;
Grässlicher funkelt der Blick als die Gorgonische Glut.
Weg von mir, weit weg! So viel nicht giltst du mir, Pfeife,
Sprach, als ihr Gesicht Pallas erblickte im Strom.
Auch wenn ihr inmitten des Zorns in den Spiegel hineinschaut,
Wird kaum leidlich darin eine erkennen ihr Bild.
Auch schwell' euere Miene euch nicht von verdammlichem Hochmut;
Mit sanftmütigem Blick weckt man der Liebe Gefühl.
Glaubt dem Erfahrenen es, wir hassen unmäßigen Dünkel;
Samen des Hasses enthält öfters ein schweigend Gesicht.
Sieh den an, der dich ansieht; dem Lächelnden lächle
Sanft zu; wenn du empfängst Winke, erwidere sie.
Hat so vor er gespielt, dann wirft die Rapiere der Knabe
Weg; aus dem Köcher hervor holt er das scharfe Geschoss.
Traurige hassen wir auch. Mag Ajax lieben Tecmessa;
Uns, ein fröhliches Volk, fesselt ein fröhliches Weib.
Niemals würd' ich Tecmessa noch dich, Andromache, bitten,
Dass die eine von euch wäre die Freundin von mir.
Glauben kann ich es kaum, obgleich die Geburt es beweiset,
Dass gelegen ihr seid eueren Männern im Arm.
Nun, es sagte das Weib voll Trauer zu Ajax: Mein Leben,
Und was andres noch sonst pflegt zu erfreuen den Mann.

Warum sollten wir nicht Beispiele von Großem für Kleines
Nehmen und raten zu tun, was für den Führer sich schickt?
Diesem hat den Befehl von hundert ein tüchtiger Führer,
Diesem die Reiter, die Hut jenem der Fahnen vertraut.
Ihr auch sehet darauf, zu welchem Gebrauche sich jeder
Eignet von uns, und stellt jeden, wohin er gehört.
Schenkungen mache der Reiche, der Rechtsbeflissene helfe;
Und der Klientin Prozess führe des Redners Talent.
Die Gedichte wir machen, uns lasst nur schicken Gedichte;
Wir vor anderen sind Leute, zu lieben geschickt.
Wir verbreiten umher das Lob der geselligen Schönheit.
Nemesis' Name ist weit, Cynthias Name berühmt.
Abend- und Morgenland, sie kennen den Namen Lycoris;
Und gern wüsste man, wer meine Corinna wohl sei.
Wisset, auch Hinterlist ist fremd den heiligen Sängern;
Wisst, dass unsere Kunst adelt auch unser Gemüt.
Weder der Ehrgeiz reizt, noch Sucht zu haben uns Dichter;
Wir verachten den Markt, schätzen nur Schatten und Bett.
Aber wir hängen gar leicht und entbrennen in heftiger Wallung,
Bleiben nur allzu fest unserer Liebe getreu.
Denn von der friedlichen Kunst wird milder und sanfter das Herz auch,
Und dem Berufe gemäß bilden die Sitten sich aus.
Gegen die Sänger beweist willfährig euch; ihnen ja wohnet
Gottheit innen und sind die Pieriden geneigt.
Gottheit wohnet in uns, mit dem Himmel haben wir Umgang;
Zuweht dieser Geist uns aus ätherischem Raum.
Von den gebildeten Dichtern ist Lohn zu hoffen Verbrechen.
Doch wo scheute sich wohl dieses Verbrechens ein Weib?
Lasst's nicht merken jedoch; tragt nicht an der Stirne die Raubsucht.

Sehn sie das Netz, so stehn neue Bewerber zurück.
Wie der Lenker das Ross, das jüngst den Zügel gefühlt erst,
Nicht mit gleichem Gebiss wie das geschulte regiert;
So nicht geht man den nämlichen Weg, die blühende Jugend
Wie durch der Jahre Gewicht festere Herzen zu fahn.
Hier der Neuling, zuerst in Amors Lager bekannt jetzt,
Welcher, ein frischer Fang, deinem Gemache genaht,
Kenne nur dich allein, sei stets dir einzig ergeben.
Hohes Gehege zu ziehn hat man um solcherlei Saat.
Flieh' die Rivalin; du siegst, solange allein du ihn fesselst.
Nicht mit Genossen ja teilt Herrschaft und Liebe sich gut.
Dort der alte Soldat wird zögernd und weise nur lieben,
Vieles ertragen auch, was nimmer der Neuling erträgt;
Wird nicht Türen erbrechen, noch brennen in wütenden Flammen,
Noch die Gebieterin auch kratzen ins zarte Gesicht;
Noch sein eignes Gewand, noch das der Geliebten zerreißen,
Noch durch Entraufen des Haars Quelle der Tränen ihr sein.
Knaben geziemt solch Tun, die glühen von Jugend und Liebe;
Dieser jedoch erträgt grausame Wunden gefasst.
Nur in schmauchendem Qualm brennt dieser, wie wässrige Fackeln,
Wie auf bergigen Höhn eben geschlagenes Holz.
Sicherer ist dies Lieben; nur kurz, doch ergiebiger jenes.
Pflücket die flüchtige Frucht, pflückt sie mit eiliger Hand.
Alles liefer' ich aus, dem Feind aufschloss ich die Tore;
Im treulosen Verrat liege des Wortes Gewähr.
Was zu leicht man gewährt, nährt schlecht nachhaltige Liebe;
Mischen mit frohem Genuss müsst ihr bisweilen den Korb.
Lasst vor der Tür ihn liegen und schrein: O grausame Türe,
Bald mit Bitten ihn sich, bald sich vernehmen mit Drohn.
Süßes vertragen wir nicht; neu stärke ein bitterer Saft uns.

Oft geht unter ein Kahn, wehet zu günstig der Wind.
Dieses der Grund, der nicht lässt lieben die eigenen Weiber:
Weil es den Männern erlaubt, wann sie nur wollen, zu nahn.
Schließe die Tür', und es sage dir barsch der Hüter: Du kannst nicht;
Wird, bist aus du gesperrt, fassen die Liebe auch dich.
Legt die stumpfen Schwerter nun weg und kämpfet mit scharfen.
Meine Waffen gekehrt seh' ich wohl gegen mich selbst?
Während, gefangen erst jüngst, eingeht in die Schlinge der Freier,
Lass ihn hoffen, allein werd' er besitzen dein Bett.
Bald mag Nebenbuhler und Teilung des Bettes er merken.
Ohne Gebrauch der Kunst gehet die Liebe zu Grab.
Gut dann läuft ein mutiges Ross nach eröffneter Schranke,
Reizen es andere an neben und vor ihm zum Lauf.
Selber erloschene Glut weckt wieder erlittene Kränkung.
Ja, ich kann, ich gesteh's, lieben nur, bin ich gekränkt.
Aber die Ursach sei nicht allzu deutlich des Schmerzes;
Mehr, vermut' er besorgt, sei es, als wirklich er weiß.
Auch die mürrische Hut reiz' eines erdichteten Sklaven
Ihn und die lästige Sorg' eines zu harten Gemahls.
Minder erfreuet Genuss, der ohne Gefahr uns zu Teil wird;
Seist du wie Thais frei, heuchle Besorgnisse doch.
Lass durchs Fenster ihn ein, ging' auch durch die Türe es besser;
Und in deinem Gesicht lese er Zeichen der Furcht.
Listig gesprungen auch komme die Magd und rufe: Verloren!
Bergen den Zitternden dann musst du, wo immer du kannst.
Doch ist auch sorgloser Genuss mit der Furcht zu verbinden,
Dass er für wertlos nicht halte die Nächte bei dir.
Wie den verschlagenen Mann, nicht minder den wachsamen Hüter
Haben zum Besten man kann, wollte berühren ich nicht.
Fürcht', o Gattin, den Mann und lass dir die Wache gefallen.

Dieses geziemt, dies will Ehre und Recht und Gesetz.
Dass man auch dich bewacht, die eben der Stab erst erlöst hat,
Wer ertrüg' es? So lass weihen zum Trug dich von mir.
Mögen auch Augen so viel dich bewachen, als Argus besessen,
Wirst du sie hintergehn, wenn du den Willen nur hast.
Wird im Wege etwa der Hüter dir stehen zu schreiben,
Da man die nötige Zeit Wasser zu nehmen dir gönnt?
Da Botschaften im Brief kann eine Vertraute doch tragen,
Die an der warmen Brust unter der Binde ihn birgt?
Da sie doch kann das Papier, an der Wade befestigt, verbergen,
Unter gebundenem Fuß tragen die Worte der Gunst?
Sähe der Hüter das vor, so reich' als Papier die Vertraute
Dar den Rücken; die Schrift trage ihr eigener Leib.
Sicher auch sind und entgehen dem Blick Buchstaben mit frischer
Milch; tu Kohlenstaub drüber, so liest du sie leicht.
Auch ein Briefchen, gemacht mit der Spitze des saftigen Leines,
Täuschet und bringt, ganz rein, eine verborgene Schrift.
Wohl dem Acrisius lag's am Herzen, zu hüten die Tochter;
Zum Großvater ihn doch machte des Mädchens Vergehn.
Was soll machen der Hüter, da sind so viele Theater?
Da die Gebieterin schaut Rossegespanne so gern?
Da den Klappern der Pharischen Kuh ergeben sie dasitzt,
Gehet, wohin zu gehn ihren Begleitern verwehrt?
Da von den Tempeln verbannt die Gütige Göttin der Männer
Augen, nur derer nicht, die sie zu kommen bestellt?
Da die Menge der Bäder verbirgt verstohlene Männer,
Während des Mädchens Gewand draußen der Hüter bewacht?
Da, sooft sie es braucht, betrüglich die Freundin erkranket
Und, so krank sie auch ist, ein doch das Lager ihr räumt?
Da Nachschlüssel uns auch, was tun wir sollen, belehren?

Auch nicht einzig die Tür Wege zum Kommen erschließt?
Auch mit reichlichem Weine betrügt man die Sorge des Hüters;
Und es sei das Gewächs selbst von Hispanischem Berg.
Ärztliche Mittel auch gibt's, in tiefen Schlaf zu versenken
Und zu begraben das Aug' unter Lethäische Nacht.
Gut auch, wenn den verhassten zurück mit bedächtigem Schäker
Hält die Vertraute und ihm zögernd sich selber ergibt.
Aber wozu Umschweife, wozu so kleinliche Lehren,
Da mit dem kleinsten Geschenk man ja den Hüter erkauft?
Menschen und Götter – du kannst es mir glauben – gewinnen Geschenke.
Bringst du ihm Gaben, so wird Jupiter selber versöhnt.
Was soll tun der Tor? Den Weisen auch freuen Geschenke;
Selber der Mann ist stumm, wenn er Geschenke empfängt.
Doch ist einmal nur zu erkaufen der Hüter auf lange;
Hat einmal er gereicht, reicht er auch öfter die Hand.
Klage führt' ich einmal, man habe die Freunde zu fürchten.
Diese Klage berührt nicht nur die Männer allein.
Trauest den Freundinnen du, so werden für dich sie genießen;
Und auf wirst du das Wild haben für andre gejagt.
Die auch, welche das Bett mit Eifer gewährt und die Kammer,
Ist nicht einmal nur, glaub' es, gelegen bei mir.
Lasst auch bedienen euch nicht von allzu reizenden Mägden.
Oft die Stelle bei mir nahmen der Herrin sie ein.
Wohin reißt's Unsinnigen mich? Was biet' ich dem Feinde
Offen die Brust und bin selbst ein Verräter an mir?
Nicht dem Vogler ja zeigt das Vöglein, wo er es fahe;
Nicht dem feindlichen Hund lehret zu laufen der Hirsch.
Sei's um den Nutzen geschehn: Das Beginnen vollend' ich getreulich;

Lemnos' Weibern das Schwert geb' ich zu meinem Verderb.
Macht – und es ist nicht schwer – macht, dass wir glauben geliebt uns.
Leicht zu dem Wunsche gesellt Glaube bei Liebenden sich.
Liebevoll blicke das Weib auf den Jüngling und frage, aus tiefster
Brust aufseufzend: Warum, Lieber, denn kommst du so spät?
Tränen auch spare sie nicht und erheuchelten Schmerz ob der Kebsfrau;
Und mit den Fingern erbost kratze sie ihn ins Gesicht.
Alsbald überzeugt, wird selbst Mitleiden er haben,
Sagen bei sich: Der nagt Kummer am Herzen um mich.
Wenn er geschniegelt zumal sein sollt' und dem Spiegel gefiele,
Glaubt er, es könnten in ihn Göttinnen werben verliebt.
Wenn von der Kebsfrau Kunde dir wird, so verliere den Kopf nicht.
Kränkung, wer du auch seist, fechte nur mäßig dich an.
Glaube zu schnell auch nicht. Wie sehr schnell glauben verderblich,
Warnendes Beispiel des lasset die Procris euch sein.
Nahe den purpurnen Höhn des blütenreichen Hymettus
Ist ein heiliger Quell, schwellender Rasen umher.
Waldung macht nicht hohes Gehölz; Gras schützet der Hagbaum;
Lorbeer, Rosmarin duften und Myrten vereint.
Nicht dichtblätt'riger Bux, Tamarisken gebrechlichen Holzes,
Schmächtiger Schneckenklee fehlt und der Pinie Zier.
Von mild wehenden Westen bewegt und erquicklichem Luftzug,
Zittern die Zweige gesamt, zittern die Halme gesamt:
Cephalus liebliche Ruh'. Die Diener und Hunde entlassend,
Setzte ermüdet allhier nieder der Jüngling sich oft;
Pflegte zu singen: O komm, dass meine Gluten du linderst,
Komm, o säuselnde Luft, dring' in den Busen mir ein.
Zutrug übel geschäftig dem Ohr der fürchtenden Gattin

Einer getreulichen Munds, was er für Töne gehört.
Procris, hörend von Luft, als wäre es eine Geliebte,
Schwanden die Sinne; und stumm war sie vor plötzlichem Schmerz.
Bleich ward sie, wie, wann von der Rebe gelesen die Traube,
Späte Belaubung erbleicht, welche die Kälte verletzt;
Wie die Quitte, die reif die Äste durch Schwere herabzieht;
Wie die Cornelle, noch nicht recht zum Genusse geschickt.
Als die Besinnung ihr kehrt, da reißt sie die dünnen Gewänder
Ab von der Brust und zerkratzt wild das unschuld'ge Gesicht.
Wütend mit fliegendem Haar, gleich einer vom Thyrsus gejagten
Bacchin, hinaus alsbald stürzt sie die Straßen entlang.
Wie in die Nähe sie kommt, lässt ihre Begleitung im Tal sie;
Selber mit lauschendem Schritt geht sie voll Mut in den Hain.
Was doch dachtest du, da so unklug du dich verstecktest,
Procris? Und was für Glut brannt' im betäubten Gemüt?
Kommen nun, glaubtest du, werde die Luft, wer immer sie wäre;
Und du müsstest die Schmach eigenen Auges nun sehn.
Jetzt bereust du dein Kommen – du möchtest nicht sie betreffen –;
Jetzt ist's lieb dir: Es kämpft Zweifel und Lieb' in der Brust.
Was sie zu glauben bewegt, ist Ort und Erzähler und Name,
Und dass immer das Herz, was es befürchtet, auch glaubt.
Wie sie niedergedrückt das Gras sieht, Spuren von Körper,
Schlägt das klopfende Herz hoch in der zitternden Brust.
Jetzt schon hatte verkürzt die dünnen Schatten der Mittag;
Gleichweit waren im Raum Morgen und Abend entfernt.
Sieh, aus dem Wald kehrt Cephalus jetzt, des Cylleniers Sprössling;
Und mit dem Wasser des Quells sprengt er das heiße Gesicht.
Procris lauert voll Angst; er wirft sich, wie sonst, auf den Rasen.
Komm, du lieblicher West, ruft er, und Luft du herbei.

Wie sich der Armen ergibt des Namens erfreulicher Irrtum,
Kehrt die natürliche Farb' ihr und Besinnung zurück.
Aufsteht, um an die Brust des Mannes zu eilen, die Gattin;
Und vorstrebend bewegt hemmende Zweige ihr Arm.
Wähnend, es habe gerauscht ein Wild, greift jugendlich hitzig
Er nach dem Bogen und hält rasch in der Rechten den Pfeil.
Was, Unglücklicher, tust du? Ein Wild nicht ist es; den Pfeil weg!
Wehe, es ist durchbohrt von dem Geschosse dein Weib.
Wehe mir, ruft sie, du hast durchbohrt den Busen der Freundin.
Diese Stelle, sie hat Wunden von Cephalus stets.
Vor der Zeit, doch nicht gekränkt von der Buhlerin, sterb' ich.
Dies wird, lieg' ich im Grab, machen die Erde mir leicht.
In die als Name verdächtige Luft entströmet der Atem.
Drücke mit liebender Hand zu mir die Augen im Tod.
Cephalus wäscht mit Tränen die grausame Wunde der Gattin,
An der trauernden Brust haltend den sterbenden Leib.
Und aus der unvorsichtigen Brust allmählig entströmend,
Wird von des armen Manns Munde gefangen der Geist.
Aber erneun wir das Werk! Ohn' Umweg müssen wir fahren,
Dass der ermüdete Kiel endlich den Hafen erreicht.
Freilich, du wartest gewiss, bis auch zu Gast ich dich führe,
Suchest für diesen Punkt meine Belehrung auch noch.
Komme denn spät, und bei Licht tritt ein mit geziemendem Anstand.
Zögerst du, kommst du erwünscht. Zögerung kuppelt zumeist.
Solltest du hässlich auch sein, wirst allen doch schön du erscheinen;
Deinen Gebrechen auch wird dienen zum Schleier die Nacht.
Nimm mit den Fingern die Speisen; es liegt auch etwas im Essen.
Nicht mit schmieriger Hand salbe das ganze Gesicht.
Iss auch daheim nicht erst, und hör' auf, ehe du völlig

Satt bist; iss etwas weniger, als du vermagst.
Sähe des Priamus Sohn mit Gier die Helena essen,
Hasste er sie. Mich reut, würde er sprechen, mein Raub.
Passender ist und schickt sich wohl mehr für Mädchen zu trinken.
Mit Cupido verträgst, Bacchus, nicht übel du dich.
Dies auch, soweit der Kopf es verträgt, und Besinnung und Füße
Stand dir halten und nicht Einfaches doppelt du siehst.
Hässlich ein Weib, das liegt, von vielem Weine betrunken.
Beischlaf jeglicher Art ist zu erleiden sie wert.
Auch dem Schlaf zu erliegen bei Tisch ist ohne Gefahr nicht;
Vieles geschieht im Schlaf, dessen man schämen sich muss.
Weiteres schäme zu lehren ich mich; die holde Dione
Spricht: Nur mein Werk ist, das man zu lehren sich schämt.
Jegliche kenne sich selbst; von dem Körper die passende Lage
Nehme sie ab. Nicht ziemt allen die nämliche Art.
Deren Gesicht mit Reizen begabt, die lieg' auf dem Rücken;
Der ihr Rücken gefällt, lass' auf dem Rücken sich sehn.
Trug Atalantens Schenkel Milanion nicht auf den Schultern?
Sind sie gut, so sind so sie zu nehmen gar wohl.
Rittlings sitze die Kleine. Es setzte die Gattin aus Theben,
Weil sie so gar lang war, nie sich auf Hector als Pferd.
Kniend drücke das Lager, zurück den Nacken gebogen,
Die langseitig gebaut fällt in die Augen dem Mann.
Sind die Schenkel voll Kraft, auch frei von Tadel die Brüste;
Stehe der Mann, und sie selbst liege der Quer auf dem Pfühl.
Halte für hässlich auch nicht, das Haar wie die Mutter aus Phyllus
Loszubinden, und so beuge den Nacken zurück.
Du auch, welcher den Schoß mit Runzeln Lucina gezeichnet,
Reite, wie Parther es tun, fliehen sie, rücklings das Pferd.
Viel gibt's Arten der Lust; die leichteste und die bequemste,

Wann halb rücklings gelehnt rechts auf der Seite sie liegt.
Phöbus' Dreifuß wird und der Hörner tragende Ammon
Wahreres, als mein Werk, nimmer verkündigen euch.
Ist zu glauben der Kunst, geübt in langem Gebrauche,
Glaubt, und es wird mein Lied täuschen nicht euer Vertraun.
Tief durchbebe das Weib im innersten Marke die Wollust,
Und es erfreue den Mann gleiches Entzücken mit ihr.
Süßes Geflüster auch höre nicht auf und zärtliche Laute;
Geiles Gerede auch nicht schweige inmitten der Lust.
Du auch, der die Natur den Sinn für die Liebe versagt hat,
Gib mit täuschendem Laut süße Gefühle doch kund.
Unglückseliges Weib, dem *der* Ort ohne Gefühl ist,
Wo der Mann und das Weib sollen genießen zugleich.
Nur nimm wohl dich in Acht, die Verstellung merken zu lassen;
Glaubhaft mache die Lust durch die Bewegung, den Blick.
Dass es dich kitzle, beweise der Laut und der Atem des Mundes,
Heimliche Zeichen noch sonst, die ich verschweige aus Scham.
Die nach dem Liebesgenuss um Lohn den Liebenden angeht,
Wird sich bescheiden von selbst, dass man die Bitte versagt.
Lass in das Zimmer auch nicht aus dem ganzen Fenster das Licht ein;
Besser verborgen dann bleibt vieles an euerem Leib.
Jetzt ist zu Ende das Spiel; Zeit ist's, von den Schwänen zu steigen,
Welche an ihrem Hals haben gezogen mein Joch.
Wie ihr Männer vordem, so schreibt, mein Völkchen, ihr Mädchen,
Jetzt auf die Beute: Es war Naso der Lehrer der Kunst.

Heilmittel gegen die Liebe
(Remedia amoris)

Titel und Namen des Buchs hier hatte gelesen Cupido:
Krieg wird, sprach er, ich seh's, Krieg mir bereitet von dir.
Klage Verbrechens nicht an mich, deinen Sänger, o Amor,
Der, dir folgend, so oft trug das gereichte Panier.
Nicht bin ich der Tydide, der deine Mutter verwundet,
Dass sie zum Himmel zurückkehrt' im Gespanne des Mars.
Oft sind andere Jünglinge lau; ich habe geliebt stets;
Und wenn, was ich auch jetzt tue, du fragest, ich lieb'.
Ja, ich hab' auch gelehrt, wie dich gewinnen man könne;
Und was Trieb nur vorher war, ist geregelte Kunst.
Dich, mein Knabe, verrate ich nicht, nicht unsere Künste;
Und kein neues Gedicht hebt das vorherige auf.
Liebt jemand, die glücklich ihn macht, so mag er des Glückes
Immer der Liebe sich freun, fahren mit günstigem Wind.
Doch wenn einen das Joch drückt einer unwürdigen Schönen,
Find' er vom Untergang Rettung durch unsere Kunst.
Warum hing, in die Schlinge den Hals geknotet, schon mancher
Liebende hoch am Gebälk, eine gar traurige Last?
Warum bohrte ins Herz den harten Stahl sich so mancher?
Hass ob blutigen Mords trifft dich, der Frieden du liebst.
Wer, wenn ab er nicht steht, in heftiger Liebe dahinstirbt,
Stehe denn ab; und du wirst keinem mehr bringen den Tod.
Knabe bist du und sollst nichts tun als spielen: So spiele;
Deinen Jahren ja steht zärtliches Walten nur an.
Nackender Pfeile wohl konntest du dich zum Kriege bedienen,
Fremd ist tödliches Blut deinen Geschossen jedoch.
Dein Stiefvater, der streite mit Schwert und spitziger Lanze,
Ziehe als Sieger daher, blutig durch häufigen Mord.
Du betreibe die uns unschädlichen Künste der Mutter,
Welche verschulden es nicht, Mütter zu machen verwaist.

Lass in nächtlichem Streit zerbrochen werden das Haustor
Und bedecken zum Schmuck Kränze in Fülle die Tür.
Heimlich zusammengehn lass Bursche und schüchterne Mädchen
Und auf jegliche Art täuschen den wachsamen Mann.
Zärtliches sage der Liebende bald, bald Schmähung der harten
Türe, und ausgesperrt sing' er ein klagendes Lied.
Tränen befriedigen dich; du verlangst nicht Todesverschuldung;
Deine Fackel ist nicht gierigen Scheitern bestimmt.
So ich. Amor bewegt, der goldne, die funkelnden Flügel,
Sprechend: Vollführe das Werk, welches du vor dir gesetzt.
Kommet zu meinen Lehren herbei, ihr betrogenen Männer,
Die in der Liebe sich nur überall fanden getäuscht.
Lernt, wie ihr gesundet, durch den ihr lieben gelernt habt;
Wunde und Heilung euch wird bringen die nämliche Hand.
Heilsame Kräuter hervor und schädliche bringet dasselbe
Land, und der Nessel zunächst blühet die Rose gar oft.
Hat die Pelische Lanze nicht einst des Herkules Sprössling,
Den sie verwundet als Feind, wieder verwundend geheilt?
Doch was alles den Männern gesagt wird, glaubet, ihr Mädchen,
Euch auch gesagt; die Wehr reichen wir beiden Partei'n.
Und wenn etwas davon nicht passt zu eurem Gebrauche,
Kann es als Beispiel doch dienen zur Lehre für euch.
Heilsamer Vorsatz ist's, die tobenden Flammen zu löschen,
Nicht zu lassen die Brust ihrem Gebrechen zum Raub.
Hatte sie mich zum Lehrer, so blieb am Leben noch Phyllis;
Den neunmaligen Weg hätte sie öfter gemacht.
Dido auch hätt' auf der Zinne der Burg nicht sterbend gesehen,
Dass des Dardanischen Volks Segel sich blähten im Wind.
Gegen ihr Fleisch nicht hätte der Schmerz auch bewaffnet die Mutter,

Die mit gemeinsamen Bluts Mord an dem Mann sich gerächt.
Tereus hätte, so sehr ihm gefiel Philomela, mit meiner
Kunst durch Untat nicht Vogel zu werden verdient.
Gib Pasiphae mir, nicht mehr soll lieben den Stier sie;
Gib mir Phädra, vergehn soll ihr die schimpfliche Glut.
Stelle mir Paris; es soll Menelaus Helena haben,
Und nicht Troja besiegt fallen von Danaerhand.
Hätte gelesen mein Buch die gottvergessene Scylla,
Blieb an Nisus' Haupt haften das purpurne Haar.
Wie ich lehre, bezähmt den verderblichen Kummer, ihr Menschen;
Steuert nach meinem Rat mit der Bemannung das Schiff.
Naso musstet ihr lesen zurzeit, als lieben ihr lerntet;
Lesen des Naso Buch werdet ihr müssen auch jetzt.
Aufstehn will ich als Retter, befrein von Tyrannen die Herzen.
Seiner Erlösung mag jeglicher förderlich sein.
Dich anfleh' ich, beginnend, es sei uns günstig dein Lorbeer,
O Erfinder des Lieds, Phöbus, und ärztlicher Kunst.
Komme zum Beistand du dem Sänger zugleich und dem Arzte;
Deiner Beschirmung ist beiderlei Sorge vertraut.
Weil du noch kannst und die Brust nur mäßige Regungen rühren,
Hemme, im Fall es dich reut, noch auf der Schwelle den Schritt.
Unterdrücke noch neu die verderblichen Keime der Krankheit;
Und im Beginne des Laufs sträube zu gehn sich dein Ross.
Stärke verleiht die Zeit; gar kocht sie die schwellenden Trauben;
Und was Halm erst war, macht sie zu mächtiger Saat.
Auch der Baum, der Schatten gewährt den Wandelnden weithin,
War ein Rütchen zurzeit, wo man zuerst ihn gepflanzt.
Damals konnt' aus dem Boden man ihn ausreißen mit Händen;
Jetzt steht da er, an Kraft mächtig zum Riesen erstarkt.
Forsche mit schnellem Geist, wie, die du liebest, geartet;

Und dem Joche, das Druck drohet, entziehe den Hals.
Widersteh' im Beginn. Zu spät bereitet man Mittel,
Wann das Übel erst stark wurde durch langen Verzug.
Eile und schiebe die Kur nicht auf für künftige Zeiten.
Wer nicht heute geschickt, morgen noch minder es ist.
Jegliche Liebe betrügt und findet im Zaudern nur Nahrung.
Drum je eher du dich rettest, je besser geschieht's.
Wenige Flüsse auch siehst du, aus großen Quellen entsprungen;
Wässer empfangend im Lauf werden die meisten erst groß.
Hättest sogleich du gemerkt, wie schwer du sündigen wolltest,
Wäre dein Antlitz nicht, Myrrha, mit Rinde bedeckt.
Wunden wohl hab' ich gesehn, die heilbar waren im Anfang,
Aber versäumt, des Verzugs traurige Folgen gebracht.
Aber dieweil es so süß, die Frucht zu pflücken der Venus,
Sagen wir immerfort: Morgen auch ist es noch Zeit.
Einschleicht still sich indes in die Eingeweide die Flamme,
Und die Wurzeln nur treibt tiefer der schädliche Baum.
Lässt man gehen die Zeit der ersten Hülfe verloren,
Sitzt die Liebe schon alt in der eroberten Brust;
Dann braucht's größerer Müh'. Doch darf, weil später zum Kranken
Man mich rufet, ich nicht darum ihn lassen im Stich.
Jenen Teil, wo schadhaft er war, der Päantische Heros,
Hätt' ausschneiden gesollt er mit entschlossener Hand.
Nach dem Verlaufe jedoch von vielen Jahren geheilet,
Soll er die letzte Hand haben gelegt an den Krieg.
Der ich so eben geeilt im Entstehn zu verscheuchen die Krankheit,
Spätere Hülfe dir jetzt bring' ich mit langsamer Hand.
Frisch entweder den Brand bemühe dich, kannst du, zu löschen;
Oder wann er gesetzt schon sich durch eigene Kraft.
Ist im Wachsen die Glut, so gib der wachsenden Glut nach;

Beizukommen ist schwer jedem natürlichen Trieb.
Töricht wäre ein Schwimmer, der, wann er schräg sich hinabziehn
Könnte, sich gegen den Strom mühte zu nehmen den Weg.
Ein unduldsam Gemüt, das unzugänglich der Kunst noch,
Weiset zurück und verfolgt Worte der Mahnung mit Hass.
Besser verschreit' ich zur Kur dann, wann es die Wunde berühren
Lässt und der Wahrheit Wort offen sich zeigt und geneigt.
Wer verböt' es der Mutter, am Grab zu weinen des Kindes?
Wer bei Verstand? Nicht das ist sie zu mahnen der Ort.
Wann sie Tränen gezollt und befriedigt das kranke Gemüt hat,
Dann wird passend es sein, Worte zu sagen zum Trost.
Kunst der Zeit meist ist die Arznei. Rechtzeitig gegeben,
Nützt, zur Unzeit ist schädlich des Weines Genuss.
Ja, entflammen nur würd' ein Verbot und verschlimmern den Schaden,
Wenn du verschrittest zur Kur nicht zur gehörigen Zeit.
Also wann für unsere Kunst du heilbar erscheinest,
Fliehe nach meinem Rat müßige Weile zuerst.
Diese erregt die Liebe und nährt sie, wie sie erregt sie;
Quelle des süßen Wehs ist sie und Speise zugleich.
Ohne den Müßiggang sind kraftlos Amors Geschosse;
Und die Fackel, sie liegt tot und verachtet nur da.
Wie die Platane des Weins und wie die Pappel des Wassers,
Wie das Rohricht des Sumpfs schlammigen Bodens sich freut;
So liebt Venus die Muße. Und suchst du das Ende der Liebe,
Sei – sie fliehet die Tat – tätig, so bist du geschützt.
Trägheit und unmäßiger Schlaf bei keinerlei Störung,
Würfelspiel und der Kopf wirbelnd von reichlichem Wein,
Jeglichen Nerv entreißen dem Geist sie ohne Verwundung;
Unversehens da schleicht Amor, der Laurer, sich ein.

Unbeschäftigten folgt der Knabe, die Tätigen hasst er;
Fesselnde Arbeit gib darum dem müßigen Geist.
Forum gibt's und Gesetze; es gibt zu beschützen auch Freunde;
Schreite das glänzende Feld städtischer Toga hindurch.
Unterziehe dem männlichen Dienst dich des blutigen Mavors:
Bald wird Weichlichkeit kehren den Rücken dir zu.
Siehe, der flüchtige Parther, ein Stoff zu neuem Triumphe,
Sieht schon Cäsars Macht stehen auf seinem Gebiet.
Amors Pfeile zugleich mit den Pfeilen der Parther besiege;
Und der Trophäen zwei bringe den Göttern du heim.
Wie einmal von dem Spieß des Ätoliers Venus verletzt ist,
Trägt zu führen den Krieg ihrem Verehrer sie auf.
Fragt ihr, wodurch Ägisth zum Ehebrecher geworden;
Antwort, weil Ägisth ohne Beschäftigung war.
Andere führen den Kampf vor Troja mit langsamen Waffen;
Übergeführt all Volk hatte das Griechische Land.
Wollt' er dem Kriege sich widmen, es fehlte am Kriege in Argos;
Oder dem Markt, leer war Argos von Streit und Prozess.
Was er konnte, das tat er: Er liebte, um etwas zu tun doch.
So denn kommt und bleibt jener bekannte Gesell.
Auch das Land erfreuet das Herz und die Lust es zu bauen;
Andere Sorgen zumal weichen vor dieser zurück.
Unter die Last lass beugen den Hals die gebändigten Stiere,
Dass das harte Geländ' öffne der hakige Pflug.
In das gelockerte Land einsenke die Samen der Ceres,
Die dir mit reichlichem Zins gebe der Acker zurück.
Schaue die Äste dir an, gebeugt vom Gewichte des Obstes,
Dass kaum trägt noch die Last, die er erzeuget, der Baum;
Schaue die Bäche dir an, hingleitend mit lieblichem Murmeln;
Schaue die Schafe dir an, scherend das üppige Gras.

Siehe, es ziehn nach dem Felsen und steilem Geklüfte die Ziegen,
　　Dass sie das Euter voll Milch bringen den Jungen zurück!
Hirten spielen ihr Lied auf ungleichmäßigem Rohre;
　　Nicht die begleitende Schar emsiger Hunde auch fehlt.
Anderswo von Gebrüll hallt wider die Tiefe der Wälder;
　　Dass ihr fehle ihr Kalb, klaget der Mutter Geschrei.
Wie, wann, weichend dem Rauch, die Schwärme der Bienen entfliehen,
　　Und der entnommene Seim leert den gebogenen Korb?
Obst beut dar der Herbst; schön ist durch die Ernten der Sommer;
　　Blumen gewährt der Lenz; Feuer den Winter beschwört.
Seiner Zeit liest ab der Bauer die zeitige Traube,
　　Und es fließet der Most unter dem nackenden Fuß.
Seiner Zeit auch bindet er auf die gemäheten Gräser,
　　Fegt mit dünnem Gezähn' ab das geschorene Feld.
Stecken kannst du auch selbst im bewässerten Garten die Pflanzen,
　　Leiten auch selber umher Bäche erquickender Flut.
Kommt die Veredlung heran, lass Zweig mit Zweig sich verschwistern,
　　Stehen mit fremden Laubs Schmucke bedecket den Baum.
Wann erst dieser Genuss das Herz zu erfreuen begonnen,
　　Ziehet gelähmten Flugs Amor unwirksam davon.
Oder betreibe des Jagens Geschäft. Von der Schwester des Phöbus
　　Oft bezwungen, ergriff Venus mit Schanden die Flucht.
Jetzt mit dem spürsamen Hund verfolge den flüchtigen Hasen,
　　Jetzt ausspanne dein Netz in den Gehölzen des Bergs.
Oder erschrecke den schüchternen Hirsch mit buntem Gefieder,
　　Oder vom Spieß in der Brust falle der Eber durchbohrt.
Aufnimmt abends der Schlaf, nicht Sorge um eine Geliebte,
　　Den Ermüdeten, stärkt ihn mit behaglicher Ruh.

Mindere Tätigkeit heischt's, doch Tätigkeit, Vögel zu stellen,
Sei's mit Ruten, mit Garn – freilich nur kleiner Gewinn! –
Oder gebogenen Stahl an der Spitze zu bergen in Köder,
Den der gefräßige Fisch schlucke mit gierigem Maul.
Damit wirst und mit anderem noch unmerklich du selber
Täuschen dich müssen so lang', bis du zu lieben verlernst.
Gehe jedoch, obgleich die festesten Banden dich halten,
Auch weit weg und lass lange zu reisen nicht ab.
Weinen wirst du, des Namens gedenk der verlassenen Freundin;
Still wird stehen dir oft mitten im Gehen der Fuß.
Doch je minder du gehn wirst wollen, so geh' umso mehr nur;
Halt' aus; ob er sich sträubt, zwinge zu eilen den Fuß.
Wünsche Regen auch nicht; noch lass ausländischen Sabbat,
Noch die Allia dich halten, bekannt durch Verlust.
Forsche auch nicht, wie viel du Meilen gemacht, nur wie viel noch
Übrig; und sinne nicht aus, nahe zu bleiben, Verzug.
Rechne die Zeit nicht aus, noch sieh dich häufig nach Rom um.
Fliehe; noch ist vor dem Feind sicher der Parther durch Flucht.
Hart nennt meine Lehren man wohl. Hart sind sie, gesteh' ich;
Um zu gesunden jedoch trägt man des Schmerzlichen viel.
Krank hab' oft ich bitteren Saft mit Sträuben getrunken;
Und wie sehr ich auch bat, ward mir verweigert der Tisch.
Dass du erhaltest den Leib, wirst Feuer und Eisen du dulden;
Dürstend, mit Wasser doch nicht letzen den lechzenden Mund.
Dass du genesest am Geist, wirst etwas zu dulden du anstehn?
Aber es hat *der* Teil höheren Wert als der Leib.
Wisse jedoch, dass enge die Tür zu unserer Kunst ist;
Aber die erste Zeit macht zu ertragen nur Müh'.
Siehe, das erste Joch auch brennt die ergriffenen Stiere,
Und der neue Gurt reibt das beflügelte Ross.

Ungern wirst den heimischen Herd vielleicht du verlassen,
Aber verlassen ihn doch, später zu kehren zurück.
Auch nicht dieser, dich wird heimrufen die Liebe zur Freundin.
Während die Schuld ins Gewand gleisender Worte sie hüllt.
Bist du nur einmal fort, dann werden das Land, die Begleiter
Und die Länge des Wegs bieten dir reichlichen Trost.
Halt' es auch nicht für genug, nur zu gehn; bleib' lange entfernt auch,
Bis verlieret die Kraft und sich verzehret die Glut.
Eilest du, ohne gestählt zu haben das Herz, mit der Rückkehr,
Setzt in erneutem Krieg grausam Cupido dir zu.
Gierig, so fern du auch warst, wirst heim du kehren und dürstend;
Und zum Schaden dir nur hat die Entfernung gedient.
Übel beraten ist, wer bei Hämoniens schädlichen Kräutern
Und bei der Zauberkunst Hülfe zu finden vermeint.
Das ist der frühere Weg der Entzauberung. Unser Apollo
Tut unschädlichen Rat kund in geweihtem Gesang.
Nicht wird steigen durch mich hervor aus dem Grabe ein Schatten,
Nicht mit scheußlichem Sang sprengen den Boden ein Weib;
Über von einem Gefild nicht gehen die Saat auf das andre,
Phöbus' Scheibe auch nicht plötzlich sich zeigen erbleicht.
Gehn wird, wie er gewohnt, in die Wellen des Meeres der Tiber,
Luna, wie sie gewohnt, fahren auf weißem Gespann.
Durch Entzauberung wird kein Busen enthoben der Qualen;
Sprühender Schwefel verbannt nimmer die Lieb' aus der Brust.
Was wohl haben die Kräuter des Phasischen Landes genützt dir,
Colcherin, als du daheim wünschtest zu bleiben im Land?
Was dir, Circe, genützt die Zauberkräuter der Perse,
Als des Neritiers Schiff führten die Winde davon?
Alles botest du auf, den listigen Fremdling zu halten;
Aber die Leinwand spannt' er zu entschlossener Flucht.

Alles botest du auf, der grausamen Flamme zu wehren;
Fest saß Amor jedoch in der sich sträubenden Brust.
Die du in tausend Gestalten die Menschen vermochtest zu wandeln,
Warst dein eigenes Selbst nicht zu verwandeln imstand.
Auch sollst du, als scheiden der Fürst Dulichiums wollte,
Ihn mit folgendem Wort haben zu halten gesucht:
Nicht mehr, was anfangs, ich weiß es, zu hoffen ich pflegte,
Bitte ich, dass du sein mögest mein Ehegemahl –
Und doch schien ich es wert, dass deine Gemahlin ich wäre;
Göttin ja war ich, ich war Tochter des mächtigen Sol –:
Nicht zu eilen nur fleh' ich, nur Zeit mir noch bitt' ich zu schenken.
Was Geringeres wohl kann sich erbitten mein Wunsch?
Wogend erblickst du das Meer, und fürchten musst du die Wogen;
Günstiger sicher wird sein später den Segeln der Wind.
Warum fliehst du? Es steigt kein anderes Troja empor hier,
Und kein Rhesus ruft hier die Genossen zum Kampf.
Hier herrscht Liebe und Frieden – nur ich werd' übel verwundet –,
Und mein ganzes Gebiet wird dir gehorchen als Herrn.
Also redete sie; das Fahrzeug löste Ulysses:
Eitel die Worte dahin trug mit den Segeln der Wind.
Circe glühet und greift zu ihren gewöhnlichen Künsten;
Aber geschwächt doch nicht wurde die Liebe durch sie.
Darum wenn du verlangst von unserer Kunst, dir zu helfen,
Traue auf Hexerei nicht und auf Zaubergesang.
Wenn ein mächtiger Grund in der herrschenden Stadt dich zurückhält,
Höre, wohin mein Rat lautet für dich in der Stadt.
Freilich am besten erlöst hat der sich, welcher die Fesseln,
Die ihn rieben, gesprengt, aus sich auf einmal gehärmt.
Wer so viel Muth hat, den werd ich selber bewundern,

Sagen: Für diesen bedarf unserer Lehren es nicht.
Dir tut not, dir, der du nur schwer zu lieben verlernest,
Und es nicht kannst und doch gern möchtest es können, mein Rat.
Überdenke dir oft das Tun des schändlichen Mädchens
Und vor Augen dir stell' allen gehabten Verlust.
Jenes hat sie und das; und mit diesem Raube begnügt nicht,
Hat habsüchtig mein Haus sie zum Verkaufe gebracht.
So hat sie mir geschworen, mich so mit dem Schwure betrogen;
Hat vor ihrer Tür liegen mich lassen wie oft!
Andere liebt sie, von mir verschmäht sie sich lieben zu lassen.
Ha, der Krämer – er hat Nächte, die mir sie versagt.
Dieses alles verbittere dich in jedem Gefühle;
Daran denk', hieraus sauge die Keime zum Hass.
Und o könntest du doch bei solcher Betrachtung beredt sein!
Schmerz' es dich nur, so wirst sein du von selber beredt.
Jüngst war hängen mein Herz an einem Mädchen geblieben;
Meiner Erwartung jedoch konnte entsprechen sie nicht.
Da heilt, krank, Podalirius sich mit den eigenen Kräutern;
Und gar schmählich erkrankt war, ich gesteh' es, der Arzt.
Immer hat es genützt, auf den Fehlern der Freundin zu fußen,
Und so oft ich's getan, ist mir's gewesen zum Heil.
Ah, wie hässlich doch sind, so sagt' ich, die Beine des Mädchens!
Und doch waren sie's nicht, will ich die Wahrheit gestehn.
Ah, wie unschön sind, fuhr fort ich, die Arme des Mädchens!
Und sie waren doch schön, will ich die Wahrheit gestehn.
Ah, wie klein! Und sie war es doch nicht. Wie ist sie begehrlich!
Dies der gewichtigste Grund, dass sie mir wurde verhasst.
Schlimmes auch liegt dem Guten zunächst; und durch die Verwechslung

Trug als Fehler schon oft Tadel die Tugend davon.
Kehre zum Schlimmren, wie immer du kannst, die Gaben des Mädchens,
Täusche dein Urteil selbst; schmal ist die Grenze ja nur.
Dick, wenn voll sie ist; wenn braun, magst schwarz du sie nennen;
Bei der Schmächtigen kann Dürre man rechnen zur Schuld.
Die nicht bäuerisch ist, die kannst leichtfertig du nennen;
Bäurisch werde genannt eine, die ehrlich und brav.
Liege der Schönen sogar, an welchem Talent es ihr mangelt,
Immer mit schmeichelndem Mund dies zu betätigen an.
Fordre zu singen sie auf, ist eine mit Stimme begabt nicht;
Lass sie tanzen, versteht nicht sie zu schwingen den Arm.
Ist in der Rede sie roh, so lasse sie viel mit dir sprechen;
Kann sie die Lyra nicht, bitte zu spielen darauf.
Gehet sie schwer, lass wandeln sie viel. Wenn strotzende Warzen
Ganz einnehmen die Brust, decke sie keinerlei Band.
Hat sie übele Zähne, erzähl' ihr, worüber sie lache;
Hat sie empfindsamen Blick, gib ihr zu weinen Behelf.
Nützlich auch wird es sein, wann noch sie geputzt sich für keinen,
Zu der Gebieterin früh plötzlich zu richten den Schritt.
Männer besticht der Putz. Von Gold und Juwelen bedeckt ist
Alles; der kleinste Teil ist von dem Weibe sie selbst.
Oft wohl fragst du, wo sei, was unter so vielem du liebest.
Amor mit diesem Schild täuschet, der reiche, den Blick.
Unvermutet erscheine; da triffst du, gesichert, sie wehrlos.
Ihrer Gebrechen bewusst, wird sie in Elend vergehn.
Aber zu viel doch nicht ist diesem Rate zu trauen;
Durch natürlichen Reiz sieht sich auch mancher getäuscht.
Auch wann auf sie gestellt die Salben und sich das Gesicht schminkt,

Hindre die Scham dich nicht, tritt vor die Augen ihr hin.
Büchsen wirst du da finden und tausend Dinge und Farben,
Sehen, wie Ösyp da fließt in den Busen hinein.
Diese Mittel, sie riechen nach deinen Gerichten, o Phineus.
Nicht einmal nur ist übel mir worden davon.
Jetzt kund tun, was mitten im Werk der Liebe wir leisten,
Will ich, auf jeglichem Punkt schlagen die Lieb' aus dem Feld.
Vieles von dem zwar schäm' ich zu sagen mich; denken im Geiste
Musst du dir mehr, als hier meine Belehrung dir sagt.
Denn jüngst haben Gewisse gescholten auf unsere Schriften;
Ihre Kritik erklärt meine Gedichte für frech.
Wenn ich gefalle nur so und rings man mich singet auf Erden,
Mag welch Werk er nur will mancher begeifern und schmähn.
Setzt der Neid nicht herab den Geist des großen Homerus?
Wer du auch seist, du hast Zoilus' Namen davon.
Deine Gesänge auch haben zerfleischt unsaubere Zungen,
Der auf der Flucht du hieher Iliums Götter gebracht.
Hohes ist Ziel des Neids; die Höhen durchsausen die Stürme;
Jupiters Händen entsandt, fährt nach den Höhen der Blitz.
Du jedoch, wer du auch seist, den unsere Freiheit beleidigt,
Richte, so weise du bist, jedes nach seinem Gesetz.
Tapferer Kampf will werden erzählt in Mäonischem Fuße;
Was für Raum kann da sein für ein zärtlich Gefühl?
Tragiker tönen erhaben, und Zorn ziemt tragischem Hochschuh;
Niedriger Sohle Bereich ist das gewöhnliche Tun.
Frei werd' auf den Feind genüber gezückt der Jambus,
Eile er oder schlepp' er den alläußersten Fuß.
Zärtliche Elegie, du sing' den beköcherten Amor;
Und die Freundin der Lust buhle nach ihrem Geschmack.
In des Callimachus Maß ist nicht zu besingen Achilles;

Deinem Munde, Homer, eignet Cydippe sich nicht.
Wer ertrüg's, dass Thais die Rolle Andromaches spielte?
Fehl geht, wer Thais dar in Andromache stellt.
Thais ist unsere Kunst; frei waltet unsere Keckheit;
Nichts gehn Binden mich an; Thais ist unsere Kunst.
Ist dem schäkernden Stoff nur meine Muse entsprechend,
Hab' ich gewonnen, und falsch hat man beschuldigt sie dann.
Berste, gefräßiger Neid! Schon großen Namen besitz' ich.
Größer noch wird er hinfort; wachs' er nur, wie er begann.
Aber du eilst zu sehr; und bleib' ich am Leben nur, wirst du
Mehr noch dich ärgern; es fasst viele Gedichte mein Geist.
Denn es erfreut mich und wächst mir das Streben nach Ruhm mit der Ehre,
Noch keucht unser Ross erst am Beginne des Bergs.
Uns bekennt das elegische Lied so viel zu verdanken,
Als der erhabne Gesang seinem Virgile verdankt.
So weit haben dem Neid erwidert wir. Ziehe die Zügel
Schärfer, o Dichter, nun an, fahre im eigenen Kreis,
Wann mit dem Beischlaf denn und dem Manneswerke du umgehst,
Und nun nahe die Zeit ist der versprochenen Nacht;
Magst du, damit des Weibes Genuss, wenn voll du ihn hättest,
Nicht dich ergreife, vorher einer Beliebigen nahn,
Was du für eine nur findest, bei der dein erstes Vergnügen
Ende; das folgende wird matt nach dem ersten dir sein.
Lange verhaltner Genuss ist der köstlichste. Sonne bei Kälte,
Schatten bei Sonne erfreut; köstlich ist Wasser bei Durst.
Schäm' ich mich auch, ich sag's: Genieße die Lust auch in Stellung,
Welche du für den Genuss ziemend bei jeder nicht hältst.
Auch macht Mühe es nicht; nur selten gestehn sie die Wahrheit;
Und nichts gibt's, was nicht ziemend sie glaubten für sich.

Dann auch rate ich dir, das ganze Fenster zu öffnen
    Und auf den hässlichen Teil fallen zu lassen den Tag.
Aber sobald, beendigt, zum Ziel der Kitzel gekommen,
    Und mit dem Geiste zumal lieget ermattet der Leib;
Wann du voll Überdruss nun lieber keine berühret
    Hättest und keine sobald wieder berühren wohl magst:
Dann einpräge dir wohl jedwedes Gebrechen des Leibes,
    Und auf die Fehler nun halt' immer gerichtet den Blick.
Dies hält mancher vielleicht für Kleinigkeiten – sie sind's auch –;
    Doch was einzeln nicht nützt, hilft durch die Menge gewiss.
Tötet die kleine Viper denn nicht den gewaltigen Ochsen?
    Hunde, gerade nicht groß, halten den Eber gefasst.
Kämpfe du nur mit der Zahl und ziehe die Lehren zusammen.
    Glaube, von vielem vereint türmt sich ein Haufen empor.
Doch weil Arten es gibt so viel, so viele Gestalten,
    Kann nicht alles gemäß meinen Belehrungen gehn.
Etwas, wodurch dein Sinn nicht könnte beleidigt sich fühlen,
    Wird anstößig vielleicht sein für des andern Gefühl.
Liebe, die war in Fluss, geriet bei diesem ins Stocken,
    Weil er am nackenden Leib Teile gesehen der Scham;
Wieder beim anderen, weil, da auf sie stand vom Genusse,
    Er in dem schmutzigen Bett garstige Dinge gesehn.
O, ihr spielt nur, auf die dergleichen zu wirken vermocht hat;
    Angewehet euch hat laulicher Brand nur das Herz.
Ziehet nur heftiger an den gespannten Bogen der Knabe,
    Werdet, verwundet, ihr schon stärkere Hülfe erflehn.
Jener versteckte sich selbst, indes sie verrichtet die Notdurft,
    Sah, was Sitte und Brauch selber zu sehen verbeut.
Fern sei's, dass zu solcherlei Tun wir einen ermahnen!
    Wenn es auch nützt, so darf man es versuchen doch nicht.

Ferner ermahn' ich, zugleich zwei Freundinnen an euch zu schaffen;
  Stärker ist man, sobald mehrere haben man kann.
Wann entzweit der Geist nach beiden Seiten sich wendet,
  Ziehet die eine Glut an sich der anderen Kraft.
Mächtigen Flüssen entleert man das Bett durch viele Kanäle;
  Und die Flamme erstirbt, wenn man die Scheiter zerteilt.
Nicht hält sattsam fest ein Anker kalfaterte Schiffe,
  Nicht ein Haken genug ist für die strömende Flut.
Wer bei Zeiten sich schon gedoppelte Tröstung bereitet,
  War auf der Zinne der Burg Sieger bei Zeiten auch schon.
Doch du, der du zum Schaden nur einer Geliebten dich hingabst,
  Musst aufsuchen doch jetzt andere Liebe noch dir.
Minos hat an Procris verraten Pasiphaes Flammen;
  Von Idäa besiegt wich die vorherige Frau.
Dass Amphilochus Bruder verließ die Tochter des Phegeus,
  War Callirhoe Schuld, welche sein Lager geteilt.
Auch den Paris besaß bis ins Greisenalter Önone,
  Wenn sie die Buhlerin nicht kränkte von Öbalus' Blut.
Seiner Gemahlin Gestalt gefiel dem Odrysischen Herrscher;
  Besser die Schwester jedoch, die im Verschlusse er hielt.
Was Beispiele noch nennen, die nur durch die Menge ermüden?
  Jegliche Liebe erliegt, glaube mir, frischem Ersatz.
Schwächere Sehnsucht hat die Mutter nach einem von vielen,
  Als dem jammernd sie sagt: Du mir der Einzige warst.
Und damit du nicht glaubst, ich machte dir neue Gesetze –
  Wäre, ich wünscht' es, der Ruhm solcher Erfindung doch mein!
                                                  –,
Sah der Atride das schon. Denn was sah nicht der Atride,
  Der ganz Griechenland hatte in seiner Gewalt?
Sieger im Kampf liebt er die erbeutete Tochter des Chryses.

Aber es weinte der Greis töricht, ihr Vater, umher.
Warum jammerst du, lästiger Greis? Sie vertragen sich herrlich.
Deine Bemühung, du Narr, macht nur der Tochter Verdruss.
Und als Calchas, geschützt durch Achill, zurück sie zu geben
Angeraten, und heim man sie zum Vater gebracht:
Spricht der Atride: Es ist ein Weib ihr ähnlich an Schönheit;
Wäre der Anlaut nicht, wäre der Name auch gleich.
Die, wenn klug er wäre, gestände Achill mir von selbst zu.
Tut er von selber es nicht, fühle er meine Gewalt.
Und wenn einer von euch mein Tun missbilligt, Achiver,
Nicht das Szepter umsonst führ' ich in mächtiger Hand.
Denn wenn König ich bin und sie nicht teilet mein Lager,
Will in mein Herrscherrecht treten ich lassen Thersit.
Sprach's, und reichen Ersatz erhielt er an ihr für die Erste;
Und die vorherige Glut ward durch die neue gelöscht.
Darum, wie Agamemnon getan, such' andere Flammen,
Dass dein Lieben geteilt werde auf doppeltem Weg.
Fragst du, wo du sie findest, so lies nur unsere Kunst durch,
Und es wird dir sogleich wimmeln von Mädchen das Schiff.
Und wenn irgend mein Rat was gilt, wenn irgend Apollo
Menschen durch meinen Mund etwas Ersprießliches lehrt;
Sorge, wiewohl du schmorst elendiglich mitten im Ätna,
Dass du kälter als Eis scheinest der Schönen zu sein.
Stelle gesund dich auch, damit, wenn etwa du leidest,
Sie es nicht merke, und lach', wenn du beweinen dich musst.
Nicht verlang' ich von dir, jäh abzubrechen die Liebe:
So fühllos ist nicht unseres Reiches Gesetz.
Stelle dich nur, als wäre die Wut der Liebe erloschen;
So wirst wirklich du tun, was du zu tun dir bedacht.
Oft um nicht zu trinken, beschloss ich zu schlafen zu scheinen;

Und indessen besiegt sanken die Augen in Schlaf.
Des Betrogenen lacht' ich, der an sich stellte zu lieben
Und als Jäger nun selbst fiel in sein eigenes Netz.
Liebe beschleicht durch Gewöhnung das Herz, durch Gewöhnung erlischt sie.
Wenn du gesund dich kannst stellen, so wirst du gesund.
Spricht sie, du sollst in der Nacht, die bedungen du, kommen; so komme.
Kommst du und findest die Tür zu dir geschlossen, ertrag's.
Sage nicht Schmeichelein, noch gib Scheltworte der Türe;
Auch auf das harte Gestein strecke den Körper nicht hin.
Auch am folgenden Tag lass keinerlei Klage vernehmen.
Zeige in deinem Gesicht Spuren des Kummers auch nicht.
Fahren lässt sie den Stolz, wann matt dich werden sie siehet.
Diesen Dienst auch wird leisten dir unsere Kunst.
Täusche jedoch auch dich; nicht sei's dir das Ende der Liebe.
Zeigst du dem Rosse den Zaum, sträubt es dagegen sich oft.
Halte den Nutzen geheim; geschehn wird, was du verrätst nicht.
Vögel vermeiden das Netz, welches zu deutlich sie sehn.
Dass so viel sie sich nicht einbilde, um dich zu verachten,
Zeige dich stolz; ihr Stolz beuge dem Deinigen sich.
Da steht offen die Tür. Man ruft dich: Gehe vorüber;
Man gewährt dir die Nacht: Zögre zu kommen die Nacht.
Dulden zu können ist leicht. Wenn nicht an Geduld es dir mangelt,
Kannst du auf leichte Art schneller erlangen Genuss.
Und es kann noch wer hart nennen die Lehren des Naso?
Sieh, ich verwalte das Amt eines Vermittlers ja auch!
Weil die Gemüter verschieden, verschiedene Mittel auch hab' ich.
Tausend Arten des Wehs, tausend der Heilung auch gibt's.
Manchen gebrechlichen Leib heilt kaum die Schärfe des Messers,

Während in Kräutern und Saft vielen schon Hülfe erwuchs.
Du bist schwach und kannst nicht los aus den Banden dich reißen,
Und auf dem Nacken dir steht Amor mit grausamem Fuß:
Höre zu kämpfen denn auf, und segle zurück mit dem Winde;
Lasse, wohin die Flut strömet, das Ruder nur gehn.
Stillen dir musst du den Durst, von welchem verzehret du brennest.
Ja, wir weichen; du magst trinken inmitten des Stroms.
Trinke jedoch auch mehr, als was das Herz dir verlanget,
Dass die genossene Flut wieder entsprudle dem Hals.
Ganz – nichts hindere dich – und immer genieße dein Mädchen;
Sie dir nehme die Nacht, nehme den Tag dir hinweg.
Sättigung suche; es macht auch Sättigung Ende dem Übel.
Bleib' auch, wann du schon glaubst, dass du entbehren sie kannst,
Bis du dich überfüllt, durch die Fülle die Liebe gehoben,
Und ungern in dem Haus weilst, das dir Ekel erregt.
Lange auch währt die Liebe, die Nahrung findet im Misstraun.
Wenn du diese nun willst bannen, so banne die Furcht.
Denkst du, sie sei nicht dein und es könne sie einer entziehn dir,
Wirst durch Machaons Kunst kaum noch zu retten du sein.
Von zwei Söhnen besorgt ist mehr die Mutter um jenen,
Für des Rückkehr sie fürchtet, dieweil er im Krieg.
Bei dem Collinischen Tor ist ein ehrwürdiger Tempel;
Seinen Namen ihm hat Eryx, der hohe, verliehn.
Dort hat Amor der Lethe den Sitz, der heilet die Herzen,
Während in seine Glut eisiges Wasser er gießt.
Dort erflehet der Mann für seine Begierden Vergessen,
Dort das Weib, des Herz raubte ein grausamer Mann.
Dieser begann zu mir – ich zweifle ob wirklich Cupido,

Oder ein Traum es nur war; aber es war wohl ein Traum –:
O der bald du benimmst, bald gibst bekümmerte Liebe,
Füge den Lehren von dir diese noch, Naso, hinzu.
Jeglicher denk' an die Not, die ihn drückt, so vergeht ihm die Liebe –
Weniger oder mehr sendet sie allen ein Gott –.
Hast vor dem Brunnen und Janus du Furcht und den schnellen Calenden,
Lasse der Schulden Betrag quälen dich, die du gemacht.
Ist der Vater dir streng, geh' alles andre nach Wunsch auch,
Muss des Vaters Zorn immer vor Augen dir stehn.
Der lebt arm mit der Frau, die wenig gebracht ihm zur Mitgift:
Seinem Glücke im Weg, glaube er, stehe die Frau.
Reich an edlem Gewächs auf gutem Gelände ein Weinberg
Blühet dir: Fürchte, der Wein sei im Entstehen verbrannt.
Jener besitzt als Erwerb ein Schiff: Er denke in Aufruhr
Stets sich das Meer und den Strand schaurig durch seinen Verlust.
Diesen quäle ein Sohn im Feld, dich mannbare Töchter,
Und was sonst noch für Grund einer zu grämen sich hat.
Um zu hassen dein Lieb, vorhalten die Leichen der Brüder
Vor die Augen dir nur hättest du, Paris, gesollt.
Mehreres sprach er annoch; da schwand die Erscheinung des Knaben,
Schwand der erfreuliche Traum, wenn es ja war nur ein Traum.
Was tun? Mitten im Meer verlässt Palinurus das Steuer;
Wege, noch unbekannt, bin ich gezwungen zu gehn.
Jedem, der liebt, ist schädlich die Einsamkeit; diese vermeid' er.
Wohin fliehst du? Im Schwarm drohet dir mindre Gefahr.
Nicht Absonderung tut – Absonderung steigert die Liebe –

Not dir; Erleichterung wird bieten Gesellschaft dir dar.
Bist du allein, so bist du betrübt; der verlassnen Geliebten
Bild wird, wie sie selbst, immer vor Augen dir stehn.
Noch betrübter darum ist die Nacht, als die Stunden des Tages;
Denn die erheiternde Schar fehlt der Genossen bei Nacht.
Fliehe Gespräche auch nicht, noch halte die Türe verschlossen;
Noch in Dunkel verbirg trauernd den tränenden Blick.
Stets ein Pylades sei dir, Orestes zu pflegen, zur Seite;
Freundschaft wird auch hier wenig ersprießlich nicht sein.
Was als abgelegener Wald war Phyllis verderblich?
Sicher erlag sie nur, weil ohne Begleitung sie war.
Phyllis lief – so läuft die Schar, die dem Thracischen Bacchus
Das dreijährliche Fest feiert, mit fliegendem Haar –;
Und bald schaut sie, so weit sie nur kann, hinaus auf die Fluten;
Jetzt liegt wieder erschlafft sie auf dem sandigen Strand.
Ungetreuer Demophoon, ruft sie zum tauben Gewässer;
Und der Jammernden Ruf wurde von Schluchzen erstickt.
Schmal erstreckte ein Pfad sich, von langem Schatten umdunkelt:
Darauf trug sie ihr Fuß oft zum Gestade des Meers.
Als sie zum neunten Mal ging, sprach die Arme: Er hab' es!
Während sie zitternd und bleich schaut auf den Gürtel hinab.
An auch blickt sie die Äste; sie schwankt und bebt vor dem Wagnis;
Zagend an ihren Hals bringt sie die Finger hinan.
Da, Sithonerin, wünscht' ich, du wärest allein nicht gewesen;
Nicht mit geschorenem Laub hätte der Wald dich beweint.
Fürchtet, von Phyllis gewarnt, die allzu gesonderten Orte,
Mann, von dem Mädchen gekränkt, Mädchen, vom Manne gekränkt.
Alles hatte getan, was meine Muse verlangte,

War in dem Hafen schon fast seiner Erlösung ein Mann.
Da fiel, wie er geriet nun unter Verliebte, zurück er;
Wieder Cupido griff zu dem geborgenen Pfeil.
Liebst du und willst doch nicht, so musst Ansteckung du meiden;
Diese pflegt auch dem Vieh schädlich nicht selten zu sein.
Während das Aug' Ergriffene sieht, wird selbst es ergriffen.
Schädlich durch Übergang macht den Geschöpfen sich viel.
Manchmal dringt in Orte, die dörren in trockenen Schollen,
Wasser hinein von dem Bach, welcher sich nahe ergießt.
So schleicht Liebe versteckt, hält nicht man von Liebenden fern sich;
Und ein Volk sind wir alle erfinderisch hier.
Auch ein anderer war schon gesund; die Nähe verdarb ihn;
Das Begegnen vertrug seiner Geliebten er nicht.
Aufsprang wieder zur Wunde die schlecht geschlossene Narbe;
Und nicht hatte Erfolg meine verwendete Kunst.
Ganz in der Nähe vom Haus wird schwer dem Feuer gewehret;
Von dem benachbarten Dach ab es zu halten ist gut.
Auch der Gang, der sie beim Wandeln pfleget zu tragen,
Trage dich nicht; noch bei wohne dem nämlichen Dienst.
Warum ein laues Herz durch Erinnerung wieder erhitzen?
Eher ein anderes Land tut zu beziehen dir gut.
Hungert dich, hält nicht leicht vom besetzten Tisch man zurück dich;
Und nur stärker den Durst reizet ein springender Quell.
Leicht nicht hält man den Stier von der Kuh ab, die er gesehen;
Und es wiehert der Hengst, sieht er die Stute, ihr zu.
Leistest du dieses, so ist, um endlich den Strand zu erreichen,
Nicht es genügend für dich, dass du verlassen sie selbst;
Schwester und Mutter auch lass, lass ihre Vertraute, die Amme,

Und wer alles noch sonst zu der Geliebten gehört.
Nicht auch komme der Sklave, noch bring' in Tränen das Mädchen
Von der Gebieterin dir schüchtern geheuchelten Gruß.
Frage auch nicht, wenn wissen du willst, was dennoch sie mache.
Halt' an dich; zum Gewinn wird die Beherrschung dir sein.
Du auch, der du erklärst, warum mit der Liebe es aus sei,
Vieles erzählest, darob du zu beklagen dich hast,
Spare das Klagen; du wirst so besser dich rächen durch Schweigen,
Bis dem sehnenden Wunsch gänzlich entschwunden sie ist.
Lieber auch schweig', als dass du erklärst, du liebtest sie nicht mehr.
Wer zu vielen da sagt, dass er nicht liebe, der liebt.
Aber mit bessrem Erfolg auslöscht man allmählich das Feuer,
Als zu plötzlich; gemach zieht man sich sichrer zurück.
Heftiger als ein dauernder Quell strömt nieder der Gießbach;
Doch dies Wasser ist kurz, jenes beständig im Lauf.
Unbemerkbar entschwind' in die wehenden Lüfte die Liebe;
Stufenweise gelind sterbe am Ende sie ab.
Aber verbrecherisch ist, die noch eben Geliebte zu hassen:
Solch ein Abbruch steht rohen Naturen nur an.
Nicht zu heilen genügt. Wer hassend die Liebe beendet,
Liebt entweder noch fort oder ist heilbar nur schwer.
Schmach, sind Mann und Weib, vereint jüngst, plötzliche Feinde!
Nicht heißt solchen Prozess selber die Appische gut.
Oft klagt an man und liebt ein Weib. Wo keinerlei Schmollen
Vorfällt, schweifet die Lieb' ohne Erinnerung ab.
Einst stand bei ich dem Mann; die Frau verhüllte die Sänfte.
Schrecklicher Drohungen voll waren die Worte des Manns.
Und zur Verhandlung bereit schon, sprach er: Sie komm' aus der Sänfte.
Und sie kam: Da war, als er sie sahe, er stumm.

Sinken ließ er die Hand, aus den Händen die doppelte Tafel,
Schloss sie in seinen Arm; und so begann er: Du siegst.
Sicherer ist und passender es, im Frieden zu scheiden.
Als von dem Ehegemach weg auf das Forum zu gehn.
Was an Geschenken du gabst, lass ohne Prozess sie behalten.
Größerer Nutzen entspringt oft aus geringem Verlust.
Sollte ein Zufall nun einmal zusammen euch führen,
Sei der Waffen dir ganz, die ich dir gebe, bewusst.
Da tun Waffen dir not, hier musst du als Held dich beweisen;
Hier muss werden von dir Penthesilea besiegt.
Denke des Nebenbuhlers, der Schwelle, so hart dem Verliebten;
Denke der Worte, womit falsch bei den Göttern sie schwur.
Schniegle auch, weil du zu ihr zu kommen vermutest, das Haar nicht;
Nicht auch mit schlafferem Bausch stelle die Toga sich dar.
Wende nicht Sorgfalt an, dem entfremdeten Weib zu gefallen;
Nun lass diese für dich eine von vielen nur sein.
Doch was ganz vorzüglich im Weg steht unsrem Bemühen,
Sage ich frei, und es lehrt jeden Erfahrung es selbst:
Zögernd nur lassen wir ab, in der Hoffnung noch, dass wir geliebt sind;
Selbstgefällig zu sehr glauben wir alle zu leicht.
Glaube du weder, dass Worte – denn was täuscht stärker als Worte? –
Noch die Götter auch selbst haben das kleinste Gewicht.
Hüte dich auch von den Tränen gerührt zu werden des Weibes.
Tränen vergießen nach Lust hat sie die Augen gelehrt.
Durch unzählige Künste bestürmt man der Liebenden Herzen,
Gleich dem Steine, gepeitscht rings von den Fluten des Meers.
Nicht gib Gründe auch an, warum die Trennung du vorziehst;

Sage nicht, was dich betrübt, still nur betrübe dich stets.
Nenne die Schuld auch nicht, sonst wäscht sie sich rein; nur befördern
Wirst, dass ihr Recht sei besser als deines, du selbst.
Wer da schweigt, ist fest; wer viele Beschimpfung dem Weibe
Antut, der verlangt, dass ihm Genüge geschieht.
Nicht nach Art des Dulichiers möcht' ich die wütenden Pfeile,
Nicht die Fackeln, geraubt, wagen zu tauchen in Flut.
Nicht beschneiden auch will ich dem Knaben die rosigen Flügel,
Schlaffer durch meine Kunst machen den Bogen des Gotts.
Klugheit rät mein ganzer Gesang. Gehorchet dem Sänger,
Und sei, wie du es bist, Phöbus, du Helfer, uns nah.
Phöbus ist nah: Die Leier erklang, es erklangen die Pfeile.
An den Zeichen den Gott kenne ich; Phöbus ist nah.
Stellst du zusammen die Flocke, gefärbt in den Kesseln Amycläs,
Mit dem Phönizischen Roth; hässlicher jene erscheint.
Ihr auch stellt in Vergleich mit den schöneren Frauen die euren:
Bald wird jeder von euch schämen der Seinigen sich.
Beide Göttinnen konnten voll Reiz dem Paris erscheinen,
Beide sie überwand Venus bei seinem Vergleich.
Und nicht bloß die Gestalt, vergleiche auch Wesen und Bildung;
Deiner Entscheidung nur sei nimmer die Liebe im Weg.
Etwas Geringes noch hab' ich zu singen; doch vielen bereits hat,
Und darunter mir selbst, dieses Geringe genützt.
Lies nicht wieder die Schriften, bewahrt von dem schmeichelnden Weibe;
Wiedergelesene Schrift ändert beständigen Sinn.
Wirf in die wildesten Flammen – du wirst dich sträuben – sie alle,
Sprich: Das sei das Grab meiner erstorbenen Glut.
Thestius' Tochter verbrannte den Sohn abwesend im Scheite;

Du wirst Worte des Trugs zögern der Flamme zu weihn?
Kannst du, entfern' auch das Wachs: Was hast du an stummem Gebilde
Denn für Genuss? So fand Laodamia den Tod.
Orte auch schaden gar oft. Flieh' Orte, die eueres Beischlafs
Zeugen gewesen; den Schmerz pflegen sie nur zu erneun.
Hier war, hier lag sie; in dem Bett dort schliefen wir beide;
Hier in üppiger Nacht hat sie Genuss mir gewährt.
Aufgefrischt durch Erinnerung wird die Liebe; die Wunde
Blutet erneut; es bringt Schwachen Geringes Verderb.
Wie, wenn Schwefel man bringt an fast erloschene Asche,
Leben sie kriegt und hoch lodert zur Flamme empor:
So, vermeidest du nicht, was immer die Liebe erneuert,
Wieder entbrennnet die Glut, welche noch eben nicht war.
Argolis' Schiffe wohl wünschten geflohn zu haben Caphareus
Samt dem Greis, der da rächte mit Feuer den Schmerz.
Hat er die Scylla umschifft vorsichtig, so freut sich der Schiffer.
Du hast Stätten zu fliehn, die nur zu hoch dich beglückt.
Syrten seien sie dir, sie Acroceraunien; flieh' sie;
Hier speit aus, schluckt ein grässlich Charybdis die Flut.
Dinge gibt es, die nicht mit Gewalt befehlen sich lassen;
Doch zufällig geschehn, pflegen zu nützen sie oft.
Phädra verarme, so wird Neptunus schonen des Enkels,
Und Großvaters Stier machen die Rosse nicht scheu.
War die Gnoserin arm, so hätte sie weise geliebet.
Durch den Reichtum wird üppige Liebe genährt.
Warum verliebte in keinen sich Hecale, Iros in keine?
Nun, weil Hecale arm, Iros ein Bettelmann war.
Nichts, womit die Liebe sie nährt, besitzet die Armut.
Aber darum nicht arm darfst du dir wünschen zu sein.

Aber du darfst ergeben nicht sein dem Besuch der Theater,
    Bis die Liebe entweicht aus der erleichterten Brust.
Denn es entkräften den Geist dir Zither und Pfeife und Leier
    Und der Gesang und der Arm, der sich im Takte bewegt.
Dort fortwährend getanzt erdichtete Liebende sieht man;
    Was du zu lassen, zu tun, lehret der Spieler durch Kunst.
Ungern sprech' ich es aus: Rühr' an nicht zärtliche Dichter.
    Treulos mache ich selbst meinen Talenten den Krieg.
Fliehen Callimachus sollst du; ein Feind nicht ist er Cupidos.
    Und Callimachus gleich schadest, o Coer, auch du.
Besser hat Sappho gemacht mich wenigstens gegen die Freundin;
    Teos' Muse auch lehrt Strenge der Sitten uns nicht.
Wer hat ohne Gefahr Tibullus' Gedichte gelesen,
    Oder die deinen, darin Cynthia lebte allein?
Wer kann harten Gemüts vom Lesen sich trennen des Gallus?
    Etwas Liebliches wohnt meinen Gedichten auch bei.
Wenn der Führer des Werks, Apoll, nicht täuschet den Dichter,
    Steigert zumeist ein Rival unseres Übels Gewalt.
Stelle daher dir vor nie irgendeinen Rivalen;
    Glaube du nur, sie lieg' immer allein in dem Bett.
Heißere Liebe empfand Orest für Hermione darum,
    Weil ein anderer Mann sie zu besitzen begann.
Was, Menelaus, betrübt dich? Du gingst von der Gattin nach Kreta,
    Konntest von deinem Weib bleiben in Ruhe entfernt.
Wie sie Paris geraubt, da erst nicht kannst du die Gattin
    Missen; des anderen Glut fachte die Deinige an.
Dies beklagte Achill, da Brises' Tochter entführt war,
    Dass sie Liebesgenuss brächte Plisthenischem Bett.
Und nicht klagt' er umsonst. Glaubt mir, es tat der Atride,

Was, wenn nicht er es tat, schimpflicher Schlaffheit ihn zieh.
Ich wohl hätt' es getan, und ich bin nicht klüger, als er war.
Das war Folge des Neids, welchen er hegte, zumeist.
Denn dass nie er berührt die Briseide zu haben
Schwor bei dem Szepter, er hält Szepter für Götter ja nicht.
Gebe der Himmel dir, dass vorübergehn der verlassnen
Herrin Schwelle du kannst und es vermöge der Fuß.
Können wirst du es, wolle es nur. Jetzt mutig zu eilen,
Jetzt dem hurtigen Ross gilt es zu geben den Sporn.
Glaube, dass Lotosesser in dieser Höhl' und Sirenen
Hausen, und füge noch rasch Segel dem Ruder hinzu.
Auch den Nebenbuhler, der sonst so schwer dich geärgert,
Wünscht' ich, hörtest du auf noch zu betrachten als Feind.
Wenigstens grüße ihn doch, wenngleich der Hass noch zurückbleibt.
Kannst du ihm Küsse sogar geben, so bist du geheilt.
Siehe, die Speisen auch selbst, um ganz als Arzt dir zu raten,
Gebe ich, die du zu fliehn, die zu genießen du hast!
Zwiebel, ob's Daunische sei, ob her sie dir Libyen sendet,
Oder ob Megaras Strand, schädlich ist jegliche Art.
Minder nicht passend auch ist's, wollüstigen Senf zu vermeiden,
Und was alles noch sonst reizet zum Liebesgenuss.
Nützlicher ist es, die Raute, die schärft das Auge, zu nehmen,
Und was alles noch sonst weigert den Liebesgenuss.
Was von Bacchus' Geschenk ich dir sage, begehrst du zu wissen?
Kürzer, als vor du dir stellst, wird dich belehren mein Rat.
Wein bereitet den Geist zur Wollust, wenn du nicht viel trinkst,
Nicht in starkem Genuss starret begraben das Herz.
Wind facht an das Feuer und Wind kann's wieder verlöschen;
Sanftere Luft belebt, stärkere tötet die Glut.

Gar nicht, oder so stark betrinke dich, dass du die Liebe
    Ganz vergessest; es ist schädlich die Mitte im Trunk.
Dies Werk hätt' ich vollbracht! Bekränzt das ermüdete Schifflein;
    Ist doch der Hafen, wohin ich es gesteuert, erreicht.
Fromme Gelübde dereinst dem begeisterten Sänger bezahlen
    Werdet ihr, Mann und Weib, welche geheilet mein Lied.

Schönheitsmittel
(Medicamina faciei)

Was für Pflege empfiehlt das Gesicht, vernehmet ihr Mädchen,
Und wie eure Gestalt ihr zu erhalten euch habt.
Pflege gebot unfruchtbarem Land zu zollen der Ceres
Gaben; es gingen durch sie hakige Dornen zu Grund.
Pflege verwandelt im Obst die herberen Säfte in milde,
Und, gespalten, empfängt edlere Schätze der Baum.
Schmuck nimmt ein. Mit Golde belegt man ragende Dächer;
Schwarzen Boden versteckt man mit des Marmors Bezug.
Ein taucht oft man das nämliche Vlies in den Tyrischen Kessel;
Indien beut zur Zier helfene Täfelchen dar.
Unter Tatius haben vielleicht die Sabinischen Weiber
Einst der Väter Gefild lieber gepfleget als sich;
Da die Hausfrau roten Gesichts mit beharrlichem Daumen
Spann an dem harten Werk, sitzend auf mächtiger Bank;
Selbst in den Stall die Lämmer verschloss, die geweidet die Tochter,
Reiser auch selbst auf den Herd legt' und gespaltenes Holz.
Euere Mütter jedoch gebaren nur zärtliche Mädchen:
Mit vergoldetem Kleid wollt ihr bedecken den Leib;
Wollt das durchduftete Haar aufsetzen in allerlei Lagen,
Sehen lassen die Hand, prangend mit Edelgestein.
Ihr bekleidet den Hals mit Steinen, geholt aus dem Osten,
Und so groß, wie zwei tragen nicht könnte das Ohr.
Doch zu verdenken auch nicht ist euch die Müh' zu gefallen,
Da in unserer Zeit Männer geschniegelt zu sehn.
Weibliche Art des Schmucks aneignen sich euere Gatten;
Kaum hat etwas die Frau, was sie noch füge hinzu.
Jegliche putzt sich für sich und sorgt nicht, was sie für Liebschaft
Finde: In Sauberkeit liegt keiner Beschuldigung Stoff.
Machen sie schmuck nicht das Haar auf dem Land? Mag Athos, der hohe,

Sie verbergen, geschmückt werden am Athos sie sein.
Sich gefallen auch ist für wer sie auch sei ein Vergnügen;
Teuer und wert ist stets Mädchen die eigne Gestalt
Junos Vogel entfaltet, gelobt, das Gefieder dem Menschen;
Viele des Vögelgeschlechts blähn sich mit ihrer Gestalt.
So setzt eher die Liebe uns zu als mit wirksamen Kräutern,
Welche mit schrecklicher Kunst schneidet der Zauberin Hand.
Weder den Kräutern vertraut noch zubereitetem Safte;
Noch den schädlichen Schleim brünstiger Stuten versucht.
Mitten entzwei nicht spalten sich Schlangen durch Marsische
Klänge,
Aufwärts nicht zu dem Quell kehret die Welle zurück.
Und mag immer entfernt man haben auch Temesas Erze,
Nie wird seinem Gespann werden entschleudert der Mond.
Auf die Sitten gerichtet zuerst sei euere Sorgfalt.
Ist gewinnend der Geist, Mädchen, gefällt das Gesicht.
Sicher ist Liebe der Sitten, der Schönheit setzet die Zeit zu;
Bald von Runzeln gepflügt wird ein gefällig Gesicht.
Kommen die Zeit wird, wo in den Spiegel zu sehn euch verdrießet,
Und noch Runzeln dazu werden vom Kummer entstehn.
Güte des Herzens besteht und dauert für ewige Zeiten;
Ihre Jahre hindurch knüpft sich die Liebe an sie.
Lernet, sobald der Schlaf die zarten Glieder verlassen,
Wie dem Gesicht zu verleihn strahlenden Glanz ihr vermögt.
Gerste, welche zu Schiff der Libysche Bauer gesendet,
Mache von Hülse und Balg, ihren Umhüllungen, frei.
Erbsen ein gleiches Maß dann mit zehn Eiern befeuchte –
Aber gehauft zwei Pfund mache der Gerste Gewicht. –
Wann getrocknet nun dies wird sein an strömenden Lüften,
Lass es auf rauem Stein mahlen den Esel gemach.

Dann das erste Geweih zählebigen Hirsches zerreibe;
Hierfür richtigen Pfunds lege ein Sechstel man ein.
Und wann nun es gemischt wird sein mit dem staubigen Mehle,
In viellöchrigem Sieb sondere alles sofort.
Nimm von Narzissen hinzu zwölf Zwiebeln ohne die Rinde,
Die du auf sauberem Stein stößest mit kräftiger Hand.
Harz nebst Tuscischem Korn aufziehe des Pfundes ein Sechstel;
Hierzu neunmal mehr komme des Honigs hinzu.
Jede, die ihr Gesicht mit solcherlei Salbe bestreichet,
Ihren Spiegel fürwahr wird sie beschämen an Glanz.
Trage Bedenken auch nicht farblose Lupinen zu rösten,
Dörre die Kerne zugleich blähender Bohnen auch ab.
Nimm von beiderlei Frucht sechs Pfund in gleichem Verhältnis;
Schwarzen Mühlen dann gib beides, zu machen es klein.
Bleiweiß fehle auch nicht, noch Schaum des rötlichen Natrons;
Schwertel auch nicht, das kommt aus dem Illyrischen Land.
Gib's durcheinanderzurühren der Jünglinge kräftigen Armen.
Eine Unze davon ist das gehörige Maß.
Salbe hinzugefügt von der Klagevögel Geniste,
Halcyon'sche genannt, Flecken vertreibt des Gesichts.
Fragst du, mit welchem Gewicht davon ich zufrieden mich stelle:
Welches die Unz' aufzieht, schneidest du solche entzwei.
Dass es sich mische und leicht ausstreichen sich lass' auf den Körper,
Setze von gelber Wab' Attischen Honig hinzu.
Ob auch die Götter versöhnt und den zürnenden Himmel der Weihrauch,
Ist nicht aller der Glut doch der Altäre zu weihn.
Wenn du Weihrauch mischest mit Bläschen vertilgendem Natron,
Nimmst du ein Drittelpfund richtig von beiderlei Stoff.
Weniger als ein Viertel der Rinde entnommenes Gummi,

Fettiger Myrrhe auch tu mäßigen Würfel hinein.
Hast du dieses zermalmt, so sieb' es durch häufige Löcher;
Endlich mit Honigguss ist zu durchkneten das Mehl.
Gut ist's, Fenchel auch noch zu der duftenden Myrrhe zu fügen –
Fenchel der Quäntchen fünf wiege und Myrrhe man neun –,
Und so viel mag fassen die Hand von getrockneten Rosen,
Männlichen Weihrauch dann neben Ammonischem Salz.
Geuß' dem allen hinzu den Schleim von der Gerste gewonnen.
Salz und Weihrauch sei gleich mit der Rosen Gewicht.
Hast du nur kurze Zeit damit dir bestrichen das Antlitz,
Fülle der Farbe dir wird haften im ganzen Gesicht.
Eine wohl sah ich, die Mohn mit kaltem Wasser befeuchtet
Untereinander zerrieb und auf die Wangen sich strich.

Editorische Notiz

Die Übersetzung der *Metamorphosen* von Johann Heinrich Voß erschien zuerst 1798 in zwei Bänden bei Vieweg in Berlin unter dem Titel *Verwandlungen nach Publius Ovidius Naso*, dann 1829 in zweiter, vermehrter Auflage bei Vieweg in Braunschweig. Der Text folgt der Ausgabe Ovid: *Verwandlungen.* Übersetzt von J. H. Voß. Leipzig: Reclam 1928. Die kursiv gesetzten Passagen (die Voß nicht übersetzt hat) folgen der Ausgabe *Ovids Werke. Band III: Metamorphosen.* Übersetzt von Reinhart Suchier. Berlin: Langenscheidt ^{7}1889.

Die Übersetzung der *Elegien der Liebe (Amores)* ist dem Band *Römische Dichter in neuen metrischen Übersetzungen.* Hrsg. von C. N. von Osiander und G. Schwab. *Publius Ovidius Nasos Werke.* 11. Bändchen. *Liebeselegien.* Metrisch übersetzt von Wilhelm Hertzberg. Stuttgart: Metzler 1854 entnommen. Die dort fehlende Elegie III,7 entstammt in der Übersetzung von Heinrich Lindemann dem nachfolgend genannten Band.

Die Übersetzungen der *Liebeskunst (Ars amatoria)*, der *Heilmittel gegen die Liebe (Remedia amoris)* sowie der *Schönheitsmittel (Medicamina faciei)* sind dem Band *Publii Ovidii Nasonis Opera. Ovids Werke.* Berichtigt, übersetzt und erklärt von Heinrich Lindemann. Fünfter Teil: *Die Liebeskunst. Die Heilmittel der Liebe. Die Schönheitsmittel.* Leipzig: Wilhelm Engelmann 1861 entnommen.

Sämtliche Texte wurde unter Wahrung von Interpunktion, Lautstand und grammatischen Eigenheiten den Regeln der neuen deutschen Rechtschreibung angepasst.

